Emilio Guede

CUBA:
La revolución que no fue

Prólogo
Carlos Alberto Montaner

Cuba: la revolución que no fue

Copyright © 2012 Emilio Guede
Copyright © 2013 Diseño de cubierta: Orlando Santiago
Copyright © 2013 Foto del autor: Emi Guede
Copyright © 2013 De esta edición. Eriginal Books
www.eriginalbooks.com
www.eriginalbooks.net

Correo electrónico del autor: guedeemilio4@gmail.com

ISBN-13: 978-1-61370-026-6
Library of Congress Control Number: 2013947995
Reservados todos los derechos
All rights reserved

*A Frank País,
José Antonio Echeverría
y Pedro Luis Boitel,
mártires de una misma causa,
pilares supremos de la genuina revolución cubana*

*A Manolo Ray
y Huber Matos,
símbolos vivientes de la
revolución traicionada*

Reconocimientos

Mi gratitud, siempre insuficiente, a la distinguida profesora y amiga Dra. Himilce Esteve por su generosa y constante ayuda al revisar pacientemente, durante largo tiempo, el manuscrito de este ensayo   y sugerir cambios muy atinados que han mejorado su versión final. Su talento y serenidad fueron guías inapreciables en el derrotero que me tracé desde el primer momento en que decidí escribir lo que sabía de la traición a una gran esperanza nacional.

Mi reconocimiento también a Carlos Alberto Montaner, Ariel Gutiérrez Rodríguez, Orlando Jiménez Leal, Luis B. González y Eloy López Mosquera, amigos fraternos que siempre estuvieron al tanto del desarrollo de esta obra y me alentaron a que la culminara en memoria de los miles de caídos por la libertad de Cuba desde el 10 de marzo de 1952 hasta nuestros días.

Fueron numerosos los amigos que, gracias a una iniciativa de Ariel, adquirieron volúmenes antes de su publicación para que pudiera dedicarme por entero a terminar el libro. Gesto cuya generosidad y confianza no puedo pasar por alto y quiero dejar constancia de lo mucho que lo agradezco.

Y no puedo dejar de mencionar a mis queridos hijos, la cubano-peruana Elena Guede Alonso, el americano-puertorriqueño Emilio Guede García y las puertorriqueñas Alicia y Marimeli Guede García. Con tesón y manifiesto cariño, me animaron en todo momento a continuar hasta el final, atenuando las serias dificultades personales y económicas que tuve que afrontar durante su prolongado proceso de redacción.

ÍNDICE

RECONOCIMIENTOS   7
PRÓLOGO   21

CAPÍTULO 1 UN DOBLE AÑO NUEVO   25
    Víspera de Año Nuevo   25
    Mi refugio clandestino   27
    Suceso inesperado   29
    Prevenciones ante un cambio amenazante   30
    En el Canal 2   31
    En cadena las emisoras   35
    El Directorio ocupa Radio Progreso   37
    Comienza la programación controlada   37
    Un recuerdo impresionante   38
    A reclutar escritores y productores   39
    Por radio y televisión controlamos el país   40
    El poder de las emisoras   41
    La suerte toca a mi puerta   42
    No faltaba lo cómico   43
    Familia y revolución   45
    La odisea de *Fefa* y Enrique   47
    Abusos con las mujeres   48
    La pesadilla del doctor Molina   50
    El coronel Luna, salvador   52
    En la Cárcel de Mantilla   52
    Barquín y Hart en Columbia   54
    El poder de la clandestinidad   56

CAPÍTULO 2 OTROS DÍAS DIFÍCILES DE ENERO   61
    Nueva comandancia revolucionaria   61
    La prensa revolucionaria en la calle   62
    Encuentro con Manolo Ray   63
    Sigue la tensión   64
    Turistas en desgracia   66
    Hart da marcha atrás   68
    El Comandante, sin prisa   69
    El doctor Manuel Urrutia, Presidente Provisional   70
    Favorable situación, al 3 de enero   71
    Una nueva sorpresa   72
    Un comunista en La Cabaña   73
    De la Sierra del Escambray a El Vedado   75
    Encuentro con Franqui   76
    La bienvenida al Comandante   77
    Fidel Castro en la Capital   78
    "Armas, ¿para qué?"   80

La importancia del Movimiento	81
¿Secretario de Prensa del Presidente?	82
A pesar de todo, acepto	83
De nuevo, Núñez Jiménez	84
La "Operación Verdad"	86
La prensa internacional desconocía la magnitud del terror	88
Designado el heredero	90

CAPÍTULO 3 DE DONDE VENGO   93

Cárdenas, ciudad de cangrejos	93
La primera escuela	95
Tiempos calientes	96
Los peligros de mi padre	98
La escuela pública	99
El nuevo colegio	100
Mi pasión por la fotografía	102
Mi vocación sacerdotal	103
El celibato se interpone	105
Rumbo al Instituto	106
Nacen mis inquietudes políticas	108
Los diamantes y el Instituto	108
Una protesta inesperada	109
El frustrado atentado al *Diario de la Marina*	111
La violencia en el Instituto	112
Requisitos para matar	113
Lo bueno del Instituto	114
Nuestros ídolos	115
Un cambio importante y temprano en mi vida	116
Mis inicios en la cinematografía	116
Peripecias de mi primer documental	117
Periodismo occasional	118
En el servicio social	120
La extensión de la corrupción	121
Misión difícil	123
En el Hogar Infantil de Ciudamar	124
Cumpliendo con mi misión	125
El 10 de marzo de 1952	127
Se acaba el agua	129
Después del cuartelazo	130
Los ataques de Chibás	131
Mi opinión del golpe	133
De Santiago a La Habana	135
El Movimiento Nacional Revolucionario	137
El "grupo de Fidel"	139
El primer llamado a la acción	140
El Domingo de Resurrección	143
El fracaso del MNR y el asalto al Moncada	144

De nuevo en la lucha 145

CAPÍTULO 4 **LA GUERRA PSICOLÓGICA** **154**
Algo más que tiros 154
Las barbas y los grados militares de la Sierra 156
El ídolo de las Fuerzas Armadas 157
La liberación de los soldados 159
Multiplicación de guerrilleros 161
Mensajes persuasivos 161
Ejército vs. Policía 162
La apropiación de fondos 164
La tiranía y su principal vocero 164
De la Sierra a Pardo Llada 166
Las torturas a una maestra 167
Visita a La Milagrosa 168
La odisea de Esther Lina 169
Increíbles barbaridades 170
Preparando la denuncia 171
La segunda visita 172
Se empieza a conocer la verdad 174
La FEU en la Sierra 175
Fracasos que no lo serían 177
"El Hombre" y su supuesta valentía 180

CAPÍTULO 5 **LA CAMPAÑA DEL *03C*** **184**
La prensa censurada 184
Mejor la imagen del guerrillero 185
Llegan las décimas 186
Un producto para el pelo 188
En marcha los preparativos 189
Manolo Ray a la Sierra 190
El plan de medios 191
A recoger los fondos 191
En Concha y Luyanó 192
No me recibe Elenita 193
Los recursos del miedo 195
El joven esbirro 197
Tensión interminable 198
La suerte me acompañaba 199
En el Pekín 200
Operación Felipe 201
Cambio de cuartel 202
Primero, La Marina 203
Un nuevo motivo de alarma 204
El anuncio en *Bohemia* 205
Cumplida nuestra parte 207
Contratiempo inesperado 208

La gran sorpresa 210
Bohemia… ¡casi un milagro! 211
03C: un golpe contundente 212

CAPÍTULO 6 LA IMPORTANCIA DEL LLANO — 219
La subversión urbana y la lucha guerrillera 219
Las razones de la lucha 220
El Movimiento de Resistencia Cívica 222
Primeros pasos de *Resistencia* 223
Perfil del militante 224
Un Manifiesto desde la Sierra 225
Manos a la obra 226
Propaganda y algo más 228
Las bombas y el *26* 230
La Noche de las Cien Bombas 232
El "terrorismo" del *26* 233
La bomba del *Tropicana* 234
Un secuestro que hizo historia 235
La huelga fracasada del 9 de abril de 1958 238
Se reúne el Comité Nacional de Huelga 240
Fuera de la huelga los comunistas 242
Llamados a la Sierra 243
La clase media en la lucha revolucionaria 245
¿Revolución Campesina? 247
La falacia de la revolución obrera 250
A borrar de la historia la clandestinidad 252
El mito de "los doce" 253
Conflictos entre Sierra y Llano 255
Lo que creíamos de la Sierra 257
El reconocimiento secreto 258
La desaparición del *26* 259

CAPÍTULO 7 LOGROS Y DECEPCIONES — 265
A Caracas en febrero 265
Fidel Castro llega antes 267
Rómulo Betancourt y la reacción del *Che* 268
De nuevo en la publicidad 269
El bloqueo de información 270
Los anuncios se multiplican 272
El entusiasmo popular 274
La revolución en Obras Públicas 275
Conmemorando el asalto al Palacio Presidencial 277
Ampliando mi perspectiva 279
El juicio a los aviadores 280
El Derecho, según el Comandante 282
Un segundo juicio antijurídico 284
Un paso al frente del sector más perjudicado 285

La prensa americana invita a Fidel Castro	287
En New York con Lechuga	288
Fusilamientos preocupantes	290
Con el *M-26-7* de New York	291
Un Primer Ministro pendenciero	292
Un piquete sin cubanos	293
Mi informe a Fidel Castro	295
El discurso del Comandante en Washington	297
De nuevo en New York	299
Hacia Boston	300
Fidel Castro en Harvard	300
Hacia el Sur y regreso	303
El primer visionario	305
Una concentración por la propiedad de la tierra	307
Viaje súbito a Santiago de Chile	308
Rumbo a Panamá	310
Inesperada parada obligatoria	311
Con los líderes del APRA	312
Sorpresa en Chile	313
La Iglesia Católica en pie	316

CAPÍTULO 8 LOS SUCESOS DE OCTUBRE — 320

Mes turbulento	320
El trabajo voluntario	321
El 10 de octubre	323
Las elecciones estudiantiles universitarias	324
Boitel renuncia, pero van las elecciones	326
La renuncia de Huber Matos	327
Huber Matos y el "26 de Julio"	329
La reacción de Fidel Castro	330
El "bombardeo" de La Habana	333
La "concentración del paredón"	335
Protesta en el Gabinete	337
Las milicias revolucionarias	339
La desaparición de Camilo	342
¿Y qué pasó con Camilo?	345
Aparece el misterioso piloto	347
La personalidad de Camilo	349
Camilo y sus contradicciones	351
Mis conclusiones	354
El "juicio" de Huber Matos	357
Irregularidades en el proceso	359
El "máximo líder" y sus múltiples roles judiciales	361
Después del "juicio"	363

CAPÍTULO 9 DESCUBRIENDO LA VERDAD — 368

Dando a la revolución	368

Los voluntarios se destacan	369
Las milicias en acción	370
Siboney y la revolución democrática	372
La lista de disidentes	374
Los nuevos jacobinos	375
La intervención de Laboratorios Gravi	376
Delación insospechada	378
El odio como motivación principal	380
El verdadero cubano en un nido de ideas encontradas	383
El precio de hablar sin hipocresía	385
Revolucionarios de ocasión	386
Reflexiones camino al Palacio	387
En la casa del Presidente	389
La decisión de irme	391
Desde mi ventana	393
Un miliciano especial	395
Conclusiones ante el abuso	396
Inicios de una nueva clase	398
El pasado estéril de la cúpula revolucionaria	400
Las intervenciones como señal	401
Antes de mi partida	402
Mi entrevista con el clandestino Ray	404
Destruyendo lo más necesario	405
La revolución sin comunismo	407
Hay que irse como sea	409
España por primera vez	411
Una decisión crucial	412
El influjo de los buenos recuerdos	413
En el Madrid de la esperanza	414
Los Comités de Defensa de la Revolución	415
PM, un documental inesperado	417

CAPÍTULO 10 EL COMUNISMO EN CUBA — 421

Un futuro amenazante	421
Algo de historia	421
Los fracasos comunistas	423
Después de Machado	424
Batista legaliza el Partido Comunista	426
Mi primer trabajo	427
No eran tantos los comunistas	429
La infiltración comunista en el Instituto	430
La Segunda Guerra Mundial y el comunismo cubano	431
Los "auténticos" al poder	432
La decadencia comunista	434
El comunismo en la política cubana	435
Resultados desastrosos	437
Los enemigos de Marx y Lenin	438

Un debate estudiantil que haría historia	440
Cómo me enteré de lo de Belén	442
Más sobre el joven Castro	443
La importancia de Belén	444
Anticomunismo conveniente	445
Comunistas en la Sierra	446
La infiltración comunista en la revolución	447
Fidel Castro desmiente su comunismo	448
El *26* ante la infiltración	449
Presiones para aupar comunistas	450
Contra el comunismo los trabajadores	451
Mikoyán en La Habana	452
El mundo comunista en 1959	453
El caso de Little Rock	454
La confesión del engaño	455
La necesidad imperiosa de la confesión pública	456
Lo realmente importante	457

CAPÍTULO 11 BAHÍA DE COCHINOS - PLAYA GIRÓN — 461

Otro cambio súbito de vida	461
Dentro del Miami conflictivo	462
Los ataques a Manuel Ray y al MRP	464
"Fidelismo sin Fidel"	466
Mis primeras responsabilidades	468
Perfiles de la insurrección	470
Kennedy, presidente	473
El Libro Blanco	474
La unidad necesaria	476
El Consejo Revolucionario Cubano	478
Después de la unidad	480
Cumpliendo con lo acordado	481
"Estados Unidos no intervendrá"	483
La clave del error principal	484
El desembarco inesperado de la Brigada	487
Presos en Opa-Locka	489
Bombardeos preliminares	491
La primera confesión pública de socialismo	492
La resistencia contra el comunismo	494
El caso Castillo Armas	495
Las protestas de Opa-Locka	496
En el frente de batalla	498

CAPÍTULO 12 DESPUÉS DE GIRÓN — 502

La responsabilidad de Kennedy	502
Los "cambios de última hora"	506
La importancia de la aviación	507
El alzamiento interno que nunca se dio	509

Lo dicho y escrito sobre la Operación Zapata	512
Los "radicales" del MRP	513
Los verdaderos responsables del fracaso	514
La guerra psicológica que no se hizo	516
Caídos de ambos bandos	517
Acusada la CIA	518
La Junta Revolucionaria Cubana (JURE)	520
Contactando antiguos compañeros	521
Rumbo a Bruselas	523
Más sobre el JURE	525
La fallida infiltración de Ray en Cuba	526

CAPÍTULO 13 LAS PROMESAS DE FIDEL CASTRO — **530**

La Constitución, promesa fundamental	530
La "resistencia adecuada"	531
Resultados del engaño	532
Las organizaciones revolucionarias como partidos políticos	533
El Pacto de Caracas	536
"Elecciones, ¿para qué?"	537
La libertad de prensa y la revolución castrista	539
El periodismo y la SIP como enemigos	540
Las presiones a la prensa libre	541
La reforma agraria	544
La segunda ley agraria	547
Propiedad y usufructo	548
Cambia el instrumento, pero no la insensatez	549
Lo que dejó la "reforma agraria"	551
Los mercados libres campesinos	553
¿La tabla de salvación?	555
Lo que fue de las promesas	556

CAPÍTULO 14 CUBA Y ESTADOS UNIDOS — **559**

Mi primer americano	559
El caso del *Maine*	560
Primera intervención de Estados Unidos	561
La segunda intervención	562
Siguen las intromisiones	563
Estados Unidos y sus representantes en Cuba	564
El embargo de armamentos	565
Una confesión reveladora	566
¿Antiyanquismo en Cuba?	567
Política hacia América Latina	568
Estados Unidos estrena embajador	569
La perspectiva de Bonsal	570
Comienza la confrontación	572
La primera falsa acusación	574
Eisenhower responde	576

La explosion de *La Coubre*	578
Visita de Mikoyán	580
Acciones y reacciones	581
"Operation Mongoose"	583
La Crisis de los Misiles	584
Después de la crisis	586
El "bloqueo" yanqui y las miserias cubanas	587
El verdadero bloqueo	589
Conjeturas del embargo	589
¿Existe realmente un embargo?	591
Razones del "bloqueo"	593
Incansables por la libertad	594
El embargo y la sucesión en el poder	595
La importancia del "bloqueo", según la dictadura	596
Epílogo de las relaciones	597

CAPÍTULO 15 SOBERBIA ASESINA — 600

Revolucionarios y batistianos juntos	600
El segundo paredón	601
Pedro Luis Boitel, mártir de la libertad	602
El éxodo del Mariel	603
La trampa del Mariel	604
Otros aspectos del éxodo	605
Los secuestros de aviones	607
La masacre del *XX Aniversario*	608
Comienza el exterminio	609
Epílogo de la tragedia	609
El caso del general Arnaldo Ochoa	611
Lo peligroso de Ochoa	612
El narcotráfico en la Cuba comunista	613
Cómo eludir un gran peligro	615
La inconformidad del General	616
El "tribunal de honor": triquiñuela jurídica	617
Un Ochoa "diferente"	619
El montaje de la trama	620
¿Cómo pudo haberse salvado Ochoa?	621
Asesinato por disidencia	622
El pánico en el "juicio"	623
Lo que quedó de la farsa	625
La tragedia del remolcador *13 de Marzo*	627
En busca de libertad	628
La respuesta del dictador	629
Amnistía Internacional en acción	631
La masacre de las avionetas	633
El argumento del espacio aéreo	635
La verdadera razón de la masacre	637
Un triple fusilamiento que horrorizó al mundo	639

Igual que huir del Berlín comunista   640
Un obrero en huelga de hambre   641
Conclusión   643

CAPÍTULO 16 DISIDENCIA Y OPOSICIÓN   646

Origen del movimiento disidente   646
El Comité Cubano Pro Derechos Humanos   647
Más cárcel para Bofill   648
Se multiplica la disidencia   649
Concilio Cubano: fenómeno de unidad disidente   651
La Patria es de Todos   652
Repercusión de La Patria es de Todos   655
El Proyecto Varela   656
La campaña de firmas   657
Habla el expresidente Carter   658
El Premio Sájarov para Payá   658
La Primavera Negra   659
Condenas increíbles   660
Las Damas de Blanco   661
El porqué de la Primavera Negra   663
El Diálogo Nacional   664
La Carta de los 74 y la respuesta de 492   666
Yoani Sánchez, moderna expresión de la disidencia   667
Eloy Gutiérrez Menoyo   669
Estado de SATS   672
Una observación final   674

CAPÍTULO 17 MI VISIÓN DEL COMANDANTE   677

Impresiones cambiantes   677
Reflexiones en tres períodos   677
Las primeras impresiones   678
Los "grupos de acción"   680
Significado del ataque al Moncada   681
El regreso de Fidel Castro   682
La carta a la Junta de Liberación   683
Cómo llega la carta a La Habana   685
Alguien pensaba diferente   686
La entrega de prisioneros   688
El Comandante llega a La Habana   688
Una protesta inesperada   690
La nueva retórica   691
¿Hacia dónde va la revolución?   693
Los temas de Fidel Castro   694
Los temores del momento   698
Intenciones ocultas   699
Revolución y Humanismo   701
La traición de Raúl y el *Che,* según Fidel Castro   702

El "derrocamiento" del Presidente 703
Disipando el temor al comunismo 706
Andanada verbal mal interpretada 707
Resistiéndome a la verdad 709
Las maniobras del Comandante 711
Comunismo conveniente 712
Comunismo poco a poco 713
Un gran fenómeno de propaganda 714
La tonta gritería 715
El apoyo fingido del pueblo 717
El culto a la personalidad 718
La lógica en la revolución castrista 720
Un dictador jurista 721
Las pasiones del Comandante 722
El sacrificio inútil de los caídos 723
Fidel Castro ante la historia 725
El fracaso de la revolución castrista 726
Grandes contradicciones 727

CAPÍTULO 18 EPÍLOGO **729**
Mis cuatro ventanas 729
La Isla de Corcho 730
¿Qué es una revolución? 730
La educación en Cuba 731
La enseñanza universitaria 733
La medicina bajo Fidel Castro 735
Darsi Ferrer 736
La Iglesia en el castrismo 738
El cambio de idiosincrasia 741
Exilados e inmigrantes 742
La música y el baile en un pueblo triste 743
El terror en todas partes 744
Los cuadros intermedios y la perversión 745
Trágico balance 745
El futuro necesario 746

SOBRE EL AUTOR **749**

ÍNDICE ONOMÁSTICO **751**

Prólogo

En la década de los cincuenta del siglo pasado, Emilio Guede era un joven idealista y trabajador, procedente de la laboriosa clase media cubana, dispuesto a dar su vida por restaurar las libertades en su patria, conculcadas por el golpe de Fulgencio Batista, ejecutado el 10 de marzo de 1952.

En esa fecha, poco antes de que se celebraran unas elecciones democráticas pactadas para junio de ese año, el exgeneral y expresidente Batista cometió el grave delito de usurpar el poder por la fuerza con la complicidad de casi todos los altos mandos militares y la indiferencia de una buena parte de la ciudadanía.

El gobierno constitucional de Carlos Prío Socarrás, pues, fue disuelto, y tanto el presidente como algunos de sus Ministros debieron marchar al exilio protegidos por embajadas latinoamericanas.

¿Cuál era la situación política de Cuba en el momento del golpe? Dejemos que el propio Fidel Castro la describa. Al fin y al cabo, su visión era compartida entonces por muchos cubanos. El siguiente párrafo ha sido tomado de "La historia me absolverá", su alegato durante el juicio que se le siguió tras el asalto al Cuartel Moncada:

Os voy a referir una historia. Había una vez una república. Tenía su Constitución, sus leyes, sus libertades, Presidente, Congreso, tribunales; todo el mundo podía reunirse, asociarse, hablar y escribir con entera libertad. El gobierno no satisfacía al pueblo, pero el pueblo podía cambiarlo y ya sólo faltaban unos días para hacerlo. Existía una opinión pública respetada y acatada y todos los problemas de interés colectivo eran discutidos libremente. Había partidos políticos, horas doctrinales de radio, programas polémicos de televisión, actos públicos, y en el pueblo palpitaba el entusiasmo. Este pueblo había sufrido mucho y si no era feliz, deseaba serlo y tenía derecho a ello. Lo habían engañado muchas veces y miraba el pasado con verdadero terror. Creía ciegamente que éste no podría volver; estaba orgulloso de su amor a la libertad y vivía engreído de que ella sería respetada como cosa sagrada; sentía una noble confianza en la seguridad de que nadie se atrevería a cometer el crimen de atentar contra sus instituciones democráticas. Deseaba un cambio, una mejora, un avance, y lo veía cerca. Toda su esperanza estaba en el futuro.

De alguna manera, esa descripción se acercaba a la realidad del país, aunque parcialmente, pues ignoraba el impetuoso desarrollo económico que experimentaba la Isla y omitía cualquier referencia al denso y muy positivo tejido de la sociedad civil cubana.

En efecto, en Cuba, en 1952, al menos desde 1940, cuando terminaron los espasmos revolucionarios de 1933 y se estrenó una Constitución, imperaba una democracia imperfecta, pero perfeccionable, de la cual los ciudadanos, en líneas generales, estaban orgullosos.

El país, que llevaba varios años de un fuerte crecimiento que lo colocaba entre las naciones más desarrolladas de América Latina en medio de una atmósfera real de libertades, quería volver al camino del que Batista, injusta y criminalmente, lo había arrancado.

Es cierto que existían problemas de carácter social, como la supervivencia del racismo, algunos bolsones de pobreza rural, falta de oportunidades laborales, corrupción en la esfera pública, y gangsterismo político que a lo largo de las últimas dos décadas se había cobrado varias docenas de vidas por la acción violenta de bandas rivales armadas —en una de ellas militaba Fidel Castro—, pero todos esos problemas se podían solucionar por medio de la ley y de enérgicas medidas dictadas por un gobierno democrático y honrado que tuviera la mano firme y un claro sentido de hacia dónde debía encaminarse el país.

Fue para lograr esos objetivos que se llevó a cabo la insurrección contra Batista. Fidel Castro y todos los grupos que se alzaron contra la dictadura prometían restaurar la Constitución de 1940, convocar a elecciones y devolverles la libertad a los cubanos. La revolución era eso y para eso se llevaba a cabo.

Nadie proponía crear una dictadura colectivista calcada del modelo soviético. Nadie hablaba de un partido único. Nadie planteaba la supresión de la propiedad privada. A nadie, salvo a algunos dogmáticos miembros del muy minoritario Partido Socialista Popular, el de los comunistas criollos, le pasaba por la cabeza convertir el antiamericanismo en el *leitmotiv* de la acción del gobierno.

Incluso, en el propio texto *La historia me absolverá*, cuando Fidel Castro esboza sus planes de haber logrado tomar el poder en 1953, pese a su análisis radical, a lo que aspira es a crear un país con más propietarios agrícolas. Quiere parcelar los latifundios, no estatizarlos. La reforma agraria que anuncia no estaría encaminada a crear comunas estatales, sino minifundios de los que se beneficiarían los campesinos que trabajan la tierra.

Fidel Castro ignoró todos esos acuerdos y compromisos. Si Batista traicionó a la República con su golpe de Estado, Fidel Castro traicionó a la revolución y a muchos de los revolucionarios cuando inclinó su gobierno hacia el comunismo. Incluso, traicionó al propio movimiento 26 de Julio que él, Frank País, Huber Matos y tantos jóvenes idealistas habían creado con la ilusión de que luchaban por instaurar un gobierno democrático.

Uno de esos jóvenes era Emilio Guede. Se trataba de un cineasta y publicitario, tremendamente creativo, que no tardó en vincularse a la Resistencia Cívica, uno de los brazos del Movimiento 26 de Julio, dirigido por el ingeniero Manuel Ray. Emilio era el Secretario de Propaganda de Resistencia Cívica.

Resistencia Cívica fue una organización ideada por Frank País, Coordinador General del Movimiento 26 de Julio y alma de la insurrección en la Provincia de Oriente. Su objetivo era atraer a numerosas figuras profesionales y académicas pertenecientes a las llamadas "clases vivas" del país.

El Movimiento 26 de Julio, en efecto, se componía de varias secciones afines. Los obreros, bajo el liderazgo de David Salvador, formaban el Frente Obrero Nacional. Existía un Frente Estudiantil Nacional presidido por José ("Richard") Heredia, luego prisionero político durante la dictadura de Castro, en el que fue muy prominente Pedro Luis Boitel (muerto en 1972 tras una huelga de hambre de 53 días en las cárceles de Castro). Y estaba, claro, el Ejército Rebelde comandado por Fidel Castro en Sierra Maestra, además de la mencionada Resistencia Cívica.

Pero, por debajo de esa variada estructura existía, no obstante, una división más sutil entre "el llano" y "la Sierra". Era una especie de rivalidad entre los que se jugaban la vida actuando clandestinamente en las ciudades, y los que lo hacían en las montañas y en las zonas rurales.

Objetivamente, era mucho más peligroso enfrentarse a la policía en los pueblos y ciudades, que al ejército en los territorios montañosos. En "el campo", como también se le llamaba al mundo en el que actuaban las guerrillas rurales, era evidente que, con frecuencia, un ejército desmoralizado rehuía entrar en combate. En las zonas urbanas, en cambio, la policía actuaba con todas las ventajas y, para los revolucionarios, además del riesgo de ser asesinado, existía el de ser torturado.

No vale la pena en este prólogo describir qué sucedió en el país tras el triunfo revolucionario. Eso lo hace muy bien, con una prosa firme y clara, Emilio Guede en este libro. Lo que sí quiero recordar, pues para los cubanos es inolvidable, es el anuncio del fin de la tiranía de Batista.

Un joven revolucionario de Resistencia Cívica/26 de Julio se asomó a las pantallas de televisión de todo el país y anunció, emocionado, que comenzaba, finalmente, la era democrática porque Batista y algunos de sus colaboradores más íntimos habían huido del país.

Ese rostro era el de Emilio Guede. Entonces, ni él ni sus compañeros de lucha sabían que muy pronto todos serían traicionados.

Lo que sigue es la historia de ese proceso relatada por uno de sus más destacados y honorables protagonistas.

Carlos Alberto Montaner

CAPÍTULO 1
UN DOBLE AÑO NUEVO

Víspera de Año Nuevo

31 de diciembre, víspera de un cambio en el calendario lleno de ilusiones y esperanzas. Aunque en Cuba esa alegría estaba ausente al finalizar 1958. El tradicional ambiente de fiesta no se veía en ningún lado. La indignación y rebeldía contra la dictadura militar del exgeneral Fulgencio Batista arropaba al país. Y en cuanto a mí, decidí irme a la cama una hora antes de la medianoche. No sólo porque compartía, en mi desinterés por la fecha, la repulsa general contra el régimen. Había, además, otra razón. Estaba comprometido de lleno en la lucha subversiva contra la dictadura. Tenía de enemigos a la Policía, el Servicio de Inteligencia Militar, el Buró de Investigaciones y cuanto matón reclutaba el régimen para reprimir la oposición clandestina, la única posible. Porque de mecanismos democráticos, ni hablar. Y me sentía cansado, aunque satisfecho por el éxito logrado con una campaña de propaganda revolucionaria lanzada unos días antes. Campaña que había tenido la satisfacción de concebir y dirigir, basada en utilizar periódicos bajo la censura impuesta por la dictadura. Y que llegó al último rincón de Cuba en tiempo récord por la publicación de anuncios clandestinos burlando a los censores, en coordinación con Radio Rebelde, la emisora de la revolución situada en la Sierra Maestra. Uno de los tantos episodios del trajín peligroso que asumí para cumplir con una demanda imperiosa de conciencia. Porque había un cuartelazo de por medio que había liquidado la democracia. Asestado casi ocho años antes por Batista al gobierno constitucional del presidente Carlos Prío Socarrás. Que yo no podía convalidar con el silencio. Ni aceptarlo con indiferencia. Máxime si el poder ilegítimo producto de ese golpe tenía como consecuencia el asesinato político y la tortura. Crímenes horrendos que caracterizaban la segunda dictadura del exgeneral mientras él y sus seguidores se entregaban a un insaciable saqueo de los fondos públicos.

Sin embargo, ese fin de año era para mí un día más de suerte eludiendo el terror batistiano. Un día más de vida. Pensando siempre en el momento terrible de la tortura si llegaban a agarrarme. Me angustiaba más que el miedo a la muerte. Pero las dos se las traían. Tenía que dejar de pensar en ellas. No era fácil. A cada rato caía un compañero o compañera, torturado o muerto. O torturado y muerto. Una lotería que nadie quería sacarse. El resultado probable de defender una causa a la que uno se aferraba contra viento y marea. Firme y serio propósito, compartido con otros compañeros igualmente decididos a librarse de la dictadura, con desenlace eventual de cementerio.

Ya una vez, en 1933, Fulgencio Batista se había hecho dueño del país tras un golpe militar que encabezó siendo sargento. Por una de esas contradicciones del imprevisible malabarismo histórico, el exsargento llegaría a ser presidente de la República en 1940. Y aunque la oposición denunció esas elecciones como fraudulentas, la coalición de partidos que lo apoyaban le daba legitimidad a su triunfo. A pesar de su pasado de "hombre fuerte", al final de sus cuatro años de presidencia (no había reelección) el General aceptaba un fallo adverso de las urnas. El candidato de su coalición, el Dr. Carlos Saladrigas, perdía las elecciones y una conspiración militar que intentaba impedir la toma de posesión del ganador sería frustrada por el propio Batista. Ese respeto al resultado de las urnas le ganó el aplauso de la opinión pública y atenuó su imagen de dictador. Su archienemigo, el médico y profesor Ramón Grau San Martín, se convertía en su constitucional sucesor.

En lugar de quedarse en Cuba, Batista optó por un exilio inmediato al temer represalias por crímenes que se le adjudicaban. Exilio que habría de durar los cuatro años del gobierno de Grau San Martín, lo que no impidió que fuera electo senador por la provincia de Las Villas. El sucesor de Grau, el abogado Carlos Prío Socarrás, tuvo la generosidad de invitar a Batista a que regresara a Cuba. Como garantía para su seguridad personal le ofreció una escolta militar que sería seleccionada por el propio exgeneral, grupo incapaz de delatar sus movimientos. Pero la gratitud no parecía ser prenda del antiguo sargento. No vaciló en dirigir una conspiración militar que se estaba preparando para derrocar a Prío. Y que culminaría con un golpe de Estado el 10 de marzo de 1952. Se iniciaba así un régimen usurpador cuyos crímenes y vicios tenían ya más de siete años de negra historia cuando me iba a la cama esa víspera de Año Nuevo.

Mi refugio clandestino

Había sido buena, sin embargo, la suerte que me había acompañado. Llevaba año y medio de labor subversiva sin tener que abandonar mi empleo, expuesto a ser sorprendido por las fuerzas represivas en cualquier momento. Mis obligaciones no me permitían el lujo de dejar de trabajar y acogerme a un refugio mucho más seguro: el de la verdadera clandestinidad. De mí dependían una hija y tres hermanas. Y me perseguían las deudas. Pero mi situación había cambiado radicalmente en las dos últimas semanas. No tenía otra opción que esconderme. Y olvidarme del trabajo para proteger la vida. Un compañero que pertenecía a una de las células clandestinas que yo dirigía y sabía todas mis señas y movimientos, el veterinario Enrique Molina, había sido capturado por agentes del Servicio de Inteligencia Militar (*SIM*). Y también su esposa, mi excuñada y también veterinaria María Josefa (*Fefa*) Alonso. La tortura sería lo primero que tendrían que afrontar. Conocía la valentía de Enrique por su disposición y eficiencia en los trabajos a él asignados, pero los recursos del terror podían quebrantar la resistencia más tenaz. Lo mismo podría decirse de *Fefa*. Tenía que dejarles el campo libre. Que hablaran lo que quisieran. Que me delataran. Pero que de nada le sirviera al enemigo lo que pudieran decir. Para eso tenía que mudarme a un lugar que nadie, ni Enrique, ni *Fefa*, ni mis más cercanos amigos y colaboradores pudiesen conocer.

Pude encontrar el mejor de los refugios gracias a la generosidad y valentía de una familia allegada. Fue en el cuarto piso de la calle Vista Alegre 122, en la barriada de La Víbora. Vivía allí el suegro de mi hermano Pepe, Feliciano Sala, con su esposa Sara y dos de sus hijos, Berta y Rubén. Tanto mi hermano como su mujer, Elia, residían en Venezuela desde hacía años y nadie podía establecer una conexión entre nosotros, no obstante ser mi hermano uno de los principales representantes en Caracas del Movimiento 26 de Julio (*M-26-7*), principal organización revolucionaria de las que luchaban contra Batista. A la vez, mi vinculación con la familia Sala no había sido lo suficientemente intensa como para ser conocida por la gente que sabía de mí.

No tuve que insistir para que accedieran a darme escondite. Generalmente, muy difícil de conceder, aún a los amigos más cercanos. Entrañaba un gran peligro. Los que daban sus casas para esconder revolucionarios solían sufrir las mismas consecuencias que estos en los centros de tortura. Pero tanto Feliciano Sala como su esposa eran decididos antibatistianos. Habían sido miembros del

Partido Ortodoxo. Y muy activos. Conocían personalmente, por su vinculación con los ortodoxos, al joven doctor Fidel Castro —Fidelito, le decían— el fundador del *M-26-7*, que estaba combatiendo a Batista exitosamente como jefe de un frente guerrillero que operaba en la vasta zona de la Sierra Maestra, en la provincia de Oriente.

Dentro de la estructura clandestina, mi función específica era la de Secretario de Propaganda del Movimiento de Resistencia Cívica (MRC) para la provincia habanera. De hecho, por las limitaciones de operación en Santiago de Cuba (ciudad más pequeña y fácil de controlar por la dictadura) donde radicaba la Dirección Nacional de *Resistencia,* dimanaban desde La Habana, en los últimos meses, sus principales directrices y donde se hacía más visible el trabajo subversivo de la organización. Como brazo complementario del Movimiento 26 de Julio, *Resistencia* tenía también en Fidel Castro su dirigente principal. El jefe de *Resistencia* en La Habana era el ingeniero Manuel Ray.

¿Quién era Manuel Ray? Se trataba del presidente del Colegio de Ingenieros de La Habana, cuya matrícula abarcaba a casi todos los profesionales de esa especialidad en la nación. Un eficiente ingeniero civil que había desempeñado importantes funciones en la realización de obras sobresalientes. Había sido, a los 26 años, supervisor de la construcción del puente sobre el río Canímar y a los 28, autor del diseño estructural y gerente de proyecto del túnel del río Almendares. En 1957, trabajando para la Frederick Snare Corporation, era su ingeniero jefe en la construcción del hotel Havana Hilton (luego llamado Habana Libre). Lo conocí, precisamente, mientras le filmaba un documental sobre un nuevo sistema de construcción que estaba implantando en esa obra. A medida que nos fuimos tratando, me confió su rechazo a la dictadura de Batista y yo le confesé que había sido miembro del Movimiento Nacional Revolucionario de García Bárcena. Fue entonces que me informó que estaba fungiendo como Tesorero del Movimiento de Resistencia Cívica y se iba a hacer cargo de la Secretaría General Provincial de La Habana. Me invitó a incorporarme, para que me ocupara de las cuestiones de propaganda y dirigir algunas células clandestinas. Lo consideré un honor y no vacilé en aceptar.

Estaba en pleno sueño cuando, cerca de las siete de la mañana del primero de enero de 1959, Rubén Sala me despertaba para darme una increíble noticia.

Batista se había ido.

Suceso inesperado

La noticia me cogió desprevenido, aunque me produjo, como era de esperar, tremenda alegría. Recuerdo la profunda tranquilidad espiritual que sentí. Era el fin de la opresión sanguinaria, del abuso de poder, de la tortura oficializada, del robo de fondos públicos, de la violación de los derechos humanos. El fracaso histórico de los gestores del cuartelazo del 10 de marzo. El sacrificio de nuestros compañeros no había sido en vano. Me confortaba la convicción de que el asesinato impune, perpetrado por la dictadura contra los opositores, pertenecía ya a la historia y que jamás se repetiría en Cuba.

Habíamos llegado a la meta que, en momentos difíciles, nos parecía inalcanzable. El Ejército Rebelde en la Sierra y la clandestinidad en el Llano, en conjunción y coordinando esfuerzos habían logrado lo que para todo el mundo era imposible: vencer una poderosa maquinaria militar y de terror sin haber contado nunca con los recursos materiales para lograrlo. La guerra psicológica había sido mucho más poderosa que la de los tiros. Unos pocos centenares de guerrilleros en las montañas y muchos más revolucionarios clandestinos en ciudades y campos, habían logrado desmoralizar y vencer a un ejército de más de 40,000 hombres armados hasta los dientes y a un cuerpo policiaco que incluía en sus filas a cientos de asesinos y torturadores asalariados que sembraban el terror en ciudades y pueblos.

Nunca había dudado que, a la larga, en la lucha en que estábamos empeñados habríamos de triunfar. Cada día la dictadura mostraba una progresiva debilidad. Pero calculaba que la victoria definitiva tendría lugar, cuando menos, para julio o agosto de 1959. Teniendo en cuenta ese estimado estaba en preparativos para filmar un documental de la lucha en la Sierra Maestra, dada mi condición de director-camarógrafo de cine documental y publicitario. De hecho, ya tenía en mi poder una cámara Arriflex de 35mm prestada. Y había separado en la Kodak el negativo necesario. Lo filmado lo revelaría y editaría en México y el documental sería usado para propaganda y recaudación de fondos. Mi partida a la Sierra había sido fijada para el 3 de enero. La operación, por supuesto, quedaba cancelada por el triunfo revolucionario.

Ahora, con la salida del dictador, los miedos de tortura y muerte que me asediaban quedaban atrás. Pero, ¿podía estar tan seguro? Batista se había ido pero, ¿quién o quiénes quedaban en su lugar? El escenario bélico insurgente más cercano y digno de considerar estaba en Las Villas, bajo la dirección de los comandantes del Ejército Rebelde Ernesto (*el Che*) Guevara y Camilo Cienfuegos. Había también otras guerrillas que operaban desde mucho antes en la zona, la del Segundo Frente Nacional del Escambray, dirigidas por el comandante Eloy Gutiérrez Menoyo y las del Directorio Revolucionario, bajo las órdenes de los comandantes Rolando Cubela y Faure Chomón. A esas alturas, no conocíamos todavía el desenlace de las operaciones que se estaban llevando a cabo en esa provincia. De Oriente, nada se sabía. La Habana, la ciudad más importante de la República, dependería enteramente de lo que pudiéramos hacer los miembros de la clandestinidad, conocidos como el Llano. No teníamos otra opción que improvisar medidas para garantizar una victoria cuya consolidación aún no estaba asegurada.

Prevenciones ante un cambio amenazante

Semanas antes de la fuga de Batista, Manuel Ray nos había dado instrucciones a todos los dirigentes sobre qué hacer en caso de producirse un golpe de Estado o cualquier otra acción imprevista que pudiera cambiar la situación política del país. De ocurrir alguna, nos tendríamos que reunir de inmediato para sopesar las circunstancias y decidir las acciones urgentes a tomar. Fuimos impuestos por Ray de que la primera medida a tomar sería la de convocar a una huelga general para impedir la toma del poder por posibles herederos de la dictadura o cualquier oportunista. Se acordó que esa reunión de emergencia tendría lugar en la casa del compañero Ignacio Mendoza, en el reparto Miramar. La fuga de Batista nos obligaba a cumplir la orden sin pérdida de tiempo. Ray se encontraría en esos momentos de regreso de la Sierra Maestra, a donde había acudido para discutir con Fidel Castro y otros miembros de la Dirección Nacional del Movimiento 26 de Julio la consolidación de operaciones con el Movimiento de Resistencia Cívica. Obviamente, la presencia de Ray no era necesaria para poner de inmediato en práctica sus órdenes. Sabíamos lo que teníamos que hacer en esas circunstancias. Y sin dilación.

Me vestí precipitadamente y salí disparado a la casa de Ignacio Mendoza en mi veterano Chevrolet. Mendoza, junto a su esposa Millie, eran miembros muy activos de *Resistencia*, comprometiendo su seguridad física y una cómoda posición económica en una lucha cuya inferioridad de recursos frente a la dictadura hacía de su militancia una acción de encomiable patriotismo. Las calles estaban bastante desiertas a esa hora. Pocos automóviles. Nada extraño en un primero de enero, aunque tenía la impresión de que la gran noticia de la mañana no era todavía de general conocimiento. En todo el recorrido no me encontré un solo carro patrullero (o "perseguidora") de la Policía. Era evidente que si Batista había dejado a alguien en su lugar, sus hombres no estaban en la calle. Al menos, por el momento.

Cuando llegué a la casa de los Mendoza, estaban ya algunos compañeros. No podíamos contar con la presencia de Carlos Lechuga, miembro del Ejecutivo de *Resistencia* y jefe de su sección de periodistas, disculpado por una razón que a todos nos complacía: transmitía desde el Canal 2 de televisión las incidencias del momento. Había sido el primer periodista en anunciar la fuga del dictador, en las primeras horas de la mañana.

En el Canal 2

En la reunión de Miramar se decidió lo que correspondería hacer a cada uno de los dirigentes de *Resistencia* que allí estábamos. En cuanto a mí, como Secretario de Propaganda, se me encomendó que me trasladara al Canal 2 —una de las dos estaciones de televisión principales— en compañía del jefe de la Sección de Arquitectos, Henry Gutiérrez, para coordinar con Carlos Lechuga la información a dar y ofrecer orientación al pueblo ante la incertidumbre que creaba la nueva situación.

Al llegar al Canal 2, que todavía no estaba bajo la protección de las milicias revolucionarias, nos reunimos en la cabina de control con Carlos Lechuga y el profesor Raúl Roa. El profesor, prominente figura intelectual vinculada al proceso revolucionario de los años 30, había sido miembro, como éramos Lechuga, Henry Gutiérrez y yo, de la dirección de Resistencia Cívica. Se había separado hacía poco más de un año por su inconformidad con una carta de Fidel Castro. En esa carta, el líder rebelde rechazaba una iniciativa de unidad revolucionaria, gestada en la ciudad de Miami sin su consentimiento. La presencia del doctor Roa en el Canal 2 indicaba un cambio de parecer de su parte, al que le daba la bienvenida. Me alegré de verlo. Le tenía mucha simpatía por su trabajo en la Dirección de Cultura durante el gobierno de Prío, donde hice trabajos esporádicos como fotógrafo.

No era yo ajeno a que la nueva situación reclamaba acciones urgentes para impedir que se frustrara el acceso al poder del movimiento revolucionario. Tenía presente también el caos que podría producirse durante el vacío de poder entre la fuga del dictador y la instauración de un gobierno provisional. Caos que podría significar la pérdida de innumerables vidas en actos vandálicos y en el ajuste de cuentas por la libre de elementos revolucionarios con agentes de la dictadura, así como la destrucción y saqueo de propiedades y comercios. También había que contemplar la posibilidad de venganzas personales amparadas en la falta de autoridad. En la particular situación que nos tocaba afrontar, la mayor amenaza que se cernía sobre el País, tan grave como un posible intento de continuismo por la gente de Batista, era un brote imparable de delincuencia. Me di cuenta de que todos nuestros esfuerzos tenían que estar dirigidos a impedir esa posible catástrofe, con su secuela inevitable de crímenes y sangre.

Henry Gutiérrez y yo intercambiamos impresiones con Lechuga y Roa, enterándonos de los últimos acontecimientos. Batista, al irse del país acompañado de muchos de los responsables de sus crímenes, había dispuesto que una junta militar encabezada por el general Eulogio Cantillo asumiera el poder para instaurar al magistrado del Tribunal Supremo, Carlos Manuel Piedra, de presidente de la República. Un personaje prácticamente desconocido, pero sin aparentes vinculaciones directas con el dictador. Era evidente que Batista creía —otro error en sus cálculos políticos— que su abandono del poder y el nombramiento de un sucesor impuesto por él podrían ser capaces de frustrar el triunfo revolucionario.

El general Eulogio Cantillo, que según pude saber había hecho un pacto con Fidel Castro días antes para alzarse contra Batista y entregarlo a la justicia, se había desentendido del compromiso y estaba fungiendo como jefe del Ejército desde el campamento militar de Columbia, siguiendo órdenes del dictador en fuga. Hacía cambios en todos los mandos. El coronel Manuel Ledón, que hasta ese momento dirigía la División de Tránsito de la Policía, era nombrado jefe nacional del cuerpo. El Coronel era un oficial con fama de persona decente, desvinculado de los desmanes típicos de los esbirros de uniforme. Pero ¿podía contribuir en algo a la tranquilidad pública? Nada, por lógicas razones. Sus agentes y carros de patrullaje tenían la peor de las connotaciones. En virtud de un historial de abuso, en lugar de promover el orden se exponían a ser blancos de la ira popular. Previendo esa reacción, tanto los agentes honorables como los criminales habían optado por abandonar precipitadamente las estaciones de Policía. En la ciudad de La Habana, todas. No reparaban en dejar armas y municiones a merced de cualquiera. Lo importante era salvar el pellejo.

Pero desde cualquier punto de vista, la autoridad pública residía en la gente dejada por Batista en su fuga precipitada. Situación amenazante, sobre todo en la Capital. El mismo Carlos Lechuga corría un riesgo tremendo por haber sido el primero en anunciar públicamente la fuga del dictador. En el Canal 2, por lo temprano, no había milicias revolucionarias que pudieran protegerlo de una agresión. Haciendo uso de su agudeza periodística y militancia insurgente, nos hizo saber que era preciso informar, cuanto antes y oficialmente, el triunfo definitivo de la revolución a todo el país, en nombre del Movimiento 26 de Julio. Había que impedir la jugarreta del dictador de dejar al mando de la Nación a los designados por él.

A pesar de lo incierto del momento, en mi fuero interno no contemplaba seriamente que lo dispuesto por Batista pudiera consolidarse, aunque ignorar esa amenaza era imprudente. Estaba confiado en que la gente enfrentaría cualquier intento de continuidad. Además, el peligro de lo que podía calificarse como un golpe de Estado promovido por el propio Batista se iba descartando a medida que avanzaba la mañana. La operación parecía estar en manos de aficionados o de elementos vacilantes. Se podía anticipar su fracaso. Lo primero que se espera en un golpe o autogolpe es el control de los medios de comunicación y de estos, de inmediato, radio y televisión. Sin embargo, Carlos Lechuga estaba en el aire sin haber sido molestado. Y Henry Gutiérrez y yo pudimos entrar al Canal 2 sin que nadie lo impidiera. La maniobra de sucesión ponía de manifiesto su intrínseca debilidad.

Mi mayor temor, ciertamente, no residía en lo que pudiera hacer el general Cantillo, dada la desmoralización evidente del Ejército y la simpatía que en la población generaba el movimiento revolucionario y su carismático líder. Iba en otra dirección. Mi preocupación fundamental era el orden público. En circunstancias como las que afrontábamos, se nos podía ir de las manos. Me sentía obligado a hacer lo indecible para impedir que se hiciera realidad el panorama que temía.

¡La revolución ha triunfado!

Henry, Roa y yo coincidimos con Lechuga en que había que anunciar de inmediato que la revolución asumía el poder, desautorizando lo dispuesto por Batista. Así neutralizaríamos cualquier intento de que se nos robara un triunfo legítimo y toda

Cuba sabría a qué atenerse, evitando las calamidades del vacío de poder.

Lechuga me pidió que me hiciera cargo del mensaje, en mi condición de Secretario de Propaganda de *Resistencia Cívica*. Lo consideré un honor. Me complacía dirigirme al pueblo de Cuba por televisión —con casi todos los receptores encendidos por lo sensacional del momento— como portavoz del Movimiento 26 de Julio y anunciar oficialmente el triunfo revolucionario, a pesar de nuestra escasa información. Me presenté ante las cámaras con absoluta ecuanimidad, más que por lo familiar del escenario en virtud de mis trajines profesionales, por lo consciente que estaba de la importancia del mensaje.

Si no textualmente, ya que estaba improvisando, recuerdo bien los puntos principales de lo que dije. En primer lugar, después de describir brevemente la fuga del dictador, enfaticé en que nada de lo dispuesto por este iba a ser respetado por el Movimiento 26 de Julio, que asumía el poder revolucionario en toda la Nación. Anuncié que posiblemente tomaría horas o quizás días la designación de las autoridades que se harían cargo del orden público, por lo que este quedaba en manos de la ciudadanía responsable. Advertí —en eso fui muy enérgico— que los que, aprovechándose de la situación, intentasen atentar contra vidas y propiedades, así como participar en venganzas por abusos de la dictadura, serían sometidos a los tribunales revolucionaros y tratados con el mayor de los rigores. Insistí mucho en ese aspecto, haciendo hincapié en el fuerte castigo que les sería aplicado a los transgresores. No era un gesto de franciscana compasión por los esbirros en peligro. No podía serlo. Proteger a los responsables de tanta muerte y tortura, que habían perpetrado las más atroces barbaridades al amparo de la dictadura, no era, por obvias razones, mi principal motivación para contener una posible ola de represalias. Lo que quería, sobre todo, era evitar que gente inocente pudiera ser víctima de venganzas, por equivocación o excesos en la aplicación de castigos. Tenía que dejar bien claro que la justicia se impondría finalmente y que nadie podía actuar adjudicándose su representación. Puse mucho énfasis en la importancia de la movilización ciudadana para preservar vidas y propiedades. Apelaba a la iniciativa individual para que se configuraran grupos que velaran por la paz pública, como respaldo a la acción de las milicias revolucionarias, que se estaban organizando para controlar la calle.

Pero lo más importante de lo que dije, siguiendo las directrices acordadas semanas antes, fue la convocatoria del Movimiento 26 de

Julio a la huelga de todos los sectores laborales, incluyendo el cierre de los establecimientos comerciales a través de la Isla. La huelga general estaría en pie mientras permaneciera sin tomar posesión el gobierno provisional revolucionario. El llamado a la huelga tenía, como fin, impedir cualquier intento oportunista de escamotearle el triunfo al movimiento insurgente. Tenía presente, aunque insisto en que no era mi mayor preocupación, la posibilidad de que alguien pudiera manipular a su favor la incertidumbre y el desconcierto que cualquier cambio súbito de gobierno suele desatar. Por el entusiasta y masivo apoyo que tenía en la población el proceso revolucionario, dudaba que alguien se atreviera a intentarlo. La posibilidad era remota. Pero tampoco podía ser descartada.

De hecho, casi tres horas después de mi alocución, el magistrado Carlos Manuel Piedra, del Tribunal Supremo, se encontraba en el Palacio Presidencial, acompañado del general Cantillo. Intentaba tomar posesión como presidente de la República, de acuerdo con lo dispuesto por Batista, que apelaba al recurso legal de que ante las renuncias o ausencias del presidente y vicepresidente de la República, el cargo le correspondía al magistrado del Supremo de mayor edad. Toda la prensa había sido citada. No había, por supuesto, cobertura de radio y televisión. La revista *Bohemia* y el periódico *Prensa Libre*, simpatizantes del movimiento insurgente, se negaron a asistir. El acto tenía como propósito la ratificación, por los miembros del Tribunal Supremo, del nombramiento de su compañero como Presidente. El Supremo, a pesar de ser hechura de Batista, negó su consentimiento, alegando que el triunfo de la revolución era inminente y, como tal, fuente de derecho, facultada para instaurar su propio gobierno. La sucesión de Batista encontraba escollos donde menos podía imaginarse. Por otro lado, resultaba irónico que el magistrado Piedra tampoco era el de más edad de los jueces del Supremo.

En cadena las emisoras

Finalizado mi aviso del triunfo revolucionario, no tardé en recibir un mensaje de *Mateo*. Era el Responsable Provincial de Propaganda del Movimiento 26 de Julio. Habíamos estado muy hermanados durante el proceso insurreccional. Coordinábamos las actividades de propaganda del *M-26-7* y *Resistencia*. Me pedía que me trasladara a CMQ, la emisora radial y de televisión más escuchada en Cuba, para trabajar con él. Del mismo modo que *Resistencia* había fijado la casa de Ignacio Mendoza como centro operacional inmediato en caso de emergencia, el *26* había hecho lo mismo con un apartamento del edifico FOCSA en El Vedado. Allí, el último Coordinador Nacional del *26*, Ángel Fernández Vila (*Horacio*), *Mateo* y el jefe de acción, Víctor Paneque (*Comandante Diego*) decidieron, como primer paso, ocupar CMQ.

Yo no sabía el verdadero nombre de *Mateo*. Todos teníamos un nombre de guerra, para despistar a los cuerpos represivos en caso de ser capturados. Fue cuando nos encontramos en CMQ que me enteré de quién se trataba. Ya no había razón para ocultar la identidad. Era Vicente Báez Mitchell, exestudiante de medicina y activista universitario. Había conspirado con él durante año y medio sin saber de quien se trataba. Capturado una vez y torturado, liberado por disposición de un tribunal, trabajaba intensamente en la clandestinidad. Siempre, cuando me visitaba en Publicitaria Siboney, donde yo trabajaba como jefe del departamento de fotografía y cine, venía acompañado de su compañera de lucha y esposa, Carmela Chao, que compartía sus riesgos y sacrificios en tenaz negativa a separarse de él.

Cuando llegué a la estación estaba en proceso una inteligente medida tomada por *Mateo*: la de poner en cadena con CMQ todas las emisoras de radio y televisión. Exactamente, lo que necesitábamos para salvar a la nación de una hecatombe. Los dueños de esas estaciones habían accedido patrióticamente a la petición. Todas las transmisiones serían originadas en CMQ, cuyo edificio ya estaba ocupado por las milicias del *26 de Julio* y *Resistencia*. Las demás estaciones se convertirían en repetidoras. Esto nos permitía un control absoluto de la programación en todo el País, más que necesario para orientar al pueblo en tan grave crisis, eliminando la posibilidad de que voces irresponsables o enemigas pudieran agitar o apelar a la violencia, con su inevitable secuela de desestabilización del orden público y sangre. En CMQ, un factor positivísimo estaba de nuestro lado, ofreciendo una cooperación indispensable: Jorge Bourbakis, el director de Noticias de CMQ.

No teníamos, al momento, comunicación con Fidel Castro ni con nadie más de la Sierra Maestra o de la Dirección Nacional del *M-26-7*. Esperábamos que Ray llegaría cuanto antes a La Habana. El ingeniero *Juancho* Meléndez, a cargo de las finanzas de Resistencia, respondiendo a lo asignado a él en la casa de Ignacio Mendoza, se había trasladado al aeropuerto de Rancho Boyeros. Allí, con el auxilio de Genaro *Tito* Hermida, jefe de las milicias que habían ocupado el aeropuerto, intentaba comunicarse por radio con Fidel Castro o cualquier comandante rebelde de Oriente. Imposible. Ante esa realidad, no teníamos otra opción que proceder según nuestra propia iniciativa. Había que mantener la consigna de la huelga general para impedir cualquier golpe sorpresivo y dar a entender a toda la nación, bien y a las claras, que el triunfo revolucionario era firme y definitivo.

El Directorio ocupa Radio Progreso

Dentro de ese cuadro de incertidumbre, la preocupación aumentó cuando fuimos notificados de una acción que no esperábamos. Militantes del Directorio Revolucionario habían ocupado la estación Radio Progreso y se negaban a reintegrarse a la cadena de emisoras. Temíamos que, en su afán de demostrar que con ellos también había que contar en el momento del triunfo (razonable) llegaran a entorpecer la misión que nos habíamos impuesto. Habían ocupado, además, el Palacio Presidencial, de gran simbolismo para ellos porque el 13 de marzo de 1957, junto a otra agrupación insurreccional, la Organización Auténtica (*OA*), lo habían atacado para matar a Batista.

La participación del Directorio Revolucionario en la lucha contra Batista no podía ser ignorada. Mucho menos por los que reconocíamos el coraje de sus miembros y su heroica historia. De hecho, Fidel Castro, a nombre del *M-26-7* y José Antonio Echeverría, representando al *Directorio*, habían firmado lo que se dio a conocer como el *Pacto de México*, unos tres meses antes del desembarco del jefe rebelde y sus compañeros por el sur de Oriente el 2 de diciembre de 1956. En ese pacto se acordaba la coordinación de esfuerzos entre ambas organizaciones en la causa común de derrocar a Batista. Pero no podíamos convalidar la negativa acción de impedir la incorporación de Radio Progreso a la cadena nacional por el temor de sus militantes a ser relegados en el momento del triunfo.

Comienza la programación controlada

Desde alrededor de las nueve de la mañana, todas las cadenas nacionales estaban en cadena. La puerta principal de CMQ quedaba custodiada por una treintena de milicianos armados, todos de uniforme, miembros en su mayoría del Movimiento de Resistencia Cívica.

En CMQ me hice cargo de la programación y determiné que cualquier declaración o manifiesto que se quisiera dar, que, por supuesto, se suponía que fuera de apoyo a la revolución, debía de pasar antes por mis manos. Había que filtrar cualquier intención de exaltar los ánimos o confundir. Para nuestra tranquilidad y satisfacción, el movimiento revolucionario estaba recibiendo el apoyo de todos los sectores. El presidente de la Asociación de Ganaderos, Armando Caíñas Milanés, me visitaba para entregarme y dar lectura al acuerdo de solidaridad con el proceso revolucionario tomado por la organización. Instituciones similares seguirían el mismo patrón.

Pero la situación en La Habana se hacía cada vez más difícil. Todas las estaciones de Policía habían sido abandonadas y antes de ser ocupadas por las milicias del *26* miles de armas y municiones habían sido sustraídas por desconocidos. Lo mismo ocurría en otras unidades militares y navales, como el Castillo de La Punta, a la entrada de la bahía y las oficinas del Estado Mayor de la Marina de Guerra, en la Avenida del Puerto. Cualquiera entraba libremente en esos lugares y se adueñaba de la ametralladora, fusil, revólver o pistola que tuviera al alcance.

Había en la calle un ejército de miles de hombres perfectamente armados, operando en grupos por la libre, sin disciplina ni sujeción a órdenes, desesperados por soltar el primer tiro. Paradójicamente, aparte de las milicias del *26* y *Resistencia,* que funcionaban responsablemente, con un alto sentido del deber y obediencia, ese ejército espontáneo y sin cabeza era uno con el que teníamos que contar para salvar a La Habana de una posible debacle. Llegaban noticias de destrucción y saqueo de los casinos de juego por las turbas. No había una máquina traganíqueles que quedara en pie. También los parquímetros sufrían la misma suerte. Se reportaban tiroteos aislados. Y ejecuciones esporádicas de miembros de los cuerpos represivos.

Un recuerdo impresionante

Lo que estaba ocurriendo me hacía evocar un hecho que presencié cuando todavía no había cumplido los seis años, en los días de la caída de Gerardo Machado. Sería por agosto de 1933 cuando, desde una ventana de nuestra casa, contemplé cómo una muchedumbre enardecida lanzaba muebles y enseres a la calle por el balcón de un apartamento situado en la calle Compostela, a media cuadra de la esquina con Chacón, donde vivíamos. Los amontonaban en el pavimento, haciendo luego una espectacular fogata, en medio de gritos y gestos triunfales. Posiblemente —me imagino— se trataba de la vivienda de un miembro de "La Porra", feroz cuerpo represivo de Machado. Del violento espectáculo, lo que más me impresionó fue ver volar por los aires toda clase de muebles y hasta juguetes, incluyendo un triciclo. Y la gritería y gesticulaciones de los presentes al prenderle fuego a lo arrojado hasta convertirlo en cenizas. Una impresionante vivencia que, desde entonces, evadió el recurso del olvido y se me quedó grabada para siempre.

No quería que hechos así se repitieran. La estela de violencia que dejó Machado al abandonar el poder fue impresionante. La tenía muy presente cuando el enfoque y control prácticamente absolutos de la información en el país, en un momento tan crucial y peligroso como el que se estaba viviendo, estaba en nuestras manos. Asumíamos un deber que debíamos ejercer con sumo cuidado. Ni Vicente ni yo podíamos equivocarnos. Muchas vidas podían depender de lo que hiciéramos desde micrófonos y cámaras.

A reclutar escritores y productores

Era mucha la responsabilidad de esa misión y se me ocurrió buscar ayuda donde mejor podía encontrarla. Tenía que movilizar el mejor talento creativo del país en la producción de programas de radio y televisión para que contribuyeran con sus ideas a la campaña de pacificación que debíamos poner al aire sin demora. El primero que llamé fue a Carlos Irigoyen Sierra, brillante escritor, director y productor de programas, que había colaborado conmigo en varias campañas de propaganda clandestina. También cité a su medio hermano, José Caíñas Sierra, conocido director y productor. Pude contar también, en la reunión de emergencia, con otros destacados escritores y productores, la mayoría procedente de Publicitaria Siboney, la agencia de publicidad donde yo trabajaba. José Manuel Carballido Rey, Dora Alonso, Marcos Behmaras, Iris Dávila y Roberto Garriga acudieron al llamado. Todos se ofrecieron a dar el máximo, entusiasmados, para conjurar con su aporte la amenaza que se cernía sobre la población. Había que redactar y producir de emergencia menciones publicitarias, manifiestos cortos para ser leídos por locutores en cabina y cualquier tipo de programa cuya producción no fuera muy complicada, apelando siempre a las mejores reservas morales del pueblo y la esperanza en el futuro de libertad y progreso que representaba el triunfo revolucionario.

Tan pronto estuvieron listas las primeras menciones, tanto de radio como de televisión, fueron puestas al aire. En ellas, dirigidas a los milicianos del *26* y *Resistencia* y a ese ejército anónimo que se paseaba por las calles ostentando rifles, pistolas y revólveres, se exaltaba la importancia del ciudadano armado como defensor de vidas y propiedades. Se hacía énfasis en el agradecimiento que la revolución les debía por su conducta ejemplar. Al mismo tiempo, se les instruía para que impidieran acciones de potenciales agitadores. Todo orientado para estimular el mejor de los sentimientos. Destacábamos la importancia de la labor que estaban realizando. Queríamos hacerles ver que lo que estaban haciendo era indispensable para la protección de los intereses fundamentales del pueblo. Aparentemente, lo estábamos consiguiendo.

Por radio y televisión controlamos el país

El poder de las menciones radiales que habíamos preparado era inmenso. Y en televisión, el locutor José Yedra aparecía constantemente, dando lectura a las noticias y mensajes positivos. Estábamos manejando el orden público exitosamente, sin contar con un cuerpo policíaco que lo hiciera factible. Teníamos el control del único medio que podía hacerlo viable. Aunque era imposible evitar algunos sucesos violentos, la labor de las milicias organizadas del *26* y *Resistencia* y de los grupos espontáneos armados estaba dando frutos. Nuestros mensajes parecían impedir los excesos que eran de temer. Repetidos incesantemente, al apelar a las mejores reservas humanas y al más alto sentido patriótico, lograban su objetivo. El ejército anónimo se estaba portando maravillosamente bien y no se reportaba ningún suceso de gravedad alarmante, salvo esporádicos y dispersos tiroteos, sin mayores consecuencias en la mayoría de los casos, aunque en algunos, muy pocos y lamentablemente, se contaban muertos y heridos. Estas noticias no las daba a conocer para no estimular su imitación. Tenía la convicción de que multitud de vidas y propiedades estábamos salvando. Pero no todo era perfecto. No estábamos exentos de cometer errores.

Uno de ellos fue cuando se recibió la noticia por teléfono, con todas las señas, de que había sido interceptada una ambulancia que, en lugar de conducir enfermo o herido alguno, tenía en su interior tres connotados exagentes de la dictadura que intentaban evadir su captura. Autoricé que se diera la noticia. Creo que no transcurrieron ni veinte minutos cuando los teléfonos de CMQ empezaron a sonar insistentemente. Hospitales, salas de emergencia, casas de socorro, médicos, denunciaban que las ambulancias estaban siendo detenidas para ser registradas, lo que atentaba seriamente contra la pronta atención que requerían sus ocupantes. De inmediato, di instrucciones para que se difundiera la orden de darle paso libre a cualquier ambulancia y facilitarle la llegada a su destino. Era preferible que alguna de ellas pudiera servirle de refugio a un criminal antes que poner en precario una vida. Las llamadas cesaron por completo. La experiencia me sirvió de lección. A partir de ese momento, fui todavía más cuidadoso en la selección de las noticias.

El poder de las emisoras

Sin embargo, lo que comenzó como un error habría de darnos la confirmación de lo que suponíamos. Lo ocurrido con las ambulancias era una muestra de la vasta penetración que teníamos y la inmediata respuesta ciudadana a lo que se escuchaba por la improvisada, pero poderosa, cadena radial. Todo el país, en esas primeras horas de incertidumbre, respondía a las directrices que dimanaban de CMQ y las estaciones repetidoras. No había a mano ninguna autoridad, en el ámbito nacional, que pudiera asumir eficazmente el control del orden público. La dirección de la vida nacional dependía, enteramente, de las ondas invisibles de la radio y la televisión.

Los jefes del Ejército Rebelde conocidos estaban confinados a áreas locales. Los comandantes Fidel y Raúl Castro y Huber Matos, en las cercanías de Santiago de Cuba. Como dejé dicho, el *Che* Guevara en Santa Clara y Camilo Cienfuegos, también en Las Villas. El cuartel general de las fuerzas armadas, la llamada Ciudad Militar de Columbia, prácticamente acéfala. Era de presumir que el general Eulogio Cantillo se sintiera desmoralizado e impotente. De cualquier manera, la presencia de un soldado en la calle podía considerarse, más que una protección, una amenaza. Y ¿quién de nosotros, dirigentes y miembros de la clandestinidad, era conocido públicamente? ¿Teníamos autoridad suficiente para que se acataran de inmediato nuestras decisiones? Como tenía que ser, de nosotros nada se sabía. Por ser secreta nuestra labor, necesariamente anónima, nuestro poder de convocatoria nunca hubiera sido mayor que el de cualquier desconocido. De ahí la necesidad de que convirtiéramos a CMQ en el centro nacional de información y referencia y en el cuartel general revolucionario de La Habana ese primero de enero, ya que, prácticamente, desde allí estaba operando la Dirección Provincial del Movimiento. A la estación también estaban llegando exagentes de la dictadura capturados por las milicias, que quedaban recluidos bajo vigilancia en los estudios, las primeras prisiones revolucionarias.

La suerte toca a mi puerta

Una feliz oportunidad para dramatizar mi objetivo de impedir brotes de violencia se presentó cuando llegó a mi oficina temporera en CMQ un joven rubio, como de unos veinticinco años, bastante iracundo, que vestía camisa militar improvisada con dos barritas de primer teniente en cada charretera, arrancadas seguramente de algún uniforme del ejército vencido. Venía acompañado de unos muchachos sudorosos, unos cuatro, embobados de admiración por su héroe.

—Vengo —me dijo— para que vea lo que me han hecho esos hijos de puta.

Se refería, por supuesto, a los esbirros de Batista. Con la misma se quitó la camisa y me mostró numerosas y profundas cicatrices en toda la espalda, cuyo color rojizo acusaba lo reciente de las heridas.

—A esos cabrones hay que arrastrarlos por la calle y ahorcarlos —continuaba, mientras se volvía a poner la camisa—. Quiero que el pueblo vea lo que me han hecho.

Siguió con su descarga, cuya indignación comprendía. Esperé a que terminara de desahogarse y se calmara un poco. Me levanté y le puse una mano en el hombro.

—Mira, mi hermanito, —le dije, en un tono paternal que no encajaba con la poca diferencia en edades— si tú vas a decir todas esas barbaridades, no vas a salir por televisión. Lo que menos necesitamos ahora es recordar esas cosas para que la gente se lance a la calle y se forme la de San Quintín.

Se me ocurrió entonces que el muchacho podía sernos útil. Si en lugar de clamar por venganza, pidiera paciencia y declarara que tenía confianza en que se hiciera justicia, teníamos ahí una tremenda oportunidad de ofrecer un ejemplo de lo que pretendíamos.

—Pero tú le puedes hacer un gran servicio a la revolución —dije, persuasivo— si estás dispuesto a hacer todo lo contrario a lo que has estado pensando.

Le expliqué en detalle que podría mostrar sus heridas y decir que él no quería venganza y que esperaría por la justicia para hacer una denuncia formal de los responsables del abuso. Accedió y fuimos juntos al estudio. Un locutor lo presentó y me quedé al lado de la cámara para intervenir en caso de que mi invitado se saliera del libreto.

Si hubiera encontrado un actor para hacer ese papel, no lo habría hecho mejor. Fue patético. Lo que le dije al muchacho fue bien poco para lo que aportó de su propia cosecha. Se quitó la camisa y mostró sus heridas, que recorrió la cámara lentamente, en primer plano. Estaba realmente emocionado y clamó por paciencia, medio lloroso. Tomó su participación tan en serio y lo hizo tan bien que arrancó aplausos de todos los que estábamos en el estudio. Su presentación tuvo un impacto tremendo. Algo providencial.

No faltaba lo cómico

Alrededor de CMQ no todo se desenvolvía con la seriedad que exigían las circunstancias. Contrastando con la gravedad de la situación, ocurrían cosas que estaban fuera de nuestro control. Gente irresponsable y atrevida nunca deja de aparecer en momentos tan espinosos como la que afrontábamos, aunque no era nada extraño que, en lugar de indignación, esas situaciones movieran a risa.

Un excantante de apellido Fernández, más conocido como *Valencia*, título de una canción que lo había hecho famoso años atrás, en los añorados concursos del programa radial La Corte Suprema del Arte, había instalado una "mesa de reclutamiento" en la esquina de 23 y M, donde se anotaban los nombres de todos los que querían participar en acciones a favor de la revolución, sin que se explicara dónde tendrían que reportarse ni en qué consistirían sus deberes. Una forma muy poco seria de satisfacer el deseo popular de incorporarse activamente al proceso revolucionario, que estaba captando el apoyo, desde temprano en la mañana y a pasos agigantados, de casi todo el mundo. Cada cual quería poner de su parte. La fila de aspirantes a inscribirse cubría más de una cuadra y crecía sin parar. Los inocentes voluntarios caían en la patraña, esperando dar su aporte a la revolución triunfante.

En un momento en que fui a la puerta para ponerme en contacto con las milicias de *Resistencia* que la custodiaban, cuyo jefe era Juan Nilo Otero —viejo afecto de la Sociedad Espeleológica, de la cual él había sido presidente— salí a la calle y en la esquina donde estaba la "mesa de reclutamiento" me encontré con el famoso *Valencia* en el momento en que le daba instrucciones al que estaba haciendo la lista. Cogía por el brazo a un muchacho de unos quince años. Quería disculparlo de la larga fila de espera. Escuché lo que decía.

—Ponme en la lista a este rubiecito —indicaba al de la mesa— que hizo dos batallas conmigo esta mañana.

Supe que las dos "batallas" eran sendas incursiones a estaciones de policía desiertas en busca de armas, sin riesgo alguno. También me enteré de que las batallas se "hacían".

Lo de *Valencia* no iba a ser lo único que iba a presenciar de lo absurdo y contradictorio que suele ocurrir en momentos de inestabilidad y confusión, en los cuales creo que la audacia —¿o irreverencia humorística?— del cubano ha sido proverbial.

Otro caso que recuerdo fue el de un joven de porte altanero que se presentó en CMQ con un traje de miliciano y charreteras de teniente, acompañado de unos amigos, todos armados. No se identificó como miembro de ninguna organización revolucionaria. Nadie de los que estaban en la puerta sabía de donde había salido. Entró como si nada y se instaló en uno de los estudios. Se le permitió porque podría ser útil si se dedicaba a patrullar las calles, lo que parecía estar dispuesto a hacer junto a sus acompañantes. Salieron de la estación y volvieron temprano en la noche. Me los encontré casualmente cuando regresaban porque había tenido que bajar a la entrada con motivo de una emergencia que se estaba presentando.

En lugar de los cuatro que componían el grupo original, eran ahora como diez, todos portando armas largas, con camisa militar y galones de oficial. En las charreteras del improvisado oficial, en lugar de las dos barritas de primer teniente con que se había presentado la primera vez, estaba ahora la estrella de comandante. Ascenso meteórico de la mañana a la noche. El "comandante", con solemne autoridad, les daba órdenes a los milicianos que teníamos en la puerta. Con altanería y en alta voz decía: "¡Dejen pasar a mis oficiales!". Había que llenarse de paciencia.

La emergencia que me había llevado a la planta baja era que un "jeep" artillado del antiguo ejército se había situado justamente frente a la entrada de la estación, con una ametralladora apuntada hacia las milicias que la custodiaban. Los ocupantes del vehículo se identificaron como miembros del Directorio Revolucionario, quienes, al parecer, no estaban dispuestos a acatar las disposiciones que emanaran del *M-26-7* y querían hacerse sentir. Hablamos con ellos en tono cordial y se retiraron sin mayor problema. Pero me preocupaba esa provocación, totalmente injustificada.

Familia y revolución

Ese primero de enero no me daba un momento de sosiego para hacer algo que deseaba vehementemente: ver a mi hija Elenita. Su mamá, Ángela *Lila* Alonso, de quien yo estaba divorciado, se hallaba en esos momentos bajo las órdenes del comandante Faustino Pérez, administrador del territorio liberado de la Sierra Maestra. Se había refugiado en la Sierra para protegerse de la intensa persecución de que era objeto en La Habana y Pinar del Río. Era una activa militante del *M-26-7* y había sido detenida dos veces. En cuanto a Elenita, yo no la veía desde la noche en que fueron apresados los veterinarios *Fefa* Alonso (hermana de Lila) y su esposo Enrique Molina.

Elenita había sufrido mucho. Fue detenida, teniendo solo once años, junto a su madre, en el apartamento en que vivían en La Víbora, (O'Farrill 513) allanado por la Policía en enero de 1958. En esa misma acción fueron apresados Orlando Nodarse, Agustín Navarrete y su esposa Virginia. Meses después, Lila fue detenida de nuevo por el capitán Carratalá (hermano del criminalmente célebre coronel), esta vez en una finca de Artemisa donde estaba escondida. El lugar fue delatado por un dirigente del *26* capturado, Enzo *Bruno* Infante, que acompañaba a Caratalá en la incursión. Infante procedía de las filas clandestinas de Santiago y había sido enviado por Fidel Castro para dirigir el *26* en La Habana. Se vanagloriaba de valentón y le oí decir una vez que había que matar a todo aquel que delatara a un compañero, aunque fuera bajo tortura. Era visible que el que tal cosa proponía había cambiado radicalmente de parecer ante la posibilidad de que le pusieran un dedo encima.

En el momento de la acción represiva se estaba celebrando una reunión familiar de carácter festivo, ajena totalmente a la actividad revolucionaria. Elenita, que estaba por unos días acompañando a su mamá en el escondite, pudo salvarse al decir otra señora que era hija suya.

Se verificó un registro en la finca y aparecieron armas. Elenita vio cómo torturaban a uno de los jóvenes detenidos mientras le daban por el pecho y el vientre golpes terribles con la culata de un fusil, amarrado por las muñecas a una viga del techo. Ante la evidencia de que se trataba de una reunión familiar que no tenía nada de subversiva, la mayoría de los presentes fueron dejados en libertad. No así Lila, que fue conducida a la Décima Estación de Policía, sede de Carratalá. Elenita tuvo que caminar una larga distancia, acompañada de su supuesta madre por un estrecho camino de tierra, hasta llegar a una casa de campo donde le dieron refugio mientras preparaban su traslado a La Habana. Lila no las pasó muy bien con Carratalá, pero no fue torturada. Por el celo terrorista que exhibía cada jefe represor para congraciarse con Batista, los de la estación no se ocuparon de verificar los antecedentes de Lila en otras dependencias policiacas y la dejaron en libertad. A los pocos días, salió para Oriente y se incorporó a las guerrillas de la Sierra Maestra.

Pude comunicarme con mi hija después del triunfo llamándola al teléfono de su abuela Petra, con quien estaba viviendo. Teléfono fuera ya del control batistiano. Su voz era el mejor de los regalos. Estaba muy emocionada y contenta. Yo no lo estaba menos. Atrás quedaban nuestros miedos. Para ella, el triunfo revolucionario la liberaba del acoso mental y la preocupación por la suerte de sus padres. Su mamá regresaría en cualquier momento de la Sierra Maestra y sus tíos *Fefa* y Enrique no tardarían en ser liberados de las prisiones. Para mí, el anhelado cambio significaba la posibilidad de volver de nuevo al calor de la familia y la alegría de disfrutarla.

Hacía también más de un mes que no veía a mi padre, pero no podía comunicarme con él a no ser que fuera a su casa, en el Reparto Mantilla, lo que me era muy difícil y prefería posponer, sin reparar en cuánta preocupación eso habría de ocasionarle. Después de mi divorcio, había vivido en su casa la mayor parte del tiempo y su preocupación por mi seguridad llegó al extremo de colocarme un día, mientras dormía, una bandera del "4 de septiembre" (símbolo de las Fuerzas Armadas) en la pared al lado de mi cama. Pensaba que si venían a detenerme en cualquier momento su identificación como oficial retirado y su alegación de que yo nada tenía que ver con las actividades subversivas me habrían de proteger. Cuando al despertar vi en la pared lo que para mí era el emblema del oprobio y el crimen, la indignación me asaltó, pero tuve que reprimirla porque reconocía la intención protectora de su gesto. Le dije, haciendo un esfuerzo para no llorar, que sabía cuanto amor lo impulsaba a semejante acción pero que prefería morirme antes que ampararme en la bandera de Batista. Creo que fui innecesariamente patético e injusto.

Lo que nunca pude imaginar era que esa misma tarde iba a tener la oportunidad de ver a mi excuñada *Fefa* y a Enrique. El matrimonio recién liberado se presentaba en CMQ para darme una tremenda sorpresa. Dos semanas sin saber de ellos, de recurrente ansiedad, pensando siempre en lo peor. La fuga de Batista les traía la libertad mucho antes de lo que pudiéramos haber pensado. Nos abrazamos fuertemente. Cuando lo hice con Enrique, rompió en llanto. Me llamó la atención porque era la primera vez que lo veía así en los catorce años que nos conocíamos. Le pregunté por qué se emocionaba tanto y me dijo que le acababan de dar la noticia de que unos compañeros que habían compartido con él las sesiones de tortura en el *SIM* habían sido asesinados a última hora. Supimos después que la información era incorrecta. Sucedió todo lo contrario. Liberados esos revolucionarios, se armaron de inmediato y fueron a buscar a los responsables de sus torturas, ajusticiando a tres de ellos. Represalias como esas, de esperar por la brutalidad ejercida por la dictadura, eran precisamente las que queríamos evitar con nuestros mensajes a toda la nación, insistiendo en la promesa de que los criminales serían sometidos a juicio y que nadie podía tomar la justicia en sus manos.

La odisea de *Fefa* y Enrique

Fefa y Enrique me contaron sus terribles experiencias después de haber sido conducidos a las "oficinas" del Servicio de Inteligencia Militar (*SIM*). *Fefa* había sido liberada en las primeras horas de la mañana. Un primo de ella se presentó en la Cárcel de Mantilla con un camión lleno de milicianos y la sacaron de la prisión cargada en hombros, a pesar de sus protestas de que ella no había hecho nada. Cuando el mismo grupo fue a buscar a Enrique Molina al Príncipe, ya este había abandonado la cárcel, cuyas puertas quedaron abiertas para todos los presos, políticos y comunes. Un amigo lo llevaba a la casa, donde se verificó el emotivo encuentro del matrimonio. Los esperaban numerosos vecinos que, entre besos, lágrimas y abrazos mostraban su alegría por el feliz final del drama que les tocó vivir.

La odisea del matrimonio Molina-Alonso tuvo su origen al presentarse unos agentes del *SIM* en la casa del Pasaje Fernández, de Luyanó, donde vivían, después de un suceso ocurrido en el aeropuerto de Aerovías Q, en la Ciudad Militar de Columbia. Allí, un médico de apellido Ascanio fue sorprendido con un paquete que contenía propaganda clandestina y bonos de recaudación para la lucha revolucionaria. El paquete se lo había dado el Dr. Molina para que, a su vez, se lo hiciera llegar al Dr. Roberto Mas Martínez, veterinario de Nueva Gerona y miembro de la célula de *Resistencia* a la que también pertenecía Molina (la *Letra B*, que yo dirigía). Era la primera vez que el envío de propaganda a Isla de Pinos se hacía por una vía diferente a la usual. Lo normal siempre había sido que el propio doctor Mas la llevara personalmente, aprovechando el regreso de sus frecuentes viajes a La Habana. En esa ocasión no le era posible y le dio el teléfono de Molina al doctor Ascanio, para que se pusieran de acuerdo y recogiera, en su lugar, el paquete. Ascanio llamó a Molina y este lo citó al restaurante Tres Hermanos, de Concha y Luyanó, donde le hizo entrega del paquete haciéndose pasar por *Felipe*, su nombre de guerra.

No se supo exactamente por qué razón, si es que estaba con algún trago de más o si se puso muy nervioso por el riesgo a que se exponía, la conducta del doctor Ascanio despertó sospechas en el aeropuerto de Aerovías Q y el paquete fue abierto, descubriéndose su comprometedor contenido. Ascanio fue presa del pánico y, sin mucho pensarlo, le informó a los militares que custodiaban el aeropuerto que él no tenía nada que ver con lo que tenía el paquete y que se lo había dado un tal Felipe para entregárselo al doctor Mas en Nueva Gerona, que era quien le había pedido el favor. Vencido por el miedo, dio el número de teléfono para contactar al supuesto *Felipe* —el 9-2613— que estaba a nombre de *Fefa* y ubicado en la casa de mi exsuegra Petra.

A las pocas horas era detenido en Isla de Pinos el doctor Mas y conducido a los cuarteles del *SIM*. Allí estaba Mas cuando llegaron *Fefa* y Enrique Molina a las tenebrosas oficinas de esa dependencia militar. Vieron a Mas "desbaratao" a golpes —así me lo dirían después— ensangrentado por todas partes. Se oían gritos en un cuarto aledaño, de un muchacho que imploraba compasión: "Por tu madrecita, no me pegues más. Por Dios, no me pegues más", que aumentaban el pánico que el matrimonio habría de sentir por el solo hecho de encontrarse allí. Ambos me llegarían a confesar que oír esos gritos les daba aún más miedo que el que ellos sentirían después, al ser sometidos al mismo tormento. Separaron al matrimonio y la emprendieron también a golpes con ellos.

Abusos con las mujeres

Lo que me contó *Fefa* era espantoso:
Me empezaron a dar trompones y me tumbaron a golpes. Me partieron tres huesos de la cabeza. Me decían: 'de nada vale callarte, ya tu marido cantó todo y no te preocupes porque ya lo matamos'. Y para enfatizar esa crueldad, añadían los muy canallas: 'después de haberle dado todos por el culo'. Yo di por ciertas esas barbaridades y me sumí en la desesperación. Quería que me acabaran de matar.

Le pregunté si en esas condiciones tan terribles pudieron sacarle alguna información, ya que ella, aunque no figuraba como militante de *Resistencia*, sabía de los contactos de Enrique y, desde luego, mi participación en las tareas subversivas.

No delaté a nadie —me dijo— *no porque fuera valiente sino porque perdí la memoria mientras me golpeaban. Esa es la verdad. Que fui muy guapa por no haber soltado prenda, como dirían después mis compañeras de la prisión, no era cierto. Imagínate, no recordaba ni mi nombre. Si me lo hubieran preguntado no se los habría podido decir. Así estaba, paralizada por el miedo mientras me seguían golpeando. Yo nunca hubiera imaginado que hombres tan fuertes pudieran pegarle tanto a una mujer, indefensa y pequeña como yo. Yo no creía que eso pudiera suceder.*

Lo que contaba mi excuñada era difícil de escuchar sin llenarse de indignación y ponía de relieve hasta dónde eran capaces de llegar los agentes de Batista para mantenerlo en el poder. Se trataba de una mujer sobre la que no había confidencias ni pruebas de activismo subversivo. Estaba allí sólo por estar a su nombre el teléfono de marras y ser la esposa de un sospechoso. Bastaba eso para que la destrozaran a golpes.

Recuerdo —continuó relatando *Fefa*— *que me salía sangre por un oído cuando los golpes cesaron, aunque permanecía rígida, sin poderme mover. Escuché una voz que decía* —*me imagino que sería la de un médico*— *'esta señora está al borde de la muerte, lo que va a ocurrir si le siguen dando'. Fue lo último que llegué a recordar, antes de perder el conocimiento, lo que para mí fue una bendición. Así el dolor cesó y también mi desconsuelo por creer a Enrique muerto.*

Fefa siguió diciéndome que, al quedar inconsciente fue puesta en una camilla —las oficinas del *SIM* quedaban en el mismo edificio del hospital militar— y cubierta, de pies a cabeza, por una sábana. Las cuatro hermanas de Enrique y la mamá habían sido también detenidas y se encontraban allí cuando llegó la camilla al lugar donde ellas estaban, antesala al cuarto donde *Fefa* había sido golpeada. Todavía estaba sin conocimiento, pero a sus cuñadas les llamó la atención ver a una persona completamente tapada por una sábana, como si fuera un cadáver. Una de ellas, Élida, preguntó: "¿Quién será esa mujer?" Y con la misma, sin reparar en la imprudencia, dadas las circunstancias, levantó la sábana para verle la cara. Todas se horrorizaron al reconocer a *Fefa*, aparentemente muerta, con la cara y el pelo llenos de sangre. Élida no pudo contenerse y exclamó: "¡Asesinos, asesinos!" Le dieron un puñetazo que la tumbó al suelo. Al resto de las mujeres le permitieron irse, después de haber sido interrogadas y demostrar que no estaban vinculadas a nada subversivo. A Élida la dejaron detenida.

Cuando recuperé el sentido —siguió narrando *Fefa*— *no me acordé de quién era yo, ni de donde venía ni qué hacía allí. Estaba en el Hospital Militar. El movimiento más insignificante me daba un dolor insoportable. Tuve que esperar un rato para percatarme de la horrenda realidad, desesperada por lo que me habían dicho de Enrique y por la suerte de mis hijos, que estaban durmiendo cuando cargaron con nosotros.*

Sobre la visita de la familia de Enrique a los cuarteles del *SIM*, *Fefa* me contó:

No sabía que habían estado por el SIM mi suegra Clotilde y mis cuatro cuñadas. Me enteré unos días después, cuando vi a Élida, para mi total sorpresa, haciéndome compañía a punto de entrar a un vehículo para transportar prisioneros. Esos carros que llaman celulares. Nos mandaban a la cárcel de mujeres de Mantilla. Elida me contó lo que había pasado mientras yo estaba inconsciente en la camilla.

La pesadilla del doctor Molina

Como era de esperar, el Dr. Molina también tuvo que pasar las de Caín. Le cayeron encima tres tipos fornidos, dos de ellos hermanos, de apellido Beruvides. Mientras tanto, presenciaba tranquilamente la paliza un teniente de apellido Pérez, uno de los jefes subalternos del SIM (el principal era el coronel Irenaldo García Báez, tan asesino como su padre, el general Pilar García). El teniente tenía puesto un traje de "frescolana", de blanco impecable, como el que acostumbraban usar los oficiales matones cuando no estaban de uniforme (los políticos ostentosos preferían el dril cien).

Me rompieron la cabeza por varios lugares —me contó Enrique— *y parece que en uno de ellos estaba localizado un vasito que empezó a sangrar profusamente. Sentía cómo esa sangre me inundaba la cara. Fue una oportunidad que aproveché para girar violentamente y dirigir el chorro hacia el traje blanco del teniente Pérez, que quedó salpicado en buena parte. Le dejaba así un buen recuerdo, que nada le agradó porque salió disparado del cubículo como poseído por el diablo.*

A pesar de lo terrible del momento, Enrique apeló a un recurso muy ingenioso. Cuando le preguntaban que quién le había dado el paquete de propaganda, contestaba: "fue Felipe". Y de ahí no salía. Lo repetía y repetía. No se podían imaginar que Felipe era su propio nombre clandestino. El doctor Ascanio hubiera sido el único que habría podido establecer un nexo entre ese nombre y Enrique porque lo conoció como Felipe cuando recibió el paquete de propaganda. Pero, por suerte, el doctor Ascanio no estaba presente. Habían dado por cierta su declaración de que él no tenía nada que ver con el paquete cuando delató a Mas Martínez en el aeropuerto. Y lo dejaron libre.

Al implicar a alguien —específicamente, *Felipe*— en la operación, Enrique se identificaba como un factor de segunda fila, no directamente responsable de la misma. Cumplía con lo que querían de él, una delación. Al mismo tiempo, los despistaba. Una ocurrencia brillante de Enrique. Pero, por alguna razón que nunca llegó a saberse, posiblemente la indiscreción de algún pariente interesado por los detenidos, ya la gente del *SIM* sabía que *Fefa* era la hermana de Lila. Y en un momento del brutal interrogatorio salió a relucir la conexión familiar.

"Sabemos que la hija de puta de tu cuñadita anda suelta por ahí. Dinos donde está, cabrón", le dijeron a Enrique. Les contestó lo que menos esperaban.

—No, —respondió— ella no está por aquí. ¿Cómo se llama ese lugar donde ella está? ¡Ah! Ya me acuerdo, la Sierra Maestra. Vayan allá a buscarla.

Enfurecidos, los matones redoblaron la golpiza y uno de ellos, utilizando una vara de hierro forrada en piel le dio un golpe por el cráneo que lo tiró al piso. A punto de perder el sentido, oyó decir: "Déjalo, déjalo, que lo has matado", lo que Enrique aprovechó para que se lo creyeran.

—Fíjate —me dijo, continuando su relato— que la camisa que tenía puesta quedó despedazada por los golpes. Terminó en el piso, hecha jirones llenos de sangre. No es que me la quitaran. Fue desapareciendo poco a poco.

—¿Qué tiempo los tuvieron en el *SIM.*? —le pregunté.

—Bueno, nos detuvieron el 15 de diciembre y el 28 nos trasladaron a la prisión. Después de la golpiza inicial no me volvieron a dar. Parece que quedaron convencidos de que *Felipe* era el principal responsable de todo. Les iba a ser muy difícil localizarlo.

El coronel Luna, salvador

Había otro factor que de seguro tuvo mucho que ver con que no siguieran torturando a Enrique. Un colega, enterado de lo que había pasado, se comunicó de inmediato con la dirigencia del Colegio Médico Veterinario, para que se hicieran gestiones oficiales a favor de los detenidos. El Colegio le pidió a uno de sus miembros, el teniente coronel Bernardo Luna, jefe del Servicio de Veterinaria Militar, que intercediera por Enrique y *Fefa*. El interés del coronel en ayudar tenía un propósito adicional al de solo defender a dos compañeros de profesión. Era cuñado de Petra, lo que lo hacía tío político de *Fefa*. El teniente coronel Luna —para nosotros *Lunita*, oficial honorable— fue al *SIM* e hizo todo lo posible por entrevistarse con el coronel García Báez, quien se valió de mil excusas para no recibirlo. Pero es de suponer que su presencia, interesándose por los detenidos, influyera en la suspensión del trato cruel que estaban recibiendo.

Fefa seguía narrando sus desventuras.

No supimos de Enrique hasta el momento en que nos fueron a trasladar del SIM a las cárceles en un mismo vehículo. Te podrás imaginar lo que fue para mí saber que Enrique estaba vivo. Me parecía mentira, después de haberlo llorado tanto. Nos abrazamos y todo lo que le decía era: "¡estás vivo, estás vivo!".

Fue una gran sorpresa para Enrique ver a su hermana involucrada en la penosa experiencia, al lado de *Fefa* y rumbo a la cárcel. Lo que menos podía imaginarse. Fuera del trompón que le dieron cuando gritó lo de "asesinos" y cayó al piso, a Élida no le habían vuelto a dar. En el *SIM*, hombres y mujeres permanecían en lugares diferentes y no había comunicación. Ahora, aunque brevemente, podían verse. Los hombres serían dejados en la prisión del Castillo del Príncipe y las mujeres en la Cárcel de Mantilla. Aprovecharon el recorrido para intercambiar impresiones y anteponer el amor a la tensión del momento con abrazos prolongados, hasta que el carro celular llegó al Príncipe para dejar a Enrique. La despedida tuvo que ser corta. Comenzaba para ambos un nuevo episodio de separación e incertidumbre.

En la Cárcel de Mantilla

Había en Mantilla una veintena de mujeres revolucionarias tras las rejas. Allí *Fefa* se enteró de que no era la única que tenía esposo o novio en el Príncipe. Había varias. También supo que no era ella quien había sufrido los mayores rigores de la tortura. Algunas, como Pilar Saa (novia de un estudiante cuyo nombre de guerra era *Morúa*, asesinado en la escalinata de la Universidad) tenía en la cabeza huellas recientes del terrible "torniquete". La tortura consistía en retener un mechón de cabellos con una palo corto y girarlo lentamente hasta arrancar los pelos de sus raíces, cuyo dolor era indescriptible. Eso explicaba que la mayoría de las compañeras de *Fefa* en la prisión, según ella, estaban "media calvas".

La cárcel no fue tan terrible como podía esperarse. Era una casona de dos plantas, con las presas comunes en el segundo piso y las políticas en la planta baja. Tenía varias habitaciones que servían de celdas, pero sin barrotes y un amplio patio al fondo. Su única entrada tenía una posta permanente de dos custodios. El jefe de la prisión, al decir de *Fefa*, era un teniente de la Policía que vestía de civil y siempre las había tratado con mucha consideración y respeto, al extremo de avisar con antelación cuando iba a inspeccionar las habitaciones, para que estuvieran debidamente vestidas.

Había dos abogadas que diariamente se interesaban por ellas sin cobrar nada por sus servicios. Eran las doctoras Margot Aniceto y Dora Rivas, que les llevaban alimentos y ropa que procuraba *Resistencia* para que nada les faltara. La doctora Aniceto recibió una extraña encomienda: la de comprar, con dinero recolectado por las presas, una caja de pañuelos finos de la tienda *El Encanto*, con la letra M bordada, para hacer un regalo. ¿Regalo de las presas? ¿Para quién?

Las revolucionarias, en agradecimiento al teniente, que se llamaba Manuel Pérez, habían acordado hacerle un regalo con motivo de su santo, que sería ese primero de enero. Gracias a un pequeño radio que habían introducido clandestinamente meses atrás y a primeras horas de la mañana, se enteraron por Radio Caracas de la fuga de Batista, noticia que desencadenó entre ellas una reacción simultánea de escepticismo y alegría. Tuvieron entonces que hacerle frente a una situación inesperada. Ante la noticia, el teniente sacó su pistola en aparente gesto suicida —¿teatro?— lo que la intervención de ellas aparentemente impidió, convenciéndolo de que él no tenía nada de qué preocuparse ante el cambio de gobierno, por lo bien que siempre las había tratado. Y que podía estar seguro de contar con ellas para defenderlo.

Tampoco el doctor Enrique Molina la pasó muy mal en el Príncipe. En la prisión se hacían matanzas de animales para alimentar la población penal, lo que exigía la presencia de un veterinario. Este, al detectar a su colega Molina entre los presos, le procuró un catre para que durmiera mejor y se encargó también de conseguirle alimentos no incluidos en la dieta carcelaria. El cambio de situación en el país se habría de producir en sólo días. Con él llegaría la libertad, por lo que las privaciones que la estadía en prisión pudo haberles ocasionado a *Fefa* y Enrique, nunca serían comparables a las golpizas infligidas en las cámaras del *SIM*.

El relato detallado de tales desventuras me hizo reflexionar sobre lo afortunado que yo había sido al evadir la represión batistiana. Ver a *Fefa* y Enrique en CMQ ese primero de enero, después de tantas calamidades y sin saber de ellos, era el mejor regalo que podía recibir cuando todavía no sabía a ciencia cierta en qué iba a parar la fuga de Batista. Otras sorpresas me esperaban.

Barquín y Hart en Columbia

A la Ciudad Militar de Columbia llegaban, alrededor de las diez de la noche de ese primero de enero, procedentes del presidio de Isla de Pinos después de haber sido liberados, el coronel Ramón Barquín y numerosos exoficiales del Ejército que cumplían condenas por conspirar contra Batista. Lo acompañaba el joven doctor Armando Hart, dirigente del *M-26-7*, también liberado junto a otros combatientes del Movimiento, entre ellos Mario Hidalgo y Quintín Pino. Para la militancia clandestina de La Habana, la presencia de Barquín en Columbia significaba el control de los remanentes de las fuerzas armadas por oficiales de demostrada convicción democrática. Su vertical oposición a Batista como jefe de una conspiración militar llamada "de los puros", abortada el 4 de abril de 1956, lo hacía confiable (según muchos investigadores, el único complot militar que registra la historia para la instauración de un gobierno civil). Además, para nosotros era también tranquilizante la presencia de Armando Hart en el más importante campamento militar de la nación. Sus credenciales revolucionarias garantizaban la consolidación del triunfo insurgente.

El que Barquín estuviera en Columbia no era producto de la voluntad del general Cantillo, como se creyó en un principio. Cantillo estaba en una encrucijada: había conspirado con Fidel Castro para derrocar a Batista y, al mismo tiempo, quería serle fiel al dictador. Gozaba de respeto en ambos bandos. Pero, a la hora de la verdad, prefirió seguir las últimas instrucciones de un Batista en fuga, asumiendo la jefatura del Ejército y tratando de instaurar al magistrado Piedra en la Presidencia. Entre esas órdenes estaba la de no permitir la liberación de Barquín y sus compañeros en "la conspiración de los puros". Si el Coronel estaba en Columbia, según el propio Barquín relata, era porque dos oficiales afines a ellos, Carlos Carrillo y Ricardo Montero Duque, se apropiaron de un DC-3 en la base aérea de la Ciudad Militar y después de aterrizar en Isla de Pinos se dirigieron a la penitenciaría, arrestaron a punta de pistola y maniataron al supervisor del penal, se apoderaron de las llaves y les abrieron las puertas de la libertad.

Por sus antecedentes de hombre íntegro y patriota, con un expediente militar e intelectual envidiable, Barquín resultaría la mejor opción para una transición pacífica entre el ejército profesional y las huestes rebeldes. El prestigio del Coronel venía avalado por su ejecutoria como profesor en la Escuela de Cadetes y otras instituciones militares. Había sido también director de la Escuela Superior de Guerra y delegado de Cuba ante la Junta Interamericana de Defensa, radicada en Washington.

Tan pronto Barquín llegó a Columbia, al general Cantillo no le quedó otra opción que pasarle el mando del Ejército. La formación cívica del Coronel le impediría seguir otro camino que no fuera reconocer el ímpetu del movimiento revolucionario y ponerse a las órdenes del presidente provisional de la República, doctor Manuel Urrutia Lleó, elegido, a iniciativa de Fidel Castro, por las entidades insurreccionales y opositoras que habían suscrito en Caracas un pacto de unidad revolucionaria. Barquín también hacía hincapié en su disponibilidad para el retiro si así se decidía. En todo momento, hacía énfasis en no constituir un obstáculo para lo que determinara la jefatura revolucionaria.

Lo primero que hizo el Coronel tan pronto sustituyó a Cantillo fue tratar de comunicarse con Fidel Castro para informarle que estaba dispuesto a entregarle el mando, invitándolo a presentarse en la Ciudad Militar cuando lo deseare, donde sería recibido como el jefe indiscutible de las fuerzas armadas. A pesar de sus reiterados esfuerzos para comunicarse con el jefe rebelde, era evidente que el Comandante estaba eludienco todo contacto directo con él.

Situación algo extraña. Yo no creía que el coronel Barquín, dado su historial, pudiera constituir un obstáculo para que el movimiento revolucionario asumiera el poder. De igual modo pensaban mis compañeros del *26* y *Resistencia*, que sabíamos que a Barquín le sobraba inteligencia para reconocer que la avalancha revolucionaria era imparable. Fidel Castro, desconfiado, prefería ignorarlo, mientras concentraba sus esfuerzos en ocupar y consolidar su presencia en Santiago de Cuba y declararla capital de la República. Hasta cierto punto, podían aceptarse como razonables las precauciones del jefe rebelde. Aparentemente, temía que el triunfo revolucionario no estuviera todavía suficientemente afianzado y surgieran impedimentos de última hora en la zona occidental. Pero al final de ese primero de enero, nadie en contacto directo con La Habana, hubiera sido capaz de pensar que el triunfo del *M-26-7* pudiera ser escamoteado, dado el vigoroso apoyo popular que se ponía de manifiesto en la capital de la República. Y mucho menos con un Ramón Barquín al mando de Columbia. La victoria del principal movimiento revolucionario estaba asegurada. Y un soldado o policía en la calle sería visto como enemigo por un pueblo enardecido. Razón principal del vacío en que se sumía a la Capital en lo referente al orden público.

El poder de la clandestinidad

Es posible que Fidel Castro ignorara realmente el poderío de la clandestinidad en La Habana y su capacidad de movilización ante una emergencia. Guerrilla urbana que estaba paralizando totalmente cualquier intento de conducir a la nación por vertientes no contempladas en los planes revolucionarios, como intentaba hacer la sucesión dejada por Batista. El propio Fidel Castro, cerca de año y medio atrás, había reconocido su sorpresa ante el "formidable respaldo de masas" evidenciado en el conato de huelga espontánea desatado al ser asesinado en Santiago de Cuba, a fines de julio de 1957, el Coordinador Nacional del *M-26-7*, Frank País.

Después del fracaso de la huelga general convocada por el *M-26-7* el 9 de abril de 1958 y quedar sus cuadros dirigentes en precario, en la Sierra Maestra prevaleció la impresión de que el Llano (como eran conocidas las fuerzas revolucionarias que no pertenecían a las milicias serranas) había sido herido de muerte. Fue un duro golpe, pero no al grado en que se quiso hacer ver. Los compañeros caídos, los apresados y los que buscaron refugio en la Sierra para evadir la represión de la dictadura fueron prontamente sustituidos. El Movimiento de Resistencia Cívica tuvo sus bajas, pero nunca al extremo de que tuviera que dejar de funcionar eficientemente. Lo demostraba no sólo la eficacia de su propaganda y de sus labores de suministro y de recaudación de fondos después de la huelga frustrada. También se había logrado organizar un frente insurreccional en la provincia de la Habana (la más difícil de todas por su nada favorable geografía) que comenzó a funcionar en el mes de diciembre de 1958, semanas antes de la fuga del dictador. A este frente se le dio el nombre de Ángel Ameijeiras (*Machaco*), un valiente compañero del Llano caído en un enfrentamiento con las fuerzas represivas. En su breve tiempo de operación, el frente guerrillero tendría un mártir para recordar: José Garcerán, capitán jefe de la Columna Ameijeiras. Garcerán fue abatido por el Ejército cuando, junto al teniente Enrique Barroso y cerca de veinte rebeldes, intentaban dinamitar un puente de la carretera central.

La capital de la República, lógicamente, era la plaza principal para consolidar el triunfo. Hasta ese momento podía decirse, sin temor a exagerar, que el Llano la tenía bajo control. Al final del día, todos los edificios públicos, incluyendo los ministerios, las estaciones de policía y las dependencias de la Marina de Guerra, estaban en manos de militantes del *26* y *Resistencia*. La única autoridad visible en la ciudad estaba constituida por los grupos de ciudadanos armados que patrullaban las calles. Unos, con sus uniformes de miliciano, confeccionados y guardados por *Resistencia* a la espera del momento oportuno. Otros, sin uniforme y actuando por la libre. Pero, unos y otros, respondiendo al patriotismo inspirador y contagioso que resonaba en los radios y televisores que se mantenían encendidos todo el tiempo. ¿Hasta cuándo podríamos prolongar los resultados de lo que estábamos haciendo? Creíamos que no por mucho tiempo. Habíamos asumido la responsabilidad de controlar la ciudad más importante de Cuba y tratábamos de evitar el peligro más directo y peligroso: la posible formación de turbas desenfrenadas atentando contra vidas y propiedades. Y a nuestro entender, la presencia cuanto antes de Fidel Castro en La Habana llenaría ese vacío de poder que amenazaba con convertir la Capital en arena de sangre y fuego desde el mismo momento en que Batista abandonó el país.

En una reseña de esos primeros días, publicada en la página 710 del *Diario de la Revolución Cubana*, de Carlos Franqui, Fidel Castro señalaba:

> *Cuando yo oí las estaciones en el aire, hablando libremente, de repente todos en la calle, comprendí que estaba totalmente derrocado el régimen, que la Revolución triunfaba; era lo que hacía falta [...] El servicio prestado por las radioemisoras fue extraordinariamente útil en la batalla final, que fue la última victoria de la Revolución, una victoria en que han participado no sólo los combatientes sino también el pueblo, los trabajadores, las clases vivas, la prensa.*

Ese reconocimiento a las emisoras no se conciliaría con la posterior confiscación de todas ellas, en menos de dos años, por orden del "agradecido" jefe revolucionario. Pero la verdad es que lo que aportaron las estaciones de radio fue, únicamente. el tiempo de transmisión, lo que, por supuesto, era de estimar. De inmediato, prácticamente todas las plantas se unieron a la cadena radial y televisiva de manera voluntaria, sin presiones de ninguna clase. Pero todo lo que salía al aire, lo que el pueblo escuchaba, no era producto de la espontaneidad ni de la programación local. Era obra de las secciones de propaganda de *Resistencia* y del *M-26-7*, con el apoyo indispensable de Jorge Bourbakis, jefe de noticias de CMQ. Y la cobertura nacional no hubiera sido posible sin la importante decisión de *Mateo* (Vicente Báez) de poner las emisoras radiales y de televisión en cadena.

En el momento del triunfo y siendo la única fuente de orientación constante que tenía el país, convocamos, con el talentoso grupo de colaboradores que pudimos movilizar, a la sensatez y responsabilidad ciudadanas, impidiendo las acciones de violencia y venganza que hubieran podido surgir en circunstancias tan inseguras, que amenazaban con inundar de sangre La Habana. El mensaje de paz y seguridad llegó al corazón del pueblo. Y gané para el resto de mis días la tranquilidad de conciencia de haber sido parte de un grupo que contribuyó a salvar, en un momento tan peligroso para la Nación, un eventual sinnúmero de vidas.

De izq. a der., la doctora *Fefa* Alonso, su hermana Ángela *Lila* Alonso y el doctor Enrique Molina repasan con el autor en Miami, en 2011 eventos donde los tres fueron torturados en la lucha contra Batista. (Foto Emi Guede)

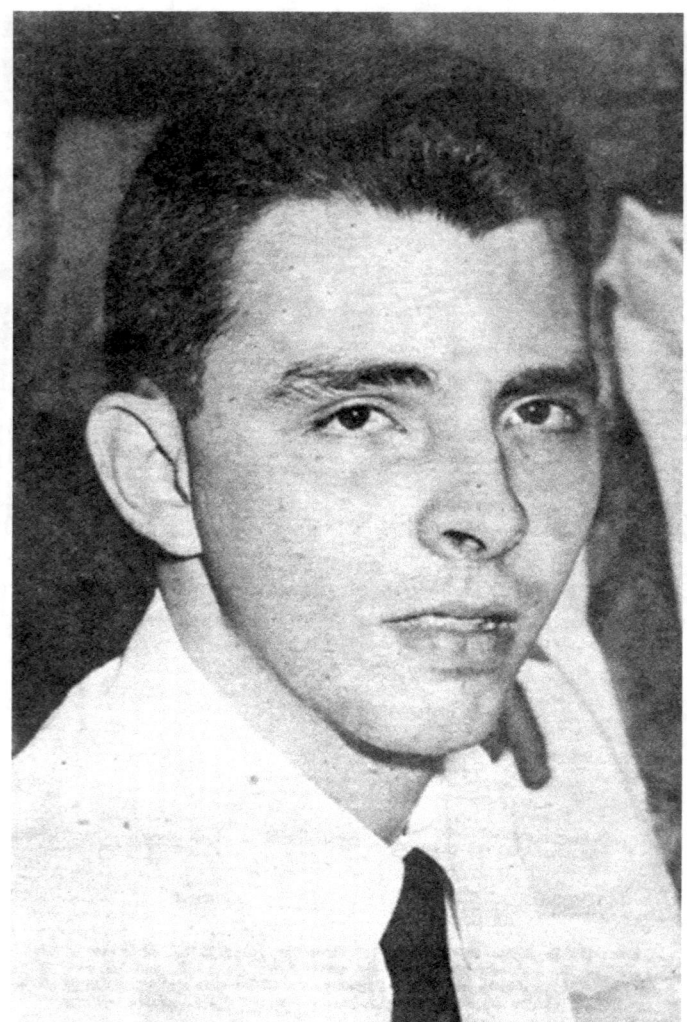

Frank País, extraordinario líder nacional del Movimiento 26 de Julio, fundador del Movimiento de Resistencia Cívica, asesinado a los 22 años por la dictadura de Batista. Sin su inmediato apoyo en hombres y armamentos al exiguo grupo de Castro en la Sierra, la guerrilla, prácticamente, hubiera sido liquidada.

CAPÍTULO 2
OTROS DÍAS DIFÍCILES DE ENERO

Nueva comandancia revolucionaria

En las primeras horas del viernes 2 de enero la comandancia revolucionaria se estaba trasladando de CMQ al Palacio de los Deportes, bajo la dirección inicial del comandante Víctor Paneque (*Diego*), exjefe de acción del *M-26-7* de Santa Clara, que se encontraba clandestinamente en la Capital como sustituto del comandante Delio Gómez Ochoa. Este último, procedente de la Sierra Maestra, había sido designado jefe de acción del *M-26-7* en La Habana después del conato de huelga del 9 de abril de 1958. Ante el peligro que entrañaba el trabajo clandestino y para protegerlo, al poco tiempo Gómez Ochoa era llamado de nuevo a la Sierra por Fidel Castro.

Por CMQ, los mensajes y programas que habíamos preparado continuaban sin interrupción. El noticiero, ya con más material en la medida en que se desenvolvían los acontecimientos, informaba sobre todo lo positivo, evitando noticias y comentarios que pudieran servir de emulación a los perpetradores de fechorías, que muy bien pudieran surgir de simples delincuentes o de exaltados dispuestos a lo peor en nombre de la revolución. Uno de esos intentos fue el de incendiar el edificio del *Diario de la Marina*, el decano de la prensa cubana, siempre identificado con las tendencias conservadoras. Al recibir la confidencia, mandé de inmediato un grupo de milicianos, de los que custodiaban la entrada de CMQ, para que protegieran sus instalaciones, con lo que pude abortar la amenaza. La libertad de prensa e información era una promesa básica del movimiento revolucionario y había que garantizarla. Además, yo creía en el contrapeso ideológico. Y en el debate de las ideas. Desde ese punto de vista, el *Diario de la Marina* desempeñaba un rol necesario. Era una publicación nada proclive al sensacionalismo. No podía acusársele de nexos con la dictadura. Si se proclamaba la restauración de la libertad de prensa como uno de los principales objetivos revolucionarios, no podía permitirse que se atentara contra un rotativo que, aunque sus posiciones no fueran necesariamente las preferidas del movimiento insurgente, habían sido mantenidas a un nivel de seriedad acreedor al respeto.

La prensa revolucionaria en la calle

Las milicias del *M-26-7* habían ocupado en la tarde del primero de enero los talleres del diario *Alerta*, una de las publicaciones al servicio de Batista. Su director, Ramón Vasconcelos, era un brillante periodista que se había hecho notorio por su volubilidad política. Tránsfuga impenitente, militó primero en las filas conservadoras, después en el Partido Ortodoxo de Eddy Chibás (de base socialdemócrata) y decidió, finalmente, pasarse al bando de Batista después del golpe militar de marzo de 1952, en cuyo gobierno fungió como ministro sin cartera. Las milicias revolucionarias ocupaban también el periódico *Mañana*, cuyo propietario y director había solicitado asilo político. Los hermanos Emilio Martínez Paula y Luis (fotógrafo que acababa de regresar de la Sierra) asumían su dirección. El dueño de *Mañana* estaba también estrechamente vinculado a la dictadura depuesta.

Esa misma noche, bajo la dirección de Ricardo Cardet, miembro de la Sección de Propaganda del *M-26-7*, las prensas de *Alerta* se ponían de nuevo a funcionar, pero esta vez para un nuevo periódico, que saldría a la luz pública a la mañana siguiente, el 2 de enero, sin las dificultades ni peligros de la impresión secreta. Como estandarte de libertad, sería el primer número no clandestino de *Revolución*, órgano oficial del Movimiento 26 de Julio, que hasta ese momento había circulado secretamente, con limitadas páginas y con riesgos compartidos por los que lo escribían, imprimían y leían. Dando las primeras noticias del triunfo insurreccional, *Revolución* convocaba al pueblo a un acto masivo de apoyo al *M-26-7*, en el Parque Central, señalado para las cuatro de la tarde de ese 2 de enero.

El mitin estaba siendo organizado por el Frente Obrero Nacional (FON), brazo laboral del *M-26-7*. Su máximo dirigente, David Salvador, salido de la prisión del Castillo del Príncipe el día anterior, sería el orador principal. David era un compañero de rico expediente clandestino, que incluía una breve y fructífera estadía en la Sierra Maestra. Su mensaje, en lo que sería el primer acto masivo de la revolución, estaría centrado en la liquidación de la dirigencia obrera corrupta que se había sometido a Batista después del golpe militar del 10 de marzo. Insistía, también, en el mantenimiento de la huelga general mientras no estuviese instalado el gobierno provisional revolucionario del presidente designado, Dr. Manuel Urrutia Lleó.

En los mismos términos se expresaron otros líderes obreros del Llano, como Alfredo Rancaño y Jesús Soto. Cuando Octavio Louit (*Cabrera*, su nombre clandestino), que se encontraba en la tribuna, fue mencionado, recibió una estruendosa ovación. Se trataba de un dirigente ferroviario de Guantánamo y del FON que había permanecido durante seis semanas en los cuartos de tortura de la Quinta Estación de Policía. Allí fue sometido a los más bárbaros abusos bajo la supervisión personal del más notorio de los jefes de la represión, el teniente coronel Esteban Ventura Novo. *Cabrera* no soltó prenda a pesar de las torturas.

También esa tarde estaba llegando Manolo Ray de la Sierra Maestra. Fui citado para una reunión urgente con él y los restantes compañeros del ejecutivo de Resistencia, de nuevo en la casa de Ignacio Mendoza. Salí de CMQ cerca de las nueve de la noche, con el alumbrado público sin funcionar y fui por mi auto, que tenía estacionado en la calle O entre 21 y 23. No había avanzado dos cuadras cuando fui interceptado por un grupo de jovenzuelos (el mayor no representaba ni quince años), con dos de ellos portando escopetas. Me dieron el alto y no pude evadirlos porque me bloquearon el paso. La oscuridad era casi absoluta y el peligro que implicaba enfrentarse a una muchachada posiblemente incapaz de escuchar razones lo tenía bien presente. En lugar de una confrontación con agentes del dictador en fuga, tenía que preocuparme por un grupo de muchachitos desordenados, de los que podía esperarse cualquier cosa.

Me dijeron que saliera del vehículo, amenazándome con las escopetas y les dije, en mi mejor tono autoritario, pero calmado, que no era necesario porque estaban frente a un revolucionario. Los vi indecisos y les pregunté que quién era el jefe del grupo. Mencionaron el nombre de un "coronel" (evidencia de que actuaban por la libre, ya que el máximo grado insurrecto era el de comandante). Fingí aceptar la respuesta como válida y les dirigí un pequeño discurso, para salir del paso, sobre la importancia de lo que estaban haciendo para defender la revolución. Los dejé sin habla y aproveché la coyuntura para que me abrieran paso. Me quedé pensando cuántos incidentes como ese debían de estar ocurriendo, sobre todo en La Habana, con resultados quizás menos favorables.

Encuentro con Manolo Ray

Cuando llegué a casa de Mendoza, ya estaba allí Manolo Ray. La huida de Batista lo había sorprendido en Manzanillo. De allí, un compañero del Movimiento lo había llevado en su avión particular a Rancho Boyeros, después de una parada cerca de Varadero para reabastecerse de combustible.

El encuentro con Manolo Ray fue muy emotivo para todos nosotros. ¡Al fin podíamos conversar sin temores, sin tener que escondernos! Nuestro Secretario General nos puso al tanto de lo tratado en la Sierra días antes, que carecía de significación ante el nuevo escenario que presentaba el país. Uno de los principales acuerdos había sido la integración organizacional de *Resistencia* al *M-26-7*, con una sola dirección. Cada uno de nosotros le informó lo que estábamos haciendo, así como nuestra percepción del curso de los acontecimientos. Ray mostró preocupación al conocer la toma del Palacio Presidencial y Radio Progreso por miembros del Directorio Revolucionario, pero en ningún momento manifestó hostilidad hacia ellos. Sentía un gran respeto por sus dirigentes y las acciones realizadas por la organización. *Resistencia Cívica* no sólo coordinaba sus actividades con el M-26-7. Cooperaba también con el Directorio Revolucionario y el Segundo Frente Nacional del Escambray, de Eloy Gutiérrez Menoyo. En la reunión, todos fuimos bien concisos, por lo que no se prolongó innecesariamente. Cada cual tenía una misión que cumplir. De regreso a CMQ, me informó un compañero que me estaban llamando por teléfono. Pregunté que quién era.

—Es de la embajada americana —me dijo.

—Diles que no estoy.

Sigue la tensión

Mi respuesta a la llamada de la Embajada nada tenía que ver con un rechazo. Era sólo que no me sentía preparado para sostener un diálogo con ellos así, de repente. Dadas las circunstancias, tenía que ser algo serio y me sentía impotente para resolver lo que se me pudiera plantear. El país estaba desarticulado y los recursos a nuestro alcance eran muy limitados. Llamé a Ira Wolfer, un americano compañero de *Resistencia*. Le pedí que estuviera pendiente por si se repetía la llamada. Su condición de ciudadano de Estados Unidos podía servir de puente para hacer el contacto con los diplomáticos de la Embajada de la mejor manera, ya que existía la percepción en las filas revolucionarias —razonable hasta cierto grado, pero injusta en otros aspectos— de que la totalidad del gobierno norteamericano era pro Batista. El personal de la Embajada estaría impuesto, con toda seguridad, de esa animosidad. También necesitaba a Ira de intérprete, para reforzar mi inglés de bachillerato —nada del otro mundo— para estar seguro de lo que pudiéramos hablar.

Poco después de mi conversación con Ira, sentí un tiroteo. Procedía de la esquina de 23 y M. Me asomé por una ventana del tercer piso de CMQ para ver lo que estaba ocurriendo. El alumbrado público no funcionaba. A veces, muy tenue, como con bajo voltaje. Vi un auto en posición diagonal, detenido y con las luces encendidas. La puerta del asiento del chofer estaba medio abierta y de ella salía un cuerpo inerte, con la cabeza en el pavimento. Otro de los ocupantes salía del carro, por la puerta trasera, gritando: "*No tiren, no tiren, somos amigos*". De nada valió. Cayó abatido por una segunda descarga y lo mismo ocurrió con un tercer pasajero. De inmediato, tres de los milicianos que custodiaban CMQ fueron en auxilio de los heridos, metiéndolos a duras penas en el vehículo para conducirlos a un centro de emergencias. Luego me enteré de que llegaron muertos.

Al bajar supe la causa de la masacre. Todo había sido un trágico error. Los tres muchachos, parte de esas milicias espontáneas que, con gran entusiasmo, patrullaban las calles, habían ocupado un auto del Servicio de Inteligencia Militar. Y cometieron la imprudencia de montarse en él, sin reparar en que podían ser confundidos con agentes de ese cuerpo represivo. La oscuridad y la precipitación de un recién llegado hicieron el resto. Los disparos provinieron de un alzado en la Sierra del Escambray, del grupo del comandante Eloy Gutiérrez Menoyo, que fueron los primeros guerrilleros en llegar a La Habana. Sin estar al tanto de la situación de que a esas alturas era imposible que un vehículo identificado como de la dictadura pudiera estar tripulado por sus agentes, el soldado rebelde se confundió y la emprendió a tiros con los muchachos. Dramas como ese eran los que estábamos tratando de evitar. El trágico suceso me movía a intensificar al máximo la labor que nos habíamos impuesto.

No tenía otra opción que pasar la noche en CMQ. A pesar de lo agitado del día y el triste suceso que acababa de presenciar, encontré el sueño en una cómoda butaca de cuero que me serviría de cama. No me dormí sin antes percatarme, con íntima satisfacción, de una realidad histórica: las milicias del *M-26-7* y *Resistencia* tenían tomada la capital de la República. Miles de uniformes y brazaletes del *26*, como por arte de magia, se veían por doquier. Habían permanecido ocultos en los hogares de la militancia clandestina. Era evidente que ninguno de los oficiales nombrados por el general Cantillo había cumplido órdenes ante el empuje arrollador del vendaval revolucionario y la presencia inesperada de las milicias en las calles de La Habana. El Ejército y la Policía se habían esfumado.

Esa tarde llegaba a Columbia el comandante Camilo Cienfuegos, entre vítores de los propios soldados del ejército regular. De inmediato, el coronel Barquín le hacía entrega de la jefatura del Ejército. Horas más tarde, en la madrugada del sábado 3 de enero, el comandante Ernesto (el *Che*) Guevara tomaba posesión de la fortaleza de La Cabaña, que bordeaba la entrada de la bahía. La segunda en importancia de las instalaciones militares.

Turistas en desgracia

A eso de las tres de la madrugada del 3 de enero me despertó una llamada y cogí el teléfono. Lo que menos esperaba. Para mi sorpresa, era de la embajada americana. No quise evadirlos de nuevo. Respondí dando mi nombre. Mi interlocutor se identificó como John Topping, secretario político de la Embajada. Me dijo, con la mayor de las cortesías, que necesitaba hablar conmigo urgentemente. No creí prudente negarme. Quedamos en vernos a las siete y media de la mañana en su oficina, no lejos de CMQ.

Para cumplir con la cita llamé a Ira Wolfer y le dije que me recogiera a las siete y cuarto, lo que hizo con puntualidad. Vino con dos brazaletes del *M-26-7*, de los que había hecho su esposa Angelita, también compañera de *Resistencia*, para ser usados en el momento oportuno. Con ellos puestos, Ira y yo hicimos nuestra entrada en la Embajada.

John Topping vino a recibirnos. Se trataba de una persona de aspecto agradable y, como todo diplomático, muy protocolar en el trato, sin aspavientos ni efusión. En el recorrido por el vestíbulo hacia la oficina vimos una serie de turistas muy serios y preocupados, con evidentes muestras de cansancio. Nos miraban sin el menor asomo de cordialidad. Más bien, con miedo. Topping nos llevó a una oficina donde nos esperaba Daniel M. Braddock, que era, como consejero general, el segundo funcionario de la Embajada. El embajador Earl E. T. Smith no estaba presente y habría de renunciar unos días después. Entramos en materia.

El problema que nos presentaron era que había alrededor de 700 turistas norteamericanos varados en La Habana, sin posibilidades de regreso por la paralización provocada por la huelga general y la suspensión de casi todos los servicios públicos. Querían saber qué podíamos hacer nosotros para facilitar, a la mayor brevedad, su regreso a Estados Unidos. Venía en camino un barco de pasajeros, el

City of Havana, procedente de Cayo Hueso, para recoger a los americanos. La Embajada, además, estaba dispuesta a movilizar los aviones que fuesen necesarios para la evacuación, de hacerse esta a través del aeropuerto.

Les expliqué que, por tratarse de una organización clandestina, los miembros del Movimiento y sus dirigentes teníamos un conocimiento limitado de quiénes eran realmente los militantes y no estábamos seguros de que lo fueran las personas que estaban asumiendo responsabilidades oficiales provisionalmente. También les dije que no existía ningún tipo de documento o carnet para identificarnos, lo que hacía difícil coordinar cualquier operación como la que ellos necesitaban. Tanto los muelles, como el aeropuerto, estaban supuestamente ocupados por milicianos y no podía prever sus reacciones, por lo que nada podía garantizarles. También les expresé que, en cuanto a mí, estaba en la mejor disposición de ayudarlos, pero que no podía tomar la decisión por mi cuenta y necesitaba consultarla con los compañeros de la dirección del *M-26-7* antes de proceder en firme. Ira y yo nos despedimos de Braddock y Topping, después de comprometernos a mantenernos en contacto.

Lo primero que hice al regresar a CMQ fue hacer contacto con el aeropuerto de Rancho Boyeros para tantear las posibilidades de evacuación de los turistas por esa vía. Me pusieron al teléfono a Tito Hermida, el jefe revolucionario del aeropuerto. Le di todos los detalles. Lo encontré muy dispuesto a cooperar. Quedamos en reunirnos al mediodía en el mismo aeropuerto, incluyendo a John Topping, cuya presencia era indispensable.

Ira llamó a Topping, quien aceptó vernos en Rancho Boyeros. Tito Hermida y yo no nos conocíamos, lo que no impidió que nos diéramos el más efusivo de los abrazos. Su reacción fue de cooperar al máximo para que los turistas pudieran irse cuanto antes. En virtud de la importancia de su posición, Tito Hermida estaba en contacto con el campamento militar de Columbia y le pedí que me comunicara con algún miembro de la Dirección Nacional que se encontrara allí para conseguir la autorización que necesitábamos. Me puso al habla con David Salvador. Le expliqué a David la situación, recalcándole que no tenía sentido prolongar la angustia de los turistas. Añadí que facilitar su salida era una oportunidad de demostrar la buena voluntad de la revolución hacia Estados Unidos. Insistí en que se trataba de visitantes que no habían tenido ningún tipo de participación política y tenían mucho miedo de que pudiera ocurrirles algo. Le aclaré que la operación no implicaría ningún costo para el gobierno revolucionario. La Embajada se comprometía a correr con todos los gastos.

Encontré a David en una actitud muy positiva y dijo que continuáramos con los arreglos para la evacuación. Resuelto esto, procedimos a discutir los detalles de la salida. Había entusiasmo y, al parecer, todo marcharía sobre ruedas.

Hart da marcha atrás

Creo que no pasarían ni diez minutos cuando entró una llamada de Columbia. Era de nuevo David, comunicándome que Armando Hart, de la Dirección Nacional del *26*, se oponía a la salida de los turistas. Argumentaba Hart que venían a Cuba a disfrutar de la buena vida mientras una dictadura oprimía al pueblo y que no había ninguna prisa en facilitar la evacuación. En otras palabras, tenían que ser castigados.

Esperar que el turista tenga conciencia política y se preocupe por el estado de los derechos humanos en el país que visita es pedir lo imposible. De ser así, no irían a un lugar donde tuvieran lugar esas violaciones, como ocurre en la Cuba de hoy, con españoles y canadienses mayormente. La Alemania nazi y la Italia fascista fueron blancos de intenso turismo y lo mismo hubiera pasado en la Unión Soviética de haberlo permitido Stalin. Castigar a los turistas por haber ido a Cuba bajo una dictadura no me parecía razonable. Cualquier va al país que se le ocurra si ello no compromete su seguridad personal. Su presencia no implica, necesariamente, que apoye al gobierno de la nación que visita. Una cosa es una campaña para que no se visite un país bajo una dictadura y otra penalizar a los que lo han hecho.

Esa marcha atrás provocada por Hart me indignó. Me parecía totalmente pueril y fuera de lugar en un compañero que siempre se había destacado por cierta mesura y profundidad en sus planteamientos. A pesar de no conocerlo personalmente, admiraba su valentía y tenacidad en la lucha. Si la negativa hubiera surgido desde un principio habría sido más aceptable. Con lo que no podía estar de acuerdo era que se hubiera dado primero una autorización y después revocarla, lo que nos ponía en una situación incómoda ante el representante de la Embajada y daba la sensación de falta de seriedad en el liderato revolucionario, aparte de que las razones aducidas para la contraorden carecían de fundamento.

Además, era un hecho cierto que, a pesar de la percepción general, dentro del gobierno estadounidense y aún de su embajada en

Cuba, había simpatizantes de la causa contra Batista. ¿Qué se ganaba con entorpecer una operación cuya connotación humanitaria era más que evidente? Yo no veía ninguna relación entre prolongar la angustia de unos turistas atraídos por las playas de Cuba y el lógico resentimiento que una gran parte de la militancia revolucionaria abrigaba hacia el gobierno norteamericano por su apoyo militar a Batista.

La pronta evacuación de los turistas era una buena oportunidad para demostrar que el movimiento revolucionario estaba más inclinado al entendimiento que a la confrontación, nada aconsejable por tratarse del principal socio comercial de Cuba. Aparte de que el fomento turístico que era de prever en los planes revolucionarios, que contemplaría el flujo de norteamericanos como el de mayor volumen, se podría ver afectado por una acción tan innecesaria como contraproducente.

Ira Wolfer estaba decidido a proceder con la evacuación, a pesar de la negativa de Armando Hart. Yo no se lo iba a impedir. Se trataba de sus compatriotas y era entendible. Me dijo que entre *Viqui* Molina y él podrían hacerse cargo de la operación si yo lo veía bien, contando, por supuesto, con el visto bueno de Tito Hermida. El sí de Tito fue inmediato y la evacuación quedó, desde entonces, en manos de ellos. Yo seguiría con los trámites de autorización sin perjuicio de lo que ellos pudieran ir adelantando para preparar la salida. Como nadie en La Habana quería asumir la responsabilidad de dar oficialmente el permiso, se designó al doctor Julio Duarte, uno de los dirigentes de *Resistencia*, para que se dirigiera a Santiago de Cuba y obtuviera la autorización del comandante Raúl Castro.

Cuando llegó la autorización de Raúl Castro a la Capital ya no había un solo turista en la Isla. Dos días antes, una impresionante caravana de decenas de vehículos, con cientos de americanos por pasajeros, escoltados por milicianos de *Resistencia* bajo la dirección de *Viqui* y Wolfer, llegaba al aeropuerto de Rancho Boyeros. Así, en varios vuelos movilizados por el gobierno de Estados Unidos, salían de la incertidumbre los potenciales castigados de Armando Hart.

El Comandante, sin prisa

A raíz del 3 de enero me parecía extraño que Fidel Castro no se trasladara a Columbia por avión para hacerse cargo del mando de las Fuerzas Armadas y normalizar la situación del país, caótica por varias razones. El orden público no podía garantizarse a plenitud, a pesar de que nuestros esfuerzos por controlarlo (a través de los avisos y consignas por radio y televisión y la valiosísima labor de las milicias del Llano) estaban dando excelentes resultados. La huelga general, aunque el suministro de electricidad se mantenía parcialmente, estaba afectando de modo alarmante la adquisición de comida y la transportación. Aunque el paro no funcionaba plenamente a lo largo de la Isla, en La Habana causaba estragos. En CMQ recibíamos constantes llamadas y visitas de madres desesperadas que no tenían leche para sus niños, particularmente bebés. Nuestra respuesta era que había que tener paciencia, que pronto se resolvería todo. Lo único que podíamos decir. La presión era tremenda.

En la Dirección Provincial del *26* y en la de *Resistencia* se comprendía que había que protegerse de un intento de golpe de Estado después de la fuga del dictador —única razón de la huelga general— pero las circunstancias iban cambiando radicalmente y a paso acelerado. Era ya evidente que la suspensión de la huelga en nada iba a facilitar un asalto inesperado al poder, que no asomaba por ninguna parte. ¿Por qué no cancelarla? No levantar la huelga prolongaba innecesariamente el sufrimiento de la población y en La Habana sus consecuencias eran patéticas. Todas las presiones iban dirigidas a los que estábamos en CMQ, reconocido como el único centro revolucionario en posición de escuchar quejas y hacer algo por resolver los problemas.

El doctor Manuel Urrutia, Presidente Provisional

El proceso de consolidación revolucionaria continuaba en la Capital a paso acelerado. El mismo día 3 tomaba posesión de la presidencia provisional de la República el doctor Manuel Urrutia Lleó. Se trataba del juez que presidió el tribunal que juzgó a los combatientes clandestinos que se alzaron en Santiago de Cuba el 30 de noviembre de 1956 y a los expedicionarios que desembarcaron dos días después por el sur de Oriente con Fidel Castro y cayeron prisioneros. El doctor Urrutia tuvo la valentía, en un voto particular, de ratificar el alegato del abogado defensor, doctor Lucas Morán, de que lo hecho por los acusados estaba amparado por la Constitución. Era un voto particular, contrario al veredicto condenatorio de los otros dos magistrados que integraban el tribunal. Dada la represión imperante, esa decisión le ganó la admiración y el reconocimiento de las fuerzas revolucionarias. Fue designado, a instancias de Fidel Castro, como candidato oficial del *M-26-7* para la presidencia provisional de la República al triunfo de la insurgencia. En julio de

1958 se reunieron en Venezuela los representantes de todos los sectores revolucionarios y suscribieron el Pacto de Caracas, que creaba, como instrumento de unidad contra la dictadura de Fulgencio Batista, el Frente Cívico Revolucionario. Días después, el 11 de agosto, el Frente ratificada la designación del doctor Manuel Urrutia para la importante posición. Los dirigentes de *Resistencia* en La Habana tuvimos la oportunidad de reunirnos clandestinamente con él antes de que partiera hacia Caracas.

No fue fácil la toma de posesión del magistrado Urrutia. El Directorio Revolucionario seguía ocupando el Palacio Presidencial y se negaba, en principio, a darle curso a la ceremonia. Una comisión fue designada para parlamentar con los dirigentes del Directorio, encabezados por el comandante Faure Chomón. La integraban los recién nombrados miembros del gabinete revolucionario doctor José Miró Cardona, primer ministro; ingeniero Manuel Ray, de Obras Públicas, y los doctores Roberto Agramonte, de Estado y Luis Buch, Secretario de la Presidencia y del Consejo de Ministros. Las conversaciones dieron como resultado que el Directorio accediera a abandonar el edificio y no entorpecer el juramento del doctor Urrutia.

Favorable situación, al 3 de enero

Las 33 federaciones de la Confederación de Trabajadores de Cuba y todos sus sindicatos estaban ya bajo el control de la Sección Obrera del *26*. Los más connotados jefes de la represión que no pudieron escapar del país con sus criminales socios estaban siendo apresados, quedando en custodia de las milicias del Llano. Todas las emisoras de radio y televisión permanecían en cadena bajo el control del M-26-7 y el único periódico que circulaba era *Revolución*.

La designación de Santiago de Cuba como capital de la República, hecha por Fidel Castro desde el primer momento, para bloquear cualquier intento de impedir el acceso del *M-26-7* al poder, ya no parecía necesaria. A esas alturas, era totalmente imposible que se produjera un golpe de Estado capaz de frustrar un triunfo que ya apoyaba masivamente la población. Si ésa era la situación del país al tercer día de la fuga del dictador, que los combatientes clandestinos percibíamos como firmemente consolidada a nuestro favor, seguíamos haciéndonos la pregunta de por qué Fidel Castro no acababa de llegar a La Habana.

Me parecía que el extraordinario sentido de la propaganda del jefe rebelde se imponía sobre otras consideraciones de urgencia mayor. Por muchas que fueran las presiones que otros tuvieran que soportar y las potenciales consecuencias de su demora en arribar a la capital de la República, centro del poder, Fidel Castro parecía decidido a no desaprovechar una apoteósica y espectacular entrada a la Capital. La configuración alargada de la Isla lo favorecía. Día a día se hacía más ansiada su llegada. Un recorrido de varios días con paradas en ciudades y pueblos entre Santiago y La Habana iba creando una caravana imponente de miles de seguidores, incluyendo centenares de "casquitos" armados, en uniforme de campaña (jovenzuelos reclutados a última hora por Batista que parecían ahora soldados del ejército rebelde). Las paradas le daban al héroe del momento la oportunidad de discursos triunfales y contacto directo con las masas. El convoy de la victoria contaba hasta con tanques que jamás se vieron en la Sierra, capturados después del desplome de la dictadura. Lo que venía por la carretera central era verdaderamente impresionante: el ejército revolucionario que nunca existió.

En la Dirección Provincial del 26 no nos parecía prudente esa manera de enfatizar el triunfo, por la necesidad de la presencia inmediata de Fidel Castro al timón del proceso en La Habana. La suspensión de la huelga, así como la estabilización del orden público, eran inaplazables. Pero no podíamos hacer otra cosa que sumarnos a lo decidido por el Comandante, aunque no nos complaciera su demora. Si su plan era llegar a La Habana más tarde de lo que creíamos conveniente, no íbamos a dejar de contribuir en lo que estuviera a nuestro alcance para que su entrada en la Capital fuera de una magnitud memorable.

Una nueva sorpresa

La noche de 3 de enero, uno de los milicianos destacados en CMQ llegaba agitado a mi oficina provisional para decirme que Juan Nilo Otero, el jefe del grupo que custodiaba la estación, estaba en apuros y requería urgentemente mi presencia en el vestíbulo. Bajé corriendo.

Otero era un joven corpulento que cualquiera llamaría gordo si no fuera por lo musculoso y fornido. De mediana estatura y unas 250 libras, trabajaba como ejecutivo de Sabatés, S.A., una compañía cubana vinculada a la multinacional Procter & Gamble, empleo que acreditaba su eficiencia y lo hacía respetable. Era un verdadero atleta, experto en jiu-jitsu y karate. Y admirado porque despedazaba con las manos, en su total grosor, una guía telefónica. Pero su mayor virtud no eran sus hazañas deportivas sino su dimensión humana, presta siempre al servicio de sus amigos. Había sido el último presidente de la Sociedad Espeleológica (a la cual yo pertenecí durante diez años). Grupo que, apenas sin recursos, no sólo exploraba cuevas. También realizaba excavaciones arqueológicas y tenía en su haber la fundación, en un espacio de la antigua muralla de La Habana, de un modesto museo de piezas aborígenes halladas por sus miembros en antiguos asientos indígenas.

En la mañana del primero de enero Juan Nilo Otero se había aparecido en CMQ, junto a otro compañero espeleólogo, César García del Pino. Ambos venían armados y de uniforme verde oliva. Eran miembros de *Resistencia Cívica*, lo que yo desconocía. Por la confianza que tenía en Otero y su experiencia ejecutiva, lo encargué de la dirección de las milicias que custodiaban la entrada de la estación, integradas mayormente por miembros de *Resistencia*.

Un comunista en La Cabaña

El problema que requería mi presencia en la entrada de la estación era una orden de detención contra Otero y García del Pino, firmada por el *Che* Guevara. ¿Cómo podía explicarse semejante incongruencia? ¿Otero y García del Pino detenidos como si fueran batistianos? Hablé con los tres soldados rebeldes que portaban la orden, tratando de convencerlos de que se trataba de un error. Inútil. El nerviosismo de mis dos amigos era evidente. Y no era para menos. La inestabilidad del país sugería la posibilidad de errores que pudieran costar vidas. Ir a La Cabaña sin saber por qué y a merced de sabe Dios qué factores era preocupante.

En la conversación con los soldados uno mencionó cierto nombre. Nada menos que "capitán Núñez Jiménez". ¿*Ñico* Núñez, capitán? ¿De dónde había salido? Siempre había pensado que mi amigo y compañero de la Espeleológica, doctor Antonio Núñez Jiménez, debía de haber sido uno de los primeros en acudir a las montañas de Oriente para unirse a los rebeldes. Había explorado la zona del Pico Turquino y áreas colindantes. Era autor de una Geografía de Cuba. ¿Quién mejor para asesorar a la guerrilla que un geógrafo que había recorrido una buena parte de Cuba, incluyendo zonas montañosas de la provincia de Oriente? Núñez no era identificable como batistiano. Todo lo contrario. En una ocasión me dijo que los batistianos lo estaban buscando. ¿Por qué, entonces, no lo veía incorporado a los rebeldes en la Sierra? Según creía, porque mi amigo Núñez Jiménez era comunista. Y éstos, aparentemente, no tenían cabida en las filas revolucionarias, además de que los seguidores cubanos de Stalin habían estado criticando sistemáticamente al *M-26-7*.

Al surgir el nombre del flamante capitán se me aclaró algo el panorama. Dos o tres miembros de la Espeleológica habían denunciado ante el BRAC (Buró de Represión de Actividades Comunistas) a Núñez Jiménez como comunista. Esa acción, además de implicar colaboracionismo con la dictadura podía, eventualmente, comprometer la seguridad física de Nuñez. El BRAC era una invención de la dictadura para congraciarse con Estados Unidos en tiempos de la guerra fría, con escaso éxito en su misión por los vínculos que en el pasado mantuvieron los líderes marxistas cubanos con su antiguo protector, el general Batista. Contactos que nunca dejaron de funcionar después del cuartelazo del 10 de marzo. Característica muy cubana ésa, la de dejar al lado el odio y tenderle la mano al oponente. Del propio Núñez Jiménez se nos decía que estaba protegido por Santiago Rey Pernas, un prominente político conservador, muy vinculado a Batista. Algo de eso habría cuando mi amigo *Ñico* ejercía una cátedra de Geografía de Cuba en la Universidad de Las Villas sin ser molestado, a pesar de su conocida militancia comunista.

Núñez Jiménez declararía años después que sus contactos con Fidel Castro provenían de sus tiempos estudiantiles en la Universidad de La Habana. Identificaba al Comandante como ya simpatizante del marxismo por aquella época. De cualquier modo, a Núñez se le brindaba la ocasión de sumarse al carro de la victoria en calidad de oficial rebelde, aunque careciera de méritos de lucha. Magnífica oportunidad esa de llegar a capitán de sopetón, sin haber disparado un tiro ni exhibir un expediente de lucha clandestina.

Se me presentaban dos problemas. La preocupación por la súbita emergencia dentro del ejército rebelde de un conocido comunista y el incierto destino de dos compañeros leales al movimiento revolucionario, cuya suerte podía depender de un capricho. Al parecer, Núñez Jiménez quería vengarse de la denuncia de comunista de sus antiguos compañeros y creía involucrados en esa acción a Otero y García del Pino, quienes no habían tenido nada que ver con el desagradable asunto. Yo no podía evitar la detención de ellos ni tenía comunicación con La Cabaña. Lo único que estuvo a mi alcance fue decirles que, dada su inocencia en la posible imputación, no tenía dudas de que todo sería esclarecido y nada les pasaría. Afortunadamente, así fue.

De la Sierra del Escambray a El Vedado

Esa noche decidí ir a mi taller clandestino para dormir —lo añoraba— en una cama. De la calle M a la 8, por la avenida 23 no era mucho el recorrido y quería regresar a CMQ bien temprano. La contraseña para identificarse entre los revolucionarios era "26-13" (26 de julio, ataque al Moncada y 13 de marzo, ataque al Palacio). La ciudad seguía a oscuras y fui interceptado al nivel del Instituto del Vedado. Como dije, los rebeldes de Eloy Gutiérrez Menoyo lo habían ocupado y hecho su cuartel general. Dado que, dentro de las circunstancias, era muy raro un vehículo en las calles, tuve que sufrir un registro bastante molesto, a pesar de la contraseña. Y unos metros después, otro. Llegué, al fin, a mi ansiado remanso de paz. Esperanza vana. Apenas pude dormir. Para mi sorpresa, fue la peor de las noches vividas desde mi incorporación a la clandestinidad. Paradójicamente, ocurría en un momento en que ya no tenía que preocuparme por los peligros de la lucha, cuya evocación me asaltaba con frecuencia al ponerme en contacto con la almohada en mis días de subversión. La tensión y la incertidumbre de esos primeros días de triunfo revolucionario no me dejaban conciliar el sueño, contrario a lo que pude haber imaginado.

En las primeras horas de la mañana del día 4 me dirigí a CMQ. Encontré todo bajo control. Estaba desesperado por ver a Elenita. A pesar de su corta edad —doce años— mi pequeña había pasado por terribles experiencias, desde presenciar las dos capturas de su madre por las fuerzas represivas hasta saberla víctima de maltratos en las cuevas del terror batistiano. Quería también expresarle mi gratitud y cariño a Petra, mi exsuegra, por su dedicación a Elenita. Petra había sufrido mucho por lo hecho a sus dos hijas. Fue un encuentro emocionante. Abuela y nieta estaban —era de esperar— muy contentas. El triunfo había llegado. Y con todos vivos. Ya *Fefa* estaba en su casa y Lila, de regreso de la Sierra, se encontraba en el Palacio de los Deportes, el cuartel general revolucionario provisional. De Luyanó, fui a casa de Alicia García, la bella compañera de trabajo que había aceptado el riesgo de ser mi novia, siempre solidaria con mis actividades clandestinas, pródiga en brindarme el confort espiritual que demandaba la entrega a una causa peligrosa y triste. Eran muchos los compañeros caídos. Alicia había sido mi refugio, un apoyo que necesitaba desesperadamente en la incertidumbre constante de la lucha clandestina. Tanto ella, como su familia, de madre excepcional (Alodia González, viuda joven que consagró su vida a criar seis hijos) estaban muy felices por el cambio de régimen y no tener que preocuparse más por mi seguridad.

De regreso a CMQ, decidimos suspender la transmisión en cadena para que cada estación retornara a su programación habitual. El orden público había mejorado y la policía revolucionaria, aunque exigua, podía verse ya en las calles.

Encuentro con Franqui

Ese 4 de enero llegaba a La Habana Carlos Franqui, el director de Radio Rebelde, con una de las barbas más largas de la Sierra. Asumía de nuevo la dirección del periódico *Revolución*, esta vez sin los peligros y desazones de la clandestinidad. Coordiné con él un programa para esa noche, a ser televisado desde las oficinas del periódico, para que el pueblo conociera lo que era Radio Rebelde, la emisora insurrecta que mantenía la confianza en el triunfo trasmitiendo desde la Sierra los movimientos guerrilleros y mensajes esperanzadores de lo que sería la revolución al llegar al poder. Llamé a Silvano Suárez, escritor de *Siboney*, para que me ayudara en el aspecto de lo que se conoce como continuidad. Y me fui con los camarógrafos de CMQ y Silvano a realizar las entrevistas.

Allí estaban Violeta Casals, Orestes Valera, Ricardo Martínez y Jorge Enrique Mendoza, los cuatro locutores de la estación serrana. Iba de uno a otro constantemente, haciéndoles preguntas, para conservar un ritmo ágil en el programa. Por supuesto, el testimonio más elocuente sería el de Franqui, protagonista en los dos principales escenarios de la lucha, el Llano y la Sierra. Mientras tenían lugar las entrevistas y yo estaba fuera de cámara, chequeaba a ratos con Silvano. Temía que el programa resultara muy largo y llegara a aburrir. A las dos horas de transmisión decidí terminarlo. Cuando regresé a la estación, me informaron de infinidad de llamadas pidiendo que continuara. Otras, protestando por su brevedad. Mi consideración por el público, ante el temor de aburrir, resultó en su frustración. Quizás desestimé la avidez del auditorio por conocer, en boca de sus protagonistas, el mundo legendario de la Sierra Maestra.

Al día siguiente encontré el espacio para ver a mi padre. Estaba afuera cuando me vio llegar, en el pasillo del pequeño apartamento que me había servido de refugio en la etapa clandestina. Corrimos a abrazarnos. Me apretaba fuertemente, llorando. También yo. Nunca pensé en lo angustiado que debía estar al no saber de mí. No tenía teléfono. Había oído de muertos en las calles. Pensó que yo podía estar entre ellos, al no tener noticias mías. Eulogia, mi madrastra, me recibió como si fuera su hijo. Nunca me perdonaré no haber tenido en cuenta las preocupaciones de ambos, entregado, como estaba, a los trajines insoslayables de aquellos días.

La bienvenida al Comandante

Aunque seguíamos pensando en lo innecesaria de la demora de Fidel Castro en llegar a la Capital, nada podíamos hacer por apresurarla. En vista de que parecía prolongarse unos días más, la dirección del *M-26-7* consideró que debía hacerse algo para realzar su entrada en La Habana. Fui comisionado para preparar unos anuncios, vallas, cruzacalles y volantes a manera de bienvenida, en nombre del *26*.

Cité al mejor talento creativo de Cuba, por segunda vez (la primera había sido para preparar las menciones y programas de emergencia que controlarían el orden público). Nos reunimos en Publicitaria Siboney, mi antigua oficina y centro de producción de propaganda clandestina. Había una tremenda urgencia de confeccionar un lema o *slogan* que viniera al caso, dado el poco tiempo que teníamos para producir las vallas comerciales y cruzacalles, así como los volantes a ser lanzados desde avionetas. El grupo estaba integrado, entre otros, por Carlos Irigoyen Sierra, su hermano José Caíñas Sierra, el director de arte Jesús Forjans y los escritores de novelas radiotelevisivas José M. Carballido Rey, Marcos Behmaras, Iris Dávila, Dora Alonso y Roberto Garriga. Incorporé también a otros ejecutivos de los departamentos Creativo y de Arte de *Siboney*.

Aunque parezca increíble, de las ideas presentadas en la reunión ninguna parecía gozar del consenso del grupo ni respondía a mi visión de lo que debía hacerse, a pesar de que todos estábamos haciendo el mejor esfuerzo. Pero el tiempo apremiaba y después de un prolongado parto mental para encontrar el gran lema, que no surgía por ninguna parte, todos convinimos en que la mejor opción, aunque no totalmente satisfactoria, era lo sugerido por Caíñas Sierra: *De una Revolución limpia a gobernar con honradez*. Estaba establecido que, dada la corrupción pública prevaleciente hasta entonces, la honestidad administrativa era de por sí una verdadera revolución en Cuba. Eso hacía aceptable lo sugerido por Caíñas para poner en producción, de inmediato, los materiales de la campaña.

No quería confinar los anuncios a la cuestión tipográfica únicamente. Quería ilustraciones que representaran el sentir del Movimiento. ¿Qué mejor, entonces, que poner las imágenes del jefe rebelde y el presidente provisional, el juez. Manuel Urrutia, una a cada lado? ¿No sería ésa la forma ideal de responder a lo pregonado por el jefe del *M-26-7*? Fidel Castro siempre había hecho énfasis en el carácter civilista y democrático de la revolución, dando a entender, de paso, que no tenía ambiciones de poder. Teniendo presente esas consideraciones dispuse, finalmente, que todos los impresos tendrían ambos retratos, dibujados a línea, el de Fidel Castro a la derecha y el del presidente Urrutia en el lado opuesto, con el lema en el centro y "Movimiento 26 de Julio" al pie.

Quedaba por hacer lo más complicado. Lograr la producción gratuita de los cruzacalles y volantes y organizar su distribución, así como conseguir los espacios de las vallas comerciales y su impresión gigantesca. La cooperación fue generosa e inmediata. Los cruzacalles serían hechos gratuitamente por la Compañía Litográfica de La Habana, así como los impresos para las vallas. Los volantes se harían en el taller de Artes Gráficas, también como una donación.

Llamé a un buen amigo, José Díaz Velarde, presidente y dueño de Vallas, S.A. para que nos diera todos los espacios que tuviera disponibles. Al mismo tiempo, Díaz Velarde se encargaría de solicitar vallas a anunciantes que estaban bajo contrato, quienes cederían sus espacios para que nuestro anuncio se superpusiera al de ellos. Conseguí dos pilotos, con sus avionetas, para que se encargaran de lanzar miles de volantes del anuncio. De haberse pagado todo lo aportado por las empresas y personas que cooperaron gratuitamente, calculé que la campaña hubiera costado alrededor de 150,000 pesos, equiparados entonces al dólar. Una verdadera fortuna por aquellos tiempos.

Cientos de voluntarios se encargaron de difundir los materiales. Los empleados de las diferentes compañías que estaban cooperando daban el máximo de su esfuerzo para cumplir a tiempo con las entregas. El *M-26-7* recibía a su líder con lo mejor que podía en tan críticas circunstancias, anunciándole al pueblo su compromiso firme de darle a Cuba lo que siempre había anhelado: gobernar con honradez.

Fidel Castro en la Capital

La multitud aplaudía delirante al paso del líder revolucionario en su entrada a La Habana. Yo preferí verlo todo por televisión. La cobertura de las cámaras, posicionadas inteligentemente, me permitía ver el espectáculo en una dimensión muchísimo más completa que la que obtendría de estar situado en cualquiera de los puntos del recorrido. En el campamento militar de Columbia todo estaba preparado para el gran mensaje. El Comandante iba a pronunciar su principal discurso de la victoria. Era de noche y algunas palomas blancas, de origen desconocido, revoloteaban alrededor de la tribuna desde donde se dirigía a todo el pueblo el carismático líder. Una de ellas se le posó en el hombro. Una Cuba encantada veía en ello un presagio mágico de paz.

Detrás de Fidel Castro estaba un jefe guerrillero prácticamente desconocido para la generalidad del pueblo: el comandante Camilo Cienfuegos. Su presencia en esa tribuna no era producto de la casualidad. Su jerarquía, desde el punto de vista militar, podía haber sido inferior a la de otro jefe rebelde, el *Che* Guevara, pero al ser este asignado a La Cabaña, quedaba supeditado jerárquicamente a Camilo. El *Che*, como en Cuba solía llamarse cariñosamente a los argentinos, presentaba dos inconvenientes para Fidel Castro: era marxista declarado y no había nacido en Cuba. Así que lo indicado era aprovechar esa oportunidad para dar a conocer, desde un principio, a un jefe guerrillero de su confianza que, por su aspecto y personalidad de "cubanazo", fuera capaz de captar la simpatía popular. Camilo Cienfuegos llenaba a plenitud esos requisitos y fue mencionado varias veces en su discurso. Pero para resaltar aún más su presencia, no había mejor modo que, de alguna manera, dirigirse a él mientras el discurso procedía. Así que Fidel Castro volvió la cara hacia donde él se encontraba, algo detrás de él, para hacerle una pregunta. La mayoría de la gente entendió lo que nunca dijo: *¿Voy bien, Camilo?* Los que eso creyeron escuchar no necesitaban más para concluir que el mencionado comandante era todo un personaje. Si Fidel Castro, con todo el carisma del momento y las condiciones personales que se le atribuían, le preguntaba a alguien si estaba conduciendo bien su discurso era porque se trataba de una persona de su máxima confianza, capaz de llamarle la atención por algo dicho incorrectamente. Una especie de mentor político, cuya opinión era de extrema importancia. Si alguien entendió otra cosa de la pregunta de Fidel Castro, o no entendió nada, las dudas serían disipadas por un titular de primera plana del semanario *Zig-Zag*, en caracteres bien destacados, que habría de salir poco después: ¿VOY BIEN, CAMILO? Desde entonces, para todo el mundo, eso fue lo que Fidel Castro preguntó y no lo que en verdad dijo.

Así surgió uno de los grandes mitos de los muchos que habrían de gestarse después de la instalación de Fidel Castro en el poder. Mi compañero de trabajo en Publicitaria Siboney y reconocido ingeniero de sonido, Pedro Misner, me dio su versión de lo que realmente pasó.

Mísner estaba colaborando con CMQ Televisión, al pie de la tribuna, en el momento que Fidel Castro se viró hacia Camilo y le hizo la pregunta. Según Mísner, cuya seriedad no podía ponerse en duda, lo que preguntó el Comandante fue: *¿Se oye bien, Camilo?* y no lo que decía *Zig-Zag*. La confusión se producía al hablar mirando casi hacia atrás, alejándose algo el orador del micrófono que sostenía en su mano. Camilo, al escuchar la pregunta, no tenía otra opción que asentir con la cabeza, porque escuchaba bien lo que estaba preguntando su jefe: cómo se estaba oyendo. Se ha dado por cierto y repetido que Camilo contestó: *Vas bien, Fidel.* Pura invención, porque con un micrófono unidireccional como el que tenía Fidel Castro en la mano, no existía la menor posibilidad de que pudiera captarse lo que dijera alguien a la distancia que los separaba que, sin ser aparentemente mucha, lo era a esos efectos. Es obvio que el Comandante trataba de destacar la presencia de Camilo al dirigirse a él. Pero los que han tenido oportunidad de conocer bien a Fidel Castro, ególatra impenitente, saben que nunca hubiera llegado al extremo de preguntarle a un compañero si iba bien o no en lo que estaba diciendo. Y muchísimo menos en público.

Pero a partir de entonces y en virtud de lo que se creyó escuchar, Camilo habría de convertirse en objeto de adoración de un pueblo que estaba siendo hipnotizado por la palabra subyugante de un nuevo salvador que, según parecía, no tenía a menos buscar públicamente la aprobación de un compañero de inferior jerarquía en lo que estaba diciendo. En la mente popular, Camilo, hasta entonces prácticamente desconocido por la generalidad del pueblo, sería imaginado como el gran consejero, el hombre que guiaba los pasos del presunto redentor.

"Armas, ¿para qué?"

Mientras Fidel Castro estuvo avanzando hacia la Capital, había ocurrido un hecho inquietante. Miembros del Directorio Revolucionario sustraían centenares de armas y miles de balas de la base aérea de San Antonio de los Baños, situada en la provincia de la Habana. Se sabía que el *Directorio*, con respetable historia insurgente, no veía con buenos ojos a Fidel Castro. Lo demostraban sus ocupaciones de Radio Progreso y el Palacio Presidencial, en contradicción con las acciones militares que, dos semanas antes, había coordinado el comandante Rolando Cubela, del *Directorio*, con el *Che* Guevara para la toma de Santa Clara. El robo de las armas era una acción totalmente desatinada y reñida con lo que el país esperaba de las fuerzas revolucionarias, que era la paz y no las confrontaciones entre sí. Hábilmente, Fidel Castro capitalizó esas ansias de paz, haciéndola el punto central de su discurso en Columbia, repitiendo en varias ocasiones el estribillo de "Armas, ¿para qué?"

Los argumentos del Comandante fueron tan convincentes que la devolución de las armas no se hizo esperar. La enorme presión pública generada por el discurso dejaría muy mal parado al Directorio Revolucionario.

La importancia del Movimiento

En ese su primer gran discurso, habría de darse una de las poquísimas veces que el jefe rebelde haría mención del Movimiento 26 de Julio. Y lo hizo reiteradamente, pero siempre, sin excepción, refiriéndolo a la lucha en la Sierra, sin vincularlo a la clandestinidad. Sólo un breve párrafo dedicó a la lucha clandestina en las ciudades:

> *En La Habana no había ninguna Sierra, pero hay cientos de muertos, de compañeros que cayeron asesinados por cumplir con sus deberes revolucionarios.*

¿Y por qué esa repetida alusión al Movimiento, aunque limitada a la lucha en la Sierra? ¿Sería para dar a entender que el valor protagónico en la lucha contra Batista le correspondía, casi exclusivamente, al *26 de Julio*, su propia creación? Así se anticipaba a cualquier reclamación de compartir el poder, que pudiera surgir del Directorio Revolucionario —que ya lo estaba demostrando— o de cualquier otra organización insurreccional. Sería también, quizás, la única vez en su larga trayectoria que Fidel Castro haría mención del verdadero reinicio histórico de la lucha armada contra Batista. Sus primeras palabras:

> *Yo sé que al hablar esta noche aquí se me presenta una de las obligaciones más difíciles, quizás, en este largo proceso de lucha que se inició en Santiago de Cuba el 30 de noviembre de 1956.*

En esa fecha, dos días antes del desembarco del *Granma*, las milicias del *M-26-7*, bajo la dirección de Frank País, habían tomado brevemente algunas dependencias oficiales de Santiago de Cuba, en una operación para distraer al Ejército y propiciar un exitoso arribo de la fuerza expedicionaria que venía de México con Fidel Castro a la cabeza. Por lo mal planificado del desembarco y contingencias de última hora al producirse este, ambas acciones no pudieron coincidir. Pero la cronología histórica dejó perfectamente establecido que una heroica acción del Llano, el ataque a instalaciones de la dictadura en Santiago, fue anterior a la presencia guerrillera en la Sierra Maestra.

Mucho se ha dicho y escrito sobre la apoteósica llegada de Fidel Castro a La Habana aquel 8 de enero, cubierta gráficamente desde muchos ángulos. Una manifestación popular de esas dimensiones, evidentemente, tenía que ser producto de un plan minuciosamente trazado. Abelardo Iglesias, un destacado anarquista español que residió en Cuba y que tuve la oportunidad de conocer, dio en el clavo al aseverar que ese recorrido multitudinario de 900 kilómetros desde Oriente era totalmente innecesario. Coincido con él. Al 8 de enero, el *M-26-7* controlaba ya todos los instrumentos de gobierno, administrativos y militares. El poder revolucionario llevaba días de consolidado. No tenía sentido entrar en La Habana en pose de vencedor. Iglesias comparaba la llegada del Comandante a la Capital con la famosa "Marcha sobre Roma" de Benito Mussolini, realizada con sus *camisas negras* un día después de haber formado gobierno. Ya tenía el poder. No era necesario el teatro. No dudo que su homólogo cubano, ávido lector de dictadores —según sus biógrafos— estuviera inspirado en ese antecedente histórico para montar su impresionante caravana de la victoria, despliegue ostentoso sin otro objetivo que magnificar la figura de un nuevo mandamás.

¿Secretario de Prensa del Presidente?

En esos turbulentos días, poco después de la llegada de Fidel Castro a la Capital, Luis Buch, nombrado Secretario de la Presidencia, me pidió que asumiera la dirección de la Oficina de Prensa e Información del Palacio Presidencial. Es decir, secretario de prensa del Presidente. Buch insistía en que esa posición debía de estar en manos de un miembro del Movimiento. Carlos Franqui, Responsable Nacional de Propaganda, era de la misma opinión. Ambos me urgían a que aceptara.

En realidad, no tenía interés en ese cargo, que me situaba en el plano de narrador de un proceso en el que prefería ser actor. Tampoco contemplaba la posibilidad de trabajar dentro de la revolución en algo relacionado con el cine y la fotografía, en las que había estado muy activo y constituían mi principal fuente de ingresos. Me sentía inclinado hacia alguna función cuyos frutos tuvieran una significación superior —confieso que equivocado— a la que le concedía al cine. Estaba muy orientado hacia el servicio social, por mis experiencias en ese campo cuando trabajé (ver

Capítulo 4) en un organismo que administraba 33 instituciones asistenciales. Y también me atraía la publicidad de la obra revolucionaria, para lo cual podía aportar alguna experiencia.

Pero cualquier trabajo en el gobierno presentaba para mí una tremenda desventaja. El sueldo que podría devengar sería bastante inferior —menos de la mitad— al que percibía en Publicitaria Siboney más una entrada adicional que recibía de la Standard Oil por la filmación de un documental sobre la ampliación de su refinería en Regla. Mi preocupación no residía en la ambición natural de retener un nivel de ingresos generoso. Estaba acostumbrado a la vida austera y a sufrir escaseces. Pero una disminución en mis entradas afectaría a mi hija, incluyendo sus estudios. Y repercutiría en el sustento de mis hermanas, dependientes en cierto grado de lo que yo pudiera ofrecerles.

A pesar de todo, acepto

Así que, a manera de deber, acepté la oferta de Buch. De ese modo, en lugar de reintegrarme a mi trabajo en la agencia de publicidad, entré en funciones oficiales sin haber sido aún nombrado. Fui instalado en una amplia oficina frente al Palacio Presidencial, detrás de la Iglesia del Ángel, sede principal de los periodistas que hasta el 31 de diciembre habían estado a sueldo de la dictadura. Mi primera acción fue encararlos.

Tenía que ser cuidadoso y establecer la diferencia entre estar destacado como periodista en una oficina del gobierno representando a un periódico y la de ser escribiente asalariado de un dictador. Existía una Asociación de Reporters de Palacio donde se daban ambas situaciones y me di a la tarea de averiguar quién era quién. Supe que en el grupo había figurado el hermano del poeta estalinista Nicolás Guillén, suspendido en su empleo sólo por el parentesco. Cuando pregunté por él se impuso el silencio. No me parecía justa esa acción y ordené su restitución en el cargo. También dispuse la cesantía de las plumas de alquiler al servicio de la dictadura y de todo periodista que recibiera adicionalmente sueldos de otros ministerios, lo cual era frecuente en Cuba pero ilegal.

Un cuadro semejante de corrupción periodística se presentaba en todas las dependencias del gobierno, donde un mismo reportero aparecía con sueldos en varios ministerios. Impulsé, en los ministerios de Obras Públicas y Salubridad, la misma limpieza de periodistas corruptos que inicié en Palacio. Recomendé para la jefatura de los departamentos de prensa e información de esos ministerios a profesionales competentes y honestos. En Obras Públicas, a Arturo Díaz García, expresidente de la Sociedad Espeleológica y profundo conocedor de la geografía cubana. En Salubridad, a Eduardo Rey Chilía, publicitario y productor de televisión, que había cursado hasta el cuarto año de Medicina.

En mi primera reunión con el doctor Urrutia en el Palacio Presidencial lo encontré evasivo, como si no estuviera muy de acuerdo en que yo fuera su secretario de prensa. Era lógico. No era una persona de su confianza, por mucho que el *M-26-7* me respaldara. Y consideraba razonable su prevención. Se supone que el que ocupe ese cargo, escudo ante la opinión pública, sea alguien designado por el propio Presidente, no impuesto por factores ajenos a su voluntad. Me sentía incómodo, como creo que debía estarlo también el Presidente. No tardé en enterarme de que el doctor Urrutia tenía en mente para esa posición a un periodista exiliado que había conocido en Venezuela, de apellido Pérez. Me di cuenta de que no valía la pena seguir ejerciendo un cargo cuando ni el Presidente ni yo estábamos de acuerdo. Decidí permanecer en la posición provisionalmente, para ocuparme de ciertos preparativos con vista a una concentración nacional frente al Palacio Presidencial el 21 de enero, convocada por el gobierno revolucionario. Una vez cumplido ese compromiso, me sentiría en libertad de encaminar mis pasos en otras direcciones.

De nuevo, Núñez Jiménez

A mediados de enero recibí en mi oficina la visita de Ramón Dacal Moure, excompañero de la Espeleológica. Venía en uniforme militar, con dos barritas de primer teniente en los hombros. Me alegré de verlo y pensé: uno de los tantos amigos incorporados a la lucha sin yo saberlo. Me dijo que Antonio Núñez Jiménez quería verme en La Cabaña, antigua fortaleza al otro lado de la bahía. Invitación extraña, pero accedí. Dacal tenía un *jeep* con su chofer esperándonos. Y por la Avenida de las Misiones y el túnel de la bahía enfilamos hacia La Cabaña.

Dacal me dejó en la antesala de la oficina de Núñez, donde algunas personas esperaban. Me llamó la atención la rudeza con que los barbudos que controlaban la puerta trataban a los visitantes, entre los que estaba yo. No me pasó por la mente en ese momento que el paredón estaba funcionando en La Cabaña, sin nosotros saberlo, desenfrenada e indiscriminadamente bajo la égida del *Che* Guevara. Podía presuponerse que los visitantes fueran, en su mayoría, parientes y amigos de los prisioneros, en gestiones de comunicarse con ellos o interceder a su favor. Entre los soldados que nos recibían estarían posiblemente algunos integrantes de los pelotones de fusilamiento, lo que podría explicar esa brusquedad en el trato, que no se conciliaba con la imagen que se esperaba del soldado rebelde.

Núñez salió un momento, algo precipitado, para decirme que enseguida me atendería. Me fijé en su barba incipiente, de pocos días. Hacía como tres o cuatro años que no nos veíamos. En lugar de la efusión que pudiera esperarse entre dos buenos amigos, como lo habíamos sido, se imponía la frialdad de un recelo recíproco. Yo sabía que él era comunista y él que yo detestaba esa ideología. No era lo mismo la amistad del pasado y haber compartido inquietudes culturales ajenas a la política a encontrarnos ahora en posiciones contrarias dentro de un proceso donde el comunismo parecía vetado y él ostentaba un grado de capitán sin haber disparado un tiro. Se tomó entre quince o veinte minutos en recibirme. Me pareció demasiado. Cuando nos vimos, fue al grano, sin preámbulos.

—He sabido que Arturo Díaz está a cargo de la prensa en Obras Públicas y tú fuiste quien lo recomendaste —me dijo.

No sabía cómo había podido enterarse, con esos detalles, de algo nada trascendente y en tan poco tiempo, como también había sido su conocimiento de la presencia de Juan Nilo Otero y César García del Pino en las milicias de *Resistencia* que controlaban CMQ el primero de enero.

—Así es. ¿Qué tiene de particular?

—Debes saber de la denuncia que me hicieron.

Se refería a la denuncia en el Buró de Represión de Actividades Comunistas (*BRAC*) que mencioné anteriormente, al narrar la detención en CMQ de Otero y García del Pino. Yo tenía la certidumbre de que Arturo Díaz tampoco nada tenía que ver con tal denuncia. Así se lo hice saber a Núñez. Pero él seguía insistiendo en que Arturo era una persona ajena a la revolución y perjudicial a ella. Ante mi insistencia en que sus servicios serían de gran utilidad en Obras Públicas, por su conocimiento profundo de la geografía cubana y lo bien que redactaba, apeló a un recurso que me pareció ridículo. Alzando un poco la voz y en pose de prócer, me dijo:

—Yo he sido un libertador de mi patria y no puedo permitir que esas cosas ocurran.

Era visible que la incorporación de Núñez a las filas revolucionarias era tan tardía como minúsculos los pelos de su barba, puesta a crecer después de la fuga de Batista. Lo de "libertador de mi patria" era risible. Y, sobre todo, innecesario. Pero, más que nada, me sorprendía la metamorfosis de Núñez Jiménez, por quien había sentido una sincera admiración en el pasado, héroe en más de un reportaje mío en *Bohemia*. Ahora me parecía un payaso.

Lo más significativo del encuentro fueron los intercambios sobre el comunismo, más incisivos que los que sosteníamos en el pasado, puestos sobre la mesa alrededor de la denuncia al *BRAC*. Llegó un momento en que, no sé si por el calor del diálogo o porque lo tenía en cartera, me hacía una comprometedora confesión.

—Tanta cosa con el comunismo y Raúl Castro es comunista.

Al segundo, le respondí:

—Entonces es un tremendo hipócrita. En esta revolución, el comunismo no está escrito en ninguna parte.

Nos despedimos sin ningún compromiso. Por el momento, no quise hacerle mucho caso a su referencia de Raúl Castro. Me pareció entrever que detrás de lo ocurrido se escondía un posible resentimiento personal hacia Arturo Díaz. Arturo estaba casado con Olimpia Morante, la exesposa de Núñez Jiménez.

De regreso a mi oficina, le di vueltas a un detalle del encuentro. La demora de Núñez en recibirme me pareció sospechosa. ¿Estaría en preparativos para grabar la conversación? Hoy no lo dudo.

La "Operación Verdad"

Las noticias de los fusilamientos que estaban teniendo lugar en Cuba estaban provocando una reacción muy adversa en el plano internacional. Publicaciones prestigiosas se hacían eco de un rechazo generalizado a ese modo de castigar a los responsables de crímenes durante la dictadura de Batista. Reaccionando ante esa situación, Fidel Castro, el gobierno revolucionario y el *M-26-7* decidieron organizar un acto masivo frente al Palacio Presidencial, al cual serían invitados cerca de 400 periodistas de todas partes, mayormente estadounidenses. La convocatoria pretendía demostrar ante el mundo el apoyo masivo del pueblo al castigo que se les estaba aplicando a los criminales de la dictadura depuesta.

Eso estaba bien. Los periodistas comprobarían la magnitud del apoyo. Pero no bastaba. Había que mostrarles por qué la pena capital se estaba aplicando. Y pensé, como Director de Prensa del Presidente, que nada mejor para conseguirlo que preparar unos *dossieres* con fotografías de las atrocidades cometidas para ser entregados a los invitados. Así que me di a la tarea de cumplir con esa parte, que yo mismo me impuse, de la *Operación Verdad*, como se llamaría la concentración planeada. La revista *Bohemia* me abrió su archivo, donde acumulaba cientos de fotografías que nunca pudieron ser publicadas; unas, por la censura ejercida por la dictadura y otras, para no herir la sensibilidad de los lectores. Así de horripilantes eran. Una de ellas mostraba el cadáver ensangrentado de un joven revolucionario con los testículos en la boca. Otras presentaban instrumentos de tortura para arrancar confesiones: tenazas para apretar (y a veces arrancar) la lengua, punzones para hincar los ojos, pinzas para voltear las uñas, alambres eléctricos para aplicarlos al oído, planchas de calor contra pies encadenados, aparatos para romper huesos, sillas desfondadas para golpear testículos y otros espantosos inventos para doblegar la voluntad más recia. Seleccioné cincuenta y siete de ellas para ser incluidas en cada dossier y las copié fotográficamente, haciendo un negativo de cada una. Y me entregué por completo a los trajines de reproducirlas y preparar cerca de los 400 sobres con su macabro testimonio gráfico.

El 21 de enero de 1959 tuvo lugar la *Operación Verdad*. No se cabía en la Avenida de las Misiones, frente al Palacio Presidencial. La multitud se extendía hasta el Malecón y se calculaba en cientos de miles de personas. Contemplaba, desde la terraza del Palacio, el entusiasmo de la gente, a pesar de los numerosos desmayos por el calor y la congestión de público. Venían periodistas de todas partes.

Estaban presentes más de trescientos de los periodistas invitados, a quienes se les hacía entrega de los dossieres que yo había preparado. También acudía el Cuerpo Diplomático. Le di la bienvenida a John Topping, el consejero político de la embajada americana, a quien no veía desde de la evacuación de los turistas americanos. Era el único de los miembros de la embajada que pude identificar, si es que había alguno más. Conversamos brevemente. Traté de obtener su opinión sobre lo que estaba observando. No me pareció impresionado por la magnitud del espectáculo (posiblemente sabía de esas cuestiones bastante más que yo).

Me pareció que los argumentos expuestos por Fidel Castro en sus discursos eran convincentes: en ningún país se había dado el caso de que los responsables de las atrocidades de una dictadura fueran sometidos a los tribunales cuando en su lugar eran ajusticiados por un furioso e incontrolable populacho; en ninguna gesta revolucionaria el enemigo había sido tratado tan gentilmente y curado de sus heridas como lo había hecho el Ejército Rebelde; en ninguna guerra, ningún prisionero liberado había hablado tan bien del trato recibido del enemigo. El grado de brutalidad de los crímenes del régimen depuesto debía ser conocido para que se entendiera el porqué de la pena de muerte a los responsables de esos asesinatos y torturas. Ponía Fidel Castro de ejemplo, abundando en este punto, el castigo a los criminales de guerra nazis por las potencias aliadas después de la Segunda Guerra Mundial: los famosos juicios de Nuremberg. Esa referencia, poderosa como argumento, había sido dada a conocer ya unos días antes en un editorial de *Bohemia*.

Por otro lado, noté que el Comandante se explayaba al referirse muy negativamente a las agencias internacionales de noticias, como si todo lo difundido por ellas fuera producto de una conjura contra la revolución, una conspiración que respondía a intereses económicos. Esas agencias y otros medios de prensa se habían hecho eco del rechazo internacional a los fusilamientos, lo que irritaba a Fidel Castro. Pero las alusiones del Comandante eran inexactas. Diría, más bien, demagógicas. Si no fuera por la información divulgada por dichas agencias y periódicos extranjeros durante la lucha contra Batista, estaba bien claro que el jefe guerrillero hubiera sido, fuera de Cuba, completamente desconocido.

La prensa internacional desconocía la magnitud del terror

No había tal conspiración. Lo que probablemente ocurría es que esas agencias y periodistas desconocían los bárbaros procedimientos seguidos por Batista, en ciudades y pueblos, contra sus oponentes. Todos los reportajes se concentraban exclusivamente en la acción de las guerrillas en la Sierra Maestra, arropada por la leyenda. La verdad del terror en las ciudades de Cuba no se conocía en otros países. Los miles de víctimas, entre muertos y torturados de la clandestinidad, no contaban a los efectos de la prensa internacional por puro desconocimiento. Y en Cuba su denuncia estaba restringida por las frecuentes censuras a los medios periodísticos y el miedo a la represión. Para la prensa extranjera, en virtud de su falta de información, las condenas a muerte parecían desproporcionadas. Eso no ocurría en Cuba, donde ningún medio, ni aún los más conservadores, publicaban editoriales o comentarios contra los fusilamientos en los cuatro meses de ejecuciones después del triunfo revolucionario, cuando la dictadura apenas asomaba la nariz y la prensa podía expresarse libremente. ¿Por qué esa diferencia con lo que se pensaba en otros países? Porque el pueblo cubano sí conocía la bestialidad de esos crímenes y no objetaba la pena de muerte —lo que no necesariamente es una virtud— que se le estaba aplicando a sus perpetradores.

Me parecía bien que Fidel Castro pusiera al descubierto los excesos de Batista y explicara la razón de la pena capital, a pesar de lo polémica de esa drástica sanción y de su rechazo en respetables sectores de la comunidad internacional. Pero en lo concerniente a las alusiones negativas sobre la prensa extranjera, no podía estar de acuerdo con la distorsión de la verdad y la validación de la mentira que sus expresiones implicaban. Su desconsiderado ataque a las agencias y a los periodistas carecía totalmente de base.

En términos generales, la *Operación Verdad* fue exitosa. Posiblemente, se trataba de la concentración popular más concurrida hasta ese momento en la historia de Cuba. Cuando menos, fue una buena oportunidad para que centenares de periodistas extranjeros se enteraran de las atrocidades cometidas durante la dictadura militar, que incluían, además de las torturas y asesinatos de combatientes clandestinos, las masacres de campesinos en la Sierra Maestra.

En cuanto a nosotros, los del Llano, teníamos presente el horror de las torturas, los gritos de dolor, el espanto de la indefensión de nuestros compañeros ante la bestialidad desenfrenada de los sicarios de Batista. No podíamos olvidar a los asesinados, cuyos cadáveres en muchos casos nunca aparecieron. Abrigábamos la convicción, cuando nos enfrentábamos a la dictadura, de que la justicia sería implacable si triunfábamos. La sed de justicia nos cegaba y se nos escapaba que en muchos de los juicios que se estaban celebrando se pasaban por alto las garantías procesales, reinaba la improvisación y tribunales incompetentes. más testimonios dudosos, podían conducir al paredón a reos que pudieron haber sido condenados a penas carcelarias o quizás, hasta absueltos. De las ejecuciones sin juicio realizadas por Raúl Castro en los primeros días de enero en Santiago de Cuba, sólo había rumores y no se sabía a ciencia cierta lo ocurrido. Pero también pensábamos que Santiago había sido azotada salvajemente por la represión durante la insurgencia, con el asesinato de numerosos jóvenes, entre los que se encontraban el líder democrático más importante del Movimiento 26 de Julio, Frank País y su hermano Josué. La ciudad tampoco olvidaba las atrocidades cometidas por los llamados Tigres de Masferrer. Ese recuerdo prevalecía en nosotros sobre cualquier otra consideración. Los excesos del *Che* Guevara en la fortaleza de La Cabaña, donde el paredón funcionó en las primeras semanas de 1959 sin descanso, fueron denunciados y conocidos en su trágica magnitud bastante tiempo después, cuando se informaron numerosos casos de fusilamientos arbitrarios.

Debo confesar con atrición que los que tuvimos compañeros (incluidas mujeres) que fueron asesinados y torturados sin compasión, no sentimos conmiseración en esos días por los que pagaban sus abusos con la vida. Y ese mismo sentir se palpaba en el pueblo, en gente que no había conocido, como nosotros, hasta donde había llegado el sadismo de los cuerpos represivos. La ciudadanía en general consideraba esos fusilamientos como obra justiciera, el castigo adecuado por los crímenes cometidos. Lo que, evidentemente, fue un grave error. La conclusión a la que podría llegarse sin dificultad, después de analizar la prolongada tragedia cubana, es que el paredón fue instituido por Fidel Castro, no sólo como castigo por los crímenes de los agentes de Batista sino como instrumento de terror para ser aplicado a futuros opositores. La oportunidad de instaurar la pena de muerte (que estaba abolida en Cuba) la tenía el dictador incipiente en la aparente razón de hacer justicia por los desmanes de Batista. Después, eso le permitiría hacerla aceptable como sanción contra cualquier oponente activo a la implantación del comunismo. El pueblo se iría acostumbrando al fusilamiento como medida necesaria para defender una dictadura totalitaria disfrazada de humanista, insensibilándose ante la monstruosidad que significaba la ejecución de cuanto patriota osara alzarse contra ella. Llegarían a miles, bajo la usurpación comunista, los cubanos asesinados en el paredón por sustentar y tratar de hacer valer, paradójicamente, los mismos ideales y objetivos que sirvieron de inspiración en la lucha contra Batista.

Designado el heredero

Pero lo más importante del discurso de Fidel Castro en la *Operación Verdad*, no iba a ser la denuncia de los crímenes de la dictadura depuesta, ni las sanciones que se estaban aplicando ni la alegada conspiración de la prensa internacional. Incluyendo en sus palabras la posibilidad de ser víctima de un atentado, el Comandante se dirigía a la multitud para, aparentemente, tranquilizarla ante esa amenaza:

Sé que el pueblo de Cuba está preocupado por nuestra seguridad (...) detrás de mí vienen otros más radicales que yo (...) asesinándome a mí no van a hacer más que fortalecer la revolución.

El Comandante señalaría entonces quién habría de sucederle, como garantía de que el proceso revolucionario no se vería interrumpido en caso de su desaparición.

> *Le voy a proponer* —dijo— *a la dirección del Movimiento 26 de Julio que designe al compañero Raúl Castro segundo jefe del Movimiento 26 de Julio.*

La propuesta era totalmente sorpresiva. Nadie podía esperarla, pero parecía respetar los mecanismos democráticos al solicitar el Comandante la aprobación del 26. Pero recapacitó de inmediato. Proceder a eso sería darle demasiado poder al Movimiento. Así que no hubo que esperar mucho para que el propio orador, modificando su idea original, precipitara la "elección":

> *Y al plantear aquí que considero que el compañero Raúl Castro podría sustituirme en este caso, no es que yo decida unilateralmente, sino yo quiero consultar con el pueblo si está de acuerdo.*

Por supuesto, un "sí" estentóreo de una impresionante multitud sin otra opción y en medio de una emotividad contagiosa ante el líder hipnotizante, cundió como un clamor arrollador. Se hacía obvio que Fidel Castro no pensaba contar, para sus planes, con el Movimiento fundado por él y se aprovechaba de su ascendiente sobre el público para simular la aprobación de un mandato. A las tres semanas del triunfo, imponía una sucesión dinástica sin previa consulta, con absoluto menosprecio a las ideas democráticas que inspiraron la insurrección que le otorgaba el poder.

También podía pensarse que la selección de Raúl Castro como sucesor estaba motivada por otra urgencia que no era precisamente la de un posible atentado. El tiempo daría fe de lo cuidadoso que sería Fidel Castro para conservar el poder y mandar sin límites. El Comandante parecía entrever que, para sustituirlo, en quien menos se pensaría era en su propio hermano. Pero era el que más confianza le ofrecía para el desarrollo de sus planes totalitarios. Así que, a pesar de la connotación nepotista, tenía que lanzar su nombre al ruedo y dejar sentado que el segundo al mando y sucesor o dictador suplente sólo podía ser alguien que respondiese de manera incondicional a todo lo que él dispusiera a fin de mantener una dictadura vitalicia y dinástica.

El director de Radio Rebelde, Carlos Franqui (centro) cuando era entrevistado por el autor (izq.) para CMQ Televisión a su llegada a La Habana, procedente de la Sierra Maestra. Ángel Fernández Vila (Horacio), Coordinador Nacional del M-26-7, aparece a la derecha.

CAPÍTULO 3
DE DONDE VENGO

Cárdenas, ciudad de cangrejos

Alguien me dijo de niño dónde fue que vi la primera luz, aunque no recuerdo haber visto nada. Así supe que se trataba de Cárdenas, al norte de la provincia de Matanzas, hace tantos años como los que más o menos tiene Fidel Castro, que ya es decir. Una pequeña ciudad favorita de los cangrejos —así me contaban— lo que no pude ver porque el lugar desapareció para mí durante veinte años después de ver la luz que no recuerdo. Vine a conocer mi rincón natal por primera vez al cabo de ese destierro en La Habna. Y fui de visita, no por curiosidad. Más bien, necesidad. Y por querer seguir haciendo cine después de mi primer documental. Pensé en hacer uno de Cárdenas, en caso de que pudiera contar con el apoyo de los líderes cívicos y financieros de la ciudad, única fuente de fondos para poner la cámara a rodar. Por supuesto, por mucho que les dije y prometí, no tenían por qué confiar en un joven cineasta que, aunque nativo local, había sido exiliado involuntariamente a la Capital antes de decir mamá. Mi físico tampoco podía impresionarlos, a pesar de la chaqueta que vestía para disimular los huesos que disminuían mi importancia. Así que el dinero para el documental nunca estuvo en mi bolsillo y el proyecto no pasó de esas líneas de esperanza que llaman guión. Pero algo positivo quedó de aquella visita. Me gustó el lugar donde nací.

Mi padre, llegado a Cuba en 1912 —tierra de promesa por aquellos tiempos— de una Galicia empobrecida, era un músico talentoso y empecinado (la música no daba mucho, pero no la soltaba). Dirigía cuando nací la banda municipal de Cárdenas y encontró una mejor oportunidad de alimentar a los cuatro hijos que tenía entonces (Mela, mi hermana menor, nacería después) con otro trabajo en La Habana. Así que me desaparecieron del lugar donde nací sin dejar recuerdos prendidos. Pero algo pasó que me hizo amar la cuna desconocida. No sé si fue porque, cuando se mencionaba a Cárdenas, siempre alguien hacía un comentario halagador. Le decían *La Perla del Norte*. Me enorgullecí cuando supe en la escuela que fue en Cárdenas donde ondeó por primera vez, en rebeldía independentista, la que llegaría a ser nuestra bandera (a pesar del poco caso que le hicieron mis compueblanos). No sé por qué, pero no obstante ser hijo de español, me tocaba muy fuerte mi amor por Cuba.

De Cárdenas, me hablaban también del trazado en ángulos rectos de sus calles, rara ocurrencia en poblados de signo español. Pero lo más significativo era el brazo de tierra que protegía su bahía, Hicacos, que en su lado norte cobijaba las arenas más finas que en playa alguna habría de ver, alfombra densa y acariciadora penetrando centenares de metros en el Atlántico. Aguas de cristalina transparencia. Con los bañistas dando todavía pie a larga distancia de la costa. Playa única: Varadero.

Cuando citaba a Cárdenas como cuna siempre me decían *cangrejero*, como solían llamar a los nacidos allí. Eso venía por los cientos de cangrejos que salían de noche de caños y alcantarillas para ser aplastados masivamente en las calles por los coches (máquinas, en cubano). Y *cangrejero* de veras, curiosamente, llegué a sentirme, sin conocer mi ciudad natal ni dejar de adorar La Habana.

En mi desarrollo personal tuve que experimentar, progresivamente, la evolución del dogmatismo religioso de mis primeros años y cierta rigidez ideológica de los tiempos juveniles a posiciones alejadas de ese absolutismo para acercarme, mientras crecía de las dos maneras en que eso ocurre, a una interpretación más equilibrada y razonable de las realidades sociales y económicas, cuidándome de las posturas radicales que pudiesen nublar mi sentido de la equidad. Posición nada fácil en un país donde el clima invitaba al hedonismo y el ron corría sensual y sexualmente. Donde no había mejor remedio que una generosa cadera de buena hembra contoneándose al retumbar de un tambor para olvidar las penas. Y los deberes. Donde la congénita irreverencia popular eclipsaba la seriedad que exigía lo importante. Donde no había mejor ocasión para enterarse del último chiste que un velorio. Y donde la laxitud moral generalizada invitaba al robo del caudal público, ejercido por más practicantes que el tesoro de la nación podía asimilar. Todas esas manifestaciones, negativas unas y otras quizás no tanto, me chocaban mucho desde mis tiempos de estudiante de bachillerato. Sobre todo, lo del enriquecimiento ilícito con fondos públicos, que juzgaba como la principal causa de nuestras desventuras políticas.

Por mi aversión al relajo criollo y su inherente falta de respeto resultaba demasiado serio para mis compañeros de clase y la mayoría de mis amigos, aunque disponía de un buen surtido de malas palabras que manejaba con habilidad española. Sucumbía, sin embargo, aún resistiéndome, al magnetismo del humor popular. Me reía, aunque a veces quería no hacerlo, de chistes blasfemos y descripciones de la más cruda vulgaridad. Y con frecuencia, a carcajadas. Claro, lo que para mí era negativo, no dejaba de ser una forma de manifestación criolla, que, desde luego, no tenía por qué incluir virtudes. Aunque sí llegué a observarlas, para mi satisfacción, en algunos cubanos y cubanas excepcionales que tuve la oportunidad de conocer, bien ajenos al relajo con el que se nos identificaba por los de afuera. Gente que he admirado por su integridad personal y devoción patriótica, virtudes que acompañaron con la valentía necesaria para hacerlas valer. Ejemplos que renovaron, a pesar de múltiples experiencias negativas que tuve que vivir, mis esperanzas de que no todo, en el entorno nacional, tenía que darse por perdido cuando la decepción cundía. De esa talla conocí a Manolo Ray, Rafael García Bárcena, Leví Marrero y Lucas Morán. Y damas excepcionales, como Himilce Esteve, Elena Mederos y Elena Moure.

Por mi carácter y seriedad poco criollos, quizás yo no sería el típico cubanazo. Pero mi amor por Cuba nunca dejó de ser apasionado y vehemente. Como el de ese patriota exaltado que lanza un *¡Viva Cuba libre!* a la menor provocación, aunque mi afición por lo discreto me refrenara de imitarlo.

Volviendo a Cárdenas, me sacaron de allí pero seguí en Cuba. Me abracé a mi isla inolvidable para compartir alegrías, que no fueron tantas. Y sufrir con ella las tragedias que la historia le habría de deparar, que no serían pocas.

La primera escuela

Mis primeros recuerdos empezaron a coger forma cuando entré en el colegio María Auxiliadora, de las Madres Salesianas, frente a la entonces famosa droguería Sarrá, situada en la esquina de Teniente Rey y Compostela, en La Habana Vieja. Un recinto amurallado, con su iglesia en la confluencia de las dos calles. Escuela de niñas, con una excepción. Admitía párvulos de 4 a 6 años de edad. No me sentí incómodo por lo de niñas porque me sentía muy bien, muy feliz, con semejante compañía. Las había preciosas. Fue en ese colegio donde, por primera vez, supe del amor romántico, aunque nada monogámico. Eran dos las damitas que perturbaban mi tranquilidad. En realidad, no guardo memoria si fueron consecutivas o simultáneas, lo que se me podría perdonar porque ni las tocaba. Una de ellas, Hortensia Lanza, era monumental. No dejaba de contemplarla a escondidas cuando se me presentaba la oportunidad, en el aula o durante el recreo. La otra era Violeta Vassallo, bonita y de andar rapidito, algo más menuda, pero centro siempre de atención. La timidez que me avasallaba y que me habría de durar más tiempo de lo aceptable, frenó las que hubieran sido mis primeras confesiones de amor, prisioneras entonces de un rubor más súbito que la velocidad de la luz. Y ni Hortensia ni Violeta se enteraron jamás del enamorado oculto cuya pasión sería para siempre desconocida por ellas.

Casi todas las monjas de María Auxiliadora eran italianas y vivían en un convento que era parte del edificio que albergaba al colegio y la iglesia. Con los años, supe que en 1929 se había firmado un concordato, conocido como Pactos de Letrán, entre Italia y la Santa Sede. Firmaba por la parte italiana el primer ministro Benito Mussolini, poco antes de convertirse en dictador promoviendo el fascismo. Parte importante del concordato era que los terrenos que ocupaba El Vaticano en Roma quedaban fuera de la jurisdicción italiana y recibían autonomía. Y la jerarquía católica, encabezaba por el Papa, asumía la representación de un nuevo estado. Por la tremenda importancia que para la Iglesia tenía lo acordado, no resultaba extraño que el pintoresco Mussolini fuera visto como un ídolo por sus monjas coterráneas, caracterizadas por la bondad y la ternura.

Tiempos calientes

En esos tiempos, es decir, antes de cumplir yo los seis años (principios de 1933), vivíamos en un edificio situado en la esquina de Compostela y Chacón. Eran sólo dos habitaciones, en una casa de inquilinato de varios pisos, con servicios sanitarios comunes y papel de periódico a mano. El edificio estaba ubicado al pie de la famosa Loma del Ángel, elevación urbana de modestas pretensiones que coronaba una iglesia acogedora. La lomita había alcanzado relevancia histórica por una magnífica novela del siglo XIX, la *Cecilia Valdés* de Cirilo Villaverde, convertida después en una zarzuela muy gustada. Muy poético el entorno, pero no su cercanía al Palacio Presidencial.

Vivíamos a unos cien metros, más o menos, de la residencia del principal jefe del país, en una época turbulenta donde no era raro que los sucesivos inquilinos de la mansión ejecutiva permanecieran en el cargo meses, semanas y a veces, hasta sólo días. Por aquella segunda mitad de 1933, Fulgencio Batista, el sargento del Ejército alzado contra la oficialidad y apoyado por el estudiantado, dominaba las fuerzas armadas desde el Campamento de Columbia y el doctor Ramón Grau San Martín, profesor de medicina y líder de los estudiantes universitarios, ocupaba provisionalmente la presidencia de la República.

El binomio Grau-Batista, sobre todo por Grau, de mentalidad revolucionaria, proclive a cambios radicales, no parecía contar con el apoyo de ciertos elementos de variada procedencia: conservadores, extremistas de izquierda y desplazados del poder. Esa situación tenía a Cuba en vilo. Y a alguien se le ocurrió que bombardear el Palacio Presidencial desde el aire para matar o amedrentar al doctor Grau San Martín era una buena idea. Así que, en virtud de esa iniciativa, me convertí una noche, de súbito, en víctima del pánico cuando me despertó el ruido de varias explosiones. Mi madre y mis hermanas ya estaban en pie y alarmadas. Había un tremendo correcorre en los pasillos. Vecinos en estampida, muertos de miedo, que gritaban lo que yo no podía entender. Se escuchaba el motor de un avión que rondaba en las cercanías, acompañado de repetidos estallidos, como tiros de ametralladora. Al parecer, la visita del impertinente visitante estaba siendo respondida desde el Palacio. Me eran familiares los tiroteos esporádicos, pero esas detonaciones seguidas, sin parar, eran espantosas.

El terror me dominó y formé tremenda pelotera para que me sacaran cuanto antes de allí y me escondieran donde fuese, a pesar de que los tiros ya no se oían. Ante esa presión, mi mamá decidió cargar conmigo y mis tres hermanitas en busca de refugio. Nos dirigimos a la casa de Doña Visitación, una amiga española de la familia que vivía en la calle Mercaderes, cuya proverbial generosidad fue ratificada al darnos acogida. Mi padre, que pertenecía a la Marina de Guerra como miembro de su Banda de Música, por encontrarse acuartelado en el Castillo de la Punta desconocía lo que estaba ocurriendo. Mi hermano Pepe, bastante mayor que nosotros, cursaba estudios como pupilo en el Colegio Salesiano de Guanabacoa. Al no estar presente ninguno de los dos, mi madre se vio forzada, sola, a calmar mi pánico. Nada fácil por lo avanzado de la noche. La caravana de una joven señora con cuatro retoños de tres a ocho años, en largo recorrido por las calles de La Habana Vieja, desiertas por la hora y por el miedo, todo por un chiquillo asustado y tembloroso, es una imagen que recuerdo con tristeza y pesar. Y también, con inmensa gratitud.

Los peligros de mi padre

La dramática situación del país nos tocaba muy personalmente. Por supuesto, la crisis económica y la inestabilidad política afectaban a todo el mundo. Pero no todos tenían que sufrir la angustia de poder perder un ser querido por acciones indiscriminadas contra la fuerza pública. Mi padre era músico, pero pertenecer a la Banda de la Marina no lo disculpaba del servicio militar en casos de crisis. Acuartelado en el Castillo de la Punta, a veces por días seguidos, no era rara la ocasión en que tuviera que cuidarse, en el recorrido de regreso a casa por la calle Peña Pobre, de francotiradores apostados en las azoteas. Blanco oportuno por el uniforme que vestía. Y por el rifle que portaba. Paradójicamente, por su aversión a las armas, no sabía cómo manejar el rifle hasta que se lo enseñó la persona menos pensada, mi hermano Pepe. Varias veces fue tiroteado desde alguna que otra azotea, pero gracias a Dios, pudo salir indemne.

Muchos años después, mi padre me contaría una anécdota de aquellos tiempos. A raíz de los sucesos del 4 de septiembre de 1933, el sargento Batista se presentó en el Castillo de la Punta para recabar el apoyo de la guarnición en la sublevación, cuya jefatura acababa de asumir. Después de una breve y emotiva arenga para soliviantar a los que lo escuchaban, pidió que diera un paso al frente todo aquél que estuviera de acuerdo en seguirlo. El que no lo hiciera, por supuesto, quedaba fuera del cuerpo. Mi padre no tuvo que pensarlo mucho. Se dijo: "Salir de la guerra de los tiros para entrar en la del pan duro sería suicida". Dio el paso. Era obvio que no necesariamente por convicción, aunque simpatizaba mucho con Batista y su promesa de mejorar las condiciones de vida de los sargentos, cabos y alistados, objetivo primordial de la parte militar de la sublevación (la otra, como he dicho, era estudiantil). La posibilidad de conseguir un trabajo por aquellos días era tan incierta y difícil como el futuro previsible. Para mi padre, ciertamente, no era lo político el factor primordial en su decisión. Lo fue su miedo a la miseria.

Muchos se preguntarían ¿qué hacía un gallego en las fuerzas armadas cubanas, llegado a Cuba sólo diez años después de instaurada la República? En verdad, ignoro cómo serían entonces las leyes de inmigración. Lo que sé es que mi padre desembarcó en La Habana en 1912, cuando sólo contaba 20 años. Y que, recién llegado, ingresó en la Marina de Guerra, formando parte de una pequeña banda de música que salía para Buenos Aires en el buque escuela "Patria". Nacido en Sejalvo, en las cercanías de Orense, empezó en los trajines de la música a los 7 años, ya huérfano de padre, quien también era músico y labrador. Familia que compartía el arte con las tareas del campo. Como lo hacía mi tío abuelo Antonio, que le dio a mi padre las primeras lecciones de solfeo, clarinete y saxofón. Así crecieron y vivieron los que se quedaron en Orense: haciendo música sin soltar el azadón.

No fue ese el destino de los que llegaron a Cuba, como mi padre y su hermano mayor, mi inolvidable tío Pepe, que pudieron dedicarse a la música como exclusivo quehacer y dejar constancia de sus talentos en sendas carreras de intensa actividad artística. Dedicación total, a pesar de que el fruto económico de sus esfuerzos estuviera muy lejos de corresponder —solía ocurrir— a las sólidas formaciones de ambos en la bastante ingrata profesión del pentagrama.

El uniforme militar llegaría a ser lo que siempre vería puesto en mi padre, que tuvo intervalos de civil como director de las bandas municipales de Yaguajay y Cárdenas, de tres colegios y un reformatorio de varones. En el caso de Yaguajay, yo no había nacido aún. En los otros, era muy pequeño. Sé que incursionó primero en dos bandas del Ejército, la del Estado Mayor y la del Regimiento de Matanzas, antes de entrar finalmente en la de la Marina, banda que llegó a gozar de fama internacional. Mis recuerdos lo atan al uniforme de sargento de este último cuerpo y, después al de subteniente.

La escuela pública

Salir del colegio de las monjas para entrar en la escuela pública iba a ser uno de los cambios más violentos de mi vida. Al cumplir los siete años dejaba de ser párvulo y no podía seguir en María Auxiliadora. Cerca de nuestra casa estaba la Escuela Pública Número 1, en la calle Aguiar y, si mal no recuerdo, entre Chacón y Empedrado. Lo del número no significaba que fuera la mejor. Era su identificación oficial. De los salones amplios, limpios y ordenados del colegio salesiano, con su ambiente de paz, pasaba a la algarabía anárquica de una escuela donde, entre otras peculiaridades, la maestra solía llamar cada día a un par de alumnos para que le limpiaran los zapatos, mientras daba clases sin moverse de su asiento. Las riñas a puñetazos entre los muchachos eran casi diarias. Desde luego, no creo que en todas las escuelas públicas las cosas tuvieran que ser así, porque la educación oficial era de reconocida calidad. Pero así eran en la que yo estaba, la Número 1 de la calle Aguiar.

Al enfrentarme a un cambio tan drástico, siempre recordaba la bondad y comprensión de las monjitas salesianas. Y su lugar de origen me hacía ver todo lo italiano tan virtuoso como ellas. En octubre de 1935 al dictador Mussolini se le ocurrió invadir Abisinia (Etiopía), una pobre nación africana que ya había vencido —hazaña increíble— al ejército italiano allá por el 1896, al resistirse a ser colonizada. Ahora, la nueva operación imperialista, con su connotación de abuso y superioridad de fuerzas, tenía el rechazo de la comunidad internacional. Y también, de la opinión pública cubana, formada por una prensa liberal totalmente comprometida con la causa abisinia. Factores estos desconocidos por mí y ajenos a mi entender.

Veía en los italianos la mejor gente del mundo. Error que pagaría con varias magulladuras, la boca hinchada y una camisa rota antes de cumplir los ocho años, cuando me atreví a defender a los italianos en la escuela y me cayeron encima tres compañeritos negros, entrándome a golpes como si se tratara del mismísimo Mussolini. Aprendí de la experiencia que para poder convivir en el ambiente hostil que prevalecía en la escuela tendría que apelar también a los puños para desalentar a los practicantes habituales de la violencia. Asimilé la lección de que la única forma de ganarme el respeto de mis compañeros estaba en que supieran que, si me atacaban, también podían coger su par de golpes. Porque, muy en contra de mi voluntad, tuve que enfrascarme a puñetazos varias veces, durante mis primero y segundo grados de escuela pública, con aquellos que veían en mis músculos escasos y ausencia de maldad una buena oportunidad para el abuso.

El nuevo colegio

El tercer grado me abriría las puertas de la felicidad escolar. Cambiaba de colegio. Esta vez sería uno situado en la esquina de Amargura y Compostela. Aunque pequeño, impartía una educación elogiada por la vecindad. Y de matrícula gratuita, factor importantísimo. Su existencia se debía a que en Cuba perduraba una obra de Carlos III, el monarca español que más había hecho por la isla colonial. Y esa obra era la creación de las Sociedades Económicas de Amigos del País. La fundación de la rama cubana databa de fines del siglo dieciocho. Al advenir la República, la Sociedad continuó su labor, administrando legados para instituciones que impartían enseñanza gratuita. Según una enorme placa en el vestíbulo, su nombre era el de Instituto San Manuel y San Francisco, pero era conocido por los dos apellidos de su benefactor: don Manuel del Hoyo y Junco. El colegio llegaría a ser parte de la historia de Cuba. Años después, allí estudiaría Pedro Luis Boitel, uno de los mártires de la rebelión contra la usurpación comunista.

De la enseñanza dogmática de una escuela religiosa y el interludio de violencia en la pública, entraba en un nuevo mundo. En Hoyo y Junco empezaban a germinar mis primeras semillas de patriotismo al saber de los próceres de nuestra independencia. Mi primera maestra fue María Martínez, que recuerdo con mucho cariño y gratitud. Habría de ser una sabia consejera. Otro profesor que evoco por sus charlas sobre Cuba y su historia, que mucho yo disfrutaba, era Oliverio Larger, masón apasionado, a quien una vez oí decir: "Los hombres no se arrodillan". Aunque le tenía mucho respeto, la expresión me molestó por su doble sentido. Yo venía de un hogar católico y pertenecía al coro de la iglesia de San Francisco, a cuyos ensayos acudía diariamente después de las clases. Comulgaba con frecuencia y no dejaba de ir a misa los domingos. Con esos antecedentes, recelaba de un masón, notorio, como todos ellos —según mi padre— por su anticatolicismo. Pero así y todo, el maestro Larger llegó a ganarse mi confianza y respeto. Era una persona buena y de carácter. Una de las clases que más me impresionó fue cuando relató el fusilamiento, en 1871, por el gobierno colonial español, de ocho jóvenes estudiantes de medicina. El delito alegado para la drástica pena había sido la profanación de la tumba de un conocido defensor de la metrópoli. La prueba presentada era la de un simple rasguño en un cristal del panteón, alegación que ni siquiera podía sostenerse porque la defensa demostraba que ya existía antes de la fecha del hecho imputado. La inconcebible sentencia, donde lo justo era la absolución, respondía a las presiones y demandas de los llamados "voluntarios", grupo de criollos fanáticos al servicio de España. Su clamor por sangre era proverbial.

Un cuadro en el aula que mostraba a los estudiantes con los ojos vendados ante el pelotón de fusilamiento se me revelaba como la injusticia más monstruosa que podía perpetrarse. Durante mucho tiempo lo estuve evocando con tensión al dormir, pensando en el terror por el que pasarían esos muchachos al ser ejecutados de modo tan brutal e injusto. La fecha del fusilamiento, el 27 de noviembre de 1871, sería de recordación nacional con el advenimiento de la República. ¿Podía haber pensado alguien que el fusilamiento en Cuba llegaría a ser masivo cien años después, como castigo a los patriotas que se enfrentaban a un gobierno tiránico y usurpador?

También, estudiar en Hoyo y Junco me dio la oportunidad de iniciarme en la saludable práctica de producir dinero trabajando. A media cuadra del colegio, en la calle Amargura, había una imprenta que tiraba una revista de cuya venta se nutría de fondos una creche (guardería infantil gratuita). Su precio era de 5 centavos. Yo las compraba a 3 y me ganaba los 2 de diferencia. Todas las mañanas (las clases eran por la tarde) cargaba con una veintena de ellas para cubrir un largo recorrido, tocando de casa en casa por diferentes barrios de La Habana. La venta de revistas fue mi primera experiencia de trabajo, que compartí poco después con algunas labores esporádicas de asistente en la imprenta del convento de San Francisco. Guardaba lo que ganaba en una pequeña caja de cartón, donde contaba y requetecontaba las monedas con fruición. Cajita que en algunas ocasiones sirvió de ayuda a mi madre en momentos de emergencia.

Era obvio que se trataba de una época donde se me hacía evidente que carecía de cosas que otros muchachos de mi edad tenían, como, por ejemplo, bicicleta. Sin embargo, esas escaseces no me provocaban resentimiento ni me hacían sentir inferiorizado. Sencilllamente, creía que podría llegar a tener lo que quisiera si me empeñaba en lograrlo. Mientras, gozaba de la conformidad que daba la fe. Convencido de que la justicia no era sólo cosa del Cielo. Creía que aquí abajo también funcionaba.

Mi pasión por la fotografía

El inicio de mi vocación por la fotografía data de aquellos años. Desde muy temprano, me llamaba la atención la reproducción de una imagen en papel, captada antes por una cámara. Un compañero de estudios, José Alberto Sánchez (que sería años después notable violinista) hacía copias de contacto con una simple prensa y me invitó a su casa para que conociera el proceso. No obstante lo limitado de la experiencia y los pocos días que pude disfrutar de ella, despertó en mí una gran curiosidad. Y no quise conformarme con dejarla ahí. Sin que transcurriera mucho tiempo, otro amigo me regaló una camarita Kodak Brownie, que, por lo barata, era la sensación del momento. Se trataba de un cajoncito plástico de foco fijo, sólo para exteriores. Mis intereses y aspiraciones se iban inclinando marcadamente hacia el campo de la fotografía. Y también al de la música, quizás por lo que me venía en los genes.

A los ocho años había empezado a estudiar Piano junto a dos compañeros del coro de San Francisco, los hermanos Eloy y Gumersindo López, gracias a una generosa oferta de una profesora vinculada a la iglesia. Cierto día a la profesora se le ocurrió prepararnos, a Gumersindo y a mí, para participar como dúo en la Corte Suprema del Arte, el programa radial más escuchado del momento. Tuvimos la suerte de ganarnos el primer premio con la habanera *Tú*, de Sánchez de Fuentes. Premio dividido a la mitad que me permitió comprarme los únicos patines que tuve en la vida. Así que entre mis clases regulares, la venta de revistas, la toma ocasional de fotos, los estudios de Piano, los ensayos y actividades del coro de San Francisco y de la Coral Saudade del Centro Gallego (fundada por mi tío Pepe), transcurría mi vida antes de llegar a la adolescencia. Además de mi pasión por el béisbol y el fútbol, que no venía acompañada del físico adecuado ni de la destreza para ser escogido como compañero de equipo. Entonces surgió en mí un nuevo interés, una urgencia imperiosa que implicaba un cambio radical en mi vida.

Mi vocación sacerdotal

Mi contacto diario con la iglesia de San Francisco, a través del coro y de mi trabajo esporádico en la imprenta de su convento, me permitía conocer la buena voluntad y el espíritu de sacrificio de los padres y hermanos franciscanos. Todos eran muy trabajadores y dedicados, particularmente el voluminoso Hermano Ángel Arguinchona, director del coro, que compartía la música y el órgano con su trabajo de linotipista en la imprenta del convento. Esa vinculación con la orden y el mensaje de amor universal de su fundador, San Francisco de Asís, me hizo aspirar a ser uno de ellos. Creí entonces tener la vocación necesaria para convertirme en sacerdote.

Me sentía impelido a desligarme de lo que me rodeaba y encaminar una carrera religiosa, renunciando a las tentaciones y placeres del mundo terrenal. Me atraía la idea del sacrificio, de la entrega total a la verdad suprema, de la dejación de todo interés personal en aras del servicio a mis semejantes. Me veía como parte de esa comunidad franciscana que me era tan familiar, arrastrando la gruesa sotana por los rincones del mundo, trotando en sandalias para evangelizar y ofrecer consuelo a los azotados por el dolor de las enfermedades y las penas. Y las urgencias del hambre.

Sin embargo, no podía dejar de pensar en una compañera de Hoyo y Junco de la que estaba enamorado como un idiota sin que ella, como siempre me ocurría, lo supiera. Su busto, tremendo para su edad, perturbaba un amor forzado a ser platónico por mi invencible timidez. Elsa Santos era monumental, muy simpática, siempre risueña, preciosa de cara y con curvas adelantadas para los cerca de doce años que debía tener cuando iluminó mis noches de fantasía. La recuerdo como burlándose de mí al pasar a mi lado haciéndose la vampiresa, sabiendo que iba a volver la cabeza y quedar hipnotizado por aquellas espléndidas nalgas ondulantes que se iban alejando, llevándoselo todo. Ya en el curso anterior, el de tercer grado, me había ocurrido lo mismo con la bella de Mirta López, de ojos negros y grandotes y también de pecho magnificente. Pero jamás se enteró de cuánto la amaba porque mi rubor incontrolable y el miedo a confesarle mi pasión bloqueaban lo que estaba desesperado por decirle.

El tiempo nunca pudo borrar el recuerdo de aquellas experiencias ni los nombres de las niñas que monopolizaron desde muy temprano mis inclinaciones eróticas o platónicas, así de fuerte fue lo que sentí por ellas. Pero al considerarme llamado al sacerdocio tenía que renunciar a esas tentaciones y decidí desestimar las trampas biológicas que me tendía la vida para darle paso libre a mi vocación religiosa, un noble fin que juzgué entonces como la única y válida razón de mi existencia.

Una vez tomada la decisión de abrazar el sacerdocio, a quienes primero se los hice saber fue a mis padres. Por la profunda religiosidad de ellos sabía que no había lugar para el rechazo. Pero noté triste a mi madre. La nueva ruta que quería darle a mi vida implicaba una separación de mis padres, que podía ser para siempre por la sencilla razón de que en Cuba no existía un seminario franciscano. Había que estudiar en el convento de Aránzazu, en la provincia vasca de Guipúzcoa, donde radicaba el principal centro de formación franciscana. Comprendía la preocupación de mi madre. A mí me pasaba lo mismo. Separarme de ella me era muy difícil y sólo lo concebía como el mayor de los sacrificios. No era la única madre a pasar por esa experiencia. La de Eloy y Gumersindo López sufría por lo mismo. Ambos habían optado también por hacerse franciscanos.

Eloy ya estaba estudiando, sin internado, en el seminario de San Carlos, en el edificio de la Catedral. Le acreditarían en Aránzazu lo cursado en Cuba. Lo acompañaría en el viaje a España Ángel Villaronga, otro compañero del coro de San Francisco. Ambos salieron del puerto de La Habana a principios de marzo de 1939. Fui a despedirlos, junto a sus respectivas familias, al barco que los llevaría a España, confiado en que Gumersindo y yo, según los planes, habríamos de hacerlo a mediados del año siguiente por la misma vía, el trasatlántico *Orinoco*.

Pero algo de repercusión internacional ocurrió para trastocar los planes. A casi seis meses de la partida de Eloy y Ángel, Polonia era invadida por las tropas de Adolf Hitler y estallaba la Segunda Guerra Mundial. Las compañías navieras suspendían sus viajes ante la amenaza de los submarinos. Y la Trasatlántica Española, dueña del *Orinoco*, de tripulación alemana, optó por proteger sus naves cancelando el servicio que venía ofreciendo. No me quedó más remedio que resignarme a quedarme en Cuba por un tiempo indefinido, esperando un cambio en la situación internacional que hiciera factible mi traslado a España. Las puertas del seminario se iban alejando.

Para ganar tiempo, mientras Gumersindo y yo esperábamos por nuestro incierto viaje, el comisario de la orden franciscana en Cuba, padre Néstor Aranguren, nos puso un preceptor, el padre Timoteo Urrutia, para que nos fuera preparando en latín, con dos horas diarias de clases. Pero la guerra seguía su curso y las posibilidades de viajar a España se iban haciendo cada vez más remotas. Por otro lado, no podía ser indiferente al mundo que me rodeaba. Un terrible conflicto me empezaba a asediar. Las muchachas me seguían gustando. Era un verdadero martirio arrancarlas de mi mente. Situación que pugnaba con mi compromiso religioso y con el interés puesto por el padre Aranguren y el preceptor en el progreso de mi vocación.

El celibato se interpone

Pero en la medida en que se posponía el viaje al seminario algo me atormentara a la hora de ponerme en contacto con la almohada. Eso del celibato no me convencía del todo y pensaba que el mayor sacrificio que exigía el sacerdocio era la vida sin el aliento cercano de una mujer. Conflicto que me asediaba a pesar de mis doce años. Mientras continuaba con los estudios de latín, me consumía ese dilema entre el sexo y lo que se suponía que yo era: un casto aspirante a cura. Pero el impulso biológico ganó la pelea. No podía tolerar sentirme en pecado ante las tentaciones carnales. Y para confesar lo que realmente sentía y resolver el dilema que me asediaba tenía que enfrentarme al personaje más serio y respetable del convento, el padre Aranguren. Me urgía decirle la verdad.

Temía que el Padre Comisario se sintiera frustrado y me tratara con hostilidad al hacerle saber que la sotana no era para mí. Le hablé, con cierto temor, de mi decisión. Su respuesta, más o menos, fue la siguiente:

> *Quiero que sepas que para servir bien a Dios no hay que ser sacerdote. Hay muchas maneras de hacerlo. La mayoría de nuestros santos no pertenecieron a órdenes clericales. Lo importante es seguir con lo que dicta la conciencia.*

Se me abrió el cielo. No sabía cómo bendecirlo. El ogro que imaginaba era ahora un ángel que entendía mis penas. Le besé la mano y corrí a casa a decírselo a mi madre. Tener un pariente sacerdote era motivo de orgullo para la familia religiosa de origen español (mi abuelo materno, como los paternos, también eran gallegos). Y si se trataba de un hijo, más. Pero dada la alegría que percibí en mi madre al recibir la noticia creo que seguir a su lado fue preferido por ella.

Evidentemente, mi decisión de abandonar la idea del sacerdocio fue posible por el inicio de la guerra mundial, que provocó el aplazamiento de mi salida de Cuba. De no haber ocurrido la invasión de Polonia por los alemanes, mi presencia en el seminario de Aránzazu se hubiera dado por descontada. Y una vez en el seminario, me hubiera sido muy difícil, si no imposible, desistir de mi meta sacerdotal. Creo que, tanto la rigurosa disciplina de la vida conventual, como las presiones recíprocas de los comprometidos en un propósito donde la fe absoluta es la rectora de todo, se hubieran impuesto sobre mis posibilidades de contemplar otro destino que no fuera el sugerido por ese entorno. Ángel Villaronga y Eloy López, mis compañeros del coro que se prepararon en Aránzazu llegarían a ordenarse sacerdotes. Curiosamente, un cambio tan radical en mi vida había sido determinado, al fin de cuentas, por la actitud belicista de un despiadado dictador alemán a miles de kilómetros de mi entorno.

Después de mi conversación con el padre Aranguren, me sentí liberado. Lo que parecía una seria vocación por el sacerdocio demostró no serlo. Entré en otra fase de mi vida donde podía pensar libremente en las gratificantes promesas del amor romántico sin tener que afrontar los rigores de la culpabilidad.

Rumbo al Instituto

Para pasar de sexto grado al bachillerato, sin cursar los dos años de primaria superior, había que hacer un examen de ingreso, para cuya preparación conté con el auxilio de mi exmaestra María Martínez. Gracias a su esfuerzo, salí airoso del examen. Entré en el

Instituto, sintiéndome dueño del mundo. Mi nueva puerta a la sabiduría. La antesala al doctorado, que sería un gran motivo de orgullo para mis padres. Un lugar donde me sentía importante. Decidí hacer el primer año de bachillerato dos veces, simultáneamente. Mi matrícula inicial era para el curso diurno, pero al estar mi mejor amigo, Ramón Rosales, en el de noche, opté por ir también a esas clases como una forma de distracción. Me gustaba estudiar. Verdadero placer, nada de sacrificio. Así que, tan pronto comenzaron las clases, me presenté en el curso nocturno, sin que nadie, ni profesores ni empleados, se percataran de que no estaba matriculado para esa sesión. Iba a exámenes en el diurno, así que cubrí el primer año por partida doble, sin que nada lo impidiera.

Fue en las últimas semanas de ese primer año de bachillerato que pasaría por la más terrible experiencia de mi vida, cuyo dolor me marcaría para siempre. Mi madre había sido diagnosticada con cáncer. Por lo que me decían, era algo grave pero calmé mis temores después de una operación donde le extirparon uno de los senos. No concebía que pudiera perderla. Era algo que estaba completamente fuera de lo que pudiera imaginar. Pero las cosas fueron cambiando cuando se hizo necesaria una segunda intervención. Semanas después, dejé de verla para siempre. Tenía cuarenta y cuatro años y dejaba cinco hijos. Yo era el cuarto, con catorce años. Mi hermana menor, María Amelia, tenía doce.

Mi madre, Elvira Fernández Manent, me dejó muchos recuerdos, cuya evocación siempre terminaba en lágrimas. Sufría por verse obligada a dejarnos cuando más la necesitábamos. En las terribles migrañas que me asaltaron desde niño, lo único que me consolaba era su ternura; intensa, infinita. Nada había como su regazo en mi búsqueda desesperada de alivio. Me hubiera gustado tener una imagen feliz de ella. Pero mis recuerdos son más por sus dolores que los que quisiera tener por sus sonrisas. Cinco hijos, con recursos insuficientes para atenderlos como hubiera querido, era quizás demasiado para una persona nacida y criada en mejores circunstancias. Su padre, mi abuelo Ángel Fernández Montes, gallego como el mío, había sido oficial —creo que capitán— en el ejército español, viajando varias veces entre Cuba y España, con hijos alternados en ambos lados del Atlántico. En las viejas fotos familiares, se hacía evidente un nivel de vida más holgado en sus tiempos de soltera. Pero en la realidad que conocí, la veía con frecuencia agobiada por las responsabilidades y vicisitudes en momentos de honda crisis nacional, cuando lo necesario para vivir apenas se conseguía.

Nacen mis inquietudes políticas

Siendo Batista presidente en su término constitucional (1940-44) empecé, a los trece años, mi bachillerato en el Instituto de La Habana) y entré en contacto con las inquietudes políticas que bullían en los centros estudiantiles. Época de entrega febril a las causas que se estiman justas. Comencé a interesarme por los asuntos del país y a desarrollar una conciencia política. A través de conversaciones con compañeros, supe quién había sido Antonio Guiteras y lo que representaba entonces para la nación el médico Ramón Grau San Martín, profesor universitario y corto Presidente Provisional en 1933. Sin poder votar por razones de edad, me sentía atraído por el Partido Revolucionario Cubano, llamado *Auténtico*, que el doctor Grau dirigía.

Algunos de los profesores del Instituto tenían antecedentes revolucionarios, como el que me tocó de Lógica, el filósofo y poeta Rafael García Bárcena. En la medida en que penetraba en nuestra historia más cercana, resentía la influencia americana en los asuntos cubanos, sobre todo en lo concerniente al apoyo a Batista, que era considerado por el estudiantado, a pesar de haber sido elegido en las urnas, como representante del poder militar y aliado incondicional del gobierno y de los inversionistas americanos. El pensamiento predominante en el estudiantado era profundamente civilista. Las cuestiones más complejas en torno a las relaciones económicas entre Estados Unidos y Cuba —de vital importancia— escapaban a mi interés y no entraban, por mi ignorancia, en mi marco de inquietudes. No era edad para la reflexión y la objetividad. Ni para fijar prioridades racionales. Eran tiempos de pasión y radicalismos, como suelen ser cuando en los albores de la vida se sabe infinitamente menos de lo que se cree.

Pero, así y todo, vi realizado un sueño, al final de mis 16 años, con la ascensión de Grau San Martín a la presidencia de la República en 1944, bajo el lema de *Cuba para los cubanos*. Cubrí su toma de posesión y los actos públicos como fotógrafo del periódico de la Juventud Auténtica.

Los diamantes y el Instituto

A los 14 años, mi hermano Pepe me consiguió un trabajo: tallador de diamantes. Una industria completamente nueva en Cuba. El taller donde iría a trabajar pertenecía a unos judíos franceses. Después de tres meses de entrenamiento teórico y práctico, bajo la dirección de un refugiado polaco-francés, Jacques Brachbart, pasé las pruebas y fui seleccionado para una plaza permanente. Lo particular de la novedad consistía en que los salarios a devengar serían muy altos, por lo que pude disfrutar en mi adolescencia, casi súbitamente, de unos ingresos muy superiores a los que hubiera podido imaginar. Corrían mis vacaciones estudiantiles, entre primero y segundo año de bachillerato. Verano de 1942. Al trabajar de día, tendría que matricularme formalmente en el curso nocturno para poder proseguir los estudios.

En el Capítulo 10, correspondiente a la presencia del comunismo en Cuba dedico unos párrafos a las labores de infiltración marxista que tenían lugar en el Instituto de La Habana. Consideré un deber, cursando el segundo año de bachillerato, presentarme de candidato a delegado de la Asociación de Estudiantes, contra una plancha controlada por los comunistas. Mis compañeros de candidatura eran Ramón Rosales y Dagoberto Raola, vinculados, como yo, al *Autenticismo* (Partido Revolucionario Cubano). Nuestros contrincantes eran Humberto Pérez, Efraín Silva y Olga Santamarina. Los dos primeros eran hombres cercanos a los cuarenta —vejestorios para nosotros— que a todas luces eran comunistas infiltrados para captar el estudiantado. Iban a clases de cuello y corbata, invariablemente. Hacían un visible esfuerzo por ganarse el respeto y la amistad de sus —por mucho— más jóvenes compañeros.

El caso de Olga era diferente. No estaba comprometida con ninguna ideología. La captación de ella por parte de Pérez y Silva para completar el trío de candidatos había sido una jugada hábil. Porque Olga era la muchacha más hermosa de la clase. Y ningún compañero podía sustraerse a la tentación de contemplar y admirar su cuerpo, de curvas envidiadas por todas sus compañeras. Su aceptación a integrar la papeleta con el dúo marxista, sin estar ella comprometida con esa doctrina, podía haber sido por pura frivolidad o, simplemente, bobería. Se celebraron las elecciones y perdimos por muy poco margen.

Una protesta inesperada

Aceptamos la derrota, que consideramos en buena lid, pero esa no fue la actitud de un compañero que, desde las filas de atrás y en alta voz, reclamó un recuento de votos.

Se trataba de Gregorio Montesinos, conocido como integrante de uno de los "grupos de acción" que se presentaban como anticomunistas. Apenas nos conocíamos. Era un mulato de complexión atlética que vestía siempre de traje, con camisa de cuello ancho y corbata altisonante, bastante mayor que nosotros. Lo que no me gustaba de él era la pistola 45 que siempre llevaba a la cintura, aparentemente disimulada bajo el gabán, pero de modo que se le notara con la presumible intención de inspirar algo más que respeto. Traté de disuadirlo para que suspendiera la protesta. La considerábamos innecesaria y aceptábamos la derrota. De todas maneras, se hizo el recuento y se confirmó el resultado de que habíamos perdido.

Meses después, en la noche del 28 de abril de 1943, Gregorio Montesinos caía abatido a balazos en un salón de billar de los Arcos del Pasaje, frente al Instituto. Salía yo del Centro Gallego, después de las clases y de hacerle una breve visita a la Coral Saudade. Observé una conmoción frente a la salida del Pasaje que daba al Capitolio. Fui corriendo hacia allá y vi cómo Montesinos, bañado en sangre e inconsciente, era introducido en un automóvil para ser llevado a una casa de socorros. Supe después que llegó cadáver.

Fui a su velorio. Estaba expuesto en la funeraria Vega Flores, de la calle Reina. Me acompañaba Ramón Rosales y éramos los primeros de sus compañeros en acudir. Los otros eran sus familiares. Creíamos un deber estar presentes por su gesto de apoyarnos la noche de las elecciones, aunque estuviéramos en desacuerdo con su forma de hacerlo. Al estar allí, junto al féretro, hacíamos un gran esfuerzo. En la edad que teníamos esas cuestiones de muertos y entierros no se presenciaban impunemente. Claro, era otra época. Hollywood no nos ponía en contacto entonces con esas masacres espectaculares de hoy, donde la sangre brota a raudales sin que nadie se espante. Ni nadie era capaz de imaginar las truculencias inconcebibles del terrorismo indiscriminado que tendrían lugar décadas después en cualquier parte del mundo.

Allí, dentro de aquella caja gris y atemorizante, estaba Montesinos, ataviado como le gustaba. Sin dejar de mirar su cuerpo inerte, me concentré en rezar. Y cuando dejé de hacerlo, pensaba sobre la violencia irracional que arropaba al Instituto, lo que me era bastante difícil de entender. Me conmovía el dolor de los familiares. Sus lágrimas y lamentos ante una realidad súbita que no anticipaban. Cuadro desolador, que chocaba contra todo lo que yo esperaba de ese mundo de ilusiones que forjaba a mis quince años, cuando el respeto a la armonía existencial y el derecho a la vida los daba por descontados.

Mis sentimientos eran contradictorios. Me entristecía la muerte de Montesinos pero, al mismo tiempo, me repugnaba la guapería, viniese de donde fuera, aún de mi propio lado. Montesinos, ahora víctima, pudo haber sido también, de haberse presentado la ocasión, victimario. La violencia no encajaba en mi forma de pensar. Quizás, por la formación religiosa que estuvo a punto de ponerme a las puertas del convento. O también, ¿por qué no? En mi hogar no habría muchos bienes materiales pero sobraban la ternura y el amor, que me permitían crecer sin alimentar odios ni tendencias abusivas. Esas manifestaciones de violencia en mi entorno estudiantil, que liquidaban vidas, eran para mí totalmente absurdas. Nunca supe, a ciencia cierta, los detalles de la muerte de Montesinos. Se decía que su matador había sido un comunista, a quien llamaban "Mi Tierra". Nada sabía del sujeto, ni tampoco mis compañeros inmediatos. Al parecer, el asesino era ajeno a las pugnas estudiantiles. Nunca pude enterarme de las reales circunstancias que dieron lugar al doloroso suceso, que no sería el único que habría de deplorar durante mi agitado paso por el Instituto de La Habana.

El frustrado atentado al *Diario de la Marina*

Un mes antes de la muerte de Montesinos, había ocurrido otro hecho estremecedor. En horas de la noche, al estallarle accidentalmente una bomba que portaba, fallecía el estudiante del Instituto, Gervasio Lamas. El suceso había tenido lugar en la esquina de Zulueta y Teniente Rey, donde estaba ubicado el *Diario de la Marina*, lo que hizo suponer que el periódico era el blanco terrorista. Al día siguiente, me dirigí al lugar de los hechos, donde estaban congregadas algunas personas. Vi con horror fragmentos de tejido humano sobre una alcantarilla y parte de un órgano incrustado en la pared del edificio frente al periódico, por el lado de la calle Teniente Rey. Me parecía mentira que fueran de un compañero de estudios y como consecuencia de un conato de atentado que carecía de sentido.

Se supo que con Lamas iba su amigo Humberto Bugallo, quien salió ileso al estallar el artefacto. También que Lamas, al ser herido de muerte, con el vientre destrozado, le había dicho al compañero, que huía: "Humberto, no me abandones, por Dios". Otro hogar cubano enlutado de súbito y sin razón. Gervasio Lamas era un buen muchacho, muy querido. Su desaparición pertenecía al mundo de lo inexplicable. Su entierro fue una manifestación muy nutrida de dolor. Era difícil conciliar su personalidad con lo que, aparentemente, pretendía hacer: un sabotaje a un órgano de opinión que tenía todo el derecho a expresarse.

La violencia en el Instituto

Lamentablemente, mis vivencias de violencia política cursando el bachillerato no se limitaron a los casos de Gregorio Montesinos y Gervasio Lamas. En una ocasión, fui testigo de un tiroteo dentro del plantel. Los tiros de las 45 retumbaban como bombas. Alumnos y profesor nos tiramos al piso para protegernos de las balas. Por cierto, que al percatarme de que una compañera se encamaraba en el borde de una ventana para tirarse a la calle, víctima del pánico, me levanté para agarrarla por un brazo y tirarla hacia adentro. Creo que, de no haberlo hecho, se hubiera lanzado al vacío, así estaba de aterrada.

De algunos de esos condiscípulos tiratiros guardo tristes recuerdos, particularmente de los hermanos Froilán y Andrés Noroña. Habíamos estudiado juntos en Hoyo y Junco. Ninguno de los dos mostraba tendencias agresivas. Eran cordiales y simpáticos, sobre todo Froilán, de sonrisa contagiosa. Tenía con ellos una buena amistad. No pasó mucho tiempo —ya estábamos en el Instituto— cuando los vi participando en los notorios "grupos de acción". Froilán apareció un día acribillado a balazos. Su hermano Andrés desapareció para siempre a principios de junio de 1945. Se decía que había sido secuestrado por el grupo de Rolando Masferrer, torturado y metido, vivo todavía, dentro de un barril que llenaron de cemento y arrojaron luego al mar. Meses antes de sus muertes, el padre de los Noroña, hombre decente y trabajador, abrumado por las actividades gangsteriles de sus hijos y la pesadumbre que ello le ocasionaba, optó por liberarse de ellas con una soga al cuello.

Orlando Oramas, también compañero de estudios que conocí como tranquilo y buenazo, llegó a participar en uno de esos grupos y fue muerto en un tiroteo dentro de un ómnibus en el reparto Mantilla. Otro caso fue el de Luis "Wichy" Salazar, que se inició en esas actividades en el Instituto y siguió en ellas años después. Con el tiempo, como represalia por sus acciones, fue objeto de dos atentados. En el primero, herido de gravedad. En el segundo, acribillado mortalmente. También conocí, fuera del entorno estudiantil, a Raúl Adam, a quien se le ocurrió entrar en uno de esos grupos. Fue asesinado cerca del Parque Maceo, en 1947. Días después, la madre, agobiada por el dolor, se lanzó al pavimento desde un balcón.

Lo sorprendente de esos muchachos que llegué a conocer era que, por lo general, no tenían aspecto patibulario ni inspiraban rechazo. Negación en imagen del tipo de criminal descrito por

Lombroso. Eran bastante sociables. Podría decirse que se iniciaban en esos juegos mortales como si fueran a practicar un deporte. No tenían, necesariamente, que provenir de hogares desajustados. Para ellos, lo importante era demostrar que eran más cojonudos que nadie. Retaban a cualquiera, usando como excusa la defensa de una supuesta causa de fines poco definidos. Se ubicaban por grupos. Casi todos terminaban como verdaderos delincuentes, exigiendo prebendas de funcionarios corruptos, que les daban *botellas* (empleos en el gobierno sin trabajar) para neutralizarlos como enemigos y quitárselos de encima.

Requisitos para matar

Para ser aceptado dentro de un grupo, el novato tenía que demostrar sus cualidades participando en las más arriesgadas acciones, que eran fundamentalmente los atentados. Dentro de cada grupo, las menores discrepancias se ventilaban a un grado de violencia desproporcionado. Nadie quería pasar por cobarde. Las diferencias provocaban la división en grupúsculos y los atentados de una y otra parte continuaban sin cesar. Como en la mafia, a la vez que se entraba, la salida era casi imposible. Si alguien pensaba en retirarse del juego viendo lo inútil de seguir y el peligro que entrañaba, no podía hacerlo. Quedaría desamparado ante una posible represalia del grupo enemigo. En ocasiones, sus propios compañeros podrían constituir una amenaza adicional. La deserción se podía pagar con la vida y el único camino que les quedaba a los potenciales arrepentidos era seguir matando para que no los mataran. En ese círculo vicioso, no había vuelta atrás.

El Instituto de La Habana, a esos efectos, era tierra de nadie, donde tiroteos adentro y en sus alrededores chocaban con la decencia y afán de aprender de la enorme mayoría de su estudiantado. Ante cualquier alteración del orden, la Policía no se atrevía a intervenir. De hacerlo, se exponía a una repulsa general. La fama del cuerpo era de instrumento de represión, no de agente de la justicia. Dentro de esas circunstancias, la impunidad para operar de los gangstercillos estudiantiles les servía de aliciente para seguir en sus fechorías.

En ese entorno contradictorio, la búsqueda del saber resultaba riesgosa. Sin embargo, la asistencia a clases no menguaba, como un reto de los que queríamos aprender frente a los falsos estudiantes que portaban armas. Quizás, al llamarse a sí mismos revolucionarios, esos elementos pretendían rodearse de la aureola de respeto que, no muchos años atrás, se habían ganado, con perfecto derecho, los miembros de los directorios estudiantiles —el del 1927 y el del 1930— que combatieron la dictadura de Machado y tuvieron considerable influencia en los hechos posteriores a su caída. Pero había una tremenda diferencia. No podían compararse estos pistoleros irresponsables con la calidad y propósitos de aquella juventud notable, en cuyos planteamientos y espíritu de sacrificio se identificaba la profunda convicción que exigía una lucha como aquella.

Afortunadamente, los estudiantes dedicados a las acciones violentas, unos por motivaciones que disfrazaban de ideales y otros por pura estupidez, eran una exigua minoría. Ninguno era aplicado en sus estudios. Su poder de convocatoria era prácticamente nulo. Cuando se organizaba alguna manifestación de protesta contra el gobierno, eran otros quienes la convocaban. En ningún momento, los autotitulados "revolucionarios" fueron vistos por la masa estudiantil como sus representantes en las protestas multitudinarias. Hubo líderes en los institutos de segunda enseñanza verdaderamente serios y responsables. En mis recuerdos, su ejemplo más notable fue Tony Santiago, activo y dedicado dirigente del curso diurno. Eran estudiantes de verdad, que gozaron del apoyo y simpatía de la casi totalidad de sus compañeros y nunca estuvieron envueltos en actividades que atentaran contra el sentido de justicia y ponderación que de ellos se esperaba. Porque, a pesar de las acciones reprobables que relato, el estudiantado genuino asumía la posición de vanguardia en la defensa de las instituciones democráticas y así lo reconocía el pueblo.

Lo bueno del Instituto

Con el tiempo, me pareció que las dramáticas experiencias por las que pasé en un lugar donde menos podían esperarse, un centro de estudios, eran las menos apropiadas para alguien que, como yo, aborrecía la violencia. Ya en la madurez, me percaté de que ese ambiente de tiroteos y guapería que fue parte de mi entorno estudiantil era una reproducción en pequeña escala de lo peor que había en el país, aunque debo destacar que la violencia política nunca llegó a constituir una verdadera amenaza a la estabilidad institucional de la nación. Pero también mi paso por el Instituto fue una experiencia fructífera, que me permitió conocer lo maravillosa que era Cuba. Había una cara del Instituto que nada tenía que ver con lo deprimente de la que he relatado. Una que me dejó recuerdos felices e imborrables.

Me impresionó en mis estudios de bachillerato la calidad de la mayoría de sus catedráticos. La calificaría de excepcional. Verdaderos profesores, dedicados con entusiasmo y energía a su importante tarea. Tengo memorias inolvidables de muchos de ellos, hombres y mujeres que contribuyeron con su ejemplo a estimular mi vocación de servicio al país. Entre ellos sobresale el filósofo Rafael García Bárcena, que era mi profesor de Lógica. Lo conocíamos como "el poeta de la Revolución". Había participado muy activamente, cuando estudiante, en la lucha contra Machado, lo que lo convertía en un héroe para nosotros. Otro de los que recuerdo es el doctor Huberto Valdivia, autor de un experimento pedagógico muy singular, del que fui parte. Los alumnos de su curso, en el tercer año, fuimos invitados por él a escribir el libro de Historia de Cuba que habría de ser utilizado como texto por los alumnos del curso siguiente, tocándole a cada uno, por sorteo, el tema a tratar. García Bárcena y Valdivia no serían los únicos catedráticos del Instituto (la lista, que incluiría también a los doctores José Fávole, Eduardo Lens y Zoila Corominas, sería larga) que me abrieron una amplia ventana para asomarme, con curiosidad y afanosa vocación por la justicia, al mundo y sus apasionantes misterios.

Nuestros ídolos

Como todo estudiante, mi círculo de amigos surgía de la coincidencia en intereses intelectuales y políticos. En mi grupo teníamos dos autores favoritos, con nada común entre sí, José Ingenieros y Enrique Jardiel Poncela. Del filósofo argentino, hacíamos referencia constante a *El Hombre Mediocre*. Pero nuestro verdadero ídolo era el humorista español. Sobre todo por dos de sus novelas: *Amor Se Escribe Sin Hache* y *¿Pero Hubo Alguna Vez Once Mil Vírgenes?*, que comentábamos entre carcajadas.

Además de la devoción que todos compartíamos por nuestro patricio excelso, José Martí, y los principales gestores militares de nuestra independencia, generales Antonio Maceo y Máximo Gómez, nuestro ídolo viviente en el terreno latinoamericano era Víctor Raúl Haya de la Torre, fundador de la Alianza Popular Revolucionaria Americana (*APRA*). Su discurso nos apasionaba. Su lucha en defensa de los trabajadores y los desposeídos, frente a la poderosa oligarquía económico-militar de Perú, unida a su austeridad personal, eran motivo de admiración para los que empezábamos a interesarnos en las injusticias sociales y las luchas revolucionarias. Y en el ámbito nacional, creíamos que todas las desgracias de Cuba serían eliminadas de volver al poder el carismático profesor universitario de Medicina y presidente del Partido Revolucionario Cubano, Dr. Ramón Grau San Martín.

Un cambio importante y temprano en mi vida

Estando en el tercer año de Bachillerato, entablé amistad con Ángela *Lila* Alonso, una compañera de aula. Menuda y bonita. Era la estrella del grupo por su gran sentido del humor y lo bien que cantaba los corridos mexicanos de moda. Nuestra amistad inicial se fue convirtiendo en una atracción tan poderosa que mi timidez para los trajines románticos desapareció por completo. Me atreví a decirle cuánto me gustaba y le pareció bien. Recién cumplidos los 16, llegaba, por fin, a tener novia tangible, con meta de altar.

Durante las vacaciones estudiantiles, entre cuarto y quinto año de bachillerato —agosto de 1945— teniendo yo 17 años, nos casamos. Un año y dos semanas después nacía nuestra hija Elenita. A los dos meses del alumbramiento perdía mi trabajo de tallador de diamantes. El gobierno cubano no podía conseguir en el Sindicato de Londres, que controlaba la distribución mundial del diamante en bruto, la cuota que se necesitaba para que la industria siguiera funcionando. Al cesar la Segunda Guerra Mundial, toda la producción de las minas africanas se enviaba a los talleres que se estaban abriendo de nuevo en Europa. Desaparecía de súbito mi única fuente de ingresos. De nada me servían cuatro años de experiencia en un trabajo muy especializado y muy bien retribuido. A los 18 años ya era padre y me matriculé para estudiar Derecho. No había curso nocturno, por lo que pude asistir muy poco a clases. Me presentaba a los exámenes con lo que podía estudiar en mi casa. Al mismo tiempo, tomé un curso de entrenamiento en la oficina de la International Business Machines (IBM) que me capacitaría para un nuevo empleo. No podía dejar de trabajar y no pude terminar el segundo año de Derecho. Saliendo de la adolescencia, con mujer y una hija que mantener, el mundo se me desplomaba.

Mis inicios en la cinematografía

La bonanza económica que para mí representó lo ganado en los diamantes me permitió comprar una cámara alemana Contax, sueño de todo fotógrafo serio. Más importante aún fue la adquisición de dos cámaras de cine de 8mm, que me sirvieron, con los elementos de

Física adquiridos en el bachillerato y algún que otro libro técnico, para experimentar y compenetrarme con la fotografía y la realización cinematográfica. Mi vocación por el cine iba desplazando paulatinamente el interés que la música había despertado en mí desde los primeros años y mi iniciación formal en el mundo del cine no tardaría en llegar. A iniciativa del profesor Manuel Suárez, mi segundo maestro de Piano, formé parte de un grupo al que sugerí llamar Coa-Bay Films. Lo de Coa-Bay era porque de ahí venía, según un catedrático del Instituto, el nombre de Cuba. Nos decía que quería decir "país alto de los muertos" o "tierra de los barrigones". Si eso es cierto o no, nunca lo pude saber.

La primera oportunidad para hacer una producción realmente seria surgió cuando entré a trabajar en el Censo Agrícola de 1946. Después del descalabro de la industria del diamante el curso que tomé como perforador de tarjetas y tabulador en las oficinas de la IBM, me calificó para una plaza en ese Censo. Al entrar en contacto con las operaciones del censo contemplé la posibilidad de producir un documental. Y mi jefe, Félix Suárez Moré, pudo convencer a los principales ejecutivos de hacerlo, con lo que mostraríamos el proceso censal seguido en Cuba y ciertas novedades técnicas que se estaban implantando.

Peripecias de mi primer documental

El principal obstáculo que encontramos fue la ausencia de servicios en Cuba para producir en 16mm. Y para grabar la locución, musicalizar y hacer copias no había otra opción que hacerlo en New York. Viajé a Miami por avión y seguí en tren hasta mi destino final. Era más barato.

En Miami tuve mi primera experiencia con el racismo que se enseñoreaba en el sur de Estados Unidos. Me encontré frente a un bebedero público, con dos fuentes de agua y sendos letreros: *Colored* y *White*; es decir, una para negros y otra para blancos. No era para mí una sorpresa. Sabía de esas injusticias y abusos en una sociedad que se preciaba de demócrata. Pero estar frente a ellas, como testimonio de una verdad absurda, no dejaba de desconcertarme. El racismo que estaba presenciando era mucho más chocante que el que, desgraciadamente, también existía en Cuba.

Llegué a New York a principios de enero de 1948. Me hospedé en un hotel de mala muerte, al norte del "west side", dentro de una comunidad de habla hispana azotada por la pobreza y una fama exagerada de nido delincuencial. En la calle, el intenso frío llegaba a mis huesos sin resistencia, gracias a las escasas 120 libras que me sostenían. Pero así y todo pude cumplir con la encomienda de terminar el documental, en la que mucho tuvo que ver mi amigo polaco-francés Jacques Brachbart, el judío generoso que había sido mi instructor en la talla de diamantes, cuando su mente estaba en hacerle pagar a Adolf Hitler sus desmanes a tiro limpio y la mía en casarme cuanto antes. Jacques, exsargento del ejército francés, partió de Cuba a Estados Unidos para enrolarse en sus fuerzas armadas. Participó en la invasión de Normandía, adquirió la ciudadanía estadounidense y se acogió a un programa de enseñanza gratuita para veteranos, estudiando cinematografía. Fundó una pequeña compañía productora y sus contactos y asesoramiento fueron, en gran medida, responsables del buen éxito de mi misión.

Si bien llegué a New York en un tren muy veloz (el *Silver Meteor*) regresé a Miami en una tortuga a vapor de mil paradas. En uno de esos momentos en que ciertas urgencias asaltan, busqué el servicio sanitario. El de mi vagón estaba ocupado y me dirigí al del vagón delantero. En la prisa, no me percaté de que había algo común en sus pasajeros, quienes estaban de espaldas. Una vez resuelta mi emergencia y al volver al asiento me encontré frente a decenas de miradas severas —más bien, de odio— que me perseguían fijamente, mientras me parecía interminable el regreso a mi vagón. Todos eran negros. Había caído en un vagón racista, ofendiendo con mi presencia a sus ocupantes. No me había percatado del racismo en los vagones. Me repugnaba que esas cosas sucedieran. Era mi segunda experiencia discriminatoria en mi primer viaje a un país que acababa de perder 300,000 de sus ciudadanos en una guerra convocada en nombre de la libertad y la democracia.

Mi primer documental fue tan bien recibido que de la Organización de Alimentación y Agricultura de las Naciones Unidas (FAO, en inglés) pidieron numerosas copias para ser enviadas a diversos países, como ilustración del procedimiento censal seguido en Cuba.

Periodismo occasional

En 1948 aparecería en la revista *Bohemia,* la más leída de la Isla, mi primer trabajo periodístico. Su título: *Pasado y Presente de la Industria del Diamante en Cuba.* En él volcaba mi experiencia personal como tallador de diamantes y daba a conocer la verdad de lo que esa operación había significado para el país, destruyendo una serie de mitos sobre el tema. Me halagó mucho verlo publicado en la página 2, bajo el epígrafe de *Temas de Interés Nacional*. Y, por supuesto, compré como diez ejemplares.

Desde mis años de bachillerato leía con mucho interés lo que se publicaba sobre la Sociedad Espeleológica de Cuba. Mayormente, reportajes hechos por su joven presidente, Antonio Núñez Jiménez. Me atraían las exploraciones de cuevas y las actividades arqueológicas. Me uní al grupo para satisfacer esas inquietudes, mezcla de amor por el saber y gusto por la aventura. Mi segundo trabajo para *Bohemia* ("Explorando a Cuba") cubría lo que esa institución, mayormente juvenil, representaba como ejemplo a emular. Por la Espeleológica pude conocer lugares recónditos de la Isla y ponerme en contacto con el campesino de tierra adentro.

La provincia cuyos rincones mejor conocí —mi eterno amor— fue Pinar del Río, la más occidental. Eran viajes de estudio, donde no sólo explorábamos cuevas (como la gigantesca de Pío Domingo) y fotografiábamos paisajes. Nos poníamos en contacto con las condiciones sociales y económicas de esos parajes, cuyas características eran bastante parecidas a la de la mayoría de las comunidades rurales a lo largo de la Isla, salvo aquellas vinculadas a la industria azucarera.

Algo que me llamaba la atención era la autosuficiencia en lo referente a la comida. La mayor parte de los campesinos de la zona cultivaba lo que consumía y cuando se necesitaba algún artículo no producido domésticamente se recurría al intercambio. Un huevo, por ejemplo, equivalía a una libra de azúcar. Se criaban pollos y guanajos (pavos) y, después de cubiertas las necesidades familiares, se vendía el sobrante. También se criaban cerdos y se cultivaba el maíz para su alimentación básica. La mayor parte de la producción agrícola consistía en boniato, yuca y malanga. Los conucos, o pequeñas fincas, se alquilaban. O se le pagaba al dueño con una cuarta parte de la producción. Para los que tenían su conuco (la mayoría) las compras en las tiendas o bodegas cercanas eran reducidas y consistían principalmente de arroz, sal, tasajo y bacalao. A veces, también frijoles. Había latifundios que sembraban tabaco y contrataban al campesino como jornalero.

El médico de la zona se iba a buscar a caballo y llegaba a las casas y bohíos en su "jeep". Con frecuencia se le pagaba en especie. Otras veces, ni cobraba. El hospital era gratuito, así como la escuela rural. Por esas zonas no era frecuente ver niños con sus barrigas infladas por el parasitismo intestinal, lo que sí observé en medio de trajines periodísticos y fotográficos en otros lugares del campo cubano y hasta en los barrios de indigentes *Cueva del Humo, Llega y*

Pon y *Las Yaguas,* en plena Habana. Lo más impresionante de todo esto es que, diez años después, se instalaría en el poder la usurpación comunista. Y en más de medio siglo de dictadura castrista, si bien cesaron las barrigas inflamadas, la vida del campesino y su capacidad de producción llegarían a niveles muy inferiores a los casi primitivos que contemplé en mis viajes de la Espeleológica sesenta años atrás.

En el servicio social

Zoraida López, una excompañera de estudios y de la Sociedad Espeleológica, se había graduado de Trabajadora Social y me habló de esa profesión, prácticamente desconocida en Cuba. La inclusión de esa carrera dentro de los estudios universitarios era muy reciente. Su propósito: tecnificar la asistencia social y apartarla del concepto de caridad pública que prevalecía en el país. Darle rango de profesión universitaria había sido una laudable obra de la doctora Elena Mederos, prominente líder cívica (que habría de figurar años después como Ministra de Bienestar Social del primer gobierno revolucionario) y de dos distinguidas profesionales puertorriqueñas residentes en Cuba, las doctoras Rosario Rexach y María Pintado. Me pareció muy interesante el tema y preparé un reportaje gráfico que *Bohemia* publicaría.

Días después de la aparición del reportaje en la revista, vino a verme un fraterno amigo, Armando Ruz, compadre del presidente de la República, doctor Carlos Prío Socarrás. Acababa de ser nombrado jefe de despacho de la Corporación Nacional de Asistencia Pública. Mi reportaje lo había impresionado y quería que lo ayudara en su nuevo cargo. Para aclarar dudas, le expliqué que el reportaje no me calificaba como especialista en la materia, aunque siempre me había atraído el servicio social. Añadí que en lo publicado había cierta crítica del gobierno y que mis simpatías políticas se inclinaban hacia la *Ortodoxia*, el movimiento oposicionista que dirigía el senador Eddy Chibás, aunque no era miembro de su partido. No quería que la aceptación de un cargo tan vinculado a la esfera presidencial implicara un compromiso político. Ruz me aseguró que eso carecía de importancia, que me necesitaba y que gozaría de su total confianza en las funciones que tendría que desempeñar. De todos modos, quise que le entregara una copia del reportaje a la Primera Dama, Mary Tarrero de Prío

¿Qué relación podía haber entre la esposa del Presidente y mi nombramiento? Una muy directa: sería mi jefa máxima. Acababa de ser nombrada, al mismo tiempo que Ruz, Delegada Personal del propio Presidente ante la Corporación, integrada por 32 instituciones alrededor de la Isla que atendían a niños y ancianos. Si la señora Prío estaba de acuerdo con mi nombramiento después de leer el reportaje, yo no pondría objeción. Desde esa posición tendría una buena oportunidad para procurar apoyo a la profesión de Trabajador Social que, por lo reciente, carecía del reconocimiento a que era acreedora.

Curiosamente, el nombramiento de la Primera Dama estaba motivado por su conocimiento de malos manejos con los fondos de la Corporación, escándalo que ella estaba presta a corregir. Había algo contradictorio en todo esto porque algunos miembros destacados del gobierno del doctor Prío Socarrás, incluyéndolo a él y a su hermano Antonio, no podían exhibirse como ejemplos de honestidad. Pero, por lo que pude conocer en su actuación posterior, la señora de Prío estaba empeñada en que no se repitiera en la Corporación el mismo patrón de corrupción que cundía en otros sectores del gobierno. De Presidenta de Honor, sin facultades, decidió asumir un rol activo en la depuración de irregularidades como la representante personal del Presidente, lo que le confería la máxima posición ejecutiva. La falta de controles rigurosos en la Corporación invitaba al robo con diferentes disfraces.

Mi primera labor en el organismo consistiría en identificar esas irregularidades administrativas y proceder a erradicarlas. Meses después, la Primera Dama y Ruz, complacidos con mi trabajo, me ascenderían a jefe del Negociado de Hogares y Creches, equivalente al de supervisor de los inspectores. Caso singular el de mi promoción. No era nada frecuente en Cuba, en las esferas de gobierno, reconocer el desempeño adecuado de una labor y mucho menos si iba dirigida a eliminar la corrupción.

Vine a conocer personalmente a mi jefa en una ocasión nada relacionada con el trabajo. Ruz me había pedido que filmara el cumpleaños de una de las hijas del Presidente. Al presentarme a la Primera Dama, ella exclamó: "¡Pero si usted es un niño!" Parece que, por cierta gravedad en mi voz y la seriedad de las conversaciones telefónicas que sostenía con ella, la imagen que le había proyectado era la de un burócrata con canas a peinar, no la del joven escuálido de veintidós años que tenía enfrente.

La extensión de la corrupción

Para desgracia nacional, una buena parte del pueblo, que se expresaba en alta voz contra las prácticas corruptas, las disculpaba a veces en privado cuando se trataba de parientes o amigos. Quizás esa fuera una buena razón para que la corrupción pública llegara al grado que alcanzaba. Algunos de los que me conocían y podían enterarse de la labor que estaba haciendo contra el pillaje me llamaban bobo y otros preferían un calificativo de pretensiones más injuriosas: comemierda (que se explica por sí mismo). Título conferido por no aprovecharme de la oportunidad de mejorar mis escasos ingresos personales haciendo causa común con los ladrones. No había nada de extraordinario en lo que hacía. Simplemente, cumplía con mi obligación. Y eso, para muchos de los que me rodeaban, era una estupidez. Y para muy pocos, lo que debía hacerse. Lo que puede dar una idea cabal de cómo andaban las cosas de mi país en cuanto a moral pública. Pero ningún dinero mal habido me hubiera dado la satisfacción, fortaleza espiritual y autoestima que sentía al mantener, aunque fuese muy modestamente, una actitud que debía estar generalizada. Tenía la firme convicción de que no había cosa más detestable que desviar por dinero la dirección del deber.

Encontrándome en el Hogar Infantil de Ciudamar (Santiago de Cuba) con Pedro Rivero, un probo funcionario que era el jefe de la sección a la que pertenecía mi negociado, fui testigo de graves irregularidades administrativas en esa institución. El Hogar albergaba un buen número de niños de familias necesitadas que estudiaban, comían y dormían allí.

De regreso a La Habana, redacté un informe para ser entregado a la Primera Dama sobre las muchas irregularidades que detecté y que apuntaban a un patrón de corrupción en el Hogar. Entre ellas, cuentas falsas pagadas, venta de agua a un sector residencial de Santiago con el camión-tanque de la institución, faltas en el inventario de la despensa y otras más. Hallazgos que ponían en evidencia el manejo turbio de los recursos del Estado por el grupo administrador. Digo grupo porque, aunque la funcionaria a inculpar era sólo la directora, se trataba, en realidad, de una familia, integrada principalmente por ella, su hermana y un sobrino que vivían en una residencia dentro de la institución. La directora, Delia Rodríguez, persona educada y de buenas maneras, con cierta sensibilidad cultural, era difícil de ubicar en un esquema de corrupción tan burdo. No así su hermana, bruja laboriosa vestida de paisana, verdadera artífice del robo, que operaba con el apoyo de un hijo adulto que respondía incondicionalmente a sus dictados.

Misión difícil

La respuesta a mi informe fue lo que menos podía esperar: una orden de la Primera Dama de que me trasladara al Hogar Infantil de Santiago de Cuba y permaneciera en la institución hasta eliminar el último vestigio de corrupción. Para mí, una verdadera hecatombe económica. Varias razones hacían muy difícil cumplir con los deseos de la señora Tarrero. Una, muy importante: mis exiguas finanzas personales. El sueldo de la Corporación era bastante bajo. Salvo las ocasiones en que tenía que visitar dependencias fuera de La Habana, mi jornada de trabajo era, por lo general, la de cualquier empleado público: media sesión (aunque no era infrecuente que la prolongara). Eso me permitía hacer trabajos de fotografía y cine por mi cuenta, sobre todo de noche y los fines de semana, para mejorar mis ingresos. Al solicitarse mi traslado a Santiago tenía en producción un documental en 35mm del Ministerio de Educación, que tendría que posponer —lo que sería difícil de aceptar— o cancelar en virtud de mi ausencia. Había otra razón, no menos importante, que tenía que ver con el entorno al que se me quería enviar. Y era que la Directora y su hermana tenían poderosas conexiones políticas en Santiago.

La señora Rodríguez había sido recomendada para esa posición por el exesposo de *Yeyé* Prío, la hermana del Presidente. El excuñado de Prío, Enrique Cotubanama Enríquez, exilado dominicano hábil en las artimañas politiqueras típicas de esos tiempos, mantenía magníficas relaciones con *Yeyé* y su familia. Además, era el propietario y director del principal periódico de la región: *El Sol de Oriente*. En virtud de sus contactos políticos en las altas esferas, la familia Rodríguez tenía nexos directos con las principales autoridades locales, incluyendo al jefe de la Policía de Santiago, conocido por *Toitico,* de dudosa reputación.

Me veía ubicado en una situación repleta de contradicciones en el seno de la primera familia del país. Conflicto en el que, a pesar de mis buenas intenciones, tenía las de perder. A esas dificultades había que añadir una regulación de ley que prohibía la cesantía de empleados públicos durante el período electoral, en plena vigencia porque nos encontrábamos a mediados de febrero de 1952 y las elecciones estaban señaladas para el primero de junio. Menudo problema. Si identificaba a un empleado corrupto, no podía despedirlo. Tendría que pedirle la renuncia y que él o ella la acataran. Tomé la decisión de que sólo aceptaría asumir la misión que se me quería asignar si la señora Prío me expedía credenciales de que actuaba oficialmente en su nombre, como su delegado personal.

Esa autoridad me permitiría actuar sin cortapisas. No lo anuncié, pero estaba dispuesto a renunciar si no lo conseguía. La Primera Dama accedió a mi pedido, firmando una carta que yo mismo había redactado. Con ella en la mano, hice las maletas y enfilé hacia Santiago.

En el Hogar Infantil de Ciudamar

Llegué al Hogar Infantil sin anunciar, tarde en la noche, en un vehículo de la Corporación manejado por uno de sus choferes. Le dije a la directora Rodríguez que pasaría la noche en la enfermería, cuyas cuatro camas estaban, por lo general, vacías. Quedé en verla a la mañana siguiente. Cuando lo hicimos, le enseñé mis credenciales y le hice saber que ella había perdido la confianza de la Primera Dama; que esperaba su renuncia de inmediato, que me entregara todas las llaves y que yo asumía, a partir de ese momento, la dirección de la institución. Confieso que lo hice con cierta pena. Y cometí el error de permitirle que se quedara en la residencia que ocupaba con sus parientes por unos días, mientras preparaban la mudanza.

A la mañana siguiente, en ruta hacia la cocina para hacer el inventario, noté una cosa rara en mi camino. Parecía, por su plumaje, un pollo putrefacto. Me di cuenta que era toda una parafernalia de brujería, puesta para amedrentarme. La misma brujería que yo, de niño, en unión de mis amigos y orientados por el mal olor, tratábamos de localizar con verdadero empeño en el parque Luz y Caballero de La Habana Vieja, explorando los rincones de sus jardines maltrechos en busca de los pollos muertos dejados por los practicantes de esos ritos. A los que les sacábamos del buche nuestro ansiado tesoro: un montón de *kilos prietos* (centavos americanos). Fortuna soñada, como caída del cielo, que después amontonábamos para mearla colectiva y generosamente, despojándola de todo mal en ritual de purificación. Por si acaso. Dinero que cambiábamos enseguida por tamales sin picante y cucuruchos de maní, exquisiteces que pregonaban a pura gritería los comerciantes de a pie que recorrían, al caer de la tarde y cargando con sus calentadoras portátiles de carbón, el Malecón de La Habana.

La puesta de brujería en mis recorridos del Hogar Infantil se repetiría unas cuantas veces. Y no dejaba de preguntarme, cuando veía esos pollos muertos, si tendrían adentro los *kilitos prietos* de feliz recordación. Recibí la confidencia de que todo ese despliegue en mis trayectorias, con su intención fallida de atemorizarme y hacerme un daño ilusorio, era obra de una persona muy ligada a la hermana de la directora: un inmigrante jamaiquino que fungía de jefe de cocina y tenía a casi todo el mundo bajo el terror con el cuento de la brujería. Como medidas de urgencia no sólo tendría que cambiar al chofer del camión-tanque. También a un cocinero que, además de cómplice en ciertas fechorías, se dedicaba a meter miedo con pollos muertos y otros artilugios supuestamente amenazantes.

Cumpliendo con mi misión

Fui avanzando en mis averiguaciones. En las gavetas de la oficina encontré facturas en blanco de diversos suministradores. Algunos existentes, otros inventados. Obviamente, se llenaban con información falsa para pasarlas así a la Oficina Central. En lo que acumulaba esas pruebas empecé a recibir amenazas de muerte por teléfono. Los corruptos, molestos por mi actuación, insistían en esa cobarde advertencia. No les hice caso.

En unos de esos días se encontraba de recorrido por las instituciones de Oriente, Regina Nin Vidal, que había sido nombrada Directora General de la Corporación por la Primera Dama, después de haber sido destituido el Patronato que regía la institución. Fue de visita al Hogar y me alegré de verla. Funcionaria dedicada y competente. La puse al tanto de lo que estaba haciendo y se mostró solidaria con mis iniciativas. Estando reunido con ella, me informaron que el jardinero del Hogar, que había accedido a renunciar después de haber cometido una falta, había abandonado la institución sin permitir que se le registrara la maleta, contraviniendo a lo que yo había dispuesto. Se ocultó en una barra cercana, donde lo localicé. A pesar de sus bravocunadas, le exigí que abriera la maleta, lo que hizo a regañadientes. No encontré nada comprometedor.

Aunque en el caso del jardinero la sangre no llegó al río, un excapitán del Ejército, tío de la señora Nin y vecino de Santiago, testigo ocasional de lo ocurrido, me dijo que yo estaba corriendo muchos riesgos y no podía seguir así sin estar armado. Detestaba portar armas. Mi única vinculación con ellas era el inocuo tiro al blanco, que me gustaba practicar y gozaba mucho. Pero después de escuchar los argumentos del exmilitar, salí convencido de que tenía razón. Puso a mi disposición, en calidad de préstamo por el tiempo que estuviera en el Hogar, el revólver que portaba, calibre 38, de cañón largo.

Por cierto, algo curioso ocurrió después, relacionado con el revólver. Me encontraba cerca de la despensa, con chaqueta para que el arma no se notara y me incliné sobre una silla para abrocharme un zapato. El revólver, por ser de cañón largo, sobresalió y se hizo visible. No me preocupé porque pensé que no había nadie en las cercanías. Pero acertó a pasar en ese momento el ayudante de cocina, un mulato gigantesco, obediente seguidor de su jefe. Su mirada de asombro me dio a entender que había visto el revólver. Desde entonces, y no sé si por casualidad, percibí un mayor respeto de todo el personal, incluyendo, por supuesto, al pinche enorme del cocinero brujo.

Pero, evidentemente, necesitaba refuerzos para un control más efectivo de la vigilancia del Hogar, sobre todo de noche. Pensé en conseguir soldados, ya que el mando de la Policía, como he dicho, pertenecía al círculo íntimo de la exdirectora. El jefe del Regimiento Maceo (Cuartel Moncada) que yo había conocido, coronel Martín Elena, había sido trasladado a Matanzas y en su lugar estaba el coronel Manuel Álvarez Margolles. Hice la petición por las vías reglamentarias y la oficina de la Primera Dama allanó el camino. Me entrevisté con el ayudante del coronel Margolles, el capitán Delfín, y me asignaron un sargento y dos soldados.

De buenas a primeras, *El Sol de Oriente* publicaba un editorial donde se me denigraba diciendo que yo estaba amenazando con armas de fuego a las mujeres del Hogar. Insistían en que continuarían denunciando mis acciones, que calificaban de abusivas. Recuérdese que su director y propietario, Enrique Cotubanama Enríquez, conocido por *Cotú* tenía conexiones muy estrechas con la familia del Presidente y era quien había recomendado a la señora Rodríguez para la dirección del Hogar. Lo que hacía el tal *Cotú* era una infamia, bastante común en aquellos tiempos: aprovecharse del poder de la prensa para destruir reputaciones. Pero en mi caso, no estaba dispuesto a ser un blanco fácil. Como he mencionado, yo colaboraba, aunque muy ocasionalmente, en la revista *Bohemia*, que leía toda Cuba. Miguel Ángel Quevedo, su director, daría cualquier cosa por publicar lo que estaba pasando en el Hogar. Todavía la directora de la Corporación, Regina Nin, permanecía en Santiago de Cuba. Le enseñé el periódico y se enfureció. Le hice saber que no estaba dispuesto a tolerar pacientemente esas calumnias y lo que pensaba hacer si la situación no se corregía: denunciar la corrupción en *Bohemia* y emplazar a *El Sol de Oriente*. Despojé mi reacción de tonos amenazantes. Simplemente quería dar la oportunidad de evitar el escándalo. Bastaba con que el periódico cesara en sus ataques. A esos efectos, la señora Nin, en mi presencia, intentó comunicarse con la Primera Dama, llamándola a la finca *La Chata*, del presidente

Prío. Era un fin de semana. Al teléfono salió el propio Presidente. La señora Nin, a petición de su interlocutor, lo puso en detalles de lo que estaba ocurriendo. A la mañana siguiente, *El Sol de Oriente* no hizo la menor mención del caso del Hogar Infantil. Y se olvidó totalmente del asunto. Los traficantes de la noticia se cuidaban bien de no enemistarse con sus protectores.

Los días que siguieron fueron tranquilos. Hice cambios en el personal y fue muy positivo el desalojo de la familia Rodríguez de la casa que ocupaban. No tenía una idea clara de la duración de mi misión, pero como todo empezaba a normalizarse, quise tener a Lila y Elenita conmigo mientras tuviera que permanecer en la institución. Hice un viaje a La Habana para recogerlas. Contemplaba que la situación anormal del Hogar no duraría mucho.

El 10 de marzo de 1952

De vuelta al Hogar, alrededor de las siete de la mañana del 10 de marzo de 1952, alguien tocaba insistentemente en la puerta de la enfermería, donde dormíamos la familia. Era el sargento que estaba a cargo de la custodia nocturna. Venía a informarme que, tanto él, como los dos soldados que estaban destacados en el Hogar, tenían órdenes de reintegrarse al cuartel. Me sorprendió la noticia. Le pregunté al sargento que quién le había dado la orden. Me replicó que el capitán Delfín. A pesar de lo temprano, el Capitán podía contestar mi llamada. No me fue difícil localizarlo. Le pedí explicaciones. De hecho, la guarnición militar del Hogar estaba allí por órdenes del Estado Mayor. Insistí en ese aspecto. El Capitán, con firmeza, me dijo que no podía hacer nada. Se me ocurrió preguntarle si había habido algún cambio militar significativo. Me contestó, lacónicamente: "Parece...". Y colgó.

El expresidente de la República, exgeneral y senador por Las Villas, Fulgencio Batista, había entrado de madrugada, con otros conspiradores, por una posta del Campamento de Columbia (la base militar más importante de la nación) para deponer al presidente constitucional Prío Socarrás y erigirse de nuevo en dictador. Me enteré de ello como a la hora de haber hablado con el capitán Delfín. Se lo comuniqué enseguida a *Lila*, que estaba despierta desde la visita del sargento. La situación era grave. Un cambio drástico y violento de gobierno como el que estaba teniendo lugar, además de su tremenda repercusión en el orden nacional, podía propiciar la anarquía en el Hogar Infantil. Para prevenir un posible caos, cité a una reunión con todos los empleados, que ya estaban enterados de lo ocurrido. Les dije que el golpe de Estado no era un hecho consumado. Que no se tenían noticias del presidente Prío y que, en ningún momento, yo estaba dispuesto a abandonar mis funciones. Que no permitiría ninguna falta de disciplina ni reto a mi autoridad.

Santiago de Cuba hervía. Se rumoraba que el jefe del Cuartel Moncada, coronel Álvarez Margolles, estaba dispuesto a darle armas a todo aquel que quisiera defender el orden institucional. Cierto o no, cuadraba con la rebeldía histórica de la región oriental, proverbial en las guerras independentistas. Decidí ir a la ciudad para estar en contacto con esa atmósfera de rebeldía. Cuando llegué, se acababa de celebrar en el Parque Céspedes un mitin convocado por todos los partidos políticos para rechazar el cuartelazo. Me encontré casualmente con Baudilio (*Bilito*) Castellanos, excompañero de clases que presidió a los estudiantes de Derecho. Me dijo que lo más sorprendente del acto celebrado había sido el discurso del líder local del Partido Acción Unitaria (PAU), Laureano Ibarra. El PAU era el Partido fundado por Batista y su instrumento para aspirar de nuevo a la presidencia de la República en las elecciones programadas para el primero de junio. Lo que indicaba que el exgeneral, convencido de que no iba a salir electo, había optado por interrumpir el ritmo costitucional, ochenta y dos días antes de esas elecciones. Según *Bilito*, el mencionado Ibarra se sumó al repudio del golpe, dejando sentado que no lo apoyaba porque quebraba el orden constitucional (posición de la que pronto renegaría, haciéndose cómplice de los desmanes del régimen usurpador). Regresé al Hogar confiado en que el cuartelazo no llegaría a consolidarse. El clamor de resistencia que palpé en Santiago, alimentaba esa esperanza. Pero no tardé mucho en perderla. Lo que escuchaba por radio me ponía a pensar que todo sería inútil.

Y es que un líder local del Partido del Pueblo Cubano (*Ortodoxo*), Grillo Longoria repetía incesantemente que el golpe era producto de un complot entre Batista y el presidente Prío para impedir que la *Ortodoxia* llegara al poder. Esa opinión sería ratificada por un dirigente de palabra elocuente, reconocida influencia y relieve nacional, Luis Conte Agüero, que también se escuchaba por las emisoras de Santiago y era conocido como *La voz más alta de Oriente*. La conspiración denunciada, producto de una excesiva suspicacia, desalentaría el impulso popular. La resistencia iniciada por el coronel Álvarez Margolles y la juventud santiaguera se desvanecía. Y antes de caer la noche, el capitán Alberto del Río Chaviano, jefe de la Guardia Rural de Palma Soriano, tomaba el control del Cuartel Moncada en nombre de los complotados.

No creo justo aseverar que el fracaso del intento rebelde en Santiago se debió exclusivamente a la falsa denuncia de la conspiración entre Prío y Batista, pero sí me consta que fue un factor de peso en la desilusión colectiva que cundió entre los civiles dispuestos a enfrentar el cuartelazo con las armas.

El coronel Eduardo Martín Elena, el anterior jefe del Moncada que estaba en ese momento a cargo del regimiento de Matanzas, invitó desde el primer momento al presidente Prío a trasladarse al Cuartel Goicuría para organizar la resistencia. Una Comisión de la Federación Estudiantil Universitaria (FEU) visitó al Presidente para ofrecerle su apoyo. El Dr. Prío, finalmente, optó por asilarse en la embajada de México. El golpe de Batista quedaba consumado.

Se acaba el agua

En el Hogar se me presentaba un grave problema. El camión-tanque de agua había sido requisado por miembros de la Marina de Guerra y llevado al Distrito Naval de Oriente, no muy distante de Ciudamar. Había conocido a su jefe, capitán de navío (coronel) Guillermo Driggs en mi visita anterior a Santiago y pedí que me comunicaran con él. La respuesta: Driggs ya no estaba al mando. Pregunté por su sucesor y expliqué la razón de mi llamada. No tuve que esperar mucho. Del otro lado de la línea se daba un milagro. Mi interlocutor era nada menos que el capitán de navío Carlos León Sanz, a quien conocía por *Lito*. Era esposo de una compañera de trabajo, Lourdes Díez Argüelles, la secretaria ejecutiva de la Corporación. Avanzaba la noche y le pedí a *Lito* una reunión de urgencia sin decirle de qué se trataba. "Puedes venir ahora mismo", me dijo. Fui con un chofer. Al llegar al portón de la base naval, poderosos reflectores nos cegaban. Un marinero me conduciría a la oficina del jefe. Esperaba encontrarme un ambiente de actividad bélica, de mucho ajetreo. Comoquiera que se mirase, se trataba de un cuartelazo que nadie podía predecir. Observé una tranquilidad que pugnaba con lo que esperaba. Para la guarnición, era evidente que lo ocurrido no comprometía en nada la situación personal de cada uno de los que la integraban. Fulgencio Batista había sido un gran ídolo (aunque en la Marina, nunca en el mismo grado que en el Ejército) y por lo que estaba viendo, seguía siéndolo. Estaban seguros de que continuarían con su trabajo y recibiendo el sueldo, como si nada hubiese pasado.

Lito me recibió efusivamente. Me dijo que estaba al mando de un crucero (creo que el *Patria*) cuando recibió órdenes de que atracara en Santiago y asumiera la jefatura del Distrito. Que apenas sabía de lo que estaba pasando en La Habana y que permanecía a la expectativa. Algo me desagradó al entrar en su oficina. Desmontados de la pared y apoyados en el piso, estaban los retratos del presidente de la República y los jefes del Ejército y la Marina. Simbólicamente, veía también en el piso a la Constitución. Desde luego, era el momento menos indicado para hablar de política. Fui al grano. Le resumí todo lo que había ocurrido en el Hogar y la imperiosa necesidad de que el camión-tanque de agua estuviera de nuevo en servicio. Él no sabía nada de su incautación. Y accedió gentilmente a devolverme el vehículo y fue más allá: me ofreció ayuda para proteger el Hogar si lo consideraba conveniente. Volvía a respirar.

Después del cuartelazo

Estaba desesperado por regresar a La Habana, pero no podía hacerlo sin antes dejar a alguien responsable a cargo del Hogar. Lo que me temía estaba ocurriendo. Partidarios de la familia Rodríguez hacían incursiones ocasionales al frente de la institución, profiriendo desde carros en marcha y en alta voz las más ofensivas y novedosas opiniones sobre mi persona. Días atrás eran *auténticos*. Ahora, batistianos. No les hice mucho caso porque no se atrevían a más. Y tenía, como carta de reserva, la oferta de mi amigo, el coronel León, de proveerme vigilancia armada si lo consideraba necesario. Por fin, después de tres días de entrevistas para encontrar una directora provisional, apareció la salvadora: una santiaguera, maestra de profesión, dispuesta al sacrificio durante el periodo en que se mantuviera sin designar por la dictadura emergente una nueva directora. Verdadera patriota, que nada iba a cobrar por su gestión. Lamento no recordar su nombre, lo que no disminuye mi agradecimiento.

El cuartelazo de Batista cogió de sorpresa a todo el mundo. Había dos razones para que no se pensara en la posibilidad de que el General hiciera lo que estaba haciendo. Una, su enérgica reacción en el pasado contra un complot militar que se estaba preparando para impedir que el doctor Grau San Martín, su principal enemigo político y vencedor de su candidato en las elecciones de 1944, el doctor Carlos Saladrigas, lo sucediera en la presidencia. Esa actitud le dio una connotación de defensor de la democracia y le generó simpatías. Otra razón, que había regresado a Cuba, después de un exilio voluntario en Estados Unidos, bajo la protección del sucesor de Grau, Carlos Prío Socarrás. Prío le dio a Batista toda clase de garantías para que se reincorporara a la política, al extremo de permitirle que escogiera a los miembros de las Fuerzas Armadas que integrarían su escolta personal. La ingratitud de desplazar del poder a su generoso protector no cabía en la mente de nadie. Pero ahí estaba, como nuevo amo de Cuba, el antiguo sargento.

Cualquier cubano reconoce que si no hubiera habido un 10 de marzo nunca habría ocurrido un 26 de julio. El golpe militar de Batista y su consiguiente dictadura creó las condiciones necesarias para que una figura como Fidel Castro, político belicista, inescrupuloso, de excepcional astucia y gran carisma, pudiera llegar al poder. Y retenerlo indefinidamente. De no haber tenido lugar aquel lamentable hecho, el político en ciernes que era el joven abogado Castro podría haber sido electo representante en las elecciones frustradas por el golpe militar y hasta senador en cualquier momento, igual que su archienemigo Rolando Masferrer. Y quizás podría haber llegado a la presidencia de la República a través de un legítimo proceso electoral. ¿Habría podido entonces trastocar las instituciones, como lo hizo cuando dispuso de un poder totalitario conquistado a través de la violencia?

Los ataques de Chibás

Pero, ¿cómo había sido posible que Batista hubiera perpetrado un golpe militar exitoso cuando los cubanos presumíamos tanto de nuestras instituciones democráticas? ¿Cómo no surgió un movimiento, una fuerza militar o cívica capaz de impedir la subversión de lo que atesorábamos?

Lo que no se tenía en cuenta al analizar el golpe del 10 de marzo de 1952, es que los ataques virulentos del senador Eddy Chibás y su Partido del Pueblo Cubano (*Ortodoxo*, escisión del *Auténtico*) al presidente Prío Socarrás, en el plano personal y político, habían llegado al punto de socavar el respeto a la dignidad del cargo. Simpaticé con Chibás como símbolo del rescate del *autenticismo* y de la honestidad administrativa, pero no estaba de acuerdo con su estilo demoledor. No me parecía necesario llegar a esos extremos y lo consideraba contraproducente. Por muy fundamentadas que estuvieran las denuncias de corrupción, en la larga lucha por la honradez en el gobierno —que cualquier ciudadano con vergüenza tenía que compartir— los ataques de la *Ortodoxia* habían ido demasiado lejos. El Presidente era mostrado como un pelele, insensible y aprovechado, a pesar de su encomiable labor en la promulgación de leyes de mandato constitucional, entre las que figuraban las del Banco Nacional, el Tribunal de Cuentas y el Tribunal de Garantías Constitucionales y Sociales. También, en Carlos Prío Socarrás era proverbial su invariable respeto a la libertad de expresión, más que cualquiera de los anteriores presidentes (con excepción de Alfredo Zayas, que nunca usó la fuerza del poder para acallar a sus críticos), soportando con ecuanimidad y sin represalias los más feroces ataques periodísticos y verbales contra él y su familia. Ataques cuya extrema virulencia nunca había sido aplicada a ninguno de sus predecesores.

Hubo sí, corrupción. Bien censurable. Pero en el gobierno de Prío Socarrás figuraron también ministros de reputación intachable, entre los que se destacarían los profesores universitarios Aureliano Sánchez Arango, de Educación; Ernesto Dihigo, de Estado y el economista José R. Álvarez Díaz, de Hacienda. El conocido industrial y máximo ejecutivo de Bacardí, Pepín Bosch, fue también Ministro de Hacienda; un expresidente fugaz, el ingeniero Carlos Hevia, de Estado; el médico Tebelio Rodríguez del Haya, de Gobernación; Luis Casero, exalcalde de Santiago de Cuba, de Obras Públicas; los prominentes médicos Alberto Oteiza y Carlos M. Martínez Corría, de Salubridad y el ingeniero Sergio I. Clark, de Comunicaciones. Y no los he mencionado a todos. Sánchez Arango, exdirigente estudiantil contra Machado, era notorio por su honestidad, valentía y fortaleza de carácter. Estaba realizando una formidable labor en el ministerio a su cargo (lo que me constaba personalmente como fotógrafo ocasional que fui de la Dirección de Cultura).

Al senador Eddy Chibás, que blandía en su campaña política para la presidencia de la República el lema de *Vergüenza contra Dinero* (copia del originado en 1940 por Luis Muñoz Marín en Puerto Rico) le llegó el rumor de que el ministro Sánchez Arango estaba haciendo negocios turbios en Guatemala con fondos públicos. Y sin pensarlo mucho, lanzó al ruedo la acusación. El resultado fue que, a pesar de las repetidas aseveraciones de que tenía las pruebas de su denuncia, nunca pudo mostrarlas. Sánchez Arango insistía enérgicamente en que lo hiciera y lo retaba a un debate público, seguro de su inocencia. El pueblo se percató de que tales pruebas no existían y que Chibás estaba mintiendo. Al parecer, el senador había sido víctima de una información falsa, lo que lo ponía en ridículo. Era un casi seguro ganador en la contienda electoral que se avecinaba. Su enorme popularidad tenía como base, precisamente, su vertical y sostenida oposición a la corrupción. Pero achacarle malos manejos a un ministro cuya integridad estaba fuera de toda duda, era un tremendo error. Chibás pudo haber rectificado, diciendo la verdad: que se había equivocado, sin reparar en el costo político de esa confesión. Oportunidad para salir airoso del conflicto. Creo que el pueblo se lo hubiera agradecido. La sinceridad es prenda que agrada. Pero en lugar de reconocer su error, optó por una dramática salida: darse un pistoletazo en el vientre durante un programa radial, para sorpresa y consternación de todo el país. El suceso originó dos versiones: la de un verdadero suicidio y la de un simulacro sumamente arriesgado con el propósito de conmover a la opinión pública y salvar la cara. Dado el temperamento del fogoso líder, cualquiera de las dos era admisible. Pero lo que realmente contaba, al morir días después, es que desaparecía una gran esperanza, un casi seguro presidente que personificaba la transformación moral que el pueblo demandaba. Cuba quedó sumida en un gran vacío político.

El suicidio de Chibás, como sacrificio personal, habría de ser inútil. Y más grave todavía, contraproducente. Dejaba al país triste y desalentado. Gesto inesperado, que le daría luz verde a las ambiciones de unos cuantos militares de alto rango, que ya estaban pensando en derrocar a Prío y poner al exgeneral Batista en su lugar. Circunstancia oportuna esa desaparición del carismático líder *ortodoxo* para poner en ejecución la trama conspirativa. Nada mejor podía haberle ocurrido a Batista para instaurar su segunda dictadura. El país estaba cansado de las pendencias políticas. Sus esperanzas, por el piso. No se creía en nadie. La entrada del exgeneral por la posta 6 de sus antiguos cuarteles fue fácil. Los intentos de los estudiantes universitarios y de los coroneles Eduardo Martín Elena en Matanzas y Manuel Álvarez Margolles en Santiago de Cuba de enfrentarse a la usurpación militar eran dignos del apoyo popular. Pero la apatía por la desconfianza en los políticos, más el desaliento ante un porvenir confuso, inmovilizaron al pueblo. De no haber ocurrido la muerte de Chibás, es muy probable que el 10 de marzo de 1952 hubiera sido un día como otro cualquiera en nuestro calendario histórico. Ese asalto al poder puso de nuevo en la historia a Batista. Y más grave aún, a Fidel Castro. Hechos entrelazados que tocarían la vida de todos y cada uno de los cubanos, sin excepción, durante más de medio siglo.

Mi opinión del golpe

Al pedirme mi excompañero del *26* y editor de *La Enciclopedia de Cuba,* Vicente Báez, una breve reseña de lo ocurrido el 10 de marzo, con la que se cerraba el último capítulo de sus 14 tomos, escribí:

> Los súbitos sucesos del 10 de marzo tomaron por sorpresa a la ciudadanía. El cubano había llegado a desarrollar un cierto orgullo por su civilismo, al extremo de considerar como atrasados a los hermanos países de América, frecuentes escenarios de asonadas militares. La supremacía militar en Cuba y sus privilegios pertenecían al pasado y, en opinión muy generalizada, habían quedado enterrados para siempre con la Constitución de 1940.
> Lo primero que se preguntaban los cubanos el 10 de marzo era qué motivos existían para una acción tan inesperada como grave. Los argumentos esgrimidos por los alzados tenían dos puntos básicos: que la nación estaba bajo el caos como consecuencia de las acciones impunes del gangsterismo político, haciéndose imperioso el restablecimiento del orden público y que el presidente Prío planeaba, a su vez, dar un golpe de Estado. La acusación de golpista al doctor Prío, dados sus antecedentes, era difícil de sostener.

Lo del "gangsterismo político" era cierto. Pero cabría preguntarse ¿esos mismos males no existieron en un grado muchísimo mayor durante el gobierno anterior, el de Grau San Martín? Si no pudieron ser razón entonces de un vuelco tan ominoso para la Nación, ¿podían alegarse como causales del cuartelazo contra Prío Socarrás? Así y todo, esos atentados eran contadísimos y la pérdida de vidas por ellos no solía incluir víctimas inocentes. Intentar justificar un cuartelazo como el del 10 de marzo de 1952 con el argumento del gangsterismo político era inadmisible. Un burdo pretexto para una gravísima acción.

Haciendo referencia a las elecciones generales programadas para el primero de junio de 1952, también señalé en *La Enciclopedia de Cuba*:

> Lo más importante del evento electoral frustrado era que, quizás por primera vez en la historia de la nación, el pueblo cubano podía escoger entre dos figuras de limpia ejecutoria, de honestidad reconocida y que no tenían nada en común con la mayoría de los políticos que había tenido que soportar el país durante varias décadas. La contienda electoral era, de hecho, entre sólo dos candidatos: por el Partido Revolucionario Cubano (Auténtico), el ingeniero Carlos Hevia, presidente de la República durante un

> *brevísimo período en 1933 y por el Partido del Pueblo Cubano (Ortodoxo), principal de oposición, el doctor Roberto Agramonte, profesor de Sociología de la Universidad de La Habana.*

Y sobre la reacción popular al golpe:

> *Un sector de la ciudadanía, no precisamente comprometido con el Partido Acción Unitaria (el de Batista), tratando probablemente de encontrar una esperanza ante un hecho consumado que no aportaba fundamentos, aducía que Batista iba ahora al poder, no a buscar dinero, que ya lo tenía, sino la gloria.*

Lo cierto es que el 10 de marzo dejó una dramática lección al pueblo cubano: que no hay mejor garantía para todos que el respeto a las normas constitucionales y que, una vez que éstas se quiebran, la República queda condenada —como la realidad posterior ha demostrado— a un azaroso destino.

Hay testimonios de personas que conocieron personalmente a Batista que coinciden en que el General era un amante de la democracia y se ha tergiversado su papel ante la historia. El último de ellos que tuve la oportunidad de ver y oír fue en abril de 2012, cuando el sagaz periodista Ismael Cala (de CNN en español) entrevistaba a un hermano del expresidente ecuatoriano Febres-Cordero. Declaró el entrevistado que conoció personalmente a Batista y fue huesped suyo en la finca Kuquine, propiedad del dictador. Y señaló efusivamente que en las paredes de la mansión había retratos de connotados demócratas, entre ellos el de Thomas Jefferson, lo que probaba las inclinaciones democráticas del General y que así quería ser recordado. Habría que preguntarse si puede albergar legítimos sentimientos democráticos quien le da un injustificable golpe de Estado a un presidente constitucional ochenta y dos días antes de unas elecciones generales, donde el propio asaltante del poder es uno de los tres candidatos a la presidencia de la Nación. Y que después, para mantener su mandato usurpador, apela a los más atroces métodos de tortura y represión.

De Santiago a La Habana

Tres días después del cuartelazo, la directora provisional del Hogar Infantil estaba ya en funciones y me sentía libre para regresar a La Habana. Eran alrededor de catorce las horas de la travesía, entre una cosa y otra. Regresaban conmigo Lila y Elenita. Mi pequeña, con sus escasos cinco años había tenido ya la primera experiencia desagradable de otras peores que habría de sufrir por las peripecias patrióticas de sus padres. Durante el viaje, meditaba sobre el futuro de Cuba y mis circunstancias personales, ambos para sobrecoger. La nación estaba a oscuras y yo sin empleo. Hasta el documental de las Misiones Culturales que estaba realizando, cuya producción pude conseguir que se pospusiera mientras atendía lo del Hogar Infantil, había que darlo por perdido. Tendría que intensificar lo de la fotografía para compensar, aunque fuera parcialmente, la pérdida de ingresos hasta encontrar un empleo que me garantizara una mensualidad estable.

No dejaba de pensar en lo absurdo de la acción de Batista. Hasta ese momento y como senador por Las Villas se desenvolvía en su campaña política presidencial sin cortapisas. Como jefe del Ejército y tras bastidores del Gobierno, durante el convulso período histórico de 1933 a 1940 y después como Presidente (1940-44), había sido promotor de instituciones de beneficio social y educativo que funcionaron eficientemente y para las que contó con respetables colaboradores, entre los que estaban Juan J. Remos como Ministro de Educación y el coronel Arístides Sosa de Quesada como Ministro de Defensa. Su reintegro a la vida política dentro del marco democrático cuadraba con el ambiente civilista y de respeto que predominaba en el país después de promulgada la Constitución de 1940. Nadie podía imaginar el daño terrible que para la Nación iba a representar lo que acababa de hacer.

Al llegar a La Habana me presenté en la oficina central de la Corporación para dejar mis papeles en orden. Había sido nombrada para manejar la dependencia una veterana y leal seguidora de Batista, la doctora María Gómez Carbonell. La puse al día de lo ocurrido en el Hogar y le mostré las credenciales de la directora provisional. Me dijo que ya había recibido una denuncia en contra mía, pero que no le iba a hacer caso. Se lo agradecí mucho. Me pareció una persona ducha en identificar zancadillas y miserias políticas. No se aprovechaba de la indefensión en que yo me encontraba al trastocarse el ritmo institucional. En cuanto a mi posición, decidí hacer lo que se conoce como abandono de funciones: dejar de ir a la oficina. Que me botaran. Yo había sido nombrado legalmente por un decreto presidencial y no tenía por qué renunciar ante un gobierno usurpador.

Semanas después, aparecerían notas de prensa donde los avances logrados en la Corporación bajo Mary Tarrero se hacían ver como obra de la flamante dictadura, lo que me pareció injusto y fuera de lugar. Me enteré de que ya habían sido creadas cerca de 100 plazas adicionales, difíciles de justificar. Hice entonces una crónica para *Bohemia* ("Al César lo que es del César") sobre lo que significó la presencia de la ex Primera Dama en la Corporación como promotora de una administración honesta y eficiente, enemiga tenaz de los malos manejos. Di a conocer el superávit de $ 1,260,000 que dejó en el banco; milagro financiero en una dependencia cuyos ingresos no llegaban al millón y medio de pesos anuales. También mencioné su frustración al no ver terminada su obra cumbre, la construcción del Hogar de Perfeccionamiento *Rocío*, que sería dedicado a lo que hoy se conoce como educación especial. No dejé, de paso, de censurar el cuartelazo en mi artículo, a pesar de la cautela que mostraba la prensa al mencionar el golpe de Batista.

El desastre que para mí representaba la pérdida del empleo en la Corporación, se vio amortiguado por una oferta de trabajo que me hizo la Remington Rand, compañía multinacional que intentaba competir con la IBM en el procesamiento mecánico y tabulación de datos. Me ofrecieron la jefatura del Departamento de Operaciones Mecánicas del Censo Ganadero de 1952, que había contratado a la Remington para esa fase del proceso.

El Movimiento Nacional Revolucionario

Después del 10 de marzo de 1952, un gran segmento de la juventud del país no se resignaba a aceptar pasivamente la violación del régimen constitucional perpetrada por los conspiradores militares. Era visible la inquietud de participar de alguna forma en un movimiento dirigido a derrocar la dictadura, aspiración de la que yo no estaba exento. Buscábamos afanosamente cómo encaminar nuestros pasos para lograrlo. Pero necesitábamos un inspirador y líder. Y lo encontré en mi exprofesor de Lógica en el Instituto y de Sociología en la Universidad: el filósofo y poeta Rafael García Bárcena. El catedrático era el ídolo de nuestro círculo estudiantil por su vinculación con el proceso revolucionario que depuso a Machado, en el que participó como miembro del Directorio Universitario de 1927 y el de 1930. Y también lo admirábamos por su calidad como educador e integridad como persona.

El 20 de mayo de 1952, a poco más de dos meses del golpe de Estado de Fulgencio Batista, se celebraba en la escalinata de la Universidad de la Habana un acto masivo convocado por el estudiantado para conmemorar el quincuagésimo aniversario de la instauración de la República. Era la primera manifestación pública de rechazo al régimen militar. En una crónica sobre el acto publicada en *Bohemia* días después, García Bárcena se refería a "Una nueva generación y un nuevo Movimiento Nacional Revolucionario". La definía así:

> *Esa generación del Cincuentenario, integrada por hombres de diversa edad biológica, pero de una misma juventud histórica, está integrada por profesores y estudiantes, trabajadores de la ciudad y del campo, mujeres y hombres procedentes de distintas clases sociales. Material humano de esa misma aparente heterogeneidad, pero de un común ideario nacional, democrático y social fue el que formó las filas insurrectas que combatieron por la independencia de Cuba.*

Y resumiendo la constitución del movimiento que habría de dirigir:

> *El Movimiento Nacional Revolucionario es una concurrencia temporal de fuerzas revolucionarias procedentes de la Ortodoxia, del Autenticismo, de los hombres sin militancia y de todos aquellos ciudadanos que, libres de la mácula del peculado y de otras graves taras cívicas, están dispuestos a poner su voluntad creadora para hacer de Cuba una gran nación, una plena democracia y un justo régimen social.*

La ausencia de ambiciones personales y de afán de protagonismo se hacían evidentes en García Bárcena. Aunque la creación del nuevo movimiento se hacía pública, era de suponer que su operación tendría que ser clandestina. No tardé en ponerme en contacto con José (*Pepe*) Prieto, excompañero de estudios en el Instituto de La Habana (que sería capturado, torturado y asesinado por la dictadura a raíz de la huelga de abril de 1958). Sabía de su vinculación con las actividades subversivas de García Bárcena a través de otro condiscípulo y primo de él, Manuel Rodríguez. *Pepe* Prieto nos consiguió una entrevista con el Profesor, a la que acudimos Rodríguez y yo, en compañía de Juan Ardura, un gran amigo y antiguo compañero de trabajo. Nos comprometimos con García Bárcena a crear una célula clandestina —una más de las ya numerosas— dentro del Movimiento Nacional Revolucionario (MNR). Invité a Carlos Irigoyen Sierra, destacado escritor, productor y director de radio y televisión a unirse al grupo. Juan Ardura sería el jefe de nuestra célula.

Participé en algunas reuniones en una casa del Reparto Almendares, donde vivía Eva Jiménez, una de las principales dirigentes del MNR. A pesar de carecer de experiencia previa en trajines subversivos veía en esas reuniones algo negativo. Me parecían demasiado numerosas para ser clandestinas. Había algo de descuido en la forma que se conducían, que podía llamar la atención. En cuanto a la estrategia a seguir, García Bárcena no era muy explícito en lo referente a su esquema para derrocar a Batista, pero todos presumíamos que la vía que habría de adoptar sería la más lógica dentro de sus particulares circunstancias. Era profesor de Psicología Militar en la Escuela Superior de Guerra y gozaba del respeto de muchos oficiales de alta graduación. Eso nos hacía pensar que ahí radicaba un factor determinante en su plan para tomar el poder: la conspiración con militares.

El "grupo de Fidel"

Un compañero del MNR, Martín Velilla de Solórzano, nos citó, a Juan Ardura y a mí, para una reunión de urgencia. Tenía que comunicarnos un mensaje de García Bárcena. Cuando nos reunimos, Velilla nos pidió que lo acompañáramos a una entrevista que iba a sostener, en nombre del MNR, con unos representantes de un llamado "grupo de Fidel", que también se estaba organizando para combatir la dictadura.

Martín Velilla era un voluminoso ejecutivo de la Sterling Products, exitosa compañía multinacional norteamericana. De estampa profesoral, nadie imaginaría en él al conspirador subversivo. Juan Ardura era gerente del Departamento IBM de la misma compañía. A la sazón, yo estaba a cargo de la filmoteca de noticias de CMQ Televisión. Los tres trabajábamos en el edificio Radiocentro y decidimos celebrar la reunión en la cafetería del edificio. El propósito fundamental de la reunión era cambiar impresiones con los delegados de Fidel Castro para explorar una posible convergencia en estrategia y recursos a los fines de derrocar a Batista. Sería un primer contacto para ser ampliado con posterioridad, en caso de encontrar puntos tangenciales en lo discutido por ambas partes.

Velilla se encargó de coordinar la reunión. Por el "grupo de Fidel" acudieron Gerardo Pérez-Puelles, (primo de otro combatiente del mismo nombre y apellidos que habría de ser un destacado dirigente del Movimiento de Resistencia Cívica), un señor que dijo apellidarse Álvarez (en mi recuerdo, algo mayor que nosotros) y un joven que no quiso dar su nombre. El escenario estaba listo para el intercambio de ideas y la exploración de posibilidades de coordinación de esfuerzos en la lucha contra Batista.

Los representantes de Fidel Castro hicieron hincapié en que la única posibilidad de vencer a Batista estaba en la lucha armada. A nosotros, eso nos parecía ilusorio y descabellado. García Bárcena nos había hecho ver, repitiendo lo dicho por alguien, que "se podía hacer una revolución con el ejército o sin el ejército, pero no contra el ejército". ¿Podía concebirse que lo que sería un puñado de hombres (los realmente dispuestos a jugarse la vida), habría de ser capaz de vencer a un ejército de 40,000 soldados perfectamente organizados y equipados?

A nuestros argumentos de que era factible un triunfo revolucionario conspirando con jefes militares de convicción civilista, sin apelar necesariamente a la acción armada, los delegados de Fidel Castro alegaban que tal estrategia implicaría un compromiso con los intereses que representaban esos oficiales, lo que impediría una verdadera revolución. A eso contestamos que en el Ejército sobraban hombres honorables, capaces de contribuir a la recuperación de un Estado de derecho. Militares que se encontraban atrapados entre sus deberes y la ilegitimidad del mando al que tenían que rendir obediencia.

Pusimos sobre el tapete el costo en sangre de las dos opciones (en los planes nuestros se pensaba que ninguno) así como las posibilidades de triunfo de cada estrategia. Cada parte insistía como únicamente viable lo que a su vez proponía. En lo que a mí respecta, lo que planteaba Pérez-Puelles sobre la acción armada, que por supuesto, tenía que ser eco del pensamiento de Fidel Castro, estaba fuera de toda posibilidad como estrategia adecuada para el derrocamiento de la dictadura. Terminada la reunión, nos despedimos sin ponernos de acuerdo. Pero sin resentimientos y deseándonos recíprocamente la mejor de las suertes.

El primer llamado a la acción

Semanas, después, Juan Ardura nos citó a una reunión. Era un sábado de marzo de 1953 para informarnos que tenía órdenes urgentes que comunicarnos. García Bárcena quería que, al día siguiente, temprano en la mañana, la célula nuestra estuviera en determinada esquina de la Quinta Avenida, en Miramar, donde pasaría un camión para recogernos y entregarnos armas para una acción que nos sería informada una vez dentro del vehículo. Por el lugar escogido para el encuentro, dada la cercanía, pensé que la intención era atacar el Campamento de Columbia. Se sobrentendía que el que controlara la principal plaza militar de la nación, dominaba Cuba. Me sorprendió la convocatoria porque creía que lo que se esperaba de nosotros no era precisamente una confrontación con el Ejército sino presionar a la dictadura por todos los medios subversivos posibles, incluyendo agitación, sabotajes, propaganda y resistencia cívica, mientras se cuajaba una conspiración con los militares. Pero nunca consideré la acción armada contra una instalación militar. Recordaba lo dicho por García Bárcena sobre la imposibilidad de una revolución contra el Ejército. Pero tenía absoluta confianza en su inteligencia y no me sentía inclinado a cuestionar sus órdenes.

Me enfrentaba a la cruda realidad que implicaba mi compromiso de militar en el MNR, con todas sus consecuencias. Mayormente, la posibilidad de dejar huérfana a una criatura de seis años. Toda la tarde y noche de ese sábado traté de ordenar mis pensamientos para salir lo mejor posible del tormento mental que me agobiaba. Porque no era sólo enfrentarme a la muerte y dejar a la familia en el desamparo, sino tener que matar. No era lo mismo combatir a un soldado extranjero invasor a hacerlo contra un compatriota que no era responsable directo de lo que estaba pasando. No podía sentir ese odio que mueve a matar. No veía al soldado, en sí mismo, como un enemigo. Servía a una dictadura, es verdad, pero ¿qué otra cosa podía hacer el infeliz? ¿Renunciar, para morirse de hambre? Veía en cada soldado a mi padre, que estaba de sargento en la Marina de Guerra por la misma razón: tener un empleo. Y en su caso, ser músico no lo disculpaba del deber militar. No, yo no podía disparar contra ningún soldado. Era como hacerlo contra ese gallego sentimental, noble y cariñoso de cuya ternura siempre supe. Y a quien veía todos los días con su uniforme de marino. Cumpliría mi compromiso de estar presente pero no enfilaría mi fusil hacia ningún pecho.

Lila no sabía nada de mis actividades subversivas. Dejé escrita una carta que le entregué al padrino de Elenita y amigo de la infancia, Alfredo Hernández, para que se la entregara a ella en caso de que todo saliera mal. Apenas dormí esa noche. El punto de reunión para trasladarnos a la Quinta Avenida era una oficina del edificio donde estaba situado el Canal 2 de televisión. Cuando llegué, ya estaba allí Manolo Rodríguez, muy nervioso, pero dramáticamente sincero. Me dijo que desde que había llegado no paraba de orinar. El miedo le aceleraba la vejiga. No esperaba esa reacción de él. La imagen que tenía de Manolo era la de hombre muy valiente, pero comprendía y disculpaba su reacción. Estaban presentes tres jóvenes más, a quienes no conocía, miembros también del Movimiento. Poco después llegó Irigoyen para informarnos que no se sumaba a la convocatoria. Arguyó que era una locura. Que nosotros no teníamos entrenamiento militar. Que no estaba claro lo que teníamos que hacer. Nos dijo que en condiciones tan inciertas no podía contarse con él.

Irigoyen era algo más de diez años mayor que nosotros, lo que en la edad que teníamos representaba mucho. Tenía una hija adolescente y era muy famoso en el mundo de la radio y la televisión. Lógicamente, no podía pensar igual que nosotros. No teníamos su madurez ni su cautela. Respeté su punto de vista, argumento irrebatible, pero no me sumé a su criterio. Yo era más apasionado. En mí funcionaba la gran fe y admiración que sentía por García Bárcena desde mis tiempos de estudiante y esa fe, irracional como todas, pesaba en mí más que los riesgos. Había pactado con él un compromiso y no iba a dejar de cumplirlo. Juan Ardura no había llegado todavía y pensé que el desaliento iba a cundir. Me dirigí a los presentes y les dije, en emotiva exhortación, que no podíamos dejar de hacer lo que se esperaba de nosotros. Que si lo que estaba ocurriendo allí pasaba igualmente en otros grupos, García Bárcena se iba a quedar solo y no lo podíamos permitir. Que era tarde para volverse atrás. Que si nadie quería acompañarme me iría solo para cumplir con lo que había prometido. Mis palabras tuvieron un efecto milagroso. El que parecía jefe del trío que no conocía me dijo, resueltamente: "Yo voy con usted" (me extrañó que no me tratara de tú). Y Manolo Rodríguez dejó de orinar, recuperando su serenidad. Cuando llegó Ardura, que era el que nos iba a transportar por ser el único de nosotros, salvo Irigoyen, que tenía automóvil, la crisis estaba zanjada. Nunca podría haber previsto lo que ocurrió aquella mañana. Me parecía, antes de llegar, que nadie pudiera sentirse más preocupado por su seguridad que yo.

Cuando llegamos a la esquina donde nos iba a recoger el camión, tuvimos que esperar angustiosamente cerca de media hora. En lugar del camión, se apareció un automóvil con tres jóvenes desconocidos. Uno de ellos nos gritó que la operación había sido suspendida. Al parecer, recorrían de esquina a esquina la avenida para darles esa información a los potenciales atacantes, cuyo número no podía calcular. Luego se diría que rondábamos los mil. Me pareció exagerado.

El Domingo de Resurrección

En una reunión con el Profesor para conocer la razón por la cual la operación se había cancelado, nos dijo que era una táctica para saber con quiénes, realmente, podía contar. El militante que no acudiera al llamado, quedaría descartado y no se le citaría nuevamente. Pensé que esa respuesta, que tenía cierta lógica, podía ser también una excusa. Podía deberse a que, si se trataba de una conspiración con jefes militares, el plan podía haberse frustrado al fallar, en el momento preciso, alguna de sus partes.

Ardura me citó para un segundo intento. Esta vez me asediaban las mismas preocupaciones de la primera convocatoria, pero con menor intensidad. El lugar señalado para la reunión previa era la misma oficina. La esquina de la Quinta Avenida sería diferente. Ocurrió lo mismo que la vez anterior. La operación se posponía nuevamente.

Se acercaba Semana Santa y Ardura, cuyos medios económicos eran bastante superiores a los míos, decidió pasar con su esposa e hijo los cuatro últimos días de la semana en Miami, costumbre bastante extendida entre habaneros de ciertos recursos. Pensó que, por tratarse de las conmemoraciones religiosas, la actividad clandestina estaría en receso. No pudo prever que el Profesor dispondría una nueva movilización, precisamente, para el Domingo de Resurrección, 5 de abril de 1956. No me enteré del llamado porque era Ardura quien tenía que comunicármelo y al estar en Miami tampoco los dirigentes se pudieron conectar con él. No estaría yo presente, por esa razón, en un escenario que pudo haber sido parte de mi destino y en cuya puesta en escena fueron sorprendidos y arrestados por las fuerzas represivas de la dictadura numerosos compañeros, incluyendo al insigne filósofo y poeta que nos dirigía, quien habría de pagar con brutales palizas y cárcel su amor por la libertad.

Después de ese descalabro, Rafael García Bárcena tuvo que cargar, estando en prisión, con los sambenitos de iluso e ingenuo. Uno de los tantos casos en que el fracaso atrae la crueldad disfrazada de crítica. Pero cuando se vino a saber lo que envolvía el plan del Profesor, principalmente por las declaraciones de oficiales que estuvieron comprometidos, había que concederle una concepción racional. No íbamos a enfrascarnos en combate con la guarnición. Entraríamos por la Posta 13, la mayoría desarmados. Los oficiales complotados nos darían armas para disuadir, por lo numeroso del grupo, a cualquier soldado que intentara ofrecer resistencia. Más bien, una maniobra de guerra psicológica. La conspiración de oficiales de alta graduación fue negada por la dictadura, pero había existido. Un análisis serio le daba grandes posibilidades de triunfo en la forma en que se concibió y se fue desarrollando. Su negativo desenlace fue atribuido, inicialmente, a una delación. Pero parece que en realidad se debió a un incidente fortuito con la Policía momentos antes de la hora clave, que alertó a las fuerzas de la dictadura. Garcia Bárcena y otros conjurados fueron detenidos en casa de Eva Jiménez. Y otros 60 militantes, en las cercanías de la Posta 13 y en la Quinta Avenida.

El fracaso del MNR y el asalto al Moncada

El fracaso del MNR en la convocatoria insurreccional masiva del Domingo de Resurrección dio al traste con nuestra aspiración de que la presencia de Batista en el poder fuera transitoria. García Bárcena y los compañeros capturados fueron sometidos a prisión. El Profesor no pudo ser presentado a los periodistas. El jefe del Servicio de Inteligencia Militar informó que estaba recluido en el Hospital Militar por heridas sufridas al caerse de una escalera. Explicación que, por supuesto, nadie creyó. Garcia Bárcena había sido torturado. El MNR no pudo resurgir. Un duro golpe a las posibilidades de restauración democrática. El programa del MNR contemplaba un gobierno de transición que convocaría a elecciones en un plazo máximo de entre año y medio y dos años, dirigido por el Profesor, quien no aspiraría a ser candidato en esas elecciones. Con el fracaso del MNR yo no vislumbraba ninguna posibilidad de que pudiese integrarse de inmediato una agrupación subversiva con posibilidades de derrocar a Batista.

Tres meses y tres semanas después, el 26 de julio de 1953, el "grupo de Fidel", aprovechando la celebración de los carnavales de Santiago de Cuba, intentaba tomar por sorpresa el Cuartel Moncada, la principal base militar de Oriente, al mismo tiempo que se atacaba el Cuartel Carlos Manuel de Céspedes de Bayamo, donde participaría y resultaría herido Gerardo Pérez-Puelles, el de la reunión en la Cafetería Radiocentro. Ambas acciones no sólo fueron un estruendoso fracaso para los rebeldes, sino que redundó en una orgía de sangre. El asesinato inmediato de los jóvenes atacantes que habían sido tomados prisioneros, perpetrado por el Ejército, dejó en nuestra historia una de sus páginas más horripilantes.

Mi primera impresión fue calificar la acción rebelde de irresponsable y mal organizada. Recordaba la reunión con los representantes del "grupo de Fidel", donde no le habíamos concedido ninguna posibilidad de éxito al intento de desalojar a Batista por la vía de las armas. Sin embargo, no dejaba de admirar el extraordinario valor desplegado por los combatientes y su inmolación. En el fracaso del MNR no habíamos perdido un solo hombre. En la acción del Moncada, el contingente rebelde pagó una alto precio en jóvenes masacrados. La brutalidad ejercida contra los prisioneros a manera de represalia soliviantaba al país. La repulsa era general. En el caso particular de Pérez-Puelles, pudo escapar a pesar de haber sido herido. Algunos de sus amigos, que también lo eran míos, se ocuparon de traerlo a La Habana para curarlo y gestionar su salida hacia el exilio. Se refugió en Venezuela.

Un caso particular dentro del horror del Moncada me evocaba lo que ya he relatado de cuando, perteneciendo al Movimiento dirigido por García Bárcena, existió la posibilidad de que yo entrara en el Campamento Militar de Columbia con un arma en la mano. Como dije, veía en cualquier soldado a mi padre: un jefe de familia como otro cualquiera, adscrito a las fuerzas armadas porque en la profesión musical pertenecer a una banda u orquesta era una de las pocas formas de obtener un ingreso seguro. Y en el asalto al Moncada un hecho dramático ocurrió que me trajo a la mente aquel conflicto de disparar contra un soldado.

La banda de música que tradicionalmente cubría las festividades del carnaval de Santiago de Cuba, era la de la Marina. Y sus miembros, como había sido siempre, hubieran estado alojados en el Cuartel Moncada durante la celebración de las fiestas. Pero en lugar de contar con la banda de la Marina en esa ocasión, se seleccionó la de la Policía. Entre los 16 militares muertos en el asalto se encontraría uno de los policías músicos. Me atormentaba pensar que, en una situación tan dramática como la del Moncada, mi padre, hombre generoso y bueno, pudo haber sido esa víctima mientras mis simpatías estaban con los atacantes.

De nuevo en la lucha

La masacre del Moncada fue la chispa detonante de una explosión que habría de cambiar, radical y negativamente, los rumbos de Cuba durante más tiempo del que pudiera resistirse. Fue tan trascendental ese asesinato masivo, que la fecha del ataque le daría nombre al Movimiento más importante de los que habrían de organizarse contra la dictadura militar de Batista. Y mi indignación por la brutalidad del régimen, que se ejercía contra todo aquel que reclamara el retorno a la democracia, me impulsaría a incorporarme de nuevo a la lucha, a pesar de mis reservas sobre la seriedad y sentido de responsabilidad, por su excesiva juventud, de algunos militantes del *26 de Julio*. Ayudaba en todo lo que podía: circulación de propaganda, búsqueda de casas de reunión y refugio, trasiego de armas y de uniformes rebeldes. Hacía lo que muchos también hacían: colaborar con personas de militancia reconocida, sin comprometerme formalmente con una labor específica ni acatar jefaturas. Pero llegó un momento en que me sentí obligado a dar un respaldo más decidido a la lucha contra la dictadura.

Definitivamente, yo no era de los que podían matar sin remordimiento. Mi respeto por la vida incluía hasta la de mis enemigos. Estaba, por tanto, invalidado para desempeñar una posición que incluyera matar a alguien como parte de mi compromiso. En esa desagradable misión, inevitable en la lucha revolucionaria, me sentía fuera de lugar. Sin embargo, la acción armada no era la única forma de combatir. Había que complementarla con otras actividades que, aunque presentaban los mismos riesgos —y a veces hasta más— eximían de la culpabilidad de matar. Consideraba que mi experiencia publicitaria y cinematográfica, así como mis incursiones esporádicas en el periodismo podían ser de utilidad en la propaganda clandestina. Máxime en una contienda que mostraba desigualdades aparentemente insalvables, que sólo podían compensarse con una eficaz guerra psicológica en la que campañas sobre el valor de las fuerzas morales como el principal factor de la victoria eran de urgencia inaplazable. Y decidí prestar una mayor ayuda al Movimiento 26 de Julio, comprometiéndome a una militancia activa. Fue así que entré en el Movimiento de Resistencia Cívica, ramal del *26*, a invitación de su dirigente provincial, ingeniero Manuel Ray, para asumir su Secretaría de Propaganda.

En cuanto a mi trabajo, de CMQ pasaba a una agencia de publicidad relativamente nueva y muy prometedora, Publicitaria Siboney, donde se me encomendaba la creación de un departamento de fotografía y cine. Agencia que, en su momento y sin el conocimiento de sus dueños, pude convertir en un centro sumamente eficaz de propaganda clandestina.

Y a las pocas semanas del triunfo revolucionario, en febrero de 1959, fui designado Responsable de Propaganda de la Dirección Provincial de la Habana del *26*, a instancias del entonces Coordinador Nacional, Ángel Fernández Vila y de Vicente Báez, a quien habría de sustituir. Sería, en virtud de ese nombramiento, el único miembro de *Resistencia* que pasaría formalmente a la dirección del 26. Al mismo tiempo, asumía funciones *ad honorem* como miembro del Consejo de Dirección del periódico *Revolución*, que al fin de cuentas resultaría en una colaboración de carácter individual, ya que como grupo asesor nunca hubimos de reunirnos.

Como cualquier organización revolucionaria que llega al poder, era de esperarse que el *M-26-7* se convirtiera en un partido político para lanzarse a las lides electorales. Y existía la promesa de celebrar elecciones al año y medio de gobierno provisional. Me entusiasmaban las posiciones a las que había sido nombrado porque desde ellas podría aportar al futuro partido tanto mi entusiasmo patriótico como mi experiencia en el campo de las comunicaciones. De nada valieron mis esperanzas. La revolución cubana, apenas iniciada, fue convertida en un experimento comunista, cuyos abusos y fracasos en su larga historia de opresión no constituían ninguna sorpresa para quienes amábamos la libertad y conocíamos un poco de historia.

Por esa razón decidí irme de Cuba en 1960. No encontré mejor lugar para reiniciar mi vida, después de cortas estadía en España y Miami, que Puerto Rico, isla hermana a la que nos unen lazos históricos de colaboración y amistad. Y que sería, no mi segunda patria, como suele decirse, sino una de mis dos patrias, sede de las tres quintas partes de mi vida. Es en esta bella isla, cuna de mis hijas Alicia y Marimeli, donde mi participación en todo intento serio dirigido a la liberación de Cuba ha sido compartido con una activa vida cívica y empresarial. Porque, a pesar de una infancia de grandes limitaciones económicas y mi experiencia obrera de cuatro años, desde pequeño he sentido una fuerte atracción por las actividades empresariales. En ese sentido pude involucrarme en el exilio en negocios disímiles, aunque modestos.

De esas pequeñas empresas, hube de concentrarme mayormente en las que han tenido que ver con mi interés por el cine, con una cámara en la mano durante décadas. Con ella, pude conocer muy de cerca muchas de las realidades sociales, políticas y económicas de entornos queridos, que de otra manera no hubiera podido percibir tan directamente. Así me ocurrió en Cuba y luego en Puerto Rico. Y también en Guatemala (Guede Films Centroamericana) y Panamá (Guede Films de Panamá), donde pude fundar esas productoras gracias a la iniciativa e inapreciable colaboración de Julio Pérez de la Osa. Y en Venezuela (Producciones Avant Garde), con la ayuda y empuje de Raquel Rey Camporredondo. También hice un intento, que no duró mucho, en República Dominicana, asociado al destacado director y camarógrafo Claudio Chea.

Mis agradables experiencias en Puerto Rico fueron opacadas, en determinado momento, por unos sucesos ocurridos a mediados de 1979. Nadie está exento de que sus ideas políticas sean combatidas o castigadas, incluyendo la interpretación errónea que eventualmente tengan de ellas ciertos elementos proclives a la violencia. Por esos dias, y de noche, mi oficina fue tiroteada, estando yo adentro. Y unas semanas después, también de noche, tuvo lugar la explosión de una potente bomba contra mi estudio cinematográfico, con el consiguiente daño a mis vehículos y equipos (no protegidos por seguros) y a estructuras de la vecindad. ¿De donde procedían esos atentados? Lo primero que pensé fue que eran iniciativa de los castro-comunistas locales. Pero después pude saber que se trataba de cubanos radicales que se pintaban de anticastristas, para quienes, estúpidamente, toda defensa de la revolución democrática equivalía a defender el comunismo (¿rezagos de Joseph McCarthy?).

En mis modestas incursiones en los negocios he experimentado con satisfacción el rol del empresario como generador de empleos. Y he tenido vivencias tan disímiles como haber sido miembro de la junta de directores de un banco puertorriqueño-español durante diez años (sucesivamente, Española de Finanzas, First Community Trust y Eurobank, 1986-1996) y, al mismo tiempo, activista revolucionario esperando infiltrarse en Cuba. Circunstancias tan variadas como esas, unidas a mis trajines publicitarios, periodísticos y empresariales, me han permitido calzar zapatos bien diferentes y contemplar perspectivas múltiples del quehacer humano. Sobre todo, las relacionadas, por mis preocupaciones sociales con las necesidades y aspiraciones del hombre común y las formas más justas y adecuadas de su posible satisfacción. Y que me han provisto, creo, del equilibrio necesario para que mis enfoques de la gran tragedia cubana no se vean viciados por el fanatismo, el resentimiento, la falta a la verdad o el empecinamiento ideológico.

Estimo que mi estrecha vinculación con el proceso insurreccional contra Batista desde la propaganda clandestina más mi contacto personal con una buena parte de los principales líderes del gobierno revolucionario durante sus primeros veinte meses, me ofrecen la oportunidad excepcional de dar a conocer algunos detalles y circunstancias que nunca antes se han dicho o publicado. A esas experiencias, puedo agregar una continua observación, desde el exilio, de lo que realmente pasaba en Cuba, vinculando los hechos con mi conocimiento de sus ejecutores, lo que podría servir de referencia para los interesados y estudiosos del nefasto período que en nuestra historia ocupa la dictadura castrista.

He ofrecido en este capítulo una breve reseña de lo que ha sido mi vida, ya larga. Y es mi intención, en este ensayo histórico de base testimonial, hablar por los que ya no pueden hacerlo: los innumerables defensores de los derechos humanos que asesinaron Fidel Castro y Fulgencio Batista y aquellos que sostuvieron prolongadas huelgas de hambre hasta morir, denunciando los atropellos de la revolución castrista. Sus supremos sacrificios me han servido de inspiración y acicate para no desistir, ante agobiantes problemas personales y financieros, de ofrecer una visión bastante diferente a la conocida e incompleta de la reciente historia de Cuba, que es la esencia de este trabajo.

Verdad con la que trato de impedir que los principales responsables de tanto crimen y abuso puedan acogerse a la impunidad del olvido.

El autor, dirigiendo en Puerto Rico un comercial para la compañía telefónica de New York, donde una avenida de San Juan fue convertida parcialmente en una calle de la ciudad de los rascacielos. Observa el Director de Fotografía, Emilio hijo.

En una de las reuniones anuales convocadas en San Juan por el exlíder revolucionario Ismael Suárez de la Paz (*Comandante Echemendía*), Guede conversa con el profesor Lucas Morán y su esposa. Morán, destacadísimo exdirigente del *26 de Julio* en Santiago de Cuba, es autor del formidable y revelador libro *La revolución cubana: Una versión rebelde*.

El exgobernador de Puerto Rico, Luis Muñoz Marín, con el autor en 1976, el día en que se le hizo entrega de La Gran Enciclopedia de Puerto Rico, en cuya publicación colaboró Guede. La excepcional obra de gobierno de Muñoz Marín fue el principal incentivo para que el autor, en 1961, se radicara en Puerto Rico. (Foto Federico Buendía).

Emilio Guede filmando en Haití (1989) un documental sobre la incorporación de Puerto Rico al CBI (Caribbean Basin Iniciative) del presidente Reagan. A su lado, su hija Marimeli, también cineasta.

El autor y su hijo Emilio en 1993, durante la construcción de los modernos estudios cinematográficos de Guede Films en Guaynabo, Puerto Rico.

Vistas de los destrozos causados por la bomba que estalló en Guede Films de Puerto Rico el 2 de septiembre de 1979, colocada por cubanos radicales de derecha, posiblemente instigados por elementos castristas infiltrados en sus filas. (Fotos Federico Buendía).

CAPÍTULO 4
LA GUERRA PSICOLÓGICA

Algo más que tiros

La guerra psicológica contra Batista tuvo su comienzo en los hechos del Moncada. Al fin de cuentas, la relevancia histórica del ataque al cuartel de Santiago sería determinada, más que por la incuestionable valentía y arrojo de sus participantes, por el brutal exceso en las represalias del Ejército. Los atacantes no eran delincuentes. Ni estaban inspirados en un odio como el que arroparía a los soldados después del asalto. Luchaban contra una usurpación. Una dictadura producto de la violencia. Su causa era legítima. Si en lugar de hacerlos víctimas de esas atrocidades hubieran sido tratados como prisioneros de guerra y puestos a disposición de los tribunales —nada excepcional— a Fidel Castro le hubiera sido muchísimo más difícil, por no decir imposible, conseguir voluntarios para el Movimiento que bautizó con la fecha del ataque, convirtiendo lo que resultó un desastre por su concepción y ejecución, en una poderosa inspiración de lucha. El asesinato de los atacantes después de haber sido capturados echó por tierra la conclusión a la que lógicamente había que llegar al juzgar la operación: un temerario intento, mal organizado, con mínimas posibilidades de éxito y digno de razonables críticas.

Ni Batista ni los jefes militares se preocuparon por impedir los excesos. De haberlo hecho, se les hubiera reconocido mesura, tacto y ponderación en el manejo de una situación sumamente escabrosa. En lugar de eso, la guarnición del cuartel se entregó a los más reprobables excesos. Quizás es de esperar tal reacción en un soldado de fila, al contemplar los cadáveres baleados de sus compañeros, tan padres de familia como él. Pero faltó visión en los oficiales inmediatos y en los centros militares. Visión que hubiera cambiado la percepción del hecho. Porque en el ataque, al momento de tener lugar, murieron más soldados (16) que atacantes. Y en el recuento final, las bajas del "grupo de Fidel" llegarían a 61, lo que ponía en evidencia una horrible masacre de prisioneros.

Con un movimiento revolucionario en sus fases organizativas, Fidel Castro regresó a Cuba desde el exilio, desembarcando en Cuba el 2 de diciembre de 1956 para iniciar una lucha guerrillera en la Sierra Maestra mientras en los centros urbanos la militancia clandestina ejercía presión con sabotajes y propaganda.

Es obvio que una guerra de uno contra uno, de un lado el soldado y de otro el guerrillero, de fusil contra fusil y cañón contra cañón, estaba fuera de las posibilidades rebeldes en la lucha contra Batista. Para ganar la desigual contienda no quedaba otra opción que disponer de recursos adicionales a las escaramuzas y pequeños combates realizables en las montañas, cuyas limitaciones estaban determinadas por el escaso volumen de la fuerza insurrecta y su insuficiencia de recursos. Si la lucha armada iba a ser mostrada como el aspecto central de la acción insurrecta, la guerra psicológica era esencial para compensar las deficiencias del grupo guerrillero. Se desarrollaría en los dos escenarios insurgentes: la *Sierra* y el *Llano*, en conjunción con el quehacer típico de la propaganda. Nuestro enemigo era un ejército numeroso y bien organizado, cuyo líder principal, el general Batista, ejercía sobre él absoluto control. Había que desmoralizar ese ejército, destruir su voluntad de lucha, su capacidad para guerrear con una estrategia adecuada, haciendo uso de los resortes propagandísticos que nos ponía en las manos la propia brutalidad del régimen.

Los puntos más vulnerables de la dictadura para ser abordados por la propaganda eran: la usurpación y abuso del poder, la brutalidad de la represión y la corrupción en el gobierno. Sacarle partido a esas connotaciones negativas sería demoledor para los sostenedores del régimen. Simultáneamente, en virtud del manejo adecuado del factor psicológico, se estimularía la vocación revolucionaria para recuperar la democracia, promoviendo la participación ciudadana al disminuir el miedo a la represión.

Me atrevería a aseverar que cuando Fidel Castro planteó como viable la lucha armada contra la dictadura —entonces una quimera— vislumbraba como indispensable la inclusión del elemento psicológico para poder triunfar. Los hechos vendrían a demostrar que muchas de sus iniciativas respondían a esa necesidad. Así también, la mayoría de las acciones del *Llano* serían determinantes para ese aspecto de la lucha que, a todas luces, era el único capaz de posibilitar una victoria contra la poderosa estructura militar del régimen.

Las barbas y los grados militares de la Sierra

El primer elemento de la parte sin tiros de la guerra contra Batista, que no podía pasar inadvertido, era la barba de los alzados. La conveniencia de no tener que afeitarse en las montañas era obvia, pero secundaria. En una época en que las barbas habían desaparecido, no sólo en Cuba, sino en América, un barbudo constituía una imagen novedosa y exclusiva, con el potencial de inspirar terror al enemigo. No sería la primera vez. Ya era historia en Yugoeslavia, cuando el general Draja Mihailovic organizó las guerrillas serbias para combatir a los invasores alemanes en la Segunda Guerra Mundial. Los barbudos de Mihailovic sembraron el pánico entre los alemanes, atribuido por los historiadores, además de a la reconocida audacia y agresividad de los serbios, al aspecto aterrador que les daban sus barbas profusas. Es posible que la decisión de Fidel Castro de que, tanto él como los demás rebeldes se dejaran crecer la barba, estuviera inspirada en el antecedente de la guerrilla yugoeslava. Pero aunque así no hubiera sido, no se le escapó la importancia de crear un guerrero bien diferenciado del enemigo, convertido en factor de leyenda en virtud del pelambre. Pudiera haber habido una ventaja adicional al fomentar las barbas: dificultaba las deserciones y obligaba a la definición en el combate. También, en el orden personal, la barba le ofrecía a Fidel Castro una ventaja en su aspecto físico: le proveía un mentón más pronunciado.

Otra cosa que desde el principio de las operaciones en la Sierra llamaba la atención por su peculiaridad era que el máximo grado militar era el de comandante. Con eso se pretendía demostrar que el movimiento rebelde no tenía nada de militarista, que apelar a las armas era sólo un recurso pasajero para una estructura insurgente cuyo civilismo se daba por descontado. ¿Y qué tenía que ver eso con el grado militar? Evitar comparaciones históricas. Lo mismo que hizo Batista en 1933 para diferenciarse de la elite militar que combatía: el generalato prepotente. Los nuevos jefes del Ejército, la Marina y la Policía producto de aquel movimiento no habrían de ser generales, para dar la idea de que no se iba a volver a lo mismo. Serían solamente modestos coroneles, no esos oficiales soberbios que se creían dueños del mundo y no vacilaban en abusar. El grado de general sería erradicado. El propio Batista, como jefe del Ejército, no pasaría de coronel. ¿Y por qué, pocos años después, volvieron a resucitar a los generales, empezando por el mismísimo Batista? Se adujo como justificación que era vergonzoso asistir a las conferencias interamericanas de seguridad estando Cuba representada sólo por coroneles cuando todos los demás participantes eran generales. Al menos, ese era el pretexto para que los coroneles cubanos pudieran sentirse mejor con un nuevo uniforme y estrellas adicionales, símbolos más de acuerdo con su prepotencia.

Al iniciarse la lucha armada contra los usurpadores del 10 de marzo no serían generales ni tampoco coroneles los comprometidos en una contienda que presumía de antimilitarista. Se evocaría un pasado negro si sus jefes asumían los mismos grados que ostentaron quienes tanto daño le habían hecho a Cuba. Había que diferenciarse en todo de Batista y sus altos jefes militares y policiacos. Los grados de general y coronel serían erradicados. Y para dar el ejemplo, al asumir la jefatura del ejército rebelde, Fidel Castro se daba a sí mismo el grado de comandante. Si ese era el del jefe, ningún otro oficial habría de ostentar un grado de mayor jerarquía.

Ese aspecto de la configuración de los cuadros insurreccionales gozaba de un gran apoyo en la población, que veía con simpatía todo lo que disminuyera la connotación militar de una lucha por el rescate del imperio de la ley. Siendo esa la supuesta vocación civil de los alzados, ¿por qué las fuerzas posteriormente llamadas revolucionarias restituirían los grados de general y coronel en una desproporción increíble si consideramos la población de Cuba? Porque Fidel Castro, decidido a quitarse la máscara civilista que exhibía en la Sierra, se dio a organizar un inmenso ejército para sostener su dictadura y estar en condiciones de poder intervenir militarmente en otros países. El volumen de esa fuerza obligaba a la restitución de los grados originalmente detestables y los antiguos comandantes, como los coroneles de Batista, dejarían de lado la hipocresía de su humildad y exhibirían complacidos nuevos y vistosos uniformes con la mayor cantidad de estrellas posible. La simulación no era ya necesaria. Pero el nuevo dictador no se haría general. Lo acompañaba la suerte. Se aprovecharía del rango de comandante en jefe de las fuerzas armadas —conferido a todo jefe de Estado— para que se le siguiera conociendo, sin menoscabo de su autoridad, con el mismo grado de la etapa insurreccional.

El ídolo de las Fuerzas Armadas

No se podía negar que el general Batista era un ídolo dentro de las Fuerzas Armadas. A mí, personalmente, me constaba. Siempre conocí a mi padre de uniforme, músico de banda militar que tenía que prestar servicios con armas en la mano, como cualquier otro marino o soldado, cuando se presenaban situaciones de emergencia.

Mi padre simpatizaba con Fulgencio Batista, como prácticamente la totalidad de los sargentos, cabos y alistados que apoyaron el golpe del 4 de septiembre de 1933 y el posterior de enero 10 de 1934 contra el presidente Grau San Martín. Siempre se mostró agradecido por las reivindicaciones conseguidas para los militares de abajo —los que no eran oficiales— durante el período de siete años en que el antiguo sargento fue jefe del Ejército. Las condiciones de vida de esos soldados, marinos y policías eran bien difíciles antes del golpe de septiembre. No debe olvidarse que la razón fundamental esgrimida por la parte militar para justificar ese golpe era acabar con la situación de abuso y penuria que sufrían los miembros más desfavorecidos del escalafón militar. La otra parte de la rebelión la constituía el Directorio Revolucionario Estudiantil de 1930, que era el portador del mensaje ideológico. La rebelión de los sargentos, cabos y alistados contra la oficialidad tenía como motivo fundamental la aspiración a un mejor trato y mayores beneficios económicos.

Esa aspiración fue fielmente culminada por Batista, quien dignificó la vida de los militares y sus familias con aumentos de sueldo y una asistencia médica y hospitalaria de primer orden, entre otros beneficios. Aunque esas conquistas fueron mantenidas en los dos gobiernos constitucionales que siguieron al período presidencial de Batista (Grau San Martín y Prío Socarrás) es incuestionable que la simpatía hacia el General pervivía en las Fuerzas Armadas. Esa lealtad, prevista por los conspiradores del 10 de marzo de 1952, fue sin duda el principal factor en la consumación del cuartelazo. Ningún militar con mando, salvo los honorables coroneles jefes de regimiento Manuel Álvarez Margolles, de Santiago de Cuba y Eduardo Martín Elena, de Matanzas, se atrevió a resistir un golpe tan grave al ordenamiento institucional de la nación. Y la razón de esa inercia estaba en la popularidad que Batista gozaba dentro de las Fuerzas Armadas.

Dadas esas circunstancias, desmoralizar a un ejército tan fiel a su líder parecía imposible. Sin embargo, Fidel Castro concibió un modo de minar esa lealtad, convirtiéndolo en un aspecto primordial de la lucha revolucionaria. ¿Qué podía hacerse para debilitar la fortaleza del enemigo, aparte de castigarlo militarmente? Una buena opción: demostrarle al soldado que él no era el verdadero adversario. A esos efectos, el Comandante dio instrucciones terminantes de que todo miembro del Ejército capturado tuviera prioridad en la atención de sus heridas y en el suministro de alimentos, a pesar de la escasez frecuente de comida y medicamentos en las filas insurrectas. Trato preferencial que no gozó en principio de la simpatía de los restantes guerrilleros, empezando por el *Che* Guevara. Pero, a pesar de las críticas, Fidel Castro impuso su criterio. Estaba seguro de sus buenos resultados.

La liberación de los soldados

El efecto que ese trato tuvo en las filas del Ejército fue demoledor para Batista. La entrega de soldados prisioneros —a veces, por centenares— no se hacía a través de la sección cubana de la Cruz Roja, controlada por la dictadura. Se pedía para eso la presencia de la Cruz Roja Internacional, con sede en Ginebra, Suiza. La repercusión del gesto de la liberación, por tal motivo, llegaba a todos los países que cubrían las agencias internacionales de noticias. Táctica de propaganda. Pero su efecto más importante, en términos de guerra psicológica, residía en otro aspecto de la cuestión.

El soldado liberado, al dar a conocer la forma en que fue tratado, llegaría a ser el mejor propagandista de los rebeldes. Su testimonio socavaba la lealtad que necesitaba la dictadura para sostenerse. En virtud del conocimiento de ese trato preferencial, para el soldado en combate la decisión de rendirse, aunque no fuera estrictamente necesaria, era una oportunidad de conservar la vida sin temor a represalias. ¿Por qué iba a exponerse a recibir un balazo, aunque su ventaja fuera de diez o veinte contra uno? Lo esperaba un trato generoso y la seguridad de regresar ileso. Además ¿era justo hacerles la guerra a unos compatriotas que trataban al enemigo con tanta caballerosidad? Se rendían por montones. Cada exprisionero se convertía, quizás sin quererlo, en un activista de la propaganda insurgente, lo que fue captado por los jefes militares. En determinado momento se nos informó que, para evitar la propagación del efecto desmoralizador que tales testimonios provocaban, el Estado Mayor optó por licenciar o retirar a todo exprisionero inmediatamente después de ser puesto en libertad. Pero eso no los callaba. La historia llegaba, de cualquier modo, a sus antiguos compañeros y a parientes y amigos.

Al rememorar el proceso insurreccional y acopiar datos y vivencias, creo que no exageraría al considerar el trato dado a los soldados prisioneros en la Sierra como un factor muy decisivo en la desmoralización del Ejército y su oficialidad. Yo era de la opinión de que un factor primordial en toda guerra psicológica es establecer claramente las diferencias con el enemigo y en ningún momento imitarlo en sus excesos. El cuidado y respeto a los soldados prisioneros era la mejor respuesta a las barbaridades que se estaban cometiendo contra los militantes del Llano en las estaciones de policía y los cuartos de tortura del Servicio de Inteligencia Militar y el Buró de Investigaciones. Ese proceder humanitario surtía un efecto demoledor en las filas de la dictadura, aún más que sus propios fracasos militares.

A esa deferencia humanitaria puede atribuirse en gran parte que el Ejército Rebelde se estuviera enfrentando a un enemigo que estaría, progresivamente, desesperado por rendirse. Eso no significa que la guerra de los tiros fuera fácil. La confrontación militar requería del combatiente rebelde, aparte de una valentía indispensable y su disposición de afrontar la muerte, una gran tenacidad y un alto espíritu de sacrificio. Atributos que en el Llano le acreditábamos también a Fidel Castro, en su rol de inspirador principal de la contienda.

Otro factor que podía considerarse muy útil en la guerra psicológica, además de la liberación de soldados prisioneros y su efecto positivo en las filas del Ejército, fue la orden de que toda adquisición de los rebeldes en las tiendas de las zonas liberadas —y en las que aún no lo habían sido— fueran pagadas en efectivo. Eso contribuyó enormemente a ganar la buena voluntad del campesinado de la Sierra.

Aunque nunca hubo una verdadera batalla en los frentes insurreccionales (incluyendo las de Santa Clara y Yaguajay), los asaltos a cuarteles pequeños y emboscadas a las tropas de la dictadura fueron numerosos y su desarrollo en cadena en la provincia de Oriente —también, al final, en Las Villas— dio la impresión de que el triunfo revolucionario se debía únicamente al Ejército Rebelde. Aunque esa era la mitad de la verdad, Fidel Castro, por razones que expongo en el capítulo dedicado a la importancia del Llano, trató en todo momento de soslayar la indispensable contribución de la clandestinidad a la victoria.

También, desde mi punto de vista, la entrega de soldados prisioneros se hubiera podido plantear a cambio de revolucionarios urbanos en prisión o en proceso de tortura en los centros represivos. Poner esa condición no hubiera disminuido el beneficio propagandístico de liberar a los soldados. Pero en cuanto a la preocupación de Fidel Castro por la seguridad de los miembros del Llano sólo se registra un caso donde clamó desde la Sierra, a través de Radio Rebelde, por un trato humano a un supuesto prisionero de la dictadura, el comandante Delio Gómez Ochoa, que había sido asignado a dirigir la clandestinidad en La Habana después del intento de huelga de abril de 1958. Gómez Ochoa era cuñado de Celia Sánchez, la asistente principal de Fidel Castro. La información de su detención era incorrecta, pero la singular petición del Comandante ponía de relieve el favoritismo hacia un jefe clandestino que provenía de Santiago y de la Sierra, quien de inmediato fue regresado a las montañas para protegerlo. Creo hoy que el intercambio de soldados prisioneros por combatientes clandestinos en manos de la dictadura nunca se planteó porque hubiera sido una forma de poner de relieve la lucha del Llano. Ese reconocimiento no le era favorable a Fidel Castro por sus aspiraciones absolutistas, que pugnaban con la mentalidad democrática de la clandestinidad.

Multiplicación de guerrilleros

Muy pronto, en la Sierra Maestra, comenzaron a ponerse en juego todos los recursos de la imaginación para magnificar la presencia guerrillera. Herbert Matthews, respetado y conocido periodista de *The New York Times*, había sido llevado a la Sierra por líderes de la clandestinidad para entrevistar al jefe rebelde, a quien la dictadura daba por muerto. Al menos, eso era lo que Batista proclamaba. El encuentro tenía lugar a poco más de siete semanas del desembarco en las costas de Oriente de Fidel Castro y sus hombres, con la mayoría de los expedicionarios muertos o capturados. El contingente rebelde, al momento de la visita de Matthews, no llegaba a los 20 combatientes, multiplicados artificialmente ante el periodista con el ir y venir de los mismos guerrilleros en diferente orden y por sendas variadas. Así se daba la impresión de que eran muchos más. La estratagema funcionó. Matthews salió convencido de que la tropa insurgente era muy numerosa y así lo dio a entender al relatar en *The New York Times* su experiencia. El trabajo del reportero fue de vital importancia para generar esperanzas y movilizar a la población a favor de la lucha contra Batista, causa que parecía perdida si se aniquilaba el foco guerrillero.

Mensajes persuasivos

Otro recurso de guerra psicológica usado en la Sierra fue el de arengar, por medio de altoparlantes, a las tropas del Ejército cuando eran cercadas. A fines de junio de 1958, Carlos Franqui le daba inicio a esa práctica "bombardeando" verbalmente un grupo numeroso de soldados que estaban siendo rodeados, apelando a una serie de estratagemas para hacerles creer que sus sitiadores eran más que ellos. Con altoparlante en mano, el propio Franqui aprovechaba la oportunidad para arengar a la tropa, según narra en sus memorias. Se movía de un lugar a otro para dar la sensación de que el cerco era mucho más amplio.

> *¡Soldados, —les decía— mientras ustedes pelean y están a punto de morir, los generales de Columbia se lo roban todo! ¿Qué será de sus familias sin recursos? ¿Quién las mantendrá si ustedes mueren? ¡Curamos a los heridos, y a los prisioneros los liberamos cuando tenemos oportunidad! ¡No defiendan más a un ejército que es su propio enemigo!.*

La eficacia del mensaje estribaba en que lo que se decía era cierto. La táctica se repetiría en otras ocasiones. De manera notable en el combate de El Jigüe, donde tropas al mando del comandante José Quevedo Pérez estuvieron cercadas durante diez días, en julio de 1958. El constante bombardeo verbal por los altoparlantes logró su objetivo. El comandante Quevedo no sólo se rindió. Hizo historia al pasarse a las fuerzas rebeldes después de haber sido hecho prisionero, asestándole un duro golpe a la dictadura. No fue el único en hacerlo. En diversas operaciones, otros oficiales optaron también por sumarse a la causa rebelde. La inclinación civilista no era la única razón. Esos militares repudiaban los métodos empleados por las fuerzas represivas para arrancar confesiones y no querían ser vistos como cómplices de esas atrocidades.

Ejército vs. Policía

Supe de un caso de directa confrontación entre oficiales del Ejército y la Policía, que trascendió al Estado Mayor. El incidente tuvo como protagonista al teniente coronel Raúl Corzo Izaguirre, jefe de uno de los batallones que habían peleado en la Sierra. Encontrándose de asueto en La Habana, Corzo, en compañía de su esposa y otros matrimonios más charlaban en una mesa de un club nocturno situado en los bajos del Centro Gallego. El Teniente Coronel relataba algo ocurrido en el teatro de operaciones contra la guerrilla, mencionando la Sierra Maestra en varias ocasiones. Al parecer, algún chivato oyó lo de la sierra y creyó que se trataba de un rebelde. No tardó mucho en que se presentara un nutrido contingente de esbirros, que cargaron violentamente con el oficial, su esposa y los amigos, a pesar de las protestas de aquél y sus documentos de identificación. Los agentes no le creyeron. Fueron conducidos a la

Tercera Estación de Policía, donde Corzo, hombre recio, increpó al jefe de la dependencia y se fueron a las manos. La violencia se generalizó y todo el grupo, magullado, (también las mujeres fueron maltratadas) fue puesto tras las rejas. Cuando la noticia llegó al Estado Mayor y a los compañeros oficiales del Coronel, un numeroso grupo de ellos se presentó en la Estación y los detenidos tuvieron que ser excarcelados, no sin antes insultar a grito limpio —mentadas de madre incluidas— a los autores del abuso, acusándolos de que eso era lo único que sabían hacer. La información de este caso, con todos sus detalles, la recibí de Carlos Irigoyen, que a la sazón trabajaba con Aurelio Maruri, gerente general de la agencia de publicidad Grant Advertising. Maruri, pariente cercano de la esposa del coronel Corzo, fue quien lo puso al corriente de lo sucedido.

Me enteré que el capitán de la Estación fue trasladado y otros agentes suspendidos. Para calmar a Corzo, en septiembre de 1958 se le asignó la encomienda de comprar armas en Europa después de la suspensión de envíos de equipo militar a Cuba decretada por el gobierno de Estados Unidos. No obstante, lo sucedido mostraba que la identificación de la oficialidad del Ejército con Batista no incluía necesariamente la aprobación de la brutalidad de sus métodos. Aspecto importantísimo en la lucha, que habría de ser explotado al máximo para que el Ejército no viera en el *M-26-7* un enemigo y desistiera de su participación en un enfrentamiento armado que carecía de sentido. Y donde la mejor opción que se les presentaba era la de rendirse. Según relata Lucas Morán en *La Revolución Cubana: Una Versión Rebelde,* el propio teniente coronel Corzo participaría en una conspiración contra Batista dos meses después de su viaje a Europa.

La desmoralización de la alta oficialidad del Ejército, que era progresiva, tenía como base el rechazo a la brutalidad de los esbirros de Batista pero también el mensaje fraternal del Ejército Rebelde, que resultaba poderosamente atractivo a los militares con cierto grado de conciencia. Este aspecto de la guerra psicológica fue más determinante para que el Ejército desistiera de seguir sirviendo a Batista que las derrotas militares. Motivados por esa convicción, oficiales de renombre se incorporarían a varias conspiraciones, que irían en aumento en los tres últimos meses de 1958. Representando al *26 de Julio* participaron en esas conspiraciones varios dirigentes. Los principales fueron Ismael Suárez de la Paz (*Comandante Echemendía*) y Julio Camacho Aguilera, quienes incurrieron en grandes riesgos al asumir esa función. Por el Ejército, además de coroneles, comandantes, capitanes y tenientes, figuraban varios generales. Entre estos últimos podían contarse a Martín Díaz Tamayo, Arístides Sosa de Quesada y Eulogio Cantillo Porras.

La apropiación de fondos

Había que aprovechar cualquier coyuntura que permitiera sostener la guerra psicológica sin tregua. Una buena oportunidad se nos presentó cuando la dictadura anunció en los periódicos una apropiación de fondos públicos para ciertas obras, pero en la forma de darlo a conocer se prestaba a interpretaciones ambiguas. Inmediatamente, nos dimos a la tarea de aprovechar lo publicado para crearle problemas al régimen a través de una intensa y rápida campaña de propaganda. Acordamos que se llamara por teléfono al mayor número de personas para que, a su vez, se comunicaran urgentemente con sus amigos para establecer una cadena de avisos, corriendo la voz de que todo aquel con cuenta en un banco debía apresurarse a retirar sus fondos antes de que el gobierno los incautara.

La estructura celular de *Resistencia* funcionó a plenitud. La falta de confianza en las medidas de la dictadura propiciaba que los depositantes fueran masivamente a los bancos a sacar su dinero. La campaña tuvo tal repercusión, que creó una verdadera crisis bancaria, obligando a la dictadura a dar mil explicaciones para confrontar la situación. Faustino Pérez, el Coordinador del *M-26-7* para la provincia habanera, en una declaración redactada después del fracaso de la huelga del 9 de abril de 1958, anunció que la cantidad sacada de los bancos había alcanzado la cifra de 125 millones de pesos (equivalente a dólares), suma espectacular en aquellos tiempos.

Para nosotros, fue evidencia del poder de movilización de *Resistencia* y de cuánto podía hacerse, además de la lucha armada, para debilitar progresivamente a la dictadura.

La tiranía y su principal vocero

Curiosamente, más de una vez, el aparato de propaganda de Batista sirvió nuestros propósitos. La dictadura tenía en su nómina a un periodista bastante conocido, Otto Meruelo. Se suponía que Meruelo, que tenía una hora de televisión diaria en las mañanas, presentara ante el pueblo una imagen del dictador que desmintiera lo que el movimiento revolucionario pintaba. En su lugar, el periodista se empeñaba en calificar a los alzados en la Sierra de "forajidos", "asesinos", "comunistas", "facinerosos" y otros epítetos por el estilo. Se le escapaba que nadie creía lo que decía, traicionando sin quererlo su misión de defender a Batista. Por el contrario, lo que lograba era enfurecer más a la gente.

Ira Wolfer, nuestro americano militante, me decía que escuchaba a Meruelo todas las mañanas para "coger vapor" (forma criolla de describir un estado progresivo de indignación). Es decir, la voluntad de lucha de Ira se reforzaba con las sandeces y mentiras que profería el principal vocero de la dictadura. Era de tal naturaleza ese disgusto, así como el resentimiento que provocaban los comentarios de Meruelo, que la Sección de Acción y Sabotaje del *M-26-7* se empeñaba en hacerle un atentado. De hecho, se intentó en dos ocasiones. Mayúsculo error. Insistí al máximo, dentro de mis contactos con el *26,* para que se desistiera de semejante acción. Lo hacía por dos razones: me parecía muy desproporcionada la sanción en relación al delito y porque Meruelo, sin quererlo, era uno de nuestros mejores aliados. Afortunadamente, el comentarista fue dispensado de la terrible represalia, aunque no creo que fuera sólo por mi insistencia.

Se desprendía fácilmente que lo mejor para la revolución era que Meruelo siguiera en el aire. En lugar de generar simpatías hacia su jefe, enardecía al pueblo haciendo lo contrario. La adjetivación constante de forajidos y bandidos a los guerrilleros en las montañas, en lugar de convencer, favorecía la propaganda revolucionaria al poner de manifiesto una continuada presencia rebelde con la que simpatizaba casi toda la población. Se suponía que Meruelo apelara, para cumplir con su misión, a los recursos clásicos de los panegiristas profesionales de tiranos, atribuyéndole a Batista las prendas que suelen humanizar la imagen negativa de los opresores: pródigos en bondad, amantes de la familia, preocupados por los desvalidos, luchadores inclementes contra el crimen y fieles custodios de la seguridad ciudadana. Acompañado de abundantes fotografías besando y cargando niños. Sin olvidar los perros. Si Meruelo, en lugar de pintar a los alzados como lo que no eran y los hubiera descrito como muchachos bien intencionados, pero confundidos, guiados por líderes equivocados, habría cumplido mejor con la misión que le habían asignado. Un enfoque de ese estilo hubiera suavizado o eliminado la irritabilidad que sus mensajes provocaban. Al no hacerlo, se convertía en uno de nuestros principales propagandistas.

De la Sierra a Pardo Llada

Un evento muy significativo en la guerra psicológica tuvo lugar cuando Fidel Castro decidió utilizar a José Pardo Llada como su portavoz, enviándole desde la Sierra una carta el 28 de febrero de 1958. En ella planteaba, para que se diera a conocer públicamente, que la primera condición para la paz que el pueblo anhelaba sería que se permitiera a los periodistas cubanos ir a la Sierra Maestra. Según el Comandante, su intención era que se conociera la verdad de lo que pasaba en Cuba y por qué se luchaba en las montañas. Las noticias del frente guerrillero habían sido dadas, principalmente, por periodistas extranjeros que habían llegado a la Sierra Maestra burlando la vigilancia del Ejército, gracias a las gestiones y audacia de líderes del *Llano*.

Pardo Llada era el comentarista radial más escuchado de Cuba y había incursionado ocasionalmente en la política activa. Fue elegido representante a la Cámara en 1950, en histórica votación por lo masiva. Pero su participación en la farsa electoral de Batista en 1954 le dio, aunque creo que injustamente, la connotación de colaboracionista con la dictadura. Esa acción le enajenó la amistad y los buenos deseos de muchos de sus antiguos simpatizantes, que veían en el enfrentamiento bélico la única posibilidad de deponer al dictador. Para esos cubanos, cualquier otra acción que no incluyera el llamado a las armas, era puro colaboracionismo.

Dos de los párrafos iniciales de la carta a Pardo Llada, que no era muy extensa, definían su objetivo:

> *Es hora de que se ponga fin a la injustificada limitación que se ha impuesto a la Prensa Cubana, no permitiendo a uno solo de sus reporteros visitar el campo de operaciones en quince meses de lucha.*
>
> *Aunque es cierto que los periodistas extranjeros lo han hecho siempre por cuenta propia, sin autorización oficial alguna y a través de nuestros canales clandestinos, cuando ellos salen del país pueden ejercer su función sin represalia ni persecución alguna. Allí donde termina todo riesgo para el periodista foráneo, comienza el mayor riesgo para el periodista nacional.*

No había que ser muy brillante para entender que lo solicitado por Fidel Castro en la carta no tenía la menor posibilidad de ser permitido por la dictadura. Pero su difusión a todo el país era una excelente oportunidad para un golpe de propaganda efectivo. Se ponía de manifiesto en ella, indirectamente, la presencia de un poderoso frente guerrillero en las montañas, aunque la realidad no fuera esa. La carta podía ser leída sin riesgo para el que la diera a conocer porque no incitaba a la violencia. Y ¿quién mejor para ese propósito que Pardo Llada? Su nómina de radioyentes era inmensa. La penetración de nuestros canales clandestinos de difusión nunca podría compararse con la repercusión de un mensaje en su hora radial. Después de la transmisión, haciéndose eco de la curiosidad pública, *Bohemia* publicaría el mensaje de Fidel Castro en su totalidad, con facsímiles manuscritos de su primera y última páginas y la firma del jefe rebelde. Toda Cuba se enteró.

Esa iniciativa de utilizar a Pardo Llada como vocero desató fuertes censuras dentro del *M-26-7*. Pero no las encontré razonables. El resultado de la difusión de la carta fue espectacular, gracias a Pardo Llada. Era evidente que algunos de mis compañeros no estaban al tanto del tremendo valor de la propaganda en la lucha que habíamos abrazado. Anteponían consideraciones secundarias a lo verdaderamente importante. Fidel Castro, según podía observar, conocía muy bien la diferencia.

Las torturas a una maestra

A fines de febrero de 1958, el Dr. Ramón Fernández Ledón, jefe de la Sección de Médicos de *Resistencia*, me llamó por teléfono. Dijo que tenía que comunicarme algo de gravedad, que debía ser conocido por toda Cuba. Y que era de extrema urgencia. Acordamos reunirnos en la Clínica Antonetti, en El Vedado, centro afín a la subversión. Su director y propietario, el Dr. Antonetti, junto al Dr. Manuel Fernández Turró, miembro de *Resistencia*, se esmeraban en brindarles a los revolucionarios que sufrían heridas de bala todo género de asistencia médica. Y refugio ante la persecución.

El Dr. Fernández Ledón me enseñó unas fotos a color, tomadas por él. Eran de una mujer desnuda, de pie, retratada de espaldas, con todo el cuerpo cubierto de moretones. Según mi compañero, producto de torturas infligidas en una estación de policía. La señora tenía cincuenta años. Se llamaba Esther Lina Milanés Dantín. Había sido golpeada y ultrajada para que confesara algo que desconocía. Ledón sabía del caso a través de un colega, el Dr. José Antonio Presno Albarrán, médico de gran prestigio. Había sido el primer facultativo en atender a la señora Milanés después de ser liberada por la Policía. Según mi compañero, el Dr. Presno no cabía en su indignación ante semejante abuso. Estaba decidido a denunciar públicamente el hecho, a pesar de los riesgos a que se exponía. En su valiente gesto contaba con el pleno respaldo del Colegio Médico Nacional.

Las fotos eran indignantes. ¿Cómo podía concebirse que tamaño atropello fuera perpetrado contra una mujer en edad de ser abuela? Se trataba de un caso inconcebible. Debía hacerse público de inmediato. Había que denunciar el hecho de manera simultánea y a través de la mayor cantidad de medios. Sólo así podía garantizarse el máximo potencial de alcance y penetración. Pensé hacer extensiva la denuncia al cuerpo diplomático acreditado en Cuba, a las agencias internacionales de noticias y a los organismos internacionales que tuvieran que ver con los derechos humanos. Teníamos que actuar con cautela, dentro de la rapidez que exigían las circunstancias. Lo primero que había que hacer era posponer momentáneamente, mientras preparábamos un dossier con los detalles de lo ocurrido y las fotografías, la denuncia pública que tenía en mente el Dr. Presno. Le encarecí a Ledón que lo persuadiera.

El plan tendría que llevarse a cabo con el mayor de los cuidados. Lo más sensible del caso era que, según lo informado por mi compañero médico, la maestra y sus tres hijos (dos muchachas y un varón) habían sido amenazados de muerte si denunciaban lo ocurrido.

Visita a La Milagrosa

Quedamos en que lo primero a hacer sería una visita mía a la señora en su lecho de enferma, para obtener, de primera mano, la máxima información de lo sucedido. Estaba recluida en la clínica La Milagrosa, de la Asociación de Católicas Cubanas, en la Calzada del Cerro. Teníamos presente que estaría vigilada, sin que se hiciera notorio, por la Policía. ¿Qué hacer, entonces? Nada complicado. Fernández Ledón había ido antes a verla y su presencia era conocida. Yo me haría pasar por médico. Tan simple como ir con una bata blanca y un estetoscopio al cuello.

Al llegar a la clínica lo hice también con un maletín de médico, donde ocultaba la cámara Speed Graphic 4x5, bastante voluminosa, que solía usar en mis trabajos profesionales. Fernández Ledón me presentó a la señora Milanés Dantín, maestra de inglés y católica ferviente. Le ratifiqué mi militancia en el Movimiento de Resistencia Cívica, lo que ya el compañero médico le había anticipado. Entré en materia.

—Necesito, Esther Lina, que me cuente en detalle todo lo que le pasó. Toda Cuba, y también fuera de aquí, tienen que enterarse de las barbaridades de que usted ha sido víctima. Cuando eso ocurra, usted no tendrá nada que temer porque estará bajo protección diplomática. Se lo prometemos.

Le anunciaba, así, lo que teníamos previsto. Ni una sola palabra soltaríamos sobre lo ocurrido mientras no tuviéramos asegurado su asilo político, que no veíamos difícil.

La odisea de Esther Lina

Desde su lecho, la maestra narraba su odisea. Los hechos habían ocurrido entre una y dos semanas antes, el 24 de febrero de 1958, irónicamente, festividad nacional por tratarse del aniversario del Grito de Baire, inicio de la Guerra de Independencia.

—A las cinco de la mañana —me dijo— unos hombres penetraron en mi casa en forma violenta y descompuesta. Me obligaron a vestirme en su presencia y fui llevada a la 12ma. Estación de Policía, no sin antes despojarme de veinticinco pesos y un reloj de oro de gran valor.

Tomaba nota. No quería perderme un solo detalle. Continuó.

—Allí me recibió un oficial. Sin el menor respeto a mi condición de mujer, profirió los peores insultos y me golpeó con el puño en pleno rostro, haciéndome rodar por el suelo. Lo que sucedió después en aquel infierno durante tres días me parece una pesadilla.

—¿Qué alegaban para detenerla?

—Que yo sabía de un lugar donde guardaban armas. No sé de donde sacaron eso. Estoy en contra de Batista, pero no soy persona de violencias ni capaz de promoverlas. Me asociaban con un joven estudiante colombiano, a quien conocía. Parecía vinculado al movimiento subversivo. Yo compartía su repudio al régimen, aunque estaba segura de su inocencia en lo de las armas. Cuando llegué a la estación, Enrique Zamorano, así se llama el joven, estaba siendo torturado.

—¿Qué se hizo de él?

—A su condición de colombiano debo estar aquí. Si no, podría estar muerta. Alertado el embajador de Colombia de la situación, se presentó en la estación de Policía e intervino para que su conciudadano fuera liberado. Enterado de mi caso, exigió que yo también fuera soltada, lo que gracias a Dios pudo lograr.

—Mire, señora, —le dije— yo necesito que me cuente con lujo de detalles todo lo que ocurrió, sin reservas de ninguna clase. Sé que es duro para usted evocar cosas tan terribles, pero la gente tiene que saber, en toda su magnitud, el terror y la crueldad que están desatando los cuerpos represivos.

—Estoy en la mejor disposición —contestó. Puede contar conmigo.

—Por favor, trate de no omitir nada.

—Pues mire, una de las barbaridades que me hicieron fue amarrarme, desnuda, en una silla mientras presenciaba cómo al muchacho, también desnudo y en una silla desfondada, le daban con un palo por los testículos. Cerraba los ojos para no mirar y me golpeaban para que los abriera.

Increíbles barbaridades

Fernández Ledón y yo nos miramos. Si no fuera porque lo consideraba un deber, ahí mismo hubiera suspendido el interrogatorio. Me apenaba que la señora Milanés tuviera que contar su terrible odisea tan en detalle, pero lo necesitaba para completar lo que tenía pensado: hacerle un borrador de su denuncia personal para que luego lo transcribiera y firmara, de modo que lo horripilante de su tortura resaltara en los términos más dramáticos. A veces, en este tipo de relatos, las más duras vivencias quedan suavizadas por una retórica tímida que elude la cruda realidad. En la guerra psicológica, la única que librábamos con mejores armas que el enemigo, no podíamos soslayar esa posibilidad. No estábamos para eufemismos.

Esther Lina continuaba su narración.

—Fui brutalmente golpeada y azotada en medio de imprecaciones y groserías. Me tiraban de los pelos y me halaban las orejas. Al muchacho colombiano le desprendieron a golpes una oreja.

Su fe religiosa le servía de apoyo.

—Cuanto más sufría, —confesaba— cuando más creía estar al borde de la locura, la imagen del Redentor en la Cruz me iluminaba, dándome fuerzas para soportar el suplicio. Sobre todo, cuando me hicieron algo que preferiría no contarle porque me avergüenza mucho.

Insistí en que lo hiciera. Había que denunciar la crueldad sin cortapisas. Pude convencerla. Entonces, la confesión de la brutalidad más inimaginable.

—Me introdujeron un hierro por la vagina y me dijeron: *"Habla, vieja puta, que te vamos a perforar"*.

Reinó el silencio. Los sollozos de la pobre mujer dominaban el ambiente. Me acerqué para confortarla.

—Si usted quiere —le dije— podemos volver mañana.

—No, de ninguna manera —contestó, más repuesta—: Si mi fe religiosa y mi fervor no me hubieran acompañado ante esa vejación, creo que allí mismo hubiera muerto de vergüenza y de pánico. Hasta se atrevieron a acusarme de comunista.

Le tomé varias fotos en su lecho de enferma. Antes de despedirme, le dije lo que pensaba hacer.

—Con lo que usted me ha dicho, voy a hacerle un borrador de su denuncia. Volveré para que usted lo repase y le añada o quite lo que crea. Le reitero que voy a exponer en toda su crudeza lo que le han hecho. Que sea expresado así es la única forma de dar a conocer en su brutal dimensión lo que está pasando en Cuba.

Antes de despedirnos, me dijo, en tono maternal:

—Yo hago lo que usted diga, m'hijito.

Preparando la denuncia

Al día siguiente, fui con los negativos tomados por el Dr. Fernández Ledón a una tienda de efectos fotográficos y servicios de revelado que, precisamente por eso, nunca había visitado: Estudio Naranjo, en la Avenida Reina. En *Siboney* no tenía equipos para copiar en color. Di un nombre falso y ordené gran cantidad de copias que mostraban los hematomas de la señora Milanés. El plan de distribución que había concebido incluía la entrega a las embajadas y agencias cablegráficas internacionales de sendos dossieres con pruebas de las torturas, así como copias del certificado médico expedido por el Dr. Presno Albarrán, detallando las lesiones que presentaba la señora.

El Dr. Presno, impaciente por hacer la denuncia del caso ante el Tribunal Supremo, habría de acceder a nuestra petición de posponerla, para que encajara dentro de la campaña que yo tenía planificada. En mi plan, la carta de la señora Milanés, con su documentación, sería dirigida, en primer lugar, al Bloque Cubano de Prensa. También, a las Naciones Unidas, la Organización de Estados Americanos (OEA) y la Sociedad Interamericana de Prensa (SIP). Esta última la haría llegar a la amplia gama de periódicos que integraban la organización.

Con las notas que tomé en la entrevista, redacté lo que habría de ser la carta-denuncia. Me pareció que lo más dramático de la descripción de la señora era la introducción de la varilla de metal por la vagina —horrenda experiencia— así como la indigna amenaza que acompañaba esa acción. La incluí en el borrador al pie de la letra, sin omitir detalles. También quería que apareciera el testimonio de la señora de que todos sus torturadores eran hombres jóvenes. "Podían ser mis hijos", me había dicho.

La denuncia debía recoger también, además de la descripción de las torturas y sus sufrimientos, la decisión de la señora Milanés de que su caso fuera conocido, no sólo para poner en evidencia la brutalidad sufrida sino para evitar su repetición en otras mujeres. Resumí así sus palabras:

Ni las indecibles torturas a que fui sometida, ni las amenazas de muerte a mí y a mis hijos, ni el espanto de volver a caer en manos de esos criminales, podrá silenciarme. Hora es ya de que el mundo conozca hasta dónde se llega en Cuba. La ocultación de hechos como el que tuve el horror de vivir sólo contribuye a que esto continúe. Y si Dios me ha escogido a mí, no debe ser en vano.

Para mis verdugos físicos y mentales, que Dios, en su infinita bondad, les haga llegar su perdón. No creo que haya ser humano capaz de hacerlo.

Me comuniqué con el Dr. Fernández Ledón para coordinar la nueva visita a la señora Milanés. Esta vez no llevé la cámara. Era el 5 de marzo de 1958.

La segunda visita

La señora Milanés leyó detenidamente el borrador, que se ajustaba estrictamente a lo que me había confesado, incluyendo el relato del episodio más horrible, tal como me lo había contado. La vulgar amenaza de la "perforación" aparecía con todas sus palabras. Apenas hizo modificaciones. Le pedí que pusiera por fecha la de dos días después, el 7 de marzo, cuando, según nuestros planes, ya estaría asilada en una embajada. Miembros de *Resistencia* estaban haciendo gestiones en la de México. Transcribió de su puño y letra el contenido y me entregó el original. Al despedirnos, me enseñó una nota que había escrito y tenía oculta debajo de una pequeña estatua de la Virgen de la Caridad del Cobre. En ella se encomendaba a Dios en caso de ser detenida de nuevo y pedía que rezaran por ella. Le dije que los compañeros que estaban en las gestiones de su asilo me habían confirmado que éste se verificaría de un momento a otro y que su salida de la clínica sería a escondidas, sin que corriera peligro. Me entregó la nota, para que la conservara de recuerdo.

Esa misma tarde, me di a la tarea de producir cerca de un centenar de fotocopias de la carta en el laboratorio de Siboney. El Dr. Presno, impaciente, esperaba por nosotros para darle curso a su carta abierta ante el Tribunal Supremo. Simultáneamente, la Dra Rosa Ravelo, abogada y militante del Movimiento, presentaría una denuncia ante la Audiencia de La Habana en nombre de la señora Milanés.

Al recoger las copias fotográficas que mostraban los hematomas de los golpes, noté ciertos movimientos raros en Estudio Naranjo, pero no hostiles. Me pareció que entendían de qué se trataba. Se mostraron muy atentos. Con estas fotos completaba el dossier, que incluía, además, copia de la carta de Esther Lina Milanés a los periodistas, la foto que le tomé en la clínica La Milagrosa y el certificado médico del Dr. Presno Albarrán. El diagnóstico del Dr. Presno incluía, entre otros párrafos, lo siguiente:

Por el examen otoscópico se encontró pequeño coágulo de sangre en el conducto auditivo a nivel del tímpano, manifestando la enferma dolor y sordera parcial. En el examen ginecológico apreciáronse algunas escoriaciones, así como hematurias que revisten un pronóstico grave.

Llamé a Miguel Ángel Quevedo, el director de *Bohemia*. Le dije que necesitaba verlo para un asunto de gran urgencia y muy confidencial. No demoró en recibirme. Estaba acompañado de Jorge Quintana, su jefe de información y respetado periodista. Les expliqué en detalle lo ocurrido con la señora Milanés. Les entregué los documentos y las fotos, con los que podrían preparar un sensacional reportaje para la próxima edición. Cambiamos impresiones sobre el hecho y la situación general del país. Obtuve una respuesta desalentadora, pero comprensible.

—Al que publique esto lo matan —me dijo Quevedo.

Yo sabía que en la primera dictadura militar de Fulgencio Batista, *Bohemia* había sido un instrumento firme de la oposición, lo que provocó el secuestro de Quevedo por las fuerzas represivas del Coronel y la ingestión obligada de una botella de aceite de ricino, el más horrible purgante de la época. Este tipo de tortura era conocido como el "palmacristazo", aplicado generalmente a los periodistas para "disuadirlos" de su actitud oposicionista. Sabiendo los riesgos a los que estaba expuesto en su condición de director de la principal publicación de Cuba, podía disculpar la respuesta de Miguel Ángel Quevedo, quien recibía presiones y amenazas casi a diario por su enfrentamiento vertical a la dictadura.

Daba por sentado que mi gestión en *Bohemia* había sido infructuosa. Al día siguiente, la señora Milanés y sus hijos recibían asilo diplomático. El Dr. Presno estaría en libertad de dar a la publicidad su carta abierta al Tribunal Supremo. La doctora Ravelo, como se esperaba, presentaba la denuncia formal del hecho ante la Audiencia de la Habana. Miembros de *Resistencia* entregaban en las embajadas y las redacciones de los periódicos los dossieres con toda la información del caso. Yo esperaba, con impaciencia, los resultados.

Se empieza a conocer la verdad

El 8 de marzo, dos días después, tuve que ir a Santiago de Cuba. Tenía que filmar unas escenas de un documental que estaba realizando para la John Bransby Productions, de New York, y su cliente, la Standard Oil Company. Al día siguiente, domingo, compré el *Diario de la Marina*, para ver si salía algo de la carta abierta del Dr. Presno. Así había sido. Y nada menos que en primera plana. Me complació ese despliegue. La denuncia era grave y el periódico le daba la importancia que merecía. Para muchos revolucionarios, la *Marina* se mostraba bien cautelosa y —a veces— hasta suave con la dictadura. Mas era evidente que los responsables de su publicación compartían la repulsa nacional que generaba un hecho de esa naturaleza.

Leía con avidez. Declaraba el Dr. Presno:

> *He tenido, como médico, el penoso deber de asistir facultativamente a la señora Esther Lina Milanés Dantín. Y si bien es un hecho cierto que, en el transcurso de nuestro ejercicio profesional se suele ir paulatinamente adquiriendo una serena filosofía acerca de los dolores y miserias humanos, muy pocas veces me he visto tan profundamente conmovido en los sentimientos de humanidad, dignidad y decoro, como en este desafortunado caso.*

Y en otro de sus párrafos:

> *La inenarrable odisea sufrida por mi cliente, pone de manifiesto no tan sólo el atentado a los más elementales derechos humanos, realizado con inconcebible sadismo, sino que además representa un incalificable desprecio hacia el natural respeto debido a la mujer por todo hombre.*

El pueblo estaba horrorizado. La noticia de la barbarie trascendía los límites isleños. La SIP y sus integrantes se hacían eco de lo ocurrido, del norte al sur del continente americano. *Bohemia*, contra mis expectativas por la cautela inicial que detecté en su director, publicaba un escalofriante reportaje bajo el título de *"Historia de Horrores"*, dando a conocer los documentos que les entregué, incluyendo la foto que le tomé en su lecho de enferma a la señora Milanés. La prensa, en general, protestaba airadamente por el abuso. La indignación cundía en la calle.

Humberto Medrano, desde *Prensa Libre*, escribía un editorial demoledor.

El periodista Carlos Lechuga, miembro de la dirección de *Resistencia*, comentaba en *El Mundo*:

> *Es difícil creer que hayamos caído tan bajo, que existan cubanos tan desprovistos de sentimientos humanitarios y tan amorales. Duele y abochorna que en nuestra patria se produzcan hechos como los denunciados por la señora Esther Lina Milanés Dantín, maestra católica de cincuenta años de edad, quien acusa al capitán Sosa, de la duodécima estación de Policía y a varios de sus subordinados de vejarla y torturarla durante tres días, hasta que el Embajador de Colombia la salvó de ese infierno.*

La repulsa en el país ante el bárbaro hecho se fue intensificando a un extremo que la dictadura llegó a considerar amenazante. Y su reacción fue imponer la censura de prensa y decretar la suspensión de las garantías constitucionales. Esas medidas contribuyeron aún más a destacar la brutalidad del régimen. Siempre había sostenido que para combatir a Batista no había que inventar nada. Bastaba con la verdad. Las torturas a una maestra indefensa se convertían en el mejor retrato de los que mandaban en Cuba.

La FEU en la Sierra

A mediados de octubre de 1958, el *M-26-7* recibiría en la Sierra Maestra el apoyo formal del estudiantado universitario. Solidaridad digna de ser considerada como un factor relevante en la guerra psicológica que, si bien no era necesariamente indispensable por el avance a esas alturas de la lucha armada y la acción clandestina, fortalecía la posición insurreccional ante los ojos del pueblo. Nadie podía pensar que, sólo mes y medio después, la dictadura militar iba a llegar a su fin. Los universitarios gozaban del respeto de la población por su participación activa en la lucha contra Machado. Que mantenían también contra Batista. Su fusión con el *26* ponía de manifiesto una unidad que alimentaba la esperanza del triunfo.

Para consumar el pacto, una delegación oficial del estudiantado universitario se trasladó a la Sierra Maestra para reunirse con Fidel Castro. Partía de Miami en una avioneta cargada de armamentos y municiones. El grupo estaba integrado por Juan Nuiry, presidente de la Federación Estudiantil Universitaria (*FEU*), Omar Fernández, presidente de la Asociación de Estudiantes de Medicina y Jose Fontanills, vice-presidente de la *FEU* en la Universidad de Oriente. Después de firmar el acuerdo, quedarían incorporados a la lucha guerrillera con el grado de capitán.

Tan pronto me enteré que eso estaba ocurriendo no dejé de aplaudir el pacto. Y estuve presente en una reunión de la dirección del *26* a la que acudí en representación de *Resistencia* y donde se iban a discutir, entre otras cosas, los pormenores del pacto, que nos había cogido de sorpresa. El jefe de la Sección Estudiantil, Ricardo Alarcón, mostró airadamente su desacuerdo sobre la forma en que se había llevado a cabo la fusión con la *FEU*. Planteaba algo donde no le faltaba razón. Que se debió haber contado con la Sección Estudiantil del Movimiento antes de consumar el pacto. Además, argüía que Juan Nuiry y Omar Fernández no estaban calificados para representar a los estudiantes. Argumento quizás válido, pero había que considerar que una reunión previa de consulta, por las dificultades de comunicación, hubiera dilatado innecesariamente la información pública de un acontecimiento muy favorable a nuestra causa. Y que Nuiry y Fernández eran representantes legítimos del estudiantado.

Comprendía los argumentos expuestos por Alarcón, que coincidían con los de los sectores revolucionarios que veían a veces sus facultades limitadas cuando se trataba de decisiones vitales. Pero discrepé con él en ese caso específico sosteniendo que había que pasar por alto formalismos que en una lucha revolucionaria estaban de más. ¿Qué otro desenlace podía preverse en la consideración previa del acuerdo con la *FEU* que no fuera la aprobación de lo que en definitiva se había hecho? Debía tenerse en cuenta que no existían canales expeditos entre *Sierra* y *Llano* que permitieran discutir a fondo y de inmediato la complejidad de los asuntos y problemas que se presentaban constantemente. En un caso como el del pacto estudiantil esas dificultades eran comprendidas por la mayoría de la dirigencia revolucionaria, sin que el desconocimiento previo de las determinaciones de la jefatura rebelde tuviera que significar necesariamente un menoscabo de las facultades otorgadas a otros dirigentes de inferior jerarquía. Por supuesto, la confianza en la sabiduría de esas decisiones podía no ser total, pero no había otra vía racional que la de acatarlas, dadas las limitaciones impuestas por las circunstancias.

Desde un punto de vista práctico, consideraba que la forma en que había sido manejado el acuerdo, encajaba dentro del curso acelerado que había que imprimirle a la lucha insurreccional. Me parecía que el pacto de Fidel Castro, en nombre del *26*, con la *FEU* era un paso muy significativo y trascendente en la lucha que estábamos librando. Su efecto real lograba lo que perseguíamos todos: demostrarles cuanto antes, a la dictadura y al pueblo en general, que el apoyo a la insurgencia de los sectores más señalados del país era cada vez más amplio. Y de estos sectores, el del estudiantado universitario era uno de incuestionable importancia.

Fracasos que no lo serían

Aunque no tenían como objetivo nada que tuviera que ver con la guerra psicológica, hubo una serie de acciones, ejecutadas por el *M-26-7* y otras organizaciones revolucionarias, que contribuyeron a desarrollar en la ciudadanía la percepción de que la dictadura, a pesar de su fortaleza militar y el terror implacable que desataba para subsistir, podía ser derrocada. La aceptación de esa posibilidad se traducía en un incremento en la voluntad de cooperar económicamente y de sumarse de manera formal a la causa revolucionaria, aunque dados los peligros que tal decisión entrañaba la participación ciudadana nunca tuvo una connotación masiva.

El año de 1956 podia considerarse negativo para despertar esa ilusión de triunfo insurreccional, particularmente en el mes de abril, cuando ocurrieron varios hechos de importancia histórica. Primero, el día 4, al fracasar la "conspiración de los puros", alzamiento de oficiales del Ejército encabezado por el coronel Ramón Barquín y frustrado por una delación. Luego, el 5, la detención del profesor Rafael García Bárcena y numerosos militantes del Movimiento Nacional Revolucionario (*MNR*). Y el 29 de ese mismo mes, el ataque al cuartel Goicuría, en la ciudad de Matanzas, dirigido por Reynol García, de la Organización Auténtica. También una delación dio al traste con ese intento. Los atacantes eran esperados por la guarnición del cuartel, al mando del coronel Pilar García y fueron masacrados sin misericordia, repitiéndose el asesinato de prisioneros perpetrado después del asalto al cuartel Moncada.

El 30 de noviembre, Frank País y las milicias urbanas del *M-26-7* se hicieron sentir en Santiago de Cuba, atacando varios edificios del gobierno, pero tuvieron que replegarse. Y dos días después tuvo lugar el desastroso desembarco de Fidel Castro y el grupo expedicionario en Playa Colorada, generándose el rumor de que el jefe rebelde había sido muerto. Pero a pesar de los resultados negativos de esos intentos insurreccionales, quedaba claro que la disposición de luchar contra la dictadura estaba presente y se podía abrigar la esperanza de su eventual derrocamiento.

Los ánimos revolucionarios empezaron a recuperarse el 24 de febrero de 1957, cuando *The New York Times* publicó la entrevista que Herbert Matthews le hizo a Fidel Castro en la Sierra Maestra, mencionada en las primeras páginas de este capítulo. El jefe rebelde no sólo estaba vivo y presto al combate sino que a través del periodista enviaba un mensaje de que su lucha era por la libertad y la democracia, lo que cuadraba con lo que todos creíamos y esperábamos en ese momento. El efecto psicológico de ese reportaje fue determinante para el fortalecimiento del *M-26-7*, en un momento en que casi todo se daba por perdido.

El 13 de marzo, poco más de dos semanas después, combatientes de la Organización Auténtica y el Directorio Revolucionario, bajo la dirección de Carlos Gutiérrez Menoyo y Menelao Mora Morales intentaban matar a Fulgencio Batista dentro del mismo Palacio Presidencial, mientras el líder del *Directorio*, José Antonio Echeverría tomaba con otros militantes la estación Radio Reloj para dar la noticia de la muerte del dictador. Ambas operaciones fracasaron y los tres dirigentes mencionados y la mayoría de los atacantes fueron muertos. La venganza de la dictadura no se hizo esperar. El exsenador Pelayo Cuervo, opositor de gran prestigio, fue asesinado esa misma noche, aunque nada tenía que ver con lo ocurrido. El ataque al Palacio no tenía nexos con el *M-26-7* (al extremo —increíble— de ser censutado desde la Sierra por Fidel Castro como un acto terrorista) pero ponía de relieve la presencia beligerante en los centros urbanos. Y a pesar de los fracasos, el hecho de que esas cosas ocurrieran mostraban que un combativo sector del pueblo estaba en pie de lucha.

De hecho, yo tenía la impresión de que, tanto el ataque al Palacio para ejecutar a Batista, como las muertes en atentados de connotados miembros de su régimen eran consideradas por él más amenazantes a su seguridad que las reiteradas derrotas que recibía en el terreno militar. Miedo que lo desmoralizaba. Sobre todo, por los atentados a tres de sus más destacados servidores: la del recién nombrado jefe del Servicio de Inteligencia Militar, coronel Antonio Blanco Rico (que considero inmerecida porque no se trataba de un asesino de la dictadura sino de una persona reconocida como seria y decente, a pesar de la posición que comenzaba a desempeñar), ejecutada por el Directorio Revolucionario; la del sanguinario coronel Fermín Cowley, llevada a cabo por el *M-26-7* y la del no menos criminal jefe de la Policía Rafael Salas Cañizares, tiroteado por un refugiado en la embajada de Haití cuando esa sede diplomática fue asaltada por las hordas represivas para asesinar a los asilados, lo que lograron.

El atentado a Cowley, realizado por el *M-26-7*, fue en represalia por haber ordenado el asesinato de 16 líderes oposicionistas en Holguín y el de los expedicionarios que vinieron en el yate *Corinthia* y desembarcaron el 25 de mayo de 1957 por la costa de Mayarí, al norte de Oriente. En esa ocasión el grupo insurgente sufrió el cerco del Ejército. Sus integrantes fueron torturados y asesinados sin piedad, después de haberse rendido, incluyendo el jefe de la operación, Calixto Sánchez, de la Organización Auténtica (*OA*). Ante el pueblo, el atentado a Cowley era un acto de justicia que, además, neutralizaba la impresión desalentadora que había dejado el fracaso de la malograda expedición.

Casi tres meses y medio después de la acción del *Corinthia*, el 5 de septiembre, tendría lugar el alzamiento de la base naval y toma de la ciudad de Cienfuegos, que el historiador Roberto Simeón calificaría acertadamente como "la batalla más importante de la lucha contra la dictadura". Fue una operación coordinada entre oficiales desafectos de la Marina de Guerra, al mando del teniente Dionisio San Román, vinculado a los *auténticos*, y el *M-26-7,* bajo la dirección de Julio Camacho Aguilera. Pudo ser controlada por el Ejército después de una fiera resistencia, donde participaron muchos civiles. Entre las pérdidas en combate de ambos bandos y los asesinatos ulteriores de alzados después de su rendición y de otros complotados capturados, incluyendo al teniente San Román (cuyo cadáver nunca apareció) se ha estimado en más de un centenar los muertos en la acción (hay quienes calculan que fueron muchos más). Se trataba de la mayor cantidad de bajas en una sola operación durante todo el período insurreccional. En esta verdadera batalla se dieron las mismas circunstancias que en otros hechos similares: las fuerzas represivas apelaron a las más crueles atrocidades en represalia. Esos abusos motivarían un mayor rechazo a la brutalidad de la dictadura que, consecuentemente, se traduciría en un aumento en la militancia revolucionaria. Los excesos represivos de la dictadura y la heroicidad y sacrificio del Llano contribuirían significativamente, en el orden psicológico, al desarrollo de la resistencia urbana, indispensable para consolidar la presencia guerrillera en las montañas.

"El Hombre" y su supuesta valentía

A mi entender, un factor psicológico de suma importancia en la lucha contra la dictadura descansaba, precisamente, en el propio Fulgencio Batista. Se esperaba que el dictador hiciera honor a la fama de valiente que se le acreditaba. Batista había demostrado ser osado, pero no valiente. No se trataba de un típico hombre de acción, aunque para sus seguidores lo era. Lo llamaban "el Hombre", que en tiempos de machismo definía la valentía personal. Su preponderancia en el levantamiento del 4 de septiembre de 1933 fue ganada por ser sargento-taquígrafo del Estado Mayor del Ejército, no por combatiente. Su posición oficinesca le permitía estar enterado de lo que ocurría en los cuadros superiores y a la vez movilizar a otras guarniciones para que se sumaran al movimiento, lo que le daba un control de la situación exclusivo, inaccesible a cualquier otro militar de un rango igual o inferior al de él. En las acciones donde silbaran balas después de asumir la dirección de las Fuerzas Armadas, no hay constancia de que estuvo presente. No se le vio donde corriese la sangre: ni en el asedio a los oficiales rebeldes refugiados en el Hotel Nacional, ni en el ataque al Castillo de Atarés, focos de sublevación armada contra los autores del golpe de septiembre. A Batista nunca se le pudo acreditar ningún acto de valentía.

Al huir de Cuba sorpresivamente 25 años después, Batista demostró esa falta de valor dejando desamparados y a merced de la justicia revolucionaria a centenares de criminales que le habían servido en la seguridad de que contarían con su apoyo y protección. Les había hecho creer que se suicidaría antes que entregar el poder. Hacía alarde de que "tenía una bala en el directo" para dar a entender que estaba dispuesto a matarse antes que rendirse. Con esa maniobra perseguía mantener la fidelidad con la que siempre había contado en las Fuerzas Armadas, ya en decadencia por la desmoralización que cundía en sus filas y el empuje subversivo y guerrero de los diferentes sectores revolucionarios. De ser cierta la valentía que muchos presumían en él, pudo haberse puesto a la cabeza de los refuerzos militares enviados, como último recurso, a la ciudad de Santa Clara a fines de diciembre de 1958 para contener el avance del Ejército Rebelde. En su lugar, mientras eso ocurría, se dedicó febrilmente a preparar su fuga del país.

Durante todo el proceso insurreccional yo tenía una constante preocupación: que Batista se personara en la Sierra Maestra y su presencia sirviera de ejemplo a los soldados, motivándolos a combatir de verdad. Tomaba muy en serio la amenaza que eso podía representar para nuestra causa. Los principales oficiales asignados a las operaciones de la Sierra Maestra, salvo pocas excepciones, sólo generaban en la población rural resentimiento y deseos de venganza. Sus crímenes masivos y abusos contra el campesinado, incluyendo la quema de viviendas y el asesinato de familias, tenían como justificacion oficial su supuesta complicidad con los guerrilleros, pero en la mayoría de los casos eso era sólo un pretexto para desalojar a los precaristas de las tierras que ocupaban, en contubernio con algunos terratenientes de la zona. Las matanzas de campesinos en Bueycito, Peladero y Oro de Guisa sumaban decenas de asesinados. Lo que hacía el Ejército con esas barbaridades era abonar a una guerra psicológica que favorecía progresivamente a las fuerzas rebeldes.

Cuanto más sanguinarios eran esos abusos, más dispuestos estaban los habitantes de la vastísima Sierra Maestra (que era una Cuba aparte) a ayudar a la guerrilla con alimentos, confidencias y el conocimiento del terreno. La eventual sustitución de esos militares por oficiales más responsables, conscientes del factor psicológico, pudo haber retrasado sensiblemente el triunfo de las armas rebeldes o hasta haberlo evitado. De hecho, el Ejército, que también tenía oficiales responsables y dignos, reorganizó sus operaciones y la dictadura puso en marcha un programa de mejoras y beneficios para los campesinos de la zona, con el objetivo de bloquear el suministro de alimentos y apoyo logístico a la guerrilla. Pero eso no bastó. No fue de una manera sostenida y ya cuando era demasiado tarde. Aún así, la presencia física de Batista en las zonas de combate hubiera hecho efectiva la reconocida y descomunal superioridad del Ejército en hombres y recursos. La ventaja del Ejército se neutralizaba, precisamente, por la conducción irresponsable y abusiva de los principales jefes militares, dispuestos a cumplir el mandato de acabar con los alzados pero sin la estrategia adecuada ni la inspiración que le hubiera dado al soldado la presencia de su ídolo en la mismísima Sierra. Estoy convencido de que el movimiento revolucionario tuvo su mejor aliado en el patente miedo del dictador a correr riesgos donde sonaban los tiros.

De manera que en Cuba se daría el caso de que una dictadura, gracias a sus excesos y errores, se convertiría en aliada de sus propios enemigos en la única guerra que estos podían ganar. Y esa guerra, la psicológica, que manejó muy bien el Movimiento 26 de Julio, no fue de nuestra hechura exclusiva. Participaron en ella también las diferentes organizaciones que asumieron la riesgosa responsabilidad de enfrentarse a Batista: el Directorio Revolucionario (Jose Antonio Echeverría y Faure Chomón), la Organización Auténtica (Carlos Prío Socarrás y Manuel Antonio de Varona), el Segundo Frente Nacional del Escambray (Eloy Gutiérrez Menoyo), la Triple A (Aureliano Sánchez Arango) y otros pequeños grupos que actuaron independientemente. Sus acciones, casi todas fallidas y al precio de mucha sangre y sacrificio, contribuyeron grandemente en el orden psicológico, no obstante sus aparentes fracasos, a quebrar la ventaja material del Ejército y mantener la esperanza en el pueblo de que los días de Batista estaban contados.

El presidente de la Federación Estudiantil Universitaria (FEU), José Antonio Echeverría, arrojado y carismático líder del Directorio Revolucionario, muerto en un encuentro con la Policía el mismo día que atacaban el Palacio Presidencial (13 de marzo de 1957).

CAPÍTULO 5
LA CAMPAÑA DEL *03C*

La prensa censurada

La resonancia de la campaña que denunciaba las torturas a la maestra Esther Lina Milanés ponía en evidencia la tremenda importancia de los medios de comunicación masiva, particularmente la prensa escrita, en la difusión de lo que considerábamos conveniente para avanzar la causa revolucionaria. Por mucho que pudiéramos hacer con nuestros propios recursos para comunicarle a la gente el progreso de la lucha y la necesidad de su colaboración para lograr el triunfo, teníamos obvias limitaciones, tanto en lo referente a la producción clandestina de los materiales como a su distribución. Así que no dejaba de pensar en cómo poder utilizar la prensa cotidiana, la normal, para hacer llegar al pueblo una consigna revolucionaria fácil de ejecutar.

Pero en los meses finales de 1958 había un impedimento adicional para contemplar la posibilidad de plasmar esa idea: periódicos y estaciones de radio y televisión estaban, una vez más, bajo el estricto control de censores asignados por Batista. Circunstancia que hacía prácticamente imposible mi aspiración de usar la prensa convencional para una campaña revolucionaria. Pero, ¿burlar la censura no sería un gran golpe? En muchas reuniones, les decía a mis compañeros que la oportunidad de llevar a feliz término cualquier operación contra la dictadura, por difícil que pareciera, siempre podría presentarse si nos concentrábamos en cómo conseguirlo. Había que insistir, forzando la imaginación al máximo.

En virtud del incremento de la acción revolucionaria, la economía del país se había ido deteriorando, pero no en el grado en que debía estar para constituir un factor de importancia en la apreciación pública con vista a la liquidación de la dictadura. Ahí había que golpear. Se notaba cierta contracción económica desde mediados de 1958, que era alentadora para la causa revolucionaria, pero había que acelerarla. La gente seguía yendo al cine y a los centros de diversión. Y gastando en las tiendas, lo que pugnaba con el retraimiento que se esperaba de la población.

Teniendo eso en mente, le pedí a Carlos Irigoyen, ahora compañero en *Resistencia*, que trabajase en una campaña destinada a promover una disminución en la actividad económica, que debía de tener como base apelar a la conciencia ciudadana para lograr una reducción dramática del gasto en artículos innecesarios y diversión. La primera fase de la campaña consistiría en la producción de volantes para ser distribuidos clandestinamente. Al mismo tiempo, se utilizaría la rotulación en muros y paredes (graffiti) para difundir la consigna.

Confiando en su reconocida capacidad creativa, le sugerí a Irigoyen que la campaña se basara en un lema bien breve. El riesgo de ser sorprendido por la policía al pintarse en lugares abiertos, quedaba reducido si era corto. Tres días después, Carlos se apareció en mi oficina.

—Creo que lo tengo —me dijo—. Menos Tres Ces: menos Cine, menos Compras, menos Cabaret. Gráficamente, -3C.

En principio, me gustaba la idea, pero algo me chocaba. Eso de "menos" ¿podría interpretarse como una concesión, un permiso para disminuir lo que debía suprimirse? Consideré conveniente radicalizar la consigna y le sugerí a Irigoyen sustituir el signo de menos por un cero, de modo que leyese Cero Cine, Cero Compras, Cero Cabaret: 03C. Un llamado a la eliminación total de esos gastos. A él le gustó el cambio y se ofreció para escribir tres décimas, una para cada consigna. El volante sería impreso como hoja doblada en varias caras o desplegable.

Pero lo más importante de todo era que el lema de 03C, por su sencillez y gran amplitud de propósito, me ponía en las manos lo primero que necesitaba para una campaña de alcance nacional inmediato en mi aspiración bastante ilusa de burlar la censura impuesta a la prensa. ¿Podría darse el milagro?

Mejor la imagen del guerrillero

Irigoyen y yo acordamos que el énfasis de la campaña descansaría en la acción guerrillera de la Sierra, sin hacer mención de la resistencia urbana, a pesar de que, con sus centenares de muertos y torturados, la clandestinidad estaba llevando el mayor peso de la lucha, lo que se hacía evidente cuando alguno de los compañeros se "quemaba" (término para describir que estaba a punto de ser capturado por las fuerzas represivas). El paso inmediato era refugiarse en la Sierra, donde el riesgo de perder la vida o ser apresado era infinitamente menor que el de permanecer en su centro de operaciones, situado mayormente en Santiago de Cuba, La Habana y las capitales de provincia, además de Holguín y Cienfuegos. Debo aclarar que la Sierra no estaba abierta para todos. De no ser un dirigente, si el refugiado no traía un arma le iba a ser muy difícil ser aceptado. Muchos murieron a manos de los cuerpos represivos al cerrárseles esa puerta de salvación por no tener el arma requerida.

Pero el símbolo de la lucha contra Batista, a los efectos de la propaganda, estaba mejor representado por el guerrillero barbudo en las montañas que por la del luchador clandestino. El primero respondía a una imagen históricamente glorificada: el soldado que le da el pecho a las balas y cae por la libertad. Para representar al hombre del Llano en su máximo sacrificio habría que apelar a cuerpos ensangrentados y mutilados que inspirarían horror, lo que estaba fuera de lugar.

El combatiente clandestino pertenecía a un ejército anónimo, tan importante o más que el de las guerrillas. Estaba sufriendo un número de bajas muy superior a las de la Sierra, pero simbolizarlo de alguna manera carecía del impacto que lograría la imagen de un rebelde alzado. La utilización de elementos fácilmente reconocibles, de identificación inmediata, como la barba y el uniforme guerrillero era lo indicado. La gloria, para el ciudadano común, estaba en las montañas. El Llano golpeaba duramente, pero con rostro invisible.

Dentro de la guerra psicológica, una campaña como la del 03C tenía varios factores positivos. Primero, la invitación al ciudadano a incorporarse a la resistencia mediante una inhibición que podía hacer sin comprometerse, convirtiéndose así en copartícipe de la lucha. Segundo, el probable resultado de la campaña, la recesión económica, sería palpable y acortaría el proceso insurreccional. Pero muchísimo más relevante aún, como efecto psicológico —en el caso de hallar el medio para la penetración de la censura— sería la desmoralización que podría provocar en las filas de la dictadura el desplome de sus barreras para controlar la información periodística. Tenía que concentrar mis esfuerzos en alcanzar esa meta, que para algunos de mis compañeros —nada extraño— era irrealizable.

Llegan las décimas

Irigoyen, en tiempo récord terminó su encomienda y me entregó las décimas. Como habíamos quedado, una para cada caso. Me parecieron estupendas.

CERO CINE
Cuando en torpe indiferencia
dices que estás aburrido
otro cubano ha caído
cumpliendo con su conciencia.
No niegues tú la existencia
De la lucha en tu vivir.
Ya te podrás divertir,
pero hoy la sangre conmina:
cuando el tirano asesina
¿a qué cine vas a ir?
CERO COMPRAS
Por cualquier capricho vano
vas a comprar con exceso...
¡Y cuando gastas un peso
Está cayendo un cubano!
Le das tu peso al tirano
y ayudas a su maldad.
Deja ya tu vanidad,
que tu honor tiene una cita
¡lo que Cuba necesita
es comprar su libertad!
CERO CABARET
Cuando por placer mundano
vas una noche de fiesta
en nuestra gloriosa gesta
está cayendo un cubano.
Cae la sangre de tu hermano
derramada por su fe.
¡Ayuda tú... ponte en pie!
No traiciones a tu tierra...
Si toda Cuba está en guerra
¡no vayas tú al cabaret!

Le encomendé a Sergio Ruiz, uno de los compañeros que recluté en el Gimnasio Parera, Director de Arte de la agencia Godoy y Cross, que diseñara el volante con los colores del *M-26-7*, rojo y negro. Le pedí que incluyera lo que en publicidad se conoce como *teaser*, parte indispensable de las denominadas campañas de intriga, por lo que el texto que más debía llamar la atención era la interrogante: "¿Qué es 03C?". Un lema excelente para despertar la curiosidad de los potenciales lectores. La composición tipográfica de esta sección del desplegable sería igual a la del anuncio que pensaba colocar en los periódicos de mayor circulación.

Lo que Sergio me presentó era magnífico: un diseño con un tríptico por una cara con el texto que le di: "03C, La Consigna de la Vergüenza" y "Movimiento de Resistencia Cívica".

La otra cara correspondía a las tres décimas, con ilustraciones de Alvaro del Valle, dibujante de la misma agencia de Sergio.. En la de *CERO CINE*, aparecía un soldado rebelde en primer plano, señalando a un compañero en el momento de ser alcanzado por las balas. La de *CERO COMPRAS* presentaba, como elemento principal, dos manos encadenadas y en segundo plano una pareja bien vestida cargando varias cajas de regalos. La de *CERO CABARET* mostraba un rebelde al recibir una descarga mortal y detrás, tres personas sentadas a una mesa, con botellas de licor y disfrutando de la música de un trío.

Teníamos listo el original para los volantes. Pero quedaba por resolver lo más importante: cómo lograr la publicación de la consigna en los periódicos. Pensé, ¿no es un producto lo que, por lo general, se anuncia? Ahí estaba la clave. Tenía que inventar un producto con la marca *03C* y sacarle una fotografía como evidencia. Había que tener presentes todos los detalles para no despertar sospechas y poder penetrar la censura.

Un producto para el pelo

Tuve suerte. Pensando en que la presencia de tres elementos iguales en el lema (la letra C) podía servir de base para encontrarle nombre al producto imaginario, di con la fórmula para colarnos en la prensa. ¿Caspa, calvicie y canas no son problemas del cabello? ¿Y no empiezan los tres con C? Pues, ya está: *03C*, Cero Caspa, Cero Calvicie, Cero Canas. Maravilloso producto, de efectos milagrosos.

Tenía a mi alcance todo lo necesario para darle forma al pote de *03C*: el estudio fotográfico de Siboney y el técnico para el montaje gráfico de la etiqueta apócrifa, Jesús Forjans, del Departamento de Arte de la agencia. Compré en la farmacia dos pomitos: uno de *Loción Zaid Mi* y otro de *Loción Tell* y, con mucho cuidado, les separé las etiquetas. Le encomendé a Forjans, asiduo colaborador de *Resistencia* que, usando textos de las etiquetas de ambos productos, los recortara y confeccionara una nueva etiqueta, lo que hizo sin dejar de aportar su toque de humor. Al leerse la etiqueta que había preparado, parecía la de un producto para teñir sombreros y no cabellos, pero no quise rechazar la broma, en la seguridad de que iba a pasar inadvertida por el reducido tamaño de las letras.

Copié fotográficamente el logotipo de *03C* y con la ampliadora lo llevé al tamaño adecuado para integrarlo a la etiqueta inventada, la que pegué al pote de *Loción Tell*. Al fin, tenía en mis manos el producto final, la llave que nos permitiría burlar la censura priodística. En el estudio, fotografié el potecito para exhibirlo como prueba de su existencia ante el más suspicaz de los jefes de anuncios de los periódicos que pudiere presentarse.

En marcha los preparativos

Con la campaña de intriga, indudablemente, se creaba una incógnita. Se preguntaba qué era *03C*, pero ¿quién iba a aclarar de qué se trataba? Sólo había un medio que podía hacerlo y ese era Radio Rebelde, la emisora instalada en la Sierra Maestra, que al ser retransmitida a través de onda corta por Radio Caracol, de Colombia, abarcaba un territorio que la estación rebelde, por su potencia limitada, no podía cubrir. Pero, de cualquier modo, lo dicho por Radio Rebelde se multiplicaba asombrosamente. Por cada ciudadano que tuviera un receptor se enteraban cientos de lo transmitido, a través de la comunicación oral (radio bemba). Y también por la reproducción en la prensa clandestina de las noticias de la Sierra. En mi plan estaba que, en el momento indicado, los locutores de Radio Rebelde darían a conocer el misterioso *03C* como "la consigna de la vergüenza", dándole lectura a las décimas de Irigoyen. Las transmisiones serían simultáneas a la aparición del anuncio en varios periódicos y en la revista *Bohemia*, el órgano de mayor influencia y circulación en el país.

Podía anticipar el revuelo que esta conjunción de fuentes dispares —de un lado, publicaciones sometidas a la censura y del otro Radio Rebelde— causaría en la opinión pública. Y ni hablar de su impacto en la dictadura, bastante desmoralizada ya por el desplome de su ofensiva contra la Sierra después de la frustrada huelga de abril. Ver burlada la estricta censura sería un golpe demoledor para Batista.

Mateo (Vicente Báez), el responsable provincial de propaganda del *26*, pasó por mi oficina a recoger los originales del desplegable. La Multilith clandestina del Movimiento se encargaría de la impresión de cerca de 40,000 ejemplares para ser distribuidos de inmediato. Quedaban por dar los pasos necesarios para llevar a feliz término la colocación del anuncio en los periódicos, para cuya gestión no había nadie mejor que los compañeros Viqui Molina e Ira Wolfer.

Por regla general, los anuncios eran contratados por agencias de publicidad, que enviaban a los periódicos las llamadas matrices, reproducciones en cartón del grabado original. El de *03C* iba a ser puesto mayormente por *Viqui* ajeno al mundo de las comunicaciones. Ciertos requisitos tenían que ser cubiertos para no despertar sospechas. Entregar las matrices con la orden del anuncio era parte de una rutina profesional, garantía de que no había nada de extraño en el procedimiento. Pero aún así, la sospecha podía provenir del taller donde se hicieran las matrices, al presentarse un desconocido para ordenar el trabajo.

Para evitar cualquier filtración acudí a Julio Pérez de la Osa, mi antiguo compañero en el Departamento de Cine y Fotografía de Publicitaria Siboney (y también de otras peripecias subversivas). Julio era, a la sazón, ejecutivo del Departamento de Medios y la persona que ordenaba las matrices en la agencia. *"Déjame eso a mí"*, me dijo, resueltamente. Las haría en Álvarez y Saurina, una empresa tipográfica muy seria que Siboney usaba con frecuencia. Julio lo planteó como un asunto personal, para no comprometer a la agencia de publicidad en caso de surgir algún inconveniente.

Manolo Ray a la Sierra

Estábamos a mediados de diciembre de 1958 y tenía que apurarme para que la consigna del *03C* prevaleciera en la época navideña, cuando los resultados que esperábamos podrían ser más visibles por la intensa actividad comercial que normalmente se espera en esos días.

Manolo Ray, que tenía puestas grandes esperanzas en la campaña, iba a trasladarse a la Sierra Maestra, sorteando peligros mortales (su retrato estaba en todas las estaciones de policía y cuarteles de la Guardia Rural) para estar presente en una reunión de la Dirección Nacional del *M-26-7*. Llevaría consigo algunos desplegables del *03C* para entregárselos a Carlos Franqui, quien, además de director de la estación rebelde, era el Responsable Nacional de Propaganda. Quedaría en sus manos llevárselos a los locutores. Leer el texto, que incluía las décimas, era todo lo que tenían que hacer.

Ray sería portador, además, de cerca de trescientos bonos de recaudación, de $500 cada uno, que habíamos impreso por serigrafía con la efigie de José Martí en su cara frontal y en el reverso una familia campesina, junto al lema: *PARA LA DEFENSA DE LOS DERECHOS HUMANOS*. En el borde inferior derecho aparecían las siglas del Movimiento: MRC. Iban a ser firmados por Fidel Castro para darle mayor interés a su adquisición.

El plan de medios

Estimé en unos $2000 el costo de los anuncios de *03C* en los periódicos. Aparecerían en el *Diario de la Marina, El Mundo, El Crisol, Prensa Libre, Zig Zag*, (semanario humorístico de gran popularidad) y en la revista *Bohemia*. De ese total, $800 eran sólo para *Bohemia*, precio de una página completa.

Bohemia cerraba la información los martes, a las once de la mañana. Se distribuía los jueves y se vendía al día siguiente. Dada su enorme circulación y su influencia en la opinión pública, la presencia del anuncio de intriga del *03C* en la revista era de vital importancia (cerca de medio millón de ejemplares). Podía decirse que *Bohemia* era el clímax de la campaña.

Según el plan, el anuncio saldría entre lunes y jueves en los periódicos, con una sola inserción en cada uno (no había fondos para más). El miércoles comenzarían las menciones por Radio Rebelde. Tendría que ser ese día, específicamente, para impedir que la dictadura detectara la correlación entre los anuncios en los periódicos y las transmisiones de la Sierra antes de la salida de *Bohemia* el viernes. Que echaría abajo lo más impactante de la operación.

En el poco probable caso de que, a raíz del jueves, los servicios de inteligencia de Batista descubrieran lo que tramábamos no les quedaba otra salida que secuestrar la edición completa de la revista después de distribuida, arriesgándose al inevitable escándalo que tal acción provocaría. Aunque una recogida como esa podía ser también un tópico muy explotable en la propaganda revolucionaria, lo óptimo era que el anuncio del *03C* saliera el viernes en *Bohemia*, con Radio Rebelde en sincronización. Toda Cuba se enteraría de una consigna patriótica que apelaba a la contracción económica como medio de reconquistar la libertad.

A recoger los fondos

Los fondos para la operación estaban en manos de *Juancho* Meléndez Fresneda, ingeniero civil a cargo de la tesorería del MRC. La noche del domingo 14 de diciembre de 1958 fui a su casa, a recoger el dinero. Residía en El Vedado, en compañía de su esposa Jilma Vázquez, también militante de *Resistencia*, en un apartamento del edificio de la calle K número 514, entre 25 y 27, muy cerca de la Universidad de la Habana. Fácil de identificar porque en los bajos funcionaba *El Sótano*, un pequeño teatro que, a pesar de sus reducidas dimensiones, gozaba de bastante prestigio.

A escasos metros, haciendo esquina con la calle 25, radicaba *El Bodegón de Teodoro*, propiedad de un gallego así llamado que había conducido su negocio por la senda de la prosperidad gracias al buen servicio y a la novedad de sus mesas y taburetes al aire libre, adorado por los estudiantes. No eran pocos los parroquianos que sazonaban su buen humor con sorbos repetidos de su cerveza preferida, fuera Cristal, Polar, Tropical o Hatuey.

Por esos días, *El Sótano* estaba cerrado y los clientes de Teodoro escaseaban. Podía presumirse que era por la Navidad cercana, pero nadie se llamaba a engaño. El ambiente general era de incertidumbre y retraimiento por la situación del País.

Estacioné en la calle 27 y me dirigí al edificio de *Juancho*. Estando ya cerca, observé algo que me llamó la atención: unos individuos entraban con cierta precipitación por la puerta principal del edificio, algunos de ellos con sus inconfundibles gorritas de esbirro. Presentí que podría tratarse de un grupo represivo que iba a detener a alguien o realizar algún registro. Eran frecuentes las confidencias de agentes encubiertos, que se hacían pasar por vendedores ambulantes, choferes de alquiler y hasta mendigos y borrachos. La presencia de una perseguidora (auto de la policía equipado con radio de microonda) a menos de diez metros de la entrada, parecía confirmar mis temores.

Ante esas señales, no me pareció prudente entrar al edificio, máxime cuando tenía en un bolsillo del saco una muestra del desplegable del *03C*, que llevaba para mostrársela a *Juancho* y Jilma. En la eventualidad de un registro, ese hallazgo me inculparía automáticamente. Decidí no arriesgarme y pospuse la visita para la mañana siguiente. Me preocupaba lo que pudiera estar pasando. Tenía que llamar a *Juancho* tan pronto fuera posible.

En Concha y Luyanó

Enfilaba rumbo a la casa de mi exsuegra, Petra, donde estaba viviendo Elenita después de haberse ido su mamá a la Sierra Maestra. Hice una parada en la cafetería Luyanó Moderno, en la esquina de las calzadas de Concha y Luyanó, propiedad de Don

Pepe, un asturiano con años más que suficientes para estar retirado, pero resistido a hacerlo. Su talante autoritario disimulaba una bondad que se empeñaba en ocultar.

Estaba impaciente por saber de *Juancho* y Jilma después de la aparente irrupción policiaca en el edificio. Fui al teléfono público. Eché un medio (cinco centavos) y marqué el número, sin resultados. Intenté infructuosamente como dos veces más. Don Pepe, al verme algo ansioso, me ofreció el teléfono de su oficina. Volví a llamar, esta vez con más suerte. Sonó el timbre y me tranquilicé al oír el clásico "oigo" en la voz de *Juancho*. Le pregunté cómo andaba la cosa y respondió: "Bien, te estamos esperando".

Le manifesté la imposibilidad de vernos esa noche, sin entrar en detalles, y le pareció bien reunirnos a la mañana siguiente, a las siete y media. La conversación fue muy breve. No había que extenderse innecesariamente. Infinidad de teléfonos estaban intervenidos.

Disipados mis temores, me dirigí al Pasaje Fernández para ver a Elenita. Había cumplido doce años en agosto. Yo trataba de dedicarle el mayor tiempo posible, dentro de las exigencias del trabajo y la conspiración. Ni ella ni su abuela Petra sabían de mis actividades clandestinas, que habrían aumentado el temor y la preocupación que ya sufrían por Lila, incorporada ahora al Ejército Rebelde en la zona liberada de Oriente —Territorio Libre de Cuba— bajo el control del activo exdirigente del Llano, comandante Faustino Pérez.

No me recibe Elenita

Alrededor de las nueve de la noche el Pasaje Fernández estaba desierto. Reinaba el silencio y si había televisores encendidos tendrían bien bajo el volumen porque nada se oía. Los residentes eran, en su mayoría, trabajadores obligados a dejar el sueño mucho antes de salir el sol. Esperaba encontrar a Elenita despierta, como era su costumbre a esas horas.

En todo el proceso conspirativo, mi mayor preocupación siempre había sido mi hija. Las terribles experiencias que le había tocado vivir en las dos ocasiones en que su madre fue detenida y los maltratos de que ésta fue víctima la habían afectado mucho. Mi eventual captura, de abandonarme la suerte que hasta ahora me acompañaba, repercutiría dramáticamente en su vida, tanto en lo psicológico como en lo material.

Para no aumentar su dolor, le ocultaba mi grado de envolvimiento en la lucha revolucionaria. Para Elenita, era su mamá la que estaba comprometida y mi participación era sólo ocasional. Yo esperaba hasta el último momento para hablarle del plan de producir un documental de la lucha guerrillera en las montañas, para lo cual tendría que partir a la Sierra unas dos semanas después. Estaría fuera de contacto con ella durante algún tiempo y tendría que explicarle las razones de mi eventual ausencia. Lo más doloroso del precio que había que pagar al envolverse uno en una causa como la que defendíamos era el daño, a veces irreparable, que se le infería a la familia, sin preguntarnos en ningún momento si valía la pena.

Llegué a la puerta de Petra y toqué, pero no esperé a que abrieran. Saqué la llave que ella me había dado (que siempre llevaba conmigo) y traté de abrir. De pronto, alguien haló la puerta desde adentro y me encontré, frente a frente, con un sujeto que me encañonaba con una pistola. En alta voz y amenazante, dijo:

—¡Quieto!

Era un hombre alto y barrigón. De esos sujetos con caras de malo que se ven peor cuando están en funciones. Un bigote finito, cuidadosamente delimitado, delataba una presunción ajena al resto del personaje: sudoroso y desgarbado.

Sentí miedo. Creía haberme preparado mentalmente para un momento como ese, pero no es lo mismo que cuando llega. Un segundo hombre apareció enseguida, blandiendo un revólver 45 como los usados por el Ejército. Parecía musculoso y exhibía con soberbia un rostro amenazante, de ojos tan diminutos que llamaban la atención. Debía de ser el jefe porque le ordenó al barrigón que me registrara mientras yo permanecía en la puerta, lo que me impedía ver qué pasaba adentro.

Lo del registro me congeló. ¡El desplegable del *03*C! Si me lo encontraban en el bolsillo del saco, estaba perdido. ¿Cómo iba a justificarlo?

El barrigón procedió al cacheo en lo que el de los ojitos me seguía apuntando con el revólver. Afortunadamente, lo que buscaban era un arma y, al no detectarla, se olvidaron de registrar los bolsillos. Había superado la primera de las amenazas en una noche que iba a ser abundante en situaciones inesperadas. Sin dejar de encañonarme, me conminaron a entrar en la casa. Fue entonces que vi a Elenita.

—¡Papito! —dijo mi hija al verme, disimulando lo que debía de estar sintiendo. Nos abrazamos y noté que temblaba.

—Tranquila, mi vida, no va a pasar nada —le dije, entre besos. Sentada, en una silla del reducido comedor, estaba su abuela. Nos saludamos, pero no me permitieron acercarme a ella.

En un rincón de la sala vi a Enrique Molina (nuestro *Felipe* de la clandestinidad), que estaba en esos momentos a cargo de la impresión de los bonos de *Resistencia*. Y a su esposa, mi excuñada Fefa. Vivían en una casa frente a la de Petra, en el número 15 del Pasaje Fernández. Me llamó mucho la atención verlos allí y en esas circunstancias. Estaban muy serios y preocupados. Apenas nos miramos. De saludarnos nada, siguiendo un patrón habitual en estos casos.

—¿Quién es usted y qué hace aquí? —preguntó el que parecía el jefe, sin dejar de apuntarme.

Le di mi nombre y expliqué que era el padre de la niña. Añadí, exagerando, que hacía mucho tiempo que estaba divorciado de la mamá. Trataba de mostrar que la suerte de la madre me era ajena. Tenía que desvincularme al máximo de la relación, para alejar cualquier presunción que pudiera ser comprometedora. Ignoraba a qué se debía la presencia de los esbirros.

Los recursos del miedo

Al serme imposible dar con una presunción de lo que estaba ocurriendo, especulaba sobre qué pudo haberlo originado. Y, por supuesto, conectarlo con Lila fue lo primero que pensé. Era la segunda vez que la casa de Petra era visitada por los agentes de Batista. ¿Sería ahora por alguna relación de Lila, alguien detenido y forzado a delatar, dando una información inexacta para aliviar la tortura? Sus compañeros tenían que saber que ella estaba en la Sierra, fuera del alcance de las fuerzas represivas.

Me extendí en la respuesta al agente insistiendo en que apenas tenía oportunidad de ver a mi hija, lo que sólo podía hacer de tarde en tarde, interponiendo la mayor distancia entre la casa de su abuela y yo. Los dos agentes bajaron las armas y el jefe metió la suya en la cartuchera. Con un fingido respeto me aventuré a preguntar:

—¿Tendrían ustedes la amabilidad de decirme qué es lo que ocurre? (extremaba la cortesía para establecer distancia).

—Eso no es asunto suyo —respondió el de los ojos chiquitos, con altanería. Y a continuación:

—¿A qué se dedica usted?

Buena pregunta. Tenía que inventar algo. Decir que trabajaba en *Siboney* me podría hundir. Era práctica conocida ir inmediatamente al lugar de trabajo de un detenido para realizar un registro. Mi oficina estaba llena de material comprometedor: copias de *Revolución*, *Sierra Maestra*, *Vanguardia Obrera* y *Resistencia*, además de los originales de los bonos de recaudación, que tenía pendiente de trasladar a mi nuevo taller clandestino, donde estaba trabajando en un *Manual de Demoliciones* para el Ejército Rebelde, que tenía prácticamente editado con el aporte de varios ingenieros especializados en la materia, bajo la dirección de *Manolo* Ray. Mi flamante taller subversivo era un apartamento en 23 y 8, en El Vedado, que habíamos alquilado para tener más libertad en la producción de originales para impresión. Pero bastaba con lo que había en *Siboney* para acabar, si registraban mi oficina, con mi aspiración de estar vivo en el momento del esperado triunfo revolucionario.

—Trabajo en los Laboratorios Gravi, en el Departamento de Operaciones Mecánicas —fue mi respuesta, algo que se me ocurrió de pronto.

Mentía con lo que me era más afín, por mi antigua conexión con los equipos IBM. Las oficinas de *Gravi* estaban ubicadas en el segundo piso del edificio del Nuevo Vedado, donde las de *Siboney* ocupaban el tercero. Mi intención era alejarme al máximo de mi oficina, que escondía un inapreciable tesoro para los esbirros.

De súbito, pensé en el teléfono. El 9-2613, número del de la casa de Petra, que *Manolo* Ray llevaría consigo en su viaje a la Sierra, para dejarme un mensaje en caso de emergencia. ¿Lo habrían capturado en el trayecto, apareciendo ese número entre sus papeles?

Sin esperar una nueva pregunta, le dije al que parecía el jefe:

—¿Tendrá todo esto que ver con el teléfono de esta casa? —me atreví a preguntar—. Cuando vengo aquí, casi siempre encuentro a algún vecino pidiéndole permiso a la señora para llamar.

—Usted habla demasiado. Cállese y tranquilícese —contestó.

—Permítame —le dije—. No es mi intención crear ningún problema ni entrar en discusiones. Es que todo esto me parece muy extraño y estoy tratando de encontrarle una explicación. Hasta puede ayudarlos a ustedes.

—Eso no nos hace falta. Basta ya. Dígame si conoce a estas personas —dijo, señalando hacia Fefa y Enrique.

Sí, ella es mi excuñada, la doctora María Josefa Alonso y él su esposo, el doctor Enrique Molina.

—Pues vaya sabiendo que ha estado en contacto con dos personas sumamente peligrosas.

La advertencia iba aclarando la situación: eran ellos los buscados y nada tenía que ver con Lila. También podía ser una artimaña para probarme. Si no los defendía y en su lugar apoyaba lo dicho por el agente, podía pensarse que lo hacía por miedo, para alejar sospechas de complicidad estando comprometido.

—Perdóneme, señor, —le dije— pero me permito dudarlo. Son profesionales muy trabajadores, decentes, padres de dos niños y siempre los he conocido como gente pacífica, incapaces de hacerle daño a nadie.

—¿Usted cree? —respondió con sorna.

El joven esbirro

En eso apareció un tercer hombre. Al llamado de "¡Sargento, soy yo!" le abrieron la puerta.

—Encontré unos papeles —le dijo al de los ojos chiquitos (ahora sabía que era sargento).

No explicó en qué consistía el hallazgo. Se trataba, evidentemente, de otro policía —¿o soldado?— de insólita juventud (no tendría más de 22 o 23 años) para participar en esos menesteres. Lo habían dejado registrando la casa del matrimonio antes de llegar yo y parecía haber hallado algo. Me sorprendía mucho, por la meticulosidad demostrada en todo lo que hacía, que Enrique se descuidara al extremo de tener algún elemento comprometedor en su casa.

Seguía sin saber a qué obedecía lo que estaba pasando. Si era por lo del teléfono, por algo relacionado con las impresiones clandestinas o alguna conexión con la célula de Enrique.

El sargento le dio instrucciones al joven agente de que se quedara vigilándome, mientras él y el barrigón conducían a Fefa y Enrique a su casa. No los volvería a ver esa noche ni sabría si otra vez. Estaban ya tras la cortina del terror.

Aproveché la oportunidad, al quedarnos solos, de hacerle un acercamiento al más joven del trío. Le pedí permiso —y asintió— para sentarme al lado de Elenita, que había encendido el televisor en un intento de darle a la difícil situación la mayor naturalidad. Le tomé las manos, frías como la angustia que debía sentir. Mientras, Petra permanecía en el comedor, sin proferir palabra, ensimismada en sus pensamientos. ¿De nuevo la terrible experiencia de tener otra hija a merced de esos matones?

Sin esperarlo y cordialmente, me dice mi custodio:

—Yo también tengo una niña, pero es mucho más pequeña. Anda por los 5.

—Tú, ¿tan joven? —le respondí. Veía en el diálogo una buena oportunidad de averiguar la razón del operativo.

—Ven acá —le dije, tratando de entrar en confianza—. ¿Ustedes han venido por el número de este teléfono?

Insistía en este aspecto porque, si ésa era la razón, podría significar que Ray había sido capturado rumbo a la Sierra.

—No puedo dar información —contestó tajantemente.

Desistí de mi empeño. No iba a conseguir lo que quería. Así que traté de sacarle el mayor partido a mis momentos con Elenita. Con su mejor intención y tratando de mostrar que mis actividades nada tenían que ver con el proceso revolucionario, mi hija me preguntó, de modo que pudiera ser oído por el agente, si yo había hecho un comercial que estábamos viendo por televisión, de un producto que anunciaba Siboney. Le abrí bien los ojos para que se olvidara del tema. Aunque el que ahora me vigilaba no estaba presente cuando dije que trabajaba en Laboratorios Gravi, una contradicción así podría costarme cara de hacerse evidente. El volante del *03C* seguía en mi bolsillo.

Tensión interminable

Una vorágine de ideas terribles me asaltaba. ¿Habría llegado el terrible momento de la tortura? ¿Podría tolerar ese espanto sin denunciar a mis compañeros? Lo que más recuerdo —parece chistoso— eran unos deseos irracionales de ser invisible, de no estar allí. Pensé hasta en la posibilidad de empujar al agente y echar a correr por el pasaje. La mayor estupidez que se me podría ocurrir. No había otra salida que esperar pacientemente.

Elenita y yo estuvimos "viendo" televisión sabe Dios cuánto tiempo. Había imagen. Había sonido. Pero como si nada. Estábamos concentrados en lo agobiante de la situación, cada uno atormentado por sus propios pensamientos. Así podían haber transcurrido unos veinte o hasta treinta minutos, cuando el joven policía dijo, para mi sorpresa y de modo que se oyera por sus compañeros en la casa de enfrente, la de Enrique.

—Sargento, ¿este señor se puede ir?

—¡De ahí no se va nadie! —tronó una voz del otro lado.

Me resigné, entonces, a seguir esperando el desenlace del desagradable episodio. Le di las gracias al agente por su gesto, nada común en alguien dedicado a esas faenas.

Al cabo de una media hora se apareció el sargento, solo, sin el barrigón. De Enrique y Fefa, nada. Intercambió unas frases con el joven, que no pude oír y se volvió hacia mí

—Usted se puede marchar —dijo.

Estaba desesperado por escuchar algo así y alzar el vuelo. De hacerlo con la velocidad que el miedo me pedía, me pondría en evidencia. Tuve la intuición de que lo mejor era hacer todo lo contrario a lo que me dictaba el temor a ser descubierto. Ya había pasado por una experiencia similar, cuando el comandante Medina me interrogaba en el Buró de Investigaciones.

—Mire, sargento —ya podía llamarlo por su grado— como le he dicho, dispongo de muy poco tiempo para estar con mi hija. Si usted no tiene inconveniente, me gustaría quedarme un rato más.

Evidentemente sorprendido por mi respuesta, el sargento accedió. Y seguí al lado de Elenita, fingiendo ver la televisión, pero desesperado por salir de aquella trampa. Dejé pasar unos quince minutos (que para mí fueron eternos) y decidí irme. Abracé y besé a Elenita y le dije, bajito:

—Todo va a salir bien, mi muñeca.

Al ir hacia mi auto, me topé con el tercer agente, de regreso a la casa. Evidentemente, le habían asignado vigilarme al salir y se cansó de esperar. Faltarían unos minutos para las diez, por lo que ningún vecino del pasaje se había enterado de lo que estaba pasando. Lo que había ocurrido era muy grave, en todos los sentidos. Y ni siquiera yo me había preguntado en esos angustiosos momentos por la suerte de los pequeños hijos del matrimonio en peligro: mi ahijadita Esther y su hermano Enriquito. ¿Dónde estaban? ¿Qué había sido de ellos?

La suerte me acompañaba

Tenía que avisarle a todos los compañeros que tuvieran que ver con Enrique para que estuvieran prevenidos en caso de este hablar bajo tortura. La valentía y entereza de Enrique eran más que reconocidas. Pero las atrocidades que se cometían para arrancar confesiones podían doblegar el espíritu más recio. Tenía que proceder con celeridad para proteger al mayor número de compañeros.

Me dirigí al Luyanó Moderno, para usar de nuevo el teléfono público. Llamé a Jorge Serra, Ira Wolfer y *Viqui* Molina, citándolos para una reunión de emergencia en el restaurante *Pekín*, a la mayor brevedad, sin dar detalles. El *Pekín*, donde a veces nos reuníamos, muy cerca de la esquina de 12 y 23, en el Vedado, estaba abierto las veinticuatro horas del día y era muy frecuentado.

En el recorrido hacia el restaurante no dejaba de pensar en lo afortunado que había sido. Si, en lugar de no haber visto a *Juancho* para recoger los dos mil pesos de la campaña, él me los hubiera dado, el bulto en el bolsillo del saco me habría delatado cuando me registraran en casa de Petra. Eran muchos los billetes (en denominaciones bajas, como habían sido recaudados) y su volumen hubiera llamado la atención. Habrían sido confiscados, con mi arresto inmediato. Una explicación aceptable para la tenencia de tanto dinero (equivalente a unos veinte meses de sueldo de un empleado común) hubiera sido imposible.

Sabía de compañeros que habían sido asesinados al encontrárseles cantidades de dinero que no podían explicar. Se decía que los asesinos se quedaban con la plata, sin reportarlo a sus superiores. Informaban que habían matado al revolucionario en un encuentro. De gente que torturaba y asesinaba sin piedad, como parte del diario vivir, había que esperarlo todo. Otro factor que posiblemente me ayudó en el encuentro con los esbirros fue el de estar vestido con mi coraza preferida: traje y corbata. Quizás, por no responder a la imagen que se tenía de un revolucionario, esa forma de vestir me protegía.

En el Pekín

Llegué al *Pekín* antes que los demás, lo que era previsible. Esto me permitía ordenar mejor mis pensamientos porque la situación se ponía crítica con el arresto de Enrique y mi excuñada. Algunos tendrían que cambiar de casa, empezando por mí. No sabíamos cuánto podría Enrique aguantar la tortura y si llegaría al extremo de confesar, aunque no sería fácil para los esbirros porque conocía su entereza. Pero teníamos que estar prevenidos y tomar todas las medidas de protección.

Además, había que proceder inmediatamente a la ejecución de la campaña del *03C*. Confiaba en que Ray habría llegado a la Sierra sin inconvenientes y el mensaje por Radio Rebelde saliera el día que habíamos acordado.

El primero en llegar fue Jorge Serra, que estaba sustituyendo a Ray mientras éste estaba en la Sierra Maestra. Lo impuse de la situación sin entrar mucho en detalles, que reservaba para cuando estuviéramos todos presentes. Luego vino Ira. Finalmente, *Viqui*. A esas horas de la noche y con lo que empecé a narrar de lo sucedido, nadie tuvo deseos de ordenar comida. Pedimos refrescos y café, para justificar nuestra presencia en el lugar.

Consternación y pesadumbre dominaban el ambiente. Ira se veía muy afectado. Era en su casa donde se estaban imprimiendo los bonos de recaudación bajo la dirección de Enrique, lo que les permitió desarrollar una amistad que iba más allá de la relación de respeto y camaradería que, de hecho, existía entre todos los miembros de la clandestinidad. Mencionó que no cambiaría de casa porque, de hacerlo, contribuiría a las sospechas que pudiera generar una potencial confesión de Enrique

Realmente, Ira Wolfer no necesitaba mudarse. Había dos factores que lo protegían si Enrique lo delataba. Uno, la impresión por el sistema de serigrafía no dejaba huellas (se recogían los bastidores y nada acusatorio quedaba en la casa). El otro: su ciudadanía estadounidense, instrumento poderoso para hacerlo intocable.

Operación Felipe

Me vi en la obligación de levantar los ánimos, por mucho que me preocupara y deprimiera lo ocurrido con Enrique y Fefa, afectos familiares de muchos años que debían de estar pasándola negras en esos instantes. Hablé de la urgencia inaplazable de poner los anuncios del *03C* en los periódicos y bautizar todo lo concerniente a la campaña como Operación Felipe, en honor al compañero en desgracia. La idea recibió inmediato respaldo.

Clave en la operación era la persona que fuera a contratar los anuncios. No podía ser nadie relacionado con el periodismo o la publicidad, por su fácil identificación. Además, debía de tener el aplomo suficiente para proceder con naturalidad, sin despertar sospechas. No encontraba a nadie mejor que nuestro insustituible Justo Molina Ulloa (*Viqui*) (sin parentesco con Enrique) para la importante asignación. *Viqui* aceptó la encomienda con visible alegría.

Quedamos en que Ira nos acompañaría para cubrir eventuales emergencias. Permanecería conmigo en el automóvil mientras *Viqui* se encargaría del contrato de inserción en los periódicos. De presentarse alguna dificultad, nuestro americano iría en su auxilio, dando la cara como el supuesto gerente de la compañía que fabricaba la *Loción 03C*. Así se reforzaba la credibilidad de la operación.

Aunque el contrato no se hacía directamente con el censor, ningún funcionario o empleado de un periódico iba a atreverse a darle curso a algo que pudiera comprometerlo, por lo que era de presumir cualquier resistencia a aceptar un anuncio irregular como el nuestro, donde no había de por medio una agencia de publicidad, se iba a pagar en efectivo y promovía un producto desconocido.

Una de las ventajas que tenía la *Operación Felipe* para la protección de los empleados que aceptaran el anuncio era que iba a salir en varias publicaciones, bajo diferentes censores. De pautarse en un solo medio, la policía podría implicar a un empleado inocente, con las terribles consecuencias que tal acusación podía conllevar.

Jorge Serra estaba satisfecho con el plan y lo aprobó sin reservas. Quedamos en que yo iría a casa de *Juancho*, bien temprano en la mañana, a recoger el dinero. Nos encontraríamos en el mismo *Pekín* a las 8 y media y de ahí partiríamos en un solo vehículo a poner los anuncios. Serra, como jefe interino, se encargaría de poner al tanto de lo ocurrido al resto de los compañeros vinculados directamente con Enrique.

Cambio de cuartel

Decidí dormir en la casa de mi padre, en Mantilla, las pocas horas que faltaban para la cita. Calles y avenidas desiertas marcaban mi camino. La Habana se había convertido en una ciudad triste, con la gente refugiada en sus casas, soñando con que acabara la pesadilla que vivía el país. Es verdad que era muy tarde, pero así y todo, nunca se veían las calles tan desoladas. Los escasos automóviles que circulaban eran ocupados, en su mayoría, por agentes del régimen, panorama al que ya estaba acostumbrado. En los casos en que no llevara nada comprometedor, anduviera solo, de traje y corbata y con mi cámara de cine en el baúl del auto, me sentía tranquilo. De muchos registros, pude así salir airoso.

Conciliar el sueño pensando en lo que estarían pasando Enrique y Fefa fue casi imposible. Pero el cansancio me venció y pude cerrar los ojos durante dos o tres horas, suficientes para cobrar nuevos bríos. Al levantarme, le dije a mi padre, tratando de no alarmarlo mucho —empeño inútil— que necesitaba cambiar de casa y que me mantendría en contacto con él en lo posible. Eulogia, mi madrastra, con los ojos humedecidos, no cesaba de recomendarme que me cuidara. Una sola maleta bastó para mis cosas. Nos dimos besos y abrazos bastante precipitados. No quería prolongar la despedida, muy dolorosa para todos.

Como habíamos quedado, me aparecí en casa de *Juancho* y Jilma alrededor de las 7 y media y les conté lo ocurrido la noche anterior en casa de Petra, incluyendo lo oportuno de no haberles hecho la visita. Les gustó mucho lo de la *Operación Felipe*. Juancho me entregó los dos mil pesos y partí hacia el *Pekín*.

Primero, La Marina

Era primordial en mi plan empezar por el *Diario de la Marina*. Por ser el decano de la prensa y en la percepción pública un órgano de derecha, extremadamente conservador, podía considerarse el más cauteloso para ser penetrado por una campaña clandestina como la del *03C*. Enseñar un recibo de la aceptación del anuncio por parte de *La Marina* sería garantía para los demás periódicos de que no habría problemas en darle curso a su inserción.

Me dirigí, con Ira y *Viqui* después de recogerlos en el *Pekín*, hacia el periódico, situado frente al Capitolio. Estacioné lo más cerca posible del edificio y *Viqui* enfiló hacia la oficina, resuelto a darle inicio a la *Operación Felipe*.

Pasaba el tiempo. Hacía bastante rato que *Viqui* debía de haber salido y todavía permanecía dentro del periódico. Ira y yo empezamos a preocuparnos. Media hora era más que suficiente para una gestión como esa. Ira, ansioso de presentarse para averiguar qué estaba pasando, pidió mi autorización para hacerlo. Le dije que debíamos de esperar un poco más. Finalmente, para nuestra tranquilidad, vimos salir por la puerta principal del centenario periódico a un *Viqui* sonriente, caminando hacia nosotros con aires de triunfo.

—¿Qué pasó? ¿Por qué tardaste tanto? —fue lo primero que acerté a decir.

—¿Saben lo que me dijo el tipo que me atendió? No lo van a creer. Que el anuncio podría tener que ver con una lotería ilegal o una consigna clandestina. ¿Qué les parece? Todo a pesar de que le expliqué, con lujo de detalles, que se trataba de un producto para el pelo.

Viqui hizo una pausa, que le permitió moderar la velocidad narrativa. Y prosiguió:

—Me dejó pasmado con la duda, y sin darme chance a contestarle, fue a consultar el problema con otra gente. Cuando volvió a su mesa, le dije que *03C* era fabricado por un americano medio loco que, a estas alturas, creía que tendría éxito en el mercado sin saber cómo andaba la cosa y sin contar con una agencia de publicidad. Entonces, le entregué la matriz del anuncio.

—Lo convenciste —dije.

—Qué sé yo. Todo cambió cuando le enseñé la foto de la "loción". "Perdóneme, perdóneme, pero es que tenemos tantas presiones que a veces cometemos errores", me dijo, con siete mil disculpas y muy apenado por haber dudado de mí.

La sagacidad del ejecutivo del *Diario de la Marina* pudo haber hecho más difícil nuestro plan. De no ser por la foto del pomito, no hubiéramos podido contar con un órgano tan importante como precedente para nuestra compra de espacio en los periódicos restantes, ya que se les mostraría a ellos la factura de *La Marina* como prueba para disipar sospechas.

Un nuevo motivo de alarma

Orgulloso, *Viqui* me enseñó el recibo. Lo revisé de punta a cabo. De pronto, me alarmó lo que estaba viendo. En la línea que correspondía a "cliente" había puesto *Laboratorios MORECI*, las tres primeras sílabas de Movimiento de Resistencia Cívica. Le llamé la atención por una imprudencia que pudiera afectar la campaña y me contestó que siempre que enviaba paquetes con botas y uniformes a Santiago de Cuba, con destino a la Sierra Maestra, usaba el mismo remitente, con la dirección del Cuartel de la Guardia Rural de Caimito del Guayabal porque la "guayaba" (mentira) era muy grande. Y añadió: "Hasta el momento no ha pasado nada".

No fue eso lo que más me preocupó. Debajo de la línea de *Laboratorios MORECI* aparecía una dirección en la Avenida Ayestarán. Le pregunté a *Viqui* si estaba seguro de que esa dirección no existía. Me contestó que no, que lo de la dirección se le ocurrió de momento.

—Pero *Viqui* —le dije, incómodo— ¿has pensado en lo que eso puede significar? Cuando todo esto se investigue y vaya la Policía a los periódicos, lo primero que van a hacer es ir a esa casa y entrarle a golpes a todo el mundo. Tú sabes que es así. No se detienen a reflexionar y la emprenden con cualquiera.

No era una exageración. Sabíamos de casos en que eso había pasado. La excesiva confianza de las fuerzas represivas en la eficacia de la brutalidad los llevaba a desconocer las sutilezas de la investigación seria, cometiendo errores donde personas ajenas a la lucha insurreccional sufrían también las consecuencias atroces que deparaba la lucha clandestina.

El próximo paso era el periódico *El Mundo*, segundo en prestigio y seriedad. Pero no quise ir de inmediato, sin antes disipar mi temor de que la dirección dada de la Avenida Ayestarán fuera a comprometer a alguien. Así que enfilé rumbo al Ensanche de la Habana para verificar si esa casa o edificio existía, lo que resultó, para mi tranquilidad, en la negativa.

En *El Mundo* nos pasó algo parecido a lo del *Diario de la Marina*. Una larga espera. Al extremo de que Ira y yo llegamos a considerar conveniente que él entrara al periódico para averiguar qué estaba pasando. Regresó al rato, informándome que *Viqui* le había dado a entender que todo marchaba bien.

La situación fue bien cómica, según nos hizo saber *Viqui* después de cumplir exitosamente con la encomienda. Al aparecerse Ira en la oficina y preguntar en inglés por la razón de la demora, nuestro hombre le indicó por señas que no había problemas. Cuando Ira se estaba yendo, *Viqui* le dijo al empleado de *El Mundo:*

—Chico, este es el americano loco que te dije. ¿No me podrían dar ustedes algo por debajo de la mesa?

A *Viqui* se le ocurrían las cosas más inesperadas. Al insinuar el soborno, estaba haciendo mención de algo característico desde los albores de la República. Y no sólo en el mundo de la administración pública. Hasta en algunos sectores de la actividad privada tenía lugar la compra de conciencias, a pesar de su connotación deshonrosa. La treta de *Viqui* sin duda, ahuyentaba sospechas.

Nuestro peculiar compañero aclaró que la demora se debió a la lentitud en los trámites, no a ninguna suspicacia. Lo primero que hizo, para inspirar confianza, fue mostrar el recibo del *Diario de la Marina*. Si *La Marina* aceptaba el anuncio, ¿qué podía objetarse?

Con *El Crisol* y *El País* todo fluyó sin problemas. Faltaba *ZigZag,* el semanario humorístico que arrancaba risas hasta en los momentos de mayor desencanto. Para *ZigZag*, *Viqui* había concebido una estrategia a tono con su contenido: se apareció haciéndose el cojo. En todo momento, según nos contó, se mantuvo con una pierna tiesa, lo que motivó que le trajeran una silla adicional para acomodarla.

Todo parecía indicar que las cortesías del personal del semanario a ese ente milagroso que se aparecía en unos momentos tan difíciles a poner un anuncio, tenían que exagerarse para retenerlo como cliente. Máxime si lo hacía con dificultades al andar. Así que, en un gesto que extremaba las atenciones, la generosidad de *ZigZag* se extendió a darnos dos inserciones por el precio de una, cooperación que, sin que ellos se enteraran, mucho se les agradeció en nombre de la revolución.

El anuncio en *Bohemia*

Faltaba lo más importante. La meta soñada. El verdadero escándalo: El *03C* en *Bohemia* que, según los planes, debía salir al tercer día del lanzamiento de la campaña por Radio Rebelde. Era la publicación donde yo tenía los mejores contactos, no solamente por haber sido colaborador ocasional de la revista en el pasado sino en virtud de mi actividad publicitaria. Tenía amistad con el gerente de anuncios, Pablo González Villagra, visita frecuente de *Siboney*.

El caso de *Bohemia* era muy delicado y el que presentaba las mayores dificultades. Desde un principio, no quise contemplar la colaboración voluntaria de su director, Miguel Ángel Quevedo, por dos razones: su consentimiento era muy improbable (dados los evidentes riesgos de semejante complicidad) y además, yo no quería que él tuviera que pasar por la vergüenza de negarme su colaboración. Quevedo siempre había sido muy considerado conmigo y le estaba agradecido por haberme abierto las páginas de su revista —la publicación más importante del país— diez años atrás, sin reparar en que se trataba de un desconocido que, además, no era periodista colegiado. Decidí aplicarle a la revista el mismo procedimiento que habíamos seguido con los periódicos, que podría servirles de protección. Es decir, no contar con la anuencia de sus propietarios. En este caso teníamos la desventaja de que, a los efectos de la censura y por la importancia de *Bohemia*, contratar una página completa por personas no reconocidas como anunciantes podría encontrar serias dificultades, ya que la gestión, desde cualquier punto de vista, era inusitada.

Por otro lado. el precio de una página completa, como dije, era de $800.00, cantidad que pudiera considerarse exorbitante para ser pagada en efectivo y capaz de prestarse a suspicacias. ¿Qué hacer, entonces? Ya lo tenía previsto: el salvador se llamaba Ira Wolfer, impresionante súbdito del Tío Sam, que avalaría, con su corpulencia de seis pies y tres pulgadas y su porte distinguido, la legitimidad de la operación, respaldando con su presencia a nuestro *Viqui* travieso, más susceptible de despertar sospechas por su facha criolla.

Llegamos a una *Bohemia* que recién estrenaba un flamante edificio y talleres en las cercanías de la Plaza Cívica. Los compañeros fueron recibidos por un joven ejecutivo del departamento de anuncios que estaba sustituyendo en esos momentos a González Villagra. Se trataba de Oscar Sangróniz, también de mi amistad, pero, como su jefe, ajeno totalmente a nuestros propósitos.

Viqui le habló a Sangróniz de la necesidad de promover el producto a través de una campaña intensiva, empezando con la de intriga, donde la participación de *Bohemia* era vital para el éxito de la misma. Mostró, con los recibos, los periódicos que habían sido contratados y también enseñó la foto del producto, elogiando sus virtudes. Aclaró que no estaban contando con una agencia de publicidad porque el americano no estaba dispuesto a pagar la comisión por el servicio y él mismo se ocupaba del aspecto creativo. El camino estaba allanado para entregar los ochocientos pesos, contantes y sonantes, sin que sonara la alarma.

Cuando nos reunimos de nuevo en mi carro, me contaron todo en detalle y los felicité por el éxito de la operación. Como había anticipado, la presencia de Ira Wolfer había sido de gran utilidad y le imprimió importancia y seriedad a la gestión. Sin embargo, algo pasó que no dejó de inquietarme.

Ambos compañeros fueron objeto de todos los honores en la inesperada visita. Mala suerte. Tan emocionante fue para los ejecutivos de *Bohemia* —Sangróniz en particular— recibir a unos clientes tan espontáneos y desprendidos en esos momentos de crisis, que decidieron invitarlos a un recorrido por todas las dependencias de la nueva instalación. De modo que *Viqui* y nuestro compañero yanqui, tragando en seco y exhibiendo sus mejores sonrisas, fueron vistos por alrededor de un centenar de empleados al desfilar como héroes por oficinas y talleres. Ahí empezaría la leyenda del "misterioso americano que puso el anuncio del *03C* en *Bohemia*".

Repasé con ellos lo que habíamos logrado. Estábamos a tiempo para que la inserción de *Bohemia* saliera en la edición del viernes 26 de diciembre de 1958 (fechada el 28), dos días después de lo que sería el inicio de las trasmisiones por Radio Rebelde. El lunes 22 empezarían los periódicos, con dos días de antelación a las menciones radiales, como había planeado originalmente.

Cumplida nuestra parte

La parte que estaba bajo mi control directo, afortunadamente, había sido cubierta sin contratiempos. *Manolo* Ray estaría ya en la Sierra Maestra y debía de haber coordinado con Carlos Franqui lo que habíamos acordado: que las menciones radiales comenzaran a partir del miércoles 24, el mismo día de Nochebuena.

Satisfecho con los resultados del día, dejé a mis compañeros en el *Pekín*, donde habían estacionado sus carros. Antes de que cayera la noche, me aparecí en la casa de mi novia Alicia, en la calle San Nicolás, cerca de la Calzada de Monte para darle cuenta de lo acontecido con Enrique y Fefa e imponerla de mi nueva situación. Se alegró de mi cambio clandestino. Creía que iba a estar más seguro si me escondía. Su apoyo me era indispensable. Me servía de estímulo

—a veces, consuelo— en las vicisitudes de una lucha tan peligrosa como impredecible.

Me esperaba una nueva cama: un sofá rudimentario en mi taller clandestino del edificio de 23 y 8, supuesta oficina de ejecutivos americanos dedicados al estudio de terrenos, según rezaba el convincente rótulo que puse en la puerta. Pasé esa noche —la del 16 de diciembre— allí, entre propaganda subversiva, los originales del manual para dinamitar los puentes de Cuba y mis tribulaciones por la suerte de Fefa y Enrique.

A la mañana siguiente, me dirigí a *Siboney* para informarle a los hermanos Cubas mi desaparición necesaria e inmediata. La clandestinidad de hasta ese momento, dando la cara y conservando el empleo, ya no era posible. Por mucho que traté de no incorporarme a ella, para seguir manteniendo mis ingresos y cumplir con mis compromisos familiares, ahora no tenía otra opción. La única salida: pasar a las filas de la clandestinidad oculta, con el consiguiente desbarajuste familiar en el orden económico.

Con José Manuel y Gustavo Cubas puse todas las cartas sobre la mesa. Les confesé algo que seguramente sospechaban, sobre todo después de mi arenga en la agencia a principios de agosto de 1957, cuando exhorté al personal a sumarse a la huelga que, de Oriente a Occidente, avanzaba como reacción espontánea al asesinato de Frank País. Les dije que mi vinculación con el movimiento revolucionario era formal y no producto de participaciones aisladas o esporádicas, como solía ocurrir en numerosos casos. Ahora no tenía otra salida que trabajar en la sombra, donde estaría mucho más seguro. Comprendieron mis razones y accedieron a liquidarme en efectivo el total de las vacaciones que tenía acumuladas, con lo cual tendría para unos dos meses más. Después, ya veríamos.

Fui a mi oficina para deshacerme de todo material comprometedor y dejarle a mi sucesor un espacio libre de amenazas. Había, además, algunas reliquias que hubieran sido buenas piezas de museo, aparte de los periódicos clandestinos, como algunos bonos de recaudación caducos, borradores de proclamas y manifiestos, más cientos de negativos de bloques tipográficos que ya de nada servían.

Contratiempo inesperado

En la mañana del martes 23 recibí una llamada telefónica totalmente inesperada. Era de Mario Delgado, pidiéndome que fuera a su casa cuanto antes, en un tono que acusaba urgencia y sin más detalles. "Trata de no demorarte, es importantísimo", dijo. Tendría que serlo. Venía de una persona nada exagerada y confiable en extremo.

Tanto Mario, como su esposa Olga Abelenda, doctorada en Farmacia, dedicaban gran parte de su tiempo a la propaganda subversiva. En *Resistencia Cívica*, encontrar matrimonios como el de ellos, que compartieran tareas revolucionarias, no tenía nada de especial. Padres de familia que aportaban lo mejor de sí a la gran causa nacional, dispuestos a afrontar los peligros que la imposición de tal deber conllevaba. Mario, contador público, había sido un eficaz colaborador en la recopilación y reproducción de materiales gráficos para el *Manual de Demoliciones del Ejército Rebelde*, trabajo que realizamos en el laboratorio fotográfico de *Siboney* durante varias noches. Y después, en 23 y 8.

Meses atrás, después de casi diez años sin vernos, fue una verdadera sorpresa haberme encontrado con Olga y Mario en una reunión convocada por Ray. A Olga, compañera de estudios de piano en el Conservatorio Carnicer, la conocía desde niño. Mario había sido un colaborador eficiente y generoso en la producción de un documental del carnaval de La Habana que realicé con la Coa-Bay Films en 1948. Toparme con ellos en comunidad de trajines revolucionarios fue algo inesperado, pero que me hizo muy feliz. Gente así, podía integrar el equipo humano que se necesitaba en el gobierno para convertir a Cuba en la pujante nación que todos soñábamos.

Aparte de su profesión, Mario Delgado era un entusiasta aficionado a la radio y tenía instalada en el techo de su apartamento una antena interior con mucho alambre. Contaba también con un receptor adquirido como sobrante de guerra del ejército americano que le permitía sintonizar Radio Rebelde con bastante nitidez. El matrimonio constituía, de por sí, una unidad independiente de propaganda: grababan las noticias de la Sierra, las transcribían, las imprimían por mimeógrafo y distribuían las copias entre un numeroso grupo de amigos y colaboradores. También Olga, en unión de Marta Frayde, una conocida activista del antiguo Partido Ortodoxo, movilizaba a un grupo de cerca de treinta mujeres para asistir, vestidas de negro, a misas en memoria de víctimas de la dictadura. Señal de protesta ante los restantes feligreses, donde al final de la misa entonaban el himno nacional. Iniciativas como esa se multiplicaban por centenares dentro de la militancia de *Resistencia*, sin que tuvieran que responder necesariamente a planes trazados de antemano por la dirigencia.

Al llegar a casa de Mario, lo encontré muy serio. Después de un breve saludo, me puso frente a una grabadora.
—Escucha esto —me dijo.

La gran sorpresa

No podía creer lo que estaba oyendo. Nada menos que el lema y las décimas del *03C*, trasmitidas la noche anterior (22 de diciembre) el mismo día en en que salía el primero de los anuncios. Mario pasó de nuevo la grabación. Eran las voces enardecidas de Violeta Casals, Orestes Valera, Jorge Enrique Mendoza y Ricardo Martínez, los locutores de Radio Rebelde, dándole lectura al texto del volante. Estallé en indignación.

Le había dicho bien claro a Ray que si lo de Radio Rebelde iba al aire antes del miércoles 24 lo más probable sería que la dictadura, alertada, tuviera tiempo suficiente para impedir la salida del anuncio en *Bohemia*, piedra angular de la campaña. ¿Cómo un hombre como Ray, celoso apóstol de la disciplina, iba a cometer una falta tan grave?

Ví por el piso todo el esfuerzo realizado y liquidada la *Operación Felipe*. De pronto, sin reparar en lo comedido que debía ser ante Olga y Mario, desbarré contra Ray como si se tratara del peor de nuestros enemigos. Dije de él cosas horribles, en un tono de voz bastante más alto que el que debía observar en casa ajena. Me desahogaba —para mi vergüenza posterior— con una amplia gama de vulgaridades.

Después de sacar todo el veneno que tenía adentro, me calmé. Había sido injusto. Ray no se merecía nada de lo que había dicho. Yo carecía de la información que pudiera explicar qué había pasado, a qué obedecía el anticipo inoportuno de las menciones. Pero nada me quitaba la amargura. Veía muy reducidas las posibilidades de éxito de la campaña. Le pedí perdón a la pareja de compañeros por la descarga y me fui para mi refugio de 23 y 8, a rumiar mi decepción.

Esa noche Radio Rebelde iba a repetir, incesantemente, la mención del *03C* con las décimas y a la mañana siguiente, miércoles 24, seguían saliendo los anuncios. Evidentemente, la conexión no había sido detectada. Renovaba mis esperanzas.

Así transcurrió el jueves y estaba impaciente por saber qué pasaría con *Bohemia*. ¿Se daría el milagro de que saliera el viernes? La dictadura estaba demostrando su incapacidad para poder lidiar con una operación como la que estábamos realizando, impotente para frenar la consigna del *03C*, cuya difusión se iba extendiendo por toda la Isla a una velocidad que nunca pude imaginar.

Bohemia... ¡casi un milagro!

Al fin, el viernes, la explosión: ¡El anuncio de *¿Qué es 03C?* en *Bohemia*! Paradójicamente, las menciones de Radio Rebelde dos días antes de lo programado habían funcionado a nuestro favor, saturando la campaña en un grado considerablemente mayor al que esperábamos en esa fase.

Había un tremendo entusiasmo en el pueblo por la humillación a que estaba siendo sometida la tiranía. Los jefes de los más feroces cuerpos represivos, incluyendo a Ventura y Carratalá, fueron a los periódicos y salieron con las manos vacías. En *Bohemia,* increparon al censor, hermano del principal vocero de la dictadura, Otto Meruelo. Según me contarían después, lo criticaron desconsideradamente por haberse dejado engañar por "esos hijos de puta". Meruelo les respondió: "Sí, a mí se me colaron, pero a que ustedes no los agarran". La desmoralización era creciente. Lo único que sacaron en claro fue que un americano gigantesco, acompañado por un cubano muy cómico, habían sido los desconocidos personajes que habían formado todo ese revuelo, burlando la censura.

Oscar Sangróniz, el mencionado ejecutivo del departamento de anuncios de *Bohemia* se las vio negras cuando llegaron los jefes represivos a la revista, "hechos unas fieras", según me habría de contar después del triunfo insurreccional. Además de Ventura y Carratalá, se había presentado el capitán Peñate. Hacían a Sangróniz responsable de la publicación del anuncio y su explicación de lo ocurrido no los convencía. Les decía la verdad, que un americano se había aparecido con un maletín, de donde había sacado el original del anuncio y una fotografía del producto, pagando en efectivo los $ 800.00 del costo de la página. Operación en la que no podía contemplar nada anormal, del mismo modo que tampoco el censor notó algo extraño. Que él era un empleado como cualquier otro. Lo dejaron detenido en la oficina mientras los jefes principales se dirigían a la dirección que aparecía en el recibo, la misma de Ayestarán dada por *Viqui* desde la visita al *Diario de la Marina*. Regresaron con las botas enfangadas y caras de disgusto al comprobar que la dirección era falsa.

Una coincidencia feliz habría de salvar a Sangróniz de una situación sumamente difícil que pudo haberse complicado. Porque hasta el mismísimo Ministro de Gobernación de Batista, Ramón

Jiménez Maseda, se había presentado en *Bohemia*. Y daba la casualidad que en la revista trabajaba un amigo de la infancia del Ministro: el conocido expelotero, tercera base del Fortuna, Luis Suárez (*La Montaña Guantanamera*). La intervención de Suárez convenció a Jiménez Maseda de que Sangróniz nada tenía que ver con la intención política del anuncio. Que sólo había cumplido con su trabajo. Pero los elementos represivos siguieron pensando distinto, según me habría de mencionar el propio Sangróniz tiempo después. El joven ejecutivo se sintió vigilado hasta el momento en que Batista abandonó el país. Afortunadamente, no tuvo que esperar mucho.

03C: un golpe contundente

Si bien el pedido del Llano de reducir compras y gastos podría ser, a esas alturas de la lucha insurgente, no tan crítico para el triunfo, era incuestionable lo oportuno de la campaña para contribuir a darle un golpe adicional a la dictadura en el orden psicológico. En esos momentos, el avance de la acción armada contaba con el asedio de Santa Clara, cuya inminente caída podía vaticinarse al 26 de diciembre de 1958, cuando salía lo del *03C* en *Bohemia*.

Manolo Ray seguía en la Sierra Maestra. En esa reunión de la Dirección Nacional del *M-26-7* se iban a poner sobre la mesa temas de vital importancia, tomando en consideración el notable progreso de la lucha contra la dictadura en las últimas semanas. En su momento, Ray me contaría lo que había pasado con Radio Rebelde. Le entregó el desplegable del *03C* a Franqui, insistiéndole sobre la importancia de la exactitud en el día en que las menciones debían de ir por primera vez al aire. Franqui se lo pasó a la locutora Violeta Casals, dándole las mismas instrucciones. Fue tanta la emoción de ella al leer las décimas que, sin ponderar el daño que pudiera causar, las lanzó al aire de inmediato. Pero al anticiparse por su entusiasmo y gracias a no haber detectado la dictadura la relación entre los anuncios en los periódicos y las menciones de Radio Rebelde, se amplió considerablemente la cobertura de la campaña. Quedaba, por supuesto, perdonada.

Satisfecho por el éxito de la campaña del *03C* y, al mismo tiempo, apesadumbrado por la suerte de Fefa y Enrique, más la preocupación por la pérdida de mi empleo al entrar de lleno en la clandestinidad, decidí dormir esa noche en el apartamento de 8 y 23, en El Vedado, mi taller clandestino. El lugar no era el más aconsejable en la eventualidad de un allanamiento. Allí estaban todos los originales del *Manual de Demoliciones del Ejército Rebelde*. Las fotografías, planos y bloques de texto eran, posiblemente, más comprometedores que un eventual hallazgo de armas. Sin haber ido a la imprenta todavía, copias fotográficas que había hecho de varias de sus páginas ya estaban siendo utilizadas por el *Che* Guevara en su avance hacia Santa Clara. Algunos puentes habían sido destruidos siguiendo las instrucciones del *Manual*.

En menos de una semana, Fulgencio Batista desaparecía de Cuba.

Volante del 03C de *Resistencia* (a ser doblado en tres partes) con las décimas de Carlos Irigoyen al reverso. Fue impreso clandestinamente en el *Multilith* del M-26-7 por Armando Rodríguez, siguiendo órdenes de Vicente (*Mateo*) Báez. El diseño fue de Sergio Ruiz y las ilustraciones de Álvaro del Valle.

En el reverso del volante se daba a entender que dejar de ir al cine y al cabaret como evitar las compras innecesarias era "la consigna de la vergüenza".

CERO CINE

Cuando en torpe indiferencia
dices que estás aburrido,
otro cubano ha caído
cumpliendo con su conciencia.

No niegues tú la existencia
de la lucha en tu vivir.
Ya te podrás divertir,
pero hoy la sangre conmina:
cuando el tirano asesina,
¿ a qué cine vas a ir ?

CERO COMPRAS

Por cualquier capricho vano
vas a comprar con exceso...
¡ Y cuando gastas un peso
está cayendo un cubano !

Le das tu peso al tirano
y ayudas a su maldad.
Deja ya tu vanidad !...
que tu honor tiene una cita:
¡ lo que Cuba necesita
es comprar su Libertad .

CERO CABARET

Cuando por placer mundano
vas una noche de fiesta
en nuestra gloriosa gesta
está muriendo un cubano

Cae la sangre de tu hermano
derramada por su fe.
¡ Ayuda tú... ponte en pie !
No traiciones a tu tierra..
Si toda Cuba está en guerra
¡ no vayas tú al cabaret !!

Anuncio a plana completa en la página 35 de la revista *Bohemia* del viernes 26 de diciembre de 1958, burlando la censura impuesta por la dictadura de Batista, para lo cual se presentó la foto de un producto falso para el pelo (Cero Caspa, Cero Calvicie, Cero Canas). Simultáneamente, Radio Rebelde, desde la Sierra Maestra repetía sin cesar el contenido del volante, recitando las décimas de la campaña revolucionaria.

CAPÍTULO 6
LA IMPORTANCIA DEL LLANO

La subversión urbana y la lucha guerrillera

La lucha revolucionaria necesitó dos factores convergentes: las guerrillas en las zonas montañosas de Oriente y Las Villas y la militancia clandestina en el Llano. La ausencia de cualquiera de las dos en la lucha contra Batista hubiera imposibilitado el triunfo.

Un marcado interés de Fidel Castro en soslayar después de la victoria el esencial aporte del Llano hizo creer que el triunfo había sido estrictamente militar. Y se magnificó desmesuradamente la importancia del factor guerrillero para que el poder político descansara exclusivamente en el combatiente de uniforme, más proclive a la obediencia en virtud de la disciplina militar que el combatiente urbano, mejor preparado para cuestionar cualquier desviación que atentara contra los principios democráticos sostenidos como básicos en la lucha.

Organizaciones como el 26 de Julio, el Directorio Revolucionario y el Segundo Frente del Escambray estuvieron presentes en la Sierra y en el Llano. En el caso del *26*, ambos escenarios de la lucha contra Batista se desarrollaron con tal vigor que las restantes organizaciones quedaron opacadas. En el *26,* Llano y Sierra irrumpieron en la historia casi simultáneamente. El Llano, con el alzamiento de las milicias revolucionarias al mando de Frank País el 30 de noviembre de 1956 en Santiago de Cuba. Y la Sierra, con el desembarco de Fidel Castro y 81 expedicionarios en Playa Colorada, dos días después.

La enorme mayoría de los combatientes del Llano, que era como decir la casi totalidad de la militancia del *M-26-7*, incluyendo sus organizaciones conplementarias (Movimiento de Resistencia Cívica, Frente Obrero Nacional y Frente Estudiantil Nacional) tenía la firme convicción de que la solución de los problemas cubanos no estaba en imitar movimientos populistas con historias teñidas de sangre que, como tantas revoluciones gestadas en nombre de la libertad, habían desembocado en tiranías. Para el Llano, la verdadera revolución tenía que estar despojada de las ideologías radicales que emergieron en las primeras décadas del siglo XX, como el comunismo, el fascismo y el nazismo. La adopción de cualquier sistema extremista en Cuba sólo podría retrotraer la historia y liquidar la libertad. Doctrinas que estaban en contradicción con cualquier promesa realmente revolucionaria, progresista y viable. En el caso de la Sierra, presumíamos que sus dirigentes pensaban igual. Ni remotamente podíamos concebir en Fidel Castro una visión totalitaria cuando de sus mensajes se podía inferir todo lo contrario.

La organización clandestina en las ciudades no estaba sujeta al fuero militar, como ocurría en la Sierra. En el Llano se respetaban las jerarquías establecidas y, por lo general, existía consenso en las acciones a desarrollar, mientras que en la Sierra cada jefe de columna era un pequeño caudillo que ejercía férreo control sobre sus hombres y respondía al mando unipersonal del guerrillero mayor, comandante Fidel Castro. El Comandante era, a la vez, el fundador y jefe indiscutible del Movimiento 26 de Julio, cuyas bases operacionales clandestinas radicaban en los centros urbanos. Por las características de la lucha, Sierra y Llano funcionaban con bastante independencia, con la particularidad de que el sector clandestino carecía de influencia en el Ejército Rebelde, lo que no ocurría a la inversa. Pero en cuanto al aporte en vidas de cada sector, en el saldo final de caídos en la lucha, que la usurpación comunista debe haber documentado —y ocultado— no sería exagerado sostener que alrededor de 15 luchadores clandestinos perecieron por cada soldado rebelde muerto en combate. Ese enorme sacrificio del Llano para derrocar la dictadura de Batista se pasó por alto y se sepultó en el olvido para que el pueblo sólo viera barbas y uniformes en una epopeya que capitalizó exclusivamente Fidel Castro.

La realidad histórica es muy diferente. Se trata de un triunfo compartido a partes iguales donde la guerra psicológica, muchísimo más que la de los tiros, fue el factor determinante.

Las razones de la lucha

Para observadores internacionales del proceso cubano intrigaba cómo, sin dejar esclarecidos de antemano sus principios ideológicos esenciales —según ellos— podía explicarse el triunfo del movimiento rebelde en Cuba. La razón es bien simple: el enfoque ideológico radical, que en las causas revolucionarias es el principal elemento para incorporarse a ellas, no estaba presente en la rebeldía contra Batista. No se trataba de una lucha de clases, ni del clamor por un cambio radical en la estructura económica ni en el sistema político.

¿Cuáles eran entonces las bases de la gesta insurreccional? ¿Qué motivaciones podía tener un cubano para jugarse la vida en lucha contra la opresión? La primera: en el plano ideológico, en lugar de un mamotreto conceptual bastaba con la promesa de restaurar la Constitución de 1940, que recogía las inquietudes políticas y sociales de los primeros treinta y ocho años de república. Pero además del restablecimiento de la Constitución había otra razón, todavía más importante para sumarse al movimiento revolucionario. Y era el rechazo del pueblo a la brutalidad del régimen de Batista y el robo de fondos públicos. Dictadura sostenida a base de torturas y asesinatos. Cualquier otra consideración de contenido ideológico pasaba a segundo plano. No era imprescindible que la decisión de incorporarse formalmente a la lucha revolucionaria estuviera apoyada en consideraciones teóricas. Nadie podía pensar que un triunfo revolucionario en Cuba podía significar la subversión del orden institucional Se daba por descontado que cualquier cambio posterior a Batista sería dentro del marco democrático que garantizaba la prometida restauración de la Constitución que conculcó el golpe del 10 de marzo de 1952.

Por eso, ningún potencial combatiente necesitaba, para unirse a la lucha contra la dictadura, haberse leído alguno de los documentos que exponían las bases teóricas de la insurrección, ya fueran *La Historia me Absolverá*, el *Manifiesto de la Sierra Maestra*, la *Tesis Económica del M-26-7*, los *Fundamentos del Movimiento de Resistencia Cívica* o cualesquiera otras compilaciones programáticas o doctrinarias de las diferentes organizaciones revolucionarias. Los que nos decidíamos a incorporarnos a algún movimiento contra la dictadura militar sabíamos que en ello nos podía ir la vida. Pero asumíamos todos los riesgos a pesar de la orfandad de recursos y la tremenda desigualdad de fuerzas. Más que por lograr cambios radicales en la nación, para darle un alto a la barbarie y tener un gobierno que respetara los derechos humanos, administrara el país honestamente y lo condujera por vías racionales de progreso económico y justicia social.

Y para ser un dirigente eficaz y preparado en la insurrección contra Batista, tampoco se necesitaba, ideológica e intelectualmente, entrar en los vericuetos especulativos de Robespierre, Marx, Engels, Bakunin, Lenin, Mao u otros inspiradores de movimientos radicales con complejidades totalmente ajenas a nuestro entorno (*lecturas extranjerizas*, como las calificaría sabiamente José Martí). La naturaleza de nuestros problemas nada tenía que ver con las situaciones confrontadas en otras épocas en Europa y Asia ni permitía que pudieran considerarse seriamente los reclamos de violencia y represión de ciertos pensadores en la consecución del progreso social.

Creo que si se nos fuera a definir ideológicamente, estábamos cerca de la socialdemocracia, aunque quizás algo más moderada que la que se conocía entonces. En realidad, casi ninguno de nosotros (la generalidad de la militancia del Llano) se preocupaba mucho por la cuestión ideológica, enfrentados, como estábamos, a una dictadura que no reconocía límites en su brutalidad. Y de la que debíamos cuidarnos sin desatender las responsabilidades de los empleos o profesiones que desempañábamos, de los cuales dependía el sostenimiento de nuestras familias.

Teníamos la certeza de que cierta sabiduría y capacidad ejecutiva en los integrantes de un gobierno conocedor de los mecanismos económicos modernos para combatir la pobreza y mejorar la salud y educación públicas, con sensibilidad social y sentido justiciero, serían más que suficientes para enderezar el país por la ruta del progreso moral y material dentro de la economía de mercado y la estructura tradicional del sistema republicano, con su separación de poderes, pluralidad de partidos políticos, elecciones democráticas y prensa libre.

El Movimiento de Resistencia Cívica

Frank País, Coordinador Nacional del *26 de Julio* le escribía a Fidel Castro el 5 de julio de 1957, unos días antes de ser asesinado:

Ya habrán oído las declaraciones tendenciosas que tratan de situarte como un ambicioso rodeado de muchachos inmaduros que tratan de perturbar y aprovechar la situación existente, pero sin fines concretos ni apoyo de factores serios y responsables.

A esto agregaría el profesor universitario Lucas Morán, que vivió todo el proceso insurreccional de Santiago como dirigente del *M-26-7*, en su extraordinario libro *La Revolución Cubana, Una Versión Rebelde*:

Todos los esfuerzos de País se dirigían a dotar la organización revolucionaria de mayor seriedad de propósitos, y al mismo tiempo de rodear a Castro de figuras representativas de lo más limpio de la política nacional.

Y en otra parte de su obra, Morán mencionaría lo que se esperaba de esos valiosos elementos al integrarse a una organización colateral del *26*:

> *...planificar y ejecutar una campaña dirigida a la opinión pública para denunciar la ilegitimidad del gobierno y la represión policial, colectar dinero, medicinas, balas, uniformes y otros suministros para la Sierra Maestra y las milicias, ocultar perseguidos, curar heridos, organizar actos de protesta, declaraciones y desfiles y colaborar en todo lo posible para derrocar al gobierno.*

Las referencias de Lucas Morán son inestimables por tratarse de información de primera mano. Abogado y líder del *M-26-7* en Santiago de Cuba, encabezó el entierro de Frank País en su recorrido por la ciudad hacia el cementerio, lo que constituyó una impresionante manifestación pública de repudio y dolor por el asesinato del joven dirigente. Demostración que, por lo masiva, obligó a policías y soldados a mantenerse en sus cuarteles. Lucas despidió el duelo y sustituyó provisionalmente a Frank como Coordinador Nacional del *M-26-7*. Estuvo en la Sierra Maestra y captó un cúmulo de situaciones conflictivas que anticipaban el triste destino de la revolución que encabezaba Fidel Castro.

Quedaba claro que la intención de Frank País era organizar una entidad clandestina, con cierta independencia en su funcionamiento, que al apoyar al *M-26-7* y estar integrada por elementos cuya seriedad y prestigio nadie podía poner en duda, consolidaba la imagen del movimiento revolucionario como el vehículo idóneo para plasmar las aspiraciones populares en su repudio a Batista. Esa organización sería el Movimiento de Resistencia Cívica.

Primeros pasos de *Resistencia*

La Secretaría Nacional de *Resistencia* radicaba en Santiago, bajo la dirección del respetado médico Ángel María Santos Buch. Su estructura organizativa era celular. Cada dirigente tenía bajo su responsabilidad una o más células de diez miembros cada una, que debía organizar y supervisar. Esos miembros debían crear sus propias células, y así sucesivamente, de modo que el contacto directo con los principales dirigentes se reducía a un mínimo para evitar delaciones. Se apelaba, además, a los nombres de guerra, que encubrían la identidad de los militantes de todos los niveles entre sí. El grupo ejecutivo inicial lo integraban ciudadanos de gran prestigio. Lucas Morán los menciona: "Enrique Canto, Gerardo Abascal,

Ignacio Batlle, Hortensia García (todos ellos comerciantes, banqueros o industriales de la elite social de Santiago de Cuba); el Dr. Emilio Catasús, dentista; el Dr. Manuel Aguilera Barciela y Leida Sarabia, profesores; el Reverendo Agustín González Seisdedos y otros cuyos nombres no recuerdo".

La intensidad de la represión en Santiago iría reduciendo el ámbito de operación de *Resistencia*, por lo que, paulatinamente, la dirección provincial de La Habana fue asumiendo la mayor parte de las responsabilidades de la organización. El primer secretario general en La Habana, por muy breve tiempo, lo fue el periodista Mario Llerena, quien fue sustituido por el ingeniero Enrique Oltuski. Al pasar Oltuski a dirigir el *M-26-7* en Las Villas, se designó a Manolo Ray para ocupar esa posición. Armando Hart, representando al *M-26-7*, coordinaría con *Resistencia* labores organizativas y de acción.

Resistencia hacía énfasis en el respeto a las instituciones democráticas, la honestidad en el manejo de los fondos públicos y la libertad de expresión, prensa e información. Basaba el progreso económico en la igualdad de oportunidades, la compensación adecuada del trabajo, el estímulo a la inversión privada (nacional y extranjera) y el fomento de la producción industrial y agrícola a través de los medios más modernos y eficaces, incluyendo facilidades crediticias y una reforma agraria sensata y racional. Sólo así podría garantizarse el bienestar de la familia trabajadora en ciudades y campos. Y sobre todo, se insistía en la modernización y ampliación de los servicios públicos de salud y educación. Por supuesto, dentro de un estado de Derecho donde el imperio de la ley fuese el máximo regulador de la vida ciudadana.

Perfil del militante

El perfil promedio de un militante de *Resistencia* era de jefe de familia, sostenida con los ingresos de un empleo o profesión. La mayoría de la militancia la constituían profesionales jóvenes, generalmente entre 30 y 40 años, con la imagen de seriedad que se necesitaba para captar la simpatía hacia la acción subversiva de los sectores más responsables del país. Al mismo tiempo, la incorporación de esos elementos garantizaba el aporte técnico que habría de necesitarse en un futuro gobierno revolucionario. Ya no podría decirse que la militancia revolucionaria estaba integrada sólo por muchachos cuyas edades podían sugerir inexperiencia e irresponsabilidad. En contraposición a esa imagen, a *Resistencia* pertenecía una diversa gama de ciudadanos: ingenieros, periodistas, arquitectos, abogados, médicos, publicistas, maestros, profesores universitarios y de segunda enseñanza y profesionales de otras ramas, así como estudiantes, ejecutivos de empresa y trabajadores en general. Hombres y mujeres dispuestos a arriesgarlo todo, tanto su propia seguridad como la de sus familias. En su casi totalidad eran miembros de la clase media. Al integrarse al ejército urbano de la clandestinidad tenían muchísimo que perder, incluyendo la vida. La participación de este sector de la población en la lucha contra Batista fue de vital importancia para que el movimiento revolucionario diera un salto considerable en prestigio, aumentando significativamente su capacidad de reclutamiento y sus posibilidades de triunfo.

Unirme a *Resistencia* respondía a mi visión de la seriedad de la lucha y satisfacía un reclamo de conciencia. Me sentía copartícipe de una gesta en la que compartía riesgos con gente seria, cuyo sentido de responsabilidad y disposición de sacrificio frente a los desmanes de Batista eran patentes.

La importancia de *Resistencia Cívica* en el triunfo logrado el Primero de Enero de 1959 es de una magnitud decisiva y nunca reconocida. En mi caso, que puedo poner de ejemplo, pude movilizar a decenas de empleados de Publicitaria Siboney a favor de la revolución, así como a algunos de los asistentes al Gimnasio Parera y sus contactos. Ninguno estaba comprometido como militante de la organización. Pensaban que al no figurar formalmente como combatientes clandestinos protegían su seguridad física. Sin embargo, con su colaboración, que fue inapreciable, funcionaban como si fueran militantes. Igualmente ocurría con la casi totalidad de los miembros de *Resistencia* a través de la Isla, capaces de reclutar simpatizantes muy por encima del tamaño de sus células en virtud de su vasta esfera personal de acción, cifra que podía llegar a cientos de miles de colaboradores. Esta circunstancia puede explicar en buena parte el masivo apoyo cívico que tuvo Fidel Castro y el *26* en los primeros momentos del triunfo insurreccional, muy por encima de lo esperado por la mítica guerrillera.

Un Manifiesto desde la Sierra

Coincidía mi decisión de entrar en *Resistencia* con la proclamación del *Manifiesto de la Sierra Maestra* (12 de julio, 1957) cuyo contenido me daba la confianza y el impulso que necesitaba para correr los riesgos que implicaba un compromiso de lucha. El *Manifiesto* aparecía firmado por Raúl Chibás, Felipe Pazos y Fidel Castro. El doctor Chibás había sido el sustituto de su hermano Eddy en la presidencia del Partido Ortodoxo. Dirigía una prestigiosa academia militar y tenía fama de persona honesta. El doctor Felipe Pazos, brillante economista, había sido presidente del Banco Nacional en el gobierno de Prío Socarrás. La presencia de ambos en la Sierra y su incorporación al *M-26-7* consolidaban la seriedad que necesitaba el movimiento rebelde para ampliar su mosaico de militantes y ganar respeto en la población. Tanto la iniciativa como la organización del encuentro de los tres líderes que dieron lugar al *Manifiesto* fueron de Frank País, en su visión pragmática de que sólo una estructura que abarcara todos los sectores productivos y sociales de la nación podía garantizar el triunfo contra Batista.

En el *Manifiesto* se prometía la celebración de elecciones generales en el término de un año y se especificaban otras medidas ampliamente democráticas que, tácitamente, descartaban la menor posibilidad de instauración de un gobierno autocrático a la caída de Batista. Parte importante del *Manifiesto* era una gran promesa, pendiente desde la promulgación de la Constitución en 1940: la reforma agraria. También se convocaba a la integración de un frente cívico revolucionario y la designación de un presidente provisional de la República. Se establecía la separación entre ejército y política y se garantizaba la libertad de información y prensa, además de todos los derechos individuales y políticos reconocidos por la Constitución. Se demandaba de Estados Unidos la suspensión del envío de armas a Batista y se detallaban otras medidas, entre las que estaba la celebración de elecciones sindicales libres.

Manos a la obra

Al incorporarme a *Resistencia* decidí continuar con mi empleo en Publicitaria Siboney, consciente de que tenía que afrontar mayores peligros si permanecía en mi trabajo, donde se me podía localizar fácilmente. De actuar en plena clandestinidad estaría mejor protegido. Pero tenía una familia que mantener y compromisos económicos que cumplir. Necesitaba trabajar y aparentar una vida normal, con el riesgo de ser apresado en cualquier momento por alguna delación inesperada, producto o no de la tortura. Por otro lado, permanecer en la agencia de publicidad me ofrecía una ventaja en mi compromiso revolucionario. Tendría a mi disposición una serie de recursos técnicos para la producción de impresos, que serían innovadores en el campo de la propaganda clandestina.

Una de las tareas prioritarias de *Resistencia* sería la recolección de fondos para la insurrección. En cualquier operación, lo primero que había que tener presente era el miedo potencial del posible colaborador. Ese miedo existía hasta para una cosa tan simple como comprar un bono. Tenerlo encima y pasar por un registro era muy peligroso. Ya habían ocurrido algunos casos de fatales consecuencias al encontrársele a alguien encima bonos del *26*. Existía también el peligro de que alguien viera una transacción y la delatara. ¿Por dónde había que empezar para neutralizar ese miedo? En primer lugar, haciendo los bonos bien pequeños, de unos dos centímetros y medio (una pulgada) por cada lado. Para su diseño, tenía a un leal amigo y compañero, Alberto Ruiz de Villa, director de arte de *Siboney*. Para su impresión se me ocurrió la serigrafía. ¿Qué ventajas me podía ofrecer ese sistema? En primer lugar, el silencio. No había que amortiguar el ruido de las prensas adaptando cuartos corrientes, como ocurría con las máquinas *Multilith*. Bastaba con unos bastidores de madera que sostenían la seda donde se adhería el esténcil que recibía la tinta. La impresión era totalmente silenciosa y los bastidores se podían transportar fácilmente.

Dos compañeros de trabajo, *Pancho* Rodríguez y *Nan* Valdés me entrenaron en la técnica de la serigrafía. *Siboney* tenía su propio taller y entre mis funciones en la empresa estaba la de preparar los esténciles por un novedoso procedimiento fotográfico llamado *Ektagraph*, que enseguida apliqué a la impresión clandestina. Por supuesto, la serigrafía no era apropiada para impresiones masivas como las de periódicos y proclamas, pero resultaba excelente para los bonos de recaudación y cualquier otro trabajo clandestino de tirada moderada.

Yo compraba personalmente las tintas. La negra en una tienda de la calle Neptuno y la roja en otra de la calle Gervasio. Se trataba de los colores del *M-26-7*. Comprar ambas en una misma tienda, por una persona ajena al negocio de impresión, como era mi caso, podía prestarse a sospechas y provocar una delación. Además, para otros impresos de mucho detalle, como de letras bien pequeñas (gracias al procedimiento *Ektagraph*), era necesaria una tinta negra extremadamente fina, que en toda Cuba sólo se vendía en una tienda del reparto Palatino. Si la dictadura hubiera dispuesto de un servicio de investigación inteligente en lugar de sólo torturas para obtener información, hubiera analizado cualquiera de esos impresos cuando caía en sus manos y detectado su origen. Por lo especial de la tinta y venderse en una tienda única hubiera sido fácil localizarla y averiguar quiénes la compraban. Y pude haber sido arrrestado en cualquiera de mis visitas a esa tienda. O hubiera sido vigilado para conocer mis movimientos. Pero yo iba sin el menor temor. Me daba mucha seguridad la estupidez manifiesta de los agentes represivos, confiados en la eficacia del dolor físico como único medio para obtener información. Estábamos en una guerra donde el arma más poderosa era la imaginación, de la que por fortuna carecía la plana mayor de los torturadores profesionales al servicio de Batista.

Para asegurarse de que los bonos no fueran revendidos (había quien quedaba como patriota dos veces sin soltar un centavo, comprando un bono y luego revendiéndolo) *Manolo* Ray dispuso que se les fijaran fechas de vencimiento al dorso. No todos los que aparentaban estar contra Batista tenían que ser necesariamente honestos.

Propaganda y algo más

No podía confinar mi participación subversiva sólo a las cuestiones relacionadas con la propaganda porque, dada la estructura celular de *Resistencia*, se me había asignado la organización y desarrollo de la célula *Letra B*. Y gracias a una coyuntura inicialmente desligada de las labores de proselitismo pude captar para esa célula una serie de valiosos elementos que la convertirían en una de las unidades más activas de nuestro Movimiento.

Como he apuntado en otros pasajes, mi delgadez era bastante más pronunciada que la recomendada por los estetas. Y ella me llevó a una peregrina decisión: fortalecer mis músculos a través de intenso ejercicio para poder afrontar mejor los rigores de una eventual tortura. Opté por el gimnasio que dirigía Eduardo Parera, situado en Quinta y Baños, en El Vedado. Así inicié una rutina difícil y penosa en procura de un desarrollo muscular que entorpecían ocasionales ataques de migraña, mal que sufría desde niño. Cuando me asaltaba la migraña en el gimnasio, con fuertes dolores de cabeza y un malestar insoportable, trataba de continuar con el programa de ejercicios, aunque generalmente tenía que desistir. Quería irme preparando mentalmente porque sabía que la tortura sería todavía peor.

Fui haciendo amigos en el gimnasio Parera. Por ciertos comentarios que pude oír mientras me ejercitaba, percibía un sentimiento muy generalizado de repulsa a la presencia de Batista en el poder. Y no vacilé en lanzarme a una labor de reclutamiento, empezando por el propio Parera, quien aceptó entusiasmado trabajar en *Resistencia*. Fui más allá y pude convencer a otro asistente al gimnasio, Sergio Ruiz, brillante director de arte publicitario que llegaría a rendir valiosos servicios a la causa. Y también a otro compañero del gimnasio, el arquitecto Francisco Adróver. Lo espacioso del salón de ejercicios permitió que lo convirtiéramos en taller clandestino de serigrafía los fines de semana.

Un compañero de *Resistencia,* que sabía de la impresión clandestina en el gimnasio, fue capturado por la Policía y, dominado por el miedo, delató la ubicación de la "imprenta". Allí se presentó el notorio torturador y coronel de la Policía Esteban Ventura, con numerosos sicarios. Interrogaron a Parera, que fingió asombrarse cuando le anunciaron la razón de la visita. Y también a unos cuantos asistentes al gimnasio, que nada podían decir porque nada sabían. Los policías registraron el local minuciosamente. La denunciada imprenta no aparecía por ninguna parte y los agentes abandonaron el lugar defraudados, por carencia de unas pruebas que era imposible encontrar. Nosotros trabajábamos todos los sábados, hasta la noche, depositando en el piso los impresos para que se secaran y ser recogidos los domingos por la tarde. Los bastidores de impresión y las tintas los llevábamos nosotros y los recogíamos al final del trabajo. En el gimnasio no quedaba nada que pudiese delatar la operación. Sólo un olor algo raro los lunes. Una de las grandes ventajas de la impresión por serigrafía.

Parera me habló de un amigo que en varias ocasiones le había manifestado su deseo de participar activamente en las labores subversivas. Se trababa de Jorge Serra, un joven comerciante, quien a su vez conocía a otro compatriota dispuesto también a colaborar: Justo Molina Ulloa, más conocido por *Viqui,* que trabajaba en un bufete de renombre en El Vedado, aunque no era abogado. La incorporación de estos dos compañeros enriqueció de modo significativo la eficiente militancia de *Resistencia. Viqui* Molina escribiría páginas sobresalientes por su valentía e indiferencia ante el peligro. Jorge Serra llegaría, por su capacidad de trabajo y entusiasmo, a sustituir a *Manolo* Ray durante los días que este estaría en la Sierra Maestra en diciembre de 1958. Fue también a través de Serra que pude contar con la colaboración de Ira Wolfer, un ejecutivo americano casado con cubana, que estaba muy disgustado por las atrocidades de la dictadura. Con la incorporación de Ira y su esposa, Angelita Rosselló, completé un equipo extraordinario que tuvo su origen en mi intención fallida y algo tonta de atenuar la potencial tortura a través del ejercicio. Gané mucho más porque los mencionados compañeros, unidos al veterinario Enrique Molina, fueron los que más lustre le dieron a mi célula, la *Letra B,* que llegaría a ser un puntal de suma importancia para las secciones de

Propaganda, Recaudación y Suministros del Movimiento de Resistencia Cívica.

Al hablar de *Resistencia* no puedo dejar de mencionar un grupo de cubanas extraordinarias con quienes compartí directamente labores clandestinas. En primer lugar, las inolvidables hermanas Lourdes y Cristina Giralt, en cuyo apartamento de 19 y 24, en El Vedado, nos reuníamos en ocasiones. Fueron asesinadas brutalmente por la policía batistiana el 15 de junio de 1958, cuando regresaban de Cienfuegos un Día de los Padres. Tengo un recuerdo imperecedero de ambas por la bondad que las caracterizaba y el entusiasmo que mostraban siempre en su empeño de libertad.

Estuve también en contacto directo con Olga Abelenda, la esposa de nuestro compañero Mario Delgado, que fue siempre ejemplo de vocación patriótica y serenidad en el cumplimiento de sus funciones. De Oriente, vinieron a La Habana dos activas militantes: Berta Fernández Cuervo (*Flavia*) y María Teresa Taquechel (*Mili Tauler*). Las dos se destacaron por su valentía y arrojo en acciones de sabotaje y en la transportación de armas. Otras compañeras no menos valiosas fueron Lilita Díaz, hija de la valiosa Luz Fabré, quienes siempre dijeron presente. Lilita fue un factor decisivo en la organización del frente rebelde *Ángel Ameijeiras*, que comenzó a operar en la provincia de La Habana en diciembre de 1958. Otras invaluables luchadoras fueron Lola Darias, esposa de Ramón Darias, activo militante de *Resistencia* y Olga Delgado (sin parentesco con Olga Abelenda de Delgado). Con excepción de las dos últimas, el resto de las compañeras mencionadas decidió tomar el camino del exilio al traicionarse la promesa revolucionaria e imponerse el comunismo.

No puedo dejar de incluir en esta lista de cubanas admirables a Aurora Chacón de Ray, que merece una mención muy especial por los innumerables sufrimientos y vicisitudes que tuvo que afrontar con motivo de las actividades conspirativas de su esposo Manolo contra las dos últimas dictaduras que han sacudido a Cuba. Su abnegación, buen carácter y sentido de la responsabilidad fueron ejemplares en esos años turbulentos, como patriota esposa de patriota y madre de cinco hijos.

Las bombas y el 26

Es casi seguro que no haya otro caso como el de Cuba en lo que respecta al uso de explosivos como medio para combatir un régimen tiránico. Me refiero, por supuesto, al período comprendido entre el golpe de estado de Batista y su ignominiosa fuga del País. La diferencia con lo sucedido en otros países estriba en que, en ningún momento, el M-26-7 trató de producir atentados con explosivos que implicaran la muerte de inocentes, monstruoso objetivo de la acción puramente terrorista. Tanto el Llano como la Sierra tenían muy presente la connotación criminal de tales actos, así como su repercusión negativa para la causa revolucionaria. Además, se tenía especial cuidado en que a nadie se le fuera la mano, para impedir acciones que, aparte de lo criticable, pudiesen ser utilizadas por la dictadura a su favor. Como matar a un policía ajeno a la represión para robarle el arma. O hacerlo todavía sin ese propósito, viciosamente. O realizar un sabotaje con saldo de muertes. Acciones que, por su atrocidad, en lugar de perjudicar a Batista podían ganarle simpatías.

La Dirección del 26 siempre fue muy celosa en cuidar los dos aspectos de ese tipo de acción: el moral y el propagandístico. Aunque pudieran haberse dado casos de explosiones y sabotajes censurables, que serían más bien por decisiones personales que se apartaban de lo ordenado o ajenas al 26. Había grupos que actuaban por su cuenta, fuera de las organizaciones subversivas. Funcionaban con anarquía. Sobre ellos era imposible establecer control. Pero me consta la escrupulosidad de los compañeros de la sección de Acción y Sabotaje del 26 en evitar la muerte de inocentes. Sostener otra cosa refleja un desconocimiento de la historia; una tergiversación de la verdad que nada tiene que ver con la realidad que pude palpar de primera mano y que percibía también el ciudadano común.

El uso de explosivos en las ciudades durante la lucha contra Batista, salvo casos muy aislados de sabotajes, fue en acciones que apoyaran la guerra psicológica, no como instrumento de intimidación o terror. Las bombas serían detonadas mayormente para denotar la presencia activa del movimiento revolucionario en las ciudades. Y dejar perfectamente establecido que los asesinatos y torturas de la tiranía no iban a detener la rebelión popular, que continuaba aún a pesar de las terribles medidas represivas. Sólo así puede entenderse por qué esos estallidos eran contempladas con simpatía —verdad irrefutable— por la población. No era terror lo que infundían. En su lugar, se percibían, sobre todo en La Habana, como la confirmación de que la lucha contra la dictadura seguía un curso irrefrenable.

Aunque parezca increíble, la gente se alegraba al escuchar una detonación. Quien diga lo contrario no vivió aquellos tiempos. De esa alegría fui testigo en varias ocasiones. En una, encontrándome en una cafetería de la calle Galiano, entre otros parroquianos que no conocía, se oyó el estruendo de un bombazo. Serían cerca de las ocho de la noche. Uno de los presentes dijo, alborozado y en alta voz: *¡Ese no es el de las nueve!* (se refería al cañonazo de salva de las nueve de la noche que, tradicionalmente y a diario, se origina en la fortaleza de La Cabaña y cuyo estruendo era esperado por los habaneros para ajustar sus relojes). La respuesta a sus palabras fue una risa generalizada. Por supuesto, esa reacción colectiva daba a entender que se sabía que detrás de las explosiones no había víctimas.

La Noche de las Cien Bombas

Consciente de ese resultado en el ánimo de la población, se llevó a cabo una de las más espectaculares acciones del *26* en La Habana: la famosa *Noche de las Cien Bombas*, que tuvo lugar el 8 de noviembre de 1957. La operación fue ordenada por Faustino Pérez, a la sazón Coordinador Nacional del *M-26-7* y ejecutada por las milicias urbanas. La consigna era colocar las bombas en lugares donde no existiera la menor posibilidad de provocar daños a las personas, buscando solamente el efecto psicológico de las explosiones. La acción consistía en depositar los petardos en lugares elegidos previamente y bien distantes unos de otros, para lo cual se movilizaron varios automóviles.

Dirigieron la memorable acción y participaron en ella junto a otros combatientes, Sergio González (*El Curita*), Ángel Ameijeiras (*Machaco*), Arístides Viera y Gerardo Abreu (*Fontán*). Los cuatro habrían de morir durante la lucha, en diferentes circunstancias: *El Curita* y *Fontán* después de horribles torturas; *Machaco*, con quien yo había sostenido una reunión días antes del conato de huelga de abril de 1958, sería capturado, torturado y asesinado junto a otros dos compañeros, después de un prolongado tiroteo con la Policía en la barriada de La Víbora; Arístides Viera y otros dos compañeros caerían también en un encuentro con la Policía en la Quinta Avenida de Miramar. Odón Álvarez de la Campa, un activo combatiente de la sección de Acción y Sabotaje, no pudo participar en la operación por haber sufrido un terrible accidente semanas atrás, en el que perdió ambas manos mientras preparaba explosivos.

En esa ocasión resultó también gravemente herido Aldo Vera. (Tanto Aldo, como Odón, decepcionados, tomarían la ruta del exilio y se sumarían a la lucha contra la usurpación comunista. Aldo sería asesinado el 25 de octubre de 1976 en San Juan, Puerto Rico. Había participado en un atentado fallido contra Emilio Aragonés, el embajador castrista en Argentina y era un activo y temido militante anticomunista, lo que dejaba claramente establecido que la orden y planificación de su asesinato vino de Cuba. Me llegarían rumores, con posterioridad, de que la ejecución del atentado fue organizada por el coronel Tony de la Guardia, infiltrado clandestinamente en Puerto Rico, quien años después. al caer en desgracia con Fidel Castro fue fusilado. (Aclaro que se trata de un rumor. No tengo constancia de la participación del coronel De la Guardia en el asesinato de Aldo Vera, aunque dada su hoja de servicios a la usurpación comunista y sus actividades en el extranjero no tendría nada de extraño que fuera cierto lo que me dijeron).

La sensacional y amplia acción de *La Noche de las Cien Bombas*, en la forma en que fue concebida y ejecutada, mostraba bien a las claras la prudencia de sus participantes: no hubo una sola víctima inocente. La única baja reportada, tristemente, fue la de un compañero abatido por la Policía después de estallarle uno de los petardos que portaba.

Al día siguiente, los bombazos serían la comidilla de toda La Habana. La gente se identificaba con ellos. Quedaba demostrado que el *26* estaba tan presente en la Capital como en el escenario guerrillero. Las explosiones, por lo numerosas y su amplia saturación geográfica, lo corroboraban. Era lo que el pueblo necesitaba para mantener la esperanza de que la insurrección no podía ser vencida. Sería una de las acciones más arriesgadas y espectaculares del Llano. Únicamente igualable en su repercusión nacional al bombazo subterráneo de la calle Suárez, dirigido por el líder obrero Amaury Fraginals, de la Sección de Acción y Sabotaje del *26,* que dejó a La Habana tres días sin electricidad. Y donde tampoco hubo víctimas.

El "terrorismo" del 26

He hecho un relato de vivencias y criterios personales que responden a lo que percibí en el momento que se produjeron los hechos. He destacado la motivación nada terrorista de los compañeros de Acción y Sabotaje como tributo a la memoria de Carlos Franqui, quien, unos días antes de morir, me comunicaría su preocupación por los ataques de que estaban siendo víctimas por algunos disidentes anticastristas el recordado mártir de la revolución democrática Sergio González (*El Curita*) y otros miembros de acción del *26* que cayeron heroicamente en la lucha. Franqui conoció personalmente a la mayoría de ellos y compartió con ellos los peligros de las acciones clandestinas. Y se sentía herido por la revisión histórica que algunos respetables miembros de la disidencia estaban llevando a cabo sobre los atentados dinamiteros ejecutados por la sección de Acción y Sabotaje del *M-26-7* en la lucha contra Batista, quienes interpretaban los hechos caprichosamente al calificar a sus autores de terroristas.

El "terrorismo" del 26 fue dirigido y realizado por combatientes que unían a su valentía personal una buena dosis de sensatez. Es obvio que la constante preocupación de ellos y de los dirigentes del 26 y Resistencia por las consecuencias que pudieran acarrear sus acciones contradice los intentos de ubicarlos hoy históricamente como terroristas, al estilo de los brutales e insensibles fanáticos políticos y religiosos que en las últimas décadas han consternado al mundo por el salvajismo de sus atentados indiscriminados. Es de entenderse que un pacifista rechace categóricamente el uso de explosivos sin diferenciar sus propósitos pero no es justo que se intente caracterizar a mártires de la lucha contra Batista como lo que nunca fueron.

Yo no fabriqué ni puse bombas. Pero tengo igual responsabilidad histórica por haber apoyado su uso. Ahora bien, una cosa es lo que pensaba entonces y otra lo que creo ahora. Si, como a la mayoría de la población, me entusiasmaban los bombazos de protesta como una expresión de la voluntad popular contra la dictadura, reconsidero hoy lo que hicimos. Esa táctica, obviamente, implicaba riesgos y amenazas de diversa índole que no justificaban su uso con el sólo propósito de guerra psicológica. Creo, sí, que la dinamita conttra la opresión no debe ser descartada, pero sólo usada en operaciones de sabotaje, como fue la demolición de puentes y la acción de la calle Suárez, que no pretendían matar a nadie. Hacerlo con otro objetivo puede tener resultados que no ameritan el propósito.

Tragedias que se podrían evitar, tanto en el bando que pone las bombas como en sus potenciales víctimas, que se contaban, casi exclusivamente, entre los revolucionarios que preparaban o portaban los explosivos. No recuerdo que haya muerto un solo inocente en un atentado dinamitero del *26*. Aunque el caso más dramático y penoso fue cuando una muchacha, ajena a la revolución, sufrió la pérdida de un brazo al estallar una bomba en el baño de un cabaret.

La bomba del *Tropicana*

El objetivo de esa operación era desanimar la asistencia a los centros de diversión —el Cabaret Tropicana era emblemático— y que repercutiera negativamente en el turismo. Desgraciadamente, el explosivo estaba en una bolsa dejada en el baño por una militante del *26*, aunque con la intención de que la detonación ocurriera estando desocupado. Lo prueba el hecho de que, en lugar de salir corriendo, la muchacha se quedó hasta el último momento cerca de la puerta para avisar que nadie entrara antes de la explosión. Cuando la que sería víctima fue a hacer uso del baño, la muchacha le advirtió del peligro para que no entrara. La víctima, que no tenía por qué creerle y pensando quizás que se trataba de una broma, no le hizo caso. Y resultó mutilada en la explosión. Tragedia que habría de alcanzar también a la responsable del hecho, que llegó a ser detenida por no haber huido, golpeada sin piedad y violada sexualmente durante varios días por policía tras policía antes de ser presentada a los tribunales. Esos recuerdos terribles, que siempre la persiguieron, no fueron comparables al dolor que le causó la mutilación de la muchacha, que, aunque no intencional, fue la consecuencia de una acción a todas luces temeraria e irresponsable. Acción de la que estaba profundamente arrepentida. No llegué a conocer personalmente a la autora del atentado, hoy fallecida, pero me enteré de cuánto sufrimiento y pesar le ocasionó lo ocurrido por lo que me contó mi antecesor en el *26*, Vicente *Mateo* Báez, quien conversó con ella en varias ocasiones sobre el trágico suceso y su arrepentimiento. El terrorista típico nunca se arrepiente, por bárbaros y crueles que sean los resultados de su acción.

Y no me cabe la menor duda de que la profunda vocación democrática de los numerosos compañeros de Acción y Sabotaje inmolados, donde brillan René Ramos Latour, Sergio González, Marcelo Salado, Oscar Lucero, Gerardo Abreu (Fontán), Arístides Viera y muchos más, hubiera constituido el más sólido valladar contra la usurpación comunista. Así lo atestiguan los líderes más significativos de esa sección del *26* que pudieron sobrevivir en la lucha contra Batista y optaron, ante la nueva tiranía, por tomar el camino del exilio. Entre ellos, Aldo Vera, Odón Álvarez de la Campa y Amaury Fraginals.

Un secuestro que hizo historia

Para el 24 de febrero de 1958, aniversario del Grito de Baire, la dictadura batistiana, en su afán de ganar simpatías en la población, había preparado un evento espectacular: una carrera de autos en plena Habana, donde participarían, entre otros, dos famosos ases mundiales del volante, el argentino Juan Manuel Fangio y el inglés Stirling Moss.

Contrario a lo que esperaba el dictador con la sensacional carrera, el *M-26-7* vio en ella una oportunidad para avanzar la causa revolucionaria. Uno de los jefes de Acción, Marcelo Salado, concibió la idea de secuestrar a Fangio para llamar la atención mundial sobre la lucha revolucionaria. Faustino Pérez, el Coordinador Nacional del *26*, le dio el visto bueno a la iniciativa y le encargó a Oscar Lucero la ejecución de un plan para capturar al famoso corredor argentino.

Después de frustrados intentos por la vigilancia que ejercía la dictadura para proteger a Fangio, un decidido miembro del grupo de Lucero, Manuel Uziel, echó a un lado el plan a seguir y se dirigió solo hacia el campeón, quien se encontraba rodeado de decenas de amigos y guardaespaldas en el vestíbulo del hotel donde se hospedaba. Al hacerlo, se separaba del grupo que, capitaneado por Lucero, esperaba cerca de la puerta el momento oportuno para consumar el secuestro. Al llegar cerca de Fangio, para sorpresa de todos, Uziel desenfundó una pistola y conminó al campeón a que lo acompañara, sin encontrar la menor resistencia. Afuera esperaban tres vehículos. En uno de ellos, manejado por Primitivo Aguilera, se metió a Fangio, con Uziel a su lado y Reinaldo Rodríguez en el asiento delantero. En otro iban Lucero y su esposa, Blanca Niubó. El tercero estaba ocupado por Ángel Luis Guiú (*Marcos Williams*), Carlos García, *Lilo* Payá y Manolo Núñez. El destino final: la residencia de las hermanas Agnés y Aymée Afón, conocidas clandestinamente como "las americanas" por vivir en la calle Norte, del Nuevo Vedado. En esa casa fue acogido Fangio como huésped, sin ataduras ni cadenas, en plena libertad de movimiento, pero con las puertas bajo vigilancia.

En su amable cautiverio Fangio recibió la visita de varios dirigentes del *Llano*, incluyendo a sus dos principales líderes: Faustino Pérez y *Manolo* Ray. Ambos trataban de convencerlo de la legitimidad de la lucha contra un régimen usurpador que tenía como costumbre matar a sus oponentes y robarse los fondos públicos. Le ofrecían una información amplia sobre la verdadera situación del país, presentándole periódicos, documentos y fotografías. Todo unido a la disculpa reiterada por los trastornos que su retención pudieran ocasionarles a él y a su familia. Se trataba de ganar la comprensión de Fangio en un momento tan penoso y difícil para él, disculpando su secuestro como una acción desesperada para dar a conocer mundialmente lo que estaba viviendo Cuba.

Y no sería sólo el secuestro de Fangio lo que hizo trascender a nivel mundial el Segundo Gran Premio Mundial de La Habana. Uno de los corredores perdió el control del volante al patinar sobre aceite vertido en la pista y se desplazó sin control hacia un nutrido grupo de espectadores, matando a cinco de ellos. Tan pronto terminó la carrera con ese trágico accidente, se puso en ejecución el plan para devolver a Fangio. Operación de máximo cuidado porque no sólo peligrarían los revolucionarios que lo iban a entregar sino el propio secuestrado. Se temía que Fangio fuera asesinado por la dictadura en el momento de su liberación para culpar de su muerte al *M-26-7*. Se concertó su entrega a través de la embajada argentina pero sería efectuada fuera de esa sede por estar ampliamente vigilada. Al ser abordado por la prensa después de su liberación, el campeón sólo tuvo elogios para sus captores.

Los nombres de Marcelo Salado, quien sería asesinado por agentes de la dictadura un mes y medio después del secuestro, el 9 de abril, y de Oscar Lucero, detenido unas tres semanas después y asesinado tras bárbaras torturas en el Buró de Investigaciones, sólo fueron conocidos después del triunfo revolucionario. Ni tampoco se supo en su momento, por razones obvias, quién era Manuel Uziel (hoy en el exilio), el osado joven que se atrevió a secuestrar a Fangio frente a sus guardaespaldas. Lo mismo podría decirse de los que se mantenían en alerta mientras se procedía a su secuestro y los que trasladaron al famoso campeón a lugar seguro. Tampoco se conoció quiénes fueron los que lo entregaron sano y salvo a los diplomáticos argentinos. Serían, el principal jefe de esa parte importantísima de la operación y responsable provincial de propaganda del *26*, Arnold Rodríguez y sus acompañantes Berta Fernández Cuervo (*Flavia*), Emma Montenegro y Rafael Piniella, militantes de *Resistencia Cívica*. Lógicamente, fue sólo después del triunfo revolucionario que pudieron darse al público todos los detalles de la bien coordinada y arriesgada operación.

Históricamente, el secuestro de Fangio tipificó un fenómeno que ocurriría invariablemente en el curso de la lucha contra Batista: lo sensacional y positivo de cualquier acción del Llano serían adjudicados por la prensa internacional a Fidel Castro y a los rebeldes en la Sierra, magnificando la importancia de ese grupo dentro de la lucha revolucionaria sin comentar el sacrificio inmenso en vidas y torturas de los combatientes clandestinos en las ciudades. El sector alzado en la Sierra no participaba en esas peligrosas operaciones ni tampoco eran producto de iniciativas surgidas en las montañas pero cuando alguna acción de la guerrilla urbana era del interés de los medios internacionales se reportaba como obra del combatiente de uniforme. El Llano era un factor sin rostro en los medios noticiosos nacionales y del exterior. Sus dirigentes y militantes, por razones obvias, tenían que ser figuras desconocidas, héroes anónimos.

Fangio, con su extraordinario prestigio y notoriedad, se convirtió en un activo propagandista de los ideales sustentados por el *M-26-7*. Su testimonio favorable amplió de una manera muy singular la simpatía internacional hacia nuestra causa.

La huelga fracasada del 9 de abril de 1958

La estrategia del Movimiento 26 de Julio para alcanzar el triunfo estaba basada fundamentalmente en la convocatoria a la huelga general revolucionaria. A mediados de marzo de 1958 se dio a conocer un manifiesto de su Dirección Nacional, firmado por Fidel Casto y Faustino Pérez, que ratificaba como objetivo principal el llamado a esa huelga, secundada por la acción armada. Se señalaba que su organización y dirección estarían a cargo de las filiales del *26*: en el sector obrero, el Frente Obrero Nacional (FON); en los sectores profesionales, comerciales e industriales, el Movimiento de Resistencia Cívica; en el sector estudiantil, el Frente Estudiantil Nacional y en lo referente al apoyo armado, las Fuerzas Rebeldes, las milicias del Movimiento 26 de Julio "y las de todas las organizaciones revolucionarias que secunden el movimiento". El Comité Nacional de Huelga lo integraban los líderes del *26* y *Resistencia* Faustino Pérez y Manuel Ray, respectivamente; David Salvador, Secretario General del Frente Obrero Nacional (FON); René Ramos Latour, Responsable Nacional de Acción y Sabotaje y Marcelo Fernández, Responsable Nacional de Propaganda.

El Responsable de Acción y Sabotaje en la Capital, Sergio Sanjenís, garantizaba que tenía reclutados 3,000 hombres para participar en las acciones. Estimado que resultaría exageradamente optimista. La magnitud del contingente de milicianos apenas llegaría al doble centenar y el armamento disponible para las acciones planeadas sería peligrosamente insuficiente. Por otro lado, la fecha exacta del llamado a la huelga se mantenía en tan estricto secreto que era desconocida hasta por un buen número de dirigentes clandestinos. Pero el respeto obligado a las decisiones del organismo superior, el Comité Nacional de Huelga, no daba lugar a cuestionamientos. Yo vine a enterarme del llamado en las primeras horas de la misma mañana del 9 de abril, cuando fui citado por teléfono a una casa de El Vedado para reunrme con otros compañeros de la dirección de *Resistencia* y esperar allí por instrucciones, lo que hice después de comunicarle a mis contactos en algunos centros de trabajo el inicio de la huelga.

La huelga no se estaba produciendo con la intensidad que se esperaba pero el pueblo se percataba, por la movilización aparatosa de las fuerzas represivas, de que algo importante estaba ocurriendo. Las noticias que estábamos recibiendo eran todas negativas. La mayoría de las acciones armadas que se esperaban en la Capital no se estaban produciendo, salvo el asalto frustrado a la armería La Marina, en la calle Mercaderes, de La Habana Vieja, por la que pagarían con la vida los combatientes de Acción y Sabotaje Roberto Casals, Reynaldo Arlet, Marcelo Muñoz y Carlos Astiazarraín.

En las primeras horas de la tarde se desvanecían las esperanzas y la sensación del fracaso nos arropaba a todos. No obstante, permanecimos en el lugar que se nos había asignado hasta cerca de las diez de la noche, por si llegaba alguna instrucción especial. En ausencia de ella, decidimos disolver el grupo y me dirigí a mi casa. Estaba viviendo por aquellos días con mi padre y madrastra en un pequeño apartamento de Delgado y Quinta, en el Reparto Mantilla. Enfilé por el Malecón desde El Vedado. Quería tener una impresión directa de la situación en la calle y tracé un recorrido más largo que el usual. La Habana estaba mayormente a oscuras. Habían estallado bombas en diferentes registros de electricidad. Pero la preparada por el miembro de Acción y Sabotaje, ingeniero Federico Bell Lloch, colocada en el registro del Paseo del Prado, que hizo explosión a las once de la mañana, cubría el área de mayor extensión.

En mi regreso a Mantilla no veía un solo vehículo, ni siquiera de la Policía. Al doblar en el Castillo de la Punta para seguir por la Avenida del Puerto, me dieron el alto unos marinos portando armas largas. Al parecer, sorprendidos de toparse con un viajero solitario después de los inquietantes sucesos del día, cuando los habaneros, sumidos en la oscuridad, permanecían encerrados en sus casas. Me sentía seguro y confiado porque no tenía nada que despertara sospechas pero, sobre todo, porque iba solo, lo que me libraba de contradicciones comprometedoras que podían producirse en caso de ir acompañado. Pero lo que más tranquilidad me daba era que se trataba de un cuerpo militar que gozaba de mis simpatías, la Marina de Guerra, del que —como ya he mencionado— mi padre era subteniente retirado. Me identifiqué como camarógrafo y les presenté la cartera dactilar (licencia de conducir). Me pidieron que saliera del auto y me registraron. Cuando me preguntaron qué estaba haciendo a esa hora por la calle les dije que venía de ver a un familiar que estaba muy enfermo. Revisaron minuciosamente el vehículo. La cámara de cine en el baúl me sirvió, como siempre, de aliada para disipar sospechas. Me permitieron seguir viaje, no sin antes aconsejarme, amablemente, que era muy peligroso permanecer en la calle.

Algo parecido —identificación, registros, preguntas— ocurrió más adelante, cuando pasé frente al edificio del Estado Mayor de la Marina. Tampoco encontré agresividad en la conducta de mis interceptores. Y sería más sorprendente esa actitud cuando tuve que pasar por los mismos registros e interrogatorios antes de rebasar el cuartel de San Ambrosio, del Ejército, donde los soldados que bloqueaban la calle me trataron con mucha seriedad y cierta desconfianza pero sin ser descorteses. Fue el último de los inconvenientes que encontré aquel trágico 9 de abril antes de llegar a mi casa como viajero solitario por una Habana bastante más oscura que de costumbre. Dudo que de haberme topado con algún bloqueo de la Policía hubiera recibido el mismo trato que me dispensaron marinos y soldados.

Se reúne el Comité Nacional de Huelga

Al día siguiente —apenas dormí— y contrario a lo que podía esperarse, iba constatando por diferentes testimonios telefónicos de oficinas y talleres que existía una impresión generalizada de que la convocatoria a la huelga había sido un ardid de Batista para frustrarla. A pesar de que, en la mañana del 9 les había anunciado por teléfono a varios de mis compañeros inmediatos y a contactos que tenía en algunas compañías —Sterling Products, Laboratorios Gravi, Publicitaria Siboney— que la orden de huelga era un hecho, y así se lo comunicaron a sus compañeros de trabajo, prevalecía la creencia en esos lugares de que aún no se había dado la consigna. En lo que pude apreciar, la gente estaba dispuesta a responder a un llamado presentado como el verdadero. Basado en esa suposición traté de convencer a Ray de que todavía existía una oportunidad para convocar a la huelga por segunda vez. Si algunas huelgas tenían un origen espontáneo y triunfaban, ¿no era admisible la posibilidad de intensificar una que estaba en sus comienzos? Estaba convencido de que la idea tenía grandes posibilidades de funcionar.

El país entero estaba conmocionado. Además del asalto a la armería como acción cumbre en La Habana, en toda la Isla hubo paros en cientos de industrias y oficinas. Se realizaron sabotajes a registros de electricidad; asaltos a emisoras para trasmitir el llamado a la huelga; ataques a dos cuarteles: el de Quemado de Güines y el de Boniato; alzamiento en Sagua la Grande, con casi todo el control de la ciudad durante 34 horas y la paralización de casi toda la provincia oriental por acciones del Ejército Rebelde y las milicias urbanas. Aunque el llamado a la huelga no había funcionado por una serie de errores que pudieron haber sido previstos, todas esas acciones demostraron el vigor de la clandestinidad, que pagaría con más de cien combatientes muertos (muchos de ellos después de torturados) su decisión de acabar con Batista.

Ese mismo día tendría lugar una reunión de emergencia del Comité Nacional de Huelga, donde estarían presentes Faustino Pérez y David Salvador, que junto a Manuel Ray eran sus tres principales miembros. Se celebraría en un apartamento de la calle 20 de Mayo, cercano a la calzada de Ayestarán. Recogí a Ray en la casa que le servía de refugio y lo llevé al lugar de reunión, insistiéndole en que planteara lo de la segunda convocatoria. Me quedé en la sala sin participar en las deliberaciones pero, por supuesto, supe inmediatamente de sus resultados. Prevalecía la decepción y el desaliento. Y el estupor y dolor por los compañeros caídos en la acción de la armería y el asesinato de Marcelo Salado. Todavía no se tenían detalles de lo ocurrido en las diferentes provincias y el número de bajas. Se verificaba que las seguridades dadas por el jefe de milicias, Sergio Sanjenís, no respondían a la realidad. Una huelga general planificada como complemento y reacción a acciones armadas —así había sido erróneamente concebida— tendría serias dificultades si para esas acciones se carecía del armamento necesario, lo que significaba menos combatientes disponibles, como resultó ser. Esa falta de armamentos fue la razón para que se planificara el asalto a la armería de Mercaderes.

Ray no llegó a plantear en la reunión del Comité lo que le había sugerido del segundo llamado. No porque anticipara que iba a ser rechazado. En realidad, no lo había podido convencer de sus potenciales resultados. Sin embargo, aceptando que era una iniciativa temeraria, sigo creyendo que hubiera sido efectiva o, al menos, creado una mayor conmoción nacional al movilizar sectores laborales que no respondieron a la convocatoria sólo por dudar de su legitimidad. A esa duda generalizada, que consté de primera mano en La Habana (muestra de que la difusión de la consigna de huelga, tal como se planeó, había sido inefectiva) le atribuyo en muy buena parte el fracaso del paro. No lo aducido posteriormente por ciertos revisionistas históricos, de que la huelga fracasó principalmente porque no se contó con los comunistas.

Fuera de la huelga los comunistas

Ciertamente, el Comité Nacional de Huelga había vetado la participación de los comunistas. Algunos dirigentes estalinistas se acercaron al Comité para unirse a la operación. Su jefe, Aníbal Escalante, se reunió con Faustino Pérez para ofrecer su colaboración. Y aunque en sus instrucciones para la huelga, dada en una carta del 28 de marzo a la Direccion Nacional, Fidel Castro proponía que se aceptara la participación de otras vertientes obreras, incluyendo a los comunistas, el Comité rehusó incorporarlos y sí aceptó la colaboración de otros sectores revolucionarios. Entre ellos, la Organización Auténtica.

Por su exigua presencia en las filas obreras, de nada hubiera valido haber incluido a los comunistas. Pero esa no era la principal razón del rechazo: cualquier alianza con los comunistas en la lucha contra Batista sólo podía ir, ante la opinión pública, en detrimento de aquellos que se aventurasen a consumarla. El pueblo le habría virado la espalda al 26 de Julio de sospechársele algún vínculo con el comunismo, lo que, de haber existido, hubiera entorpecido decisivamente la lucha contra la dictadura. La percepción popular era de que, entre Batista (con todas sus atrocidades) y el comunismo (con su sangrienta historia estalinista, su control estatal de la producción, la abolición de la propiedad privada y su total ausencia de libertades) el dictador militar era un mal menor.

Lo curioso del caso es que el propio Fidel Castro, a pesar de haber sugerido una alianza que incluyera hasta a los comunistas en el caso específico de la huelga, habría de darle validez a la prevención del Comité al rechazarlos. Para justificar su inesperado viraje al comunismo, diría ante los directores de escuelas de instrucción revolucionaria, el 20 de diciembre de 1961:

Si nosotros nos paramos en el Pico Turquino cuando éramos cuatro gatos y decimos: somos marxistas-leninistas —desde el Pico Turquino— posiblemente no hubiéramos podido bajar al llano. Así que nosotros lo denominábamos de otra manera, no abordábamos ese tema.

El máximo líder confesaba que declararse comunista en aquellos momentos hubiera echado por tierra cualquier posibilidad de derrocar a Batista. Confesión que, cínicamente, en ese mismo discurso venía precedida de una aseveración contrapuesta: "Aquí nunca se ha engañado a nadie. Nosotros nunca hemos engañado a nadie". Vano intento de salvar la cara ante una clara confesión de traición.

Llamados a la Sierra

Para rendir cuentas sobre el fracaso de la huelga fueron convocados a la Sierra los principales jefes del Comité Nacional, con excepción de Manuel Ray. La reunión se celebraría el 3 de mayo de 1958 en Altos de Mompié. Estarían presentes, entre otros líderes, Faustino Pérez, René Ramos Latour, David Salvador. Marcelo Fernández y Luis Buch, este último representando a *Resistencia*. Los resultados del cónclave son descritos por Lucas Morán en *La Revolución Cubana: Una Versión Rebelde:*
> *En esta reunión no se debatieron problemas ideológicos ni de estrategia general. Ella tuvo el carácter de un juicio en el cual fueron juzgados Salvador, Pérez y Ramos. Guevara desempeñó el papel de fiscal (...) A Salvador le fue imputado haberse opuesto a colaborar con el Partido Socialista Popular. 'subjetivismo', 'putchismo' y 'aventurismo político', con lo cual su acusador se hacía eco de las denuncias del sector comunista. A Faustino y a René, falta de perspectiva por haber basado la táctica de la huelga en la creencia de que las milicias pudieran haber producido el alzamiento urbano en la capital. Después de largas intervenciones de Castro y Guevara se acordó modificar la estructura del Movimiento. Los tres acusados fueron extrañados de la Dirección Nacional (...) Castro convirtió así una derrota del 26 de Julio en una victoria personal. El caudillismo y el militarismo tan temidos por Frank País y otros dirigentes del Llano habían triunfado, en tanto los defensores del civilismo, vencidos, quedaban en condiciones de dependencia total.*

Después de analizar a la luz de la historia las incidencias de aquellos dias creo que con huelga o sin ella, Fidel Castro, al personificar la lucha revolucionaria en grado superlativo estaba en posición de mover sus fichas sin oposición. Ninguno de los oficiales del Ejército Rebelde —con la rara excepción de Huber Matos— podían hacerle la menor sombra ni se atrevían a discutir sus decisiones. Y se demostraría con posterioridad que los líderes del Llano carecían de influencia para señalar cursos de acción diferentes a los determinados por el jefe indiscutible del 26. Por lo que su autoridad no podía verse aumentada ni disminuida por una coyuntura ocasional como el fracaso de la huelga. El Comandante, aunque quejoso del Llano por estimar que no le estaba enviando armamentos y municiones, parecía reconocerlo como aliado útil y no lo confrontaba frontalmente por su necesaria presencia en la lucha. El fracaso de la huelga y la feroz represión de los cuadros del 26 que se desató después podían haberle hecho pensar que el Llano había sido prácticamente desintegrado y ya no podía contar con ese apoyo. Y aprovecharía la ocasión para dar a conocer una militarización del Movimiento bajo su personal dirección, formalizando así una supremacía absoluta que nunca había dejado de existir después de la muerte de Frank País. Los errores del Comité Nacional de Huelga le serían oportunos para la "reorganización" del 26 y ofrecer una versión aceptable de la "nueva" legitimidad de su poder. Pretexto algo fuera de lugar para ser esgrimido por el principal responsable de los dos mayores descalabros de la insurrección: el asalto al Cuartel Moncada y el desembarco del *Granma*.

Desde el punto de vista estructural no puede negarse que hubo cambios en el 26 después de la reunión de Altos de Mompié pero, a mi entender, carecen de la importancia que se le ha querido adjudicar por estudiosos de la revolución castrista. La realidad es que, después del asesinato de Frank País el 30 de julio de 1957, el Comandante nunca dejó de ser el jefe máximo del *M-26-7,* de *Resistencia,* del Frente Obrero Nacional (FON), del Frente Estudiantil Nacional (FEN) y del Ejército Rebelde, con plenos poderes para adjudicarse las funciones que considerase pertinentes, sin limitaciones de ninguna clase. Si aplicaba ese poder *de facto* tácticamente, con la discreción que aconsejarían las circunstancias en determinados momentos, no por ello dejaba de tenerlo.

Desde la Dirección Nacional del 26, Frank País establecía un balance necesario entre Sierra y Llano. Gozaba de un gran prestigio y sus dotes de organizador eran excepcionales. Con su desaparición, a sus asombrosos 22 años, se esfumó toda posibilidad de que algún dirigente se enfrentara a Fidel Castro en condiciones de igualdad jerárquica para discutir sus órdenes o frenar sus tendencias caudillistas. A partir de entonces, la opinión de los cuadros urbanos nunca pesó en las decisiones o caprichos del *máximo líder*. Esa realidad la conoceríamos después del triunfo, porque en el momento de la lucha creíamos —puedo dar fe de que al menos en La Habana— que en la Sierra se respetaban tanto nuestros puntos de vista como nuestro peligroso quehacer.

Después del intento de huelga y su sangrienta represión se supuso que con motivo de ese fracaso había cesado la actividad clandestina en las ciudades, a la que el régimen venía dándole más importancia que a la propia lucha guerrillera. La dictadura, al creer liquidada la clandestinidad, concentraría todo su poder represivo en una ofensiva antiguerrillera en la Sierra Maestra, que fracasaría eventualmente. Y a pesar de que importantes dirigentes clandestinos fueron ordenados a permanecer en la Sierra después del fracaso de la huelga, como era el caso de Faustino Pérez, David Salvador y René Ramos Latour (que caería combatiendo), la sustitución inmediata de ellos, de los que fueron asesinados en la huelga y de los que se asilaron en embajadas, permitió que la guerrilla urbana continuara sus operaciones, particularmente en lo referente a propaganda, acciones de sabotaje (mayormente incendios de campos de caña y tiendas) reclutamiento de militantes y recaudación de fondos. *Resistencia* pudo conservar algunos de sus cuadros dirigentes y designar nuevos ejecutivos para seguir funcionando a todo tren, lo que se probó con la apertura, a fines de noviembre de 1958, de un frente guerrillero en la poco propicia geografía de la provincia habanera (mencionado en el Capítulo 1) y en diciembre, la campaña nacional de propaganda clandestina del *03C*.

La clase media en la lucha revolucionaria

En Cuba, la guerrilla aportaba, en la percepción popular, la connotación romántica y a la vez, la posibilidad racional: un contingente armado contra un ejército que eventualmente podía ser vencido. La clandestinidad era la bocina magnificadora de la acción bélica, con su propio campo de acción en presión directa y constante sobre los centros de poder en las ciudades, a través de la agitación, sabotajes, atentados, propaganda, disrupción económica, recaudación de fondos y guerra psicológica.

El funcionamiento eficaz de un movimiento clandestino urbano radica fundamentalmente, como ocurrió en Cuba, en la incorporación de la clase media a la lucha subversiva. Ese sector de la población integraba en su casi totalidad el factor revolucionario urbano conocido por Llano. A pesar de los numerosos y reiterados esfuerzos de la propaganda castrista en presentar la Sierra como la única gestora de la victoria revolucionaria, la realidad histórica demuestra que fue un triunfo compartido en igualdad con el Llano. Y si bien es cierto que la clase media en Cuba podía constituir, en proporción, un núcleo considerablemente mayor que en otros países de Latinoamérica, no lo es menos que, cualquiera que fuese su volumen relativo en otros países, su participación y apoyo sería vital en una lucha guerrillera al poseer los recursos humanos, intelectuales y técnicos que exige la actividad insurgente y que, a la vez, atenúan la inferioridad de fuerzas frente a un ejército convencional.

La conjunción de los dos factores, el urbano y el guerrillero, repito, fue indispensable para el triunfo revolucionario en Cuba. Una lucha de Sierra sin Llano o de Llano sin Sierra hubiera estado condenaba al fracaso. Eso quedó demostrado históricamene en todos los intentos subversivos de la década de 1960 que en Latinoamérica fueron inspirados por lo que se creía que había ocurrido en Cuba: un triunfo meramente guerrillero. Ninguna de esas intentonas prosperó y sus principales líderes perecieron en la lucha. Así ocurrió en Bolivia, Colombia, Guatemala, El Salvador, Perú y Venezuela (donde operaban guerrillas sin apoyo clandestino en las ciudades) y Uruguay (donde los tupamaros sólo funcionaban en los centros urbanos). Esos fracasos habrían de consignar hasta qué punto la acción del Llano en Cuba, en coordinación con los alzados en las montañas, fue imprescindible para derrocar a Batista. De ahí que la supresión de esa realidad en los manuales operativos de los aspirantes a repetir en Latinoamérica el fenómeno cubano habría de conducirlos a una derrota previsible.

Pero aún si hubieran aceptado que la ayuda de la clase media les era necesaria, nada indica que hubieran podido conseguirla. El Llano latinoamericano estaba representado por un grupo socio-económico constituido en su enorme mayoría por gente que pasó por las aulas sin los beneficios de la opulencia. Y que pudo mejorar su situación financiera a través del esfuerzo personal, gracias a las oportunidades que ofrece la economía de mercado. Ese segmento poblacional era, básicamente, anticomunista. Y a esas alturas, ya Fidel Castro se había quitado el antifaz de demócrata. Por otro lado, esa "pequeña burguesía" tenía que ser renuente a participar en conspiraciones contra gobiernos que eran producto de elecciones democráticas.

La fracasada teoría del "foquismo", desarrollada por el Che Guevara, de que un pequeño grupo guerrillero era capaz por sí solo de generar las "condiciones objetivas" que conducirían al triunfo armado sobre un ejército regular, era producto de su subestimación reiterada —más bien menosprecio— del factor clandestino en la lucha, lo que siempre demostró el guerrillero argentino con sus actitudes prepotentes y su pretensión de conocedor profundo de las más eficaces tácticas de insurreción guerrillera. El Che no podía ver más allá de su experiencia directa y limitada de la Sierra. Creía que el pequeño contingente de las montañas era el hacedor de todo. Pertinaz crítico del Llano, demeritaba constantemente sus acciones. Al iniciar una operación guerrillera en Bolivia (1967) desconocía que sin la acción conjunta de la guerrilla y la clandestinidad, tal como había ocurrido en Cuba, no existía la menor posibilidad de salir airoso en el empeño. Esa desconexión con una verdad incuestionable habría de culminar en un fracaso que le costaría la vida.

Otra constancia histórica de la conexión Sierra-Llano, además de la de Cuba, sería la victoria lograda sobre el ejército somocista en Nicaragua por el Frente Sandinista de Liberación Nacional (FSLN) el 17 de julio de 1979. En su lucha contra la dictadura de Somoza, el FSLN desarrolló una insurrección urbana muy bien articulada y eficaz, de extraordinaria valentía, que unida a la acción guerrillera, les dio el triunfo. Esa activa clandestinidad estaba integrada, además de profesionales, ejecutivos, empresarios y estudiantes, por residentes de los barrios marginados. Debo señalar que, en su enorme mayoría, eran ajenos al vuelco radical pro castrista que habrían de adoptar algunos líderes revolucionarios nicaragüenses una vez en el poder. De haberse supuesto esa traición, no habría existido tal apoyo.

¿Revolución Campesina?

En los primeros meses de revolución, dada la curiosidad que despertaba el proceso cubano en el mundo intelectual, varios escritores y periodistas, algunos de renombre, se dieron a la tarea de propalar, unos, que la revolución era de origen campesino y otros, obrero. Ninguno se dio el trabajo o tuvo el interés, de profundizar más, llegándose a sostener, con supuesta autoridad, juicios totalmente desconectados de lo ocurrido en la insurrección. Viéndola con cierta benevolencia, esa falta a la verdad podría atribuirse a la inclinación de muchos intelectuales de exagerar la connotación justiciera de la lucha de un pueblo contra una dictadura, que en el caso de Cuba podía compararse con la de un David contra Goliat o de una Esparta contra Atenas.

Posiblemente, de todos los escritores que se dedicaron a analizar la revolución en sus primeros tiempos, el más brillante fue Theodore Draper, verdadero visionario. Draper fue la única voz disidente cuando plumas conocidas y respetadas comenzaban a mezclar la fantasía con la historia al describir la lucha contra Batista. Echó por tierra, con argumentos demoledores, las tesis mitificadas de que la revolución cubana era campesina o proletaria.

El verdadero creador del concepto de revolución campesina era el propio Fidel Castro, que no perdía oportunidad de divulgarlo cuando venía al caso en sus discursos. Uno de esos discursos fue el pronunciado en una concentración que habíamos organizado los miembros de la dirección provincial habanera del Movimiento en Güines, el 29 de marzo de 1959.

Esta es una revolución eminentemente campesina —dijo el Comandante— *que partió del campo, que tiene su principal fuerza en los campesinos cubanos y cuya ley más revolucionaria es la Ley de Reforma Agraria*

Confieso que no le dimos mucha importancia a esa parte del discurso en aquel momento, atribuyéndoselo a la intención de halagar a los asistentes al acto, procedentes, en su enorme mayoría, de las zonas rurales de la provincia habanera. Al mencionar la Ley de Reforma Agraria, Fidel Castro se refería a una dictada en la Sierra, algo primitiva, redactada por el comandante Humberto Sorí Marín (posteriormente fusilado). La reforma agraria era una de las promesas básicas del Manifiesto de la Sierra Maestra, que señalaba como acción inmediata:

Sentar las bases para una reforma agraria que tienda a la distribución de las tierras baldías y a convertir en propietarios a todos los colonos, aparceros, arrendatarios y precaristas que posean pequeñas parcelas de tierra, bien sean propiedad del Estado o particulares, previa indemnización a los anteriores propietarios.

Se respondía así a lo que especificaba la Constitución de 1940, que ya había proscrito el latifundio, dejando pendiente a una ley posterior —que nunca sería promulgada— la limitación de su extensión y otros detalles para mejorar la estructura de la producción agraria y el nivel de vida del campesinado. La posesión de la tierra para el que la trabajaba seguía siendo la promesa fundamental y, a la vez, la máxima aspiración del hombre de campo.

Fidel Castro mentía al calificar la revolución de campesina. Al hacerlo, se le podría adjudicar la misma motivación que venía mostrando desde la Sierra: disminuir la participación de la clandestinidad en la victoria para concentrar en él todos los méritos, echando a un lado la verdadera base de su triunfo: la clase media, corazón del Llano y de la Sierra. Esa revolución no partió, como él decía, del campo. Se le podía atribuir como su chispa el asalto al Moncada, un cuartel en la ciudad, no en el campo, atacado por jóvenes de la clase media, no campesinos. Luego vino un desembarco preparado en otro país, México, no en el campo, con un contingente de 82 expedicionarios donde, en lo que ha podido conocerse, ninguno era campesino. Si los rebeldes en la Sierra sobrevivieron fue por el apoyo de la clandestinidad, principalmente el que, en hombres y armamentos procedió de Santiago de Cuba bajo la dirección de Frank País en los tiempos más difíciles de la guerrilla, que fueron los primeros. No a una ayuda campesina determinante en el orden bélico, que si hubo alguna fue de carácter individual. Las heroicas y ejemplares acciones del *M-26-7* en Santiago el 30 de noviembre de 1956, dos días antes del desembarco de Fidel Castro y los expedicionarios del *Granma*, no fueron ejecutadas por campesinos. Todos los participantes eran jóvenes de la clase media.

Esa realidad ha sido documentada magistralmente por Lucas Morán en su ya citado libro. Sobre la composición del liderato del Llano, nos dice:

> *Yo conocí a casi todos los milicianos de las principales ciudades orientales y a muchos de otras provincias, y puedo asegurar que en su gran mayoría provenían de la clase media. Eran profesionales jóvenes o estudiantes como los hermanos País, José Tey Saint-Blanchard o Félix Pena Díaz; empleados de la Compañía Cubana de Electricidad —considerados como privilegiados— como Emiliano Corral, Otto Parellada o Héctor Delfín; empleados bancarios como Eduardo Martínez, Jorge Gómez o Agustín Navarrete; empleados telefónicos como Ana María Vallabrigas o Carlos Amat; o hijos de terratenientes como Jorge Sotús o Vilma Espín. Algunos habían vivido en la clandestinidad por meses o años en ciudades en las que eran cazados como fieras, en peligro constante. Muy pocos tenían educación política, aunque en su mayoría leían asiduamente. Su meta era derribar al gobierno y establecer un régimen democrático. No tenían regreso a una vida normal bajo Batista. Todos creían que de ser detenidos hubieran sido torturados y muertos; muchos lo fueron.*

En ninguna de las otras organizaciones revolucionarias tampoco se hizo patente la presencia de campesinos en su dirigencia y militancia. En el primer gobierno revolucionario, ningún líder campesino ni obrero llegó a ser miembro del gabinete. Todos sus integrantes pertenecían a la clase media y clase media alta. Con alguna que otra excepción, todos eran profesionales. La incorporación de unos cuantos campesinos a la guerrilla y el apoyo de algunos más una vez consolidado el frente insurreccional, en nada calificaba a la revolución de campesina. Si en el perímetro de las montañas de Oriente hubo algún apoyo local a la guerrilla fue más bien como reacción a las matanzas de campesinos por el Ejército cuando los consideraba colaboradores de los alzados y por el miedo a los fusilamientos que el propio Ejército Rebelde aplicaba a infractores de las normas legales establecidas en la zona de operaciones. La ayuda del guajiro a la guerrilla no era, precisamente, por devoción a una causa revolucionaria. Lucas Morán asevera:

Muchos de los jóvenes campesinos que se habían incorporado a las fuerzas rebeldes lo hicieron en busca de aventuras, mas cuando se encontraban con la rígida disciplina, el esfuerzo físico exhaustivo y las privaciones y penalidades que impone la guerra de guerrillas, desertaban.

El 26 de julio de 1959, casi a los siete meses del triunfo revolucionario. se celebraría una extraordinaria concentración en la Plaza Cívica de La Habana, donde el hombre de campo, procedente de todas las provincias, se uniría al de la ciudad para hacer patente su apoyo a la revolución. Se le hablaba de una reforma agraria que lo primero que prometía era otorgarle la propiedad de la parcela que cultivaba y de vender libremente el producto de su labranza (lo que nunca se cumpliría). Su viaje a La Habana obedecía al entusiasmo por esa promesa, no por su participación en la lucha revolucionaria.

Esa presencia de centenares de miles de campesinos con sus sombreros de yarey en la multitudinaria concentración fue percibida por la prensa internacional como que el hombre del campo era el verdadero arquitecto del triunfo revolucionario, convalidando en sus informaciones la falsedad propalada por Fidel Castro de que la revolución era obra del trabajador rural.

La falacia de la revolución obrera

Tampoco el proletariado se sumó colectivamente a la lucha contra la dictadura. En casos individuales, de líderes y trabajadores no contaminados por el régimen, sí. Pero en su conjunto, como organizaciones colectivas, poco se podía esperar del obrerismo. La Confederación de Trabajadores de Cuba (CTC) estaba en manos corruptas que habían pactado con Batista. Algunos líderes sindicales revolucionarios como David Salvador, Conrado Bécquer, Octavio Louit, Eduardo García Moure, José María de la Aguilera, José Pellón, Conrado Rodríguez (del Segundo Frente del Escambray), Alfredo Rancaño, Jesús Soto y otros, se oponían a esa alianza y formaron el clandestino Frente Obrero Nacional (FON), ramal del *M-26-7*, con Vicente Báez a cargo de Propaganda. A ese grupo original pertenecían también tres valiosos líderes que habrían de ser mártires de la lucha contra Batista: Julián Alemán, Jorge Fernández Arderi y Eliseo Caamaño. Y se incorporarían después, entre otros, Pedro Luis Boitel y Amaury y Pedro Fraginals.

La abstención del proletariado, como entidad clasista, en asumir un compromiso formal contra la dictadura no obedecía únicamente al control que sobre los trabajadores pudieran tener los líderes obreros que respondían a Batista. Había otras razones que pudieran explicar esa apatía a dar un paso al frente y sumarse a la insurgencia de forma masiva. Tenían que ver con el grado de avance de la clase trabajadora cubana en su lucha por la justicia económica y social.

En Cuba, el obrero tenía una situación bien diferente a la mayoría de sus homólogos en América Latina. La jornada de trabajo era de 8 horas diarias de lunes a viernes y 4 los sábados, un total de 44 que se pagaban como 48; un mes de vacaciones por cada once de labor, con sueldo completo; derecho a 9 días al año por enfermedad, que en muchos casos se pagaban aunque no hubieran sido usados. Y otros beneficios adicionales, entre los que estaban el salario mínimo y el conocido como maternidad obrera (pago sin trabajar a la empleada embarazada de 12 semanas, 6 antes del parto y 6 después). Esas conquistas, producto de muchos años de lucha, fueron plasmadas en la Constitución de 1940, convirtiendo a Cuba en precursora de la más avanzada legislación laboral de América Latina.

Los convenios laborales eran, generalmente, respetados por las partes y los casos en conflicto se resolvían mediante el arbitraje oficial, como venía ocurriendo antes del golpe de Batista de 1952 aunque con posterioridad no existirían problemas obrero-patronales que pudieran atribuirse específicamente a su presencia en el poder. Ninguno de los derechos del trabajador había sido suprimido por la dictadura ni existían demandas de cambios sustanciales en las relaciones entre los dos factores de la producción. La oposición activa —y subversiva— de un pequeño sector del proletariado, más que producto de una motivación clasista pro derechos laborales, surgía del rechazo a los desmanes y abusos del régimen, tal como ocurría en los demás segmentos de la población. En el caso de los trabajadores, la posición de los dirigentes revolucionarios del Frente Obrero Nacional (FON) incluía también el repudio al acomodo de la dirigencia sindical con la dictadura y su corrupción escandalosa.

No pretendo sostener que Cuba era el paraíso de los trabajadores ni que todos tenían acceso a los excelentes beneficios salariales como los que yo pude disfrutar cuando en mi adolescencia tallaba diamantes. Había en el país problemas de desempleo y un largo camino por recorrer para establecer sistemas de retiro y de seguro social. Y, por supuesto, los salarios podían ser mejorados. Pero, en términos generales, el obrero cubano gozaba de mayores beneficios que los concedidos al sector laboral en la gran mayoría de las naciones latinoamericanas, por lo que su militancia subversiva desde el punto de vista clasista, frente a una dictadura que le había mantenido todos los derechos consagrados en leyes anteriores, ni se produjo ni era de esperarse.

Por las razones expuestas, había que descartar la influencia o participación del obrerismo y el campesinado, como clases, en el proceso insurgente. De hecho, ninguno fue significativo como factor en el triunfo revolucionario. La hoz y el martillo nada tenían que ver con la revolución que se gestaba en sierras y ciudades. Debe tenerse presente que para el pueblo, bajo la dictadura de Batista, lo importante, lo primero, lo indispensable era sacar al jefe golpista del poder por la brutalidad de sus fuerzas represivas, soslayando otras consideraciones de matiz ideológico, clasista o económico. Se creía que todas esas cuestiones, al lograrse el triunfo insurreccional, caerían por su propio peso en un proceso democrático ajustado a la Constitución de 1940, cuya restitución constituía la promesa fundamental del movimiento revolucionario.

A borrar de la historia la clandestinidad

A pesar de que el Comandante, dentro de sus indefiniciones, nos hacía ver que estaba con nosotros en lo del rechazo al comunismo, no se me escapaba que estaba demeritando la decisiva participación del Llano en el triunfo revolucionario. Aunque la mayoría de los ministros del gobierno procedían del *26 y Resistencia*, al integrarse la dirección del Instituto Nacional de Reforma Agraria (INRA), se designaba como Director Ejecutivo a Antonio Núñez Jiménez, de procedencia comunista y el Che Guevara pasaría a ocupar la jefatura de su Negociado de Industrias. No se contó con veteranos del Llano. Por la importancia que podía adjudicársele al organismo, que era calificado por muchos como el verdadero gobierno, esos nombramientos daban fe de que la clandestinidad estaba empezando a ser marginada del proceso tan pronto como a los cinco meses y medio del triunfo revolucionario. Me parecía chocante. En la carta de Fidel Castro a la Junta de Liberación de diciembre de 1957, podía leerse en uno de sus párrafos finales:

Nunca será la lucha más dura que cuando éramos solamente doce hombres, cuando no teníamos un pueblo organizado y aguerrido en toda la Sierra, cuando no teníamos como hoy una organización poderosa y disciplinada en todo el país, cuando no contábamos con el respaldo de masas evidenciado con la muerte de nuestro inolvidable Frank País.

El Comandante hablaba de "una organización poderosa y disciplinada en todo el país" que, por supuesto, tenía que ser el *26 de Julio*. Y su mención de la masiva reacción al asesinato de Frank País constituía también un reconocimiento a la labor del Llano. Porque el intento de huelga iniciado a principios de agosto de 1957 en Oriente y extendido al resto del país como respuesta a la muerte de Frank, aunque fracasado, fue promovido por la clandestinidad. Si llegó a contar con respaldo en otras provincias, fue por la convocatoria de cuadros organizados en las ciudades. De Fidel Castro, pocos testimonios pueden exhibirse como el de la carta mencionada en prueba de su reconocimiento de la importancia del factor clandestino en la insurrección. Confesión que pugna con sus reiterados intentos posteriores de menoscabar, solapadamente, la labor de la militancia urbana.

El mito de "los doce"

En lo referente a los "solamente doce hombres" como grupo inicial para enfrentarse a Batista —uno de los grandes mitos revolucionarios— a los que hace mención Fidel Castro tanto en su carta a la Junta de Liberación como en su primer discurso al llegar a La Habana, en realidad no eran 12, ni 17 según el Che, ni 20 o 21 según otros. ¿Los que se alzaron en Santiago de Cuba el 30 de noviembre de 1956, dos días antes del desembarco del Comandante y sus compañeros no eran también miembros del Movimiento 26 de Julio? ¿No había que contar con esos combatientes, que habían perdido en la acción de Santiago a tres de sus principales líderes: José *Pepito* Tey, Otto Parellada y Tony Alomá, los primeros mártires del *26*? ¿No había que contar a las decenas o centenares de sobrevivientes de esa heroica acción porque tenían que esconderse, igual que lo estaban haciendo los 12, 17 o 21 de la Sierra?

La Sierra era sólo una parte del *26*, que siempre fue minoritaria aunque su importancia era incuestionable. Pero eran cientos más los que integraban el contingente insurreccional en esa primera etapa: los combatientes del Llano que estaban organizando la resistencia en los centros urbanos y tratando de hacerle llegar al jefe guerrillero armas y refuerzos, al precio de los grandes riesgos y sacrificios que implicaba la acción clandestina. Sin esta ayuda y las que llegarían después, sobre todo las que pudo acopiar inicialmente Frank País y los combatientes de Santiago, los "doce" mencionados por el jefe rebelde, incluyéndolo a él, hubieran pasado a la historia como mártires, nunca vencedores. La fábula de "los doce" sería una de las primeras falsedades que pondrían al desnudo las intenciones de Fidel Castro de acaparar para sí el protagonismo absoluto de la lucha contra Batista y borrar de la historia la indispensable contribución del Llano.

El primer refuerzo recibido por la Sierra, tan temprano como el 1 de febrero de 1957, fue de 10 milicianos armados enviados desde Santiago por Frank País. ¿Cuántos más tuvieron que involucrarse con anterioridad para hacer posible esa operación? Pero la ayuda más importante al precario "ejército rebelde" en esa etapa de la lucha fue el envío a la Sierra Maestra de un contingente de 58 hombres, perfectamente equipados, bajo las órdenes de Jorge Sotús, valeroso capitán de milicias de Santiago. El refuerzo llegó tan pronto como a mediados de marzo. Es decir, a los dos meses y medio del desembarco del grupo expedicionario. No es difícil imaginar cuántos peligros tuvieron que afrontar Frank País y sus compañeros para acometer una operación de esa envergadura en una ciudad mucho más pequeña que La Habana, donde las fuerzas represivas no daban cuartel después de las acciones del 30 de noviembre. Como tampoco hace falta mucha imaginación para concluir lo que hubiera sido del exiguo y casi exhausto grupo de la Sierra de no haber contado con ese importante apoyo. A la presencia de los hombres de Sotús se debe en buena parte el victorioso ataque a la guarnición de El Uvero a fines de mayo de 1957, la primera acción verdaderamente significativa de la guerrilla serrana. Por la intrépida actuación personal de Sotús en el ataque sería calificado como "el héroe de El Uvero".

Y es curioso que, a pesar de recibir un refuerzo de tan considerable magnitud como el de Sotús y su grupo, el jefe rebelde no los recibió de inmediato. Al parecer, el recelo y el menosprecio dominaron lo que debió haber sido una entusiasta bienvenida. Aunque parezca increíble, Fidel Castro demoró ocho días en recibir a Sotús y su numeroso contingente, teniéndolos en las cercanías. Reacción premeditada para restarle importancia al apoyo del Llano y al abnegado trabajo de Frank País. Ayuda que el Comandante necesitaba desesperadamente, pero que no estaba dispuesto a reconocer. Es presumible que fuera con la intención de acaparar la paternidad exclusiva de la lucha insurreccional.

Conflictos entre Sierra y Llano

De ese menosprecio de Fidel Castro por la lucha del Llano y sus profundas diferencias con Frank País, nunca supe durante mi trayectoria clandestina. Tenía la impresión de que, en general, existía una buena relación entre la Sierra y la clandestinidad. Y aunque parezca increíble, tampoco Manuel Ray estaba enterado de esas diferencias, a pesar de su relevancia como uno de los dos principales líderes de la clandestinidad en La Habana (el otro era Faustino Pérez). Esas controversias eran sólo conocidas en los más estrechos círculos de la Dirección Nacional, radicada en Santiago de Cuba, donde Frank País y René Ramos Latour, un excepcional y competente líder revolucionario, velaban por el curso democrático de la rebelión ante ciertos movimientos sospechosos de Fidel Castro que anticipaban sus tendencias absolutistas, para las que contaba con el apoyo de su hermano Raúl y el *Che* Guevara.

En el *Diario de la Revolución Cubana*, de Carlos Franqui, sobran ejemplos de la ingratitud de Fidel Castro hacia los militantes del Llano, que hicieron posible su supervivencia mientras luchaba en las montañas. Cuadros urbanos que ejercían presión constante sobre la dictadura. con sabotajes, atentados dinamiteros y personales, una intensa propaganda clandestina y la movilización progresiva de los sectores vitales del país —su vigorosa clase media— a favor de la insurrección. Acciones que obligaban a la dictadura a concentrar su mayor fuerza represiva en las ciudades, principalmente La Habana y Santiago. Y también en todas las capitales de provincia y otros centros de población, lo que ponía en evidencia que le temía más al Llano que a la Sierra. La manipulación de hechos por parte de Fidel Castro para concentrar en su ejecutoria personal todo el mérito de la lucha se infiere claramente de los documentos que aporta el *Diario de la Revolución*. La obra de Franqui es la mayor recopilación de información que existe del período insurreccional, resultado de años de acopio, selección y organización de materiales. Gracias a su esfuerzo puede contarse hoy con una referencia seria para los estudiosos de un proceso que con frecuencia ha sido tergiversado hasta por plumas de renombre. Esto no quiere decir que yo comparta todos los enfoques de Franqui en su acucioso trabajo pero sus testimonios tienen el aval de una intensa participación en la lucha, tanto en las montañas de Oriente como en la clandestinidad de La Habana.

Dice Franqui en el *Diario*:

La clandestinidad, que tenía a la Sierra en el corazón, que moría desarmada en las ciudades y en los antros de tortura, gratando ¡Viva la Sierra Maestra! ¡Viva Fidel Castro!, era allí considerada responsable de todos los desastres, olvidos, incomprensiones, errores y abandonos que la Sierra sufría, culpable de las dificultades pasadas, de los peligros presentes y futuros.

A mí se me aceptaba no sólo por el avión sino porque ahora venía de Miami y no de La Habana o Santiago. La incomunicación era total. Era un muro. Un muro contra el cual era imposible luchar.

Esas diferencias entre Sierra y Llano, como he dicho, nunca llegaron a la Habana y las llegaría a conocer con posterioridad por conversaciones con Lucas Morán en el exilio y por su brillante ensayo sobre la revolución, donde, además de sus comentarios y reflexiones, destaca párrafos de cartas de René Ramos Latour y el Che Guevara. En esas cartas, publicadas en el Diario de la Revolución, de Franqui, se definen claramente las diferencias. Una de las más evidentes era la de que en la Sierra se criticaba como insuficiente y de manera despectiva el suministro de armas y armamentos por parte del Llano, sin tomar en consideración el esfuerzo y sacrificio que significaba conseguir y hacer llegar a su destino lo que se recibía. En una carta de Guevara a Ramos del 15 de diciembre de 1957 se lee:

...me dice Fidel que él no ha recibido algún dinero, unas balas en mal estado y hombres deficientemente armados. A lo que responde Ramos Latour: En cuanto a la forma despectiva con la cual se acusa recibo del material que enviamos, debemos decirte que todo lo que ahí llega es producto del esfuerzo de un gran número de cubanos que trabajan con entusiasmo y arrostrando los peores riesgos para obtener primero dinero, adquirir más tarde los artículos y trasladarlos finalmente a la Sierra, burlando la vigilancia de cientos y cientos de soldados y a sabiendas de que al ser sorprendidos van a ser vilmente asesinados.

Guevara da a conocer en la citada carta su pensamiento político:

Pertenezco por mi preparación ideológica a los que creen que la solución de los problemas del mundo está detrás de la llamada 'cortina de hierro' y tomo este movimiento como uno de los tantos provocados por el afán de la burguesía de liberarse de las cadenas económicas del imperialismo.

A lo que Ramos Latour contesta:

Supe desde que te conocí de tu preparación ideológica y jamás hube de referirme a ello. No es ahora el momento de discutir 'donde está la salvación del mundo'. Quiero dejar constancia de nuestra opinión, que por supuesto es enteramente distinta de la tuya. Considero que no hay en la Dirección Nacional del Movimiento ningún representante de la 'derecha' y sí un grupo de hombres que aspiran a llevar adelante, con la liberación de Cuba, la Revolución iniciada en el pensamiento de José Martí.

Ante la confesión de Guevara de su militancia comunista quedaba claramente definida por Ramos Latour la desvinculación del Llano con el pensamiento marxista.

Lo que creíamos de la Sierra

En mi caso, como en el de otros compañeros, respondíamos a lo que señalaba Franqui: idealizábamos demasiado la realidad de la Sierra. Estábamos ajenos a las manipulaciones y maniobras políticas que, según sabríamos después al analizar numerosos documentos guerrilleros, eran parte inseparable de las agendas cotidianas de Fidel y Raúl Castro y el Che Guevara.

Particularmente, ante las responsabilidades familiares, de trabajo y subversión que yo no podía desatender —agobiantes al tener que manejarlas simultáneamente— no me quedaba espacio para pensar en otra cosa que no fueran las que requerían atención inmediata, condicionadas por la prioridad obligada de burlar la represión. Mi confianza y la de los compañeros que me rodeaban en lo que dimanaba de la Sierra era absoluta. No podíamos imaginar un propósito deliberado de desconocer o menospreciar el riesgoso trabajo que estábamos haciendo. Ni que existiera una pretensión autocrática en la jefatura rebelde. Y, ni remotamente, que se estuviera incubando un cambio antipatriótico hacia el totalitarismo comunista. Nos concentrábamos en el cumplimiento de nuestras respon-sabilidades subversivas, acompañados siempre de ese miedo cotidiano que ya nos era familiar.

Lo singular del caso es que ninguno de los compañeros de *Resistencia* y del *26* que pude tratar personalmente ponía en discusión la jefatura de Fidel Castro ni su sabiduría en la conducción de la lucha. El Comandante gozaba de nuestro respeto y admiración, no sólo por su audacia y valentía. Nos sentíamos completamente identificados con su prédica del valor de las instituciones republicanas, verdaderos frenos del caudillismo. Desde luego, teníamos como referencia lo dicho por él en *La Historia me Absolverá* y posteriores declaraciones, donde lo concerniente a su motivación personal en la lucha quedaba circunscrita al rescate de las libertades y la restitución del sistema democrático, sin mencionar cambios ideológicos ni vuelcos radicales del sistema económico. Nos movía también a apoyarlo su enfatizado interés en no ocupar ninguna magistratura después de la victoria, lo que, por supuesto, no estábamos inclinados a convalidar porque reconocíamos su derecho a encabezar un gobierno revolucionario.

La única posición a la que Fidel Castro aspiraba, claramente repetida desde la Sierra, era la de la reorganización de las fuerzas armadas, lo que veíamos como una salvaguardia del cumplimiento de los objetivos revolucionarios. Era tal nuestra confianza, que no veíamos nada de irregular en esa aspiración. Más bien, la considerábamos modesta y como garantía de la continuidad del funcionamiento democrático frente a cualquier intento de golpe de estado. En nuestra ingenuidad y escasa suspicacia no percibíamos que, dado el vacío de poder que prevalecería al momento de un eventual triunfo, ser jefe del ejército y principal líder revolucionario equivalía a ser dueño del país.

El reconocimiento secreto

Que el jefe rebelde fuera capaz de comprender la importancia del aporte del Llano a pesar de su aparente menosprecio era de esperarse. De hecho, en círculos íntimos lo daba a entender. Pero se cuidaba mucho de hacerlo ostensible y reconocerlo públicamente. Prueba de ese reconocimiento a puertas cerradas es una carta de su puño y letra dirigida a Celia Sánchez el 5 de julio de 1957 (ver *Diario de la Revolución Cubana*) menos de una semana después del asesinato de Josué País y tres y media antes de ser asesinado su hermano Frank. Decía Fidel Castro:

Hemos admirado desde aquí el enorme impulso que adquiere el Movimiento en el resto de la Isla. Y admiramos también, sobre todo, el heroísmo desplegado por nuestros hombres en la clandestinidad. A veces siente uno la vergüenza de estar en la Sierra. Estar allá tiene mucho más mérito que estar aquí.

Entonces, ¿a qué se debía esa omisión reiterada del factor clandestino después del triunfo? No encuentro otra respuesta que no sea la de que, ya desde el mismo inicio de la lucha, Fidel Castro aspiraba a convertirse en dictador totalitario. Claro, de mostrar entonces sus verdaderas intenciones se hubiera quedado solo, como él mismo habría de reconocer en el citado discurso de "los cuatro gatos", donde como se ha visto, con inaudito cinismo dio a entender que si hubiera dicho desde la Sierra que era comunista nadie lo hubiera seguido. La percepción de la militancia clandestina respondía a una firme convicción democrática. No podíamos concebir una pretensión caudillista en un líder como Fidel Castro, que no perdía oportunidad de dárselas de demócrata. La convalidación de un tirano estaba fuera de toda posibilidad para un *26 de Julio* que había surgido como respuesta a los abusos de un dictador. Para Fidel Castro, la táctica de ocultar ante la opinión pública el vital aporte de la clandestinidad era un recurso para que se desconocieran los méritos de los revolucionarios que, al descubrir sus verdaderas intenciones, no le habrían de ser afines. Sabía que rechazarían la instauración de una nueva dictadura. Y para eliminarlos tenía una gran ventaja: podía barrer de un plumazo a todos los dirigentes del *26* —muchos de ellos protagonistas de verdaderas hazañas— sin que surgiera la menor protesta popular. De los combatientes del Llano, sólo serían reconocidos aquellos que él quisiera señalar. Y estos serían, desde luego, los dispuestos a deshonrar los ideales por los que cayeron sus compañeros.

La desaparición del 26

A mediados de marzo de 1959, el *M-26-7*, como entidad política, confrontaba un grave problema. Sus principales dirigentes estaban absorbidos por las labores de gobierno y los conflictos de orden interno del Movimiento no estaban dentro de sus prioridades. Los ministros y sus funcionarios estaban dedicados en cuerpo y alma al trabajo en la administración pública. Sus responsabilidades incluían cambios sustanciales en la organización de las dependencias que dirigían, la implantación de medidas innovadoras para mejorar la salud y la educación, el aumento de las recaudaciones fiscales y un excepcional programa de obras públicas. Lo último, a cargo de *Manolo* Ray, quien había volcado prácticamente la mayor parte de la dirigencia de *Resistencia* (ingenieros, arquitectos y abogados) en su Ministerio. Profesionales que renunciaban al mayor ingreso que recibían de la actividad privada para dedicarse con entusiasmo a la labor constructiva de la revolución. Entre ellos se destacarían Gerardo Pérez-Puelles (primo del asaltante al cuartel de Bayamo del mismo nombre) y los ingenieros Juan Meléndez Fresneda, Ricardo Corominas, Ramón Acosta, Juan P. Martin Morán y Ramón Darias, el arquitecto Henry Gutiérrez y los abogados Pedro Entenza y Carlos López Lay. Había también otros excelentes colaboradores, cuyos nombres escapan a mi memoria.

Las obligaciones de los ministros los alejaba de la atención que merecía el *M-26-7* ante las maniobras de infiltración comunista que empezaban a manifestarse. No todos los miembros del gabinete estuvieron vinculados a las actividades insurgentes, pero sí su enorme mayoría. De estos, los más destacados de los pertenecientes al *26* eran los ministros Manuel Ray (Obras Públicas), Faustino Pérez (Recuperación de Bienes Malversados), Armando Hart (Educación), Marcelo Fernández (subsecretario de Estado), Luis Buch (Secretario de la Presidencia), Enrique Oltuski (Comunicaciones), Humberto Sorí Marín (Agricultura) y Julio Camacho (Transporte). Tanto ellos, como Carlos Franqui, de lleno en *Revolución*, no participaban en las reuniones del *26*, limitadas prácticamente a las de la Dirección Provincial de La Habana

Por raro que parezca, después del primero de enero de 1959 sólo hubo un caso en que una reunión formal del Movimiento fue convocada por Fidel Castro. Se celebró en el salón principal del Tribunal de Cuentas y tuvo como motivo la coordinación de los diferentes aspectos organizativos de la concentración campesina que tendría lugar en La Habana el 26 de julio de ese año. En esos primeros meses, sólo tuvimos con el Comandante reuniones esporádicas y parciales —contadísimas— cuando se suscitaba algún conflicto donde se estimaba necesaria su intervención. Y la iniciativa de las reuniones nunca surgía del jefe rebelde. Por la naturaleza misma de la lucha, según ya he comentado, los combatientes del Llano —hombres y mujeres— eran desconocidos y sus méritos y sacrificios no contaban cuando el *máximo líder* apelaba a su poder decisional. Si se trataba de un posible incondicional, las puertas estaban abiertas y el oído atento. Si, por el contrario, el compañero pensara por sí mismo y llegase a manifestar alguna discrepancia, rechazo o inconformidad con lo expresado o dispuesto por Fidel Castro, su futura invisibilidad podía anticiparse.

Con el triunfo de la insurrección, *Resistencia Cívica* carecía de razón de ser y dejó de funcionar, aunque desde el punto de vista histórico su desaparición como organismo con cierta independencia había ocurrido unos días antes, en la última reunión de la cúpula insurreccional celebrada en la Sierra en diciembre de 1958. En esa reunión Manuel Ray representaba a *Resistencia* y se había acordado fusionarla con el *26 de Julio* bajo una sola dirigencia. Y con la victoria revolucionaria, el *26*, en lugar de fortalecerse, iría languideciendo progresivamente. Era obvio que Fidel Castro, aprovechando el considerable poder personal que estaba adquiriendo, hacía todo lo posible por disolver el Movimiento de su creación para eliminar potenciales cortapisas y limitaciones a su voluntad. La disolución del 26, principalmente por el anonimato que he señalado de su dirigencia clandestina, no resultaría difícil. Antes de terminar el primer año de revolución, el Movimiento que surgió del ataque al Moncada quedaba prácticamente liquidado para dejar abierto el camino al comunismo. La futura "participación" del *26* en las Organizaciones Revolucionarias Integradas (ORI) y su sucesor, el Partido Unido de la Revolución Socialista (PURS), máscaras previas del Partido Comunista de Fidel Castro, sería sólo una de las tantas tretas para presentar como una decisión colectiva la traición del *máximo líder*. Cuando esas maniobras tenían lugar, hacía rato que el *26,* como organización, había dejado de existir. A no ser que se le llame organización a la que tiene por matrícula un solo miembro.

Manuel Ray, como Ministro de Obras Públicas del primer gobierno revolucionario democrático, con sólo diez meses de ejecutoria, dejó una asombrosa obra que incluía, además de la reconstrucción de carreteras y puentes, 200 escuelas rurales y cinco balnearios públicos con edificios completamente equipados.

En la presentación en San Juan del libro de Carlos Franqui, *La Revolución: ¿Mito o Realidad?*, estuvieron presentes cuatro exdirigentes del Movimiento 26 de Julio. De izq. a der.: el autor, Franqui, Vicente Báez y Manuel Ray. (Foto Emi Guede).

Berta Fernández Cuervo (*Flavia*), a la izquierda, y María Teresa Taquechel (*Mili Tauler*), destacadas militantes de *Resistencia*, en los primeros días del triunfo revolucionario. Ambas fueron pioneras en rechazar la imposición del comunismo

Anverso y reverso del bono clandestino de $ 500.00 (1958) del Movimiento de Resistencia Cívica, producido por serigrafía. Nadie hubiera pensado entonces que la más sacrificada y prolongada lucha por la defensa de los derechos humanos en Cuba sería, precisamente, la que habría de librarse al estar Fidel Castro en el poder.

CAPÍTULO 7
LOGROS Y DECEPCIONES

A Caracas en febrero

Enero de 1959 quedaba atrás y tenía serias dudas de continuar como Director de Prensa del presidente provisional Urrutia. La *Operación Verdad* había sido un éxito y estaba contemplando mis próximos pasos. Como secretario de propaganda del Movimiento de Resistencia Cívica, había cesado en funciones. Con el triunfo revolucionario, se suponía que *Resistencia* dejaba de existir como complemento del *M-26-7*. De su dirección provincial, Manolo Ray, Luis Buch y yo éramos los que más directamente habíamos estado en contacto con la dirección del *26*. De hecho, Ray había actuado durante unos meses como Coordinador Provincial del *26* en La Habana, sin abandonar sus funciones ejecutivas en *Resistencia*.

Cuando el triunfo del primero de enero, el Responsable Provincial de Propaganda del *26* en la Habana era Vicente Báez (*Mateo*), con quien yo mantenía una constante comunicación en virtud de la afinidad de nuestras funciones. Aunque Vicente iba a continuar en la Dirección Provincial además de asumir la administración del periódico *Revolución*, el Coordinador Nacional del Movimiento, Ángel *Horacio* Fernández Vila (Marcelo Fernández había renunciado) me ofreció la posición que Vicente desempeñaba para que él pudiera dedicarle más tiempo a su importante cargo en el periódico. Acepté. Habría de ser, por tal razón, el único miembro de la dirección de *Resistencia* que pasaría formalmente a la del *M-26-7* después del triunfo. Y al ocupar esa posición, sería uno de los cuatro miembros del Consejo de Dirección del periódico *Revolución*. Esas posiciones eran *ad honorem*, por lo que tenía que conseguir un trabajo que me permitiera cubrir mis necesidades y a la vez cumplir con los compromisos revolucionarios.

No tenía interés en cargos gubernamentales, salvo que estuvieran relacionados con la asistencia social, la propaganda de la obra revolucionaria o la promoción del turismo, para los que creía tener cierta vocación y alguna aptitud. No iba a gestionarlos si no se me ofrecían. Se me mencionó para dirigir la Comisión de Turismo, pero decliné cuando supe que tendría que responder a un patronato que carecía de las calificaciones dignas de mi respeto. Como se hablaba de democracia, veía un futuro de servicio público para el *M-26-7* y tenía mucho interés en participar en su conversión a partido político, lo que podría hacer sin tener que desempeñar una posición oficial.

A principios de febrero fui invitado a la toma de posesión del presidente electo de Venezuela, Rómulo Betancourt, que iba a tener lugar el 13 de ese mes. Además de una oportunidad de estar presente en un momento tan memorable en la historia de un país amigo quise cubrir el evento para *Revolución* y aprovechar la ocasión para ver a mi hermano Pepe, que residía en Caracas y no veía desde hacía varios años. Pepe tenía una modesta empresa publicitaria y era uno de los dirigentes de la delegación del *M-26-7* en la capital venezolana. Mi breve estadía también me sería útil para ordenar mis pensamientos sobre mi futuro inmediato. Luis Buch insistía en que continuara a cargo de la Oficina de Prensa e Información de la Presidencia.

La visita a Caracas también me entusiasmaba por otra razón. A raíz del golpe militar perpetrado en Venezuela el 24 de noviembre de 1948, tuve oportunidad de conocer personalmente a los principales líderes del Partido Acción Democrática que estaban refugiados en Cuba. Esos exiliados estaban bajo la protección del presidente Prío Socarrás, del Ministro de Educación Sánchez Arango y del profesor Raúl Roa, Director de Cultura. Como fotógrafo ocasional de la Dirección de Cultura, yo observaba las reuniones casi diarias que Roa sostenía con el gran novelista y recién derrocado presidente Rómulo Gallegos y otros cinco dirigentes de A.D. exiliados, tres de los cuales llegarían a ser presidentes también de Venezuela: Rómulo Betancourt (por segunda vez), Raúl Leoni (quien permanecería poco tiempo en Cuba) y un juvenil Carlos Andrés Pérez. Otra de las personalidades asiduas era uno de los más destacados poetas latinoamericanos, Andrés Eloy Blanco. También formaba parte del histórico conjunto de exiliados venezolanos un joven y culto hijo de Barquisimeto, Raúl Nass, exdirector de la Secretaría de la Presidencia de Rómulo Gallegos. Mi simpatía política con lo que en Venezuela representaba Acción Democrática era un incentivo más para estar presente en la toma de posesión de Rómulo Betancourt.

El doctor Roberto Agramonte, ministro de Estado, encabezaba la misión cubana La integraba también Roa, ahora embajador de Cuba ante la Organización de Estados Americanos (OEA), quien no ocultaba su alegría al ver de presidente de nuevo a Don Rómulo, su antiguo amigo. El eminente historiador y geógrafo, Leví Marrero, era otra de las personalidades invitadas. Representando al Ejército Rebelde iba quien arrancaba la mayoría de los aplausos cuando se mencionaba a la delegación cubana, el comandante Enrique Lussón Batlle, de impresionante historial guerrillero. El embajador Francisco Pi Vidal y dos oficiales de la Marina de Guerra Revolucionaria completaban la delegación cubana.

Fidel Castro llega antes

Días antes de asumir Betancourt la presidencia, a fines de enero del 59, Fidel Castro había visitado Caracas, su primer viaje al exterior después del triunfo revolucionario. Por esos días se cumplía un año del derrocamiento del dictador Marcos Pérez Jiménez y ocupaba la presidencia provisional el vicealmirane Wolfgang Larrazábal. Fue un año donde toda Venezuela pudo mostrar su simpatía y entusiasmo por la revolución cubana. El país había sido sede del Pacto de Caracas, acuerdo de unidad de importantes sectores revolucionarios enfrentados a Batista. También, desde Caracas se retransmitían programas de Radio Rebelde originados en la Sierra Maestra, que facilitaban la recepción en Cuba a través de una señal más potente que la original. La delegación del *M-26-7*, que coordinaba Pi Vidal, trabajaba muy activamente en la capital venezolana, haciendo propaganda y recaudando fondos. Fue de Caracas que el presidente provisional, doctor Manuel Urrutia Lleó partió en un vuelo clandestino para aterrizar en territorio liberado de la Sierra Maestra en diciembre de 1958. Dados estos antecedentes, Fidel Castro, que no era todavía jefe de gobierno pero sí la principal figura revolucionaria, se consideró obligado a demostrarle personalmente al pueblo y a la dirigencia democrática de Venezuela, encabezada por el vicealmirante Larrazábal, su gratitud por el apoyo brindado. Fue recibido como un héroe. Pero un trágico suceso al final de la visita empañaría el regocijo.

Estando en la pista del aeropuerto para regresar a Cuba, uno de los oficiales que acompañaba al Comandante, el Capitán *Paco* Cabrera, en su precipitación por abordar el avión no se percató de que en su camino había una hélice funcionando. Chocó con ella y su cráneo fue destrozado, muriendo en el acto. El doloroso episodio, motivo de aflicción y profunda tristeza para los presenes, no provocó esa reacción de quien más se esperaba: el jefe supremo del desgraciado Capitán. Lo ocurrido me lo contó en Caracas un miembro de la delegación local del *M-26-7* que presenció el accidente. Según él, el trágico fin del capitán Cabrera tuvo como respuesta, por parte de Fidel Castro, una serie de improperios sobre su persona mientras el cadáver yacía en el suelo. Hacía énfasis, bien molesto, en su falta de cuidado y la demora que en su regreso a Cuba provocaba el accidente. No quiero repetir las palabrotas puestas en boca de Castro por respeto a la memoria del capitán Cabrera. Lo que escuché del compañero fue crudamente revelador. Y me obligaba a poner en entredicho la calidad humana que presumía en el Comandante hasta el momento de conocer su reacción ante el trágico suceso.

Inmediatamente después de la toma de posesión de Betancourt, Raúl Roa y yo nos reunimos brevemente con el Presidente para intercambiar impresiones. Aproveché la oportunidad para pedirle al Betancourt un testimonio escrito para *Revolución* de su solidaridad con el proceso revolucionario y lo noté evasivo, diciendo que ya había enviado uno a *Bohemia*. Insistí, pero no pude conseguirlo. Diría hoy que Don Rómulo, con su gran perspicacia y experiencia política, unidas a sus vivencias de exilado en Cuba, no parecía estar muy entusiasmado con el Comandante.

El 16 de febrero, estando todavía en Caracas, recibí la noticia de que Fidel Castro había sido nombrado Primer Ministro en sustitución del doctor José Miró Cardona.

Rómulo Betancourt y la reacción del *Che*

Al regresar a Cuba hice un reportaje de la toma de posesión de Betancourt. Franqui le dedicaría, completa, la última página de *Revolución.* Seleccioné los fragmentos del discurso de Betancourt que consideraba más importantes. Sentía por el líder venezolano un profundo respeto por su defensa del sistema democrático y su vida pública exenta de corrupción. Mencioné también en mi reportaje la estruendosa ovación que le fue tributada a uno de los más populares asistentes: José Figueres, presidente de Costa Rica, quien junto a Betancourt y Luis Muñoz Marín, gobernador de Puerto Rico, integraban el liderazgo de lo que se llamaba la "izquierda democrática latinoamericana", movimiento de base socialdemócrata que parecía ser la mejor opción política en el hemisferio occidental frente a las ambiciones de las oligarquías militares y económicas que apoyaban dictaduras y el extremismo demoledor del marxismo-leninismo.

Al día siguiente del reportaje, Carlos Franqui me informó que a la redacción del periódico había ido expresamente el *Che* Guevara para quejarse por la prominencia que se le había dado a Betancourt y a Figueres en la noticia de su toma de posesión. El *Che* dijo que nunca debió haber sido publicado, con lo que daba a entender que no compartía el clamor democrático que cundía en Latinoamérica después del desplome de las dictaduras militares. Aunque me incomodó esa opinión, no me extrañó.. Procedía de un marxista confeso y no le di importancia. Betancourt había sido comunista en su juventud y no vaciló en rectificar tan pronto se dio cuenta de que la realidad que generaba el sistema no respondía a su promesa de justicia social y progreso económico. La socialdemocracia que Betancourt representaba en Latinoamérica era, en Europa, el contén ideológico más poderoso que enfrentaba el comunismo. Desde ese punto de vista, la reacción de Guevara nada tenía de particular ni era digna de atención. Máxime que para esa fecha, febrero de 1959, lo que pudiera opinar o decidir el guerrillero argentino parecía carecer de la importancia que se le adjudicaría después.

De nuevo en la publicidad

A mi regreso de la toma de posesión de Betancourt decidí comunicarle a Luis Buch mi determinación de no continuar al frente de los asuntos de prensa de la Presidencia. Era obvio que el presidente Urrutia había pensado en otra persona para esa posición y yo no tenía ningún interés en desempeñarla en contra de su voluntad. Por otro lado, la designación de Fidel Castro como Primer Ministro implicaba su frecuente presencia en Palacio. Y yo sentía aversión — quizás intuitiva— a establecer una relación de subordinación administrativa con él. No tenía que renunciar por escrito porque no había sido nombrado formalmente. Bastaba con comunicárselo a Luis Buch, quien insistió en que me quedara. Pero no pudo convencerme.

Ante mi decisión de irme de Palacio, Franqui me pidió que asumiera la dirección de Radio Rebelde. Una de las emisoras confiscadas a los cómplices de la dictadura iba a ser convertida en la estación oficial del gobierno revolucionario. Notaba en Franqui un gran celo en que militantes del Llano asumieran funciones en los medios de comunicación, que atribuí después a su preocupación por una eventual infiltración de comunistas en el gobierno. Mejor conocedor que yo de las interioridades e intrigas de la cúpula revolucionaria, no le concedí mucha importancia a su oferta. La posición no me interesaba y la decliné. Al mismo tiempo, Vilma Espín, una activa dirigente del *M-26-7* en Santiago de Cuba, vinculada sentimentalmente a Raúl Castro, estaba mostrando interés en dirigir Radio Rebelde. Me comprometí a ayudarla y celebramos varias reuniones donde la puse en contacto con los más destacados elementos de la producción radial para que colaboraran con ella. En esas gestiones venía acompañada, por lo general, del antiguo combatiente clandestino de Santiago, comandante Jorge *Papito* Serguera, con quien hice amistad. Por cierto, en una de las conversaciones que sostuvimos sobre la revolución en proceso y el papel de sus participantes mencioné a Manolo Ray, comentando las virtudes que veía en él como funcionario eficiente y revolucionario genuino. Unas miradas furtivas entre Vilma y Serguera, que pude captar, me dieron a entender que no pensábamos igual. Fue una reacción fugaz, pero suficiente para darme cuenta de que íbamos por caminos diferentes.

Después de ayudar a Vilma en esas gestiones, me reintegré a mi antiguo trabajo de jefe del Departamento de Fotografía y Cine de Publicitaria Siboney, donde me iba a sentir más a gusto entre mis cámaras y lámparas. Pero sin abandonar mi compromiso revolucionario, al que me ataban mi vocación patriótica y el recuerdo de los compañeros caídos.

El bloqueo de información

No pasaron muchos días, cuando recibí una llamada de Manolo Ray para que lo viera con urgencia. Entre sus iniciativas, como ministro de Obras Públicas, estaba la confección de un censo de fincas, el Catastro Nacional. Al reunirnos, me informó que el personal que estaba iniciando los trabajos del catastro en la provincia de Oriente estaba encontrando grandes dificultades para conseguir la información que necesitaba de los propietarios o encargados de las fincas, enfrentando en muchos casos hasta agresiones verbales. La respuesta clásica de las personas a entrevistar era que desconocían de qué se trataba y se negaban a dar información. Además, algunos expresaban temores de que los entrevistadores fueran contrarrevolucionarios. Me explicó Ray que habían enviado a la prensa varios comunicados informando sobre el catastro y la serie de preguntas que debían ser contestadas y ninguno de ellos había sido publicado. A esa falta de información atribuía él la ignorancia general sobre el Catastro. Comprendí enseguida lo que estaba ocurriendo. Se trataba de una represalia.

Por iniciativa mía, en los ministerios de Obras Públicas y Salubridad, como en el Palacio Presidencial, se habían eliminado las posiciones y sueldos que detentaban periodistas al servicio de la dictadura depuesta. También las de todos los *botelleros* que, acogidos a su condición de periodistas, disfrutaban de estipendios ilegales en varios ministerios. Al parecer, los afectados por esas medidas querían vengarse bloqueando todos los comunicados oficiales que procedieran de aquellos departamentos del Estado donde se habían eliminado sus ingresos delictivos.

Una solución eficaz al problema requería mucho tacto. Responsabilizar a los periódicos no era prudente porque parecía una maniobra montada sin el conocimiento de sus dueños. Y cualquier acción drástica podría señalarse como un ataque a la libertad de prensa. ¿Qué habría de hacerse para que los mensajes fueran publicados, sin que lo impidieran los periodistas corruptos? Le sugerí a Ray dar la información en los periódicos y revistas a través de anuncios pagados. Garantizaríamos así el contenido completo de la información. De acuerdo con mi experiencia, lo mejor sería hacerlo a través de una agencia de publicidad, poseedora del talento creativo para su concepción artística y de los recursos necesarios para su mejor difusión. Otra de las ventajas sería la de conseguir de los periódicos la tarifa comercial que disfrutaban las agencias, en lugar del doble que se cobraba por los anuncios del Gobierno. A Ray le gustó la idea. Y me pidió que la pusiera en marcha.

Hablé con los dueños de *Siboney*, mis contactos más inmediatos, para poner en ejecución el plan. Lograron conseguir las tarifas normales en los periódicos, ya que el gobierno revolucionario no constituía un riesgo de cobro. Se procedió entonces a la producción del anuncio del Catastro, dando la información necesaria de manera atractiva. Después de varias inserciones en diferentes periódicos, cesó la resistencia de los dueños de finca a dar información. El rechazo inicial se convirtió en bienvenida. El valor informativo y emocional de un anuncio bien hecho resultaba superior al frío contenido de un comunicado de prensa. Quedaba demostrado que la revolución tenía recursos dentro del esquema democrático para hacer valer sus razones sin tener que apelar a medidas radicales. Habíamos podido, sin afectar en nada la libertad de expresión, neutralizar una conjura de *botelleros* desplazados que se amparaban en el poder de la prensa para vengarse de una acción legítima del gobierno revolucionario.

Pero quedaba pendiente qué hacer en lo sucesivo. Gustavo Cubas me propuso que me hiciera cargo de la cuenta de Obras Públicas, como contacto entre la agencia y el ministerio. Acepté de buen grado. De lo que había sido durante los últimos doce años de mi vida, cineasta y fotógrafo, pasaba a ejecutivo de cuentas de una agencia de publicidad, nada afín a lo que venía haciendo pero sin lugar a dudas una buena oportunidad de servir a la revolución en un aspecto que consideraba importante. Si la propaganda había sido vital para el mensaje democrático en la lucha contra Batista, no podía serlo menos después del triunfo revolucionario. También teníamos que prepararnos para la campaña política de las prometidas y supuestamente no lejanas elecciones.

Los anuncios se multiplican

Por el éxito de los primeros anuncios de Obras Públicas, no tardaron en sumarse al uso de la publicidad los ministerios de Educación y Salubridad, el Municipio de La Habana, la Comisión de Fomento y otras dependencias. Era costumbre en el giro publicitario asignarle una comisión de venta a la persona que consiguiera clientes. Por ser lo usual, me fue ofrecida por la agencia. A pesar de ser una práctica honesta, decliné la oferta en cuanto a ser el beneficiario. En su lugar, pedí que esa comisión fuera otorgada al M-26-7 en cheques donde se consignara específicamente mi renuncia a ella para ser donada al Movimiento a través de su tesorero, comandante Raúl Chibás.

Por giros del destino, tenía en mis manos, insospechadamente, un trabajo de los que me interesaba desempeñar dentro del proceso revolucionario. Con la ventaja de poderlo hacer con la independencia que me daba un empleo privado. Bajo mi responsabilidad quedaba sugerir, desarrollar y supervisar campañas publicitarias que tenían que ver con el momento excepcional que vivía Cuba. Lo primero que me propuse fue asignarle un lema al Ministerio de Obras Públicas que respondiera a lo que esperábamos los verdaderos revolucionarios. Sugerí *Revolución es Construir*. Manolo Ray lo aprobó entusiasmado. Creía que, en muy pocas palabras, se decía todo. Y no sólo por lo concerniente a su ministerio, sino como expresión del máximo objetivo de la revolución. En adelante, el lema aparecería en todos los anuncios de prensa, al lado del logotipo del Ministerio. Y también, en los avisos de obras en construcción. *Revolución es Construir* llegaría a identificarse en el pueblo como la promesa básica del gobierno revolucionario.

Los resultados de esas campañas, sobre todo las de Obras Públicas, me confirmaban lo positivo de la labor de divulgación que estábamos haciendo y la confianza que depositaba el pueblo en el gobierno revolucionario. Prueba de ello fue una campaña para que se donaran terrenos. Ray me habló, a mediados de marzo de 1959, de un plan de construcción de 80 centros escolares en zonas urbanas de la Isla. Los terrenos tenían que tener un mínimo de 100 por 150 metros, ya que incluían un campo deportivo. Era un proyecto conjunto con el Ministerio de Educación y presentaba grandes inconvenientes. El presupuesto aprobado comprendía solamente los fondos para la construcción. No los había para la adquisición de los terrenos. Además, las escuelas tenían que ubicarse dentro de las zonas urbanas y las finanzas del gobierno no permitían la cuantiosa compensación que exigiría un proceso de expropiación. ¿Había que desistir entonces de un plan tan prometedor, ante un obstáculo que parecía insalvable, la falta de fondos? ¿No podía ofrecer ese momento maravilloso que vivía Cuba una oportunidad para encaminar lo que parecía imposible? La respuesta la dio Ray: "Hay que pedirle a la gente que regale los terrenos".

A primera vista, una idea de exagerado optimismo, con escasas posibilidades de éxito. Los terrenos, por su ubicación urbana, tenían que ser de alto precio. No era cuestión de dar lo que nada o poco cuesta. Era desprenderse de algo realmente valioso. Pero, ¿por qué no lanzar al ruedo la petición? No estaba de más intentar lo que sugería Ray.

Disponíamos del vehículo que podría captar potenciales donantes: una buena campaña publicitaria. Así que diseñamos un anuncio de prensa donde aparecía un niño portando una pancarta, cogido de la mano con una niña que caminaba junto a él. La pancarta decía: "Necesitamos terrenos para escuelas". Y se daba la información pertinente.

La respuesta rebasó los cálculos más optimistas. Se donaron más de 1,200,000 metros cuadrados, por un valor de entre 20 y 24 millones de pesos (a la par con el dólar entonces). Una suma espectacular para aquella época. No es difícil entender que los que estaban regalándole al Estado esos terrenos tenían que ser gente pudiente. La revolución, como se contemplaba y entendía entonces, movía a la generosidad de manera espectacular en todos los estratos sociales. La ciudadanía se desprendía hasta de sus joyas más preciadas, donando oro para aumentar la reserva de divisas, en precario después del saqueo batistiano. Las donaciones de tractores y dinero como aporte a la reforma agraria, sumaban millones y millones de pesos. Se estaba viviendo en Cuba un momento excepcional de desprendimiento y generosidad sin precedentes.

El entusiasmo popular

Si bien yo observaba cosas que estaban ocurriendo y con las que no estaba de acuerdo, una de las manifestaciones del entusiasmo y confianza que arropaba al pueblo que me impresionó mucho por aquellos días fue algo aparentemente sin importancia: el encuentro en plena calle con un cliente de la agencia de publicidad donde yo trabajaba. Un hombre de negocios acostumbrado al pragmatismo de ciertas transacciones, que si bien legales, podrían cuestionarse moralmente. Una de esas personas insensibles a las necesidades y problemas de otros, para quienes sus propios intereses son los únicos que cuentan. No lo veía desde hacía algún tiempo y al parecer conocía mi vinculación con el proceso revolucionario. Me abrazó efusivamente y, como si hubiera encontrado un nuevo camino en su vida, me dijo con profunda seriedad, agarrándome los brazos y mirándome a los ojos: "Emilio, yo quiero ser mejor". Caló en mí de manera muy especial esa frase porque venía de quien menos podía esperarla. Tenía que ser sincero. Nada podía esperar de mí. Los favores políticos eran cosa del pasado.

Nunca olvidé ese encuentro, al que le concedí una mayor importancia que la que supuestamente merecería por su brevedad y aparente intrascendencia. Pero reflejaba el sentir de la nación, de fe profunda y esperanza en un futuro de armonía y felicidad. Cada cubano quería dar el máximo de sí, dispuesto a poner de su parte para mejorar moralmente y trabajar por el bienestar común ante la gran promesa que representaba la revolución. Ya había una muestra de lo que se podía hacer: la magnífica obra que estaban realizando los ministros del primer gobierno revolucionario.

El sabio historiador y geógrafo Leví Marrero, en su ensayo *Cuba en la década de 1950: Un país en desarrollo,* describía magistralmente esa disposición a la generosidad y entrega al bien común:

> *Las reservas morales de Cuba estaban intactas en 1959. Hubo una nueva toma de conciencia. No se trataba únicamente de las clases menos favorecidas, manifestando sus aspiraciones. Era el paso al frente de toda una sociedad que renacía a las mejores esperanzas. Quienes habían disfrutado ventajas derivadas del viejo orden, aceptaron lo que se anunciaba como una nueva justicia socioeconómica.*

En cuanto a Manolo Ray, siguiendo el ritmo acelerado que le estaba imprimiendo a la obra pública, inauguraba cinco balnearios populares en la costa norte de la provincia habanera (Cojímar, El

Salado, Arroyo Bermejo, Jibacoa y Bacuranao) construidos en tiempo récord. Símbolos de una revolución en marcha. Cada balneario incluía edificios de dos plantas con cafetería, taquillas, baños y salón de reuniones, además de las carreteras de acceso a esas instalaciones. Para anunciar sus inauguraciones en la prensa, sugerí como lema: *Hay sol bueno y mar de espuma...* (primer verso de un conocido poema de Martí).

La revolución en Obras Públicas

Hacerme cargo de la publicidad de Obras Públicas desde *Siboney* me permitiría seguir muy de cerca la faceta más positiva del lado constructivo del proceso revolucionario: la labor de excelencia que estaba realizando al frente de ese Ministerio mi antiguo jefe de *Resistencia*. En todas sus determinaciones podía evidenciarse la voluntad de justicia, el respeto a los procedimientos democráticos y el pragmatismo para conseguir lo más conveniente al país, sin distraerse en lo superficial. Había nombrado en el ministerio a lo más granado en ingeniería y arquitectura que podía encontrarse en Cuba, así como abogados y contadores públicos que habían militado en *Resistencia* y renunciaban a sus jugosos puestos en el ejercicio profesional o en la empresa privada para entregarse de lleno a la obra de construcción que se estaba llevando a cabo.

Uno de los primeros problemas que tuvo que afrontar Ray fue el de la reestructuración del personal. En otras dependencias del Estado, el resentimiento hacia la dictadura depuesta llegaba en muchos casos al extremo de ordenarse despidos injustos, sólo por el hecho de haber sido nombrados durante la dictadura de Batista. Era lo unico que consideraban. Ray se mantenía alerta para que eso no ocurriera en Obras Públicas, resistiéndose a todo intento de cesantear arbitrariamente.

Había casos en que era evidente la *botella*: cheques sin reclamar, nombres falsos, plazas no trabajadas, pero no se trataba precisamente de una mayoría. Lo primero que Ray dispuso fue que cada expediente en duda fuera investigado por un grupo de trabajadoras sociales que, en número de doce, evaluarían las condiciones familiares y de necesidad económica de cada uno de los recomendados por batistianos connotados. Se dio el caso de un empleado que aparecía nombrado por gestiones del coronel de la Policía Esteban Ventura Novo, notorio torturador y asesino. Lo dispuesto por Ray impedía lo que sería la reacción inmediata de cualquier funcionario: cesantearlo. Se hizo la investigación del caso.

Se trataba de un pobre hombre con mujer y cinco hijos pequeños, que malamente podía subsistir con el sueldo que percibía. Lo de Ventura en el expediente estaba explicado por la intervención de un teniente del cuerpo que era amigo del empleado y le pidió al Coronel el favor de recomendarlo. Después de la investigación, el hombre conservó su plaza y pasó a figurar, por lo difícil de su ubicación dentro de la nueva estructura técnica, dentro de lo que se dio jocosamente en llamar la *brigada perdida*. Recuerdo también otro caso que ilustra la calidad humana del revolucionario Ray: el de una señora bastante mayor, asignada a una plaza donde era requisito indispensable ser mecanógrafa. Y la señora no lo era. Se trataba del único ingreso en el hogar. La solución fue nombrar en su lugar a una hija que sí escribía a máquina y vivía con la madre. Ray, además, era del criterio de que lo importante era concentrarse en el trabajo constructivo en lugar de dedicarle todo el tiempo a la búsqueda de culpables. Y contrario a lo que él estaba haciendo en Obras Públicas, en otras dependencias tuvieron lugar despidos masivos que provocaron una reacción conjunta en la prensa contra los mismos, a la que Fidel Castro respondió destempladamente.

Un gesto que definiría la importancia que Ray le concedía a la libertad individual fue prohibir que por los altoparlantes del Ministerio se convocara a actos políticos. La decisión fue tomada después de que alguien, a las tres semanas del triunfo revolucionario y sin autorización, tomó el micrófono para invitar a los empleados a estar presentes en la *Operación Verdad*. Aunque el acto tenía su razón de ser, Ray no consideraba democrático que un empleado público pudiera pensar que su asistencia o no al evento tenía que ver con la seguridad de su empleo.

Un episodio muy significativo del breve paso de Ray por Obras Públicas fue su idea de fabricar en Cuba metros contadores de agua, que no existían en la Isla, donde no se cobraba nada por ese vital servicio. Se hizo contacto con una empresa inglesa dedicada a la fabricación de esos aparatos en el entendimiento de que instalarían una planta en Cuba y que a los diez años de operación pasaría a poder del Estado. Como era de rigor, se convocó oficialmente a una subasta. Y se apareció como licitador adicional nada menos que el *Che* Guevara, a la sazón Jefe de Industrias del INRA, lo que sólo podía interpresarse como un sabotaje a la iniciativa por carecer su departamento de recursos para montar la operación. Y el proyecto quedó cancelado.

Pero la iniciativa más señalada que pudo haber tomado el exjefe de *Resistencia* a los pocos días de asumir el cargo fue la transformación radical del ministerio a su cargo. Obras Públicas funcionaba dentro de un esquema arcaico, diseñado en los albores de la República. Urgía transformar un sistema administrativo bastante inoperante en un modelo de organización y eficiencia. Y para lograrlo, Ray solicitó los servicios de una empresa de prestigio mundial: la Barrington International, conocida compañía norteamericana especializada exclusivamente en el estudio y configuración de sistemas de organización. La compañía envió un equipo de técnicos a Cuba y sometió recomendaciones a los fines de optimizar el funcionamiento del Ministerio. Después de dos meses de trabajo intenso y de conciliación de criterios entre la Barrington y los abogados y profesionales del Ministerio, la reorganización aprobada se hizo ley. En la labor de Ray como ministro, su preocupación por el tratamiento justo del personal que encontró al tomar posesión y su iniciativa de eliminar una estructura anacrónica de operación cuadraban con lo que entendíamos por revolución los antiguos miembros de *Resistencia*. Por su valor humano y progresista. acciones como esas eran las verdaderamene revolucionarias.

Conmemorando el asalto al Palacio Presidencial

A menos de dos meses y medio de la fuga de Batista, el 13 de marzo de 1959, al conmemorarse el segundo aniversario del ataque al Palacio Presidencial, realizado por miembros de la Organización Auténtica (OA) y del Directorio Revolucionario (DR), se daba uno de los casos que empezaban a mostrar el menosprecio a la labor de otros que iba a ser frecuente en Fidel Castro.

La acción del Palacio fue de increíble valentía y dejó muchas bajas. José Antonio Echeverría, el jefe del Directorio, cayó abatido por la Policía cerca de la Universidad, después de intentar anunciar por radio la muerte (no ocurrida) de Batista. Era un líder estudiantil muy carismático, de credenciales democráticas incuestionables, respetado en toda la nación. Pero con diferencias fundamentales en propósitos y estrategia de lucha con Fidel Castro, a pesar de haber firmado ambos meses atrás, en nombre de sus respectivas organizaciones, un acuerdo conocido como el Pacto de México, donde se habían comprometido a unir esfuerzos en la lucha contra Batista. Otro destacado líder que pereció en la acción, entre otros caídos, fue Menelao Mora Morales, de la Organización Auténtica.

Lo primero que hizo Fidel Castro desde la Sierra Maestra tan pronto tuvo conocimiento del ataque al Palacio fue calificar la intrépida acción como "inútil derramamiento de sangre", restándole importancia a un atentado a Batista como objetivo de lucha. Lo más grave es que también la tildó de "terrorista". Demeritaba así una operación de valentía excepcional con grandes posibilidades de liquidar la dictadura.

Castro basaba sus críticas en que la eliminación de Batista no necesariamene implicaba la desaparición del régimen dictatorial. Pero esa era una suposición que no estaba avalada por lo previsible. Desapareciendo Batista, era prácticamente imposible que fuera sustituido por un dictador de procedencia militar. Lo que permite pensar que la censura de Castro había obedecido a que Batista pudiera ser sustituido por alguien apoyado por las entidades cívicas que estabas buscando una salida pacífica a la crisis nacional. Ese posible escenario pondría en precario las aspiraciones políticas del jefe rebelde. Por otro lado, convalidar la acción de la Organización Auténtica y el Directorio Revolucionario jerarquizaba a ambos grupos como factores a contar en en el proceso posterior al triunfo, afectando la hegemonía que Castro pretendía para sí mismo a través del *26 de Julio*.

Quizás, para no desdecirse de su opinión a raíz del hecho y para estupor de los líderes de la *OA* y del *Directorio* presentes, en la conmemoración del 13 de marzo. Fidel Castro no dijo nada, absolutamente nada, del valeroso ataque que se pretendía rememorar, dándole vueltas a su discurso con otros temas y mencionando sólo a mártires del *26*. Y aparentemente, como por obligación, también a José Antonio Echeverría, pero sin vincularlo a su papel de dirigente en la acción del *Directorio* que se estaba recordando.

Aunque en aquel momento parecía ser que la motivación del Comandante para omitir referencias y comentarios sobre el ataque al Palacio residía en su anterior censura del hecho, que no quería contradecir, se hacía evidente otra razón, más lógica dentro de las intenciones que estaba mostrando. El *Directorio* reclamaba una participación en el proceso revolucionario (legítima por su historia de enfrenamiento a la dictadura) pero en igualdad de condiciones, de acuerdo con el espíritu del Pacto de México *y* sin tener que someterse al *M-26-7*. Fidel Castro quería demostrar que podía ignorarlos impunemente, sin que nada ocurriera, sin que apareciera el menor comentario adverso en la prensa por su ingrato discurso. Era consciente de que en pocas semanas había consolidado un tremendo poder y que su omisión de la acción que se conmemoraba —punto merecedor de ser destacado como noticia— iba a carecer de repercusión porque el centro de la atención nacional era sólo lo que tuviera que ver directamente con él. El Comandante no perdía oportunidad de hacer valer esa prepotencia aunque en su retórica se envolviera de humildad.

Lo ocurrido ese 13 de marzo de 1959, en el segundo aniversario de la acción del Palacio, le demostraría al *Directorio* que no le quedaba otra opción, si quería insertarse en el gobierno revolucionario, que acatar sumisamente lo que el *máximo líder* quisiera, lo que habría de ocurrir más pronto de lo que pudieron haber imaginado.

Ampliando mi perspectiva

Mi reintegración a Publicitaria Siboney, sin apartarme de mi participación en la actividad revolucionaria, iba a ser muy positiva para mantenerme en contacto con la percepción que los sectores vitales del país tenían sobre lo que estaba pasando. Mi presencia dentro del mundo publicitario como director-camarógrafo, creativo publicitario ocasional y ejecutivo de cuentas me permitía recibir impresiones directas de empresarios y ejecutivos prominentes, vinculados a la producción industrial y a la actividad comercial. La simultaneidad de mi conexión con ambos escenarios, revolución y actividad privada, me ofrecía una excelente oportunidad para arribar a conclusiones más cercanas a lo que de verdad estaba pasando. Ambivalencia que me permitía un análisis más imparcial de la situación, alejado de las visiones extremistas que contaminan la objetividad e inducen a la pasión. Y me protegía de la distorsión que provoca la información deficiente. Particularmente, en ese momento, en que el discurso político estaba orientado, no sólo a demeritar el extraordinario empuje económico de la década de los 50 sino a presentar al empresariado cubano como enemigo de la revolución.

En mi entorno, yo veía cómo los jóvenes hermanos José Manuel y Gustavo Cubas, sin llegar a los treinta años y dueños de *Siboney*, compartían el entusiasmo generalizado de cooperar con la revolución. Ciertamente, sus opiniones sobre el curso del proceso me eran muy útiles. Me servían de barómetro. Y de oráculo. A pesar de mis antecedentes de recursos económicos limitados, no se me escapaba cuán importantes eran los sectores industriales, agrícolas y financieros en el progreso de la nación. Consideraba que la incorporación de esos factores al cambio prometido por el *M-26-7* era necesario y urgente. Al pensar así tenía la ventaja de no estar confundido por los sofismas y presuntas verdades de los libros y manuales dirigidos a la acción revolucionaria radical, sobre todo los de raíz marxista-leninista, con su convocatoria a la violencia contra los poseedores de capital para alcanzar una supuesta felicidad colectiva. Desafortunadamente, un sector de la juventud cubana estaba empezando a ser adoctrinado dentro de ese burdo concepto.

El padre de los Cubas, el primer José Manuel, era un notable ejemplo del empresariado cubano forjado por el esfuerzo personal. En el país abundaban casos como el de él, triunfadores en el orden económico que provenían de familias de escasos ingresos. Empezando como modesto empleado de una botica en Jovellanos, Matanzas, el joven Cubas llegó a ser socio del dueño del negocio, Ignacio López. Ambos comenzaron, en 1928, la producción rudimentaria de una pasta dental, a la que le dieron el nombre de "Gravi". En pocos años, al contar ya con una fábrica a todo tren (Laboratorios Gravi), el producto se convirtió en el de mayor venta en Cuba, frente a las marcas de empresas multinacionales poderosísimas, como Procter & Gamble y Colgate. La Pasta Gravi, creación puramente cubana, tuvo el 52% del mercado en sus mejores tiempos. El restante 48% correspondía a todas las demás marcas. Caso insólito en un país de América Latina, donde las dos poderosas compañías norteamericanas tenían un control prácticamente absoluto del mercado. El empleado humilde que había sido José Manuel Cubas llegaría a graduarse de doctor en Farmacia y ser parte de una nutrida legión de hombres de empresa talentosos a quienes mucho se le debía el progreso y bienestar del país, desde la fundación de la República hasta la caída de Batista.

El juicio a los aviadores

En marcha el proceso revolucionario, en los primeros días de marzo de 1959, Cuba iba a ser sacudida por una polémica sentencia judicial. En Santiago de Cuba estaban siendo juzgados numerosos miembros de la fuerza aérea del Ejército, 20 pilotos y 24 artilleros y mecánicos, acusados de genocidio. Los crímenes cometidos durante la dictadura de Batista, según el pliego acusatorio, comprendían bombardeos y ametrallamientos contra posiciones civiles y rebeldes en ciudades y montañas de la provincia de Oriente.

Existía un precedente que podía comprometer el veredicto. Unas semanas antes, el 6 de febrero, ante los empleados de la refinería *Shell*, Fidel Castro había dado a conocer su sentir sobre la cuestión:

> *A ningún arma se tuvo tanto odio como se tuvo contra la aviación. Los rebeldes veíamos a los aviadores de la dictadura como los peores elementos, los más cobardes,*

> *porque, conociendo que nosotros carecíamos de armas antiaéreas, podían ametrallar y bombardear a su antojo, tanto a nuestras columnas como a la población civil, sin que nosotros pudiéramos responder al fuego.*

El caso de los aviadores había sido asignado a un tribunal presidido por el comandante Félix Pena, respetado combatiente clandestino de Santiago de Cuba, con una rica hoja de servicios en el Llano y la Sierra. El tribunal se enfrentaba a un caso sumamente difícil. Aunque la imputación era de genocidio, la causa mencionaba ocho muertos y 16 heridos. Además, ¿cómo podía determinarse, entre los acusados, quiénes eran realmente los que tiraron las bombas que causaron las muertes? ¿Quién, además, podía dar fe de que los blancos no fueran considerados objetivos militares cuando las fuerzas rebeldes se desplazaban constantemente entre posiciones que encubrían sus movimientos? Argumentos que serían manejados exitosamente por los abogados de la defensa para conformar un veredicto unánime de los tres miembros del tribunal: el comandante Pena; el piloto y combatiente de la Sierra, Antonio Michel Yabor y el doctor Alberto Paruas Toll. El fallo fue de absolución. En la sentencia dictada se expresaba textualmente:

> *Los hechos que se estiman probados tampoco constituyen el delito de genocidio (...) los pilotos mal pudieron haber tenido la intención de destruir un grupo nacional, técnico, racial o religioso.*

Aparte de lo que pudiera haber salido a relucir en el juicio, en el *M-26-7* sabíamos que muchos de los pilotos lanzaban su carga mortífera en el Golfo de Guacanayabo, al oeste de la provincia de Oriente, para simular haber bombardeado y justificar la incursión al regresar a sus bases. El dilema del tribunal era comprensible: en un juicio de esa naturaleza, un veredicto condenatorio colectivo implicaría sancionar a acusados inocentes, ya que la responsabilidad individual era imposible de probar. Por esa razón fundamental, el fallo, lógicamente, tenía que ser y fue de absolución, incluyendo la liberación inmediata de los acusados.

La reacción de Fidel Castro a la sentencia fue desenfrenada. Esa misma noche se presentó por radio y televisión desbarrando, nada menos, que contra los abogados defensores, quienes habían cumplido brillantemente con su obligación ministerial. Al día siguiente, 3 de marzo, *Revolución* publicaba sus declaraciones:

> *Ha sido un gran error del tribunal revolucionario absolver a esos pilotos criminales y es prestarle un servicio a Batista facilitarle aviadores mercenarios a Trujillo y a los enemigos*

> *de la revolución, para que de nuevo sean capaces de bombardear la población civil de Cuba. Los que estamos al frente de la revolución no podemos permitir que se cumpla semejante error.*

Y anticipando lo que habría de ocurrir:

> *De la misma manera que un criminal de guerra que esté inconforme con la sentencia la apela, el ministerio fiscal, que representa al pueblo y a la revolución, tiene el mismo derecho cuando la sentencia no es justa.*

La liberación de los detenidos fue suspendida extralegalmente, sin que se tramitara por los canales judiciales. Sólo por disposición de Fidel Castro, cuya función de primer ministro no le otorgaba facultades para hacerlo ni tampoco para convocar a un nuevo juicio.

El Derecho, según el Comandante

Como abogado, Fidel Castro tenía que saber que violaba las normas del derecho procesal. En primer lugar, la liberación de los acusados debía consumarse y después interponerse un recurso de nulidad del fallo. Revisiones de fallos absolutorios sólo proceden cuando existe un cúmulo de pruebas acusatorias aplastantes que no son tomadas en cuenta en juicios parcializados, lo que ocurre muy raramente. En el caso de los aviadores no se había presentado ni una sola prueba que inculpara a pilotos o artilleros específicos. Pasando por encima de esos preceptos legales y para demostrar que tenía razón al ordenar un nuevo juicio, Fidel Castro apelaba a los resortes irracionales de la emoción, insistiendo en el ataque a los abogados defensores para ganarse la opinión pública.

A la noche siguiente, bien tarde, se presentó en *Revolución* el *máximo líder* para redactar, de su puño y letra, lo que quería que el periódico publicara. Mientras lo hacía, estábamos presentes Euclides Vázquez Candela, el subdirector de *Revolución*, y yo. Lo escribió casi de corrido y observé que hacía pocas correcciones. Una vez terminado, le pasó el manuscrito a Euclides para que lo transcribiera a máquina y se dirigió a nosotros —Carlos Franqui se había sumado al grupo— para enfatizar airadamente que los pilotos debían permanecer presos para impedir que se unieran a las filas contrarrevolucionarias.

El temor de que la liberación de los pilotos pudiera implicar, inexorablemente, la asociación de estos a cualquier empresa futura contra él ponía en evidencia que las consideraciones legales eran secundarias para Fidel Castro. No importaba que se vulneraran principios jurídicos cuya vigencia se suponía que estaba garantizada por la revolución triunfante. Ni que se incumpliera una promesa hecha por el Comandante a los pilotos militares, en los primeros días del triunfo, de que serían respetados y podrían integrarse a la Fuerza Aérea Revolucionaria, según daría a conocer el comandante Pedro Luis Díaz Lanz, jefe de ese cuerpo. Porque para Fidel Castro, más importante que respetar la Ley era protegerse de la amenaza potencial que auguraba. Creía yo que, como evidencia del respeto a las instituciones y de la imparcialidad de la revolución al juzgar a sus antiguos enemigos, era preferible haber aceptado el fallo absolutorio corriendo los riesgos que eso hubiera podido representar. Pero se imponía un pragmatismo feroz que pugnaba con el ejercicio democrático. Empecinamiento que no reconocía barreras.

Todo lo que pretendía Fidel Castro con su columna, que saldría publicada a la mañana siguiente, 5 de marzo, sin su pie de firma y en la sección *Zona Rebelde*, a continuación de un editorial de Franqui, podía resumirse en uno de sus párrafos:

> *Si por no constar la participación exacta, del piloto o artillero exacto, que produjeron la muerte exacta, porque era difícil determinar, la salida justa del Tribunal no era la de lavarse las manos, como Pilatos, sino la de condenar. Por convicción plena, condenar. Por convicción revolucionaria, condenar. Aunque no hubiera sido a muerte, condenar.*

Fidel Castro le otorgaba así rango legal a la arbitrariedad de condenar *"por convicción plena"* o *"por convicción revolucionaria"*, no como resultado de un proceso serio, según se espera de la justicia. ¿Una convicción *plena* o *revolucionaria*, carente de base procesal y seguramente producto del prejuicio, podía ser admitida como norma de justicia?

El caso de los aviadores presentaría otro ángulo al reconocer Fidel Castro, en un mitin celebrado en Santiago de Cuba sólo unos días después, el 11 de marzo, que 27 aviadores de las fuerzas de Batista se habían escapado del país después de la fuga de Batista. Puede suponerse que, entre los que se fueron, algunos se hubieran prestado a excesos. Y también es posible que algunos de ellos pilotaran las llamadas avionetas "piratas" que, meses después y partiendo de la Florida, dejarían caer explosivos en objetivos civiles, mayormente centrales azucareros. De no estar seguros de su inocencia, es difícil creer que los pilotos que estaban siendo juzgados se hubieran quedado en Cuba.

Un segundo juicio antijurídico

Pilotos, artilleros y mecánicos fueron sometidos a un segundo juicio, con otro tribunal, presidido por un incondicional de los hermanos Castro, el Ministro de Defensa, comandante Augusto Martínez Sánchez. Las condenas fueron de largos años de prisión. Los mecánicos (que nunca debieron haber figurado en el proceso) fueron los que salieron mejor, con dos años. El presidente del primer tribunal, comandante Félix Pena, deprimido por las críticas de que era objeto y el reproche de sus compañeros, tomó una trágica decisión. A los tres meses del juicio, terminó sus días dándose un pistoletazo en la cabeza. Por cumplir en justicia con su deber fue blanco de las más viles calumnias. Y optó por quitárselas de encima suicidándose. No sería un caso único. La frustración de muchos de los excombatientes de la Sierra y el *Llano* ante el sesgo dictatorial y regresivo que estaba tomando la revolución sería tan desesperante que un buen número de ellos, incluyendo a la heroína del Moncada Haydée Santamaría (cuyos hermano y novio fueron asesinados por el Ejército después del ataque al Cuartel) tarde o temprano encontrarían en el suicidio la vía más expedita para salir de una decepción inaguantable. Haydeé se quitó la vida cuando la traición de Fidel Castro era indefendible hasta para sus más cercanos allegados. Y lo haría un 26 de julio, en 1980, para que no hubiera dudas del motivo de su trágica decisión.

El caso de los aviadores era un ejemplo escandaloso de violación de las normas legales, pero había también otras numerosas irregularidades y deficiencias en la administración de justicia que no trascendían a la luz pública. En esos primeros meses, contrario a lo que se esperaba, los mecanismos para reclamar derechos no se veían por ninguna parte. Los tribunales revolucionarios estaban funcionando festinadamente. Ante cualquier controversia, la ciudadanía no sabía a donde acudir. Las posibles soluciones a los conflictos dependían, más que de las instituciones oficiales, de los contactos personales y del poder del amiguismo. Los órganos para dirimir querellas no funcionaban. Y en muchos aspectos de la organización administrativa reinaba la improvisación. Yo mismo sentía las manos atadas ante problemas que me presentaban amigos y conocidos en busca de ayuda ante palpables injusticias. Por muy válidas que fueran las razones, era casi imposible encauzar las querellas y peticiones correctamente. Y no existía el menor interés por parte de Fidel Castro en resolver el problema. Sin embargo, la percepción de esas realidades negativas sólo llegaba a un sector minoritario de la población y no opacaba el entusiasmo general que reinaba a favor dela revolución. Y los que dentro del Movimiento podíamos identificarlas esperábamos que fueran transitorias.

Un paso al frente del sector más perjudicado

Lo increíble en esos primeros meses de revolución era que, a pesar de que se podía presuponer la hostilidad inmediata de los sectores económicos a todo cambio radical —que ocurre cuando se afectan los grandes intereses— no fue esa la reacción del empresariado cubano, que en todo momento, a través de la prensa escrita, radio y televisión, ofreció su apoyo y colaboración a los planes de desarrollo que se estaban anunciando, aún en detrimento de sus propios intereses. Una rebaja como la del 50% en el pago de alquileres, a pesar de que afectaba drásticamente el negocio de bienes raíces y amenazaba con liquidar la industria de la construcción fue aceptada por un número considerable de propietarios como un sacrificio por el bien del país. La promulgación de la Ley de Reforma Agraria del 17 de mayo de 1959 (nunca aplicada para imponer otras más radicales *a posteriori*) que suprimía el latifundio y reducía radicalmente la extensión de las propiedades rurales, no provocó el rechazo de los grandes terratenientes que podía presuponerse. Más bien, protestas moderadas. Según la ley, las expropiaciones vendrían acompañadas de la compensación correspondiente, lo que nunca sería cumplido. Fueron, en realidad, confiscaciones.

Debe recordarse que esas drásticas medidas tenían lugar dentro del primer año del proceso revolucionario, cuando la prensa todavía podía manifestarse y hacerse eco de protestas. Las había, pero también aparecían anuncios de los sectores afectados, como el de los ganaderos, apoyando esos cambios y ofreciendo colaboración. Los más significativos eran de las empresas nacionales, aunque había algunas estadounidenses. Pero esas ofertas de colaboración no cabían en los secretos planes que estaban fraguando los secuestradores de la revolución, que no encontraron mejor respuesta que tildar ese deseo de cooperar como oportunismo. Fidel Castro parecía interesado en destruir el orden económico existente —que funcionaba con eficiencia— para imponer otro de probado fracaso. La disposición del empresariado para unirse a los planes de desarrollo que se esperaban del proceso revolucionario consta en las hemerotecas que conservan periódicos y revistas de la época. Sobraron muestras de la solidaridad de casi todos los sectores económicos y profesionales con el proyecto revolucionario, en la esperanza del cumplimiento de las promess del *M-26-7*.

Para los revolucionarios sensatos, el radicalismo de Fidel Castro carecía de sentido. Si los empresarios y capitalistas cubanos querían sumarse a la revolución y trabajar dentro de ella, ¿qué se ganaba con rechazarlos? ¿Tenían que imponerse los dogmas económicos ya fracasados en países donde el marxismo-leninismo había sido impuesto? Atacar a los ricos por el sólo hecho de serlo era demagógico. El discurso político de Fidel Castro estaba enfocado hacia la riqueza personal, juzgándola por el hecho de poseerla y no por lo más importante: lo que se hacía con ella. Soslayaba el beneficio colectivo que las inversiones representan como motores de la economía, así como el positivo resultado de la política de incentivos industriales y agrícolas puesta en práctica en numerosos países. Igualar la riqueza que mantiene al parásito social con la que se destina al desarrollo de empresas que producen bienes, ofrecen servicios, fomentan empleo y pagan salarios, sólo podía tener como propósito estimular el resentimiento que conduce al fanatismo para tener, como decía José Martí, "hombros en que alzarse".

Porque, para intentar estigmatizar la riqueza personal no había un escenario menos adecuado que el de Cuba. Posiblemente, apenas haya países que exhiban en su historia el desprendimiento de los numerosos patricios cubanos que sacrificaron sus fortunas personales por su devoción a la libertad. Entre ellos, el iniciador en 1868 de la Guerra de los Diez Años, Carlos Manuel de Céspedes, llamado el Padre de la Patria, un rico terrateniente de Oriente que proclamó la independencia al mismo tiempo que liberaba a sus esclavos. Francisco Vicente Aguilera, Marta Abreu, Salvador Cisneros Betancourt, Ignacio Agramonte y muchísimos otros notables de la historia cubana se sumaron a la gesta independentista renunciando a todo bienestar material y a sus jugosas fortunas. Los ejemplos son incontables. A partir de mediados del siglo XIX, hasta la salida de Batista del poder, abundan los casos de cubanos ilustres que comprometieron sus bienes, y en numerosos casos hasta sus vidas, en la lucha por la libertad. A Martí no podía escapársele ese aporte de los cubanos pudientes a la lucha por la independencia en la Guerra de los Diez Años y les dedicó una bella alabanza:

> *Aquellos padres de casa, servidos desde la cuna por esclavos, que decidieron servir a los esclavos con su sangre, y se trocaron en padres de nuestro pueblo; aquellos propietarios regalones que en la casa tenían su recien nacido y su mujer, y en una hora de transfiguración sublime,*

se entraron selva adentro, con la estrella a la frente; aquellos letrados entumidos que, al resplandor del primer rayo, saltaron de la toga tentadora al caballo de pelear; aquellos jóvenes angélicos que del altar de sus bodas o del festín de la fortuna salieron arrebatados de júbilo celeste, a sangrar y morir, sin agua y sin almohada, por nuestro decoro de hombres...

La prensa americana invita a Fidel Castro

A principios de abril de 1959, Fidel Castro recibía una invitación inesperada: la Asociación de Editores de Periódicos de Estados Unidos lo quería como orador principal en su próxima convención anual, a celebrarse en Washington a mediados de ese mes. Oportunidad excepcional que no podía pasar por alto el Comandante, ya Primer Ministro del gobierno, para consolidar su posición y ganar tiempo haciéndose pasar por demócrata. Intención que, por supuesto, estaba muy lejos de ser percibida por nosotros. A Carlos Franqui se le ocurrió que no estaría de más que, al llegar Fidel Castro a Washington, pudiera disponer de un informe o análisis sobre la opinión del pueblo norteamericano acerca de su visita. Podría servirle de ayuda en sus discursos y respuestas a la prensa. Ambiciosa y oportuna idea, pero limitada por los escasos recursos y la urgencia de ponerla en marcha sin la debida preparación. No sé por qué —todavía me lo pregunto— Franqui pensó en mí para esa misión, totalmente improvisada y plagada de dificultades, cuyos resultados podían ser decepcionantes.

Yo no estaba en la nómina del periódico. Pertenecía *ad honorem*, por mi condición de Responsable de Propaganda de la Dirección Provincial del *M-26-7*, a su Consejo de Dirección (aunque nunca nos reuníamos en conjunto). Todo lo que yo hacía por *Revolución* era voluntario, sin otra retribución que no fuera mi satisfacción de hacerlo. Pero acepté la encomienda por considerarla útil y por lo que podría significar para evitar futuras tensiones con nuestro vecino del Norte. Por supuesto, dentro del desorden que prevalecía en las comunicaciones de la dirigencia revolucionaria y su ambiente de improvisación, no tendría nada de particular que el Comandante pudiera desconocer la tarea que Franqui me estaba asignando.

Tracé mi plan. Me trasladaría a New York días antes de la llegada de Fidel Castro para revisar por las mañanas los periódicos y entrevistar al azar hasta el *sursum corda*. Mi encuesta no respondería a una muestra estadística formal, por lo que carecería del rigor científico requerido para que los resultados fueran confiables pero con ella y las opiniones editoriales de los principales periódicos de Estados Unidos podría configurar una impresión bastante generalizada de lo que pensaba el pueblo norteamericano sobre Fidel Castro y su visita.

En New York con Lechuga

Pedí permiso en Publicitaria Siboney para ausentarme por unos días con cargo a mis vacaciones y partí hacia New York el 12 de abril de 1959, con 72 horas de antelación al anunciado arribo de Castro a Washington. En New York me esperaba Carlos Lechuga, el compañero de la dirección de *Resistencia Cívica* que había sido el primer periodista en anunciar por televisión la fuga de Batista. Estaba asignado a la delegación cubana en la Organización de Estados Americanos. Me había comunicado con él previamente y sabía de mi encomienda.

—Has llegado muy a tiempo —me dijo—. Precisamente esta noche tendrá lugar en New Jersey, en la ciudad de Passaic, una reunión de políticos americanos a la que me han invitado para hacerme una serie de preguntas sobre Cuba y la visita de Fidel. Me parece oportuno que vayas conmigo porque por lo que me pregunten sabremos qué es lo que piensan y les inquieta de la revolución.

Se trataba de una reunión con cuatro abogados prominentess, pertenecientes al Partido Demócrata, que querían entrevistar a Lechuga por su doble condición de diplomático y periodista.

Armado de libreta y lápiz, llegué con Lechuga al lugar de reunión. El local era pequeño y el público limitado. Habría unas cuarenta personas. Existía en Estados Unidos una gran curiosidad por lo de Cuba y el grupo de abogados demócratas parecía compartir aún más ese interés por ser militantes activos de un partido político.

—Se está diciendo que la revolución cubana es comunista. ¿Qué nos puede decir al respecto? —fue la primera pregunta, tajante, de uno de ellos.

Lechuga respondió, por medio de un intérprete:

—Lo del comunismo es el socorrido pretexto de todos los que quieren continuar usufructuando privilegios que no son justos. No ha habido dictadura en América Latina que no haya acusado de comunista a cualquier oponente. Es lo más fácil. El proceso revolucionario cubano está siendo, en estos momentos, apoyado por todos los sectores y, si se quiere decir, clases del país. El gobierno provisional está integrado por profesionales de renombre que están haciendo una obra maravillosa y de ninguno de ellos puede decirse que tenga la menor inclinación hacia las ideas marxistas.

Y Lechuga, sin ocultar cierta molestia, añadió:

—Tildar a la revolución cubana de comunista es una infamia. Es un invento de los que se resisten a aceptar los cambios necesarios para encauzar al país por la ruta de una democracia constructiva, tal como se prometió durante la lucha contra la dictadura.

Intervino entonces otro miembro del panel:

—Quisiera aclarar que esta pregunta no entraña, necesariamente, nuestra propia presunción. Es, a nuestro entender, una oportunidad para que el distinguido invitado nos ilustre sobre una serie de dudas que están siendo planteadas acerca de lo que sucede en Cuba.

—Así lo entiendo y agradezco la oportunidad —dijo el entrevistado—. Perdonen si en algún momento la emoción enfatiza lo que digo.

Y en tono cordial, envuelto en una sonrisa, apuntó:

— Es algo muy difícil de controlar para un cubano.

Entonces Lechuga abundó en lo que los del Llano teníamos muy presente: que no había una sola mención de marxismo o comunismo en ninguno de los documentos y declaraciones que sirvieron de base a la lucha insurreccional. Ni promesas programáticas que pudieran ser consideradas afines al llamado *socialismo científico*. La simpatía de una buena parte de la dirigencia revolucionaria se inclinaba hacia la socialdemocracia.

Aparentemente satisfechos con la explicación, el panel pasó a otro tema, mientras yo no dejaba de anotar cada pregunta y su respuesta. Lo que fuera a decirse allí podría ser de gran utilidad al jefe de la revolución para sus comparecencias en suelo americano.

—¿Cree usted que el Primer Ministro va a aprovechar la invitación de la Asociación de Editores de Periódicos para plantearle a la presente administración la concesión de préstamos al gobierno revolucionario? —preguntó uno de los abogados.

—Hasta donde yo tengo entendido, no hay esa intención —respondió Lechuga.

—Es lo acostumbrado en estos casos. Todos los gobernantes de América Latina, cuando vienen a Estados Unidos, no dejan de pedir dinero. No tendría nada de extraño que el Primer Ministro hiciera lo que es ya frecuente.

—Le repito que carezco de información al respecto. Además, el Primer Ministro viene a este país invitado por una organización privada, no por el gobierno.

Fusilamientos preocupantes

El tono de las preguntas y la aceptación amable de las respuestas indicaban una predisposición favorable del panel hacia el proceso cubano, salvo lo ineludible: el tema de los fusilamientos. Cuando se puso sobre la mesa, Lechuga argumentó:

—En Estados Unidos no existe la menor idea de las atrocidades cometidas por la policía de Batista y sus organismos de represión contra los que luchábamos por el derrocamiento del régimen y la restauración de la Constitución de 1940. Si las narrara aquí en detalle, muchos no lo soportarían y se taparían los oídos o abandonarían el local, así de horripilantes eran. El gobierno revolucionario ha tratado de impedir que la gente tome la justicia en sus manos, como ha ocurrido en otros países con resultados bien lamentables. El Ejército Rebelde se caracterizó por respetar y cuidar a sus prisioneros, devolviéndolos a la dictadura en perfecto estado de salud. La reacción del régimen por este trato humanitario fue la de torturar y asesinar a los combatientes de la clandestinidad que caían en sus manos, tirando sus cuerpos en las calles y a veces con los testículos cercenados, para que sirvieran de escarmiento. ¿Debe permitirse que esas barbaridades dejen de recibir el castigo que merecen?

El silencio cundió en la sala. La exposición creaba estupor, pero para uno de los panelistas parecía no ser totalmente convincente.

—La generosidad en el castigo —dijo— es uno de los atributos más nobles de la condición humana cuando el perdón no es posible. ¿No sería mejor una larga condena en lugar de la pena de muerte?

—Podría estar de acuerdo con usted —respondió el entrevistado—. Y abrigo la esperanza de que cuando se normalice la situación, porque todavía estamos en un período de transición, pueda reconsiderarse ese aspecto dentro del proceso. Generosidad es una palabra frecuente en el discurso de nuestro Primer Ministro y no dudo que esa intranquilidad de ustedes y de otras personas pueda ser disipada en un futuro inmediato.

Descarté, por su intrascendencia, una serie de preguntas que no consideraba útiles para mi informe y dejé de anotarlas porque ya tenía lo importante. Al terminar la sesión, Lechuga y yo nos quedamos cambiando impresiones con los miembros del panel, jóvenes todos, quienes nos pusieron al tanto de lo que estaba ocurriendo en la política norteamericana, donde me enteré que en su partido había un senador que aspiraba a la Presidencia, de nombre John F. Kennedy.

Con el *M-26-7* de New York

Al día siguiente me levanté bien temprano. Quería ser puntual en una reunión que había acordado desde Cuba con la dirigencia de la delegación del *M-26-7* en New York, a fin de coordinar tareas relacionadas con la programada visita de Fidel Castro a esa ciudad después de su presencia en Washington. Si mal no recuerdo, el coordinador, Barrón (creo que así se apellidaba) era reconocido por su buen trabajo dentro de la militancia local.

Antes de salir le pregunté al empleado de la recepción qué opinión tenía de Fidel Castro. Era un hombre entre los cuarenta y cincuenta años, pequeño, pelirrojo y algo hosco. Sin pensarlo mucho y sin aclararlo después, contestó escuetamente:

—*We need one here* (aquí necesitamos uno).

Abordé un taxi y me atreví a hacerle la pregunta de rigor al chofer. Su respuesta fue también positiva, pero se opuso a los fusilamientos. No había cristiano —ni judío ni musulmán— que estuviera a mi alcance en esa ciudad bulliciosa que no sufriera las consecuencias de mi fiebre encuestadora, con la precaución de no entrar en aclaraciones ni comentarios previos que pudieran influir en las respuestas. Estaba decidido a no alterar, si el resultado fuera otro, lo que prefería oír: aplausos para la revolución y su líder más significativo. Mi interés era la verdad, no aparecerme con algo halagador, pero incierto, que echaría por tierra la razón de mi viaje.

Al mencionar al Comandante nunca tuve que explicar de quién se trataba. Era ampliamente conocido. Después de dos años de guerrillero y menos de cuatro meses al frente del gobierno provisional, el nombre de Fidel Castro rebasaba espectacularmente los límites de Cuba.

Dos sorpresas me aguardaban al llegar a la reunión de los compañeros del *M-26-7*. La primera: la noticia de que había un piquete, de origen desconocido, montado frente al hotel donde el esperado visitante se iba a hospedar, el Statler Hilton. La otra novedad era mucho más inquietante.

Lo del piquete no me preocupaba. En Estados Unidos eran tan frecuentes estos grupos con pancartas, caminando en círculo como expresión de protesta, que no tenía nada de extraordinario. Su importancia y trascendencia, como actos de propaganda, estaban condicionadas a la cobertura que los medios de comunicación decidieran darle. Lo que sí me desconcertó fue la noticia de que la militancia del *M-26-7* estaba recibiendo instrucciones de Fidel Castro para disolver cualquier manifestación que se hiciera en su contra, a palo limpio. ¿Cómo podía haber llegado semejante orden a New York? No tardé mucho en enterarme.

Víctor de Yurre, uno de los tres comisionados a cargo de la administración del municipio de La Habana, había trabajado activamente con las delegaciones del *M-26-7* en Estados Unidos, siendo muy respetado por su rectitud y seriedad. Nadie esperaba su presencia en la reunión, bastante nutrida para tratarse de un día de trabajo: cerca de cincuenta personas. De Yurre venía desde La Habana, expresamente, para impartir instrucciones a sus antiguos compañeros sobre la visita de Fidel Castro. Estaba presente cuando llegué y nos dimos un abrazo. Dada la importancia del mensaje que decía tener, preferí que hablara primero.

—Fidel dio órdenes precisas —dijo— de que se rompa a como sea cualquier cosa que se organice en su contra. He venido aquí con el único objetivo de comunicarles lo que él espera de ustedes. Me lo dijo personalmente.

¿Ordenes de Fidel Castro? Me parecía imposible, pero De Yurre no iba a mentir. Nadie hubiera asumido la responsabilidad de decir lo que yo acababa de escuchar sin ser cierto. En boca de una persona como él era chocante porque su sola presencia revelaba todo lo contrario a lo que el Comandante pedía. Atildado, cortés, comedido, heraldo inadecuado de la violencia. Y sólo podía explicarse como una de las tantas contradicciones que estaban surgiendo desenfrenadamente en el seno de la revolución.

Un Primer Ministro pendenciero

Yo no podía entender cómo alguien que tenia un reconocimiento internacional como Fidel Castro, en el apogeo de su fama, pudiera estar pensando en atacar cualquier manifestación de protesta, como el piquete frente al Statler Hilton. Tal acción me parecía estúpida y altamente negativa. En la causa que defendíamos, la tolerancia a la opinión disidente se daba por descontada. Estaba convencido de que semejante acción, por la publicidad negativa que podría generar, sólo favorecería a los que nos estaban combatiendo. La concebía contradictoria en nuestro Primer Ministro, de cuya inteligencia no esperaba esa orden, que no cuadraba con la prudencia y sensatez que había mostrado desde la Sierra. Y me propuse hacer algo para evitar, por el bien de la revolución, que se consumara un hecho tan absurdo como perjudicial. (Confieso que, reflexionando años después sobre este incidente, llegué a la conclusión de que la orden de disolver el piquete a porrazo limpio encajaba dentro de la compulsión al matonismo que Fidel Castro había exhibido en su etapa de estudiante universitario, la que yo daba por superada. Matonismo que habría de hacerse notorio durante su larga dictadura con los miles de asesinatos en el paredón y la organización de bandas de abusadores para reprimir la disidencia pacífica).

Al terminar de Yurre su alocución me dirigí a los presentes, exponiéndoles mis temores sobre las consecuencias que en la opinión pública de Estados Unidos pudiera tener el ataque, con palos y puñetazos, a un piquete pacífico. Noté que para esa acción existía dentro del grupo un extraordinario entusiasmo. Y era lógico. Los miembros del *M-26-7* en el exterior, en virtud de su ubicación geográfica, estaban impedidos de participar en las acciones propias de la clandestinidad, por lo que su militancia revolucionaria no estaba sujeta a los peligros que entrañaba un compromiso similar en suelo cubano. Una orden directa del carismático jefe del Movimiento que implicara algún riesgo y que permitiera a su vez conectar una buena trompada contra un rostro enemigo era una buena oportunidad para demostrar que con ellos también se podía contar a la hora de la acción.

Teniendo en cuenta ese factor, insistí en que disolver el piquete era una demostración de abuso, que no cuadraba dentro de nuestra prédica. Que la mejor forma de combatirlo era ignorarlo y que para tomar una decisión final había que ir antes al lugar de la protesta para tener una impresión de primera mano y saber a qué atenernos. Les dije que no dudaba —mentía— que Fidel Castro respaldaría nuestra prudencia en cerciorarnos sobre lo que sería más conveniente. Y que no se perdía nada al hacerse lo que estaba sugiriendo porque esos piquetes no eran cosa de un día solamente.

Pude convencerlos, disminuyendo la exaltación reinante. Con una excepción, la de Armando Villa, uno de los más bravos militantes, que se resistía a aceptar mis razones y reprimir el impulso de hacer patria a su manera. Víctor de Yurre acató el aplazamiento de la acción, lo que mucho le agradecí. Y me dirigí con Barrón y otro compañero al hotel Statler Hilton, situado frente a la estación de trenes Pennsylvania, para observar de cerca el piquete y tratar de identificar a sus promotores. Nos acompañaba también un fotógrafo.

Un piquete sin cubanos

Ante mis ojos tenía un espectáculo contradictorio. Un joven de cerca de treinta años, de buen aspecto, muy atento a todo lo que tuviera que ver con el desarrollo de la protesta, se movía nerviosamente de un lado a otro. Parecía dirigir la operación. Los manifestantes, casi todos negros y mestizos, pobremente vestidos y con aspecto de vagabundos, caminaban en círculo con desgano, portando carteles denunciando a Fidel Castro como comunista. En una tela enorme, que permanecía estática, rematada en sus extremos por sendos palos que elevaban dos de los integrantes para hacerla bien visible, se leía en inglés: *COLONEL CASTRO COMMUNIST*.

No sé de donde salía lo de coronel ni qué se perseguía con ello. El máximo grado militar del Ejercito Rebelde era el de comandante. La composición racial del piquete nada tenía que ver con las proporciones étnicas de la Isla. Ninguno de sus participantes podría ser identificado como cubano. Y lo de comunista sonaba a la vieja copla de los dictadores de Latinoamérica para consolidar sus privilegios.

Nos quedamos un largo rato, lo que permitió que la cámara de nuestro compañero captara el momento en que el joven agitador repartía dólares entre los piqueteros, pagándoles por lo que acababan de hacer. Evidencia de que el grupo había sido reclutado, sin tener que ver nada con el asunto, para montar un espectáculo que llamara la atención. Gente que por unas monedas se prestarían a cualquier cosa, ajenos a la intención de la protesta. Que pudieron haber sido víctimas de una agresión estúpida de haberse consumado los deseos de Fidel Castro. Para mi fortuna, el piquete iba a cesar esa noche. Y también la oportunidad de disolverlo por la violencia.

El misterioso personaje que manejaba el piquete fue identificado como Rafael del Pino, antiguo amigo y compañero de Fidel Castro en el histórico "bogotazo", cuando la capital de Colombia fue escenario de sangrientos sucesos con motivo del asesinato del líder liberal Jorge Eliécer Gaitán. También, según se decía, Rafael del Pino había participado con Fidel Castro en un atentado fallido a Rolando Masferrer, otro connotado gángster político, entonces senador. Del Pino no limitó al área de New York su interés en denunciar a Fidel Castro como comunista. Dos días después estaba en Washington, en el aeropuerto por donde debía desembarcar el Comandante, con el mismo propósito. Una buena parte de los compañeros de New York del *M-26-7* se había trasladado a esa ciudad para recibir a Fidel Castro y los vi dispuestos a respetar mi petición de no agredir a los piqueteros ni a su instigador. Inútil en el caso de Armando Villa, a quien no pude persuadir. Se entró a golpes con Rafael del Pino tan pronto llegó a la zona del aeropuerto donde este se encontraba al frente de un nuevo piquete.

Acusar de comunista a Fidel Castro en esos momentos era, para la delegación del *M-26-7* en New York, como para el Movimiento en Cuba, una aberración o una maniobra para difamar el proceso revolucionario. Fidel Castro era el primero que negaba enfáticamente su vinculación con el marxismo, atribuyendo la acusación de que era comunista a los enemigos de la revolución. ¿Qué había detrás de los piquetes de Rafael del Pino, tan temprano como en abril de 1959? Nunca pude saber si era una iniciativa personal de él o respondía a alguna directriz de un grupo determinado.

El tiempo vendría a demostrarnos, paradójicamente, que Rafael del Pino sabía mucho más que nosotros. Acertaba al calificar de comunista a su antiguo compañero. Hombre de valentía incuestionable, unos tres meses después, tripulando una avioneta procedente de Miami aterrizaría clandestinamente en una zona rural de la provincia habanera para recoger a unos amigos y sacarlos del país. Fue recibido a tiros. Víctima de una emboscada. Herido gravemente, pudo recuperarse, continuando en prisión. Dieciocho años después, en 1977, la dictadura dio la versión de que se había "ahorcado" en la cárcel. Cuenta Huber Matos, su compañero de prisión, en *Cómo llegó la noche,* que fue asesinado para excluirlo en un planeado intercambio de cinco presos norteamericanos por puertorriqueños radicales que habían atacado a tiros a un grupo de congresistas en Washington. Del Pino, que era ciudadano de Estados Unidos, estaba en esa lista. Coincido plenamente con la versión de Matos porque en la historia de Fidel Castro se devela un patrón de eliminar a todo aquel que teme. Un Rafael del Pino libre hubiera sido una constante pesadilla para el *máximo líder*.

Lo que sí quedó en evidencia al fracasar la iniciativa de Del Pino era que, en abril de 1959, era imposible encontrar cubanos o latinos en New York o Washington que estuvieran dispuestos a unirse de corazón a un piquete contra Fidel Castro, que parecía ser, en aquellos momentos, el némesis de todas nuestras miserias públicas. También algo importante pude captar después de esa experiencia: que Fidel Castro era susceptible de irritarse fácilmente. Demostraba una desmedida intolerancia ante la crítica desfavorable al ordenar una acción violenta y abusiva contra una amenaza tan insignificante como un minúsculo piquete de protesta.

Mi informe a Fidel Castro

Con el resultado de las entrevistas, el contenido de los editoriales de los principales periódicos y, muy en particular, los principales puntos planteados en la reunión de Passaic por los abogados demócratas, redacté un breve informe que recogía la recapitulación de esas experiencias. En resumen, que Fidel Castro gozaba de grandes simpatías en el pueblo norteamericano, incluyendo amplios sectores de su prensa y el entorno político. Sin embargo, existía una gran preocupación por las penas de muerte impuestas a antiguos colaboradores de la dictadura de Batista. Los fusilamientos eran percibidos como obra de venganza y no de justicia. Ninguna, absolutamente ninguna de las personas con las que conversé, dejó de expresar su solidaridad con el proceso revolucionario, salvo el insistente reclamo de que debían suspenderse los fusilamientos. Sobre el temor al comunismo, sólo en la reunión en Passaic se tocó el tema (estábamos a tres meses y medio del triunfo revolucionario). En lo que sí hubo bastante coincidencia en los entrevistados fue en la impresión de que Fidel Castro, como era costumbre en los jefes de gobierno latinoamericanos cuando visitaban Estados Unidos, venía a Washington a pedir dinero.

    El punto de reunión de nuestra comitiva en Washington era la embajada cubana, a cargo del catedrático de Derecho doctor Ernesto Dihigo, quien había sido profesor de Fidel Castro en la Universidad de La Habana. Y también mío. Cuando llegué, el Comandante estaba rodeado de un grupo de personas en animada conversación. En lo que podía escuchar, bastante frívola. Nada trascendente se estaba discutiendo y me tomé la libertad de interrumpir, pidiendo el protocolar permiso. Le di al Comandante una breve explicación del trabajo que había hecho. No le dio mucha importancia. Y no insistí. Me dijo que me vería más tarde. En verdad, tenía en mi poder una referencia que podría serle de suma utilidad para enfocar sus discursos y aclarar algunas dudas. Me aparté del grupo enseguida. No quería ser confundido con esa brigada de aduladores pegajosos —en cubano, "guatacas"— que rodean como hormigas hambrientas a los grandes dispensadores de favores. Pero tampoco consideraba prudente que mi trabajo se perdiera.

    En una esquina del salón estaba Celia Sánchez. Fungía como secretaria personal de Fidel Castro, además de su principal confidente. Se decía que era la única persona en la que él confiaba. Gozaba de mi simpatía por su participación en la guerrilla serrana. Y también por su ausencia de arrogancia, dada la importancia de sus funciones. No nos habíamos tratado. Nada extraño, dada la desconexión entre Sierra y Llano. Me pareció oportuno entregarle el informe a ella en la seguridad de que llegaría a su destino. Pero antes, doblé la página final por la parte que tenía mi firma y la arranqué. Prefería el anonimato ante sus potenciales lectores a que pudiera pensarse que lo hacía buscando notoriedad. Me identifiqué ante Celia. Sabía de mí por la familia de mi cuñada, Elia Sala Penichet, amiga de la de ella. Fue muy amable. Le expliqué todo y recibió mis papeles con interés y sincera cortesía.

Decidí regresar a Cuba a la mañana siguiente. Pero antes de partir, me uní a un grupo que iría al Capitolio con Fidel Castro. Aunque su visita era de carácter privado, el Comandante había sido invitado por el vicepresidente Richard Nixon a una reunión en su despacho. Fue a puertas cerradas y esperamos pacientemente cerca de las tres horas que tomó el cambio de impresiones. Curiosamente, Fidel Castro trataría de no darle importancia a lo discutido. Decíase que el presidente Eisenhower estaba jugando golf. Sin embargo, existía la impresión en el grupo de que, si el Primer Ministro hubiera estado interesado en hablar con Eisenhower, hubiera sido recibido.

Consideraba cumplida mi misión. Además de preparar mi informe, había estado comunicándole a *Revolución*, vía telefónica, los detalles de la visita de Fidel Castro. También había escrito unas cuantas impresiones del viaje, esperando publicarlas.

El discurso del Comandante en Washington

Regresé a La Habana y no pude estar presente en la comparecencia de Fidel Castro ante la Asociación de Editores de Periódicos, pero al parecer, mi trabajo le sirvió de referencia para un comentario sobre uno de los motivos que se presumían de su visita. En su discurso ante la Asociación Americana de Editores de Periódicos, el 17 de abril de 1959, en el Hotel Statler de Washington, Fidel Castro hacía hincapié en que no había ido a Estados Unidos en busca de dinero. En la transcripción oficial al español de su discurso (lo había dado en inglés) podía leerse:

> *Muchas personas creían que era posible que viniésemos aquí a buscar dinero. Quiero explicar que no vinimos aquí a buscar dinero. Es posible que muchos otros gobiernos viniesen aquí por dinero. Mucha gente cree que cada vez que un gobierno viene aquí, siempre viene a buscar dinero. A mí me interesaba mucho más la opinión pública que el dinero.*

No creo que Fidel Castro se hubiera enterado de ese estado de opinión a no ser por el informe que le entregué a Celia Sánchez. En él, yo sólo presentaba un resumen de las respuestas que capté, con algunos comentarios, pero sin sugerir ningún curso de acción. La negativa de esa impresión de ir a buscar fondos parecía contradictoria por la presencia en la comitiva oficial de los más altos funcionarios cubanos en cuestiones económicas. El grupo incluía a los doctores Felipe Pazos, presidente del Banco Nacional; Rufo López Fresquet, ministro de Hacienda; Regino Boti, de Economía y Ernesto Betancourt, director del Banco de Comercio Exterior. Este último, además de su preparación en el campo de las finanzas, había sido un miembro destacado y muy eficiente de la dirección del *M-26-7* en el exterior. Según ellos habrían de declarar después a periodistas y escritores, recibieron en todo momento instrucciones del Comandante de no tratar ningún asunto financiero con funcionarios del gobierno estadounidense. Si no iban a tratar cuestiones financieras, ¿qué justificaba la presencia de semejante comitiva en Estados Unidos? No es difícil llegar a la conclusión de que Fidel Castro estaba tratando de dar la impresión de que revolución y capitalismo no eran excluyentes, a fin de disipar sospechas sobre la infiltración comunista mientas consolidaba un poder totalitario.

El discurso de Castro ante los editores, contrario a lo que podía esperarse, denotaba cierta humildad, algo que pudo haber captado la inmediata simpatía del auditorio. El Comandante agradecía efusivamente la valentía del presidente de la Asociación al invitarlo, motivo de crítica en algunos sectores periodísticos por los fusilamientos que estaban teniendo lugar en Cuba. El paredón calaba profundamente en la conciencia norteamericana. Su alocución, bastante breve para lo usual en él, se centró, paradójicamente, en la libertad de prensa como garantía para impedir las dictaduras. También dio su versión de la historia de las relaciones económicas y políticas entre Cuba y Estados Unidos y dedicó unas palabras a promover el turismo hacia la Isla. Por lo que me contaron algunos de los presentes, parecía haber cautivado al público. De lo dicho por él, un párrafo me pareció muy significativo:

Libertad de prensa significa el derecho de todos a expresar sus ideas y sus verdades y el derecho del pueblo a conocer la verdad.

El Comandante era hábil en identificar lo que a la gente le gustaba escuchar, aunque no estuviera de acuerdo con ello.

Una semana antes, en un acto celebrado en la Alameda de Paula, el jefe rebelde había atacado con virulencia a las agencias internacionales de noticias y las publicaciones extranjeras, denunciándolas como parte de una poderosa conspiración contra el proceso revolucionario. Nadie podía ignorar que se refería a las estadounidenses. El motivo de sus fuertes críticas era la insinuación persistente, en algunas de esas publicaciones, de que sus acciones estaban conduciendo a la implantación de un régimen marxista. Curiosamente, en su comparecencia ante los editores no hizo la menor alusión a su enérgica denuncia de días atrás en Cuba. Ni el menor comentario sobre la supuesta conspiración de los medios de comunicación americanos cuando insistían en llamar la atención sobre la penetración comunista.

De nuevo en New York

A Carlos Franqui le pareció conveniente que volviera a New York para seguir cubriendo las incidencias del viaje. Acepté sin reparos. Estaba de lleno en una experiencia que consideraba histórica y no quería perderme nada. Por los dos días que estuve en Cuba no pude estar presente en las comparecencias de Fidel Castro en la Universidad de Princeton y en el Lawrenceville School, de New Jersey.

Me hospedé en el hotel Statler Hilton, frente a la *Pennsylvania Station*, donde estaba alojado el Comandante y su numerosa comitiva. Su presencia era solicitada en numerosas universidades y entidades políticas y culturales. Imposible de satisfacer todas. Su estadía en New York obedecía a un acto masivo que estaba organizando la sección local del *M-26-7* en el famoso Parque Central de la ciudad. La anunciada comparecencia del jefe revolucionario despertaba un gran interés en la comunidad de origen hispanoamericano.

Fui al Parque Central en compañía de Guillermo Cabrera Infante y la actriz Miriam Acevedo. Con Guillermo había compartido inquietudes en los tiempos de la Cinemateca de Cuba. Dirigía *Lunes*, suplemento literario de *Revolución*, novedad periodística de avanzada creada por Franqui para promover el fomento de la cultura con una visión revolucionaria.

Era impresionante la asistencia al acto. El mundo *hispano* se volcaba de lleno en el Parque Central para ver y escuchar al legendario jefe guerrillero que había hecho de la Sierra Maestra un lugar mundialmente famoso. La mayoría del público —unos cuantos miles entre puertorriqueños, cubanos y otros hispanoamericanos— no quería perderse la oportunidad de ver físicamente al personaje del momento. Y observé también numerosos americanos que posiblemene nada sabrían de español. Fue en esa ocasión que Fidel Castro dijo por primera vez que el concepto que regía a la revolución cubana era el "humanismo" (ver Capítulo 16).

Hacia Boston

Al día siguiente nos dirigimos en tren hacia Boston. El Comandante había sido invitado por la Universidad de Harvard a hablarles a los estudiantes de su facultad de Derecho. Ocupábamos el mismo vagón. Me llamaba la atención algo muy singular. De todos los viajeros que integraban el grupo de prensa, Fidel Castro atendía con una deferencia muy marcada al representante del *Diario de la Marina*, el joven periodista Enrique Grau Esteban. Lo invitaba a sentarse a su lado, entablando animada conversación. Lo contradictorio estaba en que podía presuponerse que, en su fuero interno, el Comandante detestara las posiciones conservadoras, de las cuales el *Diario de la Marina* era su más genuino vocero. Me parecía muy positivo el gesto. Lo veía como una demostración de respeto a la opinión disidente. Y como una gentileza que atenuaba el radicalismo apabullante que estaba empezando a detectarse en el discurso revolucionario. No estaba sazonado yo, al momento, para identificar en Fidel Castro sus caras de ocasión.

Otra cosa de notar durante el recorrido era que, en cada parada del tren, siempre había un grupo de personas esperando por el personaje para aplaudirlo. De cómo se enteraban que iba a pasar por allí, no tengo la menor idea. Vi que era gente muy entusiasta, ansiosa de demostrar su simpatía y adhesión. En lo que pude observar durante ese viaje a Estados Unidos, nunca percibí reacciones de disgusto o rechazo hacia Fidel Castro (salvo los piquetes apócrifos de New York y Washington). Más bien, todo lo contrario.

Fidel Castro en Harvard

La recepción a Fidel Castro en Harvard, el 25 de abril de 1959, fue espectacular. El despliegue de seguridad —cientos de policías y decenas de carros patrulleros— sugerían la entrada al recinto universitario de una celebridad cuya vida debía ser protegida a toda costa. Me llamó mucho la atención la tribuna que iba a ocupar el Comandante, la más alta de todas las que he visto en mis incursiones políticas y fotográficas. El Comandante había decidido dar su discurso en inglés, con cierta ayuda de una antigua compañera: Teté Casuso. Un inglés no del todo bien construido y pésimamente pronunciado, típico del bachillerato cubano. Desde allí, en el Dillon Field, el orador comenzó su discurso diciendo que nunca había hablado desde una altura semejante ni frente a luces tan potentes. Que en ese momento comprendía por qué la gente confesaba frente a luces deslumbradoras y que todos debían de estar seguros de que él estaba allí dispuesto a confesar. Por supuesto, esa cándida introducción despertó risas y fuertes aplausos, ganándose al público. En tres ocasiones, repitiendo una misma palabra, arrancó igual número de risas. Y es que al decir *judge* (juez) pronunciaba *juice* (jugo). No sé a qué podía atribuirse ese deseo de expresarse ante un auditorio estudiantil y profesoral tan importante en un idioma que no se domina completamente, cuando sobraban buenos intérpretes. Ni creo que valga la pena especular por qué lo hizo. Pero no dejaba de ser muy singular y me parecía un error.

Ante un público que, según cálculos de la propia Universidad, estaría entre las 7000 y 10,000 personas, más la exposición simultánea en televisión y radio, de lo primero que habló el Comandante fue de que, en una ocasión, quiso matricularse en Harvard para estudiar Derecho, aunque no quedó claramente definido qué fue lo que se lo impidió (para cualquier abogado cubano, ser graduado de Harvard era un blasón muy respetable). A continuación, entró en una serie de explicaciones sobre lo que para él significaba la revolución. Insistió en que estaba basada en el *humanismo*, tal como lo había descrito en el Parque Central de New York. También tocó el tema de las elecciones, aduciendo que no se podrían celebrar antes de disminuir el desempleo, el pueblo se alfabetizara y se constituyeran partidos políticos (algo que no decía en Cuba). En lo concerniente a los fusilamientos, preocupación fundamental en Estados Unidos, adujo que estaban totalmente justificados ante los asesinatos y brutalidades cometidos por los cuerpos represivos de la dictadura depuesta. Sobre el principio de no intervención mantuvo su defensa del mismo, especificando que en la lucha de los pueblos contra las dictaduras el apoyo del gobierno cubano únicamente sería de orden moral, nunca intervencionista.

Una vez abiertas al público las preguntas, un estudiante tocó el tema de las nacionalizaciones y el sistema de participación de los empleados en las utilidades de la empresa. Hacía menos de dos meses que el gobierno revolucionario había intervenido la Cuban Telephone Company, propiedad de la *AT&T*. La respuesta del Comandante fue que el gobierno debía tener un mayor control de los servicios públicos, aunque no de la actividad industrial. Que estuvieran tranquilos, que nadie debía de preocuparse por las nacionalizaciones. Aclaró que no fomentaba la participación de empleados en las utilidades sino el aumento de los salarios. Y contrario a lo que era frecuente en otros lugares, a nadie se le ocurrió preguntar en Harvard sobre los temores de imponer en Cuba el comunismo.

Pero lo que más me sorprendió fue la reacción de los estudiantes a una respuesta de Fidel Castro. Preguntado sobre el juicio a los miembros de la fuerza aérea de Batista, celebrado a principios del mes anterior, el Comandante contestó lo mismo que había sostenido en Cuba: que el pueblo, como cualquier sentenciado, también tenía el derecho de apelar. Un estruendoso aplauso coronó la declaración. Como exestudiante de Derecho, me sorprendió la respuesta de un público del que esperaba estar mejor informado, integrado por nada menos que estudiantes y profesores de una de las universidades más prestigiosas del mundo. Si bien ese derecho de apelación existía, revocar un fallo absolutorio era muy raramente visto en la práctica jurídica y carecía absolutamente de lugar en el caso de los aviadores. Había sido una flagrante violación de todas las normas procesales y administrativas. Pero, a pesar de mi impresión negativa en ese aspecto, consideraba que Fidel Castro cerraba con su comparecencia en Harvard una visita a Estados Unidos que prometía ser fructífera.

El tiempo habría de demostrar que lo dicho por el Comandante en el Dillon Field House a los estudiantes y profesores de Harvard, en nada respondía a la verdad. La compañía telefónica intervenida habría de ser nacionalizada, así como todas las industrias del país, nacionales y extranjeras. Y sin compensación. Las elecciones nunca se realizarían. La política de no intervención sería defendida ardorosamente por Fidel Castro para que no afectara a Cuba y su régimen pero la habría de violar en numerosas ocasiones, interviniendo militarmente en varios países africanos y latinoamericanos. En fin, su visita a Estados Unidos en abril de 1959 quedaría ante la historia como una farsa muy bien montada para ganar tiempo en lo que se fraguaba la traición ideológica. Había que despejar cualquier duda en la dirigencia y la opinión pública norteamericanas sobre la orientación democrática de la revolución, para lo cual el Comandante apeló a una hipocresía calculada. Es de pensar que preveía que, de haber tenido Estados Unidos en aquellos momentos una confirmación irrefutable de que en Cuba se estaba conspirando desde el poder para implantar un sistema comunista pro soviético, la intervención militar ante esa amenaza a su seguridad era una opción a considerar. Cuando la verdad de la instauración del comunismo salió a relucir, Fidel Castro podía contar ya con el apoyo militar de la Unión Soviética, lo que lo insertaba de lleno en la guerra fría, pero con la protección de la prudencia de Estados Unidos a la que ese conflicto obligaba.

Hacia el Sur y regreso

Entusiasmado por lo que yo creía un viaje exitoso, de regreso a Cuba escribí un reportaje sobre la visita del Comandante a Harvard, en el que resumía mis impresiones. No fue publicado. En su lugar, *Revolución* sacó otro reportaje que no recogía lo que a mí me pareció ver. Mi trabajo estaba enfocado en lo que consideraba como un paso positivo para mejorar las relaciones entre Cuba y Estados Unidos. Mencionaba también lo dicho por el Comandante sobre su deseo de haber estudiado en Harvard, omitido en lo publicado en el periódico. Al parecer, no había mucho interés en dar a conocer los aspectos positivos del viaje ni su importancia para limar asperezas diplomáticas. Después de una breve visita a Canadá, Fidel Castro dio un discurso en Buenos Aires ante el Consejo Económico de los 21 el 2 de mayo de 1959 y otro en Montevideo el 5. Y estuvo brevemente en Brasil.

A su regreso a Cuba el 8 de mayo, aniversario de la muerte de Antonio Guiteras, una enorme multitud lo esperaba en la Plaza Cívica, a manera de bienvenida. Desde arriba, en el estrado donde estaba la tribuna, observé cómo el Comandante, sin apenas poder avanzar, se abría paso entre la multitud en un largo tramo, comprimido por la gente a diestra y siniestra. En esas circunstancias hubiera sido imposible, para cualquier guardaespaldas, impedir un atentado. Eran momentos donde la euforia revolucionaria contagiaba a casi toda la nación y esa posibilidad apenas se contemplaba. Castro llegó al estrado exhausto, con aparentes dificultades para respirar. En 25 días de ausencia había protagonizado numerosas comparecencias públicas en varios países, además de prolongadas entrevistas periodísticas y presentaciones por televisión. Su agotamiento era visible. Tomó asiento detrás de la tribuna, fuera de la vista del público, mientras su hermano Raúl, periódico en mano, lo abanicaba ante todos los que estábamos allí con aspavientos bastantes teatrales que me parecieron fuera de lugar.

No tardó mucho el Comandante en reponerse para pronunciar uno de sus más emotivos discursos. Dijo que había respondido preguntas de 6000 periodistas y hablado a 100 millones de personas. Y, más que comentar incidencias del viaje, insistió en que el pueblo nada tenía que temer de la revolución, rechazando categórica e insistentemente cualquier connotación de comunismo en ella.

> *Yo no sé si las calumnias contra nuestra revolución —decía airadamente— de que es comunista o de que está infiltrada de comunismo se deben únicamente al propósito de que*

nosotros no persigamos a los comunistas ni fusilemos a los comunistas. Yo no sé de qué forma se podrá hablar, yo no sé de qué forma se podrán definir las ideas de una revolución para que no se intrigue, para que no se calumnie más de lo que se está calumniando y para que cesen de una vez los ataques infames contra nuestra revolución...¿Se puede azuzar el miedo al comunismo para incitar la división en el interior del país y para concitar enemigos de otros países contra nosotros? (...) ¿Es que no hemos hablado lo suficientemente claro sobre la doctrina del Movimiento 26 de Julio? (...) ¿Por qué cuando decimos que nuestra revolución no es comunista, por qué cuando probamos que nuestros ideales se apartan de la doctrina comunista, que la revolución cubana no es ni capitalista ni comunista y que es una revolución propia (...) por qué ese empeño en acusar a nuestra revolución de lo que no es?

Y, para disipar cualquier duda, enfatizaba:

Si nuestras ideas fuesen comunistas lo diríamos aquí... Jamás, por ninguna razón del mundo prostituiremos nuestra conciencia con la mentira o con la hipocresía.

Prácticamente, el pleno de la Dirección Provincial del *M-26-7* se encontraba en el estrado. Esa reiteración pública de Fidel Castro sobre la autenticidad de la revolución cubana, sin contaminaciones totalitarias de signo soviético; esa tajante desmentida a las insinuaciones de que el proceso parecía apartarse de la promesa original, nos reafirmaba en nuestra convicción de que tales sospechas carecían de fundamento y que eran producto de temores injustificados o de campañas dirigidas a desacreditar la revolución. Nos sentíamos muy alentados por las palabras aparentemente esclarecedoras del Comandante.

En ese discurso, Fidel Castro no se limitó a hablar únicamente del fantasma comunista. Mencionó también, como preguntas frecuentes en su viaje, las relacionadas a la celebración de elecciones. Noté que, al describir las respuestas que dio a los periodistas extranjeros, apelaba al mismo subterfugio que empleaba en Cuba para justificar su inacción ante las elecciones prometidas: que de celebrarse, las ganaría arrolladoramente. Pero omitió que para celebrarlas "*antes había que eliminar el desempleo, el pueblo se alfabetizara y se constituyeran partidos políticos*", como había declarado en Harvard para justificar su demora en convocarlas. También mencionó la insistencia de autoridades y periodistas internacionales en que se suspendieran los fusilamientos. Y las explicaciones que dio para justificarlos.

Esa misma noche, en una pequeña tertulia en *Revolución*, comentando algunas incidencias del viaje y a manera de queja, escuché decir a Fidel Castro:

> *En lugar de preguntarme sobre la obra que estaba haciendo la revolución, todo el mundo me hablaba de los fusilamientos. Era lo único que les preocupaba. A partir de ahora, coño, se van a parar.*

Casi puedo asegurar que la primera ronda de fusilamientos, la de los acusados por atrocidades del régimen de Batista, terminó al día siguiente, sustituyéndose por prisión las penas de muerte pendientes de ejecución.

El primer visionario

Pedro Luis Díaz Lanz era un piloto comercial que se sentía identificado plenamente con los principios que sustentaban la lucha contra Batista. Y prestó una colaboración inapreciable para lograr los objetivos de la pequeña fuerza militar insurrecta, participando primero en las actividades clandestinas del *M–26-7* en Santiago y después llevando armas y municiones a la Sierra Maestra. La primera vez, desde Costa Rica (en compañía de Huber Matos) y en once incursiones subsiguientes desde la Florida. Se estima que la mayor parte de los armamentos con que contó el Ejército Rebelde fueron llevados por Díaz Lanz. En virtud de esos antecedentes, fue nombrado comandante y jefe de la Fuerza Aérea Revolucionaria en los primeros días de enero de 1959. Antes de seis meses de su designación ocurriría algo inesperado y alarmante: su renuncia al cargo y su inmediata salida clandestina del país en una embarcación.

Díaz Lanz tenía una posición excepcional para percibir hacia donde estaba siendo conducida la revolución porque, además de jefe de la fuerza aérea era el piloto personal de Fidel Castro. Había oído conversaciones y observado movimientos que lo llevaban a concluir que la intención de imponer el comunismo en Cuba no era una falsa imputación. Una de las más escandalosas acciones que tuvo que presenciar fue la creación, a sus espaldas, de una escuela de adoctrinamiento comunista para miembros de la fuerza aérea, cuyas clases suspendió.

A finales de mayo de 1959 Díaz Lanz cayó enfermo de tifus, por lo que tuvo que guardar cama durante algunas semanas. Corrían rumores de que había sido detenido y estaba preso. Ya había tenido serias confrontaciones sobre la penetración comunista con incondicionales del *máximo líder*. Tan pronto se repuso, el 29 de junio, dio a conocer en un comunicado de prensa que su ausencia se debía a la enfermedad, negando los rumores de que había sido detenido. Y aprovechó la ocasión para fijar su posición sobre la infiltración comunista. Aclaraba:

> *Estoy en contra de todas las dictaduras, llámese trujillista, batistiana o comunista (...) nunca podría estar de acuerdo con ningún sistema dictatorial, especialmente el más inhumano sistema del mundo: el comunista.*

Esa alusión al comunismo, según Díaz Lanz, provocó la indignación de Fidel Castro. Al día siguiente fue citado por este, quien estaba muy irritado y lo increpó por haberse atrevido a hacer esas declaraciones sin su consentimiento. En esa reunión fue destituido y ordenado a permanecer en su casa. No fue tan tonto como para respetar la orden. Abandonaba el país horas después, en un velero rumbo a la Florida. Sabía que en cualquier aeropuerto sería apresado.

El caso de Díaz Lanz captaría el interés del gobierno de los Estados Unidos, cuyo embajador en Cuba, Philip Bonsal, estaba haciendo increíbles esfuerzos para lograr puntos de avenencia entre su país y las posiciones cambiantes que asumía Fidel Castro. La deserción del jefe de la fuerza aérea también había conmocionado al Congreso de Estados Unidos, preocupado por los informes que se estaban recibiendo de una posible imposición del comunismo en Cuba, lo que amenazaba, en tiempos de *guerra fría*, la seguridad nacional. A las dos semanas de su salida de Cuba, Díaz Lanz era llamado a comparecer ante un subcomité del Senado de Estados Unidos que estaba investigando la administración de la Ley de Seguridad Interna. No podía negarse. Se había acogido a la generosidad de Estados Unidos y un rechazo a la comparecencia podía interpretarse como una indefinición de su postura, lo que no cuadraba con su vertical enfrentamiento a las maniobras pro comunistas que estaban teniendo lugar dentro de la revolución.

Interrogado por varios senadores, Díaz Lanz fue bien explícito en sus respuestas, que no dejaban lugar a dudas sobre el sendero totalitario por el que Cuba estaba siendo conducida. Pero cometió el error de señalar como comunistas a algunos dirigentes revolucionarios que no lo eran y que posteriormente pudieron demostrarlo enfrentándose a la usurpación o acogiéndose al exilio. Sin embargo, lo más importante de su comparecencia fue la denuncia de que Fidel Castro era el principal artífice de la penetración comunista, el jefe verdadero del complot por el que estaban dando la cara Raúl Castro y el *Che* Guevara. Ese testimonio convertía a Díaz Lanz en un pionero, dentro de las filas revolucionarias, en denunciar a Fidel Castro como eje de esa trama porque, para la militancia del *M-26-7,* teniendo en cuenta sus reiteradas aseveraciones públicas y privadas enfatizando su desvinculación del comunismo, el Comandante nada tenía que ver con Marx y Lenin.

Una concentración por la propiedad de la tierra

El 26 de julio de 1959, el primero después del triunfo revolucionario iba a ser objeto de una celebración especial. Era el sexto aniversario del ataque al cuartel Moncada. Se organizaría un acto masivo donde campesinos provenientes de diferentes partes de la Isla, hasta de las zonas más apartadas, se concentrarían en la Plaza Cívica para participar en la conmemoración de la importante fecha. Y nos dimos a la tarea (*26,* Gobierno y *CTC*) de hacer los preparativos para lo que constituía una difícil misión. El mayor obstáculo no era la transportación del numeroso contingente de guajiros a La Habana sino su alojamiento en la ciudad. ¿Qué hacer, entonces? Surgió la idea de que los habaneros ofrecieran sus casas para albergar a los visitantes. La campaña para lograrlo tuvo muy buenos resultados. Miles y miles de residencias se ofrecieron. Tendrían en sus puertas un letrero con el lema de "Esta es tu casa, Fidel" en alusión a quien resumía en sí, a los ojos de la enorme mayoría de la población, la solución de todos los problemas que agobiaban al país.

La concentración fue impresionante. El sombrero de yarey, símbolo del guajiro cubano, resaltaba entre los asistentes, cuyo número, en cientos de miles, era superior al registrado en la *Operación Verdad,* de enero. Pero los del *26* no previmos que el evento iba a ser utilizado como medio para mostrarle al mundo que la revolución cubana era campesina, cuando no lo era. Y que, por la extraordinaria concurrencia que registraban las cámaras, la gente del campo era el más fuerte baluarte de la revolución. ¿Qué, realmente, movía a esa infinidad de campesinos a movilizarse masivamente a la Capital? No otra cosa que manifestar su gratitud por la reforma agraria de semanas atrás, que parecía garantizar su derecho a poseer el pedazo de tierra que araba y sembraba. Tal como se les había asegurado y esperaban de la revolución. Era un momento en que no se podía concebir que esa promesa iba a sufrir el mismo destino que todas las enunciadas desde la Sierra Maestra: su incumplimiento.

El evento sería explotado hasta la saciedad durante largos años por la propaganda castrista. Las fotos de la extraordinaria multitud reunida, con sus guayaberas blancas y los pintorescos sombreros, seguirían siendo puestas en circulación década tras década para consumo de los turistas, que quedaban extasiados al contemplar las fotos de la impresionante concentración (como si fueran actuales). Se pretendía mantener la idea de que el campesinado estaba totalmente integrado a una revolución supuestamente hecha por y para ellos. Y ocultar la burla de haber convertido al trabajador agrícola en víctima de una colectivización insensata que habría de conducir a su empobrecimiento y a la hambruna general de la población.

Aquella memorable concentración del 26 de julio nada tenía que ver con la participación campesina en una revolución que había sido gestada por la clase media. Era producto únicamente del entusiasmo que arropaba al labrador de la tierra por tener pronto en sus manos el título de propiedad prometido, que sólo sería conseguido, en más de medio siglo de revolución y con tremendas limitaciones para mercadear sus cosechas, por campesinos propietarios en una extensión tan reducida como el 15% del área cultivable del país, según datos de la propia usurpación comunista.

Viaje súbito a Santiago de Chile

"Necesito que vayas a Chile enseguida", me espetó Carlos Franqui en una de mis noches en *Revolución*. No me cogió muy de sorpresa el pedido. En esos días de imprevistos había llegado a conciliarme en cierto grado con lo inesperado. Pero me llamaba la atención lo de Chile, tan distante. Y el porqué. La Organización de Estados Americanos (OEA) había convocado a su Quinta Reunión de Consulta de Ministros de Relaciones Exteriores, iniciada el día anterior, 12 de agosto de 1959. Franqui pensó que debía ser cubierta por periodistas de los diferentes medios. Estaba llamando a cada periódico para que enviara uno o dos representantes. Y me pedía que asumiera la coordinación y atención del grupo periodístico. Así comenzaría una curiosa odisea que me permitiría apreciar bien de cerca lo que podíamos significar nosotros, como representativos de la revolución, para otros hermanos de Latinoamérica. Y conocer la tremenda diferencia en actitud de los militares chilenos que nos recibieron, revestidas de una seriedad muy distante a la del grupo de soldados rebeldes que nos acompañarían en la travesía sin tener por qué.

La salida estaba fijada para la mañana siguiente, en la base aérea del antiguo campamento militar de Columbia. Tiempo escaso para preparar la maleta, conseguir cerca de cien dólares cambiados precipitadamente por pesos cubanos (gracias a un piloto comercial amigo) agarrar el pasaporte y despedirme de Alicia y Elenita. Pero, ¿y el visado? En *Revolución* me decían que no era necesario. Aunque parezca increíble, el periódico no me había dado un solo centavo para el viaje, cuyos gastos personales pensaba cubrir con los dólares que había podido cambiar. Esa irregulariad no me iba a detener en la encomienda de coordinar el grupo de periodistas en un viaje que, según supe poco antes de despegar el avión, tenía el propósito adicional de llevar las pruebas de un intento contrarrevolucionario promovido por el dictador dominicano Trujillo y exilados de la dictadura anterior, frustrado en una emboscada al aterrizar el avión invasor con armas y municiones en el aeropuerto de Trinidad, Las Villas. Esas pruebas, que portaba un periodista de Prensa Latina, eran para ser entregadas a la delegación cubana en la reunión de cancilleres, dirigida por el ministro de Estado, Raúl Roa.

Al llegar al aeropuerto de Columbia me enfrentaba a un mundo inimaginable. Presenciaba cómo un piloto comercial que provenía de Cubana de Aviación y no era miembro de la Fuerza Aérea Revolucionaria, de apellido Villamar, y que parecía estar a cargo del vuelo, le estaba pidiendo al jefe de la Fuerza Aérea Revolucionaria, comandante Juan Almeida, dinero para el viaje. Almeida se montó en un helicóptero, fue al Banco Nacional y regresó para entregarle al capitán Villamar, en mi presencia, tres mil dólares. Pero esa gestión tan precipitada, una de las tantas muestras de improvisación que estaba dando el sector guerrillero de la revolución, nada sería en comparación a lo que vendría después. Desde la puerta del avión de Cubana, en lo alto de la escalerilla de acceso, un rebelde le decía a todo soldado que pasaba: "¿Quieres ir a Chile?" Para el curioso personaje, ¿por qué no invitar a tan atractivo paseo si había espacio? Y así unos cuantos soldados rebeldes, tal como estaban vestidos, sin pasaporte ni la obligada maleta con ropa y elementos de aseo, pero portando armas, se montaba en el avión y entraba a formar parte de la comitiva que enviaba la revolución a presenciar la reunión de los cancilleres de la OEA. Entre ellos, un muchachito rebelde de sólo 14 años, bastante menudo, cuya barba imposible era sustituida por una llamativa melena. Ausentarse así los militares, sin previo aviso ni permiso de sus superiores, me daba la medida de cómo andaban las cosas en lo que se seguía conociendo como Ejército Rebelde. Al despegar, podían contarse en el avión más soldados que periodistas.

Ni los mismos rebeldes sabían qué iban a hacer en Chile. No tardé en percatarme de que el capitán Villamar era el principal responsable de la travesía. Sin embargo, no estaría en los controles. El piloto y el copiloto serían dos chilenos. Otro de los misterios. Nadie sabía de donde habían salido. Y como Villamar, tampoco estaban militarizados.

Rumbo a Panamá

El 14 de agosto, dos días después de iniciada la reunión de la OEA, con sus heterogéneos pasajeros y su extraña tripulación, el avión de Cubana despegaba rumbo a Panamá, la primera escala de un vuelo que daría mucho que hablar porque empezaría a rodar el rumor periodístico —no sé de donde surgió— de que el aparato llevaba de pasajero a un connotado personaje que era la sensación del momento: Fidel Castro.

Nuestra escala en el aeropuerto de Tocumen coincidía con la hora de almuerzo. Las autoridades panameñas nos permitieron desembarcar para ir a la cafetería. Todo parecía normal, hasta que llegó el momento de pagar la cuenta. Pensé que el capitán Villamar lo haría del dinero que le había dado el comandante Almeida. Categóricamente, Villamar me dijo que ese dinero era solamente para la gasolina y los derechos de aeropuerto y no para otros gastos. Para resolver el problema quedamos en que yo pagaría, de mi bolsillo, la cuenta de los periodistas (alrededor de 90 dólares) y Villamar la de los pilotos y soldados. Me quedarían poco más de 10 dólares para el resto del viaje. Reuní a los periodistas y les expliqué que no podía seguir haciéndome cargo de esos gastos porque no tenía con qué. Que existía la esperanza de que, al llegar a Santiago de Chile, la misión cubana asumiera esa responsabilidad pero que nada podía garantizarles. Que podíamos decidir regresar a Cuba o correr el riesgo que implicaba nuestro desamparo económico. Comenté la importancia del viaje por las pruebas de la incursión trujillista que llevábamos para ser entregadas a Roa, pero que la decisión de regresar o seguir tenía que ser de todos. Mostrando el patriotismo característico de aquellos días, los periodistas decidieron, por unanimidad, proseguir con el viaje y afrontar las potenciales consecuencias de nuestra imprevista penuria.

Inesperada parada obligatoria

De Panamá se suponía que nuestra próxima escala sería en Lima. ¡Cual no sería mi sorpresa al comunicarnos el piloto que estaríamos aterrizando en Talara, en el norte de Perú! Según el capitán Villamar, una vez en cielo peruano habían recibido instrucciones de aterrizar en Talara. Le empezábamos a dar al inconveniente una connotación política, cuyo motivo no nos podíamos explicar. Nos recibió un coronel de la fuerza aérea peruana, pródigo en cortesías, informándonos que el aparato sería sometido a una minuciosa inspección para garantizar nuestra seguridad. Tendríamos que pasar la noche en Talara, la comida correría por nuestros anfitriones y dormiríamos en el avión.

Entre los compañeros periodistas se encontraban los hermanos Emilio y Luis Martínez Paula, director de *Diario Libre* y reportero gráfico, respectivamente. Ambos procedían de las filas revolucionarias. Los Martínez Paula y yo, a la mañana siguiente, decidimos tratar de averiguar el motivo del aterrizaje imprevisto. Insistimos con el coronel para que nos pusiera en contacto con algún jefe militar que pudiera darnos alguna explicación de la interrupción en nuestro itinerario y acelerar la reanudación del vuelo. El propio coronel nos condujo a la residencia del general jefe de la región, donde fuimos recibidos por una niña de unos doce años, cuyas delicadas maneras, forma de vestir y aplomo me parecían una imagen del pasado. Después de darnos asiento en una sala rigurosamente decorada con muebles clásicos donde primaba la caoba, cuyo entorno me alejaba aún más del presente, la niña, con mucha seriedad y después de algunos cumplidos ceremoniosos que pugnaban con su edad, nos dijo: "Mi padre, el general, tendrá el gusto de atenderlos en unos momentos".

El general, cuyo nombre no recuerdo, fue muy gentil pero no soltó prenda sobre los motivos del obligado aterrizaje. Le explicamos la razón de nuestro vuelo y la premura de nuestra presencia en Santiago de Chile. Nos prometió que haría todo lo posible para que el avión pudiera partir cuanto antes. Regresamos al aeropuerto en espera del cumplimiento de la promesa. Allí me abordó Hugo Vázquez, un joven periodista enviado por *Hoy*, órgano del Partido Comunista, que se destacaba por estar bien atento a la repercusión política del viaje. Posible víctima de su formación dogmática, exageraba la importancia de nuestro vuelo al adjudicarle a la Agencia Central de Inteligencia de Estados Unidos la iniciativa del obligado descenso.

Me enteré en el aeropuerto que habíamos viajado en un avión lleno de desperfectos y que nos habíamos jugado la vida sin enterarnos. Los mecánicos peruanos a cargo de la inspección nos informaron que, entre otras deficiencias, el aparato tenía un corto circuito, lo que era sumamente peligroso. Había estado funcionando con un circuito de emergencia. Nos aseguraron que todo había sido reparado. Con esas garantías, proseguimos a Lima, nuestra próxima escala.

Llegamos a la capital de Perú temprano en la tarde, donde se había corrido la voz de que Fidel Castro venía en el avión, lo que explicaba la presencia de varios reporteros en el aeropuerto. Los impusimos del motivo de nuestro viaje que, por supuesto, carecía del interés periodístico que hubiera despertado la expectante presencia del Primer Ministro. El embajador de Cuba en Perú, Luis Ricardo Alonso, nos esperaba en el aeropuerto y me estaba invitando a una reunión que había concertado en su oficina. Nos dividimos en grupos. La mayoría, incluyendo los soldados rebeldes, disfrutaría de un recorrido por la ciudad, mientras el avión era sometido a una nueva inspección.

Con los líderes del APRA

Rumbo a la embajada, Alonso me notificó que, para un cambio de impresiones, me estaban esperando en su despacho unos líderes del APRA (Alianza Popular Revolucionaria Americana). Me entusiasmaba el encuentro. El fundador del APRA, Víctor Raúl Haya de la Torre, había sido uno de mis ídolos en mis tiempos de estudiante. La afinidad entre algunos de los principios sustentados por Haya de la Torre y los de la revolución cubana apuntaba a una identificación en propósitos. Entre los dirigentes apristas que pedían la reunión estaban Armando Villanueva y Roberto Martínez Merizalde. Pero al que recordaba bien era a Andrés Towsend, que había sido objeto de varios "flashes" de mi cámara en los tiempos que fui fotógrafo oficial de la Conferencia Pro Democracia y Libertad, celebrada en La Habana, en mayo de 1950. Fue aquella una histórica reunión de la social democracia latinoamericana, auspiciada por el presidente Carlos Prío Socarrás, el ministro Aureliano Sánchez Arango y el profesor Raúl Roa. La Conferencia contó con la participación de prominentes figuras del hemisferio, entre las que se destacaban Rómulo Betancourt, de Venezuela (exilado entonces en Cuba) y José Figueres, de Costa Rica. Salvador Allende, senador chileno, asistía también a la reunión. Como fotógrafo oficial y muy interesado en todo lo que se estaba discutiendo, estuve presente en todas las sesiones.

Los jefes apristas me manifestaron sus quejas de que habían tratado por diferentes vías de hacer contacto con la dirigencia cubana y no habían recibido respuesta. Querían mostrar su apoyo a la revolución y colaborar en el programa de reformas que se estaba llevando a cabo en Cuba. No encontré mejor excusa, para justificar esa falta de atención, que alegar el tremendo trabajo que tenía sobre sus hombros el gobierno revolucionario. Pero a mí también me chocaba lo que me estaban diciendo. No veía ninguna razón para que el APRA fuera ignorado. Le sobraba historia en su lucha nacionalista, en su prédica por la consolidación de la soberanía peruana y en su programa de reivindicaciones sociales. Me parecía un magnífico aliado en la labor que esperábamos del gobierno revolucionario. Lo que no sabía entonces era, ajeno como estaba a la futura traición ideológica de Fidel Castro, que la posible razón de la renuencia a la participación del APRA en los afanes revolucionarios cubanos radicaba en su declarada posición anticomunista. El rechazo a las concepciones dogmáticas y muy en particular, el comunismo, era un punto fundamental de la doctrina aprista. A poco más de un año, Víctor Raúl Haya de la Torre diría que "no podemos confundir eso que era idealista, auténtico y justo en los comienzos de la revolución cubana, con la sumisión, rendición y homenaje a algo que es antiamericano y totalitario y está opuesto a nuestro tradicional ideal de pan con libertad".

Después de la reunión, el embajador Alonso me invitó a visitar la ciudad, donde pude admirar la belleza de sus construcciones coloniales. De regreso al aeropuerto, las noticias no eran de las mejores. Las reparaciones adicionales de nuestro avión estaban tomando más tiempo del previsto y tendríamos que esperar hasta la mañana siguiente para continuar el vuelo a Chile. No nos quedaba más remedio que seguir con el avión de hotel. Y sus asientos, de camas. Por fin, a la mañana siguiente, pudimos dirigirnos a Santiago de Chile, que no imaginaba tan lejos. Estábamos sólo a mitad del camino.

Sorpresa en Chile

Al llegar a Santiago aterrizamos en el aeropuerto de Los Cerrillos. Nada de periodistas esperando. Veía sólo militares. Algo raro estaba pasando. Pronto supimos que estábamos detenidos, sin recibir explicaciones, en el sector del aeropuerto asignado a la fuerza aérea chilena. Antes de desembarcar, un alto oficial nos hizo saber que a los soldados se les permitiría bajar del avión solamente si estaban desarmados. Los periodistas saldríamos primero. Al pie de la escalerilla estaban tres buenos compañeros y amigos que integraban la delegación cubana a la Reunión de Cancilleres: el Ministro de Estado Raúl Roa, el Subsecretario y ex Coordinador Nacional del *M-26-7* Marcelo Fernández y el embajador de Cuba en Chile, Carlos Lechuga. Roa y Lechuga habían sido dirigentes de *Resistencia*. Estaban muy impacientes por saber qué era lo que estaba pasando porque, sin nosotros saberlo, por la radio y la televisión se estaba especulando sobre un "misterioso" vuelo procedente de Cuba que había tenido que hacer una inesperada parada en Perú. Les dije que no sabía por qué tuvimos que aterrizar en Talara. Y que en Lima percibimos que la prensa estaba intrigada por el vuelo, pensando que llevaba de pasajero al Comandante. Sobre nuestra misión, les notifiqué que era exclusivamente periodística, que portábamos los documentos relacionados con la incursión de Trinidad y que el avión venía repleto de soldados rebeldes sin razón. También les hablé de nuestra penuria para afrontar los gastos de viaje, quedando responsabilizado Marcelo Fernández con la solución del inconveniente. Me informaron que, de acuerdo con las leyes chilenas, nuestro aterrizaje era ilegal. El avión estaba siendo considerado como un aparato militar extranjero y sólo podía ser permitido su contacto con tierra chilena si el Congreso Nacional lo autorizaba con antelación. Sin ese permiso, desde el punto de vista legal nuestra visita equivalía técnicamente a invasión. Mis compañeros me dieron a entender que casi nada podían hacer a nuestro favor. Mientras, estaríamos confinados a los cuarteles de la fuerza aérea como invasores sin serlo, bajo el rigor de un invierno bastante agudo para el cual no estábamos preparados —salimos de Cuba en verano— y pagando con la privación de libertad la desorganización, improvisación y atrevimiento que estaban floreciendo impunemente en el sector negativo de la Cuba revolucionaria, las nuevas fuerzas armadas.

A pesar de la advertencia del oficial chileno, los muchachos rebeldes desobedecieron la orden de bajar desarmados. Y al ser registrados, se les ocuparon las armas, bajo protestas escandalosas que me sonrojaban. Se nos asignaron unos espacios para organizar nuestras pertenencias (no todos las llevábamos). Estábamos desesperados por conectarnos con una ducha. Hacía más de cuarenta y ocho horas que no sabíamos de un baño ni de cambiarnos de ropa. Se formó una fila para ducharnos de la cual, ante los gritos de los que llegaban a abrir el grifo, algunos desertaban para no congelarse. Esa noche nuestro avión dejó de ser hotel. Teníamos a nuestra disposición unos catres que, sin ser del otro mundo, nos acogían con más amabilidad que aquellos asientos de pasajero donde apenas se dormía.

En la mañana del 17 de agosto las autoridades me anunciaron una visita. El doctor Salvador Allende, prominente político chileno y líder del Partido Socialista, se interesaba por nosotros. Lo había conocido, como en el caso de Andrés Towsend, del APRA, cuando cubría con mi cámara la Conferencia Pro Democracia y Libertad celebrada en La Habana en 1950. Antes de reunirnos, me había abordado subrepticiamente una persona que se presentó como periodista y me pidió unas declaraciones. Escribí una nota donde aclaraba que no éramos "invasores", como se nos estaba calificando. No pude entregarla. Un policía de paisano —me dijeron que de la Interpol— lo impidió. Sigo ignorando la razón de la interferencia y nada pude hacer. Minutos después estaba frente a un Allende elegante, respetuoso y cordial. Fue un breve cambio de impresiones. Creo que no duraría más de diez minutos. Estaba apenado por nuestra situación y me expresó su solidaridad. Agradecí su gesto. Poco después un oficial me informó que tenían preparado un ómnibus para darnos un "tour" por la ciudad y disipar algo el mal momento que estábamos pasando. Era una concesión especial, dadas las circunstancias. Pero la oferta excluía a los soldados, que seguirían retenidos en la base. No me pareció justo y planteé que, o íbamos todos o ninguno. Horas después tendría lugar nuestra partida, que sería precedida de otro espectáculo deplorable al ser entregadas a los jóvenes militares las armas que les habían ocupado. Los oficiales chilenos, disciplinados y atentos, parecían desconcertados ante un hato de malcriados que formaban tremendo revuelo porque, en algunos casos, las armas que se les devolvían eran de otro compañero. Traté de dar las mejores excusas por tal comportamiento, basándolas en lo reciente del cambio revolucionario y la inexperiencia de algunos militares por su extrema juventud. Pero no podía ocultar la vergüenza que esa conducta pueril me producía.

Ya en el avión y antes de despegar, uno de los rebeldes, sin haber sido provocado, hizo alusiones injuriosas en alta voz sobre los periodistas presentes. Le salí al paso, casi al punto de irnos a las manos, lo que fue impedido por los que estaban más cerca de nosotros.

Sobre todas las incidencias del azaroso viaje escribí un reportaje para *Bohemia*, que no sería publicado. En ella me preguntaba por qué un aparato de Cubana de Aviación había sido catalogado como militar y detenidos sus ocupantes al aterrizar. No tenía una sola insignia que lo identificara como perteneciente a la fuerza aérea revolucionaria. Y la tripulación era civil. Deduje que por las noticias que generaron nuestras paradas en Talara y Lima se hubiera sabido de la presencia de los soldados rebeldes en el avión y eso le hubiera dado una connotación equívoca al viaje. No encuentro otro motivo para explicar la acción de las autoridades chilenas. Pero lo más importante para mí sería el convencimiento de que, de no haber tenido lugar el acceso imprudente y desordenado de los muchachos rebeldes al avión, nada hubiera pasado y hubiéramos cumplido con nuestra misión. Lo ocurrido me serviría de botón de muestra del grado de desorden y de improvisación que imperaba en el Ejército Rebelde y en toda esfera oficial ajena a las dependencias ministeriales, que eran manejadas por gente seria y responsable. Palpable y alarmante contradicción dentro de un proceso del que se esperaba mucho.

Pero, a pesar de todo, si casos como este y otros muchos podían desalentar nuestros mejores entusiasmos, era innegable que las esperanzas de un cambio a la sensatez seguían en pie. Y un sector mayoritario de la población, seducido por una prédica original que parecía prometedora, pasaba por alto inconvenientes que consideraba superables. En cuanto a la dirigencia democrática del *M-26-7*, manteníamos nuestra confianza en que Fidel Castro, con el tremendo poder que iba consolidando progresivamente y las reiteradas seguridades que daba de su desvinculación del comunismo, sería capaz de corregir lo que andaba mal y encauzar el proceso revolucionario por las vías democráticas anunciadas.

La Iglesia Católica en pie

Antes de finalizar el primer año de revolución la preocupación por la infiltración comunista no se manifestaba únicamente en las filas democráticas del *M-26-7* y en otras organizaciones revolucionarias. La Iglesia Católica contemplaba también, con razonable preocupación, los movimientos conducentes a la implantación del comunismo. Su base ateísta representaba una amenaza a los fundamentos espirituales de la cristiandad y al libre ejercicio de la religión. El catolicismo en Cuba era la religión predominante y existía una entusiasta y patriótica devoción hacia su patrona, la Virgen de la Caridad del Cobre, culto que tenía profundas raíces en las guerras de independencia, al ser invocada con frecuencia en las filas del Ejército Libertador.

Lo que podía estimarse como agresión a la tradicional cristiandad cubana (incluyendo las iglesias protestantes) sorprendía a todos, pero mucho más a los que habíamos participado en la lucha clandestina contra la dictadura de Fulgencio Batista, que habíamos encontrado apoyo y colaboración en muchos sacerdotes que repudiaban los asesinatos y torturas de ese régimen y abogaban por un cambio hacia la democracia.

Uno de nuestros centros de reunión conspirativos en La Habana era, precisamente, la iglesia de Nuestra Señora de la Caridad, en Salud y Manrique, cuya parroquia estaba a cargo del padre Eduardo Boza Masvidal, quien posteriormente sería designado Obispo Auxiliar de La Habana por el Papa Juan XXIII y forzado al exilio bajo el régimen comunista en septiembre de 1962.

Después del asesinato de tres jóvenes miembros de Acción Católica por esbirros de Batista en abril de 1958, los padres Boza Masvidal y Madrigal redactaron una carta donde se le pedía la renuncia al dictador. Firmada por todos los obispos, fue recibida por el Nuncio Apostólico en Cuba, arzobispo Luigi Centoz, para ser entregada a Batista, quien no le dio audiencia al Nuncio porque sabía del propósito de la visita (aunque eso no impidió que se conociera públicamente su contenido). Y el obispo de Matanzas, Alberto Martín Villaverde, en osado gesto, llegó a pedirle en persona la renuncia al dictador.

La presencia de capellanes católicos en el Ejército Rebelde, donde se destacaba el padre Guillermo Sardiñas con el grado de comandante, era una razón adicional para que la imposición del comunismo se considerara incompatible con lo que se esperaba de la revolución.

¿Cómo podía demostrárseles a los nuevos dueños del poder que la adopción del sistema comunista pugnaba con una Cuba cristiana? Acción Católica decidió convocar a un Congreso Nacional Católico bajo el patrocinio de la venerable *Cachita*, la Virgen de la Caridad, para mostrarle al gobierno revolucionario, masivamente, la preocupación del pueblo católico por los amagos comunistas. Su evento cumbre sería el traslado de la imagen de la Virgen desde el Santuario del Cobre, en Oriente, a La Habana, mediante un maratón de relevos de antorcha que recorrería ciudades y pueblos hasta llegar a la Plaza Cívica, donde culminaría con una misa multitudinaria. Todos los sectores católicos se movilizaron para sumarse al maratón, que contaría también con la presencia del que, sin ser creyente, observaba preocupado las maniobras de penetración comunista. Cientos de miles de personas, procedentes de las más variadas regiones de la Isla, se trasladaban a La Habana a invitación de familiares y amigos para estar presentes en el trascendental y multitudinario encuentro, el 28 de noviembre de 1959, con la Virgen mulata, Patrona de Cuba. Por supuesto, el verdadero motivo de la concentración no se podía proclamar públicamente, pero se sabía que no iban sólo por la misa todos los presentes en ella.

En la clausura del Congreso, que se celebraría en el Estadio Tropical, los asistentes corearían en varias ocasiones el lema de "¡Cuba sí, Rusia. No!", en apoyo al discurso del dirigente de Acción Católica, Dr. José Antonio Lasaga, quien había planteado "justicia social, sí; comunismo, no". El orador principal sería el obispo de Matanzas, monseñor Alberto Martín Villaverde, el mismo que menos de dos años antes había tenido la valentía de pedirle la renuncia a Batista. Pero el mensaje del obispo no era de confrontación ni de rebeldía. Estaba llamando la atención sobre la entronización del odio en la idiosincrasia cubana y apelaba a la comprensión cristiana, resaltando el valor eterno del amor. Entre sus frases de genuino sacerdote se destacaba su descripción del momento que se estaba viviendo:

> *Se predicó el materialismo y se sembró el odio; nosotros predicamos el reino de Dios y sembramos el amor. Se predicó el materialismo y se sembró la injusticia y el atropello; nosotros predicamos el reino de Dios y sembramos la justicia y la caridad. Que escojan, pues, los pueblos. O el reino de Dios y ser hermanos con hermanos en justicia y amor, o el reino del materialismo y unos contra otros en la ley del más fuerte. O con Dios en el amor, o contra Dios en el odio.*

El régimen castrista no se dio por aludido e ignoró ese llamado de la Iglesia Católica a la rectificación. ¿La misma indiferencia mostrada por la dictadura anterior? Algo muchísimo peor. No tardaría en disponerse la expulsión masiva del país de sacerdotes y monjas y la clausura de las publicaciones católicas. La juventud militante de Acción Católica y miembros de la Juventud Obrera Católica (*JOC*), que habían tenido una participación muy activa en la lucha contra Batista, llegaron a la conclusión de que, para evitar que el comunismo se apoderara del país, no había otra opción que conspirar contra Fidel Castro. Se afiliarían al Movimiento Revolucionario del Pueblo (MRP), al Movimiento de Recuperación Revolucionaria (MRR) y al Directorio Revolucionario Estudiantil

(DRE), cuyas bases estaban inspiradas en los mismos ideales sostenidos en la etapa insurreccional contra Batista.

El 5 de febrero de 1960, el DRE, fundado por los jóvenes católicos Alberto Muller, Juan Manuel Salvat y Ernesto Fernández Travieso, convocó a un grupo de líderes y estudiantes universitarios al Parque Central de La Habana para un acto de protesta. El viceprimer ministro Anastás Mikoyán, segundo al mando en la Unión Soviética, se encontraba de visita en Cuba y había depositado una ofrenda floral al pie de la estatua de José Martí. La visita de Mikoyán, con el pretexto de convenios comerciales, constituía, para un pueblo temeroso de la imposición del comunismo, una muestra de la inclinación hacia Moscú de los hermanos Castro y el *Che* Guevara. Como gesto de desagravio a la memoria del Apóstol los estudiantes llevaban una corona de flores representando la bandera nacional para ser puesta en el mismo lugar. Estaban siendo esperados por una turba armada de cabillas (anticipo a lo que después serían las Brigadas de Acción Rápida) y fueron agredidos y dispersados. Esa valiente acción del DRE sería la primera manifestación pública, dentro de la revolución, de rechazo al comunismo.

Y el 20 de abril de 1961, antes de cumplirse el año y medio del Congreso Nacional Católico, el paredón de fusilamiento sería salpicado con la sangre generosa de numerosos jóvenes creyentes que, antes de caer ametrallados, gritaban a viva voz: *¡Viva Cristo Rey! ¡Viva Cuba!* Ha trascendido que los dirigentes anticomunistas de procedencia católica, Rogelio González Corzo (MRR), Alberto Tapia Ruano y Virgilio Campanería, (ambos del DRE), que se incorporaron desde temprano a la lucha anticomunista, se enfrentaron al pelotón de fusilamiento con valentía y serenidad ejemplares. No fueron los únicos. Ese mismo día, que coincidía con el fracaso de la invasión de Bahía de Cochinos, fueron fusilados cinco jóvenes patriotas más, entre los que estaba Carlos Calvo Martínez, del MRP.

CAPÍTULO 8
LOS SUCESOS DE OCTUBRE

Mes turbulento

Octubre de 1959. Mes decisivo para identificar con mayor claridad la ruta por la que estaba siendo conducido el proceso revolucionario. Una serie de hechos ocurridos ese mes mostrarían a cara descubierta las verdaderas intenciones de Fidel Castro. Acontecimientos que marcarían el primer choque entre los revolucionarios dispuestos a salvaguardar el sistema democrático y los que se empeñaban, con el Comandante a la cabeza, en desvirtuar los objetivos básicos de la lucha contra Batista.

El mes, que terminaría con un cúmulo impresionante de sucesos dramáticos y trascendentales tuvo, sin embargo, en sus primeros días eventos más afines al disfrute y la paz. Comenzaría con los juegos de pelota de la Pequeña Serie Mundial entre los equipos de Minneapolis Millers y Cuban Sugar Kings en el estadio del Cerro, donde la presencia simultánea del Primer Ministro Castro (como lanzador de apertura) y el embajador americano Philip Bonsal (como uno de los espectadores distinguidos) tenía sus razones. El Cuban Sugar Kings era el único equipo extranjero en una liga totalmente estadounidense, lo que explicaba la presencia del Embajador. Lo más trascendental de ese evento no iba a ser el triunfo del equipo cubano. Sería el estruendoso y prolongado aplauso del público asistente cuando el nombre del embajador Bonsal fue mencionado por los altoparlantes. Según se supo después, esa reacción del público molestó mucho al Comandante, que, sin lugar a dudas, hubiera preferido una rechifla. Esa demostración de simpatía contradecía la campaña antiyanqui que venía desplegando.

La *nueva toma de conciencia* que generaba la revolución, según señalaría Leví Marrero, podía percibirse todavía en Cuba al comenzar el décimo mes de la caída de Batista, a pesar de las contradicciones que se estaban haciendo evidentes. Pervivía un deseo muy generalizado en la población de contribuir de alguna manera a la obra revolucionaria. Y, aún a pesar de las reservas que teníamos por la conducción errática e improvisada de la revolución, los del Llano no éramos ajenos al entusiasmo que arropaba al país.

Ya para septiembre, la inacción de Fidel Castro en lo referente a la reorganización y desarrollo del *M-26-7* nos hacía pensar que el Movimiento estaba en vías de desaparición. Todas las decisiones del Comandante eran unipersonales. Con las direcciones provinciales no se contaba para nada. En una reunión de la Dirección Provincial que tuvimos con él en el hotel Habana Hilton para zanjar diferencias internas (compañeros que regresaban del exilio aspiraban a recuperar las posiciones que tenían al momento de asilarse en embajadas, desempeñadas en su ausencia por los que se habían quedado). Fidel Castro sugirió, al finalizar el cambio de impresiones. la posibilidad de disolver el *26*. Realmente, no veíamos la razón para hacerlo. Las diferencias discutidas en nada eran graves ni podían usarse como pretexto para liquidar una organización victoriosa que se aprestaba a convertirse en partido político. Era obvio que el Comandante estaba dando a entender que el *M-26-7* ya no le era conveniente.

Pero en toda la nación cundía la voluntad de ayudar, de colaborar con la revolución. La donación de tractores para la reforma agraria, por parte de los sindicatos obreros, organizaciones empresariales e individuos llegaba a niveles espectaculares. La gente de deshacía de sus joyas para donarlas al Estado y fortalecer la precaria disponibilidad de divisas, agotadas por el saqueo de la dictadura depuesta. Propietarios de bienes raíces entregaban parcelas valiosas para la construcción de centros escolares. ¿Qué podíamos hacer para dar nuestro aporte? ¿Nos íbamos a quedar con los brazos cruzados, sin participar de ese entusiasmo avasallador por mejorar el país? ¿Era necesario pertenecer a una organización revolucionaria para trabajar por el bien común? Había, por supuesto, otras formas de aprovechar ese impulso patriótico de una manera eficiente, sin necesidad de tener que ser parte del gobierno o afiliarse a algún movimiento.

El trabajo voluntario

Vicente Báez, el exclandestino *Mateo*, con una excepcional hoja de servicios en el Llano, en lugar de asumir una posición de relevancia en el gobierno revolucionario, para lo que le sobraban méritos y contactos, había preferido, con la modestia que todos le reconocíamos, ocuparse de la administración del periódico *Revolución*, órgano del *M-26-7*. Eso decía mucho de su desprendimiento y ausencia de vanidad. Vicente y yo llegamos a la conclusión de que el mejor modo de movilizar a la ciudadanía en su deseo de cooperar con la obra revolucionaria era coordinando con las dependencias del Estado el trabajo que voluntariamente cada cual estuviera dispuesto a dar. Y es así que surge la Organización de Trabajadores Voluntarios (OTV). Si Fidel Castro quería soslayar al *M-26-7* en sus designios, no estábamos dispuestos a que eso nos distrajera de lo que considerábamos un deber: continuar cooperando con una revolución de la que habíamos sido parte en sus más peligrosos y difíciles momentos y cuya trayectoria democrática queríamos afianzar.

Nuestra iniciativa nada tenía que ver con las aspiraciones políticas. Ni mucho menos con la connotación político-partidista del trabajo voluntario surgido espontáneamente en la Unión Soviética en 1919 (los *subbotnik* y *voskresnik*) y adoptado oficialmente en 1920 por Lenin, para luego desnaturalizarlo y convertirlo en obligatorio. Ni tampoco con el *estajanovismo* (horas extra de trabajo sin retribución) iniciado por un minero ruso (Alekséi Stajánov) para aumentar la productividad obrera en los primeros años de la revolución bolchevique. La OTV nacía sin cortapisas ni controles políticos. Ni afán de protagonismos en aquellos que habríamos de organizarla. Producto legítimo del afán de servir.

No sólo en algunos miembros de la Dirección Provincial de la Habana del *26 de Julio* palpitaba un afán de ser útiles al proceso, de dar sin nada a cambio. En los sectores laborales y profesionales prevalecía la misma disposición. La revolución no era sólo Fidel Castro. Era de todo el pueblo y no queríamos que se nos maniatara. Posición esta que podría ser, a la luz de la historia y para muchos estudiosos, expertos y profesionales de la política, de inconcebible candor. Y no estarían desacertados. La verdad era que el amor que le teníamos a la causa los excombatientes del Llano superaba las afrentas que pudiéramos recibir. Para cualquier iniciativa de alcance nacional, por buena que fuese, solía solicitarse la bendición de Fidel Castro. Trámite que nos parecía innecesario y posiblemente limitante en el caso de la OTV.

Fuera de la Dirección Provincial del *26*, reclutamos a los contadores públicos Tomás Fernández Aballí y Ángel Berisiartu. También al ejecutivo Carlos Lamas. Y no faltaría el héroe de la Letra B de *Resistencia*, Justo *Viqui* Molina Ulloa. Vicente contaría, como Coordinador General, con la eficiente colaboración de su esposa y compañera, Carmela Chao. Alicia García, mi mujer, redactaría una columna diaria en *Revolución*, a ser titulada *OTV Informa*. En ella se anunciarían los trabajos a ser realizados y se comentarían sus resultados. Yo me encargaría de lo concerniente a propaganda y promoción, además de participar directamente en los trabajos.

¿Cómo habría de funcionar la OTV? Todo voluntario tendría que especificar su tiempo disponible y en qué le gustaría trabajar. Nuestra labor consistiría en ubicarlo de acuerdo con lo que quisiera hacer, coordinando el trabajo con las dependencias del Gobierno, principalmente aquellas relacionadas con el ornato público. Pero la colaboración no se limitaría a eso solamente. También se incluirían labores de carácter administrativo. Los grupos serían organizados por zonas geográficas y centros de trabajo.

Teníamos, para la propaganda, el mejor de los instrumentos: *Revolución*. De todas los periódicos, el de mayor circulación. Las planillas para solicitar la inscripción en la OTV aparecerían a media plana, además de la sección diaria *OTV Informa*. Acordamos que sólo se mencionarían los nombres de los responsables de asignaciones específicas, para orientar a las diferentes brigadas de trabajo. Por ninguna otra razón sería mencionado el nombre de algún dirigente de la organización. No queríamos dar la impresión de que estábamos creando un instrumento con pretensiones políticas, con el apoyo del periódico. En cumplimiento de esas directrices, nuestros nombres nunca serían mencionados en la columna que escribía mi mujer. Así desalentábamos a esos inevitables especuladores que ven en todo intento altruístico una motivación interesada. La OTV se fundaba sin ambiciones mezquinas, invulnerable así al ataque demagógico que potencialmente pudiera surgir de un jefe autoritario y receloso, a quien empezaban a llamar el *máximo líder* y con el que no se había contado para crearla.

El 10 de octubre

Escogimos el 10 de octubre, aniversario del Grito de Yara, para hacer el primero de los trabajos voluntarios. La influyente Sociedad Americana de Agentes de Viajes (ASTA, por sus siglas en inglés) había decidido celebrar su convención anual en La Habana entre los días 17 y 24. Existía la esperanza de que el evento contribuyera de una manera determinante al fomento del turismo en la Isla, contemplado como un pilar básico del futuro económico de la nación. Llegamos a la conclusión de que un buen motivo para estrenar la OTV sería ayudar al embellecimiento de la ciudad y darle una buena impresión a los visitantes de la ASTA. Y decidimos pintar de blanco los bordes de las aceras de la Avenida del Puerto y el Malecón, en todo su recorrido de varios kilómetros. Camino obligado de cualquier visitante del exterior. Las brochas y la pintura para la labor serían suministradas por Obras Públicas, cuyo ministro, Manuel Ray, decidió colaborar desde un principio con la OTV. Calculamos que necesitaríamos alrededor de 400 voluntarios para hacer el trabajo en un solo día. No quisimos convocarlos por *Revolución* porque se presentarían miles, con el previsible caos y la consiguiente desilusión. Para alcanzar esa cantidad, cada dirigente se comprometió a citar un determinado número de voluntarios. El mismo día 10, *Revolución* publicaba una columna anunciando la constitución de la OTV y dando a conocer su primer trabajo masivo, con el Parque Maceo como centro de operaciones. La noche anterior habíamos dejado debidamente situadas, en el extenso recorrido, varias decenas de vallas móviles con el siguiente texto: "OTV, Trabajando por la Revolución".

El proyecto fue todo un éxito. Y a la mañana siguiente, antes del inicio de una reunión del Consejo de Ministros, un intrigado Fidel Castro le preguntaba a Ray que quería decir eso de la OTV a todo lo largo del Malecón (las vallas todavía no habían sido retiradas). Ray le explicó que se trataba de una iniciativa de la Dirección Provincial del 26 a la que él le estaba dando todo su apoyo.

Cinco días después, el 16 de octubre, desaparecía el Ministerio de Defensa y el hermano del *máximo líder*, comandante Raúl Castro era designado Ministro de las Fuerzas Armadas Revolucionarias, una nueva dependencia que agrupaba al Ejército, la Marina y la Policía bajo una sola dirección. Con la creación del nuevo ministerio, Camilo Cienfuegos, el popular jefe del Ejército, quedaba bajo el mando directo de Raúl Castro. Y uno de los más brillantes y competentes miembros del gobierno, Manuel Fernández, Ministro de Trabajo, a quien considerábamos una especie de mentor ideológico en la Dirección Provincial del 26, era sustituido por el comandante Augusto Martínez Sánchez, acólito de Raúl Castro, que venía desempeñando la cartera de Defensa.

Las elecciones estudiantiles universitarias

Entre los eventos trascendentales de octubre estarían las elecciones para escoger al presidente de la Federación Estudiantil Universitaria, la famosa FEU. El evento tendría lugar el sábado 17. Pero, históricamente, más significativas que sus resultados fueron las maniobras que le precedieron. Porque en aquellos momentos creaba una gran confusión y parecía inexplicable que Fidel y Raúl Castro, en lugar de apoyar al candidato del *M-26-7*, Pedro Luis Boitel, hicieran lo imposible para favorecer a un dirigente de otra organización, el comandante Rolando Cubela, del Directorio Revolucionario.

Cubela era estudiante de Medicina y había suspendido los estudios para participar en las actividades revolucionarias. No se trataba de que careciera de méritos que sustentaran su aspiración. El Directorio Revolucionario, del cual era uno de los dirigentes, había sido un firme puntal en la lucha contra la dictadura batistiana. La participación de sus combatientes junto a la Organización Auténtica (OA) en el osado ataque al Palacio Presidencial para matar a Batista, aunque censurado por Fidel Castro desde la Sierra, los hacía acreedores al mayor de los respetos. Cubela había participado en esa acción y en un atentado que le había costado la vida al jefe del Servicio de Inteligencia Militar, coronel Antonio Blanco Rico (lo que siempre censuré porque no había ninguna razón para matarlo; era nuevo en el cargo y no se le identificaba con ningún abuso). La presencia de Cubela como comandante en el frente de El Escambray y en la acción de Santa Clara junto al Che Guevara, donde fue herido, le había ganado el reconocimiento y la simpatía del pueblo.

Ante el conflicto que para sus ocultas intenciones de trastocar el curso de la revolución representaba un posible triunfo de Boitel, Fidel Castro agotó las maniobras para impedirlo, al extremo de hacer unas declaraciones aparentemente conciliatorias que aparecerían en la primera plana de *Revolución* el mismo día del evento electoral. Comenzaba con lo más importante:"El gobierno revolucionario y el Movimiento 26 de Julio no respaldan ninguna tendencia en la lucha por la presidencia de la FEU". Y concluían con una exhortación: "En vez de pugnar, lo que deben es darse todos los estudiantes un abrazo revolucionario, proclamar unánimemente un presidente y unirse todos en un verdadero plan de reforma que se cumpla sin más dilación. Esa sí será una victoria de todos y no el triunfo pírrico de un grupo".

Esa posición, lógicamente, era del agrado del pueblo. Fidel Castro rechazaba que pertenecer al *26 de Julio* pudiera ser un factor determinante en las elecciones y planteaba tácitamente que todos los candidatos debían tener la misma oportunidad de triunfo. Maravilloso ejemplo de imparcialidad. Pero la pregunta que había que hacerse era, ¿a qué podía obedecer que, en lugar de dejar que el estudiantado decidiera por sí mismo, Fidel Castro interviniera directamente en la contienda para afectar las posibilidades de triunfo del candidato del *M-26-7* al negar su representación y proponer la eliminación de las elecciones? No a otra cosa que darle impulso a la precipitada carrera emprendida por él para quitar del medio el instrumento democrático que había creado para combatir a Batista —su propio Movimiento— que ya constituía un obstáculo para sus planes totalitarios. Boitel era un digno ejemplo de la resistencia de la militancia revolucionaria a las maniobras de infiltración comunista. Por su verticalidad, no era negociable para el acomodo y la traición a los principios sostenidos en la insurrección, como ocurrió con un ínfimo grupo de la Sección Estudiantil del 26 bajo la dirección de Ricardo Alarcón.

¿Era Cubela parte de la conjura procomunista? Ni remotamente. Pero sí una carta oportuna para impedir que el sector democrático del 26 se fortaleciera y estuviera en posición de enfrentarse a las pretensiones totalitarias que empezaban a revelarse. De hecho, aunque el *máximo líder* estaba diciendo lo contrario, Boitel era, en la Dirección Provincial del 26, nuestro candidato. Y sus seguidores uiversitarios no tenían la menor duda de estar respaldado por el Movimiento. Conocían de su militancia en los tiempos difíciles de la clandestinidad. Pero ofrecerle una supuesta participación en el poder al *Directorio* era mil veces preferible para Fidel Castro que tener al frente del estudiantado a un destacado defensor de las promesas revolucionarias, cuya posición me constaba personalmente por su enérgico rechazo a la infiltración comunista en varias reuniones del 26 en las que estuve presente.

Boitel renuncia, pero van las elecciones

Tomando en consideración las declaraciones de Fidel Castro en *Revolución* el mismo día de las elecciones, Boitel renunció irrevocablemente a su candidatura ante una multitudinaria asamblea celebrada en la Plaza Cadenas de la Universidad, Y en generoso gesto, trató de proclamar presidente a Cubela. Pero nadie pudo convencer a la mayoría de los asistentes que desistieran de acudir a las urnas, por lo que las elecciones se celebraron de todos modos, con un cuestionable triunfo para Cubela. Los números finales no demostrarían necesariamente que se trataba de una elección digna de ser respetada. Se dieron casos de irregularidades como el de la Escuela de Ingeniería, donde, por la forma de adjudicar la votación, Boitel, habiendo ganado tres de los cinco cursos y con un total de votos muy superior, aparecía con un uno por ciento por debajo de Cubela. Otro caso fue el del hermano lasallista José Ramón Villalón, aspirante a vicepresidente de la *FEU* en la candidatura de Boitel, quien fue invalidado por un inciso del reglamento electoral. Villalón, a pesar de estar excluido en las elecciones, alcanzó votaciones de hasta el 84 y 77 por ciento en determinados cursos de la Escuela de Ciencias. Y esos votos no fueron contados. De modo que la candidatura de Boitel quedaba sin Vicepresidente. Pero tampoco contaba con Secretario General porque el aspirante a esa posición, el teniente Jacinto L. Otero, había escrito previamente una carta al rector Clemente Inclán renunciando a su candidatura debido "al exceso de trabajo en el organismo donde trabajaba, al que debo dedicar la mayor parte del tiempo".

Las presiones para impedir el triunfo de Boitel se habían ejercido a diestra y siniestra. Pero considerando la extraordinaria influencia de Fidel Castro y su poder omnímodo, el hecho de que la masa estudiantil decidiera consumar el proceso electoral en contra de lo pedido por él, así como el precario triunfo de Cubela a pesar de la renuncia previa de Boitel a su candidatura, ponían en evidencia que el sector universitario no estaba dispuesto a plegarse a la voluntad del Comandante, quien habría de apelar posteriormene a presiones de todo tipo a fin de doblegar la tradicional y justa rebeldía del estudiantado cubano. Y, una vez logrado, ponerlo al servicio de su permanencia vitalicia en el poder.

La intervención de Fidel Castro en las elecciones estudiantiles significarían el inicio de la desaparición de la autonomía universitaria, celosamente defendida hasta ese momento por varias generaciones estudiantiles y por un profesorado de alta calidad que, ante las graves crisis nacionales, siempre había dado muestras de firmeza y patriotismo.

La historia, con el paso del tiempo, daría un giro inesperado en el destino de los dos principales contendientes en las elecciones universitarias. Años después, ya médico, Rolando Cubela estaría implicado en un intento de atentado a Fidel Castro, por lo que fue detenido a fines de febrero de 1966, condenado a 25 años de prisión y amnistiado en 1979. Salió de Cuba y se radicó en Madrid. Boitel, preso desde noviembre del año siguiente, mantuvo una valiente y perenne protesta por las inhumanas condiciones de la cárcel y los abusos contra los presos poíticos. Se declaró en huelga de hambre y moriría cuarenta y tres días después, el 25 de mayo de 1972.

La renuncia de Huber Matos

El 20 de octubre Fidel Castro recibía una carta que habría de causar una gran conmoción. Su portador, el teniente Carlos Álvarez, había combatido en la Sierra Maestra a las órdenes del comandante

Huber Matos, doctor en Pedagogia, maestro, agricultor y excombatiente clandestino, que se había destacado como un valiente y brillante jefe guerrillero en la Sierra Maestra. El comandante Matos ostentaba en ese momento la jefatura del Campamento Agramonte, sede del regimiento que cubría la provincia de Camagüey. La carta a Fidel Castro venía firmada por él. Su contenido: la renuncia a su grado militar para reincorporarse a su profesión de maestro. ¿Qué podía motivar para una decisión de esa naturaleza a uno de los más admirados héroes revolucionarios? La carta lo explicaba: no quería seguir siendo parte de un gobierno cuyo curso no se definía y estaba mostrando una tendencia progresiva hacia la radicalización típica del comunismo. "Creo que escoger entre adaptarme o arrinconarme para no hacer daño, lo honrado y revolucionario es irse", exponía Matos como una de las principales razones de su renuncia. Y añadía:

> ...todo el que haya tenido la franqueza de hablar contigo del problema comunista debe irse antes de que lo quiten (...) dígase a dónde vamos y cómo vamos...

El tono de la carta era respetuoso y en ningún momento podía inferirse que se trataba de una insubordinación pero, incuestionablemente. era un llamado de alerta sobre las acciones solapadas de Raúl Castro y el Che Guevara, quienes estaban nombrando a notorios comunistas en altas funciones administrativas y en el nuevo ejército revolucionario. Advenedizos que estaban violando reiteradamente la ley de Reforma Agraria en Camagüey, lo que creaba confusión y dudas. Podía percibirse que lo hacían con el propósito de dar la impresión de que, ni aún los derechos de propiedad limitados que la propia ley reconocía, ni los procedimientos que establecía, tenían que ser respetados. Actitud que, lógicamente, creaba mucha incertidumbre. El tiempo demostraría que esas acciones no eran producto de la desorganización únicamente. Eran parte de los fines secretos de desestabilización institucional que perseguía Fidel Castro en su aspiración de conducir al país por la vía del totalitarismo. El comandante Matos no quería convalidar esos desafueros, protagonizados mayormente por los improvisados funcionarios del Instituto de Reforma Agraria. Y trataba de impedir esas arbitrariedades, que empezaban a ser norma en todo trámite oficial. Pero lo que más alarmaba al destacado revolucionario —razón fundamental de su renuncia— eran los movimientos de infiltración comunista en las filas del Ejército. De hecho, había tenido la sinceridad de comunicarle a Fidel Castro en varias ocasiones sus inquietudes sobre estas maniobras. Y, como también ocurría con la dirigencia del *M-26-7*, recibía seguridades del *máximo líder* de que los movimientos —evidentes— de infiltración comunista de Raúl Castro y el Che Guevara a nada conducirían. El Comandante, en más de una vez, le pidió a Huber Matos, hipócrita y cínicamente, que no bajara la guardia y se mantuviera alerta para evitar cualquier intento de penetración comunista en las filas de la revolución.

Huber Matos y el "26 de Julio"

En una buena parte de la dirigencia del Llano sentíamos una gran simpatía por Huber Matos, posiblemente el jefe guerrillero que más combates libró. Sabíamos de sus hazañas a través de Radio Rebelde, cuyos partes de guerra reproducíamos en la prensa clandestina. Después del triunfo, como jefe de Camagüey, coordinaba sus funciones y metas con el *M-26-7* provincial, bajo la dirección de Joaquín Agramonte, un competente y abnegado compañero, de reconocida historia clandestina. Nos sentíamos identificados con la firme posición democrática de Huber. No sólo por su preocupación ante la infiltración comunista sino también por su eficiente trabajo y por la seriedad y equidad que imprimía en sus gestiones para que la ley agraria en Camagüey se implementara según lo estipulado. En cuanto a mí, aunque entonces no nos tratábamos personalmente, me impresionaba la disciplina que reinaba en su guarnición, muy diferente al desorden que se observaba en otras dependencias militares. Conocía lo que se estaba haciendo en Camagüey porque me mantenía en contacto constante con el Director de Cultura del Regimiento, capitán Rosendo Lugo, un antiguo combatiente de la clandestinidad incorporado al Ejército Rebelde.

Meses atrás, Manolo Ray me había informado que Huber Matos le estaba pidiendo ayuda para mejorar la revista *Patria Nueva*, que se tiraba en la imprenta del Regimiento. Que necesitaba a alguien que pudiera asesorar al capitán Lugo, editor de la publicación. Al parecer, Lugo tenía el mejor de los entusiasmos pero carecía de la experiencia necesaria para hacer de la publicación un órgano que valiera la pena, máxime si se quería contraponer a *Verde Olivo*, que desde la jefatura del antiguo campamento militar de Columbia y bajo la égida de Raúl Castro comenzaba a propalar las supuestas virtudes del comunismo. Le prometí a Ray que trataría de conseguir profesionales que pudieran asistir *pro bono* a Lugo en su manejo de *Patria Nueva*, regida ideológicamente por los mismos principios democráticos y de justicia social que habían inspirado la lucha contra Batista. Conté para ello con la buena voluntad de dos de mis más importantes colaboradores en la campaña del *03C*: Carlos Irigoyen, para lo referente al contenido editorial y noticioso y Sergio Ruiz, quien estaría a cargo del diseño como director de arte. En una visita de Lugo a La Habana lo puse en contacto con ambos compañeros. Celebraríamos después varias reuniones.

La reacción de Fidel Castro

La respuesta de Fidel Castro a la renuncia de Huber Matos fue totalmente desproporcionada. Desde el primer momento en que tuvo en sus manos la carta de renuncia parece haberse percatado de que se trataba de un documento cuya divulgación sería masiva. Había que desmentir su contenido a todo trance. Sería muy peligroso que el pueblo se enterara, a través del testimonio de un connotado héroe revolucionario, que la comunización del país estaba en marcha. Y a paso acelerado. No era lo mismo ser acusado de comunista por los elementos de derecha y los batistianos del exilio a que la sospecha surgiera dentro de las filas revolucionarias, en boca de un líder de la talla de Huber Matos. Demasiado temprano para que la verdad fuese conocida. A pesar de su tremenda popularidad, Fidel Castro era consciente de que aún no disponía del poder totalitario, con su aplastante maquinaria represiva, que se necesitaba para imponerle un régimen de corte marxista a un pueblo tradicionalmente anticomunista. También tenía conocimiento de la inconformidad que en las filas del *26* generaban las maniobras de penetración comunista de Raúl y el *Che,* por lo que intuía las dificultades que se podrían presentar si se descubrían sus planes antes de consolidar el poder que necesitaba para manejar eficazmente la represión. Tenía que hacer algo espectacular para dejar constancia de su desvinculación del comunismo y aplacar el rechazo que se estaba gestando en el Ejército y el Gobierno a los movimientos solapados de infiltración marxista.

¿Cómo podía neutralizarse ese peligro? Acusando a Huber de traidor. Así Fidel Castro ordenaría su arresto, articulando un plan cuyo desprecio por la verdad se pondría de manifiesto escandalosamente. Desde las primeras horas de la mañana siguiente al día de la renuncia, el capitán Jorge Enrique Mendoza, exlocutor de Radio Rebelde y jefe de la reforma agraria en Camagüey, siguiendo instrucciones directas de Fidel Castro, desataba una sarta de insultos y calumnias contra Huber Matos, tildándolo de traidor a la revolución por la principal emisora de radio local. Lo acompañaba en la letanía de injurias Orestes Valera, otro exlocutor de Radio Rebelde. Mendoza pertenecía al grupo de conspiradores procomunistas que funcionaba solapadamente dentro del gobierno revolucionario, casi todos pertenecientes al Instituto de Reforma Agraria (INRA). Era evidente que estaba siendo utilizado para exacerbar los ánimos y descalificar los méritos revolucionarios y personales de Huber, misión harto difícil por la lealtad que Huber inspiraba en sus subalternos y el gran prestigio que había consolidado en toda la provincia. Se creaba así, artificialmente, un ambiente de confrontación y guerra que nada tenía que ver con lo que Huber pretendía al renunciar. Horas después, llegaba a Camagüey con órdenes de arrestar a Huber, el comandante Camilo Cienfuegos, acompañado de un grupo fuertemente armado. Y ya estando Huber en custodia —no antes— llega Fidel Castro y comienza a arengar a los camagüeyanos. Y en el paroxismo de la demagogia, les pide que lo acompañen masivamente a ocupar el cuartel, lo que carecía de sentido y era totalmente innecesario porque ya Huber y sus oficiales estaban detenidos y desarmados y cualquier intento de rebelión había sido neutralizado de antemano por voluntad del propio Huber. Todo un montaje de agitación multitudinaria, orientado a provocar una reacción hostil a una renuncia personal, sincera y pacífica de un luchador prominente contra la dictadura anterior, que prefería marginarse del proceso a ser cómplice de una traición a los postulados por los que cerca de dos mil jóvenes revolucionarios fueron asesinados en ciudades y pueblos.

Camilo había sido recibido cordialmente por Huber cuando fue a arrestarlo. Según relataría el jefe renunciante en su histórica obra testimonial *Cómo llegó la noche*, estaba convencido de que Camilo estaba disgustado por lo que, en cumplimiento de lo ordenado por Fidel Castro, estaba haciendo. Se veía acorralado entre lo que se le había mandado a hacer y su amistad con Huber. Según parece, Camilo pensaba encontrarse con un proceso sedicioso, de militares sublevados. Y encontró sólo amabilidad y respeto por parte de Huber, aunque las mentiras y ataques inflamatorios que se estaban propagando por radio tenían a los oficiales del Regimiento con los ánimos exaltados. En la guarnición había cerca de mil ochocientos hombres, dispuestos a pelear si su jefe lo ordenaba. Y lo hubieran hecho de no haber sido aplacados por el propio Huber. Esos oficiales nada tenían que ver con la carta de renuncia, ni estaban en plano conspirativo, ni Huber pretendía implicarlos en su decisión, no obstante ser también testigos de los movimientos de infiltración comunista. Pero estaban enardecidos por las mentiras calumniosas de Mendoza y Valera. Huber fue firme en impedir que la indignación de sus oficiales condujeran a un enfrentamiento porque no era ese su objetivo al renunciar. Y porque también comprendía que en un momento de ceguera nacional como el que se estaba viviendo, la palabra hipócrita de Fidel Castro era suprema ley y el pueblo no iba a favorecerlo en una asonada militar contra el exjefe guerrillero. Huber plantea en su libro que Fidel Castro había enviado a Camilo pensando que iba a encontrar una resistencia que podía costarle la vida, lo que le permitiría manejar la situación de descontento por la infiltración comunista con mayor facilidad.

Cuando Fidel Castro llegó al Campamento Agramonte, seguido de la multitud que había aglomerado desde su llegada a la ciudad, lo primero que hizo fue dirigirse a la nación por radio, con la mayoría de las emisoras ya en cadena. Empezó a desbarrar contra Huber Matos, acusándolo falsamente de ser parte de una conjura para destruir la revolución con el pretexto del comunismo, en la que lo asociaba al excomandante Díaz Lanz y el expresidente Urrutia. Centraba sus ataques pintando a Huber como ambicioso, tergiversando su fructífera labor en la provincia y restándole los méritos ganados por su excepcional actuación guerrillera (reconocidos en su momento por el propio Castro al nombrarlo comandante y jefe de una columna en la Sierra en tiempo récord). Por el escándalo formado, todo el país se mantenía atento a lo que estaba ocurriendo y prestaba oídos a la perorata del Comandante. Yo no era una excepción. Me encontraba en Publicitaria Siboney, fuera de mi oficina, escuchando por radio el rosario de calumnias y embustes que lanzaba Fidel Castro contra Huber Matos. La acusación de conspirador era insostenible. Lo único que hacía Huber era confiar sus dudas a elementos más o menos afines a su posición anticomunista, tanteando opiniones para impedir el secuestro de la revolución, pero sin ánimo conspirativo, tratando de lograr un consenso que pudiera persuadir al *máximo líder* de que la senda marxista evidenciada por las actuaciones de Raúl y el *Che,* sólo conduciría a la destrucción del país. Lo mismo que hacíamos nosotros en la Dirección Provincial del *26*, que creíamos, igual que Huber, que Fidel Castro no era parte del complot. Además, ¿qué conspirador presenta una renuncia? Y una renuncia que, en los términos que estaba redactada, denotaba decepción y tristeza, impregnada de sentimientos que la insensibilidad del dictador emergente le impedía percibir.

Si Huber hubiera estado conspirando, Castro habría sido recibido en Camagüey a tiro limpio. Ante las mentiras que estaba oyendo por radio, no pude evitar que la indignación me dominara y dije en alta voz lo que pensaba del jefe de la revoluición, quien mostraba una total ausencia de pudor al decir ese aluvión de falsedades sobre Huber. Sin poder contenerme, dije: "¡Este es un cínico y un mentiroso!" Supe después que esa frase sería memorizada por una persona que la escuchó y utilizada en mi contra para congraciarse con el nuevo amo de la nación.

El espectáculo montado traería como consecuencia la detención indefinida de Huber Matos y de los oficiales que se solidarizaron con él. Y una noticia trágica y dolorosa: el suicidio de dos de sus más leales colaboradores, preocupados, como él, por el avance de la infiltración comunista. En la misma tarde de la arenga fidelista, se daba un tiro en la sien el capitán José Manuel Fernández, del cuartel de Florida, y también, en supremo gesto de protesta, se quitaba la vida el sargento José García León, del Central Vertientes.

El "bombardeo" de La Habana

Mientras tenían lugar esos infaustos sucesos, La Habana era conmocionada por la incursión de un viejo avión B-25 que estaba lanzando desde el aire miles de volantes denunciando la traición ideológica de Fidel Castro. En ellos se advertía al pueblo sobre las veladas maniobras que estaban teniendo lugar para imponer en Cuba el comunismo. Venían firmados por el exjefe de la Fuerza Aérea Revolucionaria, comandante Pedro Luis Díaz Lanz, quien pilotaba el avión. Díaz Lanz, pudiendo acogerse a un exilio cómodo y tranquilo, seguía asumiendo riesgos para alertar al pueblo sobre la amenaza comunista, con la misma entrega que había demostrado en tiempos no lejanos, cuando llevaba desde Estados Unidos, Costa Rica y Venezuela la mayoría de los armamentos y municiones con que contó el Ejército Rebelde. En uno de los párrafos del volante, Díaz Lanz relataba una reveladora experiencia, después del triunfo revolucionario:

> *En mi presencia, en un vuelo de regreso de la Sierra Maestra escuché cómo Fidel conversaba con Núñez Jiménez, Alfredo Guevara y la señorita Celia Sánchez, diciéndoles que él mantendría engañado al pueblo de Cuba y lo mantendría a su favor mientras ganaba tiempo con el objeto de organizarse militarmente para que cuando el pueblo comprendiera el engaño, poder dominarlo por la fuerza y que entonces mataría, si fuere necesario, no a un grupito sino a más de cuarenta mil personas para lograr sus propósitos. Yo juro ante Dios que esto es cierto y el tiempo se encargará de demostrarlo.*

(El testimonio era más qie cierto. La conversación denunciada por Díaz Lanz en octubre de 1959 coincidiría exactamente con lo que hizo Fidel Castro en los años subsiguientes).Y añadía:
> *Fidel se ha convertido en el nuevo dictador de Cuba. Un dictador que hace creer al pueblo que es este el que manda. Sin embargo, que alguien se atreva a discrepar con su modo de pensar y entonces será tildado de contrarrevolucionario y hasta de batistiano y trujillista.*

No hubo que esperar mucho para que quedara demostrada la validez de ese juicio. Pero en aquel momento, en que la gente creía ciegamente en él, Fidel Castro se aprovechó de esa circunstancia para lanzar una de sus más garrafales mentiras: que Díaz Lanz había arrojado bombas sobre La Habana, causando víctimas. Esa declaración desmentía el primer parte del servicio de prensa y radio del Ejército, que informaba la verdad de lo ocurrido: que el fuego antiaéreo contra el "avión pirata" había sido el causante de las heridas que presentaban algunos ciudadanos. No había que investigar mucho para arribar a la conclusión de que las bajas reportadas eran obra de artilleros novatos. emplazados mayormente en La Cabaña y en las azoteas de algunos edificios, ignorantes de que algunos fragmentos de los proyectiles y municiones en descenso tendrían que alcanzar a gente en la calle. El trágico balance sería de dos personas muertas y alrededor de cuarenta y siete heridas. La coincidencia entre la renuncia de Huber Matos y la incursión de Díaz Lanz, obra de la casualidad, sería utilizada por Fidel Castro para vincularlas entre sí (incluyendo la falsedad del bombardeo) y hacer ver que existía una violenta conjura contra la revolución encabezada por Estados Unidos. Solemne falacia.

Todos los documenos históricos conocidos hasta ahora demuestran que a esa fecha el gobierno de Estados Unidos, a través de su embajador Philip Bonsal, creía todavía en que una avenencia con el régimen de Castro era posible. Y no había planes en esos momentos para apoyar ningún movimiento de exilados con vista a derrocar el gobierno revolucionario. Esa decisión la tomó el presidente Eisenhower el 17 de marzo de 1960, cinco meses después.

Para enardecer a las masas a su favor, Fidel Castro convocaría a una magna concentración popular para el 26 de octubre frente al Palacio Presidencial, con tres claros objetivos: ligar en un movimiento conspirativo a Huber Matos y Diaz Lanz, acusar a Estados Unidos de cómplice en la conjura y allanar el fusilamiento de Huber con el pretexto de traición.

La "concentración del paredón"

Como era mi costumbre, decidí ver por televisión, en casa de Alicia, las incidencias de esa concentración. No quería estar presente en el espectáculo ni compartir con ningún compañero las incidencias de su desarrollo. Quería prestarle la máxima atención a lo que el Comandante fuera a decir. La tribuna estaba emplazada en la terraza del Palacio, mirando hacia la Avenida de las Misiones, donde una impresionante multitud —se hablaba de un millón de personas— se había dado cita para escuchar al ídolo del momento. Me llamó muchísimo la atención ver que Fidel Castro estaba rodeado prácticamente de militares, sus más allegados compañeros de la lucha guerrillera más el comandante Rolando Cubela, que, como presidente de la Federación Estudiantil Universitaria (FEU), representaba a los estudiantes. No había un solo miembro civil del gobierno revolucionario alrededor de él (con excepción del presidente Dorticós) ni exdirigentes de la clandestinidad, salvo David Salvador, que no podía ser excluido por ser el máximo dirigente obrero. Bien claro el mensaje. Recuerdo que me vino a la mente el desastre que para Cuba sería si el futuro de la revolución quedaba en manos de ese grupito de guerrilleros incompetentes.

Por la tribuna desfilaron, antes de Fidel Castro y en breves intervenciones, el presidente Dorticós, Salvador, Cubela y cuatro de los comandantes más afines a él: Camilo Cienfuegos, Raúl Castro. el *Che* Guevara y Almeida. Me atrevería a asegurar que nunca antes habían participado tantos oficiales rebeldes como oradores en una misma concentración. Prueba de que el *máximo líder* quería demostrar que eran ellos, los de la Sierra Maestra, quienes mandaban en Cuba y los únicos que habían hecho la revolución. En su intervención, Camilo Cienfuegos denunció emocionado las incursiones aéreas y a los "traidores", sin dejar de lado la obligada referencia halagüeña del Comandante. Sin embargo, no mencionó por su nombre a Huber Matos, a pesar de sus ataques verbales después de haberlo detenido, cuyos detalles ofrezco más adelante. Lo que me hace pensar que su omisión no era por deferencia a Huber sino a que todos los oradores previos tenían instrucciones de no tocar a fondo el caso Matos para no anticipar y debilitar el ataque demoledor que se reservaba para sí Fidel Castro.

"No voy a pronunciar un discurso. Vengo a conversar con el pueblo", dijo Fidel Castro entre sus primeras palabras, al abrir su turno de cierre. Y a continuación dedicó bastante tiempo a exaltar la identificación que existía entre el pueblo y la revolución. Acto seguido, entró en el tema de las incursiones aéreas. De hecho, había habido y continuaban varios ataques con lanzamientos de explosivos en diferentes puntos de la Isla; obra de elementos afines a la dictadura depuesta, ya que la resistencia de procedencia revolucionaria no estaba estructurada todavía. Insistió mucho, mencionándolo repetidamente, sobre el daño que ocasionaban dichas incursiones y cómo había que prepararse para impedirlas. No perdió oportunidad de insinuar una supuesta complicidad de las autoridades norteamericanas con ese tipo de ataque por haber salido los aviones de un aeropuerto de la Florida, dejando de mencionar que cuando estaba en la Sierra recibía armamentos y municiones llevadas por Díaz Lanz en aviones que procedían también de Estados Unidos.

El discuso de Fidel Castro, a pesar de las innumerables repeticiones de lo ya dicho, estaba bien concebido para lograr su propósito: soliviantar los ánimos para obtener un mandato público demagógico y reanudar los fusilamientos, suspendidos después de su periplo de abril por el norte y el sur del continente americano. Antes de hablar de los fusilamientos, Fidel Castro hizo una enumeración prolija de lo que consideraba logros revolucionaros, repitiendo, antes de describirlos, el estribillo: "Yo le pregunto al pueblo si está de acuerdo o no con...". Por supuesto, entre las numerosas medidas mencionadas estaban las que aliviaban el bolsillo, como la rebaja de las tarifas eléctricas y los alquileres, de inmediata aclamación. Pero la mayoría eran promesas que el tiempo hizo vacías, incluida la de darle la tierra al campesino. Y como hacía con frecuencia, aprovechó la ocasión para desmentir categóricamente que la revolución era comunista. Dijo, entre otras aseveraciones sobre el mismo tema y refiriéndose a Huber Matos:

> *¿Pero en qué postura se puede situar nadie que tan aviesamente, tan desvergonzadamente acuse al gobierno de comunista? ¿Qué hace sino repetir la misma consigna de los Trujillo, de la "Rosa Blanca", de los criminales de guerra y los enemigos de nuestra patria?* Y en otro momento: *La prensa reaccionaria recogió los argumentos de Díaz Lanz acusándonos de comunistas y recogió los argumentos de Huber Matos acusándonos de comunistas. El plan aquel terminó lanzando bombas y este hubiera terminado provocando un río de sangre en nuestro suelo.*

La capacidad de Fidel Castro para mentir sin el menor recato se ponía una vez más de relieve porque, según su posterior confesión, era en verdad comunista. En cuanto a Díaz Lanz, era totalmente falso que hubiese arrojado bombas. Y lo único que hizo Huber fue renunciar, no conspirar. ¿En qué cabeza cabe que una simple carta de renuncia pueda provocar un "río de sangre"? Me mantenía concentrado en el televisor para no perderme un solo detalle de lo que consideraba una vileza de marca mayor, dirigida a denigrar a un soldado de la revolución que había dado muestras sobresalientes de su desprendimiento y patriotismo. "Los que estén de acuerdo con que se restablezcan los tribunales revolucionarios, que levanten la mano", decía Fidel Castro. Y cientos de miles de brazos se alzaban para apoyar al tribuno agitador. Y el clamor de la masa se hizo aún más intenso cuando se oyó lo inconcebible: "¡Que levanten la mano los que opinen que los traidores como Huber Matos merecen la pena de fusilamiento!". No sólo todas las manos se levantaron. Los gritos de ¡paredón! ¡paredón! se repetían por la multitud exaltada, deliberadamente conducida al paroxismo irracional por un maestro de la oratoria incendiaria. El espectáculo masivo de manos en alto y gritos apoyando semejante barbaridad me pareció abusivo y denigrante. Pensé en la Alemania de Hitler y la Italia de Mussolini. No esperé el final del discurso. Me despedí precipitadamente de Alicia y su familia y me dirigí a *Revolución.* con la intención de renunciar a su Consejo de Dirección como protesta por el curso que se le estaba dando a lo que había sido una gran esperanza. Pero me encontré al llegar con que el periódico acababa de ser objeto de un atentado terrorista. Elementos desconocidos habían lanzado una granada, causando destrozos en el vestíbulo pero sin ocasionar víctimas. Desistí, por tal razón, de presentar mi renuncia, que podía interpretarse como temor por el atentado. Además, me sentí en el deber de solidarizarme con mis compañeros del periódico.

Protesta en el Gabinete

Al día siguiente se celebraría una reunión especial del Consejo de Ministros, previamente anunciada en el inflamatorio discurso del Comandante. El tema principal puesto sobre la mesa: el fusilamiento de Huber Matos. Lo de Díaz Lanz pasaba a un segundo plano. Tan pronto terminó la reunión, Manolo Ray me puso al tanto de sus pormenores. Fidel Castro planteó que había que fusilar, no sólo a aquellos que conspiraran contra la revolución. También a todo el que, en funciones oficiales de importancia, decidiera renunciar. Tanteaba el terreno buscando asentimiento para llevar a Huber al paredón. Ante esa amenaza a los antiguos compañeros de lucha que pudiesen estar en desacuerdo con algunas acciones de Fidel Castro, el comandante Faustino Pérez, Ministro de Recuperación de Bienes

Malversados, se aventuró a criticar: "¿No es eso el terror batistiano?" A lo que Castro, indignado, respondió: "No, terror revolucionario". Y, después del silencio que provocaba tal aseveración, agregó: "Y al que no le guste, ya sabe lo que tiene que hacer." De inmediato se dirigió a Ray, quien había sostenido que lo denunciado por Matos, la infiltración comunista, debía ser investigado. Le preguntó si estaba de acuerdo con que Huber Matos era un traidor, recibiendo una tajante negativa. "Entonces —replicó Castro, tratando de acorralarlo— usted está diciendo que yo soy un mentiroso". Ray le dio la mejor de las respuestas: "Mis responsabilidades no las delego en nadie y hago uso de los elementos de juicio que tengo".

Sobra decir que la sesión terminó con la renuncia de ambos ministros y también de Enrique Oltuski, el valioso titular de Comunicaciones que había sido jefe del 26 en la provincia de Las Villas. Es de presumir que, vistas esas reacciones, Fidel Castro cayera en cuenta de que fusilar a Huber Matos no iba a ser tan fácil como en un principio parecía creer, aunque la confrontación le daba la oportunidad de identificar a sus incondicionales y a sus potenciales enemigos en una imperiosa disyuntiva: o se estaba con Huber o se estaba con él.

Por lo que Ray me contaba, comprendí que las diferencias irreconciliables entre los revolucionarios verdaderos y los conspiradores pro comunistas acababan de tener su primer choque abierto. Lo ocurrido en esa sesión del Consejo de Ministros habría de poner de relieve y por primera vez un cisma revolucionario que sería histórico: la ruptura entre el grupo militarizado radical que seguía ciegamente al *máximo líder* en su imposición del comunismo y el de los combatientes demócratas e institucionalistas, cohesionados por una visión civilista, sensata y progresista de la revolución pero sin posibilidades concretas de enfrentarse exitosamente al poder hipnótico del jefe de la revolución. Ambas posiciones antagónicas existían hasta ese momento dentro del proceso de transformación nacional iniciado el primero de enero. Uno, evidentemente constructivo, representado por la mayoría de los miembros civiles del gabinete revolucionario (Manuel Ray, Rufo López Fresquet, Manuel Fernández, Elena Mederos, Serafín Ruiz de Zárate, Enrique Oltuski, Regino Boti y Raúl Cepero Bonilla) y una buena parte de la dirigencia y militancia del 26 y *Resistencia*. Y otro demoledor, de factura belicista, personificado por los hermanos Castro y el *Che* Guevara que se mostraba dispuesto a darle curso a lo que se podría definir como una especie de "guerra de liberación nacional" contra

Estados Unidos, cuya convocatoria, además de ridícula y perjudicial, carecía de elementos racionales.

Debo aclarar que Faustino Pérez, que había sido un destacado líder de la clandestinidad y parecía pertenecer a la facción democrática de la revolución, cuya laudable reacción al enfrentarse a Fidel Castro en su propósito de imponer el "terror revolucionario" era digna de reconocimiento, decidiría finalmente, para nuestra sorpresa y decepción, someterse al comunismo. Enrique Oltuski seguiría el mismo camino. No así Manolo Ray, el otro disidente en el Gabinete, quien, a las pocas semanas de renunciar, se entregaría a la organización del clandestino Movimiento Revolucionario del Pueblo (*MRP*) con el fin de enfrentarse a la amenaza comunista y hacer válidas las promesas de la lucha contra Batista.

Al momento de su renuncia, Ray dejaba como legado, en una ejecutoria de sólo diez meses, una obra asombrosa. Además de los cinco balnearios públicos mencionado en el Capítulo 6, dejaba construidas 200 escuelas rurales de 3 aulas cada una y más de 20 escuelas en los centros urbanos (en terrenos donados por sus propietarios) que incluían hasta campos deportivos. Y había construido más de 100 kilómetros de caminos vecinales para facilitarles a los agricultores el acceso a los mercados. A lo que habría que añadir la reparación de todos los puentes y carreteras afectados por la acción insurrecccional contra Batista.

De 5000 empleados de construcción que tenía el Ministerio de Obras Públicas en enero de 1959, a principios de septiembre llegaban a 72,000.

Al iniciar Ray sus funciones como ministro, no había en la dependencia equipos de agrimensura ni personal adiestrado para esa labor. Tampoco había vehículos para la transportación del personal, ni aplanadoras. Con una compra masiva de equipo y el aumento progresivo del personal técnico y de construcción, Ray hizo posible una obra verdaderamente espectacular, cuyo control total, tanto en el aspecto de la construcción como en el de la administración de los proyectos, fue ejercido bajo su dirección.

Las milicias revolucionarias

El mismo día de la concentración del "paredón" se anunciaba la creación de las milicias populares, con el pretexto de defender la revolución de sus enemigos internos. La iniciativa de movilizar militarmente a la población civil parecía provenir de Raúl Castro. La convocatoria, justificada por el régimen como necesaria para defender los propósitos revolucionarios, encontraba una buena respuesta en los elementos prestos a cambiar entusiasmo por fanatismo. Un conjunto de hombres y mujeres de todas las procedencias quedaban sometidos a un entrenamiento militar que, mayormente, consistía en prolongadas marchas y prácticas con armas. El humor popular no tardó en hacerse presente. El sector que consideraba una ridiculez incorporarse a las milicias —la mayoría de la población— pronto adoptó un latiguillo para describir las heroicas prácticas: "Uno, dos, tres, cuatro, comiendo mierda, rompiendo zapatos".

Pero la intención de Fidel Castro y su hermano Raúl era algo más seria. Al parecer, no confiaban mucho en que ciertos elementos del antiguo Ejército Rebelde estuvieran dispuestos a aceptar mansamente la implantación del comunismo. Muchos oficiales y también combatientes del Llano estaban en guardia por las sospechosas maniobras que parecían conducir a esa inaceptable traición ideológica. Para los hermanos Castro, la mejor forma de neutralizar la amenaza potencial de los antiguos alzados era la formación de otro ejército para contraponerlos. Milicias que serían, para aquellos sin historial de lucha contra el dictador depuesto, la oportunidad preciada para hacer méritos, lo que le garantizaba a Fidel Castro una legión de civiles incondicionales entrenados militarmente. Al ser aceptado oficialmente como miembro de la fuerza popular de gorra revolucionaria, el miliciano se sentía parte de la mitología guerrillera que se estaba entretejiendo con la aviesa intención de excluir de la historia al *Llano* como lo que fue: un factor indispensable del triunfo revolucionario, sin cuya presencia hubiera sido imposible la victoria.

No era disponer de un ejército adicional el único beneficio que recibiría Fidel Castro al crear las milicias. Servirían, además, de instrumento para identificar a los que, dentro de los centros de trabajo, no estaban dispuestos a ofrecerle una lealtad incondicional. Y funcionarían también como un medio eficaz para forzar a los indiferentes a tomar partido, ya que resistirse a ingresar en ellas podía ser interpretado como una manera de estar en contra de la revolución. Pero yo veía en las milicias otro potencial peligro para los que procedíamos de las filas revolucionarias. Caeríamos en una trampa. Nos ataríamos las manos si nos incorporábamos a ellas. Contemplando esa posibilidad, siempre les recomendé a mis compañeros de confianza que no se dejaran presionar para entrar en las milicias, que, como cuerpo militar, tenía un fuero especial de reglas inflexibles que podrían servir para acusar de sublevación a cualquiera que se atreviera a expresar la mínima censura a la palabra u obra del Comandante. Y sepultarlo en prisión indefinidamente, sin las garantías procesales cuya violación era ya rutina.

"¿Cómo es que no estás en las milicias?" solía escuchar de aquellos que no podían creerlo al ubicarme dentro de los cuadros revolucionarios. Les parecía muy extraño. Una antigua compañera de *Resistencia* que trabajaba en la Clínica Antonetti, poseída del fanatismo creciente, casi me acusa de contrarrevolucionario por mi resistencia a vestir el uniforme de ocasión. Mi respuesta siempre era la misma. Que para mí eso era una pérdida de tiempo y que, en su lugar, prefería concentrar mi aporte a la revolución a través de la Organización de Trabajadores Voluntarios. A mis insistentes inquisidores les decía que eso era mucho más efectivo que andar dando vueltas con rifles al hombro y haciendo guardias y marchas cuya necesidad era cuestionable (para no juzgarlo según el estribillo popular). Las presiones eran muchas, pero siempre las evadí utilizando el argumento de que lo que hacía en la *OTV* me satisfacía más en el cumplimiento de mi compromiso revolucionario que andar de miliciano. En el fondo, rechazaba de plano la militarización de la ciudadanía por la amenaza que representaba para la estabilidad democrática de la República. La veía como una expresión muy peligrosa del belicismo que ya se podía observar como tendencia pertinaz en Fidel Castro.

Por esas razones, la creación de las milicias era, no sólo para mí sino también para la mayoría de la dirección del *26*, totalmente innecesaria. No había justificación para su existencia si se basaba en la amenaza de los "enemigos internos de la revolución", como se decía oficialmente. Esos enemigos eran exiguos e impotentes. En ese momento, el apoyo del pueblo al proceso revolucionario era todavía de suficiente magnitud como para pensar que cualquier acción opositora pudiera constituir realmente un peligro serio. Era inimaginable que. teniendo en cuenta la formidable labor constructiva del gobierno revolucionario a través de los ministerios y el apoyo popular que recibía, se pudiera gestar una oposición de violencia a la que había que contraponer las milicias. Pero hechos posteriores pondrían al descubierto el motivo fundamental para crearlas: disponer Fidel Castro de un instrumento masivo de represión para aplastar la reacción de rechazo que inevitablemente habría de provocar su plan secreto de progresiva imposición del comunismo. El hecho más connotado de esa reacción fue la invasión, en abril de 1961, por las playas de Bahía de Cochinos (Girón y Larga, mayormente) de los exilados cubanos que integraban la

Brigada 2506. Las milicias no sólo constituyeron la principal fuerza de la dictadura en la zona de combate sino que le dieron la capacidad al régimen para detener simultáneamente en las ciudades y zonas urbanas a centenares de cientos de miles de ciudadanos señalados como contrarrevolucionarios. No obstante esos antecedentes, llegaría un momento en que, para la cúpula dirigente, las milicias podían constitur un peligro. Fue entonces cuando se decretó su disolución. Un nuevo ejército, bien disciplinado y descomunal, bajo la supervisión de la Unión Soviética, emergería para sustituirlas.

La desaparición de Camilo

El 29 de octubre se daba a conocer la desaparición del comandante Camilo Cienfuegos, pasajero en una avioneta que debía haber aterrizado en La Habana la noche anterior, procedente de Camagüey. Camilo había llegado a esa ciudad en horas de la mañana para estar presente en la toma de posesión del nuevo jefe del Regimiento Agramonte, el capitán Agustín Méndez Sierra, quien sustituía a Huber Matos.

En la mañana del mismo día 29, antes de darse la noticia, Fidel Castro y el presidente Dorticós se encontraban de paseo por el centro de La Habana, visitando tiendas de las calles Galiano, San Rafael y Águila. Recorrido que resultaría extremadamente raro, porque cuando se pudo conocer la desaparición de Camilo y sus acompañantes, alrededor de las cinco de la tarde, habían transcurrido casi 24 horas del despegue de la avioneta en Camagüey. Se podía presumir que, al momento del paseo, el Presidente y el Primer Ministro debían estar enterados del preocupante suceso. Y, sin embargo, estaban dejándose ver en el sector más concurrido de la Capital, como si nada estuviera pasando. El órgano oficial de la dictadura, el periódico *Granma*, publicaría el 27 de octubre de 1999 (cuarenta años después) una entrevista al capitán Lázaro Soltura Vega, quien fuera ayudante de Camilo Cienfuegos, en la que daba constancia de que el *máximo líder* se había enterado de lo ocurrido la misma noche de la desaparición. Decía el capitán Soltura:

> *Cuando vi que ya no era normal el atraso en la llegada, llamé a Camagüey, ante la posibilidad de que Camilo hubiese regresado. Llamé también a Las Villas, a San José de las Lajas, a Varadero, pero nadie tenía noticias sobre el avión. Entonces se lo comuniqué a Almeida, quien se lo dijo a Raúl y este llamó a Fidel para imponerlo de la situación.*

Esa confesión ratificaría la creencia que siempre tuve de que el recorrido a pie por las calles de La Habana era una estratagema para ganar tiempo y ofrecer una explicación plausible de lo ocurrido. La desaparición de Camilo sería dada a conocer oficialmente a través de un comunicado del Estado Mayor del Ejército Rebelde, fechado el 29 de octubre, que saldría publicado en *Revolución* al día siguiente:

> Se hace saber por este medio a la opinión pública que en el día de ayer, 28 de octubre, a las 6:01 P.M., salió del aeropuerto de Camagüey el avión bimotor de la FAR marca CESSNA 310 No. 53, de cinco plazas, rumbo a La Habana, conduciendo al Jefe del Estado Mayor del Ejército Rebelde, Comandante Camilo Cienfuegos, quien iba acompañado por el piloto de dicho avión, Primer Teniente Luciano Fariñas Rodríguez y el soldado rebelde Félix Rodríguez, los que, desgraciadamente, no han llegado a su destino.
>
> Las búsquedas efectuadas hasta ahora han sido infructuosas, las que se reanudarán hoy en toda el área comprendida entre La Habana y Camagüey. La existencia de turbonadas a esa hora entre Ciego de Ávila y Matanzas pueden haber ocasionado algún accidente, estimándose que haya ocurrido en un punto al norte de la provincia de Camagüey, Las Villas o Matanzas.
>
> La FAR, auxiliada por la aviación civil y unidades del Ejército Rebelde, realizaron un esfuerzo supremo en el día de hoy, por encontrar el avión desaparecido.

En la misma página de la nota oficial, Revolución incluía una información que para mí llegaría a ser de extrema importancia:

> Un DC-3 de la Cubana de Aviación que salió de Camagüey quince minutos después, es decir, alrededor de las seis y quince de la tarde, que piloteaba (sic) el Capitán Tito Sacarella, llevando la misma ruta, reportó que entre Ciego de Ávila y Matanzas había muchas turbonadas a esa hora, sobre todo en la región sur de la Isla. Es lógico suponer que el avión de Camilo haya buscado la zona norte, que estaba más despejada.

La explicación oficial de lo que parecía ser un accidente no se hizo esperar: el avión había caído a causa del mal tiempo. Como se ha visto, el primer boletín oficial hablaba ya de turbonadas. Pero la información definitiva no era dada por un especialista en cuestiones climáticas ni por un experto conocedor de aeronáutica, lo que es de rigor en esos casos. Era el propio Fidel Castro, Primer Ministro del Gobierno y presunto conocedor de todo, quien asumía la función de informarle al pueblo la supuesta realidad de lo que había pasado, consciente de que la confianza que inspiraba y su tremendo carisma le permitían presentar cualquier posibilidad como verdad irrefutable.

El Comandante aparecía en las pantallas de televisión mostrando un mapa que cubría las provincias de Camagüey, Las Villas y Matanzas, señalando la probable trayectoria del vuelo hacia La Habana, que no pudo ser seguida por las malas condiciones atmosféricas prevalecientes en la ruta habitual. Recalcaba lo de las turbonadas, que habrían obligado a desviar el avión hacia el norte para evadir sus efectos. Las turbonadas parecían ser ciertas, pero me llamaba la atención la reiterada insistencia del Comandante en demostrar que esa era la verdadera causa de la desaparición de la avioneta, en un momento en que era prematuro aseverar tal cosa.

La noticia de la trágica suerte del ídolo del pueblo acaparó la atención nacional, consternando visiblemente a la población. Y desde el mismo momento de su anuncio, todas las energías del país se movilizaron en la búsqueda del jefe guerrillero. Pero a pesar de los cuantiosos recursos del Gobierno, con todos los aviones militares y civiles disponibles incorporados a la búsqueda, y la buena voluntad de decenas de miles de ciudadanos, escudriñando infructuosamente durante varios días mar y tierra con la esperanza de encontrar a Camilo, su desaparición quedaba envuelta en el misterio. Y abierta a la especulación, sin ninguna conclusión definitiva. Ante sucesos de esa naturaleza es de esperar que surjan toda clase de hipótesis para explicar lo que pudo haber pasado, máxime al ocurrir en un momento en el que la revolución estaba sumida en una crisis ideológica y las esperanzas de restaurar el ejercicio democrático se desvanecían progresivamente.

En la intensa búsqueda estaban también participando personalmente las tres figuras más relevantes del Gobierno: el *máximo líder*, su hermano Raúl y el *Che* Guevara. Fidel Castro siempre tenía a su lado a un destacado fotógrafo, mi amigo y colega Jesse Fernández, quien había sido asignado por Carlos Franqui para acompañar al Comandante en todas sus actividades, día y noche. Y así poder contar con el más exclusivo material gráfico para *Revolución*. Jesse, que no perdía pie ni pisada de Fidel Castro, me contó que en uno de los recorridos de búsqueda por la isla de Turiguanó, al norte de Camagüey, Fidel Castro se dirigió a un nutrido grupo de rescatistas voluntarios, exaltando emotivamente el patriotismo revolucionario de Camilo y exhortando a sus oyentes a continuar sin descanso las tareas de localización del héroe desaparecido. Y que, al reiniciar su recorrido, le escuchó decir: "Ese no aparece ni un carajo". La expresión, por supuesto, nada tenía de extraña en un personaje que habría de demostrar reiteradamente su menosprecio por la vida humana. Y yo no le hubiese dado mucha mportancia si no fuera porque me revelaba que Fidel Castro sabía muy bien lo que había ocurrido con Camilo.

¿Y qué pasó con Camilo?

No es mi intención entrar en el análisis de todas las versiones que surgieron alrededor de la desaparición del famoso jefe guerrillero. Ya sabemos que detrás de cualquier misterio surgen las interpretaciones más variadas, hasta aquellas que coquetean impunemente con lo inverosímil. Una de las hipótesis más divulgadas y de amplia aceptación ha sido la de que Fidel Castro fue el verdadero responsable de su muerte, celoso de su popularidad y temeroso de poder ser sustituido en algún momento por alguien más carismático que él. Y también se ha dicho que Camilo constituía un estorbo en las maquinaciones pro comunistas de los hermanos Castro y el *Che* Guevara. Para mí, tales afirmaciones están muy lejos de lo que puedo aceptar como ocurrido porque no responden a mi percepción de los hechos ni a la imagen que tengo de sus actores. Después de analizar la información disponible me inclino a una versión que establece una relación entre las turbonadas, que pudieron haber desviado de la ruta al piloto teniente Fariñas, y el despegue posterior del aeropuerto de Camagüey de un avión de combate bimotor *Sea Fury* de las Fuerzas Aéreas Revolucionarias, equipado con cuatro cañones de 20 milímetros. La vinculación entre estos dos hechos ha sido fuente de especulación para sostener la hipótesis de que el *Sea Fury* tumbó al *Cessna* por órdenes de Fidel Castro. Yo me uno a una interpretación apenas divulgada: que el *Sea Fury* sí derribó al *Cessna*, pero por haberlo confundido con una avioneta enemiga.

No obstante un informe del observatorio de Miami de que no existía mal tiempo en esa zona a la hora del vuelo, el testimono del piloto comercial Sacarella publicado en *Revolución* da crédito a la versión de que el *Cessna* tuvo que desviarse hacia el norte para evadir las fuertes turbonadas. Lo que indica que, para continuar su ruta hacia La Habana, el avión tendría que retomar su curso y dirigirse hacia el suroeste, de modo que, en determinado momento, parecería venir del norte más que de cualquier otro punto. Es ahí donde puede estar la clave del misterio: el piloto del *Sea Fury*, de recorrido para localizar avionetas "piratas" —la orden del día— confundió el *Cessna* en que iba Camilo con una avioneta procedente del norte y la derribó por equivocación. Hay que tomar en cuenta que el discurso del momento mencionaba insistentemente las agresiones aéreas procedentes del norte, creando una especie de histeria por esos ataques. Al 28 de octubre habían ocurrido seis en el mes: a los centrales azucareros Punta Alegre, Niágara y Violeta, más a un tren de pasajeros de Caibarién a Yaguajay y otro en Sagua la Grande. Y ese mismo día se atacaba por segunda vez el central Violeta. Esto, sin contar la incursión de Pedro Díaz Lanz, que había sido presentada falsamente como bombardeo.

El piloto del *Sea Fury* no podía sustraerse a ese impulso de enfrentarse a una amenaza ampliamente conocida. Y nada tiene de extraño que, en lo que consideraría el cumplimiento de su deber, derribara una avioneta que le parecía sospechosa al venir del noreste. Su confusión podría estar apoyada, además, por una pobre visibilidad al ser prácticamente de noche en esa época del año. El *Cessna* había salido a las 6:15 PM. De hecho, existe información no detallada de que un periodista de apellido Vázquez había visto caer un avión en llamas al ser derribado por otro. También se dijo que una radioaficionada, desde el cemtral Punta Alegre, había informado que unos pescadores habían visto una avioneta caer en la zona de Cayo Coco. La posibilidad de que haya ocurrido así —por *friendly fire*, según le dicen en inglés al ataque por error a fuerzas amigas— podía estar apoyada por un hecho similar acaecido quince meses después: el derribo en la provincia de Matanzas por las baterías antiaéreas castristas de un avión en el que viajaban el comandante Juan Abrahantes (hermano del después general José) y el veterano líder comunista y asesor secreto de seguridad Osvaldo Sánchez, quienes resultaron muertos. El aparato fue confundido con una avioneta "pirata".

Y si, como sostienen algunos, el *Sea Fury* derribó al *Cessna* siguiendo instrucciones de matar a Camilo, no creo que en ese momento habría un piloto en Cuba, militar o civil, capaz de acatar esa orden, por muy fanático que fuera de Fidel Castro o de la revolución. No sólo tendría que matar a Camilo, que era muy querido, sino también a sus dos acompañantes, el piloto Fariñas y el soldado Rodríguez. Y lo más importante, el *Cessna* tuvo que desviarse por una circunstancia imprevista: la presencia de turbonadas. ¿Es lógico pensar que en un plan de atentado pudiera ser incluido un factor totalmente fortuito? Porque, de haber existido el complot de matar a Camilo al salir su avión de Camagüey, el plan original no podía prever la desviación del aparato hacia el norte y su vuelo sobre el mar. En este hipotético plan, el *Cessna* hubiera tenido que ser abatido sobre territorio firme, de acuerdo con la trayectoria usual. Posibilidad que habría que descartar porque de ser hallados los restos del avión en tierra se pondría al descubierto que había sido ametrallado.

Sobre la suerte del piloto del *Sea Fury* circularon variadas versiones pero todas envueltas en el misterio y con la misma conclusión: era imposible saber de él. Se conoció que se llamaba Blas Domínguez. Unos dicen que era el piloto personal del *máximo líder* y otros que de Raúl Castro. Si se pretende con esas dudosas afirmaciones implicar a los Castro en la muerte de Camilo, es de género tonto pensar que para esa operación fuera escogido tan cercano ejecutor. Hay quienes han llegado a sostener que Domínguez había sido asesinado o forzado al suicidio para impedir que hablara. De cualquier modo, el velo de misterio tendido alrededor del piloto ratificaba la participación del *Sea Fury* en lo ocurrido. Había informacióm confidencial de que el avión regresó al aeropuerto con señales de que uno de sus cañones había sido disparado.

Aparece el misterioso piloto

Cuando se habían abandonado todas las esperanzas de conocer lo que había pasado con el piloto del *Sea Fury*, sorpresivamente, a los 48 años de la tragedia, se supo con certeza de él. El *New York Daily News* publicaba, el 17 de junio de 2007, un conmovedor testimonio del piloto Robert Domínguez, hijo de Blas Domínguez, donde este hablaba de su padre y cómo pudieron zanjar algunas diferencias personales a través del amor de ambos por la aviación. Blas estaba vivo y había cumplido 73 años. Celebraban juntos el Dia de los Padres volando sobre Long Island.

Escribía el hijo de Domínguez que, en 1959, ante la falta de pilotos para integrar la Fuerza Aérea Revolucionaria, su padre se unió al cuerpo con el grado de capitán. Y que unos meses después — cito, traduciendo del texto original— "fue arrestado por traición. Era sospechoso de haber derribado el avión del comandante Camilo Cienfuegos, el jefe del ejército cubano, que había desaparecido después de haber despegado de la base aérea de mi padre. Blas fue arrestado, lanzado a la cárcel y amenazado con la ejecución". El incidente, según Robert Domínguez, obligó a sus padres a salir de Cuba en 1960, con su madre con cuatro meses embarazada de él. Se instalaron en el South Bronx, New York.

Lo revelado por el hijo de Domínguez corroboraba la hipótesis de que su padre, de alguna manera, había sido relacionado con la muerte de Camilo. Algo que se ocultó a raíz de los hechos, a pesar de su excepcional importancia. Y lo único que pudiera explicar haberlo mantenido en secreto sería el interés en que no se supiera la participación de un avión militar en la desaparición de Camilo para evitar especulaciones que pudieran señalar a Fidel Castro como autor del hecho. El rumor de la aparente participación del *Sea Fury* en lo ocurrido, así como el nombre del piloto, no surgió a raíz de los hechos sino algún tiempo después, por alguna filtración de lo que se guardaba en secreto. Y lo que se comentaba entonces relativo a ese rumor estaba plagado de lagunas. Lo publicado en el *New York Daily News* casi cinco décadas después arrojaba nuevas y definitorias luces. Daba lugar a la conjetura de que Blas Domínguez, creyendo que hacía patria, derribó un avión que consideraba enemigo. Y que, al reportar la acción como en cumplimiento de un deber resultó sospechoso de haberlo hecho intencionalmente, por lo que "fue arrestado por traición" y "amenazado con la ejecución", según narraba su hijo. Puede presuponerse que fue exculpado al comprobarse que se trataba de un error de juicio y no de un deliberado propósito. No podía ser condenado quien creyó estar sirviendo a la revolución al derribar el *Cessna*. Pero, para el régimen, sería más conveniente que abandonara el país y guardara el secreto, porque admitir que un avión castrista había tumbado al *Cessna* era comprometedor. Y algo quedaba claro: si Domínguez hubiera matado a Camilo y sus acompañantes siguiendo instrucciones de Fidel Castro no hubiera sido detenido ni "amenazado con la ejecución".

Y Robert Domínguez añadía en su columna:
> *La acusación fue eventualmente desestimada. El avión de Cienfuegos, que nunca se encontró, se suponía que debió haberse estrellado en el océano después de quedarse sin combustible.*

He aquí una supuesta causa que nunca figuró dentro de las versiones de la desaparición hasta hoy conocidas: la falta de gasolina, que sustituye en el testimonio de Robert Domínguez la presunción de que el *Cessna* fue derribado por su padre. Si tomamos en consideración la gran experiencia del piloto Luciano Fariñas (se aseguraba que de más de 2,000 horas de vuelo y mayormente con ese tipo de avión) lo de la insuficiencia del combustible es difícil de admitir. Al salir de La Habana, el *Cessna* llevaba de pasajero, además de Camilo y Rodríguez, al comandante Senén Casas. Después de dejar a Camilo y su asistente en Camagüey, Fariñas prosiguió con Casas hasta Santiago de Cuba, donde dejó a su pasajero. De allí regresó a Camagüey para recoger a Camilo y su asistente y emprender el regreso a La Habana. ¿Es de creer que, en todo ese recorrido, un experto piloto como Fariñas no se hubiera percatado de reabastecerse de combustible? Especulando, ¿puede presumirse que Robert Domínguez dijera eso por habérselo oído a su padre, quien estaría interesado en que no se divulgara la verdadera razón de lo ocurrido por el pesar que tenía que agobiarlo, dadas las trágicas consecuencias de su error?

La personalidad de Camilo

¿Quién era, en realidad, Camilo Cienfuegos? ¿Un personaje digno del recuerdo mantenido por la usurpación comunista que lo considera uno de sus principales héroes o lo que piensan de él los exiliados cubanos, que en su enorme mayoría creen Fidel Castro mandó a matarlo? Posiblemente sean muy pocos los ejemplos que la historia nos ofrece donde una misma figura sea venerada por enemigos recíprocos, como es el caso del desaparecido ídolo popular, lo que ha hecho altamente polémicas las diferentes versiones de las causas de su desaparición y del rol que jugó dentro de la revolución antes de que Fidel Castro se declarara comunista.

Camilo Cienfuegos pertenecía a esa juventud que no estaba dispuesta a aceptar el golpe militar del 10 de marzo pasivamente. Participaba en manifestaciones contra la dictadura batistiana, en una de las cuales fue herido de bala. Perseguido por las fuerzas represivas, optó por trasladarse a New York, donde había estado antes. Deportado por exceder su permiso de residencia en Estados Unidos, llegó a México donde, eventualmente, a los 24 años, entró en contacto con Fidel Castro, uniéndose al grupo que desembarcaría en la zona oriental de Cuba el 2 de diciembre de 1956. Por su valentía y arrojo en la Sierra Maestra fue ascendido progresivamente hasta el grado de comandante, el máximo del Ejército Rebelde. Adquirió notoriedad como jefe de una de los dos pequeñas columnas invasoras (la otra, mandada por el *Che* Guevara) que salieron de la Sierra Maestra hacia la provincia de Las Villas y precipitaron la desmoralización final de las fuerzas de Batista y la inesperada fuga del dictador.

Pero la fama de Camilo a nivel nacional surgió de pronto, cuando Fidel Castro lo mencionó en su primer discurso al llegar a La Habana el 8 de enero de 1959, interrumpiendo lo que hablaba desde la tribuna para dirigirse personalmente a él. Se dio a entender entonces que Fidel Castro le preguntaba si iba bien en lo que estaba hablando, lo que, según una persona sumamente seria que estaba presente, eso no fue lo que el Comandante le preguntó. Pero sí lo que la gente creyó (ver Capítulo 2). Después del éxito de la versión incorrecta, revelar la verdad, que sólo podía venir de Castro o Camilo, estaba fuera de lugar. Ambos optaron por dejarlo así y la supuesta contestación de Camilo de "Vas bien, Fidel" —que nunca dijo— sería aceptada como cierta y convertida en lema revolucionario. No obstante, fue evidente la intención del *máximo líder* de resaltar la presencia de Camilo y darlo a conocer. En definitiva, se trataba de un hombre de su absoluta confianza. A esos antecedentes, Camilo añadiría su chispeante sentido del humor, una facilidad para comunicarse con cualquiera, la sencillez en el trato, una personalidad divertida y su gran atractivo para las mujeres. Condiciones personales que despertaban inmediata simpatía, admiración y hasta envidia en el hombre común. Un perfecto "cubanazo".

Ahora bien, ¿era eso, realmente, lo que Cuba necesitaba en el jefe de un ejército llamado revolucionario que, según lo prometido por el Movimiento 26 de Julio, estaba destinado a ser el cuerpo que velaría celosamente por el funcionamiento y vigencia de las instituciones democráticas? Los que creíamos en la restauración del imperio de la ley y el respeto a las instituciones disentíamos de la adoración creada alrededor de Camilo, que si bien tenía lados positivos y simpáticos en su manera de ser, no respondía en aspectos claves a la función que se le había asignado. Es obvio que esa deficiencia en el cumplimiento de sus responsabilidades era también percibida por los hermanos Castro, quienes pensarían, me imagino, que con un ejército tan desordenado jamás podrían imponer el comunismo.

Era bien sabido dentro de las altas esferas revolucionarias que Camilo dedicaba una gran parte de su tiempo al disfrute de placeres que lo tentaban constantemente. Superadas las privaciones de la Sierra, se había convertido en un practicante asiduo del hedonismo. Las mujeres se le daban con gran facilidad y, por supuesto, no era remiso a complacerlas. Pero hay que fijar límites cuando se tienen responsabilidades. Ya he mencionado el desorden y la improvisación en el Ejército que caracterizaron mi viaje a Chile. Por otro lado, a mí me preocupaba mucho la frecuente pérdida de vidas por el irresponsable manejo de armas que se reportaba en las guarniciones militares, cuyos jefes eran incapaces de evitar esos incidentes (con la digna excepción de Huber Matos, en cuyo regimiento había orden y disciplina). No conocía de ninguna acción de Camilo para evitar esas muertes ni para imponer el orden y la obediencia que debe regir en toda institución castrense. En sus visitas a *Revolución* estando yo presente era obvio que estaba bajo la influencia del alcohol, con los ojos inyectados por la bebida y la falta de sueño. En una ocasión, había ido al periódico en helicóptero, aterrizando en plena Avenida de Carlos III, lo que era espectacular pero totalmente innecesario, además de costoso. En otro momento, en la Casa del *26* y teniéndolo frente a mí, estaba llamando por teléfono al Campamento de Columbia, sede del Estado Mayor, para conseguir comunicación con su hermano, el capitán Osmani Cienfuegos, que ostentaba una alta posición en el Ejército Rebelde, Cuando respondieron de la otra parte, sus palabras, que muy bien recuerdo, fueron: "Oye, te habla el sargento Cienfuegos, ¿el flaco está por ahí?" Podría ser un chiste, menospreciando su jerarquía y dándoselas de igual a igual con el subalterno que contestaba, pero esa forma de actuar es difícil de conciliar con el respeto recíproco que exige la disciplina militar, que no tenía que ser de rigidez prusiana, pero sí capaz de propiciar una mayor seriedad en el quehacer de algunos personeros uniformados de la revolución. Porque, abusando de su popularidad, no eran pocos los miembros del Ejercito Rebelde que se portaban en la calle irresponsablemente —lo denunciábamos en *Revolución*— violando las leyes de tránsito con frecuencia y abusando del alcohol públicamente. Se creían acreedores a la impunidad. Excesos que no podían ser bien vistos por la ciudadanía seria que, sin dejar de simpatizar con la revolución, esperaba cordura y ponderación en aquellos que la representaban.

Sin embargo, la sonrisa abierta y contagiosa de Camilo y su simpatía personal encubrían su otro lado de la moneda, de modo que su desaparición sacudía las fibras más sentimentales del pueblo, que veía en él al héroe corajudo y temerario, emblema óptimo de la mitología guerrillera. Aunque quizás lo más atractivo de Camilo era que se trataba de alguien con quien se podía compartir, entre una y otra carcajada, de tú a tú. Algo irresistiblemente cautivador para aquellos que llegaban a tener algún contacto personal con él. Y por supuesto, esa cualidad no significaba que Camilo fuera totalmente incapaz de mostrar seriedad y firmeza en determinadas situaciones, según narran otros que lo conocieron.

Camilo y sus contradicciones

Consideré siempre a Camilo como un fidelista impenitente, quien no perdía oportunidad de exaltar, en público y en privado, las supuestas virtudes de su jefe. Parecía entender que había llegado a la cumbre de la popularidad, más que por sus incuestionables méritos guerrilleros, por las deferencias recibidas de Fidel Castro. Era un simple repetidor de consignas, no un líder conceptual. No se le conocía una ideología específica, un plan de trabajo, una tesis a seguir, un planteamiento articulado de cuestiones sociales o económicas, algo que lo hiciera respetable en el orden político, con una una propuesta válida de cómo mejorar las cosas. Venía de un hogar modesto, de padres españoles de tendencia anarquista. Y su hermano Osmani era comunista, lo que no necesariamente identificaba a Camilo con alguna de esas posiciones. Aunque es lógico pensar que tampoco iba a sentir aversión hacia ellas porque la familia se veía muy unida. En la tribuna pública, aunque con cierta elocuencia, hablaba sólo de generalidades, capaces de despertar emoción, pero sin profundidad, lo que impedía ubicarlo con certeza dentro de alguna línea doctrinaria definida.

Huber Matos relata en *Cómo llegó la noche* la amistad que tenía con Camilo, que creía recíproca. Con él ya había hablado de la penetración comunista. Menciona el estupor e incomodidad de Camilo al no encontrar ninguna muestra de sedición en el cuartel cuando fue a detenerlo, de lo cual, al parecer, había sido informado falsamente. Habla también de una llamada telefónica de Fidel Castro a Camilo desde la oficina del *INRA* local, contestada estando Huber presente y en la que Camilo manifiesta: "Aquí no hay traición, ni sedición, ni nada de lo que se dice... Lo que se ha hecho es una metedura de pata". Por supuesto, una respuesta de esa naturaleza no podía ser del agrado del *máximo líder* y Huber presupone, por "la cara que pone Camilo", que estaba recibiendo una andanada verbal de su jefe al estar convencido de que todo había sido un error. "Se hará como tú dices, pero lo que hemos hecho es una metedura de pata*"*, cuenta Huber que fueron las palabras finales de Camilo.

Pero si bien es cierto todo lo que narra Huber, ya que no caben dudas de la veracidad de su testimonio por su legendaria integridad y hay que presumir que Camilo era sincero al decir lo que Huber pone en su boca, también son ciertas las palabras de Camilo en el Canal 11 de televisión de Camagüey al día siguiente de la detención de Huber, el 22 de octubre. Camilo estaba siendo entrevistado por el moderador y periodista Cebrián de Quesada y los también periodistas Manolo de la Torre, Frank Prendes y Juan Abel Adán. Sus expresiones contradecían totalmente su primera reacción ante los hechos y la incomodidad que mostró al comprobar que lo de la rebelión de Huber era puro cuento. Lo dicho por Camilo en la entrevista televisiva aparecería publicado por *Revolución* en su edición del 16 de noviembre de 1959, casi tres semanas después de su desaparición. Del sinnúmero de insensateces proferidas en esa entrevista, recogidas en el órgano del *M-26-7*, creo oportuno citar algunas.

Preguntado sobre su reacción a "Revolución sí, comunismo no", frase atribuida a Huber Matos, Camilo respondió: "Tienen que emplear la bandera del comunismo para justificar sus bastardos y mezquinos intereses". Y sobre lo ocurrido: "Huber Matos se vendió a los peores intereses de la República, incluso con los intereses que pagan las bombas y metrallas y balas que ayer lanzaron sobre el pueblo indefenso de La Habana". Acerca de la reforma agraria: "El tiempo determinará si Huber Matos trabajó o con toda mala intención retrasó y paralizó la reforma agraria en Camagüey". Comentando la renuncia de los oficiales del Regimiento:

> *Fue la campaña que se hizo Huber Matos de hacerse aparecer como un revolucionario. Él tenía engañada a la provincia de Camagüey, a muchos compañeros valiosos, que en un momento estaban dispuestos a seguirlo.*

De lo que pensaba sobre Fidel Castro: "Aquí todo el mundo quiere hablar. Por qué y para qué. Aquí al que hay que dejar hablar es a Fidel, que es el orientador". De la ola de calumnias vertidas por radio: "El capitán Mendoza libró aquí una batalla que se merece, no digo yo, los grados de Comandante, porque tuvo un gesto valiente, patriótico". Y una curiosa confesión para un jefe de Ejército, al preguntársele sobre la fecha de la carta de Huber: "Yo he perdido aquí la noción del tiempo. Nosotros nunca sabemos qué día es ni qué hora es". Y lo más grave: "Al paredón de fusilamiento deben ir los traidores como Huber Matos, que se venden a las peores causas del pueblo de Cuba. Esos sí son verdaderos traidores y no los comunistas".

Como puede observarse, existe una flagrante contradicción entre la actitud inicial que percibió Huber en Camilo y lo que el popular guerrillero dijo públicamente por televisión al día siguiente. ¿A qué podía deberse ese cambio tan radical? ¿Qué podía haber pasado para que el Camilo conturbado al detener a Huber por una rebelión que no existía —una "metedura de pata"— se convirtiera en su más implacable acusador? No encuentro otra explicación que la de haber sido persuadido por Fidel Castro de que Huber era un verdadero peligro para la estabilidad del proceso revolucionario en una conversación que debió haber tenido lugar entre la detención de Huber y el programa de televisión. Debe tenerse en cuenta la avasalladora autoridad que Fidel Castro ejercía sobre sus subalternos inmediatos, incluyendo a su propio hermano y al *Che* Guevara. Y que alcanzaría, para nuestra decepción, hasta a dos de los más destacados líderes del Llano, Faustino Pérez y Marcelo Fernández. Camilo no podía ser excluido de ese influjo, a lo que atribuyo ese cambio tan desconcertante de su actitud inicial.

Mis conclusiones

La mejor explicación del recorrido de Fidel Castro y Dorticós por el centro de La Habana a la mañana siguiente de la desaparición de Camilo puede encontrarse en el deseo de dar una impresión de que todo estaba bien, de que nada perturbaba el curso normal de las cosas. Y que, en consecuencia, nada podían saber de la suerte de Camilo, lo que es imposible de aceptar. Creo que Fidel Castro estaba tratando de ganar tiempo para poder explicar lo sucedido dentro de un esquema coherente y sin tener que decir la verdad. Porque si la verdad era que había sido atacado por un aparato de la fuerza aérea revolucionaria —mi impresión— todo el mundo hubiera pensado que se trataba de un acto premeditado, aunque las pruebas que confirmasen que había sido por error fueran abrumadoras. De cualquier modo, por diversas razones surgiría la sospecha de que se trataba de ocultar la verdadera causa de la desaparición. Y entre ellas está la de que nunca pudo explicarse por qué tomó tanto tiempo en darse la noticia: desde alrededor de las 8:00 de la noche, hora de la supuesta llegada a La Habana del avión desaparecido, hasta las 5:00 de la tarde del día siguiente. Hay que tener presente que, a pesar de la vida desordenada de Camilo, se trataba del jefe del Ejército y se sabía que había ido a Camagüey a darle posesión al nuevo jefe del Regimiento Agramonte. Si la desaparición hubiera sido realmente por las malas condiciones atmosféricas, ¿puede justificarse esa demora? ¿No sería porque se necesitaba tiempo para ver qué se hacía con el piloto del *Sea Fury* detenido y encontrar la manera de ocultar la realidad?

Es innegable que, en la búsqueda de la verdad, han entrado en consideración factores que han estimulado la especulación. Se corrió la voz dentro del *M-26-7* que el jefe de operaciones del aeropuerto de Camagüey había recomendado que no saliera el *Cessna* por el mal tiempo y tuvo que ceder ante la temeridad de Camilo. Que fue criticado por el propio Fidel Castro por haberlo permitido y que se suicidó abrumado por el regaño y su aparente culpabilidad. Cierta o no, ya que no se ha presentado ninguna prueba o testimonio concluyente, la información se prestaría a diferentes interpretaciones.

Lo mismo ocurriría con el caso del comandante Cristino Naranjo, leal seguidor de Camilo, que fue mortalmente baleado en una de las entradas del campamento de Columbia. A decir del régimen, por no responder a un alto del centinela. Por la poca credibilidad de la dictadura incipiente y la estrecha relación de Naranjo con Camilo, lo ocurrido pasaría a integrar uno de los elementos esenciales de algunas de las conjeturas que surgirían tratando de explicar la desaparición del popular guerrillero. En mi opinión, la muerte de Naranjo sí pudo haber estado relacionada con la de Camilo. Posiblemente conocía lo del *Sea Fury*, pero se negaba a aceptar que fue un error del piloto y que detrás estaba la decisión de los Castro, opinión muy peligrosa para los fraternos jefes de Cuba, quienes pudieron haber decidido eliminarlo.

Otra versión muy propalada ha sido la de que en la suerte trágica de Camilo estaba involucrado Raúl Castro. Se comentaba que entre ambos existían serias rivalidades, lo que parecía ser cierto por los insistentes rumores de esas desaveniencias que llegaban a *Revolución* y a la dirección del *26*. Había diferencias muy sustanciales entre los dos caracteres. Camilo era anárquico, irresponsable e impetuoso, pero sensible al valor de la amistad y de una calidad humana que le ganaba fanáticos. A Camilo se le aplaudía por simpatía. A Raúl Castro por obligación. El hermano del Comandante carecía de la simpatía que inspiraba Camilo, no le temblaba el pulso a la hora de matar y no parecía tener muchos de esos amigos que se llaman íntimos. Pero poseía un alto sentido de la organización y don de mando, lo que había demostrado en la lucha contra Batista. Su designación como titular del nuevo Ministerio de las Fuerzas Armadas, por sobre Camilo, más que por el temor a una potencial deslealtad del popular guerrillero —como sostienen algunos— puede muy bien haberse debido a la imperiosa necesidad de conjurar el desastre que en ese momento representaba el otrora Ejército Rebelde, consecuencia del abandono y la incompetencia de Camilo. El flamante ministro se constituía en su superior, pero dejando intacta la posición de jefe del Ejército que ostentaba Camilo. El cambio se trataba de presentar como una cuestión meramente administrativa, para no herir públicamente a Camilo, quien ya estaba descontento por remociones en el personal de su confianza sin su conocimiento. Pero creo que, así y todo, Camilo seguía gozando del apoyo de Fidel Castro y viceversa.

Por otro lado, tan temprano como a las tres semanas de instaurado el gobierno revolucionario, en la *Operación Verdad* del 21 de enero de 1959, el Comandante había nombrado públicamente a su hermano como su sucesor en la jefatura del proceso (ver Capítulo 2). Y el pueblo, a pesar de los aplausos de enero dando su consentimiento a la súbita designación, seguía sin estar enterado de que el hermano menor era el número dos del gobierno revolucionario. Elevarlo a la posición de Ministro de las Fuerzas Armadas permitía convalidar la jerarquía que se le otorgaba por razones de parentesco y confianza.

Sin embargo, el antagonismo manifiesto entre los dos comandantes podía haberse agudizado al quedar Camilo subordinado directamente a Raúl Castro, dando lugar a versiones donde este aparece como su asesino, incluyendo la de que lo baleó personalmente en circunstancias novelescas. Dado el velo de misterio con que siempre han sido envueltos los sucesos más significativos de la usurpación comunista, cualquier versión sobre la desaparición de Camilo, por disparatada que parezca, navega dentro de un mar de posibilidades. Pero sigo creyendo que el avión en que viajaba fue derribado por error. Y uno de los muchos aspectos que me han hecho pensar así, fue lo dicho por Fidel Castro a Jesse Fernández, de que Camilo no iba a aparecer. Evidentemente, el Comandante sabía lo que había pasado. Y el comentario podía ser prueba de que lo ocurrido no era obra suya. Si lo hubiera mandado a matar, ¿iba a cometer la imprudencia de expresarse así? Sobra decir que mi impresión de los hechos no deja de ser una conjetura más, pero está basada en suposiciones cuya conexión lógica es obvia.

Debo aclarar que no es mi intención exculpar a Fidel Castro de la muerte de Camilo Cienfuegos. El dictador de Cuba tiene miles de muertes sobre sus hombros y una menos no disminuiría su gran culpabilidad por esa matanza. Y la idea que prevalece en numerosos sectores anticomunistas de América Latina y el exilio cubano de que fue Castro quien mandó a matar a Camilo, no tiene nada de disparatada. Está basada en el reiterado menosprecio por la vida humana —hasta la de algunos de sus allegados— que el dictador ha exhibido desde el mismo momento en que se convirtió en el amo y señor de Cuba. Pero no veo que la muerte de Camilo pudiera haberle sido, de algún modo, beneficiosa a Fidel Castro. Sigo pensando que tenía en Camilo a un incondicional seguidor, no una amenaza a su poder. Me atrevería a asegurar que Camilo nunca hubiera llegado a retar la voluntad de su jefe, a quien profesaba un respeto manifiesto y debía, en grado superlativo, su importancia nacional. Por esas razones, no me parece correcto que deba ser situado en la historia cubana como mártir de una causa que nunca abrazó: la de enfrentarse al *máximo líder*. Ese sitial histórico sólo puede ser ocupado por los patriotas genuinos que en legión de miles han caído en el paredón y en el campo insurrecto combatiendo la tiranía comunista. Y por los quince presos políticos que, como Pedro Luis Boitel y Orlando Zapata Tamayo, entregaron la vida en defensa de los derechos humanos después de terribles y prolongadas huelgas de hambre.

Ahora bien, muchos se han preguntado: aunque Fidel Castro no haya matado a Camilo, ¿hubiera sido capaz de hacerlo? Si el *máximo líder* hubiera llegado a considerar que Camilo era un potencial enemigo, ya la historia señala que hubiera sido eliminado sin la menor vacilación. Fidel Castro hizo cierta esa posibilidad cuando, treinta años más tarde, fusiló al general Arnaldo Ochoa por su eventual inconformidad con el curso que se le estaba dando al proceso revolucionario, a despecho de que era un condecorado "Héroe de la Revolución" y el militar más admirado y querido dentro de las fuerzas armadas y del pueblo en general.

El "juicio" de Huber Matos

Antes de que terminara el primer año de revolución tendría lugar un hecho de gran trascendencia histórica: la farsa judicial por traición al comandante Huber Matos. Para inciar el proceso se señaló la fecha del 11 de diciembre de 1959. El capitán Rosendo Lugo, el director de *Patria Nueva* que yo estaba asesorando, sería uno de los oficiales apresados al solidarizarse con la renuncia de su jefe. Fue por esa razón que tuve la oportunidad de conocer personalmente a su esposa, Anita Céspedes, una activa compañera del *M-26-7* de quien había oído hablar, aunque nunca habíamos compartido tareas. Llegaba a mi oficina de Publicitaria Siboney, visiblemente angustiada, para pedirme que declarara a favor de Lugo en el juicio de Huber Matos. Me decía que todos sus amigos lo habían abandonado. Nadie quería ser testigo en su defensa por temor a ser tildado de contrarrevolucionario. Mencionaba en particular a sus dos compañeros más allegados: Arnold Rodríguez y *Manolito* Suzarte. Era evidente que, tan temprano como a fines del primer año revolucionario, el miedo traicionaba los más caros afectos.

Me pedía Anita que declarara que Lugo no venía a La Habana a conspirar. Que lo hacía en gestiones de la revista para reunirse conmigo. En definitiva, la verdad. Me suplicaba que no la dejara sola, que como testigo de la defensa yo podía ayudar mucho a Rosendo. Mientras ella hablaba no se me escapaba que la sola presencia en ese juicio de alguien que asumiera la defensa de cualquiera de los acusados implicaba la connotación de opositor al régimen, el peor de los crímenes. Pero no me complacía huirle al testimonio de la verdad. Huber Matos y el *M-26-7* eran conscientes del movimiento de infiltración comunista en el ejército revolucionario. Yo simpatizaba con Huber y sus compañeros por su rechazo a esas maniobras traicioneras. Negarme a lo que Anita me pedía hubiera sido cobarde. No quería unirme al coro de sumisos que preferían callar ante el abuso que se estaba cometiendo con Huber y sus oficiales. Y le dije a Anita que podía contar conmigo. Sería testigo en la defensa de Rosendo Lugo.

Lo que habría de ser una escandalosa farsa judicial tenía lugar en el cine-teatro del Campamento Militar de Columbia, llamado ahora, irónicamente Ciudad Libertad. Al entrar por la posta principal mi automóvil fue registrado y se intentó impedir mi acceso, a pesar de que, como testigo, mi presencia era obligatoria. Un centinela había encontrado en el maletero la cámara *Speed Graphic* que siempre me acompañaba. Los guardias creían que era para usarla en el juicio, lo que no estaba permitido. Coincidía mi entrada con la de un compañero revolucionario, el comandante Jorge *Papito* Serguera. Se bajó de su auto y me preguntó qué ocurría. Le expliqué lo que estaba pasando y ordenó que se me permitiera la entrada. Era el fiscal asignado al caso.

Estacioné y me dirigí al teatro. En el recorrido me encontré a una persona mayor, con acento español, que increpaba en alta voz, al lado de un autobús y diciéndole horrores, a un grupo de jóvenes rebeldes. Se trataba del padre de Camilo Cienfuegos, indignado por los aplausos que había recibido Huber Matos de esos muchachos al descender del autobús que lo traía de la prisión de El Morro. Se trataba de antiguos miembros de la Columna 9, que bajo la dirección de Matos había sido una de las más combativas en la Sierra. La airada protesta del señor Cienfuegos podía considerarse como un elemento adicional en mi conjetura de que el *máximo líder* nada tenía que ver con la muerte de Camilo. Supongo que debía de estar enterado de la razón del derribo de la avioneta porque si supusiera que el hecho había sido producto de una decisión política de carácter criminal no se justificaba su presencia en ese escenario. En medio del alboroto, se apareció Fidel Castro, quien, aparentemente notificado de lo que estaba pasando, insultó a los jóvenes barbudos, amenazándolos con afeitarlos y botarlos del Ejército. Contemplé, para mi sorpresa, cómo los condujo él solo (serían entre quince y veinte), sin desarmarlos, a unas barracas para que se cumplieran de inmediato sus órdenes. No hubo la menor protesta ni asomo de rebeldía por parte de los muchachos, quienes lo siguieron sumisamente. Me impresionó el singular poder que Fidel Castro era capaz de ejercer. Hasta frente a potenciales adversarios armados.

Antes de iniciarse la sesión, el exterior del teatro era todo un espectáculo. El pasillo anterior a la entrada estaba ocupado por periodistas, abogados y testigos de cargo y defensa. Frente al edificio, con la calle de por medio, se agolpaban militares de todas las graduaciones. Conocía a unos cuantos, pero ninguno se atrevía a cruzar la calle y acercarse a los que estábamos en el pasillo. ¿Miedo a contaminarse con un posible testigo de la defensa? Mostrar amistad con alguno de nosotros podía ser acusador. Pero hubo una excepción. La del comandante Antonio Enrique Lussón, que cruzó la barrera del terror psicológico para saludar en gallardo gesto a dos de sus conocidos: el profesor Aníbal Machirán, de Santiago —otro testigo de la defensa— y a mí. Omar Vázquez, empleado de *Revolución*, vino a mi encuentro con efusión exagerada —guataquería— pero viró en redondo súbitamente, en perfecta coordinación coreográfica, huyendo raudo sin mediar palabra cuando le hice saber a qué obedecía mi presencia en ese lugar.

Irregularidades en el proceso

De acuerdo con las reglas procesales, un testigo sólo puede permanecer en sala mientras declara. Pero una pequeña hendidura en la fina pared del teatro —estábamos en un pasillo del segundo nivel— nos iba a permitir, al profesor Machirán y a mí, burlar esa reglamentación. Nos alternábamos para presenciar las increíbles incidencias de ese supuesto evento judicial que lo único legítimo que tenía era el de celebrarse en un teatro, abrumadoramente ocupado por gente de uniforme con la intención de ejercer presión psicológica sobre los acusados. Lo que resultaría al revés, porque en varias ocasiones Huber recibiría masivos aplausos de los concurrentes por sus sinceras y emotivas declaraciones, preñadas de patriotismo.

Durante los cuatro días consecutivos que tuve que esperar por mi turno pude observar la más crasa violación de las reglas procesales. Desde la rendija en la pared presencié cómo se injuriaba y ridiculizaba a la mayoría de los testigos de la defensa, en particular aquellos que habían sido combatientes contra Batista. Según nos habríamos de enterar, dos de esos testigos habían sido detenidos después de declarar. La actitud de uno de los más connotados defensores de Matos, el capitán doctor Miguelino Socarrás, fue ejemplo de valentía y verticalidad. Para desacreditarlo, se trató de presentarlo como perteneciente a una clase indiferente a los propósitos revolucionarios, por su condición de profesional de cómoda posición económica. Lo cierto es que Socarrás había participado activamente en las operaciones del Llano y se había incorporado como médico al Ejército Rebelde. Pertenecía al estrato económico y social que, en proporción mayoritaria, había participado en la insurrección contra Batista. No se dejó amedrentar y refutó con energía las mentiras del fiscal Serguera.

Lo más insólito fue la participación de Raúl Castro como testigo de cargo, quien, al quedarse sin argumentos para acusar a Huber de traición, arremetió contra su brillante defensor, el doctor Francisco Lorié Bertot, acusándolo de batistiano y agotando insultos contra su persona. Una más de las arbitrariedades de un "juicio" donde un abogado contra el que no existía ningún cargo era calumniado impunemente por un testigo por cumplir con su deber ministerial de defender a un acusado.

Desde el punto de vista judicial era evidente que, sin muchos miramientos, se estaba fabricando un caso. Lo único que había hecho Huber era renunciar. Ni conspiraba ni se había sublevado. No podía probarse ningún cargo del pliego acusatorio. Todo ese montaje de los hermanos Castro tenía como objetivo sacar del medio a un prestigioso, querido y valiente revolucionario que había luchado y seguía luchando por el rescate de la democracia en Cuba. Había que eliminarlo porque no era incondicional y estaba vaticinando peligrosamente la futura usurpación comunista del poder.

Después de tres días observando las incidencias del proceso llegó, al cuarto día y final del "juicio", mi turno para declarar. Tenía que subir al escenario. El trato intimidante dado a los testigos de la defensa me hacía pensar que lo mismo pudiera pasarme a mí. Estaba preparado mentalmente para no permitir que se me ridiculizara o se distorsionara mi convicción revolucionaria, dispuesto a refutar los argumentos falsos e insostenibles que repetían los detractores de Huber. Sin embargo, me sorprendió que el fiscal Serguera me tratara con un respeto que no había dispensado a otros testigos. Recordaría él, quizás, los días en que, acompañando a Vilma Espín, yo los asesoraba en la aspiración de ella de dirigir Radio Rebelde. A petición de Serguera hice un breve recuento de mi actuación clandestina y al preguntarme si consideraba al capitán Lugo como un verdadero revolucionario contesté afirmativamente. Di fe de que sus viajes a La Habana tenían como propósito reunirse conmigo y otros colaboradores para tratar asuntos relacionados con la revista *Patria Nueva*. Ningún miembro del tribunal quiso hacerme preguntas. En mi caso, nada de lo que esperaba ocurrió. Pero esa modesta presencia mía a favor de un acusado en un evento tan connotado iba a ser estimada como contrarrevolucionaria en círculos afines al poder.

El "máximo líder" y sus múltiples roles judiciales

Terminé mi testimonio y tuve que retirarme. Poco después comparecería Fidel Castro, a quien no pude ver porque ya no podía regresar a mi punto de observación. No obstante, quedé enterado de lo ocurrido por varias fuentes: lo observado por algunos de los presentes, lo aparecido en la prensa y, sobre todo, por la trascripción oficial de su perorata, que, incluyendo las intervenciones de Huber Matos, fue publicada por la Confederación de Trabajadores de Cuba Revolucionaria en diciembre de 1959. Y donde se omitían las numerosas ocasiones en que lo dicho por Huber fue interrumpido por el cerrado aplauso de los presentes, según pude saber.

De todas las violaciones procesales del "juicio" la más notable fue la del abogado que desempeñaba la máxima posición del gobierno revolucionario, Fidel Castro, quien, compareciendo en calidad de testigo de cargo asumió también, arbitraria y simultáneamente, los papeles de juez y fiscal, haciendo uso alterno e impune de las tres funciones ante un tribunal que todo lo permitía porque impartir justicia nada tenía que ver con la misión que se les había asignado. Huber Matos se enfrentaba a la posibilidad del fusilamiento con ejemplar entereza, rechazando con energía la traición que le imputaban y saltando de su asiento a cada rato para refutar las falsas alegaciones que Fidel Castro profería contra él, estableciéndose diálogos fuera de las reglas, en los que ni el tribunal ni el fiscal se atrevían a intervenir para no interrumpir a su prepotente jefe. En una de esas ocasiones, ocurrió algo insólito. Fidel Castro, supuesto testigo, le dijo a Huber: "Yo le voy a dar la oportunidad de hablar cuantas veces lo desee".

La extensa exposición (siete horas) del *máximo líder* estaba basada fundamentalmente en que la revolución no era comunista y que insinuar tal cosa, como estaba haciendo Matos, era divisionista y contrarrevolucionario. Una buena parte de su extensa intervención iba dirigida a menoscabar los méritos militares del héroe rebelde, alegando que su fama obedecía a los privilegios y posiciones que él le dio sobre otros oficiales de mayor veteranía. Trataba por todos los medios de enajenarle a Huber la buena voluntad que su valentía e integridad le habían generado en las filas rebeldes. Lo que le faltó decir es que el ascenso de Huber a los máximos niveles del mando rebelde obedecían no sólo a su probada valentía sino a su asombrosa habilidad como jefe guerrillero, demostrada desde los primeros momentos. Muy superior a la de otros oficiales de más antigüedad en el frente de combate. ¿No lo entendió así el propio Castro cuando lo ascendió de teniente a comandante en el más breve de los plazos?

En la versión oficial publicada por la *CTC Revolucionaria* podía leerse uno de los tantos párrafos de lo dicho por Fidel Castro negando categóricamente la posibilidad de que el comunismo fuera la doctrina de la revolución:

> *...debemos agarrar por los cuernos aquí el truquito del comunismo, el truquito que han levantado. Es el fantasma a que han acudido y donde han acudido de manera especial en este juicio para hacerle el juego a los enemigos de la revolución cubana. Es decir, para acusar de comunista a la revolución cubana y vamos aquí a desenmascarar el argumento, porque basta ya, porque es una postura muy cómoda venir a pararse aquí y acusar de comunista a la revolución.*

Era evidente que el Comandante estaba montando un espectáculo de resonancia nacional para negar enfáticamente dos cuestionamientos del sector más perspicaz de la población: las intenciones marxistas que se le atribuían y la progresiva presencia de elementos comunistas en el gobierno. Situaciones tan ciertas que eran, precisamente, las causas de la renuncia de Huber. Pero dejar libre a Huber era mantener un escollo mortificante para la comunización del país. Así que había que arremeter contra él, denunciándolo con virulencia extrema por propagar la "mentira" de "acusar de comunista a la revolución", según habría de decir el *máximo líder*. Y de participar en una conspiración en la que estaban involucrados el expresidente Urrutia y el excomandante Pedro Díaz Lanz, algo totalmente falso. Y también —lo más increíble— imputarle el delito de traición a Huber Matos. Posiblemente el único caso en la historia en que un jefe militar es acusado de traidor por el solo hecho de renunciar a su cargo. Los traidores ocultan sus sentimientos. No los divulgan. Y menos en una carta.

¿Quién duda de que, de haber estado Huber en plano conspirativo o de sublevación, Camilo Cienfuegos y sus hombres, cuando fueron a arrestarlo, hubieran sido recibidos a tiro limpio por los oficiales y soldados leales a Huber? Pero había que dar un escarmiento. Las sentencias a Huber y sus oficiales tenían que servir de aviso a otros combatientes de la Sierra que empezaban a manifestar su descontento por la penetración comunista y podían optar también por renunciar o alzarse contra la nueva dictadura. Y en cuanto a la acusación de traidor, sostenida impunemente por Fidel Castro en su papel de fiscal, ¿quién lo era realmente? ¿Huber Matos o el "testigo", "fiscal" y "juez" que rechazaba las insinuaciones de comunista, pero que tendría el cinismo de confesar, no mucho tiempo después, que "había sido, era y seguiría siendo marxista hasta el último de sus días"?

Después del "juicio"

La noche de mi comparecencia, como de costumbre, fui a *Revolución*. En cierto momento, el subdirector, Euclides Vázquez Candela, se me acercó para decirme que no iban a publicar nada de lo dicho por mí en el "juicio". Me parecía fuera de sentido. Le contesté que otros periódicos de seguro lo harían. Que yo había hecho uso de un derecho que la propia revolución reconocía. Y aunque mi deposición carecía de importancia, no estaba de acuerdo en que se suprimiera la mención de mi presencia como testigo de la defensa en el propio órgano del 26. Atentaba contra la verdad y me parecía una acción motivada por el miedo a discrepar de quien se iba consolidando como amo absoluto de la nación. "Date cuenta de que tú estás en el Consejo de Dirección", me dijo Euclides, insinuando que el periódico debía mantenerse al margen del caso Matos. "Pues me quitan p'al carajo", fue mi respuesta, cargada de indignación. Ni una palabra más. Salí del periódico inmediatamente, sin ocultar mi disgusto.

En la próxima edición del periódico, el 16 de diciembre, me topé con una solución muy peculiar a la controversia suscitada dentro del periódico por mi presencia en el "juicio". En el machón de *Revolución* se había suprimido mi nombre. Pero tampoco aparecían los de los restantes miembros del Consejo de Dirección: Carlos Irigoyen, Orestes Martínez y Oscar Pino Santos. El Consejo había sido borrado de cuajo para evitar que mi eliminación fuera vista como represalia por haber fungido como testigo de la defensa en el caso Matos. En realidad, no le daba mucha importancia a cesar en unas funciones que, de hecho, eran limitadísimas porque como verdadero Consejo nunca habíamos funcionado. Pero me sentía algo molesto con Franqui por lo súbito del cambio, sin previa notificación. Sin embargo, ya más sereno que la noche anterior, me puse en su lugar. Franqui era, con su influencia y prestigio, el valladar más sólido dentro de las filas revolucionarias para contener la conspiración pro comunista, lo que me constaba a plenitud. Tenía también otro mérito nuestro compañero. Por haber vivido tanto las experiencias del Llano como las de la Sierra resentía el menosprecio de la jefatura guerrillera a la heroica acción clandestina. Y desde *Revolución* exaltaba el sacrificio de las huestes del Llano y su innegable y determinante aporte al triunfo revolucionario. Siempre le abrió las páginas del periódico a Huber Matos y compartía su preocupación por la progresiva infiltración de comunistas en el gobierno y en el Ejército. Pero tanto Franqui como nosotros (la mayoría de la dirigencia del *26*) creíamos que Fidel Castro, como he repetido en varias ocasiones, era sincero al renegar del comunismo, algo que sostenía insistentemente no sólo en sus comparecencias públicas sino en sus frecuentes visitas a *Revolución* y en las veces, aunque pocas, que pudimos —la Dirección Provincial— reunirnos con él para tratar asuntos del Movimiento. Franqui estaba convencido de que había que detener a los marxistas desde adentro. Creía sinceramente en esa posibilidad, que para mí era ilusoria.

Por otro lado, si bien Euclides Vázquez Candela estimó que no debía publicarse nada sobre mi presencia en la farsa judicial de Huber, debo aclarar que, de ninguna manera, eso implicaba alguna complicidad suya en las maniobras de penetración comunista. Euclides, que escribía muy bien y procedía de las filas clandestinas de Santiago, que yo admiraba, estaba en total desacuerdo con la infiltración de comunistas en los cuadros revolucionarios. Polemizaría en varios ocasiones desde *Revolución* con los comunistas de *Hoy*, demoliendo sus argumentos. No tuvo nada de sorprendente que después de asumir esa actitud contestataria fuera confinado al ostracismo.

La sentencia de Huber Matos, como es bien sabido, fue de veinte años, que, desafortunadamente, tuvo que cumplir a cabalidad. Era fácil entender que Fidel Castro tenía una razón adicional a la del escarmiento para tenerlo fuera de circulación. Por su historia y carácter era un peligroso enemigo. El "juicio" había sido un montaje de alegaciones falsas para justificar su secuestro durante largos años, suficientes para consolidar un régimen basado en el terror y de imposible derrocamiento. Los compañeros de Huber recibieron penas por grupos: de siete, tres y dos años. Y, paradójicamente, el excapitán Lugo, mi defendido, se acomodaría con la usurpación antes de cumplir su condena de siete años. Negoció su salida de la cárcel y sería premiado con el grado de coronel de las fuerzas armadas comunistas.

Los veinte años de Huber serían de cárcel abusiva y despiadada, sufridos con estoicismo ejemplar. Dos décadas de vejaciones que no pudieron quebrantar su compromiso de seguir luchando por la libertad. Al dejar las cadenas fundaría en el exilio la organización Cuba Independiente y Democrática.

Fidel Castro no se atrevió a fusilarlo, como podía esperarse por la incitación masiva de "paredón" montada frente al Palacio Presidencial. ¿Tendría miedo de que la aplicación de la máxima pena desatara una reacción incontrolable en los antiguos combatientes? Además, ¿cómo podía justificarse un fusilamiento basado en que era traición a la patria anunciar con anticipación lo que en definitiva habría de ocurrir: la comunización de la revolución?

Facsímiles de dos directorios del periódico Revolución. Uno, el acostumbrado, al 15 de diciembre de 1959. Y el del día siguiente, donde aparece suprimido el Consejo de Dirección después de haber participado el autor como testigo de la defensa de uno de los acusados en el "juicio" de Huber Matos.

El comandante Huber Matos arrostró 20 años de inhumana prisión (1959-1979) por defender los mismos principios revolucionarios que sustentaron la lucha contra Batista y alertar sobre la infiltración comunista. Aquí, en Puerto Rico, cambiando impresiones con el autor. (Foto Emi Guede).

CAPÍTULO 9
DESCUBRIENDO LA VERDAD

Dando a la revolución

A partir del trabajo del Malecón, empezaron a llover las solicitudes de voluntarios, ofreciéndose tanto para trabajos manuales como oficinescos. No era raro que hombres y mujeres de profesión, como médicos, ingenieros y abogados se movilizaran para sembrar plantas ornamentales los domingos; oficinistas para desbrozar un matorral los fines de semana y ejecutivos bancarios para servir de mecanógrafos tres o cuatro horas por las noches en alguna dependencia del Estado.

Los viveros de plantas ornamentales producidas por la Organización de Trabajadores Voluntarios (OTV) se multiplicaban en solares yermos de la ciudad, cedidos a esos efectos. El principal de estos viveros estaba instalado en la Plaza Cívica, donde también se recibían donaciones de plantas y posturas. La OTV le había prometido al ministro Ray la entrega de 500,000 posturas y estacas para ser sembradas en la propia Plaza Cívica. Variedades de rico colorido y fáciles de mantener. Gracias a la técnica de margullación las plantas se multiplicaban prodigiosamente.

Brigadas de entusiastas voluntarios trabajaban sin descanso los domingos, de sol a sol. Grandes jardines, como los de la cervecería La Tropical, eran cedidos para margullar. Se daban cita en los viveros ciudadanos de todas las extracciones sociales y económicas. Profesionales y obreros. Amas de casa y empleadas domésticas. Ricos y pobres. Movidos por las grandes esperanzas del momento. Felices por hacer patria. En *OTV Informa* del 13 de noviembre de 1959 podía leerse: "Los obreros, empleados, ejecutivos y empresarios que quieran laborar en la OTV conjuntamente con sus compañeros de trabajo, pueden dirigirse a esta columna en solicitud de planillas". No se establecían diferencias. El llamado abarcaba a todos los sectores laborales, profesionales y empresariales, hermanados en el deseo común de contribuir en algo a la revolución.

Recuerdo con añoranza aquellos días bajo el candente sol cubano, en contacto íntimo con la naturaleza y subyugado por la obra divina de la reproducción vegetal, margullando plantas con humildad gratificante para hacer más bellos nuestros jardines públicos. Modesto aporte a la ilusión de una Cuba mejor que se me iba desvaneciendo poco a poco en contra de mi voluntad.

Los voluntarios se destacan

Uno de los resultados más singulares de la OTV tuvo por escenario la Comisión de Fomento Nacional. Para ciertos planes de desarrollo había que considerar la cantidad de lluvia caída en diferentes partes de la Isla. Ni en un año se tendrían los resultados con el personal de que disponía *Fomento* para la tabulación de datos aportados por los centrales azucareros y las zonas arroceras. Además, se requerían ciertas calificaciones especiales para poder realizar el trabajo. Y para colmo, el presupuesto no alcanzaba. Se solicitó la ayuda de la OTV y movilizamos a más de 120 voluntarios debidamente calificados, que trabajarían de noche. Eran mayormente gerentes de empresa, contadores públicos y secretarias ejecutivas. Se destacaron por su eficiencia. El grupo terminó las computaciones y su trascripción en sólo dos meses. Los jefes de Fomento estimaron que el rendimiento de los trabajadores voluntarios, en comparación con los empleados regulares, había sido de 4 a 1.

De varios ejemplos de entrega al trabajo voluntario, hubo un caso realmente conmovedor, que mostraba hasta donde podía llegarse en el afán de colaborar con la revolución. En una convocatoria para limpiar de matorrales los jardines del Palacio de Justicia, en la Plaza Cívica, uno de nuestros compañeros, negro, extremadamente flaco y algo entrado en años, machete en mano y bajo un sol sofocante atacaba las malezas con vigor ejemplar. De pronto, dejó de hacerlo. Se desmayaba y caía al piso ante la sorpresa de todos. Inconsciente, fue cargado y conducido a la casa de socorros más cercana. Diagnóstico: inanición. Había participado en otros trabajos y, sin nosotros saberlo, estaba desempleado. ¿Cómo podía explicarse que un hombre muerto de hambre acudiera a un llamado para trabajar gratuitamente, sin estar físicamente preparado para ello? Así era de fervoroso el sentir de una buena parte del pueblo, que se entregaba con amor y desprendimieno a la causa revolucionaria. Lamentablemente, había otra parte de ese pueblo que, hipnotizada por un caudillo carismático, se sumaría a una convocatoria de odio que no tardaría en llegar. Y a la cual se enfrentarían valientemente los más valiosos elementos de la vertiente revolucionaria. Entre los que estarían, ocupando un sitial de honor Marcial Arufe y su arrojada esposa y compañera, Olga Digna Fernández.

Marcial, por su dedicación y energía, era uno de los voluntarios más destacados de la OTV. Exmilitante de *Resistencia,* miembro de la Letra B a mi cargo, decidió incorporarse al trabajo voluntario por considerarlo el mejor modo de ayudar a la revolución. Laboró siempre con pasión y entusiasmo y tengo de él el mejor de los recuerdos, no sólo por su labor clandestina contra Batista sino también por su disposición, después del triunfo, de acometer cualquier tarea que se le encomendara sin reparar en sacrificios ni dificultades. Desilusionado por la trayectoria comunista que se le estaba imprimiendo al proceso revolucionario no vaciló en conspirar contra la nueva dictadura. Y el 14 de abril de 1961, Marcial y Olga Digna se enfrascaban a tiros con las fuerzas represivas de Fidel Castro cuando fueron a detenerlos en la casa donde se encontraban. Los jovenes esposos habían jurado que nunca serían fusilados y cayeron en el encuentro, pero no sin antes ocasionarle cinco bajas al enemigo.

Debo señalar que el trabajo voluntario, mientras lo fue de verdad con la OTV, nunca fue mencionado en la tribuna pública por Fidel Castro, al parecer receloso de cualquier obra que no fuera de su iniciativa. Tiempo después, y ya eregido en dictador, copiaría el patrón seguido por Stalin en la Unión Soviética, repitiendo lo hecho por su antecesor ruso en lo referente al trabajo voluntario, llamándolo así cuando ya era obligatorio y haciéndolo, además, punible en su incumplimiento. Cuando eso ocurría, la OTV era sólo un buen recuerdo.

Las milicias en acción

Como en todas las empresas, también en Publicitaria Siboney la campaña iniciada por Fidel Castro para la militarización del país a través de las milicias populares tenía sus seguidores, aunque bien escasos. En junio de 1960, de sus 71 empleados, sólo 13 optarían por vestirse de miliciano. Grupo exiguo que, por considerarse privilegiado, empezaba a crear problemas donde no los había, al extremo de plantear la conveniencia de que la compañía fuera intervenida por el gobierno. Lo absurdo de la iniciativa, cuya razón no podía ser explicada, descubría una intención oculta, difícil de precisar ¿Qué podía motivar al 18% de los empleados de una empresa a una medida tan drástica, que era rechazada tajantemente por el resto del personal? La insistencia se hizo tan incómoda que se convocó a una asamblea general para discutir seriamente el asunto. Su conclusión: designar, con la aprobación de ambos bandos y por unanimidad, un árbitro para conciliar criterios y ofrecer un plan aceptable a todos. Al parecer, en virtud de mi participación en la lucha clandestina, fui elegido para esa función de mediador.

Yo observaba, con recelo, la prédica y las acciones de los revolucionarios improvisados, ávidos por demoler todo lo que estaba en pie. Confieso que a veces me refugiaba en una esperanza, no sustentada en la progresiva realidad, de que las cosas habrían de mejorar y que los errores serían rectificados. Quizás lo necesitaba como antídoto al desengaño, que me era muy difícil de aceptar. Recurría a la ilusión de esperar un cambio en la actitud de Fidel Castro que, inevitablemente, tenía en sus manos el control total del curso revolucionario.

Al día siguiente a mi designación como mediador fui con Alicia a la oficina. Aunque vivíamos muy cerca, en el cuarto piso del número 641 de la calle 24, en el Nuevo Vedado, solía ir en automóvil y estacionar en el sótano del edificio de *Gravi* y *Siboney*, en 26 y Kohly. Al pasar frente a la entrada, me alarmó la presencia de varios empleados, vestidos de miliciano y portando armas largas. Estacioné y me dirigí hacia ellos. No encontraba explicación para ese alarde de fuerza. Se suponía que la primera reunión conciliatoria tendría lugar esa misma tarde.

Al llegar, los milicianos me abordaron enseguida. Unos, con cierto aire de superioridad (tener un rifle en las manos hace importante a los tontos). Otros, la mayoría, intentando disimular cierta vergüenza. Confieso que, ni remotamente, había anticipado lo que estaba ocurriendo: funcionarios del Ministerio de Trabajo se habían presentado en las primeras horas de la mañana, ocupando las oficinas con la ayuda de los milicianos. Laboratorios Gravi y Publicitaria Siboney estaban siendo intervenidos. Es decir, el gobierno revolucionario asumía el control de las operaciones de las dos empresas. Así me lo informaban, con improvisada autoridad, mis compañeros de trabajo apostados en la puerta, sin dejar de apretar los fusiles. A pesar de la hostilidad que veía en ellos, que percibía como forzada, no me impidieron la entrada.

Inconcebible. Una violación manifiesta de los acuerdos tomados el día anterior por la gran mayoría de los empleados. Mis labores de mediador quedaban liquidadas sin ni siquiera haber comenzado. Se hacía evidente que el reducido grupo de milicianos de *Siboney* y *Gravi,* bajo la dirección de Carlos Vázquez, mejor conocido por *Vazquito,* había decidido proceder a lo que democráticamente había sido rechazado por sus compañeros de trabajo. Lleno de rabia, enardecido, subí los dos pisos de oficina. ¿Era esa intervención, injustificada y arbitraria, compatible con la revolución democrática que esperábamos los que habíamos luchado por ella? Acciones como esa eran ajenas a la prédica de la etapa insurreccional, prometedora de una Cuba justa y progresista, donde, sobre todo, habrían de impedirse los abusos de poder.

¿Cómo podía ser que *Vazquito*, compañero cordial, querido por todos y hasta no hacía mucho leal defensor de la compañía, fuera el principal instigador de una medida tan inconcebible como injusta? Era difícil de aceptar que semejante acción proviniera de un gran beneficiario de la empresa, porque *Vazquito*, ahora jefe miliciano y agente del abuso le debía mucho a la familia Cubas.

Carlos Vázquez Cruz, el padre del miliciano, había sido un empleado de confianza de Laboratorios Gravi por largo tiempo. Después de muchos años de servicio, enfermó gravemente y falleció. Tanto el doctor Cubas, dueño de *Gravi*, como sus hijos José Manuel y Gustavo, conscientes de que los ingresos de la familia de su antiguo empleado iban a verse reducidos considerablemente, idearon algo para evitarlo. *Vazquito*, un muchacho a la sazón, sin experiencia publicitaria ni mayores responsabilidades en *Siboney*, sería ascendido a Ejecutivo de Cuentas. ¿Y cuál iba a ser la cuenta a atender por el hijo del empleado leal en su flamante e inesperado cargo? Nada menos que la del principal cliente de la agencia: Laboratorios Gravi. ¿Sabía algo *Vazquito* de la función a desempeñar? Absolutamente nada, pero ya aprendería. Los hermanos Cubas lo entrenarían y supervisarían. La diferencia en el sueldo mensual sería de algo más de cuatro veces, de $120 a $500, ingreso envidiable para la época. A la sazón, el sueldo promedio en Cuba de un empleado de oficina oscilaba entre $100 y $120.

Siboney y la revolución democrática

Como objeto de intervención, el caso de Siboney era difícil de explicar. Sus dueños entendieron desde el primer momento que el triunfo revolucionario del primero de enero invitaba a un cambio de actitudes y de distribución de la riqueza. No vacilaron, respondiendo al entusiasmo popular que generaban los nuevos tiempos, en crear un sistema de participación de los empleados en las utilidades de la empresa, avance ingenioso de lo que sería, décadas después, el laudable capitalismo participativo. A la iniciativa le dieron el nombre de *armonismo*, con el beneplácito y entusiasmo de todo el personal.

De Siboney yo había utilizado, en mis trajines revolucionarios, su equipo fotográfico, su cuarto oscuro, su taller de serigrafía y sus equipos de oficina, factores que contribuyeron considerablemente a la eficacia de mi trabajo clandestino. Eso nunca fue consentido abiertamente por la gerencia porque nunca les pedí permiso. Pero, sin lugar a dudas, sabían de los pasos que yo estaba dando. Y nunca me lo impidieron ni me recriminaron por ello a pesar de que se exponían a represalias de haberse descubierto por las fuerzas represivas de Batista mi utilización de esos recursos.

Siboney, como empresa, dio un paso al frente para sumarse al sentir nacional por el rechazo a la dictadura, meses antes del derrocamiento de Batista. Aprovechando la coyuntura que ofrecía una campaña de promoción de un producto de Laboratorios Gravi, el jabón Rina, la agencia publicó un anuncio, ampliamente repetido, que sugería la posibilidad de ganar una casa y cientos de premios más si se compraba el jabón. La ilustración principal era una foto de la locutora Consuelito Vidal, con los brazos extendidos y muy risueña, dentro del marco de una ventana imaginaria, con un fondo de nubes. El lema de la campaña llegaba a lo atrevido: *Hay que tener fe...que todo llega.* El mensaje era claro: la libertad habría de llegar. La dictadura se veía limitada en sus posibles represalias porque, en un texto más pequeño y debajo, el anuncio hablaba de fe en ganarse la casa. La campaña tuvo una amplia repercusión nacional y fue recibida con los más elogiosos comentarios por su mensaje de esperanza. Resultaba una apreciable contribución a la propaganda revolucionaria.

Había también otro factor, quizás el más importante, que hacía la intervención de Siboney injustificable y extraña: era la agencia de publicidad del propio gobierno revolucionario, creadora de campañas que habían calado muy hondo. Campañas sobre la obra sobresaliente de un gabinete excepcional que, en sólo diez meses, captaron la simpatía del pueblo por la forma en que fueron presentadas. No podían conciliarse esos antecedentes de Siboney como factor importante en la divulgación de la parte constructiva de los primeros meses revolucionarios con lo que estaba ocurriendo al intervenirse la empresa. Todo parecía indicar que la agencia estaba destinada a desaparecer como parte de un plan oficial e irresponsable de confiscación de negocios, donde no faltarían peones para ejecutarlo.

La lista de disidentes

Cuando llegué al piso de Siboney les dediqué, en alta voz, unos cuantos insultos a los autores del atropello. Nadie se atrevió a replicarme. Pensarían que me había vuelto loco. Quizás no estaban muy lejos de la verdad, pero los que me conocían bien, que sabían cuánto amor y dedicación había puesto en un proceso que a todas luces estaba siendo desviado de los cauces prometidos, no podían sorprenderse. Sabía que apoyaban mi protesta, aunque algunos, por el miedo a perder el empleo y a las consecuencias de disentir optaran razonablemente por el silencio.

La primera cara extraña que me topé fue la de un jovenzuelo de no más de veinte años. Me preguntó que quién era yo. Le contesté que quién era él. "Soy el interventor", me dijo, con esa vanidad pueril de quien se siente importante de repente. No le hice mucho caso y me dirigí hacia algunos compañeros, que habían manifestado su oposición a la posible acción intervencionista el día anterior y por tanto, acreedores a mi confianza. Estaban muy inconformes con lo que estaba pasando y les pedí que me pusieran al tanto de lo ocurrido. Me informaron que lo primero que hizo la intervención fue "cortar cabezas". Aquéllos que se habían atrevido a censurar el reclutamiento de milicianos o lo contemplaron con recelo fueron cesanteados de inmediato, así como los de dudosa convicción fidelista. Los que nunca definieron su posición para no comprometerse fueron dispensados de la degollina, ofreciéndoseles la oportunidad de pasarse al grupo interventor.

También, los que se consideraban afines a la gerencia fueron los primeros en ser eliminados. Entre ellos, el doctor Orestes Martínez, psicólogo y asesor de mercadeo, que había participado en las luchas revolucionarias del 33 y a quien yo había recomendado —y fue designado— para integrar el Consejo de Dirección del periódico *Revolución*. También Julio Pérez de la Osa, mi colaborador en el Movimiento de Resistencia Cívica y leal compañero, que nunca escatimó epítetos para juzgar las desviaciones de la dirigencia revolucionaria. Adita Nin, joven y brillante redactora de textos, hija del secretario de Laboratorios Gravi, cesanteada por razones de parentesco. Otros perderían el empleo por el simple hecho de no ser incondicionales del proceso y atreverse a expresar opiniones disidentes. Para mi sorpresa, Alicia, mi mujer, no estaba en la lista de los decapitados.

Estaba claro que una lista tan completa de supuestos o reales contestatarios del régimen tenía que haber sido elaborada con anticipación y que la actuación en el proceso intervencionista del Ministerio de Trabajo no tenía nada de precipitada. Había sido planeada cuidadosamente. Quedaba al descubierto que los intentos de conciliación de criterios dentro del personal eran parte de una maniobra engañosa. Y que nunca existió en los milicianos la voluntad de resolver las diferencias mediante el diálogo. Era obvio que acudían a las reuniones simulando acatar sus acuerdos, en lo que maquinaban la intervención con el Ministerio de Trabajo.

No me extrañó saber que mi nombre estuviera en la lista. Al parecer, mi comparecencia como testigo de la defensa del capitán Rosendo Lugo, en el juicio de Huber Matos y sus oficiales, había despertado sospechas, así como mi tenaz negativa a incorporarme a las milicias. Pero quizás, sobre todo, lo que más podía ser interpretado como acto de rebeldía era mi sinceridad al censurar sin tapujos, en cualquier escenario, —la sede del *26*, la redacción de *Revolución*, las oficinas del Gobierno, la propia *Siboney*— los movimientos de infiltración comunista y toda acción de cualquier excombatiente que contraviniera a los principios básicos de la lucha insurreccional. La mayor parte de esas medidas arbitrarias, para hacerlas aceptables a la población, venían disfrazadas como necesarias para impedir el "avance de los enemigos de la revolución". Y resultaban en verdaderos atropellos.

Una de las razones fundamentales para mi incorporación a la lucha clandestina contra Batista había sido, precisamente, la restauración de las libertades individuales. Me era inaceptable que, con el triunfo revolucionario, se estuvieran suprimiendo de nuevo esas libertades y el silencio fuera la mejor opción. Mi intransigencia estaba reforzada por el rechazo tajante a la presión que recibía de todos lados para que me acogiera a la simulación como recurso para mantener mi presencia dentro de la revolución en proceso. No podía renunciar al derecho que siempre atesoré de expresar mis sentimientos sin que el miedo me obligara a ocultarlos. Miedo que, para mi sorpresa, estaba percibiendo ya en unos cuantos compañeros de la dirección del *M-26-7*.

Los nuevos jacobinos

Cuando llegué a mi oficina, había una pegatina en la puerta con un mensaje amenazador: 'Prohibido entrar. El que abra esta puerta sin autorización será sometido a juicio revolucionario". ¿De qué revolución se hablaba? La provocación no podía ser mayor y mi primer impulso fue retar el ofensivo aviso. Pero, ¿No sería eso lo que sus autores estaban esperando? Tenía que controlar mi indignación. Veía que el ejercicio del derecho era inexistente y mis antecedentes revolucionarios de nada servían. Los nuevos jacobinos estaban desesperados por hacer méritos y habría de complacerlos si les daba la oportunidad de acusarme de desacato. Les daría razones para una detención si me aventuraba a abrir la puerta. La injusticia estaba oficializada y tenía que controlar mis reacciones, como tuve que hacer en casos similares frente a los agentes de Batista. Alicia, muy preocupada por lo que estaba pasando, se me acercó para pedirme que tomara las cosas con calma. Agradecí su intervención. Le hice caso y desistí de abrir la puerta.

Reinaba la confusión, pero la solidaridad de los buenos compañeros, verdaderos amigos, se hizo patente, sin temor a ser llamados contrarrevolucionarios. De manera especial, Raúl Verrier, el único que, además de mí, había sido miembro activo del Movimiento 26 de Julio entre todos los empleados de Gravi y Siboney. Perseguido cuando Batista, buscó la protección del exilio, pero al regresar conservó su independencia de criterio y no pudo ser confundido. Estaba bien serio y disgustado. "Líder, (solía llamarme así) esto está del carajo", me dijo. Alberto Ruiz de Villa e Ileana Sera, su mujer, y mi entusiasta colaboradora en *Resistencia*, la "polaca" Sarah Grinberg, también se adelantaron para saludarme, así como el director creativo de la agencia, Antonio López Graña.

Otros se me acercaron para quejarse del trato que estaban recibiendo del joven interventor. Según ellos, se trataba de un estudiante universitario para el que no ser miliciano implicaba estar en contra del gobierno. Algunas compañeras me hablaban de ofensas recibidas gratuitamente, sin que mediara la menor provocación, sólo por no haberse incorporado a las milicias. Se trataba, con toda seguridad, de uno de esos jóvenes a quienes se le estaban confiando responsabilidades sin la preparación adecuada, sólo por su incondicional obediencia a una dictadura que empezaba a asomar la cara.

No pude escuchar más testimonios del abuso porque uno de los milicianos vino a avisarme que el interventor de Laboratorios Gravi, quería hablar conmigo de inmediato. Me enteré entonces de que había otro interventor.

La intervención de Laboratorios Gravi

En el segundo piso —oficinas de Laboratorios Gravi (la fábrica estaba en Jovellanos)— ocurría algo parecido. A la cabeza del minúsculo grupo de milicianos estaba Pablo Utset, miembro del departamento de ventas, promotor también de la intervención. No era un empleado como los otros de su grupo, capaces de captar la confianza y hasta la amistad de sus clientes. El vendedor convencional es, por lo regular, una persona simpática. Utset no lo era. Tampoco podía decirse que gozara de la amistad de sus compañeros, en el grado en que se la ganó *Vazquito*. Su participación en el complot interventor no era para mí tan extraña, si se ponía en la balanza el resentimiento que habitualmente exhibía, sin aparente razón. Creo que el pobre hombre no habría durado mucho en el empleo de no haber sido por su vinculación familiar con los hermanos Cubas. Era el marido de una cuñada de Gustavo.

Me mortificaba que revolucionarios improvisados me tuvieran que indicar cuáles debían ser mis pasos, pero preferí conocer al otro interventor antes que negarme a la entrevista. Así que bajé al segundo piso para toparme con un señor de cerca de 50 años, de baja estatura, que no parecía tener nada en común con su colega de Siboney. Era, por supuesto, mucho mayor que este y no exhibía su petulancia. Había cierta corrección en su vestir y visible aplomo. Se notaba seguro de lo que estaba haciendo porque al momento de entrar noté la autoridad con que daba instrucciones a dos individuos ajenos a la agencia, posiblemente funcionarios del Ministerio de Trabajo. No nos saludamos, pero me invitó a sentarme y pidió a los dos extraños que se mantuvieran presentes. Era él quien me había citado, así que esperé que hablara. Se tomó su tiempo.

—Parece que usted se quiere coger toda la revolución —fue lo primero que me dijo, en tono irónico.

Era insolente. Un total desconocido, promovido a una posición de abuso, se atrevía a cuestionar mi ejecutoria y lealtad a los principios por los que tantos murieron. ¿De dónde había salido este sujeto? Ni la menor idea. De seguro, uno más de los nuevos defensores de la patria que habían permanecido indiferentes cuando Batista asesinaba y torturaba. Por dondequiera estaban apareciendo caras que nadie conocía, arrogándose autoridad revolucionaria. Por su edad, poco común en un militante del 26, me dio la impresión de que se trataba de un miembro del Partido Comunista, lo que pude corroborar después.

Le respondí:

—Tuve compañeros en la clandestinidad que murieron combatiendo a Batista, algunos después de torturados. No sé si usted pasó por esa dura experiencia. Pero puedo asegurarle que ninguno de los que conocí luchó para fomentar espectáculos como este, donde se está violando la voluntad mayoritaria de los trabajadores de este centro, imponiéndose por la fuerza lo que sólo una minoría quiere.

Continué mencionándole brevemente algunos puntos sustanciales de las promesas revolucionarias, que pugnaban con la acción intervencionista. Le destaqué el apoyo prometido a la empresa privada de raíces nacionales y el reconocimiento explícito a la economía de mercado. Le hice saber que no pretendía ser el más ardiente de los revolucionarios, pero sí el más tenaz defensor de esos principios porque, de abandonarse, habría que hablar de traición.

No me dejó seguir. Me interrumpió con algo sacado de la manga.

—Pero usted ha dicho que el Primer Ministro es un cínico y un mentiroso.

Me sorprendió ese giro inesperado en la conversación, como para acorralarme ante los presentes. No recordaba cuándo podía haber dicho algo semejante, pero lo cierto era que lo había pensado mil veces. Me intrigaba la vía utilizada para que lo alegado llegara al flamante interventor. Buena oportunidad para averiguar de quién se trataba, así que, en lugar de contestarle, le pregunté que quién le había dicho tal cosa.

—Ahora mismo lo va a saber —dijo, resueltamente.

Delación insospechada

Acto seguido, el interventor le indicó a uno de sus asistentes que fuera a buscar la persona que le había hecho la confidencia. Entretanto, yo me preguntaba, ¿quién podía ser ese compañero de trabajo que solapadamente había comentado algo dicho por mí con el deliberado propósito de perjudicarme y ganar galones sumándose al abuso? Repasaba mentalmente a los empleados de Siboney y no identificaba a nadie capaz de hacerlo.

Por fin se abrió la puerta. Y apareció la persona que menos podía imaginar. Venía cabizbaja y sin atreverse a mirarme. Nada menos que Iris Dávila, del grupo de escritores de novelas radiales. Jamás hubiera imaginado que fuera ella la autora de la delación. Se sentó, mirando siempre al piso, como esperando la pregunta del improvisado inquisidor.

—¿No fue usted quien me informó que este señor había dicho que nuestro Primer Ministro era un cínico y un mentiroso?

La indignación que me asaltó cuando al llegar a la oficina vi a los milicianos participando en la intervención volvió a sacudirme. La señora Dávila asentía, musitando un sí apenas audible y moviendo la cabeza asertivamente, sin levantar la vista. Pensé, ¿cuándo pude haber dicho eso? Hice un esfuerzo y recordé entonces. Fue cuando Fidel Castro se presentó en Camagüey para agitar las turbas contra el comandante Huber Matos. Estaba hablando por radio. Era un discurso de barricada, con el único propósito de pintar de contrarrevolucionario al maestro rebelde, que gozaba de gran prestigio en el *M-26-7* y en toda la provincia. Yo me encontraba fuera de mi oficina, en un área dedicada a la contabilidad, oyendo el discurso. Era tal la sarta de insultos y falsedades que profería Fidel Castro sobre su antiguo compañero de la Sierra que no pude contenerme y dije exactamente lo descrito por Iris Dávila. No sé cuántos debían de haberme oído. No serían muchos porque, según recuerdo, era alrededor de la hora de almuerzo. Pero de todos, sólo a Iris Dávila se le ocurrió denunciarme en un momento tan crítico como el de la inesperada intervención, cuando hasta mi propia seguridad personal podía estar comprometida.

Lo de la señora Dávila era el mejor ejemplo de cómo los valores esenciales de la convivencia humana se estaban trastocando en Cuba. Además de la relación normal entre compañeros de trabajo, sentí simpatía hacia ella cuando se sumó a la campaña del Salario de la Libertad en época de Batista, iniciativa del *26* y *Resistencia* que recababa de cada trabajador la donación de un día de sueldo para nutrir los fondos de la insurrección. No todo el mundo estuvo dispuesto a participar. Más que por ahorrarse la contribución, por no hacerse visible como opositor a la dictadura. Mucho le agradecí a Iris su cooperación.

Lo inconcebible es que fuera ella la autora de la denuncia. Siempre la traté con genuina cordialidad. Respeté y apoyé en todo momento su deseo de incorporarse al trabajo revolucionario. En febrero de 1959, la incluí en el grupo de profesionales con experiencia radial que le estaba sugiriendo a Vilma Espín como posible colaboradora cuando Vilma aspiraba a directora de Radio Rebelde y había solicitado mi ayuda. Desde un principio, Iris quiso ser colaboradora de *Revolución* y yo le llevaba sus columnas a Carlos Franqui para que fueran publicadas. Luego le presenté personalmente a Franqui para que sus artículos siguieran saliendo sin la necesidad de mi intervención.

Nunca hubiera concebido una acción de esa naturaleza en Iris Dávila, dada la confianza que le tenía. Su acción me produjo un gran resentimiento pero, al fin de cuentas, llegué a la conclusión de que era una víctima más, como tantas otras, de una prédica insensata que estaba desencadenando en la nación la locura colectiva. En la que, hasta gente de ciertas luces, se dejaba arrastrar. Evidentemente, mi hasta entonces compañera había sido cautivada, no obstante su formación intelectual y su aparente equilibrio, por ese engendro que llamaban revolucion y se estaba apoderando del país. Se sumaba, como un soldado más, a un ejército irresponsable y avasallador, dirigido por un político de astucia y habilidad sobresalientes en la manipulación de medias verdades y mentiras completas. El interventor le dijo a Iris que podía marcharse y a continuación lo hice yo, sin mediar palabra. No me interesaba reconocerle al improvisado sujeto la autoridad que presumía tener.

Se me estaba aclarando el panorama. Había descubierto por qué era considerado un enemigo. Lo que había dicho de Fidel Castro asustaba a sus incondicionales. También supe, tiempo después, que mi inclusión en la lista de los desafectos de Siboney pudo haberse debido, principalmente, a mi abierta oposición al comunismo, como sospeché desde el primer momento. Tres miembros de la Dirección Provincial del *26*, según me diría en el exilio Vicente Báez, informaban a Raúl Castro y al *Che* Guevara sobre las reuniones que sosteníamos en la *Casa del 26*, donde radicaban las oficinas del Movimiento. Ricardo Alarcón, Mario Hidalgo y Lázaro Vigoa habían sido testigos reiterados de mi abierta y frontal oposición a la infiltración comunista en las filas revolucionarias. No dudo que hubieran alertado a los dos jefes comunistas de mi rechazo a la eventual traición.

El odio como motivación principal

Era inconcebible lo que estaba ocurriendo, prueba de hasta dónde había calado en la conciencia popular el discurso demagógico de Fidel Castro. Se estaba introduciendo en la retórica pública el elemento del odio, ajeno totalmente a la forma de ser del cubano. Discurso disparatado, pero convincente por la hábil manipulación narrativa de hechos pasados y presentes, a fin de fomentar el resentimiento hacia los denominados enemigos de la revolución y polarizar posiciones. A paso acelerado se iba transformando la idiosincrasia nacional. Del amor fraterno que nos caracterizaba al odio irracional.

El Comandante estaba logrando lo que parecía imposible. Numerosos cubanos, hasta entonces vistos como apacibles y razonables, se estaban convirtiendo en agentes del abuso en nombre de una revolución de la que se esperaba todo lo contrario. No eran gente, en su enorme mayoría, necesariamente perversa. Pero sí incapaces de entender que cualquier propósito, por justo y noble que pareciese, terminaba desviado de sus objetivos si los medios utilizados para alcanzarlos pugnaban con las más elementales normas éticas. Muchos de esos cubanos eran conscientes de que algunos de los procedimientos para lograr las "metas revolucionarias" no eran de los más honorables, pero encontraban la razón de hacerlo en el irracional principio de que cualquier medio es válido si el fin vale la pena.

Yo sumaba lo que estaba pasando en Siboney a otras vivencias negativas dentro del proceso revolucionario, que ponían de relieve la transfiguración que estaba experimentando una buena parte de los cubanos en su forma de proceder. Ese ataque desconsiderado a compañeros de trabajo que nunca habían dado razón para ser tratados de esa forma, despojándolos además de sus empleos, era inconcebible entre cubanos. Hasta en el mismo caso de los comunistas, cualquiera de nosotros podía tener un amigo de esa filiación, aunque repudiara su militancia. Y protegerlo de la persecución policíaca si ese fuera el caso. Así era el sentido de la amistad que prevalecía en Cuba. Cuando Antonio Núñez Jiménez, entonces mi amigo, creyó estar perseguido por su militancia comunista en tiempos del batistato, no vacilé en ofrecerle mi casa para que se escondiera (lo cual no fue necesario). Ese concepto de la amistad, superior a las diferencias políticas, estaba desapareciendo con el fanatismo desenfrenado que desataba la presencia de Fidel Castro como árbitro supremo del país.

Cuando se es parte de un poder tan avasallador como el que le estaba otorgando el exjefe rebelde a sus incondicionales, se pierde, por lo general, la capacidad para la apreciación de lo justo. Para conservar el sentido de justicia se necesita una madurez de conciencia capaz de refrenar la tendencia al abuso que genera, en la mayoría de la gente, la asunción de un poder súbito. Esa disposición a la serenidad, la reflexión, el respeto al derecho, no se estaba viendo en los voluntarios de nuevo uniforme, las milicias revolucionarias, que se estaban prestando para consumar arbitrariedades como la que tenía ante mis ojos, en nombre de una justicia que nada tenía que ver con ellas.

Ante ese cuadro de avivar elementos negativos en la psicología cubana no podía dejar de pensar en José Martí y la poderosa influencia de su pensamiento en la estructuración ideológica de muchas causas nobles, aunque fallidas, emprendidas a partir de la tercera década de la breve historia de la república cubana. Cualquier intento de renovación o reforma que surgía como cura a los males de la nación adoptaba como bandera la prédica martiana. El propio

Fidel Castro había declarado, cuando era juzgado por el ataque al Cuartel Moncada, que el autor intelectual de esa acción había sido José Martí.

Como señalaría Jorge Mañach, Martí fue el apóstol de la independencia de Cuba. Pero también fue un predicador del amor y la amistad. Toda su obra literaria está impregnada de esos vitales sentimientos, así como del rechazo más enérgico al odio. Son famosas sus frases: "Los odiadores debieran ser declarados traidores a la república. El odio no construye"; "No hay perdón para los actos de odio. El puñal que se clava en nombre de la libertad, se clava en el pecho de la libertad"; "No son inútiles el amor y la ternura".

Pero quizás, su pensamiento más definitoria del odio, que cuadraba perfectamente con lo que estábamos viviendo, era el que proclamaba:

Asesino alevoso, ingrato a Dios y enemigo de los hombres, es el que, so pretexto de dirigir a las generaciones nuevas, les enseña un cúmulo aislado y absoluto de doctrinas, y les predica al oído, antes que la dulce plática del amor, el evangelio bárbaro del odio.

Ese bárbaro evangelio iba a cundir en Cuba para escándalo de los que aspirábamos a una sociedad diferente cuando nos sumamos a la insurrección contra la dictadura militar para que la razón y la tolerancia primasen en los conflictos.

El odio llegaría a ser promovido como la motivación fundamental de los nuevos "revolucionarios". Se llegaría hasta la contradicción increíble de clamar por el odio para alcanzar la felicidad colectiva, como expresaría el *Che* Guevara en su "Mensaje a la Tricontinental", publicado en la revista de esa organización el 16 de abril de 1967: "El odio como factor de lucha; el odio intransigente al enemigo, que impulsa más allá de las limitaciones del ser humano y lo convierte en una efectiva, violenta, selectiva y fría máquina de matar. Nuestros soldados tienen que ser así; un pueblo sin odio no puede triunfar sobre un enemigo brutal. Hay que llevar la guerra hasta donde el enemigo la lleve: a su casa, a sus lugares de diversión; hacerla total".

Era obvio que el guerrillero argentino nada tenía de martiano. Treinta y cinco años después de ese mensaje, la humanidad empezaría a confrontar la amenaza terrorista internacional de los fanáticos fundamentalistas de una religión, empeñados en masacrar inocentes para ganar el cielo. ¿Podrían encontrarse diferencias entre el mensaje de Ernesto Guevara a la Tricontinental y unas declaraciones suscritas por cualquiera de esos enajenados? La indiferencia hacia los bienes materiales como virtud y la renuncia al contacto con la familia como sacrificio en aras de una causa, ambos presentes en el *Che* Guevara, no pueden servir de justificación al radicalismo asesino. Como tampoco esos factores, comunes también en los terroristas suicidas, podrían alegarse para eximirlos de sus atrocidades.

Fidel Castro, apoyado por el *Che* Guevara, daría a entender que el mejor modo de alcanzar la igualdad social era promoviendo los peores sentimientos en la gente, atizando el resentimiento hacia los que algo poseían y hacia los que —según ellos— carecían de la visión necesaria para apreciar la conveniencia de esa revolución comunista que se esforzaba en salvar a Cuba de todas sus miserias. Sólo los *gusanos* serían incapaces de reconocer esas maravillas. Ante el menor movimiento disidente había que delatar al pariente, al amigo, al vecino. Hacerle la vida imposible. Despojarlo de todos sus derechos. Encerrarlo en prisión. Y si se enfrentaba a la usurpación comunista con ánimo conspirativo, asesinarlo por la vía del fusilamiento. La retórica de Fidel Castro, evidentemente, no estaba encaminada por la ruta martiana, como yo quise creer en algunos momentos de mi paso por esa llamada revolución.

El verdadero cubano en un nido de ideas encontradas

Como muestra de lo que era el cubano antes de su transformación bajo el pernicioso influjo de Fidel Castro, no encuentro mejor ejemplo que una experiencia que tuve en el Ministerio de Educación, allá por el 1949. Creo que vale la pena narrarla porque pone de relieve de una manera muy singular el grado de amistad y de tolerancia en el orden político que existía entonces en Cuba.

Yo, además de funcionario de la Corporación de Asistencia Social cubría, como fotógrafo, algunos eventos de las Misiones Culturales, una laudable iniciativa del Director de Cultura, profesor Raúl Roa y del ministro Aureliano Sánchez Arango, que consistía en escenarios móviles de ballet clásico y teatro, además de un museo arqueológico, con proyecciones fílmicas y conferencias. Las Misiones recorrían las zonas rurales y ponían en contacto al hombre de campo con elementos del arte y el saber a los cuales de otra manera no tendría acceso. La televisión no era realidad todavía.

El Jefe de Despacho de la Dirección de Cultura era Jesús Marinas, un eficiente funcionario que años atrás había sufrido prisión en Isla de Pinos por fundar y dirigir una organización pro-fascista que llegó a contar con cerca de 6,000 militantes durante la Segunda Guerra Mundial. Como director de las Misiones Culturales fungía un joven muy serio: Julio García Espinosa. No conocía su militancia, pero lo ubicaba como afín al pensamiento liberal, por sus inquietudes intelectuales y afán de servicio. El Jefe de la Sección de Arqueología de las Misiones Culturales era mi amigo comunista y compañero de la Sociedad Espeleológica, Antonio Núñez Jiménez. Parte también del equipo de trabajo de las Misiones era Odilio Urfé, talentoso músico consagrado a la investigación del folklore cubano en su aspecto musical, con quien tenía muy buena relación y en el que observaba algunas tendencias izquierdistas, pero sin llegar al comunismo. También pertenecía al grupo y con quien yo tenía una gran amistad, Manuel Moreno Fraginals, joven intelectual de inquietudes liberales. Otro empleado de confianza de la Dirección era José L. Gómez Wangüemert, quien era llamado cariñosamente "Peligro" (que habría de morir con épico valor unos años después, en el fallido asalto al Palacio Presidencial para matar a Batista). Un ejecutivo adicional de la Dirección de Cultura era Enrique Rodríguez Loeches, que habría de ser, con posterioridad, uno de los principales dirigentes del Directorio Revolucionario. La secretaria del doctor Roa era una joven y seria profesional, la doctora Raquel del Valle, que compartía la forma de pensar de su jefe y velaba discretamente por que se cumplieran sus directrices.

De modo que en la Dirección de Cultura, bajo el mando de un destacado exrevolucionario de la generación del 30, convergían, sin griterías ni refriegas a puñetazos, cada uno concentrado en su trabajo, un exdirigente fascista (Marinas), un profesor comunista (Núñez Jiménez), un músico izquierdista (Urfé), el que sería futuro historiador de renombre (Moreno Fraginals), dos revolucionarios de nuevo cuño, anticomunistas declarados (Wangüemert y Rodríguez Loeches), un joven con visibles inquietudes liberales (García Espinosa) y un fotógrafo —yo— que solía identificarme jocosamente como centrista radical. Me complacía sobremanera esa amalgama de pareceres contrapuestos, compartiendo un espacio común de trabajo con el propósito de promover la cultura sin parcializarla políticamente.

Era innegable que ese departamento de Educación, nido de ideas encontradas y vitrina de tolerancia durante la incumbencia de Roa, ofrecía un maravilloso espectáculo de convivencia pacífica y confraternidad, señales reconocidas en los cubanos por los que sabían de nosotros. Parte, sin duda, de nuestra manera de ser, que atenuaba otros rasgos colectivos quizás menos encomiables.

Confraternidad que se preservaba con orgullo —decir "hermano" era común, aun entre desconocidos— sin considerar las diferencias ideológicas que pudieran existir. Por lo que me iba a ser muy difícil de entender cómo el profesor Roa, años después de su brillante actuación como funcionario cultural y habiendo publicado *Viento Sur* (libro anticomunista) en el mismo 1959 pudo ser parte, en calidad de Ministro de Relaciones Exteriores, de un gobierno revolucionario que tuvo la insolencia de declararse comunista y echar por tierra los principios que le dieron acceso al poder. Otro caso de notar sería el de Núñez Jiménez, a quien aprecié a pesar de su comunismo, que de amante del escenario geográfico cubano y aparente entrega al saber se convirtió ignominiosamente en guapetón al sugerir, sin éxito, que el lema revolucionario de 1961, "Año de la Educación" fuera sustituido por el de "Año del Paredón".

La confusión introducida por Fidel Castro en la política cubana parecía llegar, además de a una multitud analfabeta políticamente, a sectores intelectuales hasta entonces respetables, de los que se esperaba un mejor entendimiento del acontecer nacional. En el caso de Raúl Roa, a quien había admirado por su talento, su cultura, sus antecedentes revolucionarios y hasta por su gran sentido del humor, me parecía imperdonable que se sumara a un proceso que abogaba por la supresión de las manifestaciones típicas de la idiosincrasia cubana —hermandad, solidaridad, tolerancia, amor— con el pretexto de forjar un "hombre nuevo". Que habría de resultar, por la naturaleza impositiva del comunismo, en hipócrita y sumiso.

El precio de hablar sin hipocresía

Lo más significativo de mi experiencia personal en la intervención de *Siboney* —muchísimo más importante que lo que representaba la delación de Iris Dávila como fenómeno del momento— era que se reprimía mi derecho a expresarme, una de las aspiraciones básicas del discurso insurreccional. Y no sólo eso, sino que por haber ejercido ese derecho era despojado de mi empleo. En cualquier democracia, el ciudadano puede opinar del gobernante lo que mejor le parezca y para hacerlo goza de todas las garantías. En la Cuba que estaba emergiendo, hacer tal cosa era un delito, con el consiguiente castigo. Y delatar al compatriota que se atreviera a expresarse negativamente del régimen, digno de aplauso y recompensa.

Tildar a Fidel Castro de cínico y mentiroso cuando arengaba a las multitudes en Camagüey con un sinfín de falsedades para que acudieran con él, en despliegue multitudinario y espectacular, a acosar a Huber Matos, no era una exageración. Ni Huber estaba conspirando, ni haciendo resistencia violenta, ni en su actitud podía identificarse un solo planteamiento que no respondiera a lo que todos esperábamos: el cumplimiento de las promesas revolucionarias, enunciadas mayormente por el propio Fidel Castro e imposibles de lograr si el proceso desembocaba en una dictadura comunista.

Pero la decepción no me iba a inmovilizar. Me preocupaba la injusticia que se había cometido con la intervención de Siboney y el trato rudo dado por el improvisado interventor al personal no afín a las milicias. Creía tener los recursos para impedir que el encargado de ella prosiguiera con sus abusos. Decidí ir a ver de inmediato al presidente de la República, Osvaldo Dorticós, con quien tenía una buena amistad, para informarle de la situación y pedir su ayuda. Llamé por teléfono a mi antiguo compañero de *Resistencia*, Luis Buch, que fungía como Secretario de la Presidencia. Le pedí que me recibiera cuanto antes. Me dijo que ya me estaba esperando.

Revolucionarios de ocasión

Bajé las escaleras de Siboney a la velocidad que me impulsaba la indignación y permitía mi delgadez. Pero, al llegar a la puerta de entrada y ver a los milicianos, paré en seco. No iba a consentir el abuso, sin increparlos por su participación en una operación tan censurable como la que estaban promoviendo. Detecté a Domingo Ruiz, del departamento de arte y supuesto colaborador mío en una tarea de propaganda clandestina para la que se me había ofrecido en tiempos de Batista y que después rehuyó. Me llamó la atención verlo aferrado a un fusil que, realmente, no le cuadraba. No pude contenerme y lo increpé, en alta voz, haciendo alusión a aquel incidente, ocurrido unos dos años atrás:

—¿Te acuerdas, Domingo, cómo quedaste en ayudarme para unos panfletos convocando a la huelga del 9 de abril y después de buscarte en cuatro casas de Marianao jamás apareciste? ¿Cómo es que ahora tienes el descaro de exhibirte con esos aires de patriota contra la mayoría de tus compañeros?

—Precisamente quiero hacer ahora lo que no hice entonces —fue su respuesta.

Me indignó su forma de justificarse. Luchar contra Batista era peligroso. Ser parte de un gobierno abusivo, papel que asumía Domingo en ese momento, no implicaba ningún riesgo.

—Claro —le respondí. Ahora es muy fácil dárselas de guapo porque los que apretaban huevos y sacaban uñas ya no están aquí.

El silencio se impuso. Todos prefirieron callar. Ninguno de los milicianos allí presentes había hecho nada contra Batista. Ninguno de ellos tampoco abandonó su trabajo el 5 de agosto de 1957, cuando los arengué, encaramado en una mesa de trabajo, para que se sumaran a la huelga general que se gestaba a raíz del asesinato de Frank País. Les di la espalda y fui por mi carro.

Reflexiones camino al Palacio

Rumbo al Palacio Presidencial reflexionaba sobre la insensatez de todo lo que estaba pasando. El proceso revolucionario se estaba convirtiendo en un vehículo para ventilar odios, resentimientos y envidias. Y poner todos esos lastres humanos al servicio de una dictadura.

El caso de Siboney, como muchos otros que se estaban produciendo diariamente a lo largo de la Isla, ponía al descubierto una estrategia enfocada a disolver los vínculos tradicionales de las relaciones humanas para debilitar la estructura social existente y eliminar las resistencias posibles a las pretensiones absolutistas de Fidel Castro, que ya empezaban a manifestarse.

"En el pueblo hay mil Camilos", decía el *máximo líder*, dando a entender que el comandante desaparecido había sido un excepcional revolucionario y debía ser emulado. Era un llamado a nutrir masivamente las filas de incondicionales, tentándolos con una súbita prominencia si se prestaban a ser factores obedientes del proceso. Según Fidel Castro, para que cualquier cubano pudiera ser como Camilo Cienfuegos, presentándolo como el súmmum de las virtudes, no había que haber luchado contra Batista. Pero podía sospecharse que ese llamado a la supuesta vida heroica escondía la intención de consolidar el apoyo masivo e irrestricto de aquellos que no habían movido un dedo contra Batista (la enorme mayoría de la población). La incorporación activa al proceso de los nuevos reclutas, igualándola al prestigio de una veteranía clandestina o guerrillera que no tenían, parecía ser una concesión benévola del líder máximo, digna de agradecimiento. Fabuloso, eso de ser parte de la mitología serrana. Creyendo que hacían patria, mucha gente buena caía en la trampa y se entregaban a un fanatismo criminal que los llevaba a cometer las más flagrantes injusticias contra sus compatriotas en nombre de la revolución castrista.

Contemplaba muy difícil continuar viviendo en Cuba bajo esas circunstancias. Quien se enfrentara a abuso o, sencillamente, no aplaudiera la acción gubernamental, su vecino —el que hasta entonces gozaba de su amistad y confianza— podía ser su delator. No sólo él. Desgraciadamente, padres, hijos, cónyuges, hermanos, podían convertirse también en delatores. El fanatismo político se apoderaba del sentir nacional. Los colaboradores del régimen, seducidos por la prédica radical se multiplicaban asombrosamente. Los que no querían ser parte del activismo castrista se veían obligados a aceptar como bueno lo que moralmente rechazaban.

Dadas esas premisas, ¿qué opciones me quedaban? Por mis antecedentes y contactos revolucionarios podría disfrutar de una posición típica de la "nueva clase", con todos sus beneficios y recompensas. Sólo que tendría que usar un bozal permanente, una máscara ocasional y cerrar los ojos ante el abuso. O lo que es lo mismo, dejar de ser yo. En cualquier posición que desempeñara, necesariamente de naturaleza oficial por la progresiva liquidación de la actividad privada, la colaboración con el régimen sería ineludible. Eso me convertiría en cómplice de lo que reprobaba. Y no estaba dispuesto a ser colaborador de una tiranía. ¿Había otra posibilidad? Sí, la de enfrentarme a la incipiente dictadura con sus eventuales consecuencias, lo que me pudiera convertir en víctima de la opresión. Porque, aunque en ese momento carecía de ánimo conspirativo, sabía que, si me quedaba en Cuba, tarde o temprano me incorporaría de nuevo a la lucha por la libertad.

Para evadir esos futuros potenciales, de cómplice o de víctima, sólo tenía una opción: la de largarme de Cuba. La ruta del exilio. Decisión tremenda, apegado como estaba a Elenita y mi familia. Y a los rincones de mi isla maravillosa, que conocía como pocos. Pero, ¿no sería eso una locura? ¿Salir del país, casi de sopetón, sin haber gestionado con suficiente tiempo alguna posibilidad de trabajo en el exterior? Seguro que era una locura, pero no quería contemplar dificultades. Me impulsaba un deseo irreprimible de desaparecer de Cuba. Y a la velocidad del rayo.

Aunque la adopción del comunismo como sistema de gobierno ni siquiera se planteaba —al contrario, todavía se negaba tajantemente— veía lo ocurrido en Gravi y Siboney como un preludio de lo que podía venir. El Estado (por llamar así a la cúpula dirigente) estaba asumiendo el control de la producción industrial y la administración de las empresas. Si no era el comunismo lo que se iba a imponer se estaba inventando algo similar o peor. En esas circunstancias, la libertad para labrarse uno un futuro era utópica. El exilio me permitiría trabajar sin cortapisas políticas y traer conmigo, sin tener que esperar mucho, a Elenita. Valía la pena correr el riesgo de intentar una nueva vida. ¿No era preferible el exilio, a pesar de sus inseguridades, a seguir viviendo dentro de una Cuba donde se estaba aniquilando todo lo bueno que me ataba a ella?

En la casa del Presidente

Envuelto en esa vorágine mental, llegaba al Palacio Presidencial. Para entrar, disponía de un pase extendido en los días que ocupé provisionalmente la dirección de la Oficina de Prensa e Información de la Presidencia, que no se me había revocado.

Luis Buch me recibió enseguida y efusivamente. Antes de plantearle mi deseo de ver al presidente Dorticós, necesité desahogarme un poco. Una avalancha de sentimientos me dominaba. Me enfrentaba, por primera vez, a la certeza de que todo estaba perdido. Que el descalabro revolucionario era imparable. Tenía que reprimir mi exaltación. Hice mi mejor esfuerzo por lucir ecuánime, pero posiblemente no lo logré. Puse a Buch en antecedentes de todo lo ocurrido, detalle a detalle, incluyendo algo que él ya conocía: el aporte a la economía nacional de una industria que era orgullo de Cuba: Laboratorios Gravi. Me escuchaba pacientemente. Cuando terminé de relatarle lo ocurrido y la actitud asumida por el joven interventor, añadí:

—Mira, esto que han hecho con Siboney no tiene nombre. Han intervenido la agencia en contra de la voluntad de la mayoría de los empleados y sin ninguna justificación legal. Nada menos que la agencia, como bien sabes, que ha tenido la responsabilidad de divulgar lo bueno que ha hecho la revolución. Campañas producidas al nivel de excelencia, como todo el mundo reconoce. Quiero hablar con Dorticós porque me preocupa lo que pueda estar pasando con algunos de mis compañeros de trabajo, incluyendo los que me ayudaron en la clandestinidad sin ser miembros del Movimiento. Quiero que se haga justicia y quiten a ese imbécil que mandó el Ministerio de Trabajo como interventor. Está maltratando a empleados cumplidores y decentes. ¿Sabes por qué? Te vas a reír. Por no haberse incorporado a las milicias.

Y continué, yendo al grano.

—Hoy tomé la decisión de separarme por completo de esta mierda y buscar otros horizontes fuera de Cuba. Aquí ya no se puede disentir y creo que todo lo que se está haciendo nos va a hundir más. No estoy tratando de convencerte, ni de discutir. Fíjate bien, no vengo a polemizar ni a complicarte la vida. Tú tienes tus lealtades. Respeto tu sentir y tu calidad humana. No vengo a pedir nada para mí, ni una rectificación de mi cesantía ni otra posición. Lo que quiero es irme p'al carajo y alejarme de todas estas barbaridades que se están cometiendo.

Luis Buch me escuchaba sin interrumpirme. Quizás mi torrente verbal no le daba la oportunidad. Hice una breve pausa y proseguí.

—Quisiera explicarle a Dorticós las razones que me mueven a irme de Cuba. En lo que lo conozco, no creo que esté muy de acuerdo con ciertas cosas que están pasando. Y si algo quiero pedir es bien simple, que quiten al chiquito ese que han mandado de interventor en Siboney.

Sorprendido por mi decisión de irme de Cuba, Luis trató de disuadirme. Me habló de lo difícil que eran estos procesos y las muchas contradicciones que se encontraban en el camino. Que la revolución necesitaba de colaboradores como yo. Que había que tener paciencia y soportar incomodidades para poder alcanzar los objetivos. En fin, me pareció sincero, soslayando quizás sus propias dudas. Pero yo le llevaba ventaja. El estaba enclaustrado en Palacio, en su función ministerial, quizás ajeno a la cruda realidad. Yo estaba en la calle, en contacto directo con lo que estaba pasando y al tanto de lo que opinaba la gente realmente seria.

—Te agradezco tu interés en que me quede —le dije— pero no creo que voy a cambiar de parecer. Tú bien sabes que han estado ocurriendo muchas cosas que no cuadran con lo que esperábamos y que, a pesar de todo, siempre manteníamos la fe en que serían rectificadas.

Comprendía el punto de vista de Luis Buch. Para ninguno de nosotros era fácil deshacerse del deber de hacer lo indecible para salvar una ilusión que compartimos con compañeros de lucha que quedaron en el camino. Pensar en el sacrificio de ellos nos llenaba de paciencia y, más aún, de tolerancia en la espera de rectificaciones. Pero estas no aparecían por ninguna parte.

—Quizás, hasta ayer —seguí explicándole— podía haberle dicho a cualquier compañero exactamente lo mismo que tú me estás diciendo ahora. Sé que estos procesos son siempre difíciles y se necesita paciencia, pero con lo que acabo de presenciar en Gravi y Siboney no puedo pensar en que esto tenga solución. Se están perdiendo los valores que nos hacían gente y se me hace muy difícil seguir viviendo en un lugar donde el abuso y la violación de las normas legales es parte, evidentemente, del programa de gobierno.

Fui a la razón de mi visita, hablar con el Presidente.

—¿Crees que Dorticós pueda recibirme ahora? —le pregunté.

—Me temo que no. Tendrías que esperar unas dos horas. Está en una presentación de credenciales y va para largo. Pero si quieres, yo puedo ayudarte.

Era frustrante. Lo de Siboney y Gravi no era lo único que me interesaba conversar con Dorticós. Quería ofrecerle, como lo había hecho con Luis Buch, mi visión del panorama nacional. Sentía por el Presidente un afecto que creía reciprocado. Pero mis nervios no estaban para esperar. Me dominaba la impaciencia por hacerle saber a Alicia mi decisión de irnos del paraíso cuanto antes.

Buch le pidió a la secretaria que lo comunicara con el Ministro de Trabajo. Se trataba de Augusto Martínez Sánchez, un comandante de barba profusa que había ganado galones a las órdenes de Raúl Castro en el Segundo Frente Oriental "Frank País". Era abogado, de mirada penetrante, más bien furibunda, que pugnaba con su servilismo manifiesto hacia el hermano de Fidel Castro, su protector y benefactor. Yo sentía un rechazo visceral hacia esa gente de importancia otorgada, carentes de méritos, que no escatiman genuflexiones ante el poderoso que los jerarquiza.

Quise detener a Buch en su iniciativa de llamarlo. Al fin de cuentas, Martínez Sánchez era el responsable directo de la intervención. Pero rectifiqué enseguida. También era el único capaz de darle curso a mi petición. La secretaria le informó que el ministro estaba en línea. Sin mucho preámbulo, Buch abordó el tema.

—Mira, tengo aquí en mi oficina al compañero (mencionó mi nombre). Me está informando sobre una intervención en Publicitaria Siboney donde, al parecer, el funcionario a cargo de la misma no está desempeñando bien su trabajo, molestando gratuitamente al personal y creando problemas por gusto. Parece que es muy joven y no sabe manejar la situación. Por favor, mira a ver qué puedes hacer para resolver esto.

Así de breve, más o menos, fue la petición. Dos días después supe por Alicia que el joven interventor había sido relevado. En su lugar fue designada la esposa del escritor Marcos Behmaras, publicista de reconocida filiación comunista, como Marcos, pero seria y cortés, incapaz de faltarle el respeto a sus compañeros de trabajo.

La decisión de irme

Al regresar de mi entrevista con Luis Buch, desahogué mi amargura con Alicia. Le hablé de mi total decepción con un proceso al que no le veía salida. Y que estaba contemplando el exilio como la única solución para nosotros. Le asustó la idea. No le parecía prudente. Le hablé de España, donde, tanto ella como yo teníamos familia (los padres de Alicia eran de Corniero, León). Otra opción podía ser Venezuela, en plena efervescencia democrática con Rómulo Betancourt de presidente y donde estaba viviendo mi cuñado Julio García González (mi hermano Pepe había regresado a Cuba a instancias mías). Todo menos Miami, en ese momento refugio de algunos asesinos de la dictadura anterior que hasta se daban el lujo de alardear de su pasado criminal. Vecinos indeseables que no quería tener. El paso a dar era muy riesgoso, considerando que carecíamos de dinero y las posibilidades de trabajo serían bastante remotas de inmediato. Y si nos decidíamos por España, ninguno de nuestros parientes en Galicia, León o Barcelona tenía suficiente solvencia económica como para poder ayudarnos en lo que consiguiéramos empleo. A pesar de su poco entusiasmo por la idea, lo que era comprensible por lo incierto del futuro y la separación de su familia, me confortó la respuesta final y solidaria de Alicia: acataría mi decisión si persistía en ella. Sólo me pidió que lo meditara serenamente. Que no fuera una decisión precipitada por lo ocurrido en Siboney.

Jamás hubiera pensado en irme de Cuba. Cuando trabajaba tallando diamantes, al cesar la industria tuve ofertas de México. Preferí quedarme en Cuba, con un nivel mucho más bajo de ingresos en un nuevo trabajo antes que abandonar la tierra donde nací. Por regla general, el cubano se resistía a ubicarse en el extranjero. Pese a todo lo negativo que pudiera aducirse de nuestro entorno, nos sentíamos muy bien en la Isla. El termómetro estadístico lo corroboraba. El índice de emigración no era alarmante. Y el que se lanzaba a buscar fortuna en otras tierras, tarde o temprano regresaba.

Mi partida sería un descalabro familiar en el orden económico. Mi hija y yo estábamos muy unidos. Pensar en una separación me atormentaba. Mis tres hermanas estarían condenadas a mayores privaciones. Mi pobre viejo, que había puesto en mí muchas de sus esperanzas, iba a sufrir lo indecible con mi partida. Pero no tenía otra salida. Yo no tenía cabida en un lugar donde los ideales por los que tanta gente buena entregó la vida no contaban en absoluto. Donde cualquiera que quisiera pensar por sí mismo estaba imposibilitado de hacerlo. Y donde veía muy pocas posibilidades de conservar la vida por mi firme rechazo a una posible usurpación del poder por los comunistas.

A pesar de todo, quise esa noche, la del mismo día de la intervención de *Siboney* y mi cesantía, ir al Palacio de Justicia, donde estaban instalados los equipos IBM para procesar las planillas del censo laboral que el municipio de La Habana le había confiado a la Organización de Trabajadores Voluntarios (*OTV*). Como Secretario de Propaganda de la *OTV*, tenía que estar al tanto de los trabajos que asumíamos y en el caso particular de ese censo mi responsabilidad era especial porque mi experiencia en ese campo —había sido técnico en el censo agrícola de 1946, el ganadero de 1952 y el de población de 1953— contribuía a acelerar los resultados. Di instrucciones para que el trabajo continuara sin contratiempos.

Fue triste la visita. Tenía la sensación de que todo aquel esfuerzo y la actividad en los viveros y en otros departamentos del Estado (días y noches de trabajo sin remuneración, incluyendo en muchas ocasiones fines de semana, de miles de hombres y mujeres entusiastas) eran inútiles. La *OTV*, como organización independiente de trabajo voluntario, no sujeta a la autoridad política ni gubernamental, tenía sus días contados. Los que allí estaban dando lo mejor de sí con visible entusiasmo estaban muy lejos de captar cuánto engaño se escondía en el discurso político del momento. No quise desalentar a los compañeros más cercanos, pero sí les hice saber de mi decisión de abandonar el país. Con la excepción de Vicente Báez, nunca más los volvería a ver.

Desde mi ventana

Las noches subsiguientes me ofrecieron un espectáculo que me llenaba de indignación. Desde una ventana de mi apartamento, casi frente al edificio de la Gravi, se veía perfectamente mi oficina, que daba a la calle 26. Tres individuos abrían gavetas afanosamente y revisaban papeles, uno por uno. Sólo les faltaba el microscopio. ¿Qué buscaban? ¿Pensarían que yo estaba conspirando y por eso sellaron mi oficina para que yo no sacara papeles que me pudieran comprometer? Ya no se podía entender en Cuba que uno pudiera discrepar del gobierno o criticarlo sin que ello tuviera que implicar, necesariamente, la intención de derrocarlo.

Perdían miserablemente el tiempo. Si encontraban algo escrito nunca sería lo que esperaban porque yo no estaba conspirando ni en franca rebeldía contra el gobierno. Siempre denuncié de frente lo que consideraba incorrecto o abusivo, esperando una rectificación. Algunos de los compañeros de la Dirección Provincial a veces se alarmaban por mi opinión crítica sobre muchas de las cosas que estaban pasando, temerosos de perder la confianza de Fidel Castro o por las represalias que podrían esperar de poner en tela de juicio sus pronunciamientos. Les decía que nos habíamos enfrentado a Batista para ser libres y poder hablar sin miedo. Y que sería cobarde tener que callarse ante aquellos que habían compartido los peligros de la lucha con nosotros y ahora se prestaban a traicionar las promesas que inspiraron esa lucha.

La premisa impuesta era que todo aquel que se atreviera a manifestar su inconformidad con algo que propusiera Fidel Castro, tenía que estar, inequívocamente, conspirando contra la revolución. Y un peligroso mito estaba creciendo a pasos agigantados: la infalibilidad del *máximo líder*. Como consigna a ser propalada a los cuatro vientos surgía el lema: "Si Fidel es comunista, que me pongan en la lista". Corría como la pólvora, allanando la traición. El mito serviría de base, en breve plazo, para la liquidación definitiva de las libertades con el aplauso de una buena parte de la población, seducida por la retórica engañosa del Comandante.

Contrario a lo que posiblemente buscaban los milicianos, en el registro de mi oficina encontrarían sólo borradores de artículos favorables a la revolución, así como documentos archivados sobre mi trabajo clandestino contra Batista. Encontrarían también cartas y artículos sobre el trabajo voluntario de la OTV. También copias de todos los cheques por comisiones que me correspondían de la facturación por los anuncios del gobierno revolucionario, el 2.65% de la facturación bruta. Dinero que había donado en su totalidad al Movimiento 26 de Julio, de enero a octubre de 1959. Eran pagos perfectamente legales, que me correspondían de acuerdo a las normas publicitarias. Comisiones que se adjudicaban a quienes llevaban clientes a las agencias. Preferí renunciar a ellas y que su importe fuera entregado al *M-26-7*. A partir de noviembre, di instrucciones de que los cheques fueran hechos a favor de la OTV porque carecía de sentido seguir haciéndolos a nombre del *26*, que ya no funcionaba. Esos fueron los únicos fondos que recibió la OTV mientras permanecí en Cuba. Totalizaban, con los del *M-26-7*, cerca de $19,000 (casi el doble de lo que gané como sueldo en ese año y medio) a los que preferí renunciar y donar a ambas organizaciones. No me parecía correcto aprovecharme económicamente de mis contactos revolucionarios.

Un miliciano especial

En el curso de las tres noches que duró la revisión de mis papeles y libros, identifiqué entre los milicianos a Jesús Blanco. Se trataba de un joven que era cuñado de un dibujante del Departamento de Arte, quien me había pedido que considerara al pariente para una plaza que estaba abierta en mi departamento. Me trajo al muchacho —muy versallesco— y lo entrevisté. Decidí recomendarlo para la posición, a pesar de que carecía de experiencia en cuestiones de fotografía. Mi decisión tenía que ser ratificada por el departamento de personal, donde hubo cierto rechazo. Motivo: el joven Blanco era todo menos un querubín. Exhibía rasgos acromegálicos y pondría en peligro cualquier pesa. Me molestó que la apariencia física pudiera ser considerada como impedimento para conseguir trabajo. Insistí ante la gerencia para que se le diera la plaza. Y fui complacido. Posiblemente, él nunca se enteró de ese primer rechazo por su aspecto, ni creo que su cuñado lo llegó a saber. Pero, de cualquier modo, lo recomendé para una plaza donde alguien con experiencia podía haber sido más útil. Quise favorecerlo y él lo notó. Me envió —gesto poco común entonces— hasta una tarjeta de agradecimiento por correo.

A las dos semanas del triunfo revolucionario, durante mi desempeño transitorio como director de la Oficina de Prensa e Información de la Presidencia, me propuse contar con Jesús Blanco, además de Liborio Noval, otro empleado de mi Departamento de Cine y Fotografía, para que me ayudaran en la producción de los miles de copias fotográficas que necesitaba urgentemente para la *Operación Verdad* (Capítulo 2). Les asigné a ambos, para que procedieran al trabajo, un presupuesto que incluía papel fotográfico, materiales químicos y la retribución por sus servicios. En actitud ajena a los tiempos que se estaban viviendo, a Blanco se le ocurrió adjudicarle la producción de copias a dos casas de efectos fotográficos, consiguiendo un precio que le permitía un margen de utilidad como intermediario, sin mover un dedo.

Lo que en otras circunstancias pudiera considerarse una jugada hábil y permisible en el terreno de los negocios, resultaba repugnante en este caso. Se trataba de documentar la denuncia de la brutalidad de un régimen ante la prensa internacional, presentada de manera impresionante y cuya visión invitaba al vómito. Al hacer el presupuesto puse una cantidad para compensar un trabajo, no para que se hiciera un negocio. Nunca pensé que se fuera a especular con fondos del gobierno revolucionario, como Blanco quiso hacer. Debía haber renunciado a esa utilidad para ahorrarle fondos al gobierno. Lo recriminé por ese intento de lucro y ordené el pago directamente a las casas que hicieron las copias. Es posible que estuviera resentido por mi fuerte regaño y la negativa a permitir que se beneficiara de lo que para mí constituía un deber cívico. Era lo único que podía pensar para hallarle motivación a su persistente afán de inculparme con ese registro tan meticuloso de mi oficina.

Como colofón, todos los cesanteados por la intervención, a iniciativa de los propios hermanos Cubas e incluyéndolos a ellos decidieron, días después, apelar la medida ante el Ministerio de Trabajo. Yo me resistí a hacerlo. Carecía de sentido ante mi desengaño y la decisión de irme. Pero insistieron en que me uniera a ellos. Y lo hice, pero sólo como un gesto de solidaridad. Lo que pudiera hacer ya ese gobierno en el orden administrativo, a favor o en contra mía, me era indiferente. Esperaba reconstruir mi vida fuera de sus tentáculos.

Mis verdaderos amigos y compañeros no me dieron la espalda y se solidarizaron con mi actitud, a pesar de la histeria colectiva desatada por el *máximo líder* para conseguir aprobación popular a sus desmanes. Y sin rendirse al miedo de identificarse con algún disidente, que empezaba a cundir.

En una visita que hice a mi antiguo centro de trabajo, CMQ Televisión, me reuní con Pedro Luis Boitel, mi rebelde compañero del *26* que allí trabajaba y que llegaría a ser un emblemático mártir por la libertad. Se indignó por lo que habia ocurrido con la intervención de Siboney y las represalias de que yo había sido objeto por mi actitud. Pedro Luis lo consideraba un atentado a lo que se esperaba de la revolución. No podía concebir que semejantes atropellos fueran obra de un gobierno que había llegado al poder predicando precisamente todo lo contrario: el respeto a la empresa privada y los derechos de los trabajadores.

Conclusiones ante el abuso

Lo acontecido en Siboney y Gravi me dio la oportunidad de enfrentarme personalmente a uno de los lados más oscuros de un proceso que se hacía llamar revolucionario: las intervenciones injustificadas de las empresas nacionales. Intervenciones sin base legal que habrían de servir de antesala a la inmediata confiscación. Ni en Siboney ni en Gravi existían conflictos laborales. Ni había irregularidades fiscales ni violación de ningún convenio colectivo de trabajo. Los propios empleados de Siboney, como dejé dicho, en proporción de 59 contra los 13 milicianos (el 82%) rechazaban la posibilidad de una intervención que carecía de sentido.

La operación fue ilegal, arbitraria y abusiva, despojando de sus empleos a un buen número de trabajadores cumplidores y eficientes. Y a una familia de empresarios, los Cubas, de sus negocios. Nada podía justificar lo que se estaba haciendo. Abuso santificado desde arriba como primer paso en una estrategia para liquidar la propiedad privada de los medios de producción, pilar de la economía de mercado. Medidas dirigidas también a la disolución de los lazos sociales existentes, para facilitarle a Fidel Castro el control totalitario de vidas y haciendas. Ese aspecto de lo que estaba ocurriendo era demasiado significativo para que yo pudiera pasarlo por alto.

Pero quizás tan o más alarmante fuera el aspecto humano de la cuestión. La intervención de Siboney fue capitaneada por un beneficiario de la compañía, Carlos Vázquez, que en menos de un año se tendría que acoger también al exilio. La de Gravi, por un pariente —y también beneficiario— de los dueños. Mi amiga y compañera Iris Dávila, a quien siempre había apreciado y distinguido, no había vacilado en delatarme viciosamente. Y un compañero de trabajo a quien trataba deferentemente y me debía el empleo a pesar de su apariencia física buscaba con frenesí pruebas para inculparme. Algo extraño estaba pasando. Se trataba de gente que cualquiera calificaría de buena, trabajadora, amante de la familia, respetuosa de la ley. Era evidente que en Cuba se estaba gestando un cambio peligroso en la forma de pensar. La falsa promesa de felicidad colectiva estaba calando negativamente en las relaciones personales y entre los trabajadores y sus jefes, promoviendo la fabricación de monstruos.

Evidentemente, yo estaba equivocado meses antes de la intervención al pensar que el entusiasmo que percibía en los trabajadores voluntarios de la OTV se debía fundamentalmente a la prédica de Fidel Castro. Tenía ahora que reconocer, ante el cuadro que se me presentaba con la intervención de Gravi y Siboney, que era el odio lo que se estaba fomentando en Cuba, suficiente para engendrar el fanatismo más demoledor. Odio que, sin percatarme realmente, también a mí me tocaba. Porque las acciones de *Vazquito* e Iris Dávila desataron en mí un resentimiento que me envenenó durante un buen número de años. Hasta el día en que descubrí que sólo el perdón me libraría de ese tormento. Y los perdoné mentalmente. Perdón, por supuesto, que no estoy dispuesto a extender a los que han salpicado a Cuba de sangre patriota. Porque mi rechazo al castrismo no es por rencor. Lo mueve, inconteniblemente, mi pasión por la justicia.

Era notorio que, con el advenimiento de la revolución, estaban surgiendo de la nada unos muchachitos sabihondos que por edad o suerte no habían experimentado nunca lo que era luchar por la vida ni apreciado el valor de un empleo. Me los encontraba en todos los rincones, como el interventor que me topé en la confiscación de Siboney. Jóvenes inexpertos, pero convencidos de su capacidad para resolverlo todo. Carentes de modestia. Engreídos en su ignorancia. Dominados por radicalismos tontos que eran defendidos como verdades absolutas. Hablaban de todo menos de lo importante: cómo combatir por los medios realmente adecuados la pobreza y la desigualdad social. Estudiantes de un solo libro, aspirantes a peones del absolutismo, que en cada conversación no dejaban de mencionar los conceptos de "burguesía" y "pequeña burguesía" como instrumentos del diablo. Alumnos aventajados de un jefe guerrillero de boina con estrella, de apellido Guevara, que venía del Sur para enseñarles a los ignorantes cubanos las grandes ventajas del comunismo.

Si bien en las primeras etapas de la vida esos síntomas son bastante comunes —¿quiénes mejor que padres y madres para saberlo?— la gravedad del caso residía en que sería el gobierno el promotor oficial de esas actitudes. En poco tiempo se darían los pasos iniciales para el adoctrinamiento del marxismo-leninismo desde el primer grado en la totalidad de las escuelas del país, bajo el control absoluto del régimen castrista. Las prestigiosas instituciones educativas de propiedad privada, religiosas y laicas, serían confiscadas sin miramientos, iniciándose así un proceso de fanatización pedagógica que llegaría a cubrir tres generaciones al momento de escribir estas líneas.

Inicios de una nueva clase

"Pídele una casa a Faustino", me decían compañeros del *26* cuando me casé con Alicia en enero de 1960. El comandante Faustino Pérez, ministro de Recuperación de Bienes Malversados, entregaba a miembros del *26* residencias y automóviles confiscados a cómplices de Batista. Yo no estaba de acuerdo con el procedimiento porque lo confiscado era propiedad del Estado y no se debía disponer arbitrariamente de esos activos. Nunca se me ocurrió pedirle nada a Faustino, ni casa ni automóvil. Alicia y yo alquilamos un apartamento modesto. No creía que mi historial subversivo me debía servir para vivir mejor o disfrutar de algún bien en particular. En mis días de secretario de prensa del presidente Urrutia, preferí declinar el uso del flamante *Oldsmobile* al que tenía derecho y del chofer que me correspondía. Ni siquiera cobré un centavo por mis servicios en Palacio. Seguí con mi inseparable *Chevy* del 54, conmigo al timón. Creía que la entrega desinteresada al servicio público y al ejercicio de una política desprovista de las lacras del pasado no terminaba con la victoria insurreccional. Y que la verticalidad de los principios debía ser mantenida a pesar de las presiones, tentaciones, vicisitudes o conveniencias.

Esa renuncia al privilegio me daba la suficiente fortaleza moral para no ceder ni sumarme a las arbitrariedades de los que, disfrazados de redentores con uniforme rebelde, estaban hundiendo al país en nombre de un proceso sin rumbo, con un buen número de ellos disfrutando los beneficios de una "nueva clase". Nada les debía a los aprovechados del poder. Los consideraba intelectual y moralmente incapacitados, empezando por el de la barba mayor, para actuar en favor de los menos favorecidos. Lastrados por su ignorancia radical de las cuestiones económicas y su menosprecio a las legítimas aspiraciones individuales, no me podían inspirar respeto ni obediencia. Eran, saltaba a la vista, pretensiosos y vanidosamente equivocados, enemigos hipócritas del elitismo histórico pero creadores de una nueva clase militar, más poderosa que cualquiera de las conocidas en Cuba desde la instauración de la República. Esa cruda visión de la realidad, precipitada por las intervenciones confiscatorias de Gravi y Siboney, me salvaría del fingimiento al que otros compañeros revolucionarios se verían obligados a usar como recurso para salvarse de la cárcel mientras permanecieran en Cuba.

Mi posición en el caso de Siboney nada tenía que ver con las numerosas historias de que "cambió cuando le pisaron el callo", como popularmente se calificaban los casos donde furibundos defensores del proceso revolucionario se volvían contra él al verse afectados en sus intereses personales. Yo no era accionista de la empresa ni beneficiario de Siboney. La acción contra sus dueños no me causaba ningún perjuicio en el orden personal. Me hubiera sido sumamente fácil sumarme a la acción intervencionista, aunque hubiera bastado con no enfrentarme a ella para evitarme problemas. Podía haber aprobado la intervención y me hubiera anotado puntos con un régimen que alentaba esas bajezas. Es más, por mis contactos revolucionarios y aún a pesar de mi oposición a la intervención podía haber tenido acceso a cualquier posición significativa dentro del gobierno si ese hubiera sido mi propósito y hubiera estado dispuesto a traicionar lo que me dictaba la conciencia. Preferí asumir los riesgos y afrontar las consecuencias de mi protesta a quedarme impasible, por conveniencia, ante lo que consideraba una vileza.

El pasado estéril de la cúpula revolucionaria

La cúpula revolucionaria había demostrado cierta pericia en la lucha guerrillera, pero ¿cuándo Fidel Castro o su hermano Raúl habían trabajado para sostener una familia, o aún, a sí mismos? ¿Cuándo afrontaron, realmente, algo aparentemente sencillo pero a veces aplastante, como ocuparse de los gastos del vivir cotidiano? Siempre hubo un papá que sacara la cara o algún amigo o pariente que se ocupara de esos asuntos. No quiero decir con esto que alguien nacido con desventajas económicas puede ser garantía, en virtud de su origen, de una buena actuación como gobernante, pero es obvio que haber sufrido esas limitaciones ayuda a entender mejor las necesidades humanas.

En Cuba se estaba dando el caso de que líderes de cuna fácil, como los Castro y Guevara, pero con pretensiones revolucionarias radicales, parecían estar bajo la influencia de ideas esotéricas, quizás más por su seductor extremismo que por su efectividad para resolver las desigualdades económicas y sociales. Ideas entresacadas entre Marx, Lenin, Mao, Hitler y Mussolini y otros especuladores ideológicos que, no obstante su disfraz justiciero, mucho dolor y atraso habían ocasionado en los lugares donde habían sido impuestas, desconectadas en su formulación y ejecución de las necesidades psicológicas y las legítimas aspiraciones humanas. En la cúpula gobernante de Cuba, no haber pasado realmente por penurias económicas, unido al menosprecio —¿o ignorancia?— de los mecanismos realmente eficaces para luchar contra la pobreza parecían ser las causas de la improvisación reinante y la consiguiente destrucción de las fuentes de riqueza. Se estaba insistiendo en la colectivización retrógrada inherente al comunismo en cuestiones agrícolas y en lugar de lograr el progreso económico a través de incentivos a la libre empresa, norma probada y exitosa en las sociedades avanzadas, se estaba destruyendo el sector empresarial. La confiscación indiscriminada de industrias y negocios como la que yo estaba presenciando sólo podía conspirar contra una mejor distribución de la riqueza porque se destruía lo que había para repartir. Y por esa vía, el pregonado objetivo de la revolución de hacer más ricos a los pobres no podía tener otro desenlace que igualar a todo el mundo en la miseria.

Era obvio que los tres principales líderes revolucionarios no eran capaces de reconocer el valor de un empleo para quien lo necesitaba. Podrían ser buenos con el gatillo pero desconocían cómo ganar efectivamente la *guerra del pan duro* (como decía mi padre), la que día a día libra la mayoría de la humanidad para sobrevivir. Confiscaciones como las de Gravi y Siboney ponían de manifiesto esa infantil mala voluntad hacia los hacedores del progreso. Era evidente que se estaba iniciando en Cuba un proceso de criminalización de la riqueza cuyas nefastas consecuencias no se harían esperar.

Las intervenciones como señal

Las intervenciones (en realidad, confiscaciones) de Gravi y Siboney resultarían para mí, en el orden personal y a pesar de lo decepcionantes, afortunadas. De haber estado trabajando en cualquier departamento del Estado, me hubiera sido casi imposible el contacto directo con hechos y opiniones que ponían al descubierto las verdaderas intenciones de Fidel Castro. Una posición en el gobierno me hubiera impedido calibrar en su justa dimensión abusos como el que se estaba perpetrando contra Laboratorios Gravi, una empresa que era orgullo de Cuba y su filial agencia de publicidad. Acción que me despojaría de ese velo de terca esperanza que atenuaba la parte negativa de las contradictorias impresiones que, desde los primeros días de 1959, venía acumulando de Fidel Castro como principal responsable del curso de la revolución.

Hasta el momento de la intervención y a pesar de las incidencias desalentadoras que surgían a cada rato, creía e insistía en que la revolución podía ser salvada, convencido de que el Comandante decía la verdad al negar repetidamente su vinculación con el comunismo. Pero el atropello que estaba presenciando ponía al desnudo la arbitrariedad del régimen, su propensión ilimitada a la injusticia y su estupidez en la interpretación de la economía política. Emergía una nueva dictadura. El ciudadano común pasaba a ser pieza obediente de una maquinaria aplastante y antidemocrática. Y no se me escapaba que, influidos por la retórica apasionada de la tribuna suprema, mucha gente estaba confundiendo, con increíble desparpajo, el patriotismo con el abuso.

He comentado que el primero de enero de 1959, a las pocas horas de la fuga de Batista, en todo el país, empezando por Santiago, la situación era todavía incierta y el caos se cernía sobre La Habana, donde el Ejército y la Policía respondían todavía a los jefes dejados por Batista. La anarquía amenazaba el orden público y la seguridad ciudadana. Y para impedir la sucesión de mando dispuesta por el dictador, las milicias del *26* y *Resistencia* ocupaban todas las dependencias públicas, estaciones de policía y cuarteles de la Marina de Guerra, tomando de hecho la Capital. Era un momento en que no existían garantías para nadie y nuestra fuerza era precaria. Dentro de esas circunstancias, consideré un deber ser el primer vocero oficial del Movimiento 26 de Julio en dirigirme a la nación por radio y televisión para proclamar oficialmente el triunfo revolucionario y convocar a la huelga general, advirtiéndole a la ciudadanía las sanciones que les serían aplicadas a los ejecutores de venganzas personales y a los saqueadores y vandalizadores de propiedades.

Y veinte meses después, paradójicamente, asumía otro rol radicalmente diferente. Sería una decisión personal y muy íntima, precipitada por la desilusión. La de irme de Cuba. Me convertía en el primer dirigente del Llano en enfilar sus pasos hacia el exilio. Estaba decidido a no tener que rendirle pleitesía a la insensatez y el despotismo de una nueva dictadura, que estaba apuntando a ser aún más terrible que la que habíamos depuesto.

Se estaba echando abajo todo lo que el triunfo del primero de enero debía haber representado. Ya en Cuba no había seguridad para el que se atrevía a decir lo que pensaba. Para sobrevivir no había otro recurso que la hipocresía: fingir lo que no se sentía y aplaudir lo que se detestaba.

Antes de mi partida

Después de haber renunciado *Manolo* Ray como Ministro de Obras Públicas estuvimos en contacto con bastante frecuencia, pero a partir de febrero de 1960 apenas supe de él. Una antigua compañera de *Resistencia*, a fines de junio y con cierto misterio, me entregó una nota firmada por *Manolo*. Necesitaba verme con urgencia. Supe entonces que había decidido volver a la clandestinidad, esta vez para combatir a nuestro antiguo compañero desdoblado en dictador. Ray y yo habíamos compartido desde un principio las dudas sobre el curso de la revolución. Desde perspectivas diferentes habíamos ido incubando la convicción de que lo que estaba pasando podía conducir a la instauración de un régimen unipersonal que en nada respondía a lo que esperaba la militancia revolucionaria, de formación democrática casi en su totalidad.

Fue Ray quien me puso en la mano, a mediados de 1959, un libro revelador, que consideré la más detallada y convincente denuncia del historicismo y las falsas premisas filosóficas que alegan sus defensores para justificar las dictaduras totalitarias: *La Sociedad Abierta y sus Enemigos*, de Karl R. Popper. Aunque las ideas expuestas por Popper no eran populares en su época, la historia habría de reivindicarlo. Su extraordinario trabajo intelectual ha demolido las bases falsas del materialismo histórico, esencia del marxismo. Resumía Popper:

> *...el futuro depende de nosotros mismos y nosotros no dependemos de ninguna necesidad histórica.*

Su libro me iluminó en momentos de gran duda, cuando me atormentaba el dilema de serle fiel a un proceso que no respondía a mi sentido de lo justo o desvincularme de él por apartarse de lo prometido. En el prefacio de su obra, Popper señalaba:

> *...si nuestra civilización ha de subsistir, debemos romper con la deferencia hacia los grandes hombres creada por el hábito. Los grandes hombres pueden cometer grandes errores y, tal como esta obra trata de demostrarlo, algunas de las celebridades más ilustres del pasado llevaron un permanente ataque contra la libertad y la razón. Su influencia, rara vez contrarrestada, continúa impulsando por una senda equivocada a aquellos de quienes depende la defensa de la civilización, suscitando divisiones en su seno. La responsabilidad por esta división trágica, y posiblemente fatal, recaerá sobre nosotros, si nos mostramos blandos en la crítica.*

Encontré en Popper otras oportunas revelaciones. Pero ningunas más contundentes, a los efectos de la realidad que afrontábamos en Cuba, que aquellas que podían identificarse con lo que ya estaba pasando en el primer año de revolución. Popper enunciaba, entre otras, las siguientes características del totalitarismo moderno: el Estado se halla exento de toda clase de obligación moral: la historia es el único juez; la utilidad colectiva es el único principio de la conducta personal; se impone la idea de la guerra; entra en función el papel del Gran Hombre, la personalidad histórico-universal, el hombre de conocimientos profundos y grandes pasiones; la vida heroica como ideal; exaltación del héroe en oposición al despreciable burgués. Lo descrito por el filósofo coincidía asombrosamente con la realidad cubana de 1959.

Si inquietantes eran esas señales, no lo eran menos otras que Popper indicaba y ya podían advertirse en los discursos y hechos de

Fidel Castro, tales como que la mentira y la deformación de la verdad con fines propagandísticos eran permisibles en una dictadura totalitaria. Popper hacia un retrato aplicable a una Cuba que estaba siendo transformada a contrapelo de lo que había sido prometido.

Mi entrevista con el clandestino Ray

Manolo Ray sabía de mi enfrentamiento a la intervención de Siboney y quería reunirse conmigo. Estaba de nuevo en la clandestinidad. La entrevista reuniría todas las características de las celebradas cuando combatíamos a Batista. Una casa prestada. Una entrada sigilosa mirando a diestra y siniestra. Ningún movimiento que despertara sospechas. La mayor naturalidad en todo.

Ray me puso en antecedentes de lo que había avanzado en el proceso de organización del Movimiento Revolucionario del Pueblo (MRP) (nombre del incipiente empeño patriótico) y las incorporaciones que estaba logrando de antiguos miembros de *Resistencia* y del *26*. Había mucha frustración en los antiguos compañeros al ver las promesas revolucionarias por el piso. Y el MRP se estaba nutriendo principalmente de la decepción reinante en los antiguos círculos subversivos. Ray quería que me sumara a la naciente organización como Secretario de Propaganda.

No sabía qué decir. No me sentía en disposición de entrar en una nueva clandestinidad. Me dominaba el desaliento. Me faltaba el entusiasmo necesario para arriesgarlo todo por una causa. Sentía la vergüenza de tener que decirle no a Ray. Mi indignación por lo que estaba ocurriendo era más poderosa que mi capacidad para controlarme. Sería presa fácil por mi propensión a la emotividad. Y no estaba dispuesto en ese momento al sacrificio total, el de la vida, por una causa que tendría que ser cuesta arriba contra un régimen opresivo que manejaba muy bien la propaganda, por lo que gozaba de un gran apoyo popular aunque su prédica fuera hipócrita. Frente a Batista, uno sabía que si no contaba con la voluntad del vecino para participar en la lucha, al menos tenía su simpatía y hasta su colaboración ocasional en momentos difíciles. Había entonces dos frentes bien definidos. El primero, constituido por la casi totalidad de la población, con un pequeñísimo segmento de ella jugándose la vida en enorme desventaja frente a la dictadura y su poderosísima maquinaria represiva. El otro, Batista y sus secuaces, producto de la violencia golpista del 10 de marzo, con todos los recursos económicos y militares del Estado, apelando al asesinato y la tortura para mantenerse en el poder, en medio de una voraz corrupción. Los campos estaban claramente delimitados. Pero ahora, para convencer de su error a un pueblo que estaba apoyando los desatinos de un gobernante carismático que lo tenía embobado, serían necesarios recursos considerables que no estarían disponibles para los que pensaban como nosotros, desvinculados de los polos políticos y que seguíamos creyendo en un futuro basado en las promesas que le dieron contenido doctrinal y programático a la lucha contra Batista.

Tendríamos dos enemigos: por un lado la incipiente dictadura comunista, apoyada por el terror oficial. Y por el otro, a algunos elementos de la derecha radical, poderosos económicamente y radicados en Estados Unidos, que se empeñarían en combatir y obstruir una posición de revolución democrática como la que sostenía el MRP. Comenté con Ray que, por lo general y lamentablemente, los extremismos de izquierda y derecha eran los que gozaban del apoyo económico que les permitían sostenerse y desarrollarse. Y que la mayoría de las tesis políticas sustentadas en argumentos lógicos y equilibrados, tildadas con frecuencia de centristas, al ser opuestas a la pasión irracional suelen carecer del respaldo que merecen y necesitan. Basado en ese razonamiento, le dije que dudaba que pudiéramos contar con respaldo para una verdadera revolución democrática. Mi visión, por su derrotismo, era lo que menos necesitaba Ray pero no podía dejar de expresarla.

Había, además, un nuevo e importantísimo factor que me impelía a precipitar mi salida del país. Acababa de recibir la noticia de que Alicia, mi mujer, estaba embarazada. Se lo hice saber a Ray y le expliqué que no quería que mi hijo naciera en una Cuba tan ajena a lo nuestro como la que estaba vislumbrando. Aceptó mis argumentos con la comprensión y ecuanimidad que le eran habituales. Al despedirnos le deseé mucha suerte en la peligrosa responsabilidad que asumía. Y en un irreprimible brote de sinceridad, al abrazarlo le dije: "Eres mejor que yo".

Destruyendo lo más necesario

A raíz de los sucesos de Siboney, una razón importante para irme de Cuba, después de meditar seriamente sobre tan crucial decisión era que, ya a mediados de 1960, se intentaba penalizar la posesión de bienes haciendo ver que los ricos eran injustos y los pobres sus víctimas. Ser industrial o comerciante, empezaba a ser un estigma. Yo era fotógrafo y cineasta, con grandes aspiraciones de independencia económica pero mi principal ingreso dependía de un empleo, aunque hacía por mi cuenta algunos documentales. Es decir, no era industrial ni comerciante. Pero no se me escapaba la importancia que para el país tenía la gente que generaba riqueza creando los medios para producirla, como resultado de sus iniciativas personales y la tenacidad en el esfuerzo para culminar sus aspiraciones. Los contemplaba como una necesidad social. Observaba, en los empresarios que conocía, una especie de vocación por lo que hacían, más allá del hecho de incrementar sus riquezas. Como todas las vocaciones, algo que no se podía trasplantar. Veía como imposible convertir a un funcionario en empresario, meta equívoca del comunismo y una de las razones básicas de mi aversión a la prédica marxista.

Me molestaba que ese caudal extraordinario de talento empresarial que poseía Cuba fuera hostigado y despojado de sus fábricas, almacenes, tiendas y oficinas, en muchos casos logradas mediante encomiable esfuerzo personal. Se les perseguía y amenazaba. No pretendo santificarlos. Algunos de sus matriculados cocían algo más que habas. Pero considerados en conjunto constituían un aporte muy positivo al progreso del país. Atacarlos indiscriminadamente no sólo era injusto. Se corría el riesgo de perder su contribución, en imaginación y experiencia, a las proclamadas metas revolucionarias. Y aunque mis intereses personales no estaban ligados a los de ellos, anticipaba el peligro de esa política absurda de enfrentar al pueblo con los que tenían el conocimiento y la experiencia para generar empleos y disponían, además, del capital para invertir.

En Cuba nunca se había dado el caso de las oligarquías económicas que operaban sin barreras en varios países de la América Central y del Sur. Esos imperios financieros familiares, que también controlaban un poder político opresor, indiferentes a la miseria humana de la que se servían (prestos algunos de ellos hasta el asesinato de quienes se atrevieran a reclamar sus derechos) nunca fueron parte de nuestra historia. Cuba disponía de una legislación obrera de avanzada que garantizaba los derechos de los trabajadores a extremos desconocidos en la enorme mayoría de los países iberoamericanos. También exhibía en su historia un hecho excepcional: la contribución de las clases pudientes a la lucha por su libertad e independencia, tanto en épocas coloniales como republicanas, al precio de la ruina personal y a veces hasta de la propia vida. El país menos indicado en la América Latina para trastocarlo todo, atacando a su conglomerado empresarial y todavía más, a su clase media, en nombre de la reivindicación social y la lucha de clases, era Cuba.

Destruir el empresariado era lo que menos podíamos esperar la mayoría de los militantes del Llano. ¿Se nos habría de calificar de reaccionarios por eso? Esa era la impresión que se quería dar de nosotros por defender la economía de mercado. Se nos adjudicaba, por los nuevos jacobinos, la manoseada calificación de pequeño-burgueses. Los vientos comunistas empezaban a soplar donde menos argumentos había para desatar la tormenta. El tiempo nos daría la razón. Sin la presencia de los cubanos mejor calificados para el sostenimiento de una economía saludable, acosados incesantemente durante el primer año y medio de revolución, despojados de sus bienes y obligados a abandonar el país, no tardaría el pueblo en enterarse de cuán determinantes habían sido en la construcción y mantenimiento del progreso alcanzado. Su ausencia forzada desestabilizó la producción industrial y el rendimiento agrícola, dando lugar a un ciclo de escaceses del que Cuba jamás se recuperaría bajo el prolongado mandato de Fidel Castro y su sucesión dinástica. Esos industriales, comerciantes, agricultores, profesionales, banqueros y ejecutivos habían sido los principales artífices del bienestar económico que había exhibido la nación en la década anterior al triunfo revolucionario: el sector productivo que siempre impidió que la República fuera hundida por la corrupción política y las ambiciones militares.

Han sido notorios y comentados ampliamente por la prensa internacional los casos de miles de cubanos que decidieron irse al exilio después de perderlo todo. Llegaron a otros países sin un centavo. Y volvieron a levantar fortuna y crear empleos gracias a su imaginación, conocimiento, experiencia, voluntad de trabajo y el nuevo entorno de economía de mercado que les permitió desarrollar sus destrezas para beneficio de todos. De habérseles estimulado dentro de una revolución democrática para trabajar y producir, en lugar de acosarlos con los sambenitos puestos de moda por Fidel Castro con el ánimo de degradarlos, cabe pensar que nunca el país habría llegado a la situación de miseria y escasez que ha tenido que arrostrar durante más de medio siglo.

La revolución sin comunismo

Para el ala democrática del *26*, la revolución que contemplábamos perseguía como meta básica la justicia social. Para lograrla, sabíamos que había que impedir los abusos potenciales de aquellos aprovechados para quienes los escrúpulos no contaban a la hora de engrosar sus caudales. Pero también, comprendíamos que había que alentar y apoyar la iniciativa privada y la actividad empresarial, capaces de propiciar el progreso y el mejoramiento social dentro de un marco de justicia y libertad. No teníamos duda de la cooperación que habríamos de recibir de los sectores productivos del país, que estaban, visiblemente, ávidos de cooperar con la revolución. Y a los pocos meses de gobierno revolucionario nos veríamos confirmados en esa presunción.

La respuesta del empresariado a la Ley 40, iniciativa del Ministro de Hacienda, Rufo López Fresquet, superó todos los cálculos. La medida promovía el pago adelantado de impuestos a los negocios. Una fabulosa recaudación de alrededor de $125 millones de pesos (equiparados al dólar) fue su resultado. Volumen impresionante para hace más de medio siglo. El éxito de la iniciativa, única en la historia de las finanzas públicas cubanas, daba testimonio del desprendimiento patriótico de industriales, comerciantes y agricultores y de su confianza en la sabiduría y buena voluntad del gobierno revolucionario.

Sin embargo, para los visionarios del Apocalipsis eso carecía de importancia. El nutrido grupo empresarial cubano, que históricamente no podía ser acusado de abusador ni de transgresor de la ley, iba a desaparecer antes del año y medio de revolución. La cartilla populista empezaba a ponerse en práctica al pie de la letra, con el previsible desenlace de igualar a Cuba con los países más pobres del mundo. Al ser conducida por una senda radical totalmente inesperada e innecesaria, la revolución quedaba despojada de sus posibilidades reformistas y a merced del capricho autocrático.

Luis B. González, un respetable contador público y asesor financiero, dirigente del Movimiento Cuba Independiente y Democrática (*CID*) —fundado en el exilio por el excomandante Huber Matos— resumió brillantemente la catástrofe económica ocasionada por Fidel Castro, en un editorial trasmitido por radio a Cuba en octubre de 2008, del cual reproduzco uno de sus párrafos:

Nuestro país paga el precio que le impuso el castrismo cuando su quehacer económico fue colectivizado en proceso sumario. De un día para otro, leyes de nacionalización eliminaban de forma radical la actividad que estaba en manos privadas. Manufactura, distribución, comercio al por mayor, comercio al detalle... todo quedó en manos del Estado y la gestión de su mantenimiento y desarrollo se encomendó, no al capacitado, no a sus legítimos dueños, sino al militante incondicional. Criminalizaron el acto sencillo de identificar necesidades y desarrollar libremente productos y servicios para satisfacerlas. Destruyeron totalmente el capital social de Cuba y para garantizar el efecto de su obra, sembraron la desconfianza entre los cubanos.

Es de admitir que, en el orden económico, dentro de un programa revolucionario caben reformas de cierto radicalismo. Pero la mayoría de las medidas que se estaban tomando al segundo año de la caída de Batista tenían como fin la destrucción de una estructura que había sido productiva y eficaz. Economía de oferta y demanda que había situado a Cuba, a pesar de su reducido tamaño, en varios primeros lugares de Latinoamérica.

Mencionaba el sabio profesor Leví Marrero, en su *Cuba en la década de 1950: Un país en desarrollo*, que:

> *Varios economistas colocaban a la Cuba pre-marxista en los niveles más altos dentro del mundo subdesarrollado (...) Un análisis cuantitativo de la capacidad alcanzada por la economía cubana para generar ahorros y autofinanciar su crecimiento, ha llevado a varios economistas distinguidos, como los profesores José Alvarez Díaz y José M. Illán, a situar a Cuba en los años finales de la década de 1950, en el instante decisivo que W. W. Rostov llama gráficamente el 'despegue' hacia la etapa de madurez económica de las sociedades desarrolladas.*

Había que reconocer que la economía del país había mejorado en los tiempos de Batista a pesar de la represión política y la corrupción de la dictadura. Eso se debía a que los mecanismos de la economía de mercado se mantenían en vigor y no habían sido alterados. Existía una buena base en Cuba para darle curso a las medidas económicas proclamadas durante la lucha insurreccional, que perseguían el fomento de la industria, el comercio y la productividad agropecuaria con las garantías de una sociedad abierta. Y con una reforma agraria en la que se cumpliera la promesa fundamental de darle la tierra al campesino. Pero en propiedad, no en usufructo. Atentar contra un sistema que había sido beneficioso para el país era contrario al pensamiento del sector democrático del *26 de Julio*, con Manuel Ray a la cabeza, continuador ideológico de Frank País.

Hay que irse como sea

Si bien mi deseo vehemente de irme de Cuba después de la intervención de Siboney podía haber sido producto de la indignación que me dominaba en el momento, se mantenía todavía firme cuando ya la serenidad gobernaba mis pensamientos. Y el embarazo de Alicia precipitaba los planes para irnos. Aunque la férula totalitaria no se mostraba todavía a cara descubierta era fácil predecirla por los movimientos que estaba observando. Pero, ¿cuál sería nuestro destino? ¿Miami, Caracas, Madrid?

Opté por Madrid, lo que le pareció bien a Alicia. Nos llamaba la sangre. Pero, ¿no había una contradicción en el destino escogido? ¿Salir de una dictadura para entrar en otra? Francisco Franco mandaba en España. Y no por elecciones. Podría inventar una respuesta para justificar, desde el punto de vista político, mi decisión pero la realidad es que sería rebuscada e insincera porque no la tengo. Pero en cuanto a lo anímico me sobraban razones. Todos mis tíos y primos vivían en España, con excepción de dos primos y un tío, hermano de mi madre y actor (conocido por Marcial Manent) que residían en Argentina. Y mi amor a la familia, que era recíproco, prevalecía a pesar de la distancia. Tuve la feliz oportunidad de conocer a mis parientes de España en un breve viaje, por cuestiones de trabajo, que hice entre septiembre y octubre de 1958.

En esa ocasión, un guionista y director de cine, Manuel Mur Oti, estaba en el proceso de hacer una película (*Una Chica de Chicago*) a ser filmada en Cuba y en España, con la actriz mexicana Ana Berta Lepe de protagonista. La producción de la parte cubana iba a estar a cargo de ProFilms de Cuba, una modestísima productora que yo tenía en sociedad con *Pepe* García Cuenca, gerente del Rex Cinema. Mi socio consiguió con Cubana de Aviación el aporte de todos los pasajes para los actores y técnicos de la película, a cambio de un documental sobre algunos lugares de España que Cubana de Aviación quería promover como destinos turísticos. La realización del documental estaría a mi cargo. En mi obligación dicotómica de revolución y trabajo —no podía abandonar ninguno— no quería hacer el viaje sin la autorización de *Resistencia*, para reintegrarme a mis funciones al regreso. En el peor de los casos nunca sería más de un mes. Creía que todavía había Batista para rato y mi ausencia podía ser atenuada si dejaba debidamente organizados los primeros pasos de la campaña del *03C*.

Me entusiasmaba España por la oportunidad que me brindaba de conocer a mi familia lejana, cuyo contacto a través de los años había sido sólo por correspondencia. Tenía siempre presente que en la lucha contra Batista podía irme la vida. Y en caso de que pasara lo peor, me llevaría al menos la satisfacción de haber conocido a mi familia extendida, ya que la de Cuba estaba confinada únicamente a mis padres, hermano y hermanas. El amor a la familia inculcado por nuestros padres respondía al infundido por mis tíos a sus hijos.

Rasgo muy español. Siempre me sentí querido por mis parientes en lejanía.

España por primera vez

Le expuse el asunto del viaje a *Manolo* Ray y con su consentimiento tomé el avión hacia Madrid en compañía de mi socio *Pepe* García Cuenca y el equipo de cánara indispensable. Filmé en Madrid, Barcelona y Oviedo. En esta última, con la ayuda de mi amigo y compañero de trabajo Alberto Ruiz de Villa (el artista creador de los bonos de *Resistencia*) casualmente de vacaciones en España. Tenía que filmar en Asturias la celebración del Día de América, caracterizado por un desfile de carrozas que representaban a los países donde los inmigrantes asturianos convivían. La bella Carmen Sevilla, actriz y cantante española muy querida en Cuba, venía en una de esas carrozas, a la que me encaramé para hacerle una toma cercana. Al pedirle que mirara en cierto ángulo me contestó, alborozada: *¡Usted es cubano!* Me delató el terrible acento. En Oviedo recibí invitaciones para compartir con gente que, aunque acababa de conocer, me trataban con cariñosa deferencia. Esa agradable experiencia la tuve dondequiera que fui identificado como cubano en España.

Aunque no estaba en el programa de filmación, fui a Orense para conocer a mis parientes gallegos. A la estación del tren me fue a buscar mi primo Isidoro Guede, hijo de mi tío *Pepe*, periodista y escritor que trabajaba en el diario *La Región,* uno de los más acreditados de Galicia. No obstante la brevedad de la estadía —unos tres días— fui objeto de testimonios inolvidables de afecto de parientes cercanos, que confirmaban la reciprocidad en el amor familiar sostenida durante largos años a pesar de la ausencia del contacto personal. Le informé a Isidoro sobre mis actividades clandestinas en Cuba contra Batista, que reanudaría a mi regreso y, para mi sorpresa, me dijo que tenía serias reservas en cuanto a las intenciones democráticas de Fidel Castro. Por supuesto, convencido como estaba yo de que el jefe rebelde, en esos momentos en la Sierra Maestra, era sincero en todo lo que decía y prometía, traté de disuadir a mi primo de lo que me parecía una percepción errónea.

En Barcelona conocí a dos tíos encantadores, Cándida, nacida en Cuba, y Carmelo Sáenz. Ella, hermana de mi madre y él un viejo maravilloso que me sirvió de guía por toda la ciudad en mis trajines fílmicos. Conocí también a dos de sus cuatro hijos, Melina y Jaime. Melina era maestra rural. Nuestra correspondencia con Barcelona era mayormente a través de ella, cariñosa mujer que siempre demostró una gran preocupación por la familia. Mis otros dos primos catalanes, Carlos y Pepe, vivían en Argentina. (Pude conocerlos muchos años después, en un viaje de trabajo a Buenos Aires).

Una decisión crucial

Regresando a Madrid me hospedé en el hotel Príncipe Pío, en la Cuesta de San Vicente. Y aproveché la última noche en la ciudad para una cena de despedida con Alberto Ruiz de Villa y Antonio Palacios, un genial ilustrador de libros e historietas que Alberto me había presentado el mismo día que llegué a Madrid y de quien enseguida me hice amigo. A la mañana siguiente tenía señalado el vuelo de mi regreso a Cuba.

De vuelta al hotel, entrada la madrugada, me entregaron en la recepción una carta con sello de urgencia. Era de mi prima Melina, la de Barcelona, con otra carta adentro sin abrir. Melina me la enviaba por la vía más rápida porque le pareció que debía tratarse de algo urgente. La de adentro venía desde La Habana, con un remitente diferente a la persona que me enviaba la carta, que era nada menos que *Lila* Alonso, mi exmujer. Me informaba *Lila* que partía hacia la Sierra Maestra porque se le habían cerrado todas las posibilidades de eludir la persecución policiaca en La Habana. Que no tenía donde esconderse y su único recurso de protección era la Sierra, refugio de los llamados "quemados", cuando su situación en las ciudades y pueblos llegaba al máximo de peligrosidad. Dos integrantes del grupo del *26* al que ella pertenecía, que tenía su base en Artemisa, habían sido capturados. Y para eludir la tortura delataron a sus compañeros. Como yo solía ayudarla colaborando ocasional y extraoficialmente con las actividades de su grupo, *Lila* creía que, de seguro, mi nombre estaba incluido en la lista de los delatados y no debía regresar a Cuba. Insistía en que no lo hiciera, que me prenderían al bajar del avión.

Se me presentaba un terrible dilema. En cuestión de horas tenía que tomar una difícil decisión. Si regresaba a La Habana corría el riesgo de que ocurriera lo que *Lila* temía. Y si no lo hacia, ¿qué iban a pensar mis compañeros? Que los había abandonado por miedo. Que había usado lo del trabajo en España como un pretexto para no seguir afrontando los peligros de la lucha clandestina. Con la carta de *Lila* en la mano, en lugar de dirigirme a la habitación del hotel, opté por salir a la calle para meditar. No era en el ambiente más prudente. Hacía un frío de madre. Atravesé la Plaza de España, rumbo a La

Moncloa, dándole vueltas al problema mientras recorría la Calle de la Princesa, como peatón solitario. Pensaba en mi captura al regresar. Y la tortura inevitable. El temido momento que al fin llegaba. Pero también me asaltaba la vergüenza de la deserción. La humillación de la cobardía. La idea de que jamás volvería a gozar del respeto de mis compañeros. Por lo que, dispuesto a correr la peor de las suertes, horas después me encontraba en el avión, de regreso a Cuba. Largo vuelo donde, en verdad, no me preocupaba mucho si se caía el aparato. Para colmo de males, al aterrizar en La Habana observé un tremendo despliegue policiaco alrededor del avión. Me resigné a lo peor. Pero, afortunadamente, el asunto no tenía que ver conmigo. En el mismo vuelo venía, sin yo saberlo, el conocido exrevolucionario de 1933, Joaquín Martínez Sáenz, presidente del Banco Nacional y prominente colaborador de Batista.

Mi buena suerte pudo muy bien haber tenido su origen en la costumbre de los elementos represivos de realizar sus criminales tareas sin recurrir a los más elementales mecanismos de investigación y vigilancia, confiados, como solían estar, en la eficacia de la tortura como único método de información. Es posible que de haber estado mi nombre en la lista de los delatados se hubieran percatado de que había salido del país. Bastaría eso para pensar que no iba a regresar y dar mi caso por cerrado.

El influjo de los buenos recuerdos

De ese viaje de trabajo a España guardé tan gratos recuerdos que no vacilé en hacer de la tierra de mi padre y abuelos mi destino de exilado. Un eminente publicista cubano, Mariano Guastella, había fundado con socios españoles una agencia de publicidad en Madrid: Guastella Iberoamericana. Pensé que podía encontrar ahí una plaza, tanto para mí como para Alicia, pero no había nada seguro. Me preparaba para explorar otras posibilidades relacionadas con lo que hasta ese momento había hecho: fotografía, cine, talla de diamantes, técnico de IBM, publicista. De periodismo, ni soñarlo. Lo que yo pudiese escribir chocaría con la censura. Y si las tareas para las que me consideraba con alguna preparación fallaban, haría lo que se pudiera presentar. Hasta limpiar pisos, si fuera la única opción. Cualquier cosa, con tal de salir de Cuba.

Para prevenir incomodidades posibles, que pudieran perpetrar los milicianos de Siboney en su afán de hostigarme, corrí la voz de que me iría en un avión de Iberia tres días después de la que iba a ser mi verdadera salida. Sólo mis más allegados amigos y mi familia sabían la verdad: que nos íbamos por mar, en el *Monte Anaga*, un paquebote de la Trasatlántica Española. Nos embarcamos el 31 de agosto de 1960, con sólo 300 dólares entre Alicia y yo, que era lo máximo que se nos permitía llevar al salir del país.

Al noveno día de travesía arribamos a Vigo. En el muelle estaban mi primo Isidoro y Socorro, su esposa. De allí a Orense, donde permanecimos tres días en su casa. Fue emocionante reunirme de nuevo con mis parientes gallegos. Pero quedaban por ver los de Alicia, a quienes no conocía. Habíamos planeado visitar ambas familias antes de llegar a Madrid. Estaban dentro del recorrido y era económico hacerlo. No sabíamos si después nos sería factible visitarlos. De Orense fuimos por tren a León, cuna de los padres de Alicia. Tíos y primos de nuevo, con la adición de abuelos, radicados en el pintoresco pueblo de Corniero. No faltaron las pruebas de amor. Como las que recibimos en Galicia, con iguales deseos de suerte en nuestra arriesgada aventura. Mientras, los dólares, de por sí escasos, desaparecían peligrosamente.

En el Madrid de la esperanza

Llegamos a Madrid de mañana, después de una noche infernal en tren. De la estación de Atocha al cercano hotel Príncipe Pío, mi hospedaje de dos años atrás. Unas horas después teníamos la cita con Mariano Guastella, a la que acudimos con un nerviosismo difícil de disimular. La agencia estaba en el Paseo de la Castellana, cerca del teatro Gayarre. No tuvimos que hablar mucho. Nuestros antecedentes eran ya conocidos por el famoso magnate de la publicidad, con las recomendaciones favorables de sus hijos Marino y Roberto, también publicistas, que aún residían en Cuba y me habían servido de intermediarios. Esa reunión significó el cese de la angustia. Guastella le ofreció a Alicia la plaza de redactora de textos y a mí, la de jefe del departamento de radio y televisión. Lo máximo de lo esperado. Entre los dos, un total de 25,000 pesetas mensuales, con las que podríamos vivir cómodamente, sin sobresaltos. Y prepararnos para el nacimiento del que habría de ser nuestro único hijo varón.

Nos instalamos en un apartamento de la calle General Emilio Mola, cerca del Paseo de La Habana. No del todo aceptable porque carecía de calefacción y el frío no parecía enterarse de que había una hornilla para atenuarlo. Pero, en general, vivíamos cómodamente. Por primera vez en unos cuantos años, mis ingresos (más los de Alicia) cubrían nuestras necesidades básicas y podíamos disfrutar de algún entretenimiento sin culpabilidad. Íbamos al teatro, al cine y nos movíamos en taxi. Y podíamos ahorrar algo para afrontar el parto que se acercaba. ¿Qué más se podía pedir? Pero no podía dejar de pensar en Cuba. Y la vida fácil tampoco podía esconderme la cruda realidad española, donde veía aplastado un tremendo talento artístico, periodístico y literario que pugnaba infructuosamente por librarse de las ataduras de un sistema político que castraba su creatividad.

Un ejemplo elocuente de esa creatividad lo encontré en la producción publicitaria de Barcelona, donde Guastella Iberoamericana tenía una sucursal. Me maravillaban sus diseños, sus anuncios y la calidad excepcional de sus fotografías. Pero ese talento no podía ir más allá de la expresión publicitaria, de por sí muy controlada. El *Caudillo* estaba presente dondequiera. Sin embargo agradecía en mi fuero interno que para poder trabajar siendo extranjero no se me hubiera exigido una declaración de fidelidad al régimen que, por supuesto, no hubiera estado dispuesto a firmar. La oposición a la dictadura, aunque callada, estaba muy generalizada. Y me llamaba mucho la atención el rechazo de algunos jóvenes que conocí, vinculados al periodismo y la publicidad, a la reiterada mención del "millón de muertos" (las calculadas víctimas de la guerra civil) como pretexto oficial para el mantenimiento del *statu quo* ("si no es por nosotros, España estaría en llamas"). Esos jóvenes, al no considerarse involucrados en las tragedias del pasado, rechazaban que se les hiciera pagar por ello con el recuerdo machacón de una guerra que exhibió, en ambos bandos, lo peor de la naturaleza humana.

Esos días en España hubieran sido mejores para mí de no extrañar terriblemente a mi hija Elenita y pensar constantemente en Cuba. También me preocupaba la situación de España, cuyo cambio político veía —contrario a lo que ocurriría después— casi imposible. Y de poderse dar, remotísimo. Llegué hasta a pensar, contrario a lo que demostrarían los eventos posteriores, que un cambio político en Cuba sería mucho más factible que en España.

Los Comités de Defensa de la Revolución

Antes de cumplirse un mes de mi salida de Cuba, el 28 de septiembre de 1960 se constituían los llamados Comités de Defensa de la Revolución (CDR), uno en cada cuadra de todas las ciudades y pueblos de la Isla, con la fundamental misión de informar cualquier manifestación de descontento con la dictadura. La creación de esas decenas de miles de comités rígidamente organizados ponía de relieve hasta dónde iba a llegar la capacidad represiva de la tiranía castrista, nunca antes igualada por ninguna otra de las dictaduras militares que recuerda Latinoamérica.

La constante vigilancia de cada uno de los ciudadanos y la delación de los inconformes para prevenir potenciales actividades conspirativas iban a ser las funciones primordiales de los flamantes CDR. Su misión básica consistía en informar al Departamento de Seguridad del Estado (policía política) cualquier movimiento sospechoso que pudiera indicar el menor intento de subversión.

Lo que era el chivato en tiempos de Batista se masificaba en la dictadura castrista con diferente ropaje. El régimen apelaba, como iba a ser su costumbre, al enmascaramiento de la vileza. La retórica oficial calificaría a los nuevos chivatos de héroes de la patria y se glorificaría la delación como un deber patriótico. Pero había que disimular la labor de espionaje del ciudadano ante la opinión internacional. Para ello se incluirían también, como objetivos de los CDR, donaciones de sangre, trabajos "voluntarios", campañas de alfabetización y de vacunación y otras actividades de incuestionable beneficio colectivo. Pero, así y todo, era bien sabido que la delación de vecinos contestatarios era la razón fundamental de la existencia de esa red nacional de control de movimientos de todas y cada una de las personas.

Al CDR tenían que pertenecer todos los vecinos de la cuadra, aunque los chivatos propiamente dicho fueran los miembros de la dirección. Era obligatorio inscribirse a partir de los 14 años y el que no lo hiciera quedaba tildado de contrarrevolucionario, al margen de la comunidad y de los beneficios que el régimen, como dueño absoluto de todo, maneja para premiar incondicionales y castigar desafectos. Y naturalmente, nadie dejaba de inscribirse para no quedar señalado como indiferente u opositor y sufrir las consecuencias.

La historia cincuentenaria de los CDR ha sido vergonzosa. Sus membros deben estar presentes en los actos de intimidación contra los que asumen actitudes disidentes. Son notorios los ataques y golpizas de las Brigadas de Acción Rápida contra los protestatarios y los llamados "actos de repudio" promovidos frente a las casas de los inconformes conocidos, con el coreo de consignas "revolucionarias" y el lanzamiento de piedras y huevos a sus residencias. Esos intimidatorios "actos de repudio" también han sido realizados hasta contra personas que estaban en trámites de irse de Cuba, por ese solo hecho, sin haber manifestado en ningún momento señales de oposición a la dictadura.

Otra de las más importantes funciones ejercidas por los CDR ha sido la del adoctrinamiento comunista, utilizando como cartilla ideológica de pretensiones absolutistas los discursos del Comandante. De cada perorata de Fidel Castro era usual enviar copias al Departamento de Orientación Revolucionaria del Partido Comunista, a la Juventud Comunista, a las universidades, a las escuelas de secundaria básica y a todos los CDR. De todos esos organismoa, los CDR han sido los de mayor importancia en esas faenas de adoctrinamiento, por su amplia cobertura nacional. Labor que no se ha limitado a la entrega de copias del discurso del dictador a cada vecino. Al pie de la misma había una serie de preguntas a contestar y se convocaba a reuniones especiales para estudiar profundamente la palabra del *máximo líder*, que como guía supremo e infalible de la Nación, le hacía un gran favor al pueblo iluminándolo con su verborrea infinita.

Se calcula que a los CDR pertenecen cerca de ocho millones de personas, lo que no tiene nada de extraordinario por su presencia en cada cuadra del País. Salvo el reducido número de voluntarios fanáticos, casi la totalidad de sus miembros no tienen otra opción que pertenecer a un organismo que los espía y controla. Esa matrícula millonaria es, por supuesto, producto de la coerción y constituye una de las manifestaciones más elocuentes del carácter opresivo de la revolución castrista.

Existe una impresión generalizada de que las acciones represivas de los CDR carecen hoy de la violencia extrema que les dieron notoriedad como instrumentos de abuso. Y también que esa disminución en sus actividades fascistoides se deba a la ausencia del discurso "venenoso" de Fidel Castro (según lo calificaría un reciente emigrante cubano). Se comenta también que el espionaje de los vecinos ha decaído en intensidad ante el aumento progresivo, en los últimos años, de la oposición abierta, unido al desaliento que cunde entre los antiguos defensores del régimen por el fracaso manifiesto de la revolución castrista.

PM, un documental inesperado

Dos jóvenes cubanos, con un gran entusiasmo por el cine, se dieron a la tarea de realizar un documental sobre la vida nocturna en la zona portuaria de La Habana, a la que acudían con frecuencia en lancha los residentes de la vecina Regla, ciudad del otro lado de la bahía. Eran ellos Orlando Jiménez Leal, camarógrafo del noticiero *Cineperiódico* y Alberto *Sabá* Cabrera, editor de noticias del Canal

2, vinculados al suplemento literario *Lunes de Revolución* que, instituido a iniciativa de Carlos Franqui, dirigía Guillermo Cabrera Infante, hermano de *Sabá*. El propósito de Jiménez Leal y Cabrera era mostrar algunos aspectos de esas actividades nocturnas, mayormente de trabajadores modestos, como mera expresión cultural, sin intención de contravenir a los trajines revolucionarios que, en aquellos momentos, alcanzaban altos niveles de tensión. Hablo de los primeros meses de 1961.

Siguiendo el nuevo estilo de cine documental de la época (*free cinema*) y cámara en mano de 16mm, cargada con película blanco y negro de alta sensibilidad, los jóvenes productores querían mostrar una realidad poco conocida. Los animaba algunos avances técnicos que permitían la filmación en condiciones de luz de baja intensidad, como ocurría en los interiores a filmar. Pero así y todo, las nuevas mejorías en la velocidad de las películas y lentes apenas disminuían la dificultad de la empresa. Obstáculos que no desalentarían a los decididos cineastas en su atrevido empeño.

Así nació *PM*, retrato de una noche de música, baile y juerga en tugurios del puerto habanero, con ángulos de cámara lo más oculta posible, magistralmente manejada por Jiménez Leal. Exposición de una verdad sin maquillaje que, como expresión popular, respondía a las inquietudes reformistas culturales de amplia base enunciadas en *Lunes de Revolución*. Cortometraje interesante, sin pretensiones políticas ni mensajes ocultos, destinado a no trascender de no haber sido por la estupidez inquisitorial del nuevo jerarca designado por el *máximo líder* para poner el cine cubano al servicio de la propaganda revolucionaria: Alfredo Guevara, jefe del Instituto Cubano del Arte e Industria Cinematagráficos (ICAIC), criatura del régimen.

Todo empezó con un acuerdo del ICAIC, fechado el 1 de junio de 1961. En uno de sus párrafos más significativos podía leerse: "La Comisión de Estudio y Clasificación de Películas del ICAIC, considerando que la cinta denominada 'P.M.', técnicamente dotada de valores dignos de consideración, ofrecía una pintura parcial de la vida nocturna habanera que, lejos de dar al espectador una correcta visión de la existencia del pueblo cubano en esta etapa revolucionaria, la empobrecía, desfiguraba y desvirtuaba, decidió, en uso de sus facultades, prohibir la exhibición de la película mencionada dentro del territorio nacional".

En otra parte del acuerdo se calificaba a *PM* como "nociva a los intereses del pueblo cubano y su revolución". Como era de esperarse, los escritores y artistas honestos entendían muy bien el contenido y alcance de la disposición y se formó tremenda conmoción en el mundo intelectual. Al extremo de que el propio Fidel Castro se vio envuelto en el asunto y convocó a los intelectuales a reunirse con él en la Biblioteca Nacional para discutir la prohibición del corto y todo lo relacionado con las actividades culturales simultáneas al proceso revolucionario. Fueron tres las reuniones y tuvieron lugar en la segunda quincena de junio de 1961. Hubo discusiones acaloradas y profundas en contra de la censura, con algunas a favor. Y expresiones inesperadas llenas de candidez por algunos de los presentes. El *máximo líder* tuvo a su cargo el discurso de clausura, a manera de resumen, divulgado después bajo el título de "Palabras a los intelectuales". Dentro de una serie de disquisiciones cantinflescas, lo que quedaría de ese discurso sería una sentencia inapelable: "Dentro de la revolución, todo; contra la revolución, nada". Frase nada original. Ya el dictador Benito Mussolini, había dicho en 1925: "Todo en el Estado, nada fuera del Estado, nada contra el Estado". (El pensamiento y acción de Mussolini ejercían una fuerte influencia en Fidel Castro. Su marcha hacia La Habana en los primeros días de 1959, totalmente innecesaria, era una copia de la también innecesaria Marcha sobre Roma, dirigida por Mussolini en octubre de 1922. El plan grandioso, pero fallido, de la desecación de la Ciénaga de Zapata en los primeros tiempos de revolución, pudo haber estado inspirado en empresas similares de desecación de pantanos acometidas por el dictador italiano). En síntesis, el discurso de Castro reflejaba un profundo menosprecio por el trabajo de escritores y artistas.

Después de ese discurso, el pánico cundió entre los intelectuales. Los más audaces se las arreglarían para salir del país eventualmente. Los que se quedaban lo harían para escribir o pintar sólo lo permitido por el gran censor enmascarado. Salvo hacerlo a riesgo de sufrir las consecuencias del terror. Las palabras de Fidel Castro no dejaban duda de que su reiterado compromiso programático de restaurar las libertades públicas y, en primer lugar, las de expresión, pasaba del limbo a la pira al año y medio del triunfo revolucionario. Resultaba irónico. Por esos días se vencía el máximo plazo fijado por el propio Comandante, desde la Sierra Maestra, para la celebración de elecciones generales después del derrocamiento de Batista.

Orlando Jiménez Leal, condenado al ostracismo, saldría hacia Estados Unidos en 1962, donde continuaria exitosamente su profesión de cineasta. *Sabá* Cabrera Infante conseguiría trabajo en el Ministerio de Comercio Exterior y pediría en 1965, estando en funciones, asilo político en Italia. Falleció en Miami en mayo de 2002.

La producción de *PM* sirvió de detonante para desnudar crudamente la naturaleza totalitaria del régimen castrista, bastante antes de imponerse sorpresivamente el comunismo como doctrina de la revolución. Fue así cómo un proyecto fílmico nada ambicioso en sus inicios, quedó consagrado como reliquia inequívoca de esa primera manifestación totalitaria. Una pieza inofensiva, elevada a la inmortalidad por el celo mórbido de los que no vacilaban en decapitar la expresión artística para ponerla al servicio de la infamia.

CAPÍTULO 10
EL COMUNISMO EN CUBA

Un futuro amenazante

Con lo que presencié en Laboratorios Gravi y Publicitaria Siboney, podía anticipar que Cuba estaba siendo conducida al comunismo. El procedimiento seguido para la confiscación de ambas empresas, fuera de toda norma legal, ponía en evidencia la amenaza que se cernía sobre la Nación. ¿Qué podía haber detrás de ese plan? ¿Qué se perseguía al darle ese vuelco sorpresivo a la base democrática del movimiento insurgente, cambio que equivalía a una vil traición a los postulados esgrimidos como razones para luchar contra Batista? ¿Por qué empujar a la nación por rutas que sólo habían dejado luto y miseria en otros países? ¿Podía ser el comunismo una opción revolucionaria, si por revolución se entiende un modo radical de eliminar la pobreza, la ignorancia y las desigualdades sociales para construir una sociedad más justa?

Habría más de una respuesta para encontrar el porqué de esa visible obstinación personal de Fidel Castro en conducir a la nación por caminos impensables. No estaría de más hacer un brevísimo repaso del comunismo como fenómeno político para tener una idea del rechazo de los revolucionarios demócratas a su imposición en Cuba. Y ofrecer una versión de la conveniencia que para consolidar su poder le ofrecía al Comandante la instauración del comunismo.

Algo de historia

En Rusia, la revolución bolchevique de 1917 proclamó el marxismo como su ideología oficial. Como doctrina basada en la eliminación de las injusticias sociales, su adopción por un gobierno revolucionario posterior al despotismo zarista captó el interés de amplios sectores internacionales, subyugados más bien por el romanticismo del propósito que por su convocatoria apocalíptica. De acuerdo con el *Manifiesto Comunista*, la dictadura del proletariado (supuesto gobierno de los trabajadores) sería alcanzada únicamente a través de una revolución violenta que aboliría la propiedad privada y colectivizaría todos los bienes.

Trabajadores, intelectuales, estudiantes y revolucionarios de diversos países, atraídos por la redención social que preconizaba el marxismo, se dieron a la tarea de fundar partidos comunistas locales, bajo la hegemonía y tutela del inicial, que controlaba el poder en la nueva Rusia, llamada ahora Unión Soviética. Cuba no sería una excepción.

En agosto de 1925, alrededor de un año después de haber asumido Stalin (Josip Vissarionovich Yugachvili) el mando en la Unión Soviética, se fundaba el Partido Comunista de Cuba, como organización no reconocida legalmente y con sólo una docena de delegados de diferentes núcleos de trabajadores. La militancia no llegaba al centenar en toda la Isla. Hasta entrada la década de los treinta, los comunistas constituían un exiguo grupo

Unos meses antes de la fundación del Partido Comunista, había tomado posesión de la presidencia de la República el general Gerardo Machado, veterano del Ejército Libertador. Dentro del período constitucional para el cual fue elegido, su gobierno se caracterizó por notables obras públicas (la Carretera Central y el Capitolio, entre ellas) y de educación y sanidad, además de una reforma arancelaria que benefició grandemente al País. Todo cambió cuando quiso prorrogar su permanencia en el poder contra lo establecido en la Constitución. Lo lograría tras una serie de artimañas legalistas que conducirían a una reforma constitucional.

Fueron años donde, con motivo de una crisis económica mundial, se produjo una baja alarmante en el precio del azúcar, principal renglón económico de Cuba. Su repercusión en masivo desempleo significó una disminución dramática de ingresos en el estrato social más necesitado, el agrícola-industrial. El descontento por esa situación fue fuente de activa y a veces violenta oposición, fortalecida por la reconocida ilegitimidad del régimen de Gerardo Machado. En respuesta a la oposición generalizada, Machado apeló a la más brutal represión, generando una convulsión nacional que dejó como saldo múltiples asesinatos, torturas y encarcelamientos de opositores, alzamientos armados, bombas a tutiplén y represión violenta a las organizaciones estudiantiles (las más activas contra el gobierno) y a sus resueltos líderes.

Los fracasos comunistas

Ante esa situación, el Partido Comunista pretendió asumir un rol de importancia en la oposición contra Machado, lo que no pudo lograr. Su incapacidad para ser considerado como elemento de prominencia en esa lucha —protagonizada por el Directorio Revolucionario Estudiantil de 1927 y luego por el de 1930— fue demostrada por el fracaso de su convocatoria a una huelga general en marzo de 1930, iniciativa de uno de los más activos dirigentes del pequeño partido, el joven poeta y abogado Rubén Martínez Villena.

Los comunistas tratarían de aprovechar otra oportunidad para hacer valer su presencia: la de una prolongada crisis en la industria del azúcar. Entre 1925 y 1933 el precio del azúcar había bajado un 57%. Para compensar esa progresiva disminución del valor en el mercado los industriales azucareros acordaron, en un intento de nivelar precios, reducir el volumen de producción, lo que ocasionó el dramático aumento del desempleo que he mencionado. La precaria situación del trabajador azucarero llegaría a niveles insostenibles, iniciándose una reacción en cadena de huelgas y ocupaciones de ingenios, que fueron reprimidas violentamente por el Ejército.

A fines de julio de 1933 se desencadenó una huelga general de casi la totalidad de los sectores productivos y de servicios del país. Su inicio fue espontáneo. Empezó con los transportistas (ómnibus, taxis y camiones) en demanda de mejoras económicas para su sector y pronto se extendió a toda la Isla como expresión nacional contra el presidente Machado. Los comunistas controlaban algunos sindicatos y se sumaron a la huelga a través de la pequeña Confederación Nacional Obrera Cubana (CNOC), filial de su Partido. Aunque minoritario, por ser el grupo mejor organizado entre los que apoyaban el paro, trataron de apropiarse de la convocatoria a la huelga, no obstante su origen espontáneo.

El caos por la paralización acelerada del país era de tal magnitud que la reacción popular se hizo incontenible. Machado vio su poder en precario y pensó que podía salvarlo negociando con los comunistas. Les ofreció legalizar el partido y la CNOC a cambio de que ordenaran el cese de la huelga, lo que los comunistas aceptaron. Hicieron lo imposible para suspender la huelga. Y para sorpresa de Machado y de los propios comunistas, los resultados demostraron que, tanto el dictador como sus nuevos aliados, habían sobrestimado la influencia marxista en el movimiento de protesta nacional. Porque la huelga continuó en toda su intensidad, a pesar del llamado comunista a suspenderla. Y Machado se vio forzado a salir de Cuba dos días después, el 12 de agosto de 1933.

Quedaba bien claro, ante la opinión pública, que los estalinistas cubanos estaban dispuestos a apelar, sin reparar en lo deshonroso que pudiere ser, a cualquier maniobra que posibilitase el incremento de su importancia política. El apoyo de los comunistas a Machado, fraguado bajo la dirección de César Vilar, secretario general de la Confederación Nacional Obrera, con su tesis del *mal menor*, en momentos tan críticos para la nación, habría de constituir un poderoso argumento para descalificarlos como opción seria en el esquema político nacional.

Aprovechando la crisis adicional que para la industria azucarera representaba el derrocamiento de Machado y la instauración de un gobierno revolucionario provisional, otras huelgas, particularmente las del azúcar, continuaron después de su derrocamiento. Estas, igual que la que lo depuso, apenas tuvieron una base organizativa y muchas surgieron como expresión espontánea del descontento de los trabajadores, sin directrices de ninguna organización sindical. Fueron resueltas, más por la voluntad de negociación del sector patronal —integrado casi en su totalidad por compañías norteamericanas— que por la influencia de los sindicatos.

Para atenuar el descrédito por su pacto con Machado, los comunistas ocuparon en septiembre de 1933, el central Mabay e instalaron un *soviet* (comité de obreros a cargo de la operación). Funcionó por unos días y fracasó ruidosamente. Otro grupo comunista que intentó hacer lo mismo en el central Senado fue expulsado por los propios huelguistas.

Es obvio que la participación de los comunistas en el llamado a las huelgas del sector azucarero no había sido significativa. Pero si bien no constituyeron un factor determinante en su convocatoria fueron eficaces, por la formación de sus líderes, en capitalizarlas a su favor, engrosando algo sus filas.

Después de Machado

Después de la caída de Machado hasta fines de 1936, el país habría de vivir una profunda crisis política. En poco más de tres años, desfilarían como jefes del gobierno una comisión de cinco miembros (llamada Pentarquía) y seis presidentes, con términos entre 2 días hasta los casi 2 años de Carlos Mendieta, el que más tiempo estuvo en el poder. Durante esos años, el poder real residiría en el Campamento Militar de Columbia, al mando del coronel Fulgencio

Batista, quien el 4 de septiembre de 1933, siendo sargento, dirigió una revuelta exitosa de clases y alistados contra la alta oficialidad del Ejército, en coordinación con el Directorio Estudiantil Universitario.

Pero la presencia política más importante y trascendente de ese período sería la del Dr. Ramón Grau San Martín, médico y profesor universitario, que gobernaría entre el 10 de septiembre de 1933 y el 15 de enero de 1934, escasamente 128 días. A pesar de la brevedad de su mandato, dejó profunda huella al dictar medidas verdaderamente revolucionarias que habrían de convertirlo en una gran esperanza nacional, inspiradas en su mayoría por un joven y destacado miembro de su gabinete, el Secretario de Gobernación doctor Antonio Guiteras Holmes, enemigo acérrimo del coronel Batista.

Entre las medidas más importantes, que serían irreversibles, estuvieron la limitación de la jornada laboral a ocho horas, fijación de un salario mínimo, la autonomía universitaria y la rebaja en los precios de la energía eléctrica y los artículos de primera necesidad. Guiteras, no obstante ser su madre americana y haber nacido en Filadelfia, se caracterizó por su oposición a la injerencia de Estados Unidos en los asuntos cubanos. Organizó luego la lucha clandestina contra Batista y, delatado su escondite, cayó combatiendo a las fuerzas del Ejército movilizadas para su captura en El Morrillo, Matanzas, el 8 de mayo de 1935.

Miguel Mariano Gómez, electo en 1936, fue el único de los presidentes de ese período validado en las urnas. Fue breve su término porque quiso ejercer su investidura a plenitud, lo que chocaba con el poder tras bastidores de Batista. El Coronel no vaciló en presionar al Congreso para que lo destituyera.

Batista no perdía oportunidad de presentarse como un amigo incondicional de Estados Unidos y celoso protector de los intereses de sus ciudadanos en Cuba. Así garantizaba un apoyo que le era indispensable, para lo cual había que imponer a veces la llamada "mano de hierro". Además, el Coronel tenía ambiciones políticas. No estaba conforme con un poder disfrazado. El presidente de la República era Federico Laredo Bru, que había sustituido, en su condición de vicepresidente, a Miguel Mariano Gómez. Al ambicionar la presidencia, Batista sabía que su connotación como defensor de los grandes intereses económicos podía constituir un factor negativo en la campaña política que se avecinaba.

Para la mayoría del proletariado cubano, la verdadera defensa de sus intereses descansaba en los llamados *auténticos*, seguidores, bajo la bandera del Partido Revolucionario Cubano, de Grau San

Martín. El único sector de base obrera que le quedaba a Batista para conseguir apoyo a sus aspiraciones electorales, no obstante su reducida militancia, era el Partido Comunista, que a la vez podía serle útil como fuerza de choque para frenar las actividades proselitistas del sector obrero mayoritario.

Batista legaliza el Partido Comunista

Para ganarse a los comunistas, cuyo partido no estaba reconocido oficialmente, Batista lo legalizó en septiembre de 1938. El Coronel, hasta entonces calificado como "dictador" por los estalinistas era alabado ahora como "progresista". Mientras tanto, se aceleraban los pasos para la creación de una confederación de trabajadores bajo el control del Partido, con la asesoría de dirigentes comunistas mexicanos y el beneplácito del Coronel.

En la segunda mitad de la década de los treinta, la gran crisis política y económica nacional permanecía sin resolverse y continuaba la inestabilidad en los sectores vitales del país. Las diferentes vertientes políticas, reunidas a iniciativa del Presidente Laredo Bru, coincidieron en convocar a una Asamblea Constituyente como un primer paso para estabilizar la Nación. Sus delegados serían elegidos de modo que la nueva Constitución estuviese vigente para las elecciones generales, a celebrarse en 1940. En esas elecciones, los candidatos a la presidencia de la República iban a ser Batista y Grau San Martín.

Con miras a ambas elecciones, la de los delegados a la Constituyente y las presidenciales, tuvo lugar un acercamiento entre el jefe militar y los dirigentes comunistas, quienes estaban dispuestos a integrar una coalición con otros partidos para apoyarlo. A cambio, Batista les entregaría el control de las organizaciones sindicales. Sería la segunda maniobra de los marxistas cubanos para obtener concesiones de un dictador, después del fracaso de su pacto con Machado en 1933.

En las elecciones a la Asamblea Constituyente el bloque integrado mayormente por el Partido Revolucionario Cubano (Auténtico) eligió 45 delegados y la Coalición Socialista Democrática de Batista, 36. De esta Coalición, fueron elegidos sólo 6 comunistas, aproximadamente un 7.5% del total de delegados. La nueva Constitución de la República sería promulgada el 5 de julio de 1940.

Los resultados de las elecciones generales que siguieron, dando como ganador a Batista sobre el Dr. Grau San Martín, cambiaron dramáticamente la correlación de fuerzas mostrada en la elección de delegados a la Constituyente. Esto se debió, decididamente, a la salida del bloque de Grau de uno de sus partidos y su consiguiente alianza con Batista. Los resultados oficiales le daban el triunfo a la coalición de Batista, en una proporción de 58% contra 42%. En la computación de votos, de las 162 actas de Representante a la Cámara en contienda, los comunistas sólo ganaron 10 (el 6%). Finalmente, después de numerosas protestas por alegaciones de fraude electoral, el triunfo de Batista fue convalidado y asumió la presidencia el 10 de octubre de 1940. Contando con el apoyo del nuevo mandatario, se abrirían las puertas a la aspiración comunista de controlar el movimiento obrero en toda la nación.

Batista cumpliría al pie de la letra su compromiso con los comunistas, otorgándoles el control de todos los sindicatos, que integraron la Confederación de Trabajadores de Cuba. Para ocupar su secretaría general fue designado un destacado líder obrero, Lázaro Peña.

Mi primer trabajo

Esa es la realidad que me encontré cuando en 1942, a los 14 años, comencé a trabajar tallando diamantes. Todos los sindicatos estaban adscritos a la Confederación de Trabajadores de Cuba (CTC), controlada por el Partido Comunista. Y aunque la sindicación no era constitucionalmente obligatoria, el apoyo electoral dado al presidente Batista por los comunistas les permitía controlar la confederación obrera con su protección, al extremo de que la cuota sindical venía descontada del salario. Me veía de pronto, en el umbral de la adolescencia, ante una situación muy peculiar: miembro de un sindicato dirigido por los comunistas, lo que estaba en conflicto con mis creencias religiosas e inclinaciones políticas. No había leído el *Manifiesto Comunista* ni creo que de haberlo hecho hubiera estado en posición de discutirlo. Pero me ofendía el comunismo por su proclamado ateísmo. Me parecía que la negación de Dios iba en contra de lo que consideraba una verdad absoluta.

En el orden político, como en el de la economía, mi formación era tan deficiente como la presumible a mi edad. Pero, aunque me faltaban unos cuantos años para poder votar, sentía grandes simpatías, como la mayoría de la juventud, por el profesor Ramón Grau San Martín y sus promesas reformistas. En el Instituto de la Habana, Grau San Martín, objeto de virulentos ataques por el Partido

Comunista, era nuestro ídolo. Es fácil comprender por qué el comunismo me era antagónico en más de un sentido.

El sindicato del taller donde empecé a trabajar, fue adscrito a la Federación de la Industria del Metal y Similares, que dirigía Manuel Luzardo, un destacado dirigente comunista. El jefe del sindicato era Agapito Figueroa, curioso personaje que, a pesar de su pobre forma de expresarse —sus "haiga" y "váyamos" eran frecuentes— cumplía fielmente su rol de defensor de los intereses obreros, para lo cual, por supuesto, la gramática no era indispensable. Tenía un asistente de apellido Hevia, joven ponderado y locuaz, que manejaba un vocabulario más apropiado. Recuerdo que, en cierto momento, el gremio patronal intentó sobornar a la dirección sindical para que transaran a su favor una demanda que estaba en discusión. La respuesta que los patronos recibieron de la dirigencia obrera fue la denuncia pública de la indigna oferta. Reacción digna de aplauso, sobre todo si consideramos el ambiente de peculado y corrupción que caracterizaba a la casi totalidad de los sectores públicos del país.

En una ocasión, los obreros del taller de Scherle planteamos una demanda que podía considerarse excesiva —lo era— y Agapito Figueroa nos disuadió para que no procediéramos con ella, calificándola de improcedente por lo que pudiera significar como obstrucción a la saludable operación de la empresa. Había que reconocer que era una visión responsable, no muy común con las que afloran con frecuencia en los conflictos obrero-patronales, que buscan sólo aplausos sin medir las consecuencias. Ciertamente, no necesitábamos lo que pedíamos. Se nos pagaba muy bien, a destajo, según el número de piedras talladas. Llegué a promediar alrededor de 90 pesos semanales (la moneda nacional estaba equiparada al dólar), casi $400 al mes, más de tres veces lo que ganaba mi padre, no obstante sus cerca de veinte años de músico en las Fuerzas Armadas. El ingreso de un tallador de diamantes era, con creces, el más alto de Cuba para un obrero y superior a los de la mayoría de los profesionales, incluyendo médicos y abogados.

En mi corta experiencia sindical —cuatro años— pude observar la devoción con que los dirigentes obreros que llegué a conocer, miembros todos del Partido Comunista, defendían a los trabajadores. Podía atribuirles (al menos en mi reducido escenario) una integridad personal en cuestiones de dinero que no era común en administradores de otros fondos colectivos. Tan importante era ese asunto para el país, que la honradez administrativa constituía la principal promesa de campaña de los *auténticos* para las elecciones de 1944.

La imagen —positiva, en el orden personal— que recibí de los dirigentes obreros comunistas que llegué a conocer, no obstante mi discrepancia con su doctrina, chocaba con las manifestaciones de violencia protagonizadas por otros de sus militantes en diferentes partes de la Isla, como había sido el asesinato por un pistolero estalinista del excomunista y principal líder obrero del *Autenticismo*, Sandalio Junco, en 1942, el mismo año en que me inicié como tallador de diamantes. Pero no sería justo sostener que esa violencia fue sólo unilateral. Dirigentes y trabajadores comunistas habían sido ultimados también por sus adversarios. Círculo vicioso de violencia y sangre —maldito sino— que fue y ha seguido siendo una característica del devenir político de Cuba desde sus inicios como nación.

Los líderes obreros que pude conocer eran de nivel intermedio dentro del Partido Comunista y les atribuyo una calidad humana y honestidad que no puedo extender a la plana mayor de la CTC porque no tuve contacto directo con ellos. Corrían rumores de que algunos de los dirigentes principales carecían de esas virtudes. Lo que más rechazaba de unos y otros, sin embargo, era la solidaridad prestada al dictador soviético Stalin. La criminal represión desatada desde la década de los 1920 en la Unión Soviética, a fin de imponer el sistema comunista mediante el terror, era bien conocida en Cuba, especialmente en los círculos estudiantiles en los que yo, además de los de mi trabajo, me desenvolvía.

No eran tantos los comunistas

Pude comprobar también, durante mis tiempos de obrero, cuán débil era la presencia del comunismo en Cuba. La importancia concedida al Partido Comunista se debía, únicamente, a su dominio de la Confederación de Trabajadores (CTC). Me percaté de que comunistas eran los dirigentes, pero no necesariamente los trabajadores. El poder de ellos, fruto de sus conexiones con Batista seguía siendo, como desde la fundación del Partido, mucho más aparente que real. En el taller de Scherle, sin contar los operarios procedentes de Europa que no pertenecían al sindicato, éramos alrededor de una treintena de trabajadores y no había ni un solo comunista. Ante realidades como esa, nadie pensaba que el comunismo pudiera llegar a constituir una fuerza capaz de alcanzar el poder en Cuba por la vía electoral.

En cuanto a mi impresión en esa temprana etapa de mi vida, me parecía disparatada la pretensión comunista de ignorar y suprimir una de las tendencias más arraigadas de la naturaleza humana —presente desde la infancia— que es la de poseer bienes. No sabía nada entonces de la tesis del materialismo histórico ni de los peligros de los sistemas totalitarios. Pero dentro de los rudimentos filosóficos y políticos a mi alcance, sentía ya un visceral rechazo a lo que viniera de Marx y Lenin, representados en esos momentos por la dictadura estalinista. También consideraba que el comunismo era la negación de otra gran necesidad natural: la de vivir en libertad. Eso de tener que pensar como quisieran los de arriba para poder subsistir no cuadraba con el clamor de justicia y libertad que me quemaba internamente mientras crecía.

Para continuar mis estudios de bachillerato en lo que trabajaba, no tenía otra opción que matricularme oficialmente en el curso nocturno del Instituto de La Habana, donde me puse en contacto, en mayor grado que en el taller de diamantes, con las inquietudes políticas del momento. Al hacer mi primer año de bachillerato de día, todos éramos, más o menos, de la misma edad. Pero en el curso nocturno la mayoría de mis compañeros andaban por la veintena y unos cuantos por algo más. Allí seguía mi amigo Ramón Rosales, procedente de una familia de *auténticos*, cuya influencia en mi ubicación política sería muy importante. También los aires de oposición al entonces presidente Batista que reinaban en el Instituto contribuían a alejarme del ambiente conservador que prevalecía en mi hogar.

La infiltración comunista en el Instituto

Desde principios de la década de 1940 se hacía evidente que el Partido Comunista estaba desarrollando una estrategia de infiltración de agentes en diferentes sectores de la vida nacional, incluyendo hasta los partidos políticos contrarios. En las instituciones de enseñanza y asociaciones de educadores ese movimiento era patente. Y el curso nocturno del Instituto de La Habana era uno de los objetivos preferidos.

Casi la totalidad de la matrícula de noche correspondía a jóvenes que trabajaban, gente con cierto poder adquisitivo y contactos sociales, de los que carecía la muchachada del curso diurno. Dirigir hacia ese grupo las actividades de propaganda y reclutamiento de militantes parecía prioritario a los comunistas. Tanto los estudiantes de genuina militancia comunista, como los que infiltraba el Partido, concentraban sus esfuerzos en labores de proselitismo y recaudación de fondos. Solían solicitar contribuciones para el sostenimiento de la emisora radial *Mil Diez* y el periódico *Hoy*, órganos del Partido, además de distribuir este último entre el estudiantado.

Para contrarrestar estas actividades, se había creado un grupo llamado *Las Avispas*, integrado principalmente por simpatizantes del *autenticismo*, que combatían a los marxistas no sólo por su ideología sino también por su conexión con Batista. Aquí se me presentaba un dilema. Mis simpatías políticas se inclinaban hacia lo que ellos decían profesar, pero estaba muy lejos de integrarme a ellos. Repudiaba sus métodos de coacción, centrados todos en el ejercicio de una violencia donde las golpizas y atentados a tiros eran frecuentes. Algunos de sus integrantes iban armados a clases, lo que me parecía, además de amenazante, una inaceptable incongruencia en un centro de enseñanza.

En la estrategia seguida por los comunistas para penetrar los cuadros estudiantiles estaba utilizar gente de porte serio, respetuosa y afable, para captar prosélitos por la vía de la persuasión y el adoctrinamiento. Sus más destacados dirigentes eran un muchacho de apellido Mora y un judío llamado Pellsman. Eran serios y tenían que estar muy convencios de sus creencias políticas porque tenían que afrontar grandes riesgos en su labor de proselitismo. No portaban armas ni predicaban la violencia, según la estrategia seguida por Moscú en aquellos tiempos. En general, gozaban de la simpatía del estudiantado no comprometido políticamente. Ambos llegaron a ser blanco de un ruidoso atentado a tiros dentro del propio plantel, ejecutado por *Las Avispas* y del que salieron ilesos.

La infiltración en las instituciones de enseñanza de elementos capaces de captar la buena voluntad del estudiantado, les propició a los comunistas un éxito temporero en el curso nocturno del Instituto de La Habana. Humberto Bravo, fotógrafo y aparente marxista, también de más edad que la del promedio, llegó a ser presidente de la Asociación de Estudiantes del curso nocturno. Respondiendo a lo establecido por el Partido Comunista, su buen aspecto físico se veía reforzado por un vestir elegante. Con el ascenso de Bravo a la posición, comprobé que se repetía, en el curso nocturno del Instituto, el mismo fenómeno de los sindicatos obreros: los dirigentes podían ser comunistas, pero no la masa que representaban.

La Segunda Guerra Mundial y el comunismo cubano

La invasión de Polonia por el ejército de Hitler, en septiembre de 1939, provocó la inmediata declaración de guerra de Inglaterra y Francia a Alemania, desatándose la Segunda Guerra Mundial. Poco después, Hitler y el dictador de la Unión Soviética, Iósif Stalin suscribían un tratado de amistad y no agresión y se repartían el territorio polaco. Para justificar el pacto nazi-comunista, los marxistas cubanos desplegaron una intensa campaña de propaganda, clamando por la neutralidad en el conflicto. Su lema: "Cuba fuera de la guerra imperialista", haciendo referencia a las potencias en conflicto, Alemania, Inglaterra y Francia.

La invasión de Finlandia, pequeño país nórdico, por el ejército soviético a fines de noviembre de 1939, provocó una masiva repulsa en Cuba. La extraordinaria simpatía que despertó la tenaz y valiente lucha del pueblo finés por su libertad aumentó, de modo significativo, el rechazo de los cubanos al comunismo.

El pacto de Hitler y Stalin no iba a durar mucho. Sorpresivamente, la Unión Soviética era invadida por los alemanes. Ante ese hecho, y respondiendo a su ya conocida fama de cambiar súbitamente de posición, los marxistas cubanos adoptaron otra estrategia de propaganda. Esta vez la guerra no sería entre potencias imperialistas. Ahora se trataba de países que luchaban por la libertad donde, según ellos, descollaba la Unión Soviética como defensora de los más puros principios democráticos contra las criminales ambiciones expansionistas de la Alemania nazi.

A pesar de que podría pensarse que la guerra, por la participación soviética como aliado, pudiera favorecer al comunismo cubano para ganar algún apoyo en la masa trabajadora, esta seguía inclinada decisivamente hacia el *autenticismo*, ignorando la propaganda marxista. La designación por Batista de dos dirigentes comunistas para la posición de Ministro sin Cartera, Juan Marinello y Carlos Rafael Rodríguez como parte de un gobierno de unidad nacional con el pretexto de la guerra, careció de la notoriedad que merecía. Era la primera vez que líderes comunistas formaban parte de un gobierno en el hemisferio occidental.

Los "auténticos" al poder

La flexibilidad pragmática de los comunistas criollos para acomodarse a las nuevas circunstancias, sería puesta de relieve, una vez más, al iniciarse el gobierno *auténtico* del doctor Ramón Grau San Martín, surgido de las elecciones de 1944.

¿Qué podía esperarse de dos tradicionales enemigos, cuyo antagonismo había enviado al cementerio a unos cuantos dirigentes de ambas partes? Sorpresivamente, al instaurarse el gobierno de Grau San Martín, contra todos los vaticinios, se producía un acercamiento inicial que descartaba la confrontación que se esperaba como inminente. La mayoría de los *auténticos* rechazaba cualquier tipo de negociación con los comunistas, pero había una zona de interés recíproco donde, ciertamente, habrían de ser tan pragmáticos e inescrupulosos unos como otros.

El triunfo *auténtico* no había logrado mayoría en el Congreso y el aporte comunista, aunque insuficiente para alcanzarla, podía mejorar la situación. Reticente en principio a esa alianza, Grau finalmente la aceptó. Pero en las elecciones parciales de 1946, los *auténticos* consolidaron una sustancial mayoría en la Cámara de Representantes y en las alcaldías. El apoyo comunista dejó de tener sentido para el gobierno. Y se recrudecían las diferencias entre *auténticos* y comunistas en los sindicatos obreros, al extremo de que, en los últimos días de 1946, la Guardia Rural ocupaba militarmente el pueblo de Jovellanos, en la provincia de Matanzas, para intervenir en un fiero encuentro entre los dos bandos.

La confrontación —inevitable— se fue agudizando y culminó con la muerte a puñaladas, en una riña a silletazos y tiros, a principios de abril de 1947, del líder azucarero *auténtico* Félix B. Palú. El trágico suceso había tenido lugar en el Sindicato de la Aguja, al cual había acudido Palú con otros delegados anticomunistas a recoger sus credenciales para las elecciones sindicales que habrían de celebrarse en esos días. Los comunistas demoraban a propósito los trámites para impedir que sus opositores votaran. Ante la violencia generada por esa acción, el gobierno de Grau San Martín decidió suspender las elecciones obreras.

No obstante, los comunistas celebraron, al mes siguiente y a pesar de masivas impugnaciones de credenciales radicadas por el obrerismo auténtico, un congreso en que escogieron nuevamente a Lázaro Peña como secretario general de la CTC. Los *auténticos,* por su lado, celebraron otro congreso en los primeros días de julio, donde eligieron para la misma posición a Ángel Cofiño. La controversia fue resuelta por el Gobierno. ordenando primero el desalojo del edificio de la CTC a fines de ese mes y la instalación de Cofiño como el máximo dirigente obrero, el 9 de octubre de ese año: 1947.

Al realizarse un arqueo de los fondos de la central sindical se detectó un desfalco de más de cien mil pesos. Debo confesar que no creo que, en el orden personal, Lázaro Peña hubiera sido un beneficiario de esa malversación. Me parecía merecedor de respeto. Vivía muy modestamente, en el barrio de Cayo Hueso, no obstante su importancia nacional. No creo que podría llamarse apartamento. Era un espacio reducido, con las puertas generalmente abiertas a la calle, frente a un solar, como solíamos llamar a los complejos de viviendas pequeñas que hacinaban, por lo general, a familias negras muy pobres. Durante mi adolescencia y diariamente, pasaba frente a esa casa. Vivía yo entonces en la misma cuadra, al lado del solar, en un apartamento de San José # 863, entre Oquendo y Soledad.

La decadencia comunista

La conclusión histórica más importante a la que pudiera llegarse después de la erradicación de la dirigencia estalinista en los sindicatos obreros (acción que tuvo como protagonista al Ministro de Trabajo y posterior Presidente, Dr. Carlos Prío Socarrás) es que quedaba demostrado, una vez más, que el Partido Comunista carecía del apoyo que en los trabajadores presumía tener. De no haber sido así, el gobierno *auténtico* se hubiera visto impedido de actuar como lo hizo, ante la posibilidad de una huelga general que hubiese paralizado el País. De hecho, fue convocada y fracasó. Quedaba demostrado que el poder comunista en el obrerismo era un mito. A partir de ese momento, ni el intento de penetración en los organismos educacionales y estudiantiles ni su participación en los eventos electorales subsiguientes, les iba a devolver a los dirigentes marxista-leninistas la importancia que les fue otorgada por Batista en su período presidencial.

La presencia del comunismo en Cuba, en franca decadencia, no se vio fortalecida por el golpe militar de Batista contra Carlos Prío Socarrás el 10 de marzo de 1952. Había razones para que el viejo idilio de los estalinistas con el hombre que se proclamaba jefe de facto del país por segunda vez no pudiera repetirse. Era muy peligroso ese contubernio para el general que acababa de suprimir el orden institucional y la Constitución. ¿Dónde estaba el peligro?

A la fecha del golpe del 10 de marzo, siguiendo su política expansionista, la Unión Soviética controlaba los países del Este europeo, amenazando el sistema democrático. Y a su más firme defensor, Estados Unidos. La posibilidad de una guerra entre las dos grandes potencias nucleares comprometía la mera existencia de la humanidad. Ambos países movían sus fichas con extremada cautela, para no irritar demasiado al otro contrincante. Ante la gravedad de la situación, la pugna entre ambas naciones quedaba circunscrita a los campos de la política y la economía internacionales, el espionaje y la propaganda. Mientras tanto, cada una dedicaba fabulosos presupuestos a aumentar su poder armamentista. Conflicto peculiar, conocido como Guerra Fría, de pacifismo obligado para que continuara la vida en el planeta. Y que impedía que alguno de los contendientes se atreviera a apretar el gatillo primero. En virtud de la Guerra Fría, los estalinistas cubanos se vieron forzados a refugiarse en la clandestinidad bajo la nueva dictadura de Batista, que les era ahora adversa al responder a las presiones de Estados Unidos para contener el expansionismo soviético.

El comunismo en la política cubana

Aunque parezca contradictorio, la presencia de los comunistas, organizados como partido político podía considerarse, hasta cierto punto, útil y conveniente, mientras su desenvolvimiento no hiciera peligrar el ordenamiento democrático y económico que había sido logrado por los cubanos con la Constitución de 1940. Ese peligro, que sería la toma del poder, quedaba descartado porque sólo era concebible en caso de un triunfo mundial en el orden militar de la Unión Soviética, lo que distaba mucho de ser una posibilidad. De ahí que la existencia del Partido Comunista, cualesquiera que fuesen los nombres que se le dieran —Unión Revolucionaria Comunista, Partido Socialista Popular— no constituía una amenaza real para la estabilidad institucional de Cuba.

La participación de los comunistas en los trajines políticos democráticos los hacía más tolerables a la variada gama de sus adversarios, incluyendo a los amantes de la justicia social que discrepaban radicalmente de sus postulados. Y al mismo tiempo, la sociedad abierta que ellos criticaban podía servir de marco para aportes positivos en términos de legislación.

Ejemplo de ello fue la participación de la delegación comunista en la Convención Constituyente de 1940. A pesar de estar integrada sólo por seis miembros —tres de los cuales, Salvador García Agüero, Blas Roca y Juan Marinello dejaron huellas como brillantes exponentes— sus planteamientos fueron tratados con respeto y hasta algunos de ellos incorporados al texto final. Las diferencias entre los convencionales tenían que ser muy profundas, dada su heterogénea composición, pero dejaron para la historia un gran ejemplo de civismo. Revolucionarios y conservadores, izquierdistas y derechistas, intelectuales y obreros, ricos y pobres, sostuvieron enérgicamente sus puntos de vista sin llegar al insulto personal ni a la agresión física. La Convención Constituyente de 1940 fue uno de los pocos ejemplos —y el más importante, posiblemente— de respeto, tolerancia, fraternidad y patriotismo que, en el ámbito político, pudo exhibir Cuba en su escaso medio siglo de vida republicana, según reseña brillantemente Néstor Carbonell Cortina en *Grandes Debates de la Constituyente Cubana de 1940*. En esos resultados positivos tuvo mucho tuvo que ver la inteligencia, capacidad ejecutiva y visión de su Presidente, el abogado y profesor universitario Carlos Márquez Sterling.

La incorporación de los comunistas a la vida política del país, con su periódico *Hoy* y la emisora *Mil Diez* como vehículos para expresar sus posiciones dentro del marco democrático, dio lugar a un fenómeno de convivencia muy especial en Latinoamérica, donde, en un buen número de naciones, izquierda y derecha dirimían sus diferencias en orgías de sangre. Violentos enfrentamientos de clase que no cabían dentro del contexto social y económico prevaleciente en Cuba, cuyo desarrollo en ambos órdenes mantenía un ritmo de progreso sostenido y un nivel de vida desconocidos en la enorme mayoría de los países que fueron colonias de España. En la ausencia de esas dramáticas diferencias sociales y económicas en la Isla y en el sentido de hermandad y tolerancia del cubano podría encontrarse la explicación de la presencia tolerada de un partido político que, como el comunista, respondía a órdenes del exterior y supeditaba los intereses nacionales a esa obediencia. Porque la masa obrera cubana en nada compartía los presagios erráticos de Marx ni las alucinaciones nada compasivas de Lenin. Ninguna de esas piezas cabía en nuestro rompecabezas nacional.

A pesar del poder que les otorgó Batista para controlar el movimiento obrero, la masa trabajadora no pudo ser penetrada ideológicamente. Para los comunistas cubanos —como para sus mentores de afuera— los principios éticos de la tradición judeocristiana no eran otra cosa que "prejuicios burgueses". Lo que era digno de respeto para la mayoría de la población, para un comunista podía echarse a un lado si las circunstancias lo aconsejaban. Transacciones bochornosas y cambios de posición inesperados eran parte de cualquier estrategia de los marxistas criollos si cuadraban con sus fines. Pero ese pragmatismo exagerado repugnaba en Cuba. Se aceptaba que la gestión política podía exigir algún grado de flexibilidad pero no al extremo de echar por tierra prácticas y costumbres que estaban vinculadas tradicionalmente a un sentido bien arraigado de respeto a las posiciones y conductas verticales.

Resultados desastrosos

Nadie podía pensar que el comunismo llegaría a imponerse en Cuba. En la medida en que el expansionismo soviético avanzaba los comunistas se convertían en los peores enemigos de su supuesta prédica humanitaria. En lugar de desarrollar programas eficaces para mejorar el nivel de vida del hombre común, dentro de un marco de libertades y derechos, se instauraba una casta burocrática ineficiente y abusadora, encargada de imponer una doctrina absolutista por medio del terror, convirtiendo al ciudadano en esclavo feudal.

La instauración del sistema comunista resultó —no sólo en la Unión Soviética bajo Stalin, también en la China de Mao a partir de 1949— en el exterminio de millones de seres humanos, otros millones de presos y torturados, deportaciones a zonas inaccesibles e incontables despojos y abusos, comparables a las atrocidades perpetradas por Adolfo Hitler contra los judíos en la Segunda Guerra Mundial.

Ni aún apelando a esos genocidios y atropellos —justificados por sus criminales ejecutores como necesarios para imponer su supuesta justicia social— en los años transcurridos desde la revolución bolchevique hasta la desaparición de la Unión Soviética, no puede hallarse una sola evidencia histórica que permita pensar que la masa obrera y campesina en los países bajo el sistema comunista fuera realmente beneficiada después de haberse confiscado y sometido al control operacional del Estado las industrias, granjas y establecimientos comerciales que funcionaban eficientemente bajo el régimen de propiedad privada. Medidas que impusieron los comunistas en Rusia, primero, y después de la Segunda Guerra Mundial, en los países del Este europeo. Más tarde en China y después en Cuba.

El cambio de asumir el Estado el control de la producción en países de economía de mercado resultó en una mayor pobreza, como ocurrió en Cuba. La diferencia al hacer todo lo contrario es palpable en la China de hoy. Tan pronto se permitió la posesión privada de industrias y negocios y se le dio la bienvenida a la inversión extranjera China pasó a ser, en pocos años, de país pobre a gigante económico. El sistema totalitario y su supresión de libertades siguió siendo útil a los comunistas para mantenerse en el poder, pero la apertura al capitalismo alivió en la gran nación asiática el hambre y la miseria y la situó en un lugar privilegiado dentro de la comunidad internacional. No sería muy arriesgado predecir que el cambio en el sistema económico pueda conducir eventualmente a la apertura democrática.

Los enemigos de Marx y Lenin

La tesis marxista, por su aparente mensaje de justicia social a raíz de la revolución bolchevique, habría de cautivar a considerables núcleos de activistas y forjadores de opinión durante varias décadas, la mayor parte de ellos de buena fe, seducidos quizás por el atributo de científico que se le confería a esa versión del socialismo. Algunos de ellos, que llegaron a vivir las realidades del sistema y cuya sensatez fue superior al fanatismo que los rodeaba dieron a la publicidad sus dramáticas experiencias en libros que se hicieron famosos y constituyeron el mayor valladar ideológico a la propagación de una falsa doctrina.

Así ocurrió con el Vicepresidente de Yugoslavia, Milovan Djilas, poeta, escritor, jefe guerrillero antinazi y líder comunista, que era considerado el sucesor natural del dictador Tito. Por sus inclinaciones democráticas fue separado del gobierno en 1954 y al apoyar la revolución húngara de 1956 contra la dominación soviética fue condenado a prisión. La pena original fue extendida cuando salió a la luz pública al año siguiente, en Estados Unidos, su extraordinario libro *La Nueva Clase*, en el que demostraba que el comunismo, en lugar de diluir los poderes del Estado, como Marx había previsto, instauraba una nueva camarilla gobernante cuya corrupción igualaba a la de las oligarquías depuestas. Liberado en 1961, fue condenado de nuevo a cinco años de prisión al publicarse su libro *Conversaciones con Stalin*, igualmente definitorio del fraude comunista. *La Nueva Clase* llegaría a ser una excelente obra de referencia para los cubanos que rechazábamos la infiltración comunista en la revolución.

Con anterioridad a Djilas, otros intelectuales europeos y estadounidenses que habían transitado los caminos del comunismo denunciaron los abusos y atropellos que tenían lugar en la Unión Soviética. Ignacio Siloni en Italia, Stephen Spender en Inglaterra, André Gide en Francia y los americanos Louis Fischer y Richard N. Wright fueron de los más enérgicos en denunciar el engaño doctrinario que una vez los cautivó.

Pero el mayor impacto en la opinión mundial lo tuvo el trabajo del húngaro de nacimiento Arthur Koestler, con varios ensayos y su famosa novela *El Cero y el Infinito* (*Darkness at Noon*, en inglés), que gira alrededor de las purgas soviéticas de 1938 y los notorios "juicios de Moscú". Koestler aseveraría: "En ninguna época ni en ningún país han sido asesinados más revolucionarios o reducidos a la esclavitud que en la Rusia Soviética".

En América Latina, la obra del excomunista peruano Eudosio Ravines, *La Gran Estafa*, fue un valioso complemento a las denuncias formuladas por los notables intelectuales europeos y norteamericanos mencionados y por otros importantes disidentes menos conocidos: ensayistas, poetas, escritores y periodistas que, en el pasado, también habían visto en el marxismo-leninismo la fórmula mágica para acabar con las injusticias sociales.

En Cuba tuvimos la suerte de contar con Carlos Franqui. De origen campesino, movido por sus inquietudes intelectuales y políticas, muy vinculadas a su afán de combatir la pobreza y procurar la justicia social, se trasladó a La Habana desde Santa Clara, donde se había graduado de Maestro Agrícola. Había nacido en Las Clavellinas, un entorno rural a la orilla del Río Sagua de Tánamo. Tal como ocurría en algunos sectores juveniles dispuestos al sacrificio en la lucha por la igualdad social y la erradicación de la miseria, creyó ver en el Partido Comunista el instrumento adecuado para canalizar sus aspiraciones de redención humana. Militó en él desde muy joven y fue corrector de pruebas en el periódico comunista *Hoy*. Se separó del Partido en 1946, a la edad de 25 años, por su convencimiento de que nunca podría ser el vehículo de mejoramiento social y económico que él creyó. Se dedicó al periodismo. Y al fomento de actividades culturales sin retribución económica, muy particularmente exhibiciones de pintura, no obstante los menguados ingresos que percibía. Fue por aquella época, alrededor de 1949, que lo conocí. Franqui ayudaba a montar en el Parque Central una exhibición de pinturas de Wifredo Lam, evento que yo fotografiaba para la Dirección de Cultura. Franqui fue de los primeros revolucionarios en incorporarse al Movimiento 26 de Julio, donde llegó a ser director del periódico *Revolución* en sus dos etapas (la clandestina y la posterior al triunfo), Responsable Nacional de Propaganda y director de la emisora *Radio Rebelde*, en la Sierra Maestra.

Fue un opositor decidido a la infiltración comunista en las filas revolucionarias, lo que le ganó una marginación progresiva al irse consumando la traición ideológica. Destituido como director de *Revolución* en 1963, dedicó los años subsiguientes a alternar su presencia en Cuba con varios viajes a Europa, donde estableció contacto con importantes artistas e intelectuales de reconocido prestigio. En 1968, encontrándose en Italia con su familia, rompió definitivamente con la dictadura, firmando una carta de repudio a la invasión soviética de Checoeslovaquia, que Fidel Castro apoyaba. Ha publicado varios libros reveladores, entre los que se destacan *Diario de la Revolución Cubana*, *Retrato de Familia con Fidel* y el más reciente, sus memorias, *Cuba, la Revolución: ¿Mito o Realidad?* No exageraría al calificar a Franqui como el cubano que mejor y más ampliamente ha logrado poner al desnudo, ante la comunidad internacional —sobre todo, la europea— la nefasta realidad del comunismo castrista y la voluble personalidad de su máximo líder.

Puede verse que el comunismo daría lugar a la curiosidad histórica de que sus principales y más convincentes detractores no serían quienes podían suponerse: sus enemigos irreconciliables, integrados por la llamada burguesía, las oligarquías financieras y militares y la derecha radical. Serían, precisamente, aquellos que en algún momento fueron fieles seguidores de esa doctrina y tuvieron la suficiente lucidez para reaccionar a tiempo. Rómulo Betancourt, presidente de Venezuela en dos ocasiones, es uno de los mejores ejemplos. En su juventud fue comunista y pasaría a la historia como un vigoroso defensor del sistema democrático. Del comunismo diría: "Fue un ataque juvenil de viruela que me inmunizó contra la enfermedad".

Un debate estudiantil que haría historia

Durante unos cuantos años, posteriores a mis experiencias estudiantiles de bachillerato, alrededor de unos doce, mi preocupación por el avance comunista sólo radicaba en lo que ocurría en Europa, ya que su presencia en Cuba había disminuido notablemente a partir del gobierno del presidente Grau San Martín y el de su sucesor, Carlos Prío Socarrás. Responsabilidades que asumí al incorporarme al Movimiento de Resistencia Cívica a mediados de 1957, me obligaron a enfocar de nuevo la atención hacia algo que ya creía sin la menor posibilidad de tener que considerar: la presencia del marxismo-leninismo en Cuba. Estábamos en lucha revolucionaria contra Batista y el dictador y sus voceros insistían, para desacreditar la lucha insurreccional, que Fidel Castro era comunista. Una de mis responsabilidades era demostrar la falsedad de esa afirmación. Consideraba de extrema importancia para la guerra psicológica en la que estábamos empeñados, negarla con argumentos válidos. Y llegó a mis manos, alrededor de septiembre de 1957, un documento que me pareció excepcional para desmentir lo propalado por la dictadura.

El 22 de marzo de 1945, doce años antes de iniciar mis labores de propaganda revolucionaria, se había celebrado en el jesuítico Colegio de Belén, de justa fama por la excelencia de su educación, un curioso evento. Se trataba de un debate estudiantil, a manera de ensayo pedagógico, donde alumnos escogidos sostenían diferentes puntos de vista, a veces antagónicos, sobre un tema de candente actualidad: en el Senado de la República se había presentado un proyecto de ley que limitaba la libertad de enseñanza. Su autor era el senador comunista Juan Marinello.

Por la importancia del asunto a tratar, que inquietaba particularmente a los colegios privados, habían sido invitadas para integrar la presidencia del evento notables figuras del país, entre las que se encontraban la principal figura religiosa de Cuba, el Arzobispo Manuel Arteaga (luego cardenal); el legislador José Manuel Cortina y el subdirector del *Diario de la Marina*, José Ignacio Rivero, hijo.

A Fidel Castro, de 18 años y alumno de Belén, le tocó ser uno de los participantes. Al desarrollar el tema de la intervención del Estado en la enseñanza privada, criticó severamente "la más absoluta centralización" que sobre este aspecto tenía lugar en Rusia (Unión Soviética) y Alemania, bajo Stalin y Hitler, respectivamente.

Como los comunistas eran los más interesados en que se estableciera un control sobre los colegios católicos, no podían pasar por alto un evento de esa importancia —aplaudido por la prensa democrática— donde se denunciaba la formación política doctrinaria del estudiantado en los países comunistas y la imposición de principios cuestionables como razones para mantener regímenes absolutistas. Es decir, la educación totalitaria, como ocurría en la Unión Soviética.

Al parecer, los comunistas decidieron comentar editorialmente el acto en su periódico *Hoy* por dos razones. Una, porque se celebraba en un colegio regido por los jesuitas, considerado como el de mayor prestigio en Cuba y al cual las personas pudientes enviaban a sus hijos. Y por otro lado, en la presidencia se sentaban destacadas figuras muy influyentes de la política y la intelectualidad cubanas. Semejante oportunidad para atacar el desenvolvimiento democrático no podía ser desaprovechada por los estalinistas del patio, para quienes cualquier ataque al paraíso soviético era sacrílego. Con su estilo habitual, plagado de giros pueriles y ofensivos, reseñaban lo ocurrido:

> *En el reaccionario Colegio de Belén se realizó una ridícula sesión para combatir el proyecto del ilustre senador*

Marinello y uno de los discursos estuvo a cargo de un tal Fidel Castro, pichón de jesuita, que se mantuvo hablando tonterías, comiendo gofio durante más de una hora... Los parlamentarios fueron escogidos cuidadosamente entre los pelagatos más profundamente infectados por la propaganda nazifalangista y después de entregárseles el tema que debían tratar y de indicárseles la forma en que debían hacerlo y los argumentos que tendrían que emplear en la mojiganga ridícula, se les soltó la rienda y allí se dieron a desbarrar de lo lindo aquellos pobres diablos.

Cómo me enteré de lo de Belén

No supe del evento de Belén ni de lo publicado en *Hoy* en su momento. Lo supe cuando era historia. Cuando en plena labor clandestina un compañero de Resistencia, el abogado Pedro Entenza, se presentó en mi oficina con un volumen titulado *Ecos de Belén-1945*. En el libro, resumen de las actividades estudiantiles durante ese año, se hacía una reseña bastante amplia del debate y la reacción de los comunistas.

—Aquí te lo dejo —me dijo Pedro—. Me lo dio un amigo que estudió con Fidel en Belén y está indignado por que se le esté tachando de comunista. Creo que puede sacársele partido para demostrar que eso es un cuento de los batistianos.

Revisé varias páginas detenidamente, cada vez con mayor avidez, sin intercambiar palabras. Me di cuenta enseguida de que lo que estaba viendo era de excepcional importancia.

—Esto es, precisamente, lo que necesitamos —le dije—. No hay mentís más rotundo a esa calumnia de que Fidel es comunista.

Al día siguiente, temprano en la mañana, me dirigí al escondite de turno de Manolo Ray, el apartamento de Luz Fabré, en el edificio de 11 y 14 en El Vedado, de varios pisos y dos entradas, que facilitaba el movimiento de gente sin llamar la atención. Para ver a Manolo me había comunicado la noche anterior con Olga Delgado (sin relación familiar con Olga Abelenda de Delgado, que menciono en el capítulo dedicado a la campaña del *03C*) la compañera encargada de coordinar las entrevistas clandestinas. No siempre era la misma persona la que se ocupaba de hacer los contactos. Se cambiaba con frecuencia por razones de seguridad y las direcciones se daban en clave como precaución ante la posibilidad de que las líneas telefónicas estuviesen interceptadas. Tampoco las claves eran siempre las mismas. Manolo solía no estar más de tres días en la misma casa, y no sólo para resguardarse de cualquier filtración o delación involuntaria bajo tortura de algún compañero detenido. Su captura, como el personaje de la clandestinidad más buscado en todo el país, implicaría las más atroces represalias contra aquellos que le dieran albergue.

Le entregué el libro y revisó las páginas que tenía marcadas. Su respuesta fue inmediata:

—Me parece formidable. Hay que divulgar esto cuanto antes.

Y con su acostumbrada autoridad y parquedad para seguir adelante, me dijo al despacharme:

—Ponte los patines.

Más sobre el joven Castro

Ecos de Belén-1945 no sólo reseñaba la reacción de los comunistas al acto de los jesuitas. Publicaba además, entre otras fotos, una del adolescente Castro, alto y flaco, de traje y corbata, con el brazo derecho levantado y el índice aseverativo en pose de orador heroico, mientras participaba en el simulacro de debate.

Y todavía más. Tan importante para la propaganda clandestina como contar con esa foto, aparecían otras que lo destacaban como atleta, cubriendo un amplio espectro de actividades deportivas. En una, llegando a la meta como ganador en la carrera de los 800 metros. En otra, con el equipo de béisbol, donde se distinguía como lanzador estrella. Pero lo más importante para mí de la cobertura deportiva, era una composición fotográfica donde aparecía sosteniendo una pelota de baloncesto en pose de movimiento congelado, con un gigantesco trofeo de fondo y el siguiente pie de grabado:

> *Fidel Castro, que por amor al Colegio y el entusiasmo con que defendió el pabellón Belemita en casi todos los deportes oficiales del Colegio, ha sido proclamado el mejor atleta colegial del curso.*

En los últimos tres años Fidel Castro había participado de manera muy destacada en baloncesto, pista y campo, fútbol y béisbol, habiendo sido *"All Star"* en baloncesto. Detalles importantes para divulgar en mi función de propagandista revolucionario por la admiración de que son objeto, en cualquier país, los deportistas sobresalientes.

Hasta en el pie de grabado de su retrato formal, parte ineludible de toda Memoria colegial, llovían los elogios para Fidel Castro como estudiante ejemplar, a quien se le auguraba un gran futuro. Decía textualmente:

Se distinguió siempre en todas las asignaturas relacionadas con las letras. Excelencia y congregante, fue un verdadero atleta, defendiendo siempre con valor y orgullo la bandera del Colegio. Ha sabido ganarse la admiración y cariño de todos. Cursará la carrera de Derecho y no dudamos que llenará con páginas brillantes el libro de su vida. Fidel tiene madera y no faltará el artista.

Excepcional documento para distribuir clandestinamente y mostrar al jefe de la insurrección con el perfil perfecto del líder que Cuba quería: inteligente, atlético, religioso, osado. Y anticomunista.

La importancia de Belén

Pero eso no era todo. Como alumno interno, Fidel Castro pertenecía al escogido grupo de los llamados congregantes, quienes acudían diariamente, en las primeras horas de la mañana, a la capilla del colegio para oír misa y comulgar. De esto se hacía eco, con evidente complacencia, la publicación del Colegio de Belén. Catolicismo y comunismo, como fuerzas antagónicas, eliminaban la posibilidad de que se pudiera creer en uno sin abjurar del otro. Fue así que pensé que el testimonio de la religiosidad de Fidel Castro habría de taparle la boca a los voceros de Batista, que no cesaban de acusarlo de comunista para degradar la lucha contra la dictadura y seguir disfrutando del apoyo militar de Estados Unidos.

Para difundir de *Ecos de Belén-1945* lo que me interesaba, me di a la tarea de producir un volante tamaño carta con copias de fotos y textos, impreso por ambos lados, para su distribución por las células clandestinas de Resistencia y el 26. Fotografié los grabados seleccionados y le confié a Jesús Forjans, del Departamento de Arte de *Siboney* —colaborador habitual en estos empeños— el montaje del original. La reproducción por serigrafía, mi medio predilecto, no era adecuada por el volumen de la tirada. Tuve que apelar a la imprenta clandestina del *M-26-7* que, controlada por su Responsable de Propaganda, *Mateo* (Vicente Báez), estaba ubicada en la casa del compañero Armando Rodríguez, dotada de paredes acolchonadas para amortiguar el ruido.

Con las memorias de Belén tenía en mis manos un instrumento de propaganda formidable para demostrar la falsedad de la acusación propalada por la dictadura. Mi convicción de que Fidel Castro nada tenía que ver con el comunismo era bien firme. Estaba basada en la información a mi alcance de sus planteamientos, expresados en varios manifiestos y discursos y en alguna que otra carta de su puño y letra que llegaba a mis manos desde la Sierra, a través de Luis Buch. Me las entregaba para su reproducción fotográfica en Publicitaria Siboney (mi principal taller de propaganda clandestina) para ser distribuidas a periodistas, diplomáticos y a toda la militancia posible.

El contenido de *Ecos de Belén -1945* consolidaba mi creencia de que Fidel Castro no era ni podía ser comunista. Pero lo más importante para mí era el efecto de esa información en la militancia revolucionaria, susceptible de abandonar la lucha si la percibía vinculada en algún grado al comunismo. De ahí mi interés en que el volante tuviera amplia difusión entre nuestros compañeros, porque éramos pocos y cada uno hacía mucha falta. Había que reafirmar la convicción de que estábamos luchando por una democracia pura, sin contaminaciones totalitarias. Aliada al comunismo, no existía guerra de tiros ni psicológica que tuviera la menor posibilidad de derrocar a Batista. Consciente de eso, la dictadura insistía en algo que le era conveniente, aunque difícil de creer y mucho más de demostrar. No obstante, yo estimaba necesario desmentir categóricamente la acusación a través de cuanto medio estuviera a nuestro alcance, además de que los periódicos clandestinos del Llano: *Revolución, Sierra Maestra y Vanguardia Obrera* dedicaban con frecuencia espacios para atacar el sistema comunista.

Anticomunismo conveniente

Calificar de comunista a un opositor, sin serlo, era maniobra típica y abusada de regímenes espurios. De hecho, Fulgencio Batista se veía imposibilitado de mostrar algún documento fehaciente para apoyar sus alegaciones de la filiación comunista de Fidel Castro. Y por una razón bien simple. Tales documentos no podían existir.

Lo conocido por mí de lo dicho y escrito por el jefe del *M-26-7* hasta ese momento, coincidía con lo que mis compañeros cercanos y yo creíamos: que sólo la vigencia a plenitud de las estructuras democráticas, incluyendo la honestidad en el manejo de los fondos públicos, sería capaz de generar las instituciones que garantizarían las libertades y el progreso, impidiendo el renacer de ese caudillismo que tan nefasto había sido para los cubanos y otros pueblos de nuestra América. No había que ser ducho en política para entender que esas instituciones democráticas nunca podrían tener vigencia bajo un régimen comunista.

La dictadura batistiana persistía en alardear de su anticomunismo para combatir al *M-26-7*. Pintarse de anticomunista, por entonces, era el mejor de los pretextos para los militares usurpadores en Latinoamérica, que no eran pocos en la década de 1950. A Fulgencio Batista, en Cuba, se le unían Rafael Leónidas Trujillo en República Dominicana, Marcos Pérez Jiménez en Venezuela, Gustavo Rojas Pinilla en Colombia, Manuel Odría en Perú, Carlos Castillo Armas en Guatemala, Alfredo Stroessner en Paraguay y Anastasio Somoza en Nicaragua. Todos tenían un denominador común: su exhibida ferocidad en la represión del marxismo para ganar méritos con el gobierno americano. También era común en ellos su ilimitada corrupción.

Con esos antecedentes del pretexto anticomunista como justificación de dictaduras, lo alegado por el régimen de Batista sobre Fidel Castro me inclinaba a pensar que respondía al invariable patrón de propaganda desplegado por sus homólogos latinoamericanos para justificar su mandato dictatorial.

Comunistas en la Sierra

A raíz del ataque al Cuartel Moncada el 26 de julio de 1953, la reacción oficial de los comunistas fue calificar la acción de "putchista", reduciendo su trascendencia al mero hecho de un golpe militar. Las instrucciones emanadas de la dirigencia soviética, por entonces, tenían como objetivo desvincular a los partidos comunistas regionales de cualquier estrategia de violencia política. Tenían que cuidarse de provocar la ira de Estados Unidos. De ahí la crítica a la acción del Moncada.

En el Llano desconocíamos que algunos líderes comunistas habían estado de visita en la Sierra Maestra. Ursinio Rojas, uno de ellos, declararía por televisión, semanas después del triunfo revolucionario, que había estado en la Sierra en octubre de 1957 para discutir, según dijo, "la creación de órganos para la lucha de masas". Esto, por supuesto, no significaba que necesariamente se le hubiera hecho caso, pero a la Sierra nadie podía llegar si no era previamente aceptada y coordinada la visita. De lo que podía inferirse que el celo de la dirigencia del Llano de mantenerse alejada de cualquier vinculación con los comunistas no parecía ser seguido en el escenario guerrillero.

A Rojas le seguiría, en julio de 1958, un dirigente de mayor jerarquía, Carlos Rafael Rodríguez, exministro en el período constitucional de Fulgencio Batista, que ahora tenía que esconderse de su antiguo jefe. Se dice que Fidel Castro tardó muchos días en recibirlo. Rodríguez regresó a La Habana y ya, alrededor de septiembre, estaba de nuevo en las montañas, donde permaneció hasta la fuga de Batista. Otro líder comunista que visitó la Sierra fue Luis Mas Martín, quien, según referencias, había sido compañero del jefe del *M-26-7* en la universidad. De las visitas mencionadas nos enteramos por las declaraciones de esos dirigentes publicadas en el periódico *Hoy* en las primeras semanas de gobierno revolucionario. Durante la clandestinidad nunca fuimos informados.

Lo que sí conocíamos era la filiación marxista del *Che* Guevara. No le dábamos mucha importancia por estimar que era sólo una forma individual de pensar que no comprometía en nada lo que todos esperábamos de la revolución. No lo veíamos como un infiltrado del partido comunista. Además, había otros dos factores a considerar. Para el Llano, su importancia en el proceso insurreccional no tenía la dimensión que le habría de otorgar la historia mitificada después de su muerte. Tampoco había que preocuparse por la presencia de un solo marxista en el conglomerado insurreccional cuando en el pasado, disfrutando de todos los recursos que ofrecía una sociedad democrática y que le dieron cierto poder, el comunismo nunca llegó a representar en Cuba una amenaza seria a la estabilidad institucional.

La infiltración comunista en la revolución

Por su formación católica y sus numerosos testimonios personales que avalaban su repulsa del marxismo-leninismo, ¿podía haberse sospechado una militancia comunista en Fidel Castro? Mientras pude, siempre me resistí a aceptar esa posibilidad. Habíamos incubado mil ilusiones para Cuba que quedarían cercenadas en un sistema totalitario como el soviético, cruelmente represivo y retrógrado. No podía imaginar al jefe del *M-26-7* dispuesto a semejante traición. Eso de llevar a la muerte a más de un millar de jóvenes por una causa justa y alzarse sobre su sacrificio para hacer todo lo contrario, me parecía tan horrendo y miserable que no podía concebirlo en alguien que, como Fidel Castro, personificaba en ese momento todas las virtudes cívicas y políticas.

Sin embargo, a partir de marzo de 1959 estaban llegando informes a la Dirección del *26* en La Habana de que miembros del Partido Comunista estaban siendo designados, unos en posiciones administrativas de importancia y otros como capitanes y tenientes (segundo y tercer rango de la jerarquía militar de entonces) de las

Fuerzas Armadas Revolucionarias, sin haber participado en la lucha contra Batista. Estábamos alarmados. No había ninguna razón que justificara esos nombramientos, aparte de que se desplazaba a valiosos militantes del Llano con méritos más que suficientes por su veteranía en la lucha, su capacidad para el desempeño de esas funciones y su identificación con los fines democráticos de la revolución.

Ante tales maniobras y para hacer patente la desvinculación del *M-26-7* con el ideario y los procedimientos del Partido Comunista, se creó, a instancias de Carlos Franqui y Vicente Báez, una columna diaria en el periódico *Revolución*, titulada *Granma*, que recogía la opinión de la Dirección Provincial de la Habana, ratificando el contenido democrático del proceso. Desde esa columna, se polemizaba con *Hoy*, el órgano comunista. Estaba a cargo, principalmente, de Fausto Masó, compañero de trabajo en Publicitaria Siboney y uno de mis colaboradores en el Movimiento de Resistencia. Tratábamos de apelar a todo lo que estuviera a nuestro alcance para ahuyentar de la revolución el fantasma comunista.

Fidel Castro desmiente su comunismo

Pero las dudas sobre las intenciones del jefe del Movimiento, que ya para muchos parecían inclinarse hacia el comunismo, no disminuían. Ante tales conjeturas, Fidel Castro se aprestaba a desmentirlas, lo que ya venía haciendo desde tan temprano como el 13 de enero de 1959. En declaraciones aparecidas en *Revolución* ese día, a menos de una semana de su entrada en La Habana, rechazaba categóricamente la imputación de comunista, tratando de disipar cualquier sospecha. El Comandante afirmaba: *Yo no soy comunista ni tampoco lo es el Movimiento*. Durante los primeros meses del gobierno revolucionario mantuve mi creencia en la certeza de esa declaración, a pesar de la opinión contraria de algunos compañeros y de ciertos indicios de infiltración comunista que también yo estaba observando. Uno de ellos era la progresiva importancia que estaba adquiriendo mi antiguo amigo comunista Antonio Núñez Jiménez (director ejecutivo del Instituto de Reforma Agraria; según algunos, el verdadero gobierno) y las enigmáticas estrellas rojas, (emblema del ejército soviético) que, en sustitución de las tradicionales blancas, se estaban viendo en los vehículos militares. Pero una cosa era lo que yo quería creer y otra lo que se decía en la calle, cuando el

Comandante iba consolidando su poder y los rumores de su filiación comunista aumentaban.

El 26 ante la infiltración

Pero a pesar de las negativas de Fidel Castro de su militancia comunista, las noticias de designaciones de miembros del Partido en el gobierno revolucionario y en las fuerzas armadas no cesaban. Según los dirigentes provinciales del *M-26-7*, muy en particular los de Camagüey y Las Villas, las órdenes para esos nombramientos en posiciones de suma importancia, procedían invariablemente de los comandantes Raúl Castro y Ernesto (el *Che*) Guevara.

A tal punto llegaban los rumores, que una reunión de dirigentes del Llano fue convocada para considerar la amenaza de esa infiltración. Los más destacados de los asistentes, en virtud de las funciones que estaban desempeñando como ministros del Gobierno, eran Manolo Ray, Faustino Pérez, Enrique Oltuski y Manuel Fernández, además de Marcelo Fernández, que fungía como subsecretario de Estado. También estaba presente Carlos Varona, subsecretario de Trabajo. Aunque consagrados a sus deberes ministeriales, compartían la inquietud del resto de la militancia por lo que estaba ocurriendo y decidieron asistir. Otro miembro de la Dirección Nacional, Carlos Franqui, no fue citado porque se encontraba en Europa, en gestiones de adquirir una nueva prensa para *Revolución*. Se escogió, como lugar para la reunión, el Ministerio de Estado (luego Relaciones Exteriores). Entre mayo y junio de 1959 Marcelo había renunciado como Coordinador Nacional del *M-26-7* y lo sustituía interinamente Ángel Fernández Vila (*Horacio*), el Coordinador de la Habana, que estaría también presente. Armando Hart, que ocupaba la cartera de Educación, también fue invitado, pero no asistió. Acudieron, además de los mencionados, el máximo líder obrero del *M-26-7,* David Salvador, el dirigente de la CTC Revolucionaria, José Pellón y otros dos valiosos representantes del Llano, Arnold Rodríguez y Pepe Díaz. Representando a la Dirección Provincial de la Habana estábamos Vicente Báez y yo.

El Ministro de Trabajo, Manuel Fernández, contador público y exmiembro de la desaparecida organización revolucionaria radical *Joven Cuba*, era bastante mayor que nosotros. No pertenecía al *M-26-7,* pero su excepcional preparación política y su conocido rechazo a las maniobras pro comunistas lo hacían valioso y confiable. Los del *26* de La Habana manteníamos una comunicación frecuente con él en busca de orientación.

Presiones para aupar comunistas

Uno de los testimonios puestos sobre la mesa en la reunión, que nos puso a pensar, fue el presentado por David Salvador. Como máximo dirigente obrero durante la clandestinidad, estaba a cargo provisionalmente de la secretaría general de la Confederación de Trabajadores de Cuba (CTC). Después de la reorganización inicial, donde fueron depurados los líderes corruptos afectos a Batista, la dirigencia obrera estaba en el proceso de convocar a unas elecciones sindicales libres. David denunció que se estaban ejerciendo una serie de presiones para que comunistas sin legítimo respaldo ocuparan posiciones en la dirección obrera. Ni los comunistas ni ninguna de las organizaciones revolucionarias, salvo el *M-26-7*, tenían suficiente representación en las filas del obrerismo para salir airosos en unas elecciones.

Uno a uno fuimos dando a conocer nuestros temores, aportando testimonios que convergían en la infiltración de comunistas en el gobierno y el ejército. Había unanimidad en que los promotores de esa situación eran Raúl Castro y el *Che* Guevara. Sin embargo, la responsabilidad de Fidel Castro en toda esa conjura no la veíamos tan clara como para indicarnos que él estaba detrás de esos planes. Teníamos dudas. No percibí temor en los presentes a lo que pudiera pasar si trascendía la celebración de la reunión y lo discutido en ella. Cualquiera de los que allí estábamos había expuesto la vida combatiendo la dictadura militar. El respeto que le teníamos al compañero jefe no podía confundirse con el miedo. Las cartas se pusieron sobre la mesa sin cortapisas. Todos fuimos sinceros. Pero en ninguno de nosotros quedó la impresión de que Fidel Castro participaba en la conspiración pro comunista, aunque sí éramos conscientes del peligro que representaba para el país una eventual traición a los ideales democráticos sostenidos durante la lucha contra Batista.

Lo más grave de todo era que, si se trataba de una lucha por el poder, algo que había insinuado Manuel Fernández, no teníamos la menor posibilidad de hacer valer nuestra posición en el caso de que Fidel Castro fuera el promotor secreto de la infiltración comunista. ¿Dónde radicaba esa imposibilidad? En algo tan simple como el desconocimiento que el pueblo tenía de nuestra labor en la etapa insurreccional. Para la gente, la revolución era sólo la Sierra, con sus barbas, sus uniformes y sus fusiles. De la labor del Llano, tan importante históricamente como la de la guerrilla, nadie se hacía eco. Éramos desconocidos. El gran dispensador de jerarquías era únicamente Fidel Castro, en virtud de la ignorancia de la población sobre quienes integraban el otro factor —muy mayoritario— de la victoria. Su palabra era ley. Podía aplastarnos en unos minutos sin el menor asomo de protesta popular.

No obstante, como conclusión de la reunión persistimos en la convicción de que el Comandante, de acuerdo con lo que nos aseguraba siempre y declaraba públicamente, estaba muy lejos de responder a su insinuada militancia marxista-leninista.

Contra el comunismo los trabajadores

Con posterioridad a la reunión, David Salvador nos reiteró su preocupación por las presiones que se estaban ejerciendo para situar comunistas en la dirigencia de la CTC. Según David, esas presiones iban cobrando fuerza, con la peculiaridad de que Fidel Castro participaba, por primera vez y visiblemente, junto a su hermano Raúl en las maniobras de infiltración comunista.

La dirigencia obrera del *M-26-7* y su legión de simpatizantes dominaban abrumadoramente el escenario laboral pero, para sorpresa de todos, Fidel y Raúl Castro estaban tratando de minar esa preferencia con un llamado —casi exigencia— de "unidad", sin precisar con quién había que unirse. ¿Con los comunistas? ¿Los mismos que criticaron el asalto al Moncada y sabotearon el llamado a la huelga del 9 de abril? ¿Los mismos que predicaban un sistema económico fracasado, que estaba sumiendo en la ruina a tantos países? ¿Los que apoyaban la brutal represión política en la Unión Soviética y sus países satélites? No podía ser con otros. Eran los únicos que, aunque de militancia ínfima, podían presentar candidatos. Se sobreentendía que eran ellos a quienes se referían los hermanos Castro cuando hablaban de unidad.

Para nosotros, era inconcebible ese interés de ambos en fomentar la presencia de comunistas en los cuadros dirigentes de los trabajadores. El programa del Frente Obrero Nacional del *26* era más que suficiente para ser calificado de revolucionario. Resultaba sospechosa y alarmante esa tendencia a favorecer candidatos que no podían responder, en virtud de su formación estalinista, a las aspiraciones democráticas de la militancia obrero-revolucionaria.

Cuando Fidel Castro se presentó en el Palacio de los Trabajadores para impedir el triunfo del *26* que podía anticiparse, clamó por la "unidad" consabida y ocurrió lo que nadie hubiera imaginado. Una tremenda rechifla recibió como respuesta, a pesar de que atreverse a disentir a esas alturas podía costarle caro a cualquiera. Si consideramos la sólida autoridad que el Comandante acumulaba progresivamente en los tiempos iniciales de su mandato y su personalidad carismática, la rechifla sólo podía interpretarse como un enérgico y masivo rechazo del obrerismo cubano a las maniobras de infiltración comunista, aunque vinieran santificadas por el *máximo líder*.

Y a pesar del interés manifiesto y las presiones de los Castro para incluir comunistas en la dirigencia obrera, al celebrarse el 8 de noviembre de 1959 las elecciones sindicales, las 33 federaciones de la Confederación de Trabajadores de Cuba fueron ganadas arrolladoramente por los militantes del *26 de Julio*, bajo el liderazgo de David Salvador.

Si había dudas de lo que pensaba el pueblo cubano sobre el comunismo una vez iniciado el proceso revolucionario, unas elecciones sindicales libres a los once meses del triunfo insurreccional ratificaban el total repudio de los trabajadores a ese sistema y a quienes parecían inclinados a imponerlo: Fidel Castro, su fraterno Raúl y el *Che* Guevara.

Mikoyán en La Habana

Sin mucho preámbulo propagandístico, fue recibido en Cuba el segundo hombre al mando en la Unión Soviética, Anastás Mikoyán, cuya visita también comento al final del Capítulo 6. El viceprimer ministro soviético llegaba a La Habana, procedente de México, el 4 de febrero de 1960. Era la primera visita a Cuba de un funcionario de alta jerarquía de ese país después del triunfo revolucionario. Su presencia daría lugar a un acuerdo comercial con la Unión Soviética, aunque las relaciones diplomáticas, suspendidas después del golpe de Estado de Batista en marzo de 1952, no habían sido reanudadas oficialmente.

En el acuerdo, la Unión Soviética se comprometía a comprar un millón de toneladas de azúcar anualmente, a un precio (2.78 centavos de dólar por libra) cerca del doble del que le venía pagando a Cuba en el mercado mundial antes de la revolución (el precio preferencial de Estados Unidos para la cuota de importación asignada a Cuba era de 5.0 centavos de dólar). El 20% de la compra soviética sería pagado en dólares y el resto en mercancía. Y se ofrecía un crédito equivalente a 100 millones de dólares, a bajo interés, para la compra de artículos soviéticos. La transacción no incluía petróleo. El que recibía Cuba provenía de Venezuela, de los pozos que explotaban en ese país las mismas compañias propietarias de las refinerías establecidas en la Isla.

A la visita de Mikoyán se le quiso dar un aspecto casual. Estaba en México, cerca de Cuba, y era una buena oportunidad para invitarlo. No necesariamente el acuerdo de compra de azúcar tenía que haber sido discutido y redactado de antemano, ya que la visita fue de varios días. Pero resultaba muy sospechoso que al día siguiente de su llegada estuviera, junto a la plana mayor de la revolución (Fidel y Raúl Castro, el *Che* y Dorticós) como huésped de honor en la inauguración de una Exposición Soviética de Ciencia, Técnica y Cultura en el Palacio de Bellas Artes, cuyo montaje, que debía haber tomado algún tiempo, había sido un secreto bien guardado. Acción solapada en la que tenían que haber participado los viejos cuadros del Partido Comunista, ya que a los exmiembros del desaparecido *M-26-7* la visita de Mikoyán nos cogió de sorpresa. Paulatinamente, se iba consolidando la penetración comunista. Mientras tanto, el *máximo líder* la seguía negando.

El mundo comunista en 1959

Todo lo que he descrito sobre el desarrollo del marxismo-leninismo en Cuba abunda en la realidad de que promover su infiltración en las filas revolucionarias triunfantes el primero de enero de 1959 no sólo significaba traicionar lo sustentado en la etapa insurgente sino que se conducía el país hacia el abismo. Más que una condena a un futuro incierto, se empujaba a la Nación a un destino de inevitable atraso y supresión de libertades. Pero, ¿era ésa la realidad aparente del comunismo en el orden internacional, a raíz del triunfo revolucionario? Otras campanas repicaban. Y bien diferentes.

El comunismo había sido implantado en el país más poblado del mundo, China, sólo diez años antes de la revolución en Cuba, obligando al gobierno nacionalista de Chiang Kai-Shek a desplazarse a la isla de Formosa. Y Nikita Jruschov, el líder soviético, se desentendía de la historia negra del comunismo al denunciar los crímenes de Stalin. Al mismo tiempo, la Unión Soviética blasonaba de estar a la cabeza de todos los países en el plano científico y tecnológico al poner en el espacio un satélite artificial, para asombro del mundo.

El *Sputnik* —nombre que le darían— fue lanzado al espacio el 4 de octubre de 1957, cuando el Movimiento 26 de Julio estaba en el proceso de consolidar su presencia insurreccional en la Sierra y en el Llano. Al mes, un segundo lanzamiento siguió, ahora con una pasajera, la perrita Laika, estremeciendo los círculos políticos del mundo libre y alarmando particularmente a los de Estados Unidos por la amenaza que representaba esa capacidad soviética para el lanzamiento de misiles balísticos desde Europa.

El prestigio que estas hazañas científicas le daba a la Unión Soviética llevaba a muchos a pensar que su hegemonía mundial sería inevitable y que su principal enemigo en la Guerra Fría, Estados Unidos, estaba a la zaga del progreso científico y el poderío militar, lo que determinaría su decadencia. El mundo se inclinaba a olvidar la brutal invasión soviética de Hungría, que había aplastado un reclamo masivo de libertad sólo un año antes del sensacional lanzamiento del *Sputnik*.

El caso de Little Rock

Mientras tanto, Estados Unidos se mostraba como candente arena de conflictos raciales, con eventos que abonaban los argumentos comunistas. Presentarse como el paladín de la libertad y permitir la discriminación de sus ciudadanos afroamericanos era incongruente. Los avances sociales de la gran potencia que había liquidado las amenazas del fascismo y el nazismo estaban por verse todavía, casi a una década de haber finalizado la Segunda Guerra Mundial. Y en la capital del estado de Arkansas, Little Rock, iba a tener lugar un acontecimiento de histórica trascendencia, que contribuiría a cambiar significativamente las relaciones entre los ciudadanos estadounidenses de diferente color de piel.

En 1954, ante una demanda presentada, la Corte Suprema de Estados Unidos había fallado que la discriminación racial en las escuelas públicas era inconstitucional. A pesar de ello, en enero de 1956, veintisiete estudiantes negros fueron rechazados en Little Rock, capital de Arkansas, al intentar matricularse en escuelas públicas exclusivas para blancos. Y en septiembre de 1957, otros nueve fueron impedidos de entrar en una escuela de segunda enseñanza, nada menos que por la Guardia Nacional, movilizada por el gobernador Orval Faubus. Ante ese hecho, el presidente Dwight D. Eisenhower envió mil soldados del Ejército y federalizó la Guardia Nacional. Los estudiantes negros tuvieron que ser admitidos, pero no por eso los conflictos raciales iban a cesar.

Y en 1959, año en que Fidel Castro se hace del poder, el problema racial en Estados Unidos seguía tan candente que servía de fácil explotación para la propaganda comunista. Nada más a mano y convincente que la discriminación racial para descalificar el reclamo de Estados Unidos de adalid del mundo libre. Coyuntura muy favorable para los planes de Castro, que no perdía oportunidad de presentarse como el más vigoroso líder antirracista que Cuba había conocido.

La confesión del engaño

Podía darse por sentado que, al triunfar la insurrección promovida por el Movimiento 26 de Julio, la Unión Soviética había alcanzado considerable importancia y respeto en el orden internacional por sus avances técnicos. Pero también por el repudio de su pasado estalinista, asumido por el gobierno de Nikita Jruschov y aplaudido en los círculos internacionales. Al mismo tiempo, Estados Unidos perdía influencia y simpatía en el mundo por los mencionados conflictos raciales. Teniendo en cuenta ese cuadro mundial, puede presuponerse que era atractivo para Fidel Castro acercarse al mundo comunista para consolidar su poder a través de una alianza con la Unión Soviética.

Así, declararía solemnemente el 16 de abril de 1961, como una revelación sorpresiva, lo que ya se venía sospechando. Dijo entonces —víspera del desembarco en Cuba de la *Brigada 2506*— que su revolución era socialista. Suavizaba algo la realidad en su inesperada confesión para eludir un adjetivo más correcto, pero algo comprometedor todavía: comunista.

Pero el gran revuelo tuvo lugar cuando el Comandante afirmó que su militancia comunista databa desde, prácticamente, los tiempos del ataque al Moncada. En un discurso pronunciado en La Habana el 2 de diciembre de 1961, anunciaba:

¿Creo en el marxismo? Creo absolutamente en el marxismo. ¿Creía el primero de enero? Creía el primero de enero. ¿Creía el 26 de julio? Creía el 26 de julio. ¿Lo entendía como lo entiendo hoy? Comparado como lo entendía entonces y como lo entiendo hoy hay una gran diferencia. ¿Tenía prejuicios? Sí, tenía prejuicios. ¿Cuándo el 26 de julio? Sí. ¿Me puedo llamar un revolucionario cabal cuando el 26 de julio? No, no me puedo llamar un revolucionario cabal. ¿Me podía llamar un revolucionario cabal el primero de enero? No, me podía llamar un revolucionario casi cabal. ¿Me puedo llamar un revolucionario cabal hoy? Eso significaría que me sintiera

satisfecho de lo que sé, y no estoy satisfecho, desde luego. ¿Tengo algunas dudas sobre el marxismo y entiendo que algunas interpretaciones se equivocaron y que hay que revisarlas? No tengo la menor duda.

También añadía, en el mismo discurso:

A mí me han preguntado algunas personas si yo pensaba, cuando el Moncada, lo que pienso hoy. Yo les he dicho que pensaba muy parecido a como pienso hoy. Esa es la verdad.

Y después, categórico, para definir mejor lo que quería decir:

Lo digo aquí con entera satisfacción y con entera confianza: soy marxista-leninista y seré marxista-leninista hasta el último día de mi vida.

La necesidad imperiosa de la confesión pública

Esa confesión, como demuestra la historia, era todo lo contrario a lo que había venido sosteniendo Fidel Castro en la Sierra y durante más de dos años en el poder. Echaba por tierra sus numerosas declaraciones, recogidas en manifiestos, cartas, entrevistas periodísticas nacionales e internacionales y comparecencias públicas, en las que insistía en su desvinculación con los postulados marxistas-leninistas. ¿A qué podía deberse esa inesperada confesión, que no encajaba con su pasado, al menos el conocido públicamente? No se puede encontrar otra razón que no sea el oportunismo.

Con anterioridad a la sensacional declaración del *máximo líder* de su militancia marxista, el primer ministro soviético Nikita Jruschov, al preguntársele en las Naciones Unidas, cinco semanas antes, si Fidel Castro era comunista, había respondido: "No sé si Fidel es comunista pero yo soy fidelista". Señal que podía haber sido estimada como muy peligrosa por el Comandante, quien, al parecer, no quería que existiera la menor posibilidad de ser excluido del círculo de beneficiarios del comunismo internacional. Necesitaba ese apoyo imperiosamente para darle rienda suelta a sus futuros planes bélicos de intervención en otros países mientras les dejaba a los soviéticos el sostenimiento de la economía cubana.

No es lógico pensar que una potencia mundial como la antigua Unión Soviética iba a prestarse a proteger lo que podría ser un aliado no del todo confiable. Ni que alguien que no había figurado oficialmente como miembro del partido comunista, pudiera hacerse acreedor a una ayuda soviética más allá de las relaciones normales entre los dos países. Creo que, por esa razón, la profesión de fe marxista de Fidel Castro tenía que llegar a niveles de exageración, con la intención de convencer a su potencial protector, Jruschov, de que estaba con ellos desde mucho antes, cuando prácticamente nadie lo sabía ni se lo imaginaba. Esa confesión comprometía políticamente al líder soviético, quien no podía sustraerse a la protección y ayuda de tan espontáneo y notorio correligionario.

He podido observar que Fidel Castro menosprecia todo lo que no surja de sus propias reflexiones. Por lo que infiero que toda adopción de un cuerpo doctrinario desarrollado por otro, llámese Marx, Lenin, Mao o el que sea, responde más bien al oportunismo que a una sincera convicción. Para lograr sus objetivos Fidel Castro tendría a su favor la primitiva emotividad de Jruschov, quien se sentiría obligado a tomar en cuenta a un líder famoso que le entregaba, —¿cándidamente?— una presencia activa como aliado a las puertas de su peor enemigo.

Hoy sabemos que el *máximo líder* había manifestado desde la Sierra, como su destino histórico, hacerle la guerra a Estados Unidos. Y habría de supeditar cualquier otra iniciativa como dueño del poder a la consecución de ese objetivo. La maniobra de imponer el comunismo en Cuba le era ventajosa porque le garantizaba el padrinazgo de la Unión Soviética, que parecía estar ganando la Guerra Fría. Desvincularía a Cuba de la economía estadounidense, obtendría apoyo financiero de los soviéticos y tendría a su disposición todas las armas necesarias para sus obsesiones bélicas, como las que llegaría a culminar en Africa y América Latina, incluyendo en su momento hasta la temeraria instalación en Cuba de misiles nucleares soviéticos apuntando hacia Estados Unidos. Así estaría aliado al que consideraba seguro ganador en la guerra fría y disfrutaría de una presencia internacional como árbitro en los destinos del mundo.

Esa traicion a los genuinos intereses revolucionarios habría de afectar negativamente la vida de millones y millones de cubanos durante más de medio siglo.

Lo realmente importante

Por otro lado, el comunismo —rechazado por los núcleos revolucionarios del Llano, la oficialidad no incondicional del Ejército Rebelde y prácticamente por la totalidad del pueblo al llegar Fidel Castro a La Habana— era totalmente opuesto a los fundamentos democráticos de la lucha contra Batista. Obviamente, el desacreditado marxismo-leninismo no podía ser una promesa verdaderamente revolucionaria.

Mucho se ha especulado sobre si Fidel Castro era o no comunista desde el principio de la contienda o antes de ella. O si se convirtió en la Sierra. O si en la Sierra actuaba como agente de la Unión Soviética. O si su adscripción al marxismo-leninismo fue una respuesta, como alegan algunos especuladores, a las acciones de Estados Unidos en defensa de sus intereses. En realidad, todo ese barullo carece de trascendencia. Lo verdaderamente importante no es la cronología de la mentira, ni en qué momento comenzó la hipocresía, ni cuándo se gestó el engaño o concibió la traición. Lo realmente trágico y digno de ser tenido en cuenta es que las promesas democráticas de la revolución no fueron cumplidas y, contra todo lo que se esperaba, se impuso un sistema comunista en su plenitud totalitaria, con su ausencia de libertades y sus fracasados postulados económicos. Que han prevalecido en Cuba durante más de medio siglo en virtud de la aplicación despiadada del terror revolucionario y de su máxima expresión: el asesinato por fusilamiento.

Composición fotográfica en ECOS DE BELÈN 1945, con el siguiente pie de grabado:
 Fidel Castro, que por su amor al Colegio y el entusiasmo con que defendió el Pabellón Belemita en casi todos los deportes oficiales del Colegio, ha sido proclamado el mejor atleta colegial del curso.
Esta foto y otras partes de la memoria de Belén fueron divulgados clandestinamente por el autor en la lucha contra Batista, tratando de demostrar que, por su educación jesuítica y su aparente religiosidad, Fidel Castro no podía ser comunista.

Foto publicada en ECOS DE BELEN 1945, donde aparece un Fidel Castro de 18 años en un ensayo pedagógico de debate en el Colegio de Belén, criticando la "absoluta centralización" de la enseñanza en la Unión Soviética (Stalin) y Alemania (Hitler). Coincidentemente, ya en el poder, el joven orador haría lo mismo.

CAPÍTULO 11
BAHÍA DE COCHINOS -PLAYA GIRÓN

Otro cambio súbito de vida

Cuando ya me estaba adaptando a una nueva vida en Madrid, holgada en lo económico y agradable por un entorno amable, recibí una llamada telefónica de quien menos podía imaginar. Procedía de la ciudad de Miami. Y al otro lado de la línea estaba Manuel Ray. Sorpresa mayúscula, pero grata al saberlo fuera del alcance del terror castrista. Mi antiguo jefe revolucionario me informaba que había llegado a Estados Unidos después de salir clandestinamente de Cuba con la misión de asegurar el abastecimiento de armamentos, explosivos y equipos de comunicación para las operaciones subversivas del Movimiento Revolucionario del Pueblo (MRP) dentro de la Isla. Y consolidar la presencia del Comité en el Exterior del MRP para solicitar la ayuda de altos funcionarios del gobierno americano y coordinar posibles acciones conjuntas para recuperar la libertad. Me pedía Ray que me hiciera cargo de unas transmisiones radiales que serían dirigidas a Cuba desde Miami.

Esa llamada podía significar otro cambio trascendental en mi vida si abandonaba la estabilidad que me ofrecía Madrid, donde ya me sentía como en casa. Alicia estaba a menos de cuatro meses del parto. Y me preocupaban las consecuencias que para Mariano Guastella, que había sido muy generoso con nosotros, podría ocasionarle nuestra partida. Pero me abrumaba un conflicto de conciencia. ¿Era justo que yo disfrutara de las ventajas de una vida tranquila mientras en Cuba los revolucionarios desengañados estaban organizándose para combatir la traición, asumiendo todos los riesgos que eso implicaba? ¿En momentos en que al MRP se estaban sumando figuras de la talla de Raúl Chibás, Felipe Pazos Ramón Barquín, Andrés Valdespino, Rufo López Fresquet y Ernesto Betancourt, ampliamente conocidos por su integridad y patriotismo?

En el tiempo transcurrido entre mi llegada a España y la llamada telefónica de Ray había ocurrido un crimen inconcebible: el fusilamiento de los primeros oficiales rebeldes alzados contra la emergente usurpación comunista. A mediados de octubre de 1960 caían frente a un nuevo paredón tres oficiales de las fuerzas armadas revolucionarias: los capitanes Porfirio Ramírez, presidente de la Federación Estudiantil Universitaria de Las Villas, y Sinesio Walsh, ambos del *M-26-7*, y el comandante Plinio Prieto, de la Organización Auténtica. Los fusiles castristas no apuntaban ya contra los responsables de torturas y asesinatos en tiempos de Batista. Iban dirigidos ahora contra los verdaderos revolucionarios, que se oponían a la traición de imponer en Cuha el comunismo. Los tres jefes insurgentes fusilados habían estado operando en la zona montañosa de El Escambray, en la provincia de Las Villas, antiguo reducto antibatistiano.

Por esos días también había ocurrido la fuga de las prisiones de El Morro de los oficiales de la columna del comandante Huber Matos que se encontraban cumpliendo condenas por su solidaridad con el jefe rebelde. Operación espectacular, planeada y dirigida por Ray y ejecutada por el MRP. El rechazo a la instauración de una nueva dictadura estaba calando en el pueblo a un ritmo acelerado. Me sentía avergonzado de no incorporarme a la lucha que se estaba librando mientras vivía sin problemas en España. Consideré que unirme a ella era ineludible, sin reparar en los nuevos inconvenientes que esa decisión tenía que implicar en el orden personal y familiar. No podía ignorar el llamado de Ray, a quien consideraba, por su visión constructiva y democrática, el máximo representante de la revolucióm que Cuba esperaba. Tomada la decisión, se la informé a Mariano Guastella. Lo hice con pena. Le debía haberme dado trabajo en un momento crucial. Y conté con el consentimiento de Alicia para el viaje, cerca de su sexto mes de embarazo, que mucho tenía que agradecerle porque mi labor dentro del MRP carecería de remuneración económica. Tendríamos que arreglárnoslas como pudiéramos en Miami, que por aquella época no era precisamente pródiga en oportunidades de trabajo.

Dentro del Miami conflictivo

Con visas de turista, expedidas por el consulado americano de Madrid, aterrizamos en Miami la noche del 19 de diciembre de 1960. Llegaba a mi nuevo destino sin entusiasmo. Una ciudad donde tendría de indeseables vecinos a unos cuantos asesinos y torturadores que huyeron de Cuba en sincronización con Batista. Eran muchas las preocupaciones que me asaltaban. Pero era más fuerte el sentido del deber ante el recuerdo de los compañeros caídos en la lucha contra Batista. Detestaban el comunismo. Y me sentía obligado a honrarlos contribuyendo a luchar contra la traición a los principios por los que dieron la vida. En el momento del aterrizaje, a pesar de la tristeza que me embargaba ante lo incierto de nuestro futuro (y el del retoño a nacer) me alentaba la satisfacción íntima de cumplir con un deber de conciencia, que moralmente no podía evadir.

Miami se había convertido en el refugio de una ínfima minoría de criminales de Batista, lo que le servía a Fidel Castro de pretexto para involucrar políticamente al gobierno americano como cómplice de su presencia, cuando en realidad respondía a una práctica de protección de los refugiados políticos que poco o nada discriminaba y era más institucional que decisión de un gobierno en particular. De Estados Unidos salieron expediciones hacia Cuba para nutrir de armamentos a las fuerzas independentistas contra España. En la década de 1950 fueron numerosos los viajes clandestinos por mar y aire de la Florida a Cuba con revolucionarios a infiltrarse y pertrechos para los alzados contra Batista. En ninguna de esas operaciones estuvo involucrado el gobierno de Estados Unidos. Pero su política de protección al refugiado político explicaba por qué, junto a los exiliados que huían del cambio radical que se le estaba dando a la revolución, se avecindaban también en Miami algunos criminales de la dictadura depuesta.

A poco de llegar a la ciudad empecé a descubrir unas fundamentales diferencias en los enfoques de las distintas organizaciones del exilio sobre el problema cubano y la forma de luchar contra Fidel Castro. Diferencias que se agudizarían progresivamente dentro de una diáspora heterogénea. Una de ellas, muy marcada, tenía que ver con los fondos para operar. ¿De dónde procedía el dinero con que funcionaba el MRP en el exterior? Increíblemente, en buena parte, de la propia Cuba. Allí se recolectaba en pesos, se cambiaban subrepticiamente en dólares y llegaba a Miami para cubrir las necesidades más perentorias (a esa fecha, el tráfico de pasajeros entre esa ciudad y La Habana no estaba sujeto a los rigurosos controles que se establecerían después). Hubo, además, una donación secreta de 16,000 dólares mensuales que se recibió durante tres meses del Departamento de Estado de Estados Unidos, por gestiones del doctor Arturo Morales Carrión, Segundo Subsecretario para Asuntos Latinoamericanos que, aunque nacido en Cuba, era un distinguido intelectual y político puertorriqueño. Pero la diferencia fundamental entre el MRP y la mayoría de las organizaciones del exilio que combatían a Fidel Castro era que ninguno de los miembros de su Comité en el Exterior ni sus militantes recibía estipendios de la Agencia Central de Inteligencia de Estados Unidos (CIA, por sus siglas en inglés).

Los ataques a Manuel Ray y al MRP

En el MRP no teníamos nada en contra, naturalmente, de que el gobierno de Estados Unidos hiciera el mejor de los esfuerzos en apoyar una gesta revolucionaria para combatir el comunismo, ayudando a la rebelión armada y contribuyendo al sostenimiento de publicaciones democráticas. Ray había dejado claramente sentado, y así se lo había hecho saber a los funcionarios de la CIA, que cooperaríamos lealmente con ellos en lo que coincidiéramos pero que no iríamos juntos en lo que pudiéramos discrepar. En resumen, que no estábamos sujetos a sus órdenes y debían respetar nuestras decisiones. Esa actitud nada tenía que ver con la clásica postura de los radicales latinoamericanos, de uno y otro extremo, de presentar a la CIA como un centro de perversión política y fuente infernal de injusticias. Excusa siempre a mano para enfatizar posiciones de nacionalismo gritón y captar fanáticos. Éramos conscientes de que la CIA, frente a las maniobras del servicio de espionaje soviético (el tenebroso KGB) era indispensable para defender el sistema democrático. Pero sus agentes podían errar. No tardaría en enterarme de que, en el aspecto político, la dirección y administración de esa colaboración del gobierno americano en nuestro empeño libertador no estaban en las manos más indicadas.

Noté que se intentaba generar un ambiente de hostilidad hacia los que, en la lucha contra la traición ideológica de Fidel Castro, sosteníamos los mismos principios que sirvieron de base para el derrocamiento de Batista. Abogábamos por la restauración de esos ideales, ninguno de los cuales estaba siendo respetado por la dictadura emergente. Y no tardé en percibir que un sector de exiliados poderosos económicamente veía en Manuel Ray y el MRP, cuya dirigencia procedía mayormente del *M-26-7*, un freno a sus pretensiones de poder. Apelaban a cualquier maniobra para entorpecer nuestra misión, que respondía a lo que en Cuba era un deseo generalizado: apoyar los cambios necesarios dentro de una revolución democrática, superando los fallos de un pasado funesto. Lo que el pueblo quería era el cumplimiento de las promesas del período insurreccional pero sin la dirección comunista, que lo haría imposible. Como el MRP respondía a ese sentir, los que en Cuba estaban traicionando esas promesas nos contemplaban como sus más serios enemigos. Allá nos tildaban de derechistas y contrarrevolucionarios. Y en el exilio, la ultraderecha nos acusaba de comunistas. La falsedad de ambas imputaciones nos situaba, lógicamente, en un centro político que, por supuesto, nos honraba. La posición centrista ante la historia ha sido el principal promotor de cambios positivos en la gesta eterna de la humanidad por la justicia y el progreso. Postura caracterizada por la ausencia de rigidez dogmática, abierta a las opiniones sensatas que pudieran surgir de cualquiera de los dos lados contrapuestos. Sin ataduras ideológicas limitantes.

En Miami, con la ayuda económica de la CIA, se hacía posible la publicación de revistas y periódicos en español, dirigidos por editores que habían sido perseguidos en Cuba. Unos, responsables y dignos. Otros, sin reparos en apelar a la mentira y la calumnia para hacer valer sus posturas contra todo aquel que había apoyado la revolución en un principio. Uno de los casos más notables en esa campaña difamatoria fue el del periódico Avance, intento de reedición del confiscado en Cuba con el mismo nombre. Publicaba una "entrevista" a Manuel Ray que jamás había tenido lugar, supuestamente hecha en Cuba unas semanas antes de llegar Ray a Estados Unidos. El periódico intentaba hacer ver que Ray estaba de acuerdo con lo hecho por Fidel Castro y lo único que pretendía era suplantarlo. Ponía en boca del líder del MRP un cúmulo de falsedades para presentarlo como afín a las ideas marxistas. La intención de debilitar y dividir al MRP era obvia. El programa reformista anunciado por el MRP pugnaba con la visión retrógrada sostenida por algunos de los principales dirigentes exilados, interesados en acoplarse a las demandas de obediencia de la CIA para beneficiarse políticamente de ese apoyo. Insistíamos, sobre todo, en que la estrategia correcta para combatir la imposición del comunismo era la del desarrollo de la lucha dentro de Cuba, que estimábamos mucho más importante que lo que pudiera hacerse desde el exterior.

Pero quizás lo que más molestaba a algunos dirigentes de tendencias ultraderechistas era el mensaje de justicia social del MRP. Creíamos que no bastaba con decir contra qué o quiénes se luchaba. Era igualmente importante definir por qué se luchaba. El programa del MRP tenía como meta principalísima combatir la miseria y prestarle atención a los sectores marginados de la población, campesinos y urbanos. Y en mejorar la salud y la educación públicas, respetando y garantizando, al mismo tiempo, el funcionamiento de las entidades privadas que tan bien habían servido al país en ambos aspectos. La promoción del desarrollo económico a través del apoyo oficial a la iniciativa privada era prioritario. Metas a alcanzar dentro de una sociedad democrática que estimularía la vocación empresarial y respetaría, sobre todo, la libertad de prensa e información. La economía de mercado era reconocida por el MRP como base del progreso económico y marco indispensable para el desarrollo agrícola, industrial y comercial de la Nación.

En resumen, el programa del MRP recogía aspiraciones y propósitos identificables en cualquier sociedad abierta y nada tenía de extremista. Pero para el confundido exilio de aquellos tiempos cualquier legítima preocupación social, hasta la más leve, se confundía con el radicalismo de izquierda. Y los agentes americanos asignados a coordinar las operaciones de liberación parecían compartir ese criterio, aunque creo que sus razones para la hostilidad hacia el MRP no eran sólo de carácter político o ideológico. Fomentar la lucha interna como el factor decisivo, promovido por el MRP, los privaría del control que ejercían al hacer depender las posibilidades de triunfo de lo que ellos pudieran manejar directamente, como una invasión desde el exterior.

"Fidelismo sin Fidel"

Entre las maniobras puestas en práctica para desacreditarnos, tanto dentro de Cuba como en el exilio, se difundió una frase con la que se intentaba calificar falsamente nuestra posición política: "Fidelismo sin Fidel". Los medios anticastristas financiados por la CIA se dieron a propalar la etiqueta, con la intención de sabotear nuestras posibilidades de ganar el apoyo del exilio, disminuyendo así nuestras posibilidades de desarrollar al máximo la insurrección interna. Ray era consciente del enorme daño que el sambenito de Fidelismo sin Fidel nos estaba haciendo. Se decían y publicaban de él falsedades como las que después de derrocada la tiranía castrista había que legalizar el Partido Comunista y que se respetaría la ley de reforma agraria, así como la de la reforma urbana impuestas por la dictadura. También ponían en boca de Ray que continuarían las relaciones con la Unión Soviética. Todo sin mostrar una sola prueba que sostuviera las acusaciones. En fin, un cúmulo de mentiras para desnaturalizar una estrategia que, a todas luces, era la más racional para combatir a Fidel Castro por estar basada en la renovación de las ilusiones que abrigó el pueblo cubano al triunfo de la insurrección contra Batista.

Para enfrentarnos a esa campaña teníamos que admitir una cruda realidad: sin los recursos necesarios era cuesta arriba esa tarea de luchar contra el poderío económico de la CIA y de ciertos individuos al servicio de la distorsión de la verdad, repitiendo falsedades que desde ambos lados del Estrecho de la Florida se lanzaban frenéticamente contra nosotros. Como responsable de información y propaganda insistí en que debíamos concentrarnos en la lucha contra Fidel Castro y no desviarnos de ese objetivo. Y recomendé no dedicar nuestros escasos medios a contestar la campaña difamatoria. Creo que cometí un error. Pero, de cualquier modo, muy poco hubiéramos podido hacer por nuestra pobreza de recursos. Al adoptar el MRP la posición de no entrar en ese tipo de controversia, un líder del calibre humano, ético y patriótico de Manuel Ray, así como nuestra organización, quedaban a merced de manipuladores inescrupulosos, con el camino abierto para desacreditarnos.

Como resultado de la campaña del Fidelismo sin Fidel, desplegada a todo tren, no sería de extrañar que algunos sectores del exilio nos contemplaran con recelo. Prácticamente, sólo en *Bohemia Libre* (que dirigía el mismo editor que lo hacía en Cuba, Miguel Ángel Quevedo) nuestra posición no era distorsionada. En una entrevista aparecida en su edición del 26 de noviembre de 1960, Ray definía la estrategia del MRP:

Primero, organizando la resistencia cívica en todo el país.

Segundo, produciendo levantamientos en las montañas y subversiones dentro de las fuerzas armadas.

Tercero, creando las situaciones necesarias para producir un levantamiento general en toda la Isla.

Cuarto, realizando una intensa labor de sabotaje que vaya debilitando al Régimen.

Quinto, organizando en el exterior la ayuda material al movimiento y dando a conocer al mundo entero, particularmente a los pueblos de América, la trágica realidad que vive la nación cubana.

Preguntado sobre las proyecciones del MRP, Ray contestó:

Se ha organizado para luchar contra la tiranía comunista de Fidel Castro y para establecer en Cuba una sociedad fundada en el reconocimiento de los derechos humanos, los principios democráticos y civilistas y la verdadera justicia social.

En esos planteamientos Ray hacía énfasis en la importancia del desarrollo de la lucha interna. Recuerdo vívidamente aquellos días y el entusiasmo y esfuerzo de todos los compañeros del MRP por salvar la revolución del viraje hacia el comunismo que estaba perpetrando Fidel Castro. Pero los obstáculos interpuestos para impedir nuestro trabajo no se circunscribían únicamente a los instigados por la CIA y algunos de sus colaboradores cubanos. Nos enteramos que había un elemento sobresaliente en esa conspiración. Era un poderoso personaje, sin cargo oficial. Mezcla curiosa de multimillonario, empresario, diplomático, facilitador de proyectos espectaculares y agente de inteligencia: William Pawley. Su padre tuvo negocios en Cuba y él se educó en colegios privados de La Habana y Santiago en los inicios del siglo veinte. De regreso a Estados Unidos, estudió en una academia militar. Además de sus múltiples y variadas incursiones internacionales en el mundo de los negocios, donde fue muy exitoso, Pawley consolidó una fuerte relación con dictadores militares de América Latina, muy en particular con Batista y Trujillo. Fue embajador de Estados Unidos en Perú y Brasil. Podía tener acceso directo a presidentes y altos funcionarios de Estados Unidos. Al momento de la fuga de Batista, poseía en Cuba cuantiosos intereses en la industria azucarera y era dueño de la empresa que suministraba el gas, propiedades que fueron confiscadas por Fidel Castro. Había trabajado para la CIA y tuvo que ver con el derrocamiento de Jacobo Árbenz en Guatemala. Su mano, sólida económicamente y hábil en transacciones de todo tipo, movía uno de los principales hilos de la campaña injuriosa emprendida contra el MRP y Manuel Ray a fin de debilitar una posición insurgente con posibilidades de triunfo que, desde luego, no respondía a su visión elitista radical.

Mis primeras responsabilidades

Inicialmente, mi función principal como secretario de propaganda del MRP en el Exterior consistía en la producción de un programa radial diario hacia Cuba, con noticias, comentarios y editoriales. Lo grabábamos previamente y lo lanzábamos al aire de noche, desde una embarcación al mando del ingeniero Orlando Ray (hermano de *Manolo*) cuando estábamos fuera de las tres millas (casi 5 kilómetros) jurisdiccionales, que por aquellos tiempos delimitaban la soberanía marítima. Lo hacíamos así para evadir la intervención de las autoridades norteamericanas, ya que, de acuerdo con la Ley de Neutralidad, ese tipo de transmisiones no era permitido dentro de su territorio.

El propósito principal del programa a mi cargo era informar sobre el desarrollo del MRP y el avance de las acciones de resistencia y sabotaje dentro de Cuba, pero sobre todo, enfatizar nuestra posición revolucionaria, que calaba en la mayoría de la población. Teníamos la certeza de que el entusiasmo generado en los primeros meses de revolución podía ser recuperado para combatir la traición antes de que pudiera instaurarse un terror irreversible. Nos interesaba demostrar que nuestra posición era, precisamente, la que seducía a la mayoría de nuestros compatriotas: la de realizar una revolución verdaderamente constructiva, sin farsantes disfrazados de demócratas ni comunistas solapados al acecho y donde el respeto a la propiedad privada fuera primordial. Pero nuestra capacidad para llevar ese mensaje a través de las ondas radiales era casi nula en comparación con los recursos de otras organizaciones del exilio, financiadas por la CIA, que tenían a su disposición una poderosa emisora como Radio Swan, de 50,000 vatios en onda corta y alta potencia en onda larga, que entraba perfectamente en Cuba y Miami. La estación pertenecía y era operada por la CIA en una isla del Mar Caribe, cercana a Honduras. Nuestros mensajes a Cuba apenas llegaban y para los dirigidos al exilio sólo contábamos con una hora diaria que teníamos en una estación de Miami Beach, programa en cuya producción me acompañaba el abogado y antiguo dirigente de *Resistencia Cívica,* Carlos López Lay.

En el orden personal, unos pequeños ahorros del trabajo en España más una ayuda enviada por un hermano de Alicia desde Venezuela nos sostenían precariamente. *Bohemia Libre* me publicó dos reportajes, que incluían la parte gráfica, con el pseudónimo de Emilio Manent (segundo apellido de mi madre). No quería complicarle la vida a mis parientes en Cuba. El primero de los reportajes, sobre unos pescadores recién asilados en Estados Unidos y el otro, con una entrevista de Ernesto Martín, funcionario del Banco Nacional de Cuba que acababa de desertar y denunciaba la transferencia de millones de dólares al Narodny Bank de Moscú. Según era su costumbre en Cuba, Miguel Ángel Quevedo continuaba remunerando generosamente los reportajes y columnas de los colaboradores de *Bohemia.* Con esos modestos fondos y algunos préstamos de amigos manejamos nuestra situación en la espera del alumbramiento de Alicia, señalado para los primeros días de abril. Dada la pobre transportación pública de la ciudad, el Movimiento me compró un viejo Chevrolet bastante destartalado por $150 dólares y alquiló una casa en Hialeah para celebrar las reuniones, habilitar un archivo y grabar las transmisiones. Alicia y yo nos mudamos a ella para que me sirviera también de oficina. Y estaríamos a cargo de su mantenimiento.

Perfiles de la insurrección

A principios de 1961, el proceso de insurrección contra la dictadura de Fidel Castro presentaba diferentes matices. La lucha guerrillera en el Escambray, a pesar del fusilamiento de tres de sus principales líderes, se mantenía con grandes dificultades frente a una movilización masiva de las milicias y una aguda crisis en el abastecimiento de armas y municiones. El alzamiento, a pesar de la entrega patriótica de muchos de sus integrantes, no gozaba significativamente del respaldo de la población. El ahorcamiento del joven alfabetizador voluntario Conrado Benítez por guerrilleros anticastristas, en enero de ese año, sólo podía ser calificado como un crimen brutal. Y le daba la oportunidad a la dictadura de presentarse como defensora de los más nobles sentimientos humanos. Diez meses después sufría la misma trágica suerte un alfabetizador de 16 años, Manuel Ascunce Domenech. La indignación nacional por el vil asesinato convalidaría, ante muchos, el supuesto interés del régimen en encaminar el país por vías constructivas, que estarían en contraposición a los alegados designios criminales de los alzados. Era ostensible que los dos asesinatos, en lugar de consolidar la presencia guerrillera en el Escambray, le daban a la dictadura uno de sus mejores argumentos para demolerla, haciendo culpable a todo un conjunto de alzados, con patrióticas intenciones, de crímenes que en su enorme mayoría reprobaban. Otro error del movimiento guerrillero del Escambray era que no se conocían a ciencia cierta las bases ideológicas que lo apoyaban, si es que existían algunas aparte de su anticomunismo básico. Esas razones podrían aducirse como causales de la poca ayuda nacional y extranjera recibida por un movimiento guerrillero que, a pesar de una persecución implacable, duró mucho más que lo que podría haberse presumido.

En las ciudades, la oposición se activaba ante el incumplimiento de las promesas revolucionarias, la forma inconsulta y antidemocrática de la mayoría de las medidas que se estaban tomando y la sospecha de la traición de Fidel Castro. Numerosos dirigentes católicos, que veían amenazadas su fe religiosa y sus normas de vida se habían incorporado, además de al MRP, al Movimiento de Recuperación Revolucionaria (MRR), fundado, entre otros, por el exteniente del Ejército Rebelde, Manuel Artime. También el Directorio Revolucionario Estudiantil, fundado por Alberto Muller, Juan Manuel Salvat y Ernesto Fernández Travieso, aglutinaba a un importante segmento de la juventud católica, así como otros estudianes universitarios que procedían de diferentes organizaciones. Pero el movimiento que mejor atraía el descontento popular y había alcanzado una presencia nacional visible en proselitismo, propaganda y sabotajes con vista a desarrollar la lucha armada era el MRP. Había otras organizaciones opositoras funcionando en Cuba, cuyos dirigentes no estuvieron vinculados al proceso revolucionario, pero de poco poder de convocatoria y militancia escasa.

¿Por qué, dada esa relevancia del MRP dentro de Cuba como factor en la lucha contra el comunismo, se trataba de disminuir su importancia en el exilio y hasta de destruirlo con la difusión de falsedades? Lo que estaba en juego no era una típica contienda política donde las artimañas y zancadillas publicitarias son frecuentes y llegan a ser parte inevitable del proceso democrático. Había algo mucho más importante: la lucha de un pueblo contra una usurpación traicionera que atentaba contra la libertad, los derechos humanos y el progreso económico. La altura de miras que demandaba el momento no parecía estar presente en una buena parte de los dirigentes que se arrogaban en el exilio la representación del pueblo cubano. Y mucho menos en los agentes de la CIA a cargo del Cuba Project, que era como se conocía secretamente, dentro del gobierno de Estados Unidos, todo lo relacionado con los planes de ayuda a la lucha contra la imposición del comunismo.

Habría que volver un poco atrás para descubrir los orígenes de esos ataques. No obstante los sinceros y bien intencionados esfuerzos del embajador Philip Bonsal para conciliar las diferencias que pudieran surgir entre Estados Unidos y Cuba en el desarrollo de sus relaciones, Fidel Castro nunca consideró seriamente esas iniciativas, a pesar de la flexibilidad del funcionario y su genuino deseo de cooperar con una revolución que se presentaba en esos momentos como democrática. Lo que el Embajador recibió, y toleró pacientemente buscando un acoplamiento de intereses entre Estados Unidos y el proceso revolucionario, fueron desplantes personales e insultos a su país.

Ante esa actitud de confrontación y después de la incautación de propiedades de americanos sin compensación y evidencias de la penetración comunista en las filas revolucionarias, el gobierno del presidente Dwight D. Eisenhower dispuso, el 17 de marzo de 1960, organizar y armar una fuerza de exilados cubanos con objeto de derrocar una dictadura que estaba liquidando todas las libertades. Se estimaba que el peligro que entrañaba para la seguridad de Estados Unidos una isla a sólo 145 kilómetros de sus costas, cuyo gobierno estrechaba aceleradamente lazos militares y económicos con la

Unión Soviética en plena guerra fría, podía ser conjurado por una fuerza de exilados a ser entrenados en la guerra de guerrillas. Aunque había mucha indefinición en el plan original, se suponía que esos combatientes serían desembarcados eventualmente en Cuba para formar grupos guerrilleros que desarrollarían la lucha interna.

A mi llegada a Miami, esa operación, aunque modificada, estaba en proceso, dirigida por la CIA y patrocinada por el Frente Revolucionario Democrático (FRD). El Frente era una fusión de organizaciones en el exilio con raíces muy desiguales en Cuba. Estaba integrado por varias organizaciones: Rescate Revolucionario Democrático, con Manuel Antonio de Varona de Coordinador General; el Movimiento de Recuperación Revolucionaria, de Manuel Artime; el Movimiento Montecristi, de Justo Carrillo y el Movimiento Demócrata Cristiano, de José Ignacio Rasco. En sus inicios, fue parte también del FRD el Frente Nacional Democrático Triple A, pero su principal dirigente, Aureliano Sánchez Arango se distanció de la agrupación por diferencias de diversa índole.

Los funcionarios de la CIA favorecían visiblemente al Frente y se comportaban como si fuera cierto lo de Fidelismo sin Fidel (si no fueron los creadores de la campaña difamatoria parecían haberlo sido). El agente más en contacto con los líderes exilados se hacía llamar "Frank Bender". Era director político del proyecto. De origen alemán, su verdadero nombre era Gerard Droller. En los cuadros superiores, Allen Dulles era el máximo jefe de la CIA; Richard Bissell, Director de Operaciones, fungía como principal responsable del Cuba Project; Tracy Barnes, Director Asistente de Planes, era el segundo de Bissell. Y Jacob D. Esterline funcionaba como jefe del grupo de trabajo sobre Cuba (task force).

Además de los ya mencionados, los restantes ejecutivos de la CIA asignados al proyecto eran el coronel de los marines Jack Hawkins, encargado de organizar, entrenar y equipar a la fuerza invasora y preparar planes para su desembarco y E. Howard Hunt, quien compartía labores de carácter político con "Frank Bender". Otro grupo, directamente responsable a Bissell, manejaba los planes aéreos y las operaciones. Todos los mencionados, con la excepción del coronel Hawkins, estuvieron directamente involucrados en el derrocamiento del presidente de Guatemala, Jacobo Arbenz, en 1954. Es fácil entrever que no se trataba de una coincidencia. Saltaba a la vista que esa era la razón por la que habían sido seleccionados para organizar y entrenar a los voluntarios.

En lugar de la estrategia original de preparar a los combatientes como guerrilleros, a mi llegada a Miami se les estaba entrenando para una invasión frontal que incluiría a más de mil participantes. Había toda una juventud dispuesta a acudir al campo de entrenamiento, localizado en la Sierra Madre, cerca de Retalhuleu, Guatemala. Conocí a un buen número de voluntarios dispuestos a incorporarse a la brigada invasora, mayormente vecinos míos de Hialeah. Hacían el sacrificio de dejar atrás esposas e hijos pequeños. Estaban convencidos de que podían triunfar en el empeño. Y por lo que escuchaba, esa seguridad y entusiasmo estaban basados fundamentalmente en contar con el apoyo de las fuerzas militares de Estados Unidos en el momento de la invasión. Ayuda que daban por descontada. "Los 'johnnies' van a estar con nosotros", decían. La mayoría de la dirigencia del MRP no compartía esa esperanza. Creíamos más prudente confiar en los recursos que se tuvieran a mano y no en un supuesto apoyo militar del que no se tenían seguridades manifiestas.

Kennedy, presidente

En enero de 1961 tomaba posesión de la presidencia de Estados Unidos John F. Kennedy. En cuanto a Cuba, heredaba de Eisenhower una operación cuyos detalles desconocía. No obstante, estaba sumamente interesado en hacerla progresar. Una buena parte de su retórica en la campaña electoral había sido enfocada en la amenaza que para la democracia representaba la dictadura de Fidel Castro. A su administración llegaban hombres de la talla del historiador Arthur Schlesinger, designado Asistente Especial del Presidente para Asuntos Latinoamericanos; el educador y diplomático Adolph Berle, jefe del grupo de trabajo (task force) para América Latina; el escritor Richard Goodwin, miembro del *task force*, y el profesor Arturo Morales Carrión, ya mencionado. Figuras talentosas y respetables, compenetradas con las ilusiones que generó en Cuba el programa revolucionario antes de ser traicionado. Y que creían que cualquier esfuerzo efectivo contra Fidel Castro debía de estar basado en la aspiración de culminar las promesas incumplidas. De ahí que simpatizaran con la posición del MRP, no sólo desde el punto de vista ideológico sino por la importancia que el movimiento le daba al desarrollo de la lucha interna.

De cualquier modo, Kennedy, al asumir la presidencia respetó lo hecho hasta ese momento y no hizo ningún cambio en el personal de la CIA asignado a manejar directamente el plan de operaciones, ni tampoco en los altos niveles de la agencia. Sin embargo, tanto los principales jefes de la CIA como otros de sus agentes de inferior nivel en contacto directo con los brigadistas y la dirigencia civil de la insurreción anticastrista siempre actuaron por su cuenta, arrogándose funciones que no les correspondían. Parecían pertenecer a una agencia independiente del gobierno. O, como diría alguien, un estado dentro de otro estado. Sus agentes actuaban con prepotencia, sus gastos eran secretos y se dedicaban a intervenir en cuestiones internas de la política cubana, apoyando y favoreciendo a aquellos dirigentes del exilio dispuestos a seguir sus instrucciones. Y, al mismo tiempo, marginaban y obstaculizaban a los líderes exilados que habían participado en la lucha contra Batista, quienes creían que el rescate de la revolución era posible. Dirigentes que, si bien necesitaban y aceptaban la ayuda americana, se resistían a servir de peones en una operación sobre la que tenían razonables reservas. Casi todos pertenecían al MRP y habían militado en el Movimiento 26 de Julio y en Resistencia Cívica. No dejaban de insistir en que la forma más eficaz de combatir a Fidel Castro y encaminar el futuro de la nación estaba basada en la consideración objetiva de las realidades que se vivían en Cuba y no en la ilusoria percepción de que desde el exterior una fuerza limitada de voluntarios, por sí sola y por muy motivada que estuviese, sería capaz de derrocar una dictadura bien afianzada.

El Libro Blanco

Pero a pesar de las maniobras obstruccionistas contra el MRP, con el advenimiento de Kennedy a la presidencia se hacía evidente la voluntad de su gobierno de que el ideario que logró el derrocamiento de Batista fuera el que prevaleciera en la lucha a ser apoyada por Estados Unidos. Posición que se dio en llamar de la "revolución traicionada". Y que sería recogida en un documento oficial titulado *Cuban White Paper* (*Libro Blanco* sobre Cuba), publicado por el Departamento de Estado y redactado mayormente por Arthur Schlesinger.

> *La Cuba de Castro* —decía el *Libro Blanco*, a manera de resumen— *ofrece una nueva experiencia al Hemisferio Occidental: la experiencia de un estado totalitario moderno. El poder de Castro toca en todos sus puntos el diario vivir del pueblo cubano; gobierna su acceso a los empleos, las viviendas, las granjas, las escuelas, a todas las cosas necesarias para la vida y somete a la oposición a una represión rápida y violenta. El régimen de Castro es mucho más drástico y amplio en su control que hasta la más*

implacable de las antiguas dictaduras militares que desde hace tiempo vienen desfigurando al Hemisferio.
El pueblo de Cuba —se aseveraba en otro de sus párrafos— *sigue siendo nuestro hermano. Reconocemos las omisiones y los errores cometidos en el pasado en nuestras relaciones con él. Estados Unidos, junto a otras naciones del Hemisferio, expresa la profunda determinación de asegurarles a los futuros gobiernos democráticos de Cuba pleno y positivo apoyo en sus esfuerzos por ayudar al pueblo de Cuba a alcanzar la libertad, la democracia y la justicia social.*

El párrafo anterior era sumamente significativo. Es posible que no exista ningún otro documento oficial del gobierno de Estados Unidos donde se reconozcan las "omisiones y los errores cometidos en el pasado". Creo que hubo muchos. Y fácilmente evitables si la diplomacia americana hubiera estado dirigida, desde la instauración de la República, a contemplar las justas demandas populares y respetar los sentimientos soberanistas, en lugar de considerar casi exclusivamente la protección de los intereses económicos de los ciudadanos norteamericanos y apoyar engendros dictatoriales como Batista.

Pedimos una vez más al régimen de Castro —se leía en los párrafos finales del *Libro Blanco*— *que abandone sus nexos con el movimiento internacional comunista; que retorne a sus propósitos originales que reunieron a tantos hombres valientes en la Sierra Maestra y que restituya la integridad de la revolución cubana.*
Si este llamamiento no es atendido, estamos seguros de que el pueblo cubano, con su pasión por la libertad, seguirá luchando en favor de una Cuba libre; que retornará al seno de la espléndida visión de la unidad y el progreso latinoamericanos, y que según el ideario de José Martí, se unirá a las otras repúblicas del Hemisferio en la lucha por ganar la libertad.

El *Libro Blanco* venía a ser la referencia político-filosófica de la posición de Estados Unidos ante la usurpación del poder en Cuba por los comunistas. Y era oportuno para explicar las razones del apoyo americano a la causa de la libertad. Ese entendimiento de la realidad cubana y la identificación de la Casa Blanca con los propósitos originales del movimiento revolucionario eran similares a la posición del MRP. Los principales asesores de Kennedy en la cuestión cubana —entre los que estaban Berle, Schlesinger y Richard Goodwin— no estaban de acuerdo con la manifiesta exclusión de los dirigentes anticomunistas de procedencia revolucionaria en el proyecto de liberación, como estaba poniendo en práctica la CIA. Creían los funcionarios de Kennedy que la mejor forma de consolidar una fuerza con posibilidades de triunfo era la de lograr la unidad de los factores insurreccionales más significativos. Y no podía soslayarse la enorme fortaleza del MRP dentro de Cuba.

Como consecuencia de esa apreciación, la CIA se vio obligada a convocar una reunión de emergencia con los principales líderes del Frente y el MRP para sondear las posibilidades de una integración de esfuerzos. Invitación que el MRP aceptó, a pesar de la tendencia ultraderechista que parecía absorber a la CIA y a algunos miembros del FRD. Fundamentalmente, se aceptaba la unidad para no abstenernos de dar nuestro aporte y no ser un obstáculo al esfuerzo libertador que estaba en marcha. Y en la creencia, que resultaría ingenua, de que nuestra posición sería tomada en cuenta y se respetarían los acuerdos a que habríamos de llegar.

La unidad necesaria

Las gestiones para esa unidad comenzarían con unas reuniones celebradas en New York en la primera quincena de marzo de 1961. Por el Frente acudían Manuel Antonio de Varona, Manuel Artime, Justo Carrillo. Por el MRP, Manuel Ray, Raúl Chibás y Felipe Pazos. En algunas ocasiones participaron el profesor y economista. José Álvarez Díaz y el doctor Carlos Martínez. Entre los asesores del MRP que habíamos acudido a New York, aunque sin participar directamente en las reuniones de los máximos representantes de ambas organizaciones, estábamos el exdirigente de *Resistencia*, José M. Estévez y yo. La dirección del MRP estaba dispuesta a suscribir un acuerdo de unidad, pero a condición de que se aceptaran ciertos planteamientos. El MRP enviaría a Guatemala a los militantes que estaban siendo entrenados en una finca de Homestead, al sur de Miami, más otros voluntarios identificados con la organización que habían expresado su voluntad de participar en la acción armada. Y Ray se infiltraría en Cuba con cuatro militantes más, entre los que estaría yo, para coordinar y movilizar acciones del MRP y de otros movimientos con anterioridad al desembarco. Estas, así como las restantes condiciones puestas por el MRP para integrar la unidad, fueron aceptadas.

Un aspecto principalísimo de esas condiciones era la composición de la fuerza invasora. Había rumores de que algunos de los asesinos y torturadores del régimen de Batista que pudieron huir de Cuba después de la fuga de su jefe se estaban incorporando al grupo en entrenamiento en Guatemala. En el MRP no creíamos que toda persona que hubiera sido miembro del Ejército, la Marina o la Policía en tiempos de Batista tenía que ser, necesariamente, cómplice de los espantosos crímenes cometidos durante su dictadura. En esas filas hubo mucha gente honorable. No teníamos inconveniente en que esos exmilitares se sumaran al contingente invasor, por el derecho que todo ciudadano tiene de luchar por su patria y lo útil de su preparación militar. Pero incluir a notorios criminales de aquel régimen en una brigada que asumía la responsabilidad de la liberación nacional era un contrasentido. Mancillaría al resto de los combatientes. Además, la inclusión de criminales batistianos no sería nada estimulante para los que en la Isla esperaban la invasión libertadora como una gran promesa de cambio. Y, muy en particular, para la militancia del MRP en Cuba, que confiaba en que la ayuda proveniente del exilio estuviera impregnada de los mismos valores éticos y patrióticos que les servían a ellos de motivación para jugarse la vida. Los responsables del reclutamiento de voluntarios eran los agentes de la CIA E. Howard Hunt y "Frank Bender", cuyas posiciones de rechazo al MRP eran notorias, tanto como su inescrupulosidad.

Una semana después, el 18 de marzo de 1961, tuvo lugar otra reunión con vistas a consolidar la unidad de las organizaciones insurreccionales. Se celebraría en el salón de conferencias del Skyways Motel, cercano al aeropuerto internacional de Miami. Ray, Felipe Pazos y Raúl Chibás representaban al MRP. También estábamos presentes el doctor José M. Estévez y yo. Además de los dirigentes del FRD, había otros invitados, entre ellos Sergio Carbó, el exeditor de *Prensa Libre*, quien se había enfrentado valientemente a Batista y a la posterior ingratitud de Fidel Castro. Carbó había escrito días antes un encendido editorial que había sido transmitido varias veces por Radio Swan, que se escuchaba perfectamente en Cuba. Lo titulaba *Ojo con el Cristo, que es miliciano*. Aunque no lo mencionaba por su nombre, no había que ser muy perspicaz para saber que se refería a Manuel Ray, con la intención de vincularlo a lo de *Fidelismo sin Fidel*. En mi presencia, Ray le reprochó a Carbó, con respeto pero también con firmeza, lo que consideraba una directa y distorsionada alusión a él. Y fui testigo de la disculpa de Carbó, quien no tuvo el gesto de rectificar de alguna manera y públicamente su agravio.

En la reunión, el agente de la CIA Jim Noel, a través de un asistente que hablaba español, nos notificaba que traía un mensaje perentorio del presidente Kennedy. Noel había sido comisionado por Richard Bissell para esa gestión. Fue el último jefe de la CIA adscrito a la embajada americana en La Habana y gozaba del respeto y la confianza de Ray por su cooperación con el MRP mientras estuvo en esa función. Había sido un factor decisivo en la salida clandestina de Ray hacia Estados Unidos. Kennedy quería hacer saber, a través del emisario, que si no se lograba la unidad de todas las fuerzas comprometidas en la liberación de Cuba, se suspendía todo lo hecho hasta el momento. Al parecer, el Presidente tenía conocimiento de la marginación de los revolucionarios antibatistianos y anticomunistas en el *Cuba Project*. Era obvio que su decisión respondía a lo planteado en el *Libro Blanco*.

Algunos agentes importantes de la CIA estaban en desacuerdo con lo dispuesto por Kennedy. Para esos agentes, con "Frank Bender" y E. Howard Hunt a la cabeza, hacer uso de la independencia de criterio y exigir respeto al sentimiento soberanista, como mostraba reiteradamene el MRP, eran cuestiones que no eran dignas de consideración. Sólo aceptaban la sumisión a sus dictados. Además, la aparente filosofía política de la mayoría del personal de la CIA asignado al caso cubano era excesivamente conservadora, lo que estaba en contradicción con el sentir que palpitaba en Cuba. Pero, aunque algunos de los jefes de la CIA se resistieran a contar con el MRP, no tenían otra opción que acatar lo dispuesto por el Presidente. Y se veían obligados a tener que contar con la fuerza clandestina más poderosa que operaba en Cuba y ponerla a la par en el orden político con el Frente para una mejor coordinación de acciones. Los esfuerzos unitarios condujeron a la creación del Consejo Revolucionario Cubano.

El Consejo Revolucionario Cubano

La dirección ejecutiva del Consejo estaría integrada por los doctores Varona, Artime y Carrillo, en representación del Frente Revolucionario Democrático. Y por el ingeniero Ray y los doctores Felipe Pazos y Raúl Chibás por el MRP. El doctor José Miró Cardona, profesor y líder cívico que ocupó la posición de primer ministro del gobierno revolucionario en sus seis primeras semanas, sería designado presidente del Consejo.

La cuestión de los batistianos en la brigada invasora sería parte de un documento inicial para la fusión del Frente y el MRP. El acuerdo, titulado "Bases confidenciales de unidad entre el Frente Revolucionario Democrático y el Movimiento Revolucionario del Pueblo", sería firmado, respectivamente, por Manuel Antonio de Varona y Manuel Ray el 22 de marzo de 1961. La gestión unitaria daría lugar a la creación del Consejo Revolucionario Cubano.

Lo concerniente a la negativa inclusión de asesinos y torturadores de la dictadura anterior quedaba redactado como sigue:

> *No podrán ser admitidos en cualquier fuerza armada que se organice desde el exterior ninguna persona que tenga responsabilidad objetante con la criminal dictadura de Batista. Por el efecto tan dañino que puede tener cualquier aparente vigencia de dichos elementos, ambas organizaciones acuerdan que han de compartir las responsabilidades de impedir hasta la incorporación de dichas personas en las oficinas de reclutamiento.*

Sin embargo, la realidad habría de ser otra. A pesar de lo acordado por el Consejo Revolucionario, varios connotados criminales que sirvieron a Batista fueron reclutados para participar en la invasión. Entre ellos, el que asesinó a mansalva al abnegado líder revolucionario Marcelo Salado y otro que, por órdenes de Trujillo, mató a puñaladas al líder obrero dominicano exiliado en Cuba, Pipi Hernández. ¿Alguien podría creer que un asesino de Batista o Trujillo pudiera ser visto en Cuba como redentor?

Otro importante planteamiento para la unidad, no incluido en el documento, era que en la dirección militar de la fuerza invasora estuviera representado el MRP, en cuyo Comité en el Exterior militaba el coronel Ramón Barquín, de prestigio incuestionable. Y que la organización tuviera participación directa en la planificación estratégica de la operación. Esto se aceptó, pero no quedó por escrito y nunca se cumplió. Sin embargo, se acordó lo siguiente:

> *Los mandos militares de todas las fuerzas revolucionarias que se organicen desde el exterior han de estar en manos de cubanos que den plena garantía al presidente del Consejo y a ambos sectores (que firman este documento) en relaciónn a su integridad, sentido de su responsabilidad y funciones en una sociedad democrática, de su acatamiento pleno a la autoridad del Consejo Revolucionario durante la lucha insurreccional y al Gobierno Civil de la República.*

Ciertamente, la designación de José Pérez San Román (Pepe San Román), un militar respetable, como jefe del contingente invasor, respondía a lo que establecía el Consejo aunque su selección había sido iniciativa de la CIA. San Román provenía del antiguo ejército, donde había sido capitán. Conspiró contra Batista y conservó el mismo grado en el Ejército Rebelde durante los primeros meses de gobierno revolucionario hasta que decidió desvincularse de él ante los amagos comunistas. Erneido Oliva, nombrado como segundo al mando, procedía también del Ejército y contaba con amplia experiencia militar. Ambos eran jóvenes y altamente motivados. No obstante, la planificación de la operación, en todos sus aspectos, estaba en manos de la CIA.

La mayoría de los miembros del Consejo tomaban los acuerdos en uso de facultades que consideraban conferidas en el acuerdo de unidad y en la seguridad de que sus decisiones serían respetadas. Estaban muy lejos de pensar que, para ciertos agentes de la CIA, el Consejo era sólo un instrumento a su servicio, manejable a extremos impensados.

Los del MRP creíamos que con el apoyo que parecíamos tener de algunos funcionarios del gobierno de Kennedy, que compensaba la animosidad que exhibían hacia nosotros los agentes de la CIA, estábamos en posición de ser respetados en los acuerdos que condujeron a la creación del Consejo. Pero las recomendaciones, sugerencias y peticiones del MRP, no obstante la experiencia de sus líderes en varios campos profesionales y la fortaleza de la organización dentro de Cuba, serían siempre desestimadas por la CIA, quienes hacían lo indecible para desacreditar al MRP en sectores del exilio que podían ser seducidos por la injuria de Fidelismo sin Fidel.

Después de la unidad

Tan pronto culminaron las reuniones de unidad, prosiguió con mayor intensidad la campaña contra el MRP. Los órganos ultraderechistas comenzaron a circular la especie de que la delegación del MRP había planteado que no se devolverían las propiedades nacionalizadas, se reconocería el Partido Comunista y se mantendrían las milicias. Campaña que obligó a una declaración conjunta de Manuel Antonio de Varona, presidente del FRD, y Manuel Ray, publicada en Diario Las Américas, de Miami, el 16 de marzo de 1961. En uno de sus párrafos aclaratorios se leía:

> *En ningún momento el MRP planteó un criterio favorable al reconocimiento del Partido Comunista ni al mantenimiento de las milicias, limitándose solamente a señalar que el problema debía considerarse en su totalidad y actuar de*

acuerdo con los métodos que han tenido éxito en otros países que han pasado por esa circunstancia.

Sobre las nacionalizaciones, la declaración conjunta señalaba que el MRP planteó, aunque no se acordó:

Realizar definitivamente la nacionalización de los servicios públicos de electricidad, teléfonos, acueductos y ferrocarriles, indemnizando los anteriores propietarios y confiando su administración a organismos autónomos eficientes.

Eso nada tenía que ver con que "no se devolverían las propiedades nacionalizadas", como se hacía circular. La historia personal de los dirigentes del MRP, firmes defensores de la economía de mercado y de la propiedad privada, echaba por tierra esa posibilidad. Las únicas propiedades que el MRP declaraba que no iba a devolver eran las mal habidas durante la dictadura de Batista.

Recuerdo un ejemplo que ponía Ray sobre la posición del MRP de nacionalizar los servicios públicos. Al referirse al suministro de electricidad planteaba que, de ser privado impediría que el servicio se extendiera a zonas poco pobladas y de bajos ingresos y a otras áreas de futuro desarrollo, lo que ocasionaría pérdidas que una entidad privada no estaría dispuesta a afrontar. Al ser la electricidad manejada por el Estado, sin tener que estar sujeta al rendimiento de utilidades, se podría dar ese servicio a comunidades pobres algo aisladas y a otras en proceso de desarrollo.

Cumpliendo con lo acordado

Pensando en que se respetarían las condiciones puestas sobre la mesa por el MRP para viabilizar la unidad, nos entregamos al cumplimiento de la parte que nos correspondía. Iniciamos los preparativos para enviar el grupo de nuestros militantes en entrenamiento en la Florida (incluyendo a los oficiales de Huber Matos que se habían escapado de las prisiones de El Morro) al campamento de Retalhuleu. Y quedaría a cargo del grupo a inflitrarse en Cuba la coordinación final de los factores clandestinos para iniciar el alzamiento general en el momento oportuno.

El grupo de infiltración estaría integrado por personas con experiencia en las actividades revolucionarias clandestinas, bajo el mando de Manuel Ray (quien había sido nombrado Ministro del Interior del gobierno en armas por el Consejo Revolucionario). Raúl Chibás, Enrique Barroso, José M. Estévez y yo completábamos el grupo. Ray asumiría la coordinación general de todos los movimientos subversivos bajo el manto del Consejo. El excomandante rebelde Chibás quedaba responsabilizado con lo relativo a organización. El dirigente clandestino y exoficial del Ejército Rebelde, Barroso estaría a cargo de lo referente a acción y sabotaje. El abogado Estévez asumiría la coordinación de los sectores sindicales y profesionales y a mí se me asignaban las tareas de información y propaganda. El punto seleccionado para nuestra infiltración era el Balneario de La Concha, al norte de La Habana y el de partida, un cayo al sur de la Florida que ya habíamos visitado. Quedaba establecido que la operación de nuestra infiltración iba a ser previa, como era lógico, a la invasión de la Brigada. No se fijaba una fecha específica para la simultaneidad de los alzamientos internos con la invasión. Dependería en buena parte del progreso de la misión asignada a nuestro grupo.

Cuando se hace un recuento de experiencias como las que he mencionado suele omitirse quizás lo más importante, lo más intenso: la batalla mental entre el concepto del deber que se considera ineludible, el riesgo de cumplirlo, el abandono de las obligaciones familiares y el consiguiente desamparo de la familia. Preocupaciones presentes en todos los que estábamos comprometidos en la lucha. En mi caso, volvía a las incertidumbres experimentadas en el pasado, cuando militaba en el Movimiento Nacional Revolucionario de García Bárcena contra Batista, sin haber cumplido mi hija Elena los seis años. Y después, durante mis actividades revolucionarias con *Resistencia* y el *26 de Julio*. Y ahora, con mi planificada infiltración en Cuba, que, como nunca antes, me sumía en la preocupación y la tristeza porque estaba señalada para sólo unos días después del 3 de abril de 1961, fecha en que nacería mi hijo Emilio.

Es penoso ver que fueron intentos y esfuerzos inútiles porque la dictadura comunista pudo consolidarse. Pero, a pesar de los riesgos que implicó mi modesto aporte a las luchas contra Batista y Castro, tuve la fortuna de conservar la vida y, basado en experiencias personales y observaciones objetivas, tratar de contribuir hoy a la verdad histórica, donde el heroico y polémico episodio de Bahía de Cochinos-Playa Girón ha ocupado páginas sobresalientes por las tremendas repercusiones que tuvo en el ámbito cubano y en la esfera internacional. Y en la que la falsificación de hechos y actitudes por relatores de ambos bandos han sido bases de conclusiones que no se ajustan a la verdad.

"Estados Unidos no intervendrá"

Desde principios de 1961, el hecho de que Estados Unidos estaba entrenando militarmente un nutrido grupo de voluntarios cubanos anticomunistas en Guatemala era harto conocido. Pero lo más grave no era eso sino la percepción, entre los voluntarios del campamento de Retalhuleu, de que las fuerzas regulares de Estados Unidos intervendrían directamente para asegurar el triunfo de una eventual invasión. Tal posibilidad era rechazada por el presidente Kennedy. Al parecer, porque en medio de la guerra fría esa acción podría provocar una respuesta de la Unión Soviética de graves consecuencias. Y también porque, según sus allegados, le preocupaban las bajas civiles que pudiera provocar la intervención americana. A los efectos de dejar claramente sentada su posición, Kennedy convocaría a una conferencia de prensa el 12 de abril de 1961.

> *No habrá, bajo ninguna condición,* —dijo Kennedy— *una intervención en Cuba por las fuerzas armadas de Estados Unidos (...) La cuestión básica en Cuba no es una entre Estados Unidos y Cuba. Lo es entre los mismos cubanos. Trato de que se vea que me adhiero a ese principio y, según creo, la actitud de esta administración es comprendida así y compartida por los exilados anticastristas en este país.*

Según Schlesinger, Miró Cardona, como presidente del Consejo Revolucionario, se resistía a aceptar lo declarado por Kennedy. Enterado el Presidente, envió al propio Schlesinger y a Adolph Berle a New York para tratar de convencerlo de que no había marcha atrás en esa decisión. Y de que si no se aceptaba esa premisa se suspendía toda la operación. Después de la reunión, celebrada en el *Century Club,* Miró no parecía convencido y así se lo informaron a Kennedy, quien llamó a Richard Bissell para que le comunicara a Miró que si no estaba de acuerdo con la posición del gobierno americano de no participar directamente en las acciones armadas se desmantelaba la operación. Bissell envió a su segundo (tercer hombre en la jerarquía de la CIA) para que se pusiera en contacto con Miró y le planteara de nuevo la disyuntiva. El funcionario, Tracy Barnes, regresó a Washington con una evasiva aceptación de Miró, pero también con la impresión de que el presidente del Consejo Revolucionario no creía realmente que el gobierno americano no iba a intervenir. Según me diría personalmente Ray, Miró nunca informó al Consejo de esas reuniones.

Prácticamente, la aceptación de Miró de que Estados Unidos no habría de intervenir militarmente apenas se menciona en las numerosas crónicas de la Operación Zapata (como era conocida por la CIA la invasión) a pesar de su importancia por lo determinante que fue para que los planes de desembarco procedieran. La Casa Blanca dio por confirmado el consentimiento de Miró. Si él hubiera rechazado la decisión de Kennedy, el desembarco hubiera sido suspendido por esa sola razón y se hubiera evitado la tragedia de Bahía de Cochinos-Playa Girón. Es evidente que Miró confiaba en que, a pesar de lo declarado públicamente por Kennedy y la reiteración de su posición por la vía personal de Berle, Schlesinger y Barnes, Estados Unidos habría de intervenir de cualquier modo. Es posible también que el presidente del Consejo Revolucionario estuviera bajo la influencia de algunos agentes de la CIA que aseguraban, arrogantemente y sin autorización que, fuere como fuere, la participación de las fuerzas regulares de Estados Unidos habría de producirse.

Pero lo más grave sería que la CIA no informó a los miembros del contingente invasor, antes de partir hacia Cuba, la vital decisión de Kennedy de no intervenir. Es de pensar que esa ocultación fue debida a la posibilidad de que los brigadistas no estuviesen dispuestos a seguir adelante con el plan, al no contar con una garantía que daban por descontada. Y para contribuir aún más a la falsa seguridad en el triunfo, los expedicionarios fueron engañados antes de partir. Se les dijo que habría otros grupos que desembarcarían. Sólo hubo uno, de sólo 168 combatientes, al mando del exoficial rebelde Higinio *Nino* Díaz, que no pudo desembarcar por la zona asignada, cerca de Baracoa, Oriente, por la visible movilización de numerosos soldados y milicianos.

La clave del error principal

Kennedy había dispuesto que los planes seguirían adelante si no ordenaba su suspensión antes de las 24 horas del momento señalado para el inicio de la operación porque, según Schlesinger, el Presidente tenía serias dudas sobre la viabilidad de la invasión y quería conocer cuál era la situación de la brigada a esas alturas. Y para cumplir con los deseos del Presidente, Richard Bissell solicitó del coronel Jack Hawkins su opinión sobre el estado de los preparativos de la Operación Zapata. Hawkins se encontraba en Puerto Cabezas, Nicaragua, de donde habría de salir, rumbo a Cuba, la fuerza expedicionaria. El 14 de abril, Richard Bissell le envió a Kennedy el cable de lo que parecía ser la impresión del Coronel.

Mis observaciones —decía supuestamente en su informe Hawkins— *han aumentado mi confianza en la habilidad de esta fuerza para efectuar, no sólo misiones de combate iniciales sino alcanzar el último objetivo, derrocar a Castro.*

Decir que una fuerza de entre 1300 y 1400 hombres pudiera enfrentarse a otra calculada en 200,000 (considerando ejército y milicianos) y "alcanzar el último objetivo" de acabar con el régimen, por sí sola, sin ayuda adicional de adentro o la intervención americana, era de peligrosísima exageración.

La brigada y los comandantes de batallones conocen ahora todos los detalles del plan y están entusiasmados. Aureliano Sánchez Arango, el jefe de la Triple-A, organización que en un principio fue parte del Frente y ya estaba desvinculada del mismo antes de constituirse el Consejo Revolucionario, reveló, en un ensayo crítico de la operación de Bahía de Cochinos, que "el jefe cubano de la brigada afirma que ellos conocían exactamente nada y que las conversaciones sobre los detalles del plan a que se refiere el informante nunca tuvieron efecto". El testimonio de Sánchez Arango, profesor universitario y probo Ministro de Educación en el gobierno de Prío Socarrás, es de extraordinaria importancia porque fue el único de los dirigentes del Frente original en prever los manejos irregulares de los agentes de la CIA asignados a tratar directamente con ellos. Y tuvo, además, la entereza de denunciar el sometimiento político de algunos de los líderes del Frente a la CIA, así como el cobro de estipendios procedentes de la Agencia.

Estos oficiales son jóvenes, vigorosos, inteligentes y motivados por una urgencia fanática de entrar en combate. Quizás este sea el único punto realmente verídico del informe, aunque algunos no eran tan jóvenes. Todas las referencias dadas de los brigadistas y su moral de lucha coinciden en que una abrumadora mayoría de ellos respondía a esa descripción, reconocida sin excepciones por los historiadores y cronistas que se han ocupado de estudiar y comentar la Operación Zapata.

La mayor parte han sido entrenados bajo rudas condiciones por casi un año. No era cierto. Se estimaba que al tomar Kennedy posesión de la presidencia, en enero de 1961, la totalidad de los voluntarios en entrenamiento, desde la apertura del campo en el mes de marzo de 1960, no llegaba ni a los 500 hombres. Y en los menos de tres meses que mediaron entre el ascenso de Kennedy al poder y la invasión subió progresivamente hasta llegar a unos 1,500. De modo que alrededor de las dos terceras partes de los voluntarios habían recibido un entrenamiento deficiente o casi ninguno.

Ellos dicen que conocen a su gente y creen que después de infligir una derrota a las fuerzas oositoras, estas abandonarían a Castro, a quien no desean apoyar. Es curioso — diría inaceptable— que se pudiera tomar en serio una referencia tan vacía y especulativa. Las "fuerzas opositoras" principales eran las milicias revolucionarias, integradas en buena parte por voluntarios dispuestos a jugarse la vida por lo que les hacían creer: defender la patria frente a una invasión extranjera. Presuponer que las milicias "abandonarían a Castro, a quien no desean apoyar" chocaba con la lógica más elemental. Referencia carente de base documental y racional, que quizás tuviera su origen en los esperados alzamientos de la población civil que se hicieron ver como la inmediata consecuencia del desembarco de la brigada. La falsa creencia de que la coordinación del desembarco con la acción clandestina (lo que había sido obstaculizado por la CIA) estaba funcionando llegaba hasta la Casa Blanca, donde se presumía que, lógicamente, sin los alzamientos simultáneos, el triunfo sería imposible.

Dicen que es una tradición cubana —terminaba el informe— *unirse al ganador y que tienen confianza suprema en que vencerán cualquier cosa que Castro les oponga.* Y ratificaba el Coronel al finalizar: *Yo comparto esa confianza.* Unirse al ganador, aunque alguien le hubiera dicho al informante que era una tradición cubana, es una tendencia universal y me parece innecesario haberlo mencionado en un despacho de esa naturaleza. Por otro lado, es cierto que la brigada tenía "confianza suprema" en que vencerían cualquier cosa que se les pudiera oponer. Constantemente, los brigadistas se nutrían de informaciones manipuladas que contribuían a la idea de invencibilidad que, con toda intención, sembraban los agentes de la CIA en Retalhuleu. Como ya he mencionado, se les aseguraba que no eran la única fuerza que habría de desembarcar, que había otros grupos que también lo harían. Pero, además, en la mente de los brigadistas había un factor esencial para su confianza en el triunfo. Y era que daban por descontada la participación directa de las fuerzas armadas de Estados Unidos en la operación, a pesar de que tal apoyo, según revelarían documentos dados a conocer con posterioridad, nunca estuvo en la intención, no sólo de Kennedy sino tampoco en la de Eisenhower. Sin embargo, de acuerdo con testimonios de los propios miembros de la Brigada, los miembros de la CIA con quienes estaban en contacto les daban plenas seguridades de que esa intervención se habría de producir.

El cable, enviado a Kennedy por Bissell y aparentemente suscrito por el coronel Jack Hawkins, sería de máxima importancia. Según Schlesinger, fue el factor decisivo en la determinación de Kennedy de proseguir con los planes. Esa también sería la opinión de otros dos cercanos colaboradores y amigos del Presidente: Kenneth O'Donnell y David Powers, recogida en el libro *Johnny We Hardly Knew Ye*, escrito por ambos. Dicen que Kennedy les confesó que, confiado en la veracidad del cable, lo consideró convincente y autorizó la invasión.

Es obvio que Kennedy no pudo percatarse de que lo que estaba recibiendo era un mensaje dulcificado cuyas conclusiones, en casi todos sus puntos, no estaban respaldadas por la realidad. Y lo más escandaloso del caso sería que, según veremos más adelante, unas declaraciones del propio coronel Hawkins más de tres décadas después, así como documentos desclasificados en 1998, muestran que el informe que se le atribuía a él nada tenía que ver con su verdadera opinión y mucho menos con su línea final: "Yo comparto esa confianza".

El desembarco inesperado de la Brigada

Estando en los preparativos para nuestra infiltración en Cuba, recibo en la mañana del 17 de abril de 1961 una noticia inesperada: la Brigada 2506 estaba desembarcando por el sur de la provincia de Las Villas. Algo totalmente imprevisto dentro de lo que se había acordado por el Consejo Revolucionario y creíamos que se iba a respetar. He mencionado ya que, de acuerdo con los compromisos hechos, unos compañeros y yo, con *Manolo* Ray de jefe del grupo, debíamos de haber estado ya infiltrados en Cuba en el momento en que la invasión tuviera lugar. La noticia de que el desembarco estaba en marcha sin haber culminado nuestra presencia en la Isla era desconcertante. No porque creyera que pudiéramos ser un factor determinante en el desenlace sino porque ponía en evidencia el incumplimiento de los acuerdos a que habíamos llegado con la CIA al formarse el Consejo Revolucionario. Acuerdos que considerábamos firmes. Por la forma incoherente en que se presentaban los acontecimientos me percaté que, detrás de todo, estaba en proceso una conspiración para marginar al MRP de un triunfo que se estaba dando por descontado. Ante esa situación, convoqué a una reunión urgente de nuestro Movimiento en la casa-oficina de Hialeah que me servía de morada.

La reunión no iba a tener nada de sosegada. Se alzaron voces para culpar nuestra exclusión de los planes militares y el desconocimiento de la situación a la demora en integrar la unidad con el Frente Revolucionario Democrático. Ese argumento carecía de base porque era la CIA la que intentaba bloquear, por nuestra resistencia a someternos a sus dictados, la participación del MRP en los planes de invasión. Sus agentes se mostraban seguros y confiados —hasta arrogantes— de que lo hecho hasta ese momento les garantizaba el triunfo sin tener que contar con nadie más que el grupo que ellos controlaban. La gritería y la histeria dominaban los ánimos en la oficina del MRP. Se estaba pasando por alto lo que en ese momento debía ser nuestro mayor motivo de preocupación. Y era que nada sabíamos de nuestro jefe, Manuel Ray.

Serenamente, les hice saber a mis compañeros que todo apuntaba a que lo que se estaba haciendo estaba mal manejado y no respondía a los acuerdos de unidad. Hablé —ya se podía dar a conocer lo que hasta ese momento casi ninguno de los presentes conocía— de nuestra infiltración en la Isla, evidentemente frustrada. Y resalté otra violación de lo acordado: que los compañeros del MRP comprometidos en partir para el entrenamiento en Guatemala y participar en la invasión, se encontraban todavía en Miami esperando para ser trasladados. En la planilla de reclutamiento había que declarar a qué organización pertenecían los voluntarios y estaba claro que al ser del MRP habían sido postergados.

Algunos de los presentes en la reunión tenían la certidumbre de que la invasión iba a triunfar y seguían machacando en que habíamos sido excluidos por la demora en consumar la unidad. Repetí: "Aquí se está violando el acuerdo de unidad para la integración del Consejo Revolucionario, lo que me parece muy sospechoso". Y pensando en los cuantiosos recursos de que disponía la dictadura para afrontar la invasión, no oculté mi decepción por la forma inesperada en que se estaba conduciendo. Dije entonces, y lo recuerdo perfectamente a pesar del largo tiempo transcurrido: "Si alguien aquí me pudiera garantizar que Fidel Castro se cae dentro de cinco años, sería hoy el hombre más feliz del mundo". Y hablaba en serio. Eso, por supuesto, cayó como una bomba. Y tuve que soportar una vez más lo de "tú siempre tan negativo", por mi resistencia a cobijar ilusiones. Pero me parecía bien ridículo lo que estaba pasando porque la forma en que se estaban produciendo los acontecimientos me daba a entender que detrás de la operación estaban manos poco confiables y que, además, se perdía de vista lo que la dictadura había avanzado para consolidar su poder, con miles y miles de seguidores dispuestos a cumplir ciegamente las órdenes de un líder emotivo y patético. Se estaba soslayando la importancia de la acción clandestina previa, vital para el triunfo, que en esos momentos —no tardaríamos en enterarnos— había sido cogida fuera de guardia y estaba siendo neutralizada con la detención preventiva, en estadios deportivos y cines, de cientos de miles de ciudadanos sospechosos de anticomunistas. Además, me parecía que la discusión en ese momento sobre las razones de nuestra exclusión de los planes militares estaba fuera de lugar. Lo verdaderamente preocupante era que seguíamos sin noticias de Ray. Esa incomunicación, en un momento tan significativo, era inexplicable. Y nada bueno auguraba.

Presos en Opa-Locka

¿Y dónde estaba Ray? Nada menos que prácticamente preso, en un local del aeropuerto que exclusivamente operaba la CIA en Opa-Locka, al sur de la Florida. Compartía esa inexplicable situación con el presidente del Consejo Revolucionario, José Miró Cardona y el dirigente del Frente Revolucionaro Democrático, Manuel Antonio de Varona. También se encontraban allí otros miembros del Consejo: Justo Carrillo, Antonio Maceo y un expresidente fugaz de la República (1933), Carlos Hevia. ¿Qué hacían los líderes exilados en Opa-Locka en un momento tan decisivo? Habían estado reunidos en New York y se dirigieron a Philadelphia para tomar un avión de la CIA que los conduciría a Opa-Locka, sin habérseles dicho a donde iban. No creían necesario saberlo expresamente porque, según me contaría Ray, se les había comunicado que el viaje tenía como objeto discutir en conjunto la estrategia a seguir en el orden militar. Evidentemente, habían sido engañados. Llegaban a Opa-Locka en horas de la madrugada del lunes 17 de abril de 1961. cuando ya estaba en ejecución la operación de desembarco, sin que ellos lo supieran. Estaban siendo retenidos sin explicación alguna. Y totalmente incomunicados.

Cuál no sería el asombro de los miembros del Consejo al presentarse un alto oficial de la Marina perteneciente a la CIA para informarles, cerca del mediodía, que la operación de invasión (iniciada poco antes de la medianoche del día anterior) estaba en proceso. La sorpresa fue seguida por la indignación que produjo su desconocimiento. La exclusión del Consejo en una decisión tan importante confirmaba el menosprecio de la CIA por los líderes que supuestamene asumían la dirección de la operación. A ese estado de ánimo había que sumar la preocupación por la suerte de los miembros de la Brigada, que sería más intensa por razones familiares en Manuel Antonio de Varona, que tenía en el teatro de operaciones un hijo, dos hermanos y dos sobrinos y en Miró Cardona y Maceo, con un hijo cada uno. Fue de admirar, según me diría Ray, la reacción de Varona, quien a pesar de la agobiante preocupación que lo embargaba por la suerte de sus familiares, no dejó de atender en ningún momento sus responsabilidades como miembro del Consejo.

La razón aducida por el oficial para ser retenidos en Opa-Locka era que estaban esperando que la brigada invasora conquistara una cabeza de playa en las primeras horas del desembarco para trasladarlos a ella (en Playa Girón había una pista de aterrizaje). Ya en territorio cubano, los miembros del Consejo constituirían un gobierno en armas que abogaría por la ayuda de los países americanos a la guerra de liberación. Lo alegado era aceptable pero para eso no era necesario lo que equivalía a un secuestro. Ni atenuaba la afrenta de que detalles de importancia extrema en el ataque que se estaba realizando, incluyendo el de la fecha de su ejecución, fueran desconocidos por los miembros del Consejo, que eran los llamados a responsabilizarse con el desarrollo de los acontecimientos y sus resultados. Pero lo que colmaría la copa sería la noticia de que Manuel Artime, uno de los más destacados líderes del Consejo, había desembarcado con los brigadistas. Acto valiente, pero que nunca había sido discutido ni aprobado. La noticia contribuiría aún más al desconcierto de los presentes, que se percataban de que nada tenían que ver con lo que estaba pasando y estaban sirviendo de instrumentos para validar acciones que no controlaban.

"Frank Bender" y sus allegados no ocultaban un trato preferencial hacia Artime, con quien llegaban a acuerdos ignorados por los otros dirigentes del Frente, práctica que, evidentemente, continuaba después de constituido el unitario Consejo Revolucionario. Al parecer, Artime creía en las seguridades que daba la CIA de que Estados Unidos habría de intervenir y no se percataba de que esos funcionarios carecían de autoridad para prometer lo que confligía con la voluntad de su propio gobierno. Se hacía evidente que las decisiones de la CIA atentaban contra el respeto que se le debía a los miembros del Consejo. Esto, unido a que la infiltración previa en Cuba de Ray y nuestro grupo no había sido consumada y nuestros militantes esperaban infructuosamente por su traslado a Retalhuleu, ponían de relieve que se trataba de una maniobra solapada y abiertamente discriminatoria de la CIA. Era obvio que los agentes a cargo del aspecto político de la operación habían marginado arbitrariamente a Ray y al MRP en la creencia de que tenían asegurado el triunfo sin tener que contar con la mayor organización subversiva que operaba en Cuba y que, dada su independencia, no podían controlar.

Bombardeos preliminares

Lo que llegaría a ser un desastre casi podía anticiparse dos días antes del desembarco entusiasta, aunque muy accidentado, del contingente de combatientes voluntarios que tomaría el nombre de "Brigada 2506" en honor de Carlos Rodríguez Santana, uno de los primeros cubanos en alistarse. 2506 era su número de identificación y había fallecido al caer de un risco en una operación de entrenamiento.

En la mañana del 15 de abril, dos aviones B-26, al parecer castristas por como estaban pintados, aterrizaban en Miami y Key West. Sus pilotos declaraban que eran desertores de la fuerza aérea revolucionaria y venían de bombardear las bases aéreas de Columbia (llamada irónicamente Ciudad Libertad) y San Antonio de los Baños. Al ser fotografiado, el que aterrizó en Miami se tapaba la cara. Lo que llamaba poderosamente la atención porque ningún desertor necesita ocultarse. Lo primero que da a conocer es su verdadera identidad. La realidad era que el avión de Miami venía directamente de Puerto Cabezas, Nicaragua, sin haber incursionado en Cuba. Había sido baleado antes de su despegue para simular fuego antiaéreo. Semejante maniobra no podía sustraerse al calificativo de ingenua, por no decir estúpida, de la cual, por supuesto, el piloto no era responsable porque actuaba según las órdenes que recibía. Al parecer, con esa estratagema se pretendía disipar cualquier sospecha sobre lo que era más que evidente: que detrás de la invasión que tanto se esperaba estaban la mano y los recursos de Estados Unidos.

¿Por qué dar a entender que los pilotos eran desertores cuando no lo eran? ¿No podía predecirse el escándalo internacional que se formaría cuando la verdad saliera a relucir? Esto me hacía dudar sobre la manera en que se estaba empezando a manejar una cuestión de tanta importancia, contemplada por los cubanos demócratas como el inicio de un golpe definitivo para impedir que en Cuba se implantara el comunismo. ¿Quién podría creer, cuando el entrenamiento de los voluntarios durante meses en Guatemala era *vox populi,* que Estados Unidos nada tenía que ver con la operación? ¿De qué otro lugar podían salir los vastos recursos para un empeño semejante, que incluía, no sólo aviones, sino tanques y camiones que tendrían que ser desembarcados?

Para atacar los aeropuertos militares y destruir los aviones castristas, que incluían también los estacionados en Santiago de Cuba, despegaron ocho aviones B-26 de Puerto Cabezas, Nicaragua, de los cuales seis regresaron a su base. Un vocero de nacionalidad americana que hablaba a nombre del Consejo, pero que en realidad era un agente de la CIA y sólo respondía a la Agencia, anunció que uno de los aviones había sido derribado y aparentemente cayó al mar. La noticia fue dada también por Fidel Castro. El piloto que llegó a Key West, que sí había participado en el ataque a los aeropuertos occidentales, en lugar de regresar a su base en Nicaragua se vio obligado a aterrizar en el cayo por un desperfecto mecánico. Lo extraño de la "deserción" suscitó de inmediato el interés de la prensa internacional.

El canciller castrista, Raúl Roa, sostenía esa misma tarde en New York, ante el Comité Político de las Naciones Unidas (ONU), que la historia de los pilotos desertores era una patraña. Y Adlai Stevenson, el embajador norteamericano ante la ONU, declaraba categóricamente: "De acuerdo con nuestra mejor información, los dos aviones son de la fuerza aérea de Castro y, según los pilotos, despegaron de las bases de Castro". La historia personal de Stevenson lo hacía serio y respetable. Había sido gobernador de Illinois y, en dos ocasiones, candidato a la presidencia de Estados Unidos por el Partido Demócrata. Su aseveración pública estaba basada en la confirmación de la deserción que le había dado la CIA. Quedaba humillado, ante los ojos del mundo, al dar como cierta una información totalmente falsa que había recibido a través de los canales oficiales. Esa inexplicable táctica de la supuesta deserción y todavía lo más inadmisible, la ratificación a Stevenson de esa falacia como verdad, serían de extrema importancia en los acontecimientos subsiguientes.

La primera confesión pública de socialismo

La reacción de Fidel Castro a los bombardeos no se hizo esperar. Al día siguiente, 16 de abril, en un acto masivo con motivo del entierro de los militares y milicianos muertos en los ataques aéreos, realizado cerca de la entrada del Cementerio de Colón, se dirigió a la multitud para anunciar la inminencia de la invasión y negar que los pilotos de los B-26 fueran desertores. Le sacaba partido así a la burda estratagema. Sería un discurso hábilmente manejado para entretejer, de manera convincente, mentiras con verdades. Pero en su tema principal, la falsa ratificación del gobierno norteamericano de que los pilotos eran desertores, la verdad lo asistía. Y no dejó pasar la oportunidad. Atacaba a Estados Unidos en forma desmesurada y demagógica, pero aparentemente justa para una multitud predispuesta al encono. Buen conocedor de las tretas psicológicas para fanatizar a través de la palabra, aprovechaba la ocasión para consolidar un poder absoluto.

Sin embargo, lo más significativo de ese discurso no iban a ser la mención de las víctimas de los bombardeos ni la virulencia de los ataques a la potencia norteña. Serían los elogios a la Unión Soviética por "la precisión, la técnica elevada y el éxito que para la humanidad significa la hazaña científica que acaban de realizar" (cuatro dias antes, el cosmonauta soviético Yuri Gagarin era el primer hombre en navegar en el espacio y orbitar la Tierra). Dijo Castro también: "Estamos en la época de los viajes cósmicos, aunque esos viajes no sean para los yankis". A continuación de las alabanzas a los soviéticos, en una sincronización deliberada para preparar al público, el dictador aprovecharía la emotividad del momento para revelar su gran secreto, lo que venía preparando solapadamente sin consultar con el pueblo ni con la dirección del Movimiento 26 de Julio."No pueden perdonarnos —diría Fidel Castro— que hayamos hecho una revolución socialista en las propias narices de Estados Unidos". Es decir, una revolución pro soviética, que nada tenía que ver con la socialdemocracia ni la democracia cristiana, ideologías democráticas de base socialista que constituían las más eficaces barreras de contención del expansionismo comunista. Ni muchísimo menos con la democracia prometida desde la Sierra Maestra. La connotación de marxismo-leninismo sería corroborada por la multitud que, llevada al paroxismo, coreaba un lema concebido de antemano para la ocasión: "¡Fidel, Jruschov, estamos con los dos!" Y al final, entre los vítores de cierre, el de "!Viva la revolución socialista!" Fidel Castro aprovechaba una coyuntura de alta emotividad popular para dar a conocer sus intenciones, en un momento en que estar en desacuerdo con él sería visto como un crimen de lesa patria. Una buena parte del pueblo caía en una trampa tendida en el mejor de los momentos. Y eso de socialismo a última hora no parecía captar en los incondicionales del Comandante su verdadera importancia. Ya los ánimos estaban exaltados y tal aseveración podía ser aceptada sin reparos o pasar inadvertida dentro del contexto del discurso y la animosidad de la multitud. Pero definía, sin lugar a dudas, la ruta impuesta, que equivalía a la traición de los postulados revolucionarios originales. Por otro lado, esa declaración y las referencias a la Unión Soviética indicaban claramente las intenciones de un dictador amenazado. Era una manera, casi ineludible, de comprometer la ayuda militar de la principal potencia comunista ante la posibilidad de una guerra civil o una intervención militar de Estados Unidos.

La resistencia contra el comunismo

A esas alturas, existía mucha inconformidad en el país por los abusos y desatinos del Comandante y la sospecha de sus inclinaciones estalinistas. Los alzamientos de antiguos jefes del Ejército Rebelde y guerrilleros anticomunistas en la zona del Escambray tenían en jaque a los soldados y milicianos castristas. La incorporación ciudadana a la lucha clandestina aumentaba de manera impresionante. Manuel Ray, al ser entrevistado por *Bohemia Libre* el 14 de diciembre de 1960, declaraba:

El MRP ha sido ya organizado en los 126 municipios de la República. Tiene una celulación clandestina y cuenta con una extensa red de comunicaciones funcionando actualmente en toda la Isla. Ha comenzado un plan sistemático y organizado de sabotajes en las seis provincias que ha destruido el mito de que Fidel cuenta con la mayoría del pueblo. El Régimen no ha podido impedir los actos de sabotaje que ya se han realizado. Hay que reconocer que el pueblo entero, en todas sus capas sociales, está cooperando activamente en esas tareas de la clandestinidad: contribuyendo económicamente, distribuyendo propaganda revolucionaria, escondiendo en las casas particulares a miembros de la organizaión que están en el clandestinaje, cumpliendo las consignas de resistencia cívica que reciben.

En noviembre de 1960 y alrededor de las dos semanas de haber llegado Ray a Estados Unidos estaba muy adelantada una conspiración del MRP para un alzamiento en Isla de Pinos. Comprometidos en ella había cerca de 70 oficiales que controlaban entre 900 y 1,000 hombres. Ray estaría presente en el momento del alzamiento. Se desistió del mismo al recibirse la información de que, por una filtración, la CIA estaba en conocimiento de esos planes. Era sabido que la CIA se resistía a cooperar en proyectos ajenos a ella. Pero lo peor era que boicoteaban y entorpecían todo aquello que no pudiesen controlar. A pesar de su frustación, la conspiración de Isla de Pinos ponía de relieve que el MRP era el instrumento, dentro de

Cuba, con mejor organización y recursos para combatir el comunismo, aunque en las acciones de la resistencia interna ningún movimiento tenía la exclusividad. Las quemas de caña, los sabotajes a tiendas e industrias y las incursiones aéreas para debilitar la economía de la dictadura, eran realizadas por organizaciones de diverso origen y propósito. Como diría acertadamente Carlos Alberto Montaner al presentar la vigesimoséptima edición del libro de Armando Valladares *Contra toda Esperanza*, en agosto de 2011: "La resistencia contra la entronización del comunismo no fue una actividad de burgueses perjudicados por las confiscaciones de sus propiedades, ni una revancha de los batistianos que querían recuperar el poder, sino fue la acción de las clases populares enfrentadas a una nueva tiranía". Era innegable que en Cuba había una franca situación de rebeldía ante la amenaza comunista, que no estaba solamente circunscrita a las acciones guerrilleras del Escambray sino manifiesta en continuos actos de sabotaje y deserciones de antiguos revolucionarios. Lo dicho por Fidel Castro no iba a cambiar la opinión de los que ya estaban convencidos de que, por la vía del marxismo-leninismo, la revolución iba a ser conducida al desastre. Pero para conjurar el peligro que en ese momento corría su régimen, el discurso del dictador parecía hecho a la medida. Levantaba significativamente la moral de lucha de los fanatizados, quienes creían ciegamente en que cualquier dirección que señalara el antiguo jefe rebelde era el camino a seguir, incluso el de morir por la revolución que él personificaba y en defensa de la patria, amenazada —según se les había hecho creer— por una invasión extranjera.

El caso Castillo Armas

La habilidad de Fidel Castro para manejar símiles con profusa información en sus discursos y su capacidad para llevar las masas al paroxismo no estaban, evidentemente, dentro de los cálculos de los planificadores estadounidenses, que, a todas luces, pensaban repetir la experiencia de Guatemala en 1954, cuando un grupo organizado por la CIA y al mando del coronel Carlos Castillo Armas penetró en el país y logró que el presidente Jacobo Arbenz fuera derrocado. Las circunstancias y los personajes entre Cuba y Guatemala no tenían nada en común. Y contemplar la posibilidad de combatir exitosamente a Fidel Castro por la vía única de semejante experiencia demostraba que los principales responsables del *Cuba Project* tenían un desconocimiento garrafal de lo que tenían que hacer.

Los agentes de la CIA no podían ignorar que, desde el punto de vista militar, la invasión de Castillo Armas (de sólo 480 hombres) había sido un desastre. En sus tres primeros días, la mayoría de los expedicionarios habían sido aniquilados. La caída de Arbenz no fue motivada por el hecho de la invasión en sí. Fue la percepción, dentro de la jefatura del ejército guatemalteco, de que detrás del intento estaban los americanos. El temor a que Estados Unidos pudiera involucrar sus fuerzas en la operación, les hizo exigirle la renuncia a Arbenz. No podía establecerse una comparación con la realidad cubana. El nuevo ejército revolucionario y las milicias estaban motivados ideológicamente (aunque no hacia el comunismo, que se negaba oficialmente y, como hemos visto, sólo se insinuó el día previo a la invasión). Fidel Castro ejercía sobre ese ejército y las milicias un poder absoluto. El coronel Arbenz, aunque procedía del ejército, no lo controlaba. Es difícil que realidades tan contundentes fueran ignoradas por los planificadores de la CIA pero todo demuestra que no fueron consideradas, lo que pondría de relieve la incompetencia —posteriormente documentada— de los agentes asignados a la Operación Zapata.

El desenfoque de la estrategia que se estaba siguiendo tenía su punto álgido en la marginación de la resistencia interna. El 7 de abril, el *New York Times* publicaba un comentario de Tad Szulc: "Ray cree que sería mejor golpear (*to strike*) con un levantamiento interno apoyado desde afuera". De hecho, esa tesis era compartida por altos funcionarios del gobierno americano. Según habría de confesar en *One Thousand Days*, su conocida crónica del gobierno de Kennedy, Arthur Schlesinger no estaba de acuerdo con la estrategia de una invasión frontal y señalaba el daño que le ocasionaría a Estados Unidos su eventual fracaso. Esa era también la opinión del vicepresidente Lyndon Johnson y del embajador Adlai Stevenson, además de la del Secretario de Estado, Dean Rusk, que ya he mencionado. Otro importantísimo crítico era William Fulbright, *Chairman* del Comité de Relaciones Exteriores del Senado.

Las protestas de Opa-Locka

En marcha el desembarco, la situación en Opa-Locka era explosiva. Los miembros del Consejo Revolucionario estaban en franca rebeldía. Se sentían secuestrados. Sin acceso a teléfonos. Totalmente incomunicados. Carentes de información sobre lo que estaba pasando. Un grupo de guardianes armados, con botas metálicas, al parecer, según Ray, para protegerse de las serpientes, rodeaban la casa e impedían la salida. Las protestas más airadas ante el oficial que les había dado la noticia de la invasión procedían de Ray y Varona, quienes se resistían a que se prolongara la reclusión a la que estaban sometidos. Una situación verdaderamente humillante, que mostraba bien a las claras la relación desventajosa que existía entre el Consejo Revolucionario y la CIA.

Mientras tanto, en Washington apenas se tenían noticias de lo que estaba ocurriendo. Y lo poco que se sabía nada tenía de positivo. Una airada nota del primer ministro soviético Nikita Jruschov denunciaba la invasión y amenazaba con darle a Fidel Castro toda la ayuda que necesitase. La protesta del dirigente soviético recibió una pronta respuesta de Kennedy: "Usted debe reconocer que los pueblos libres de todas partes del mundo no aceptan el reclamo de la inevitabilidad histórica de la revolución comunista. Lo que opine su gobierno es de su propia incumbencia pero lo que haga en el mundo es asunto del mundo. La gran revolución en la historia del hombre, pasada, presente y futura es la revolución de aquellos determinados a ser libres".

Pasada la medianoche, se encontraban reunidos en la oficina de Kennedy el vicepresidente Johnson; el Secretario de Defensa, Robert McNamara; el Jefe del Estado Mayor Conjunto, general Lyman Lemnitzer; el almirante Arleigh Burke, Jefe de Operaciones Navales; Richard Bissell y otros asesores. Cundía el desaliento. Las noticias seguían siendo escasas y todo apuntaba a que la operación estaba encontrando serias dificultades. También se tenían informes de la reacción de los miembros del Consejo Revolucionario retenidos en Opa-Locka, que amenazaban con tomar medidas drásticas si no salían del encierro. Kennedy decidió que Adolph Berle, el Coordinador Civil del *Cuba Project* y Schlesinger fueran a reunirse con ellos. Y en las primeras horas de la mañana del martes 18, los secuestrados de Opa-Locka recibían la visita inesperada de los dos funcionarios, quienes estarían acompañados de Jim Noel. A los llegados de Washington se les uniría "Frank Bender".

Berle y Schlesinger tuvieron que afrontar serias críticas de los miembros del Consejo, que no intentaron refutar. Ambos eran ajenos a la decisión de tratar a los dirigentes exilados en la forma degradante que estaban viendo. Pero tenían que cumplir la ingrata misión de dar la cara ante un hecho que ellos mismos repudiaban. Schlesinger, historiador al fin, tomaría nota del contenido de las conversaciones. Miró Cardona reclamaba morir con sus hombres en la playa. Varona acusó vehementemente a la CIA de no consultar al Consejo ni haber coordinado la acción con la resistencia clandestina.

Pedía ser enviado de inmediato al frente de batalla. Carrillo y Maceo hacían énfasis en la responsabilidad de Estados Unidos como defensores de la democracia y el peligro que representaba para la misma un posible fracaso de la invasión. Ray insistió en su tesis de que la estrategia correcta era el levantamiento interno y no la invasión, denunciando que nunca la CIA había querido considerar seriamente esa posibilidad. Expuso, serenamente, que habían sido engañados, que se tomaban decisiones en nombre del Consejo sin ni siquiera haber sido consultados y que debían abandonar toda pretensión de mando, ya que no tenían ningún control sobre la operación, e ir a Cuba y luchar como soldados. Varona pidió un avión Catalina para que lo dejaran en cualquiera de las playas y Ray que lo "tiraran" en La Habana.

El calor de las protestas llegó a tal punto que Berle y Schlesinger temieron una denuncia pública de la CIA y el Gobierno por los miembros del Consejo. Y decidieron que lo mejor sería que fueran recibidos por el propio Presidente, lo que coordinaron desde Opa-Locka. Y en horas de la tarde, en el mismo avión en que llegaron regresaban a Washington, pero acompañados ahora de los irritados miembros del Consejo. Ray tendría de compañero de asiento a Adolph Berle, que había sido uno de los poquísimos funcionarios de alto relieve que había estado de acuerdo en seguir con los planes de invasión. Berle le daba detalles de lo que se sabía —no mucho— sobre la situación en la zona de combate. Su impresión era de que ya todo estaba perdido. También le comunicó que el asunto se había complicado sobremanera porque la Unión Soviética había movilizado sus tropas alrededor de Berlín y se temía una invasión de la zona occidental como represalia.

En el frente de batalla

La operación del desembarco de la Brigada 2506 sería mucho más compleja de lo que podía haberse imaginado. La fuerza expedicionaria había salido de Puerto Cabezas, Nicaragua, en cuatro buques (*Houston, Río Escondido, Caribe y Atlántico*) a los que se unía un carguero con abastecimientos (*Lake Charles*) que transportaba además algún personal de una misteriosa *Operación 40*, cuya exacta función todavía es motivo de diversas conjeturas. Iban, además, dos naves de desembarco (*Blagar y Barbara J.*) capitaneadas por dos agentes de la CIA que dirigían el inicio de la operación. Los siete buques habían sido convoyados individualmente por naves de la marina de guerra americana desde Puerto Cabezas hasta un punto de reunión en el mar, a 65 kilómetros de la costa sur de Cuba. Y allí se les unió el *San Marcos*, que procedía de la isla de Vieques, Puerto Rico, y portaba siete lanchas de desembarco. Además, el portaviones *Essex*, un portahelicópteros, cinco *destroyers* y dos submarinos estaban situados cerca de las islas Cayman. Con semejante despliegue de las fuerzas navales de Estados Unidos para afianzar una operación que incluía el desembarco de tanques y camiones resultaba inexplicable el intento del Departamento de Estado de ocultar la participación americana en la operación. Y con ese aparente anticipo de respaldo total, los abnegados brigadistas estaban más que convencidos de que contarían con la intervención de las fuerzas americanas en su difícil empeño.

El desembarco principal, alrededor de la 1:00 de la madrugada del lunes 17 de abril, fue por Playa Girón y se haría otro menor por Playa Larga, al norte de la bahía y uno adicional por Caleta Verde, hacia el este. Los desembarcos estarían plagados de dificultades imprevistas. La presencia de arrecifes coralinos no identificados en las fotos de reconocimiento, provocó la ruptura del fondo de varios botes, lo que retrasó considerablemente el acceso a la playa. Un grupo de milicianos cerca de Playa Larga pudo alertar de la invasión y al inicio del amanecer la aviación castrista estaba atacando las naves expedicionarias, cuando aún no habían terminado de descargar hombres, tanques y camiones. El *Houston*, fue alcanzado por varios cohetes y su capitán se vio obligado a encallarlo.

Poco después, 177 paracaidistas de la Brigada eran lanzados para bloquear las dos carreteras de acceso a la zona de combate. Un bloqueo fracasó y sólo por dos días funcionaría el otro. Alrededor de las 9:30 de la mañana, el *Río Escondido* era hundido por aviones de la dictadura, perdiéndose una enorme cantidad de suministros, armamentos, municiones y equipos de comunicación. Lo que estaba ocurriendo nada bueno auguraba. Dos de los aviones B-26 de la Brigada, que apoyaban la hasta entonces exitosa acción de Playa Larga, dirigida por Erneido Oliva, eran derribados por un T-33 castrista. Sin embargo, después de una noche de intensos combates en esa zona, donde participarían tanques de ambas partes, las fuerzas castristas se retiraron después de sufrir grandes bajas. Pero Oliva no iba a esperar la luz de la mañana para exponer sus hombres y equipo al ataque de la aviación castrista y tomó curso sur para unirse a las fuerzas del jefe principal de la Brigada, *Pepe* San Román, que se encontraba en Playa Girón.

Al día siguiente, martes 18. las fuerzas castristas tomaban Playa Larga y en la Brigada empezaban a escasear las municiones por la inutilización del *Houston* y la pérdida del *Río Escondido*. Tragedia a la que había que añadir que los otros dos buques de transportación de hombres y municiones, el *Caribe* y el *Atlántico*, que habían salido del área de combate después de desembardar a sus brigadistas para regresar de noche y descargar los pertrechos, no aparecían por ninguna parte. Y en Puerto Cabezas, los pilotos brigadistas se resistían a reanudar los vuelos por estar exhaustos. La presión sobre *Pepe* San Román era tremenda. Ante el avance de las fuerzas de la dictadura, abrumadoramente superiores, la Brigada comenzaba a replegarse. San Román clamaba desesperadamente por la cobertura aérea americana, que daba por segura de acuerdo con las promesas engañosas de la CIA. Ante una derrota inminente, se le ofreció ser rescatado por efectivos americanos. Su valiente respuesta fue de que nunca abandonaría el suelo de la patria. El caos empezaba a cundir en las filas libertadoras. Al finalizar el día, las municiones estaban prácticamente agotadas y el contingente invasor cercado por todos lados.

Ante la escasez de pilotos en Puerto Cabezas, se presentaron como voluntarios cuatro instructores de vuelo americanos que entrenaban a la fuerza aérea brigadista. Dentro de sus responsabilidades, en ningún momento estaba la de participar en combate. Y en un generoso y valiente gesto de solidaridad, abordaron tres B-26 y emprendieron vuelo a Cuba, acompañados de otros tres B-26 tripulados por cubanos. Los B-26 tenían que salir de Puerto Cabezas y regresar, disponiendo de combustible para siete horas, lo que les permitía solamente alrededor de media hora de vuelo sobre territorio cubano. Esa incursión a la zona de combate ocasionaría tremendas bajas a las fuerzas castristas.

Kennedy, contraviniendo a su propia decision de no intervenir, accedió a autorizar el despegue, al amanecer del miércoles 19, de seis aviones AD-4 no identificados del portaviones *Essex*, que se encontraba relativamente cerca de la zona de operaciones. La misión tenía como propósito darle cobertura a tres B-26 brigadistas —dos de los cuales eran tripulados por los cuatro instructores de vuelo americanos— dispuestos a salir de Puerto Cabezas a la zona de combate. En uno de ellos iban Thomas Ray y Leo F. Baker. En el otro, Riley Shamburger y Wade Gray. Había un tercer B-26 en esa peligrosa misión, pilotado por Gonzalo Herrera, un heroico combatiente que no descansaba desde el bombardeo del 15 de abril. Y a pesar del agotamiento por la incursión del día anterior y la tensión del combate. esos aviadores no vacilaron en montarse de nuevo en sus aparatos y acudir en auxilio de los desesperados brigadistas. Lamentablemente, debido a un increíble error por la diferencia de hora entre Cuba y Nicaragua, los aviones brigadistas llegaron una hora antes al punto de encuentro y no pudieron ser protegidos por los AD-4 del *Essex*, con el trágico balance de la muerte de los cuatro americanos, calificados peyorativamente de mercenarios por la dictadura castrista cuando en realidad eran oficiales de la Guardia Nacional Aérea de Alabama que se habían ofrecido como voluntarios para luchar por la libertad de Cuba. Ray y Baker serían asesinados después de haber descendido en paracaídas. Otro de los pilotos moriría en un duelo a tiros con los milicianos después de aterrizar con su avión averiado. Es posible que de no haber existido el trágico error en el horario, esa incursión aérea pudo haber sido exitosa de contar con la protección de los seis jets del *Essex* ordenada por Kennedy, a pesar de su decisión de no intervenir.

En el frente de batalla, a la falta de municiones se sumaba la de la comida y el agua. Erneido Oliva se negaba a la retirada y *Pepe* San Román persistía en su decisión de luchar hasta el final. Innumerablesa son los relatos de acciones heroicas individuales. La Brigada 2506 no se rendía. Ante la enorme superioridad del enemigo se replegaba. Los que no caían prisioneros se internaban en pantanos y bosques pero eran capturados. Otros, muy pocos, pudieron ser rescatados por unidades americanas. Y un grupo que escapó por mar sufrió la trágica suerte de naufragar por muchos días y ver morir a diez de sus miembros de hambre y sed. Pero la tragedia de la Operación Zapata no iba a quedar ahí.

La tiranía mostraría su perversión metiendo un centenar de prisioneros en un contenedor de arrastre para trasladarlos a La Habana. A duras penas cabían. Y como respuesta a las protestas por el amontonamiento, el capitán Osmani Cienfuegos, jefe de la criminal operación, ordenó que metieran cerca de cincuenta más, todos de pie por la falta de espacio, sin apenas poder respirar. Y cerraron las puertas inmisericordemente. Al llegar a La Habana, después de varias horas de viaje en el horno rodante, el desmayo cundía entre los encerrados. Y en el piso del contenedor yacían nueve cadáveres. Combatientes por la libertad asesinados por asfixia. En contraste, es de señalar la caballerosidad de la Brigada 2506 que siempre respetó las leyes de guerra tratando humanamente a los que en un momento fueron sus más de doscientos prisioneros.

CAPÍTULO 12
DESPUÉS DE GIRÓN

La responsabilidad de Kennedy

El 19 de abril, los miembros del Consejo que habían sido retenidos en Opa-Locka eran recibidos por el presidente Kennedy. Berle y Schlesinger estarían presentes. Kennedy, según me contaría Ray, mostraba las huellas de la falta de sueño y de una intensa preocupación. Lo primero que hizo fue ofrecerles disculpas por la forma en que habían sido tratados. Aclaró que en ningún momento fue notificado de que la reclusión a la que habían sido sometidos era parte de los planes. Continuó explicando que su decisión de no intervenir había sido bien clara siempre y creía que, de acuerdo con la información que tenía en sus manos antes de autorizar el desembarco de la Brigada, la invasión iba a triunfar por sus propios méritos, sin necesidad de la intervención americana. Dio lectura al cable supuestamente enviado por el coronel Jack Hawkins, como prueba de que todo estaba bajo control y que la invasión iba a ser exitosa. Enfatizó que en todo momento recibió seguridades de que iba a haber alzamientos como consecuencia del desembarco, lo que consideraba fundamental para el éxito de la operación. Y para su sorpresa, ninguno había ocurrido. Ray le explicó que los alzamientos tenían que haber sido coordinados de antemano y que nada se había hecho al respecto (como he relatado, se suponía que Ray estuviera infiltrado en Cuba al momento de la invasión, junto a un grupo en que figuraba el autor).

La impresión de Ray de lo hablado con Kennedy es que el Presidente contemplaba la intervención militar americana dentro del ajedrez de la guerra fría y no la creía positiva para la imagen de Estados Unidos en su confrontación con la Unión Soviética. Y que por esa razón nunca la había contemplado. Ray me contaría, además, que Kennedy mostraba una visible preocupación por las bajas que dentro de Cuba esa intervención pudiera ocasionar y le escuchó decir: *I'm not going to send Americans to kill Cubans* (*Yo no voy a mandar americanos a matar cubanos*). En todos los miembros del Consejo quedó la impresión de que Kennedy estaba profundamente consternado por las bajas de la Brigada y la suerte de los prisioneros. Había dado instrucciones de que los navíos de guerra americanos cercanos a la zona de combate se concentraran en rescatar sobrevivientes.

La salida más honorable y pragmática para Kennedy por el desastre de la operación era cargar con toda la culpa. Preferible, por mucho, a decir que había actuado siguiendo una información deficiente o denunciar que había sido engañado. ¿Puede el presidente de un país admitir que ha sido manipulado por unos subalternos? ¿Qué se pensaría de ese presidente? ¿Y de ese país? El 21 de abril, en una conferencia de prensa, Kennedy declararía: "Hay un viejo dicho de que la victoria tiene cien padres y la derrota es huérfana. Lo que importa es sólo un hecho: yo soy el responsable oficial del Gobierno". No obstante, no las tenía todas consigo. Tenía que ir al fondo de la cuestión. Averiguar hasta qué punto llegaba la veracidad de la información que había estado recibiendo. Y comisionó a un hombre de su confianza, el general Maxwell Taylor, para que le rindiera un informe detallado de la actuación de la CIA en todo el proceso. El director general de la Agencia, Allen Dulles, por su parte, encargó al Inspector General, Lyman Kirkpatrick, un trabajo similar. Los resultados de ambos estudios, que revelarían muchas irregularidades en el manejo del *Cuba Project*, conducirían eventualmente a la remoción de la plana mayor de la CIA y algunos de los agentes involucrados en la Operación Zapata.

Claro que, al fin de cuentas, Kennedy no podía eludir la responsabilidad que le cabía por haber proseguido con los planes de invasión. Lo correcto hubiera sido suspenderla. Y su insistencia en disimular la participación del gobierno americano en toda la operación, promovida principalmente por el Secretario de Estado, Dean Rusk, carecía de sentido porque la mano yanqui estaba en todas partes. Lo de intentar que todo lo que estaba haciendo el gobierno americano pudiera ser negado creíblemente (*plausible deniability*) era una tonta pretensión que decía muy poco de la inteligencia del autor o autores de la idea. Lo de la participación americana lo sabía todo el mundo. Aunque era evidente que Kennedy nunca fue impuesto de hasta dónde llegaba esa percepción. El recato era innecesario. La Unión Soviética había invadido a Hungría a cara descubierta menos de cinco años antes para liquidar su heroica rebelión popular. Desde luego, hacer lo mismo que se critica no es la mejor de las estrategias ni el ejemplo a dar internacionalmente en materia de moral pública, argumento que blandían algunos de los asesores de Kennedy. Pero no necesariamente se trataba en este caso de que los americanos tuvieran que invadir a Cuba sino de que se ayudara a los combatientes por su libertad sin las limitaciones que imponía el tratar de ocultar ese apoyo, que, por mucho que se disfrazara, no podía borrar, ni aún en el menos informado, la percepción de hipocresía.

Por otro lado, esa insistencia de Kennedy en disminuir ante la opinión pública mundial el alcance de la participación americana, daba a entender bien a las claras que en ningún momento iba a ordenar una intervención militar directa. Y los primeros que tenían que saberlo eran los que manejaban día a día el proyecto de invasión. No había que esperar a que el propio Presidente lo dijera en su conferencia de prensa del 12 de abril. Decisión que conocía perfectamente la CIA aún antes de hacerse pública y que, con toda intención, nunca fue comunicada a los brigadistas para que no cundiera el desaliento y se interrumpieran los planes. Sin una potencial intervención militar de Estados Unidos, ya que estaba visto que la coordinación con la resistencia interna había sido descartada inconsultamente, el desembarco de la Brigada sólo podía conducir a un sacrificio inútil. Pero aún así, y a sabiendas, todo seguiría como había sido planeado por los que querían manejar la invasión a su manera, que seguían el patrón simplista establecido para derrocar a Jacobo Arbenz en Guatemala.

La firme postura de Kennedy de no intervenir directamente sería desconocida donde era más importante: en las filas de los brigadistas, quienes estaban a punto de partir de Guatemala a Puerto Cabezas, Nicaragua, de donde saldrían rumbo a Cuba. Esa decisión sería ratificada públicamente por el Secretario de Estado, Dean Rusk, en otra conferencia de prensa, el 17 de abril, estando ya la Brigada 2506 en suelo cubano: "El pueblo americano —dijo— tiene el derecho de saber si estamos interviniendo en Cuba o intentamos hacerlo en el futuro. La respuesta a esa pregunta es no. Lo que pase en Cuba es para ser decidido por los cubanos".

Llama la atención que se haya inculpado insistentemente a Kennedy como único responsable del fracaso de la Operación Zapata, al extremo de ser calificado por algunos de "traidor". Se traiciona cuando se incumple lo prometido, se violenta un juramento o se pacta con el enemigo. En ningún momento Kennedy prometió intervenir sino todo lo contrario. Resulta absurdo que se le critique y se le llame traidor por no haber hecho lo que siempre dijo que nunca iba a hacer. La sabiduría de su decisión puede ser objeto de discusión. Pero estaba fuera de toda lógica contar con un factor que se sabía negado de antemano. Como he mencionado, el propio presidente del Consejo, José Miró Cardona, fue informado por Kennedy en dos ocasiones, a través de funcionarios de alta jerarquía, de que no iba a apoyar militarmente la invasión. Y que si Miró no estaba de acuerdo, se suspendía todo. Si de ese factor dependía la victoria, al no poder contarse con él, la cancelación del desembarco era lo más indicado, con todas las consecuencias políticas que hubiera podido acarrear en la opinión pública americana y en el exilio cubano. Y la que debía haber tenido la iniciativa de aconsejar esa cancelación era la propia CIA, lo que no hizo porque la operación estaba dirigida mayormente por unos agentes que respondían a sus propios intereses y convicciones personales. Era obvio que esos funcionarios estaban confabulados para obligar eventualmente a Kennedy a la intervención que él rechazaba. El grupo era dirigido por Richard Bissell. Y pertenecían a él otros actores de inferior nivel, como "Frank Bender" y E. Howard Hunt, empeñados en desfigurar la realidad cubana para manejar a su antojo la Operación Zapata. Y controlar políticamente sus potenciales resultados.

No todos los agentes involucrados respondían a ese patrón de conducta. El coronel Jack Hawkins (el jefe de planificación militar de la invasión), obligado a un prolongado silencio —oficial o personal, o ambos— dio su versión de los hechos en el *National Review* del 31 de diciembre de 1996, 35 años después de Bahía de Cochinos-Playa Girón, cuando, según él, "ya podía hablar".

Dijo Hawkins que el domingo 9 de abril, una semana antes de la invasión, fue a casa de Bissell con Jacob Esterline (el máximo funcionario a cargo del *Cuba Project* después de Bissell) para que le hiciera saber a Kennedy que la operación estaba condenada al desastre debido a "los cambios de ultima hora". Y era imperativo cancelarla. Bissell, aparentemente, no les hizo caso. No solo no le dio ese consejo al Presidente, sino que le dijo todo lo contrario, dándole seguridades de que todo marchaba de acuerdo con los planes y no había motivos de preocupación. Y es aquí donde surge una de las más inexplicables contradicciones del drama de la invasión de Bahía de Cochinos, la Operación Zapata. Porque, según se ha visto, al coronel Hawkins se le atribuye la autoría de la última evaluación de la Brigada, enviada por Bissell a Kennedy el 14 de abril, quien la encontró tan positiva que no vaciló en ordenar que se le diera curso a la invasión. Informe que, según he comentado, era totalmente contrario a lo que Hawkins declararía décadas después y sería confirmado por documentos desclasificados posteriormente. ¿Pudo haber sido alterado ese cable para inducir al Presidente a no detener la invasión? Es lo único que puede inferirse de una contradicción tan manifiesta. Y cabe pensar que en la lista de los potenciales autores de esa artimaña estuviera, en primera línea, Richard Bissell, el máximo jefe de toda la operación, quien siempre mostró cierta terquedad en seguir con los planes de invasión, sin reparar en sus deficiencias.

Los "cambios de última hora"

¿Cuáles podían ser los cambios mencionados por Hawkins? Los mismos que han sido repetidos por infinidad de analistas como ordenados por Kennedy y que, según ellos, condujeron al fracaso de la invasión, dando por sentado algo ilusorio: que si no fuera por esos cambios, todo el plan original hubiera sido necesariamente exitoso.

El primero de los errores que se menciona es el cambio del lugar señalado originalmente para el desembarco de la Brigada. La primera selección fue el puerto de Casilda, en la ciudad de Trinidad, al sur de la provincia de Las Villas. El plan Trinidad fue rechazado por Kennedy aduciendo dos razones: haría más evidente la participación americana —"muy escandaloso", según Dean Rusk— y por las tremendas bajas civiles que podían infligirse al tratarse de una ciudad. Pero del mismo modo que los planificadores militares de la CIA consideraban a Trinidad y su puerto como óptimos para el desembarco, ¿no es lógico pensar que Fidel Castro hubiera pensado lo mismo y estuviera preparado para tal eventualidad? De seguro, un desembarco por Trinidad no iba a ser un paseo. Su puerto tenía que ser una de las zonas por donde el desembarco sería más esperado, con las baterías aéreas y la artillería debidamente emplazadas.

En la cronología de Bahía de Cochinos-Playa Girón dada a conocer en el 2001 por el *National Securiy Archive* de la Universidad de Washington, se relata que, para principios y mediados de abril de 1961, Fidel Castro había concentrado tropas para impedir el acceso a las montañas, "especialmente cerca de Trinidad, donde las guerrillas de El Escambray habían sido eliminadas en marzo". No hay mejor prueba que esa para documentar el peligro que representaba Trinidad. De haberse realizado el desembarco por esa zona, las bajas de la Brigada hubieran sido, probablemente, mucho mayores. Y el acceso a El Escambray como Plan B para iniciar una lucha guerrillera, prácticamente imposible.

En vista de las objeciones de Kennedy sobre Trinidad, el coronel Hawkins cambió los puntos de desembarco a Playa Girón, Playa Larga y Caleta Verde para tener una cabeza de playa de más de sesenta kilómetros de largo en Bahía de Cochinos. Y una semana antes de la invasión, como ya he mencionado, intentó infructuosamente que le llegara al Presidente, a través de Bissell, su convicción y la de *Jake* Esterline de que, a pesar de haberlo propuesto él mismo como alternativa al plan original, Bahía de Cochinos no era el lugar más indicado y que, por esa y otras razones, la operación debía suspenderse. Pero lo cierto es que, tanto Trinidad, como Bahía de Cochinos, no constituían ninguna garantía de éxito. Alegar que en Trinidad no hubiera ocurrido lo que pasó en Playa Girón no se puede sostener racionalmente. El verdadero fallo no radicaba en la selección del punto de desembarco, que pudo haber sido inadecuado en cualquier otro lugar. El error estaba en la estrategia de la invasión frontal, concebida en los tiempos de Eisenhower a iniciativa de Richard Bissell.

Otra de las críticas a Kennedy ha sido que ordenase que la invasión se realizara de noche, lo que presentó muchos inconvenientes inesperados. Es posible que, desde el punto de vista militar, eso no fuera lo más indicado. Pero, casualmente, la oscuridad de la noche protegió a los brigadistas de lo que pudo haber sido una verdadera masacre. El barco *Río Escondido*, hundido por la aviación castrista en las primeras luces del día, hubiera sufrido esa misma suerte lleno de combatientes, quienes, al desembarcar de madrugada, se salvaron de la posible masacre.

La importancia de la aviación

Si bien el asunto de Trinidad ha sido objeto de amplia discusión en las últimas décadas, dándose por seguro un éxito totalmente especulativo de no haber habido cambios, a lo que más se le ha prestado atención en las conclusiones de numerosos historiadores y cronistas sobre la Operación Zapata ha sido la participación de las fuerzas aéreas de ambos bandos.

Se ha señalado que la destrucción total de la fuerza aérea castrista no fue posible porque la Brigada disponía de dieciséis aviones de combate y en la incursión del 15 de abril, por decisión de Kennedy, sólo participaron ocho. La verdad es que no fue Kennedy quien decidió cuántos aparatos participarían, después de objetar — creo que erróneamente— que dieciséis pondrían más en evidencia la participación americana. El coronel Hawkins haría saber, en 1996, que fue Richard Bissell quien sugirió los ocho aviones como solución alterna para complacer al Presidente. Suficientes para lograr el objetivo, según Bissell. Opina Hawkins que debía haber previsto que eran pocos. Si se necesitaban más, debió habérselo hecho saber al Presidente. Y no lo hizo. Ahora bien, aún con los dieciséis aparatos, es muy improbable que se hubiera podido hacer un daño mayor. Los hechos vendrian a demostrar que Fidel Castro, después de una invasión más que esperada por lo mucho anunciada, protegió hábilmente sus aparatos, evitando ponerlos a merced de la aviación brigadista. Según confesión posterior de la dictadura, sus aviones estaban escondidos y camuflados. El régimen expuso deliberadamente aparatos inservibles y simuló la presencia de otros para burlar los vuelos de reconocimiento de los U-2 americanos que informaban de su ubicación a los pilotos brigadistas.

Se ha insistido repetidamente y convertido en verdad aceptada que el fracaso de la invasión obedeció a la cancelación, por orden del presidente Kennedy, de un segundo bombardeo para destruir los aviones castristas que no lo fueron en el primero. Debía haber sido realizado en las primeras horas de la mañana del 17 de abril, prácticamente simultáneo al desembarco. Si bien es cierto lo de la cancelación, es de dudar que ese fuese el motivo de que fracasara la invasión. El principal error de la operación aérea consistió en planificar dos incursiones para inutilizar los aparatos enemigos. El coronel Hawkins confiesa ser el autor, con Jake Esterline, del plan de doble bombardeo, uno el 15 y otro al amenecer del 17, que coincidiera con la invasión. Pero debió haber sido uno solo, el planeado para el 17, como opinarían en el informe de Maxwell Taylor el almirante Burke y el general Lemnitzer, quienes no fueron consultados al respecto. Richard Bissell compartía esa opinión. Al perderse el factor sorpresa, la segunda incursión de nada hubiera valido porque los aviones no iban a estar en los lugares que se presumían. Como diría Sánchez Arango en su versión ensayística sobre Bahía de Cochinos-Playa Girón:

> *Lo mas inaceptable de las tonterias consiste en la presuncion de que los tres jets T-33, los tres Sea Fury y los dos ex B-26 que les quedaron a los comunistas hubieran permanecido en los mismos lugares en que habían sido detectados por los vuelos de reconocimiento, en espera de ser destruidos por un nuevo ataque.*

Sostener que todo se perdió por la orden de Kennedy de cancelar el segundo bombardeo choca con la lógica más elemental. Los aviones estaban camuflados y situados en otros lugares. Fidel Castro había ordenado que los pilotos durmieran bajo las alas de sus aviones, para despegar inmediatament en caso de ataque. Es obvio que no haber contemplado un único bombardeo, casi simultáneo con la invasión, en lugar de dos, fue un gravísimo error de la planificación militar, en el que nada tenían que ver el presidente Kennedy ni el Departamento de Estado. Y casi nada se ha dicho de lo que motivó a Kennedy a suspender el segundo bombardeo programado. Salta a la vista que fue la aseveración de la deserción hecha por la CIA al embajador Stevenson lo que le hizo perder toda la confianza en lo que se estaba haciendo. Lo de la fingida deserción, en lugar de disminuir la presencia americana en todo el tinglado, como se suponía fuera su propósito, la ponía más en evidencia por el escándalo que habría de provocar en las Naciones Unidas. ¿Podía esperarse que ante semejante engaño a su propio embajador, Kennedy estuviera en disposición de continuar confiando en un plan diseñado por la CIA que se estaba mostrando descabellado?

También puede presumirse que los padres de la burda estratagema, que no aparecen por ninguna parte, no iban a ser tan tontos como para ignorar la reacción internacional que la misma iba a provocar. ¿Iba a ser convincente que un piloto brigadista que venía de Nicaragua y aterrizaba en Miami con un avión disfrazado fuera un desertor? ¿Y que otro que aterrizó de emergencia en Key West también lo fuera? ¿Se montaría todo pensando que el inevitable escándalo forzaría al presidente americano a intervenir directamente? ¿O sería una burla a su deseo de disimular la participación americana? Después de salir a la luz pública la catadura moral de ciertos agentes de la CIA involucrados en la Operación Zapata, empezando por E. Howard Hunt (uno de los protagonistas del escándalo de Watergate) podía esperarse cualquier cosa.

A los errores del bombardeo del 15 de abril y la falsa confesión de los pilotos brigadistas de que eran desertores hay que añadir otro factor negativo previo al desembarco. En la celebración del primer aniversario de la derrota de la Brigada 2506, el 19 de abril de 1962, Fidel Castro dijo, acerca del bombardeo:

> *No sirvió más que para que dispusiéramos de 48 horas a fin de movilizarnos y prepararnos para la agresión que estaba a la vista. Porque aquel ataque, a todas luces, indicaba la inminencia de la agresión.*

El alzamiento interno que nunca se dio

En su libro *Kennedy*, el Consejero Especial Theodore Sorensen dice que el Presidente pensó que estaba aprobando un plan donde los brigadistas, en caso de no lograr consolidarse en la cabeza de playa podrían escaparse y refugiarse en las montañas de El Escambray e iniciar una guerra de guerrillas. No se le aclaró que la enorme mayoría de los brigadistas no tenían entrenamiento para ese tipo de guerra y que llegar a esa zona, desembarcando en las playas de Bahía de Cochinos, era prácticamente imposible. Distaba unos 130 kilómetros y habría que recorrer una buena parte de terrenos pantanosos que, además, estarían ocupados por las milicias castristas.

Sigue sosteniendo Sorensen que, de acuerdo con la información que se le daba a conocer, Kennedy fue persuadido de que estaba aprobando un plan calculado para triunfar, que contemplaba la colaboración de la clandestinidad, deserciones de militares y un consiguiente levantamiento popular. Afirmaciones que resultarían engañosas. La CIA había desestimado la resistencia interna y no había hecho nada para movilizarla. Lo sabíamos muy bien los del MRP. En fin, dada la información manipulada y deficiente que estaba recibiendo, era imposible que Kennedy estuviese en capacidad de tomar las decisiones más acertadas.

Al parecer, lo que en realidad pretendía la CIA era forzar a Kennedy a una intervención directa, creando condiciones de emergencia que lo obligaran a ella. Pensarían quizás que, del mismo modo que el ejército de Arbenz reaccionó a la posibilidad de la intervención americana, los milicianos y soldados castristas se tambalearían ante la realidad de tener que enfrentarse a las fuerzas estadounidenses y decidirían arrojar del poder a Fidel Castro. Especulación altamente cuestionable. Lo que sí demostraron esos agentes fue su menosprecio por la decisión de la Casa Blanca. Una vez tomada, no quedaba otra opción que respetarla, aunque no se estuviera de acuerdo con ella. Prueba de esa falta de respeto al Presidente es la cita que en su ensayo hace Sánchez Arango de lo dicho por un agente de la CIA a uno de los jefes de la Brigada: "la invasión se efectuará aún en el caso de que Washington trate de detenerla". Esos agentes querían hacer ver que su autoridad era superior a la del Presidente. Y algunos miembros del Consejo y de la Brigada caían en esa trampa. Era altamente irresponsable que en una cuestión tan delicada y grave se intentara ignorar la autoridad de quien, en definitiva, tenía la última palabra. Y donde los resultados negativos de ignorar la decisión de Kennedy serían pagados, única y exclusivamente, por los abnegados brigadistas que estaban siendo conducidos al desastre mediante engaño.

Al fin de cuentas, no podía existir una estrategia válida para derrotar el comunismo en Cuba si se excluían de ella la rebeldía interna y la infiltración progresiva de grupos guerrilleros, seguida del abastecimiento sostenido de alimentos y municiones por aire en las zonas de combate, conjuntamente con el desarrrollo de la resistencia urbana, sin la cual el triunfo sería imposible. Resistencia que se concentraría en sabotajes, propaganda, obtención de armamentos y recaudación de fondos. Esa posibilidad pudo haber cabido dentro del plan inicial del presidente Eisenhower, quien declararía después de terminar su mandato que el propósito de reclutar a los cubanos exilados era para instruirlos militarmente, sin que existiera una meta prefijada de invasión ni intervención directa de Estados Unidos. Y, ciertamente, para lo que los voluntarios estaban siendo entrenados al inicio del *Cuba Project*, en marzo de 1960, era para la guerra de guerrillas. El cambio a fuerza invasora tuvo lugar durante la propia administración de Eisenhower. Y no necesariamente con su conocimiento o aprobación. Su gobierno estaba muy descentralizado y a eso puede atribuirse su desvinculación del curso de la iniciativa original y de los cambios que se le introdujeron después.

La razón aducida por la CIA para cambiar de estrategia era que no había tiempo que perder, que cada día se fortalecía más Fidel Castro por la ayuda militar soviética y que había que derrocarlo antes de que fuera demasiado tarde. Si bien había lógica en ese argumento, lo primero que había que preguntarse era si existían la preparación necesaria y los recursos requeridos para asegurar una victoria por la cuestionable vía de una invasión frontal con un reducido número de combatientes y limitado equipo bélico frente a fuerzas abrumadoramente superiores, no obstante carecer estas del armamento óptimo.

Mucho ha circulado la versión de que de no haber fracasado la Operación Zapata, la dictadura comunista hubiera sido liquidada. Así de simple. Pero un análisis serio y desapasionado de lo ocurrido permite concluir que, aún de haber tenido éxito el desembarco de la Brigada 2506 y haber consolidado posiciones estratégicas en sus primeros avances, un triunfo definitivo nunca hubiera sido alcanzado sin el apoyo de una resistencia urbana sólida y bien organizada. Eso lo sabía muy bien la dictadura y lo demostró al hacer una redada nacional de cientos de miles de posibles desafectos al iniciarse la invasión. Pero, por no haberse contado de antemano con los potenciales subversivos dentro de los detenidos y poder ser advertidos y organizados, es que cayeron mansamente en la redada sorpresiva. Error de la CIA.

Aún estando presente la resistencia clandestina en el momento de la invasión, tampoco eso hubiera significado una liquidación expedita de la dictadura sino el probable inicio de una lucha con grandes posibilidades de desembocar en una prolongada guerra civil.

La caída súbita del régimen castrista por el simple desembarco de una fuerza minúscula como la movilizada para la invasión, nunca hubiera sido lograda. Pensar en esa posibilidad cabía sólo en mentes regidas por la especulación ilusoria. O la ignorancia. O cegadas por intereses de amplia gama.

Lo dicho y escrito sobre la Operación Zapata

Sobre la llamada Operación Zapata (Bahía de Cochinos para unos y Playa Girón para otros) mucho se ha dicho y escrito. Además de las investigaciones internas de la CIA, conducidas por el general Taylor y el ejecutivo dela CIA Lyman Kirkpatrick, el historiador oficial de la Agencia, Jack Pfeiffer, realizaría un informe que dividió en cinco partes y permanecería clasificado durante largo tiempo. Una de esas partes fue dada a conocer en 1998 y otras tres a principios de agosto de 2011. Queda una todavía por desclasificar. Decenas de libros han sido publicados sobre la batalla de Bahía de Cochinos-Playa Girón y se cuentan por centenares los testimonios de funcionarios civiles y militares de Estados Unidos, así como de combatientes y dirigentes cubanos que, de una forma u otra, participaron en la operación. Son frecuentes las opiniones contrapuestas, donde llueven, en unas, las críticas a la CIA, en otras a Kennedy y en casi todas a ambas partes como responsables del fiasco. Del mismo modo, afloran también las defensas apasionadas de los diferentes involucrados.

He tratado de hilvanar los aspectos más relevantes de ese importante capítulo de la historia cubana y darle coherencia a una exposición nada especulativa que responde en buen grado a mis vivencias en el momento de los hechos, lo que me permite ofrecer un aspecto casi nunca mencionado en todo ese embrollo: la marginación, por parte de la CIA, de la principal organización subversiva que luchaba en Cuba contra la traición de imponer el comunismo: el Movimiento Revolucionario del Pueblo (MRP).

Libros escritos por exagentes ultraderechistas de la CIA con posterioridad a la invasión corroboran el hecho que en todo momento tuvimos que enfrentarnos a las maquinaciones de esos individuos para impedir a todo trance la participación del MRP en una operación cuyo triunfo daban por descontado. En lugar de apelar a la verdad histórica han seguido insistiendo en la etiqueta infamante de *Fidelismo sin Fidel,* como si esa hubiera sido, en primer lugar, una posición política y después, sostenida por el MRP. Siguen repitiendo la misma falacia que circularon por aquellos lejanos días con sus poderosos recursos: que el MRP sólo quería quitar a Fidel Castro y seguir haciendo lo mismo. Se pretendía desnaturalizar el extraordinario programa democrático de progreso económico que había configurado el MRP con vistas a erradicar la miseria en Cuba, promoviendo los patrones eficaces de la economía de mercado para fomentar la iniciativa privada en la industria, la agricultura y el comercio y ampliar la función social inherente a la actividad empresarial. Programa que, sin lugar a dudas, era la mejor referencia ideológica así como del camino a seguir para el cubano que ansiaba cambios. Porque nadie puede negar que casi toda la población simpatizaba por aquellos días con la revolución. Pero en abierta oposición al comunismo. Esa era, precisamente, la razón de ser del MRP: revolución sin comunismo. No de *Fidelismo sin Fidel*.

Los "radicales" del MRP

Otra de las falacias de los panegiristas de la CIA para tergiversar la posición del MRP ha sido la de calificar peyorativamente de *radicals* (radicales de izquierda) a sus dirigentes. Imposible de sostener si echamos un vistazo a la dirigencia de su Comité en el Exterior. En primer lugar, el jefe principal y fundador del MRP, Manuel Ray, era un ingeniero civil que había sido presidente del Colegio de Ingenieros de La Habana. Tuvo a su cargo obras notables, como la construcción del túnel del Almendares, el puente sobre el río Cojímar y el hotel Havana Hilton (hoy conocido, irónicamente, como Habana Libre). Siendo Ministro de Obras Públicas, realizó durante los primeros diez meses de gobierno revolucionario una labor verdaderamente espectacular. El doctor Raúl Chibás, excomandante de la Sierra, era un educador que había sido una figura estelar en el Partido Ortodoxo, fundado por su hermano Eddy. El doctor Felipe Pazos, eminente economista, había sido presidente del Banco Nacional en el gobierno de Prío Socarrás y durante los primeros meses del gobierno revolucionario. Ramón Barquín, excoronel del Ejército Constitucional y hombre de letras, se había destacado como miembro de la Junta Interamericana de Defensa. Sufrió prisión por conspirar contra Batista y asumió provisionalmente la jefatura revolucionaria del Ejército a la caída de la dictadura. El doctor Andrés Valdespino, abogado, era un prominente líder católico y columnista de amplio crédito en el país. El doctor Rufo López Fresquet, economista, había sido el primer ministro de Hacienda del gobierno revolucionario, promotor de la famosa Ley 40. El doctor Ernesto Betancourt, también economista, fue presidente del Banco de Desarrollo Agrícola e Industrial (BANFAIC) en los primeros meses de la revolución. ¿Es posible que personas con esos antecedentes pudieran ser tildados de "radicales de izquierda" por ciertos relatores que hacían gala, simultáneamente, de su analfabetismo político y de su mala intención? Las tendencias políticas de los dirigentes y militantes del MRP podían calificarse de centristas o de centro-izquierda, con una firme voluntad de acatamiento a los procedimientos democráticos.

Los verdaderos responsables del fracaso

Hoy no quedan dudas, por numerosos testimonios de testigos y participantes y el contenido de documentos oficiales que han sido desclasificados después de décadas en secreto, que la mayor responsabilidad en ese trágico desatino, más que del presidente Kennedy, que se echó la culpa de todo, fue de los agentes de la CIA asignados al caso cubano, empezando por la máxima autoridad que manejó la operación: Richard Bissell. En el magazine *Military History* de agosto de 1998, el coronel Hawkins hacía constar:

> *Bissell fue la principal fuente de información y consejería que tuvo Kennedy sobre todos los aspectos del Cuba Project, incluyendo las operaciones militares. Desafortunadamente, no coordinó su información con Esterline o el grupo de planificación militar y nos mantuvo en la oscuridad sobre lo que le decía al Presidente (...) Determinado a seguir adelante con la operación de Bahía de Cochinos, a pesar de la enfática opinión en contra que le habíamos dado Esterline y yo, Bissell tuvo éxito en empujar a un renuente Presidente hacia una aventura militar temeraria y desesperada.*

Los designados estrategas políticos de la operación, Gerard Droller ("Frank Bender") y E. Howard Hunt no se quedaron atrás. Tramaron una operación cuya torpeza es ya histórica, basada en engaños, manipulaciones y suposiciones ilusorias, favoreciendo a los líderes exilados dispuestos a seguir sus instrucciones. "Bender" aprovechó su posición de jefe político para impedir que se contara con las fuerzas del MRP en Cuba. Por supuesto, no pretendo aseverar que la movilización del MRP y de otras organizaciones insurreccionales dentro de la Isla hubiera conducido, inexorablemente, al éxito de la Operación Zapata.

Pero contrastando con lo que en definitiva ocurrió, un plan sugerido por Manuel Ray y engavetado por la CIA era, sin duda, la mejor opción para combatir exitosamente a Fidel Castro. El plan estaba basado en que el desembarco en la Isla no debía estar confinado a un solo punto. No cejaba Ray en tratar de convencer a los que estaban manejando el aspecto militar de la operación de que sería muchísimo más efectivo hacerlo en grupos pequeños de guerrilleros, por diversas partes de la Isla. No tenían que ser necesariamente simultáneos, pero siempre en coordinación con la clandestinidad. Guerrillas que tomarían tiempo en desarrollarse a nivel nacional, pero cuyas posibilidades de éxito eran obviamente mejores que las que ofrecía la Operación Zapata.

En una ocasión, al proponer y discutir Ray esa idea más formalmente con un agente conocido por "Carl" (posiblemente Willard Carl) este le preguntó, con el ánimo de restarle importancia a su propuesta, si él tenía alguna experiencia militar. Al obtener una negativa por respuesta, el agente replicó, con mucho orgullo y demeritando lo sugerido por el jefe del MRP: "Esto está siendo organizado por los mejores militares del mundo".

Sin embargo, lo que Ray no sabía en ese momento y posiblemente el agente tampoco es lo que daría a conocer el historiador oficial de la CIA, Jack Pfeiffer, en un importante documento que sería desclasificado en 1998: "El plan original estaba basado en la infiltración de pequeños grupos guerrilleros que trabajarían con los elementos disidentes dentro de Cuba". Ese plan, el primero aprobado por el gobierno de Eisenhower, que coincidía con lo que le sugería Ray a "Carl", tenía que estar concebido también, lógicamente, por los mismos "mejores militares del mundo". Es lógico pensar que la resistencia a considerar ese curso de acción estaba basada en que, de seguirlo, a la CIA se le iría de las manos el control que quería ejercer sobre todo lo que tuviera que ver con Cuba.

Una de las revelaciones más sorpresivas del informe del historiador Pfeiffer desclasificado a principios de agosto de 2011, es el resultado de una reunión convocada por el *Task Force* de la CIA el 15 de noviembre de 1960. Su propósito era evaluar la situación del *Cuba Project* para presentarle a Kennedy, recién electo y dos meses antes de su toma de posesión, las conclusiones de la Agencia sobre la operación que se estaba preparando. Pfeiffer cita textualmente las minutas de la reunión. Refiriéndose al plan inicial de Eisenhower de preparar guerrilleros para ser infiltrados en Cuba se concluyó: "Nuestro concepto original puede ser visto como inalcanzable en virtud de los controles que Castro ha establecido". Y más adelante: "Nuestro segundo concepto (una fuerza de 1,500-3,000 hombres para asegurar una playa con pista aérea) parece ahora ser también inalcanzable salvo si se realiza como una operación conjunta de la CIA y el Departamento de Defensa". Es decir, existía ya, con cinco meses de antelación al desembarco de Bahía de Cochinos-Playa Girón la convicción en la plana mayor de la CIA de que, sin la intervención militar de Estados Unidos, el proyecto estaba destinado al fracaso. El historiador oficial de la CIA añade que a Kennedy nunca se le dio a conocer esa conclusión. Y se siguió con los planes, a sabiendas de que la posibilidad de intervenir con fuerzas americanas estaba vedada tajantemente por el Presidente.

De haber recibido informes que reflejaran la verdad, como las conclusiones de la reunión mencionada y de que no se estaban coordinando los alzamientos que se daban por seguros, Kennedy pudo haber suspendido el desembarco cuando aún se estaba a tiempo, asumiendo todos los riesgos políticos que eso hubiera implicado, preferible mil veces al desastre que habría de ocurrir. Es famosa su frase después de la hecatombe: "¿Cómo pudimos ser tan estúpidos?" Lo que daba a entender que se sentía engañado y veía algo turbio en el manejo de la Operación Zapata, aunque nada podría disculparlo de su absurdo celo en ocultar la participación de Estados Unidos, a todas luces manifiesta, en la puesta en marcha de la invasión. Ocultamiento que fue también intención del gobierno de Eisenhower, según la historia desclasificada de Pfeiffer. Dentro del plan original para "reemplazar a Fidel Castro" aprobado por Eisenhower se planteaba que se hiciera "de tal modo que se evite la apariencia de intervención de Estados Unidos".

La guerra psicológica que no se hizo

Y un factor importantísimo que faltó en toda la operación y pudiera haber contribuido notablemente a un posible éxito fue una buena campaña de guerra psicológica, dejada de lado y menospreciada por la CIA. El objetivo de la Operación Zapata, como debía haberlo entendido el pueblo de Cuba, era hacer valer las promesas revolucionarias traicionadas por Fidel Castro. El retorno de exiliados en son de guerra no debía haberse visto como un movimiento derechista ni un intento de recuperación de propiedades confiscadas, lo que garantizaría su fracaso aún en el caso de tener éxito en sus inicios la invasión Esas connotaciones carecían de simpatizantes en la Isla. El mensaje debía haber estado enfocado en salvar a la revolución del comunismo, no en un empeño contrarrevolucionario. De hecho, los dos líderes más importantes del Consejo, Ray y Artime, procedían de la revolución, aunque en grados abismalmente diferentes. Dirigían, respectivamente, movimientos de base revolucionaria. Pero la poderosa Radio Swan, que entraba perfectamente en Cuba, estaba vedada al MRP y se dedicaba a desacreditar todo lo vinculado a combatir la traición ideológica de Fidel Castro, que era, precisamente, lo que podía ser atractivo para captar adeptos en la Isla a un esfuerzo apoyado por el exilio para impedir que se impusiera el comunismo. Como también pudo haberse llevado a cabo, entre otras prácticas de guerra psicológica, una intensa campaña de lanzamiento de volantes desde avionetas en zonas no protegidas por baterías antiaéreas, anunciando la inminencia de la lucha y convocando a la resistencia de la ciudadanía en el momento de la verdad, pero siempre a favor de la revolución y en contra del comunismo, como aparecía en el *Libro Blanco sobre Cuba* de la Casa Blanca. Lamentablemente, esa ausencia de una estrategia propagandística que respondieran al sentir popular prevaleciente en aquellos tiempos no iba a ser un caso único en la prolongada gesta del cubano por rescatar su libertad. Con posterioridad, los mensajes del exilio para combatir la usurpación comunista serían ajenos a una cabal comprensión de las aspiraciones y realidades que en Cuba motivaban a la valiente y sacrificada oposición.

Caídos de ambos bandos

En definitiva, la invasión de Bahía de Cochinos-Playa Girón no tenía la menor posibilidad de triunfar en la forma que se estaba manejando, no obstante la valentía de los miembros de la Brigada 2506 y el sacrificio supremo de sus mártires: los 114 combatientes que perecieron en la acción y tratando de escapar, los 9 asesinados por asfixia en la "rastra de la muerte" y los 4 pilotos americanos voluntarios que, abnegadamente, sin tener la obligación de participar en combate, ofrendaron la vida por una causa que hicieron suya.

No debemos olvidar, sin embargo, a los numerosos milicianos y miembros del ejército castrista que murieron mientras cavaban, sin saberlo, la tumba de la patria que creían defender. Eran también hermanos cubanos. Su cifra exacta nunca ha sido dada a conocer. Pero los relatos de los pilotos brigadistas permiten presumir que las bajas de la dictadura fueron muy superiores a las de la fuerza invasora. Grandes contingentes de milicianos y soldados que se dirigían en camiones hacia Playa Girón fueron ametrallados e impregnados de napalm por los B-26 brigadistas. Aunque Fidel Castro habló de 250 bajas y después el régimen anunciaría que eran cerca de 1,200, un mensaje interceptado de las fuerzas castristas, según el coronel Hawkins, mencionaba 1,800. Y su propio estimado era de que habían rebasado las 3,000. Esos jóvenes murieron creyendo en algo que se les vendió para enardecerlos: la defensa de la patria contra la agresión extranjera. Claramente, una más de las patrañas de Fidel Castro, experimentado en falsear la verdad desde sus tiempos en la Sierra.

De haber sobrevivido, es lógico pensar que un buen número de esos combatientes hubieran sido, en algún momento. presas del desengaño ante el estruendoso fracaso de la promesa castrista. Estarían hoy fuera de Cuba o en una posición contestataria abierta o secreta al no poder escapar del país. Es muy de dudar la afiliación permanente al comunismo de la totalidad de aquellos milicianos y soldados, que fueron al frente de batalla a todo, menos a defender a Marx y Lenin. Muchos llegarían a nutrir el exilio. Y entre ellos se destacarían dos condecorados pilotos del castrismo cuya participación fue determinante en la derrota de la Brigada 2506: Álvaro Prendes, que alcanzaría el grado de coronel y Rafael del Pino, que llegaría a general. Ambos desertarían eventualmente de las fuerzas aéreas comunistas para recuperar en el exilio la libertad que perdieron en Cuba.

Acusada la CIA

El 28 de mayo de 1961, menos de seis semanas después de la frustrada invasión a Cuba, Manuel Ray sostenía una conferencia de prensa en Miami donde denunciaba las maniobras y los incumplimientos de la CIA, que burlaban el compromiso hecho con el MRP para la integración del Consejo Revolucionario. Ya era pública y notoria la participación de algunos asesinos de la dictadura batistiana en el contingente invasor, lo que violaba uno de los más importantes acuerdos de unidad. Denunciaba Ray también la prepotencia y los errores cometidos por los planificadores de Bahía de Cochinos-Playa Girón, sin que el Consejo hubiera podido hacer nada para evitarlo. Declaraba que al pueblo cubano era a quien le correspondía retomar la gesta de liberación y desautorizaba que esa lucha tuviera que estar dirigida por la CIA. En fin, que el MRP optaba por separarse del Consejo Revolucionario y seguir en sus planes insurreccionales sin tener que responder a iniciativas de quienes carecían del talento necesario para entender la realidad de Cuba y la forma óptima de combatir su régimen usurpador.

A mediados de julio, en la prensa internacional salía la noticia de que el Ejecutivo en Cuba del MRP destituía a Ray como Coordinador General del Movimiento. Y el 18 del mismo mes, en el *Diario Las Américas*, de Miami, salían publicadas unas declaraciones de Ray donde "rechazaba terminantemente tanto la razón como la exactitud de los cargos que han provocado ese acuerdo en Cuba". Cito textualmente uno de los más esclarecedores párrafos de sus declaraciones:

"Denuncio que la Agencia Central de Inteligencia (CIA) de este país ha estado activamente procurando dividir y debilitar al Movimiento Revolucionario del Pueblo. Esta actitud, que se prolonga durante varios meses, puede resumirse en el siguiente episodio ocurrido en la noche de ayer: 'El Comité del Exterior del MRP está reunido para recibir al señor X (omitimos su nombre por tener a sus familiares aún en Cuba) que aaba de llegar como representante del Ejecutivo en Cuba. El señor X manifiesta que funcionarios de la CIA se habían reunido con él el día anteior (12 de julio) y le insistieron en que el PRIMER PROBLEMA (sic) que tenía que resolver el MRP para poder obtener en el exterior los recursos materiales que necesita para su lucha, era destituir a su Coordinador General, Manuel Ray'. Son testigos de este insólito mensaje, trece miembros del Comité del Exterior. El objetivo de esta insistencia, lo sabemos, no es nuestra persona, sino producir la natural desintegración de un movimiento que no se presta a ser controlado más que por los sentimientos y aspiraciones del pueblo cubano".

La ayuda prometida al liderato en Cuba nunca llegó y el MRP, pese a las rigurosas instrucciones dejadas por Ray para proteger al Movimiento de la infiltración comunista, que fueron desoídas, fue penetrado por agentes de la dictadura. Y sus principales dirigentes delatados y apresados, lo que determinó su desaparición.

Ante esa situación y urgido por las responsabilidades familiares, decidí enfocar mi futuro inmediato en Puerto Rico. Sabía, por Ray, de la maravillosa obra que estaba haciendo en la isla hermana un nutrido grupo de hombres competentes y dedicados, bajo la dirección de Luis Muñoz Marín, un carismático líder que poseía el talento del poeta y la sabiduría del revolucionario verdadero. Aterricé en San Juan el 16 de mayo de 1961. El 4 de julio recibía en el mismo aeropuerto, procedentes de Miami, a Alicia y a nuestro bebé, Emilito, de tres meses.

En cuanto a la Brigada 2506, los combatientes capturados fueron sometidos a juicio y condenados a 30 años de prisión, pero meses después recuperarían la libertad al ser canjeados, en una operación no oficial impulsada por la familia Kennedy, por alimentos y medicinas valorados en $53 millones de dólares.

La Junta Revolucionaria Cubana (JURE)

Al fracasar el Consejo Revolucionario Cubano y separarse Manuel Ray del mismo, Puerto Rico le abrió también las puertas al incansable luchador, que no tardaría en trabajar como ingeniero en el gobierno de Luis Muñoz Marín. Como ya he mencionado, Muñoz integraba, con el venezolano Rómulo Betancourt y el costarricense José Figueres la llamada "izquierda democrática latinoamericana". Los tres líderes apoyaron en un principio la revolución iniciada el primero de enero de 1959, pero detectaron, antes de que terminara ese año, la trayectoria antidemocrática que le estaba imprimiento Fidel Castro al traicionar las promesas que le dieron el triunfo. Y no vacilaron en convertirse en severos críticos de esa desviación.

Son muy pocas las personas que he conocido con el amor a su profesión, su dedicación al trabajo y entrega a las causas patrióticas como Manuel Ray. En Puerto Rico, como funcionario del gobierno, se dedicó a diseñar una vivienda de bajo costo que pudiera ser producida masivamente para familias de escasos recursos. Pero su preocupación por Cuba no disminuía y se entregó a la creación de un nuevo instrumento anticastrista que tendría por nombre Junta Revolucionaria Cubana, que sería mejor conocido por JURE. Su fundación tuvo lugar en un acto público celebrado en Juana Díaz, Puerto Rico, el 16 de septiembre de 1962. Su primera Dirección en el Exterior estaría integrada por Ray, el excomandante Raúl Chibás, el antiguo dirigente del MRP Rogelio Cisneros, el ingeniero José *Pepe* San Martín, quien fuera popular Ministro de Obras Públicas en el gobierno de Grau San Martín y el líder obrero revolucionario José Gómez Rodríguez.

La nueva organización comenzó de inmediato una intensa y exitosa campaña de fundación de delegaciones en Estados Unidos y varios países de América, que llegaron a más de setenta, convirtiéndola en la más nutrida y disciplinada entidad de exilados cubanos comprometidos en la lucha contra la dictadura castrista por aquellos años. El mensaje del JURE de rescatar las promesas revolucionarias incumplidas, en la misma línea del desaparecido Movimiento Revolucionario del Pueblo, prendía en amplios sectores del exilio y dentro de Cuba. Su posición de centro-izquierda constituía la mejor garantía de conseguir el apoyo popular contra la usurpación comunista, ya que el pueblo cubano no era refractario a una revolución justiciera pero sí, tajantemente, al comunismo y sus prácticas absolutistas.

Contactando antiguos compañeros

Uno de los objetivos del JURE era captar la colaboración de antiguos compañeros del *M-26-7* que se sabían disgustados por la traición de Fidel Castro. A Puerto Rico llegó la noticia de que Carlos Franqui, entonces en París, había manifestado en algunas ocasiones su descontento con muchas de las cosas que estaban ocurriendo en Cuba. La referencia venía de Alberto Baeza Flores, un periodista y escritor chileno que fundó familia en Cuba y residía en París. Ray pensó que incorporar a Franqui al JURE o lograr su deserción del castrismo sería un rudo golpe a la usurpación comunista. Conocedor de mis conexiones con el antiguo director de *Revolución* y otros revolucionarios que se encontraban en Europa en misiones diplomáticas, Ray me pidió que lo acompañara a París para coordinar reuniones con potenciales disidentes. Unos días después, el 7 de junio de 1963, aterrizábamos en la capital de Francia.

En los primeros momentos, me fue muy difícil localizar a Franqui. El teléfono dado por Baeza Flores era respondido por una mujer, al parecer no cubana, que finalmente me dijo que mi antiguo compañero estaba en Bruselas, lo que no era cierto. Hay que entender que, dada la naturaleza totalitaria de la tiranía castrista y los peligros que conlleva la menor disensión, nada tenía de particular que Franqui tratara de evitar un encuentro conmigo. Supe que se encontraba organizando una exposición fotográfica titulada "10 Años de Revolución (1953-1963)" en la sede del Partido Comunista Francés, situado en Saint-Germain-des-Prés. Sin pensarlo dos veces, me dirigí al local y pregunté por el salón de la exposición, donde localicé a Franqui. Confieso que mi encuentro con él fue muy emotivo. Era la primera vez que entraba en contacto con un antiguo compañero de luchas que permanecía dentro de la esfera del castrismo. A pesar de que tenía que saber que quería verlo por mis repetidas llamadas, se mostró sorprendido al verme. Le dije que tenía un mensaje de Raúl Chibás para él (eran muy buenos amigos y Raúl, dirigente del JURE, pensaba que la invocación de su nombre sería muy positiva para lograr el objetivo que perseguíamos). Franqui me contestó que no quería hablar nada conmigo de política. Que me apreciaba y se alegraba de que estuviera bien. Que estaba dispuesto a ayudarme en lo que tuviera que ver con mi familia en Cuba y que eso era todo de lo que podíamos hablar. Yo seguí insistiendo, hasta que me percaté de que, dados sus estrechos vínculos con el proceso y a pesar de su inconformidad con la situación, mi intento era inútil. Lamenté, realmente, haber fracasado.

Pero el encuentro, que para mí fue tan emotivo que tuve que reprimir las lágrimas en cierto momento, me daba la medida de hasta dónde había llegado la coerción en el castrismo cuando Carlos Franqui, un sacrificado combatiente cuya valentía y sinceridad eran incuestionables, se veía atrapado en las redes tendidas por los traidores a la revolución. Por supuesto, al denunciar pocos años después el castrismo desde Italia y afincarse después en Puerto Rico, reanudamos nuestra antigua amistad.

A través de Baeza Flores, Ray y yo conocimos a Pedro Ruiz Quintero, estudiante de Medicina que había asumido la presidencia de sus condiscípulos cubanos de la Universidad de París, desplazando al anterior dirigente, un connotado apologista de Fidel Castro. Simpatizamos con él desde el primer momento por su disposición a trabajar contra la imposición del comunismo. Baeza nos puso en contacto también con Néstor Almendros, talentoso director de fotografía español-cubano prácticamente sin trabajo, a quien yo había conocido unos cinco años antes en el Gimnasio Parera. El contacto con Almendros era importante porque mantenía comunicación frecuente por teléfono con el Attaché Cultural de la embajada cubana en Bélgica, Guillermo Cabrera Infante. Guillermo, viejo amigo desde los tiempos de la Cinemateca de Cuba y compañero en el periódico *Revolución*. Estaba en la lista de las personas con las que queríamos reunirnos en nuestra misión de captar apoyo entre los revolucionarios descontentos. Además, era el intermediario ideal para conectarnos con Gustavo Arcos Bergnes, combatiente de mucho prestigio que fue herido en el ataque al Cuartel Moncada y fungía como embajador de Cuba en Bélgica. Además, Arcos era primo hermano de Arturo Villar Bergnes, uno de los principales dirigentes del JURE, que tenía un mensaje para él. Almendros nos dijo que haría una cita con Guillermo para reunirse con él en Bruselas, sin mencionarle, por supuesto, la presencia de Ray ni la mía. Sabíamos que toda comunicación telefónica con la Embajada era interferida por los miembros de la Seguridad del Estado acreditados como diplomáticos. El próximo y muy difícil paso, para Ray y para mí, sería nuestra entrada en Bélgica, ya que carecíamos de los documentos indispensables.

Rumbo a Bruselas

Ray y yo estábamos viajando con pasaportes cubanos y para llegar a Bruselas necesitábamos una visa del Benelux que tomaría varias semanas en ser estampada. Teníamos que inventar algo para obviar ese requisito. Y acordamos intentar el cruce de la frontera por automóvil en horas de la madrugada, en un momento en que, supuestamente, los agentes de inmigración podían estar seguros de que a nadie se le ocurriría entrar sin papeles. La treta era fingir que estábamos durmiendo. Contábamos con un vehículo y un chofer excepcionales, ambos con licencias turísticas. Habría que decir "la chofer" pues se trataba de Elsita Baeza, la hija de nuestro entusiasta colaborador, que se ofreció para ayudarnos. Necesitábamos a Pedro Ruiz Quintero en el grupo para facilitar el pase por la frontera, ya que él no tenía problemas para entrar en Bélgica. Almendros llamó a Cabrera Infante para citarlo a un cafetín que les era familiar, a primeras horas de la mañana. Sin darle más detalles. Salimos de París, con Elsita Baeza al volante, para llegar a la frontera en horas de la madrugada. Íbamos en el carro, además, Manuel Ray, Néstor Almendros, Pedro Ruiz Quintero y yo. De los cinco, sólo Ray y yo carecíamos de la documentación necesaria. El resto tenía los papeles en regla.

Ya casi en la frontera y antes de llegar a la presentación de pasaportes nos hicimos los dormidos. La primera en identificarse fue Elsita. Los que tenían los documentos hicieron como si se despertaran y los mostraron. Ray y yo seguimos "dormidos". La consideración y amabilidad de los agentes de inmigración, que presumirían que los que continuábamos dormidos también estábamos documentados, permitió que pasáramos la frontera. Y a las siete de la mañana, hora de la cita, Guillermo Cabrera Infante ya se encontraba en el cafetín de Bruselas, esperando a Néstor. Decidí ir con Néstor y sin Ray, para no forzar a Guillermo a un encuentro que pudiera no desear, dado el extremado riesgo que para él representaría una reunión con el más importante enemigo de Castro del momento, que podía, no sólo comprometer su seguridad sino también la de su familia.

Siempre he sentido hacia *Guillermito* —como siempre le hemos dicho sus amigos— un profundo agradecimiento por el entusiasmo con que me recibió, incluyendo un abrazo que no esperaba. Mi presencia era completamente sorpresiva y también riesgosa para él, aunque nunca en el grado de la de Ray. Después de un breve intercambio de frases amistosas, ya que no había tiempo que perder, puse las cartas sobre la mesa. Le dije que Ray se encontraba a unos cincuenta metros para reunirse con él, si es que no tenía inconveniente. Y si no quería, todos comprenderíamos sus razones. Su valiente respuesta, asintiendo, fue inmediata.

El líder del JURE le explicó a Cabrera Infante nuestra misión: incorporar en la lucha contra la usurpación comunista a la mayor cantidad de antiguos compañeros de la insurrección antibatistiana. Si en lugar de sumarse a la lucha, esos compañeros optaban por abandonar sus posiciones y pasar al exilio, estábamos en la mejor disposición de ayudarlos. Guillermo respondió que aprobaba todo lo que estábamos haciendo para rescatar la democracia en Cuba pero que él tenía que regresar por problemas familiares y no podía tomar una decisión en ese momento. Ray le pidió que le dijera a Gustavo Arcos (el embajador) que queríamos hablar con él y Guillermo se comprometió a darle el mensaje. La respuesta nos llegaría a través de una llamada que tendría que hacerle Néstor en cuestión de dos o tres horas. Permanecimos en Bruselas hasta que supimos que la reunión con Gustavo Arcos no iba a ser posible. Era evidente que, a pesar de sus conocidas críticas a Fidel Castro, Gustavo Arcos todavía tenía esperanzas de un cambio de actitud de parte del *máximo líder* y no estaba dispuesto en ese momento a involucrarse en una conspiración en su contra.

En general, el propósito que nos llevó a Francia y Bélgica no fue exitoso. Y curiosamente, el curso de la historia habría de destacar de manera muy especial y por diferentes razones a casi todos los que tuvieron que ver con nuestra frustrada gestión. Carlos Franqui, en 1968 y estando en Italia, rompía los lazos —ya muy débiles— que lo ataban a la dictadura castrista para convertirse en el más connotado crítico en el exilio del comunismo cubano y denunciante incansable de sus abusos a través de libros y columnas de repercusión mundial. Guillermo Cabrera Infante se convertiría en un escritor de fama internacional, ganador del Premio Miguel de Cervantes de 1997. Néstor Almendros sería seleccionado por el director Eric Rohmer como su fotógrafo preferido. Y más tarde lo sería de Francois Truffaut. Codirigiría dos extraordinarios documentales sobre la tragedia cubana: *Conducta Impropia*, con Orlando Jiménez Leal y *Nadie Escuchaba*, con Jorge Ulla. Ganaría un *Oscar* por su original e impresionante trabajo como director de fotografía de *Days of Heaven*, en 1978. Y nuestra entusiasta colaboradora, Elsa Baeza llegaría a ser una famosa cantante en España. En cuanto a Gustavo Arcos, por su vocación patriótica y espíritu de sacrificio quedaría consagrado como uno de los más destacados líderes en la heroica historia de la disidencia anticastrista.

Más sobre el JURE

Al momento de fundarse el JURE había habido un cambio en la política estadounidense hacia las organizaciones que estaban luchando contra el castrismo. Después del fracaso de Bahía de Cochinos existían unos grupos de exilados anticastristas que estaban controlados directamente por la CIA, además de otras organizaciones independientes que no estaban sujetas a las órdenes ni el control de la Agencia. Algunas de esas organizaciones, no obstante manejarse por sí mismas, eran acreedoras a la ayuda del gobierno americano. Como una ayuda de esa naturaleza no tenía como base la sumisión a las directrices de la CIA y, en última instancia, sólo la coordinación de acciones donde hubiera coincidencias en objetivos, el JURE la aceptó. En el expediente de Manuel Ray compilado por la CIA y sacado del secretismo en virtud de la Ley de Libertad de Información, puede leerse, en la página 2 del Volumen XVI, lo siguiente: "Paralelamente a los grupos cubanos controlados regularmente por la CIA, se habrá de extender ayuda financiera y algún consejo y guía a independientes e incontrolables líderes cubanos como Manuel Ray". Esa ayuda no duró mucho pero indicaba que algunos sectores dentro de la CIA, a pesar de sus posturas ultraderechistas, tenían que ceder ante posiciones que respondían mejor a las expectativas del pueblo cubano.

El mensaje del JURE se podía identificar con la socialdemocracia y pasaría a la historia como la única organización no proletaria de exilados cubanos que celebraría un Congreso Obrero. Evento que demostraría la inclusión que en su matrícula tenían todos los sectores productivos del País. Y ponía en evidencia la intención del JURE de demostrar que uno de sus objetivos primordiales era la defensa de los derechos de los trabajadores, conculcados por la tiranía castrista. El comunismo usurpador había suprimido el derecho de huelga y los sindicatos obreros tenían que responder a los intereses del patrono único, la dictadura, que fijaba sueldos y condiciones de trabajo sin posibilidades de protesta o apelación.

El Congreso Obrero se celebró en marzo de 1964 en San Juan, Puerto Rico y asistieron como invitados varios representantes de confederaciones obreras latinoamericanas democráticas y anticomunistas. Leopoldo Pita, un destacado líder obrero peruano, dirigente del APRA, estuvo presente, en compañía del dirigente de la Confederación de Trabajadores de Venezuela Martín Correa, que representaba al presidente de esa organización, José González Navarrro. También se solidarizaron con el Congreso el Secretario General de la Confederación de Trabajadores de Uruguay, Juan Antonio Acuña y José Suárez Quiñones, activo líder obrero del JURE en Venezuela. El proletariado democrático de Latinoamérica se sumaba a la denuncia del castrismo como un régimen antiobrero.

La fallida infiltración de Ray en Cuba

A principios de 1964, en un acto celebrado en la Plaza de Armas de San Juan, Puerto Rico, Manuel Ray anunció su decisión de regresar clandestinamente a Cuba antes del 20 de mayo de 1964 para continuar dirigiendo al JURE dentro de la Isla. Al acercarse la fecha, la movilizaación de soldados y milicianos de la dictadura fue masiva. Grandes contigentes fueron desplegados a lo largo de la costa norte, donde se presumía que tendría lugar el desembarco de Ray. Miles y miles de combatientes castristas fueron asignados a cientos de puntos estratégicos. Otros, puestos en alerta. Por lo espectacular de la operación, cualquiera pensaría que se trataba de una invasión de considerables dimensiones. Sin embargo, lo único que se había anunciado y podía esperarse era la infiltración en Cuba de un solo individuo. Era patente el temor de la dictadura castrista. No sólo por el respeto que inspiraba Ray como organizador y persona abnegada y valiente. El miedo principal radicaba en que el programa del JURE, por su contenido revolucionario, justiciero y progresista, respondía a las ansias populares frustradas por la traición y podía polarizar la resistencia al régimen que, aunque muy reprimida, se manifestaba sin tregua, particularmente por la presencia todavía activa de grupos guerrilleros en El Escambray y el sabotaje continuado de los trabajadores a los insumos de producción.

Dos semanas antes del 20 de mayo el paradero de Ray era desconocido y se supo a fines de ese mes que la operación de infiltración, planificada para desembarcar en un punto al norte de Las Vilas, había sido abortada por complicaciones inesperadas.

En la travesía a Cuba acompañaban a Ray dos periodistas de *Life Magazine*, Andrew St. George, especialista en asuntos cubanos y el fotógrafo Tom Duncan, a fin de documentar fehacientemente su desembarco en Cuba. Por desperfectos mecánicos en la lancha que los transportaba y aunque estuvieron muy cerca de su destino no pudieron llegar a él. Tuvieron que dirigirse de emergencia al punto más cercano, Cayo Anguila, en las Islas Bahamas. Allí serían capturados por las autoridades británicas y, días después, devueltos a Estados Unidos.

Ray hizo un segundo intento de infiltración el 15 de julio de 1964. Aparentemente, se presentaron también problemas mecánicos que obligaron el regreso al punto de partida: Key West. La planificación de ambas operaciones no eran de la responsabilidad directa de Ray sino de otros miembros de la organización. El jefe del JURE llegó a la conclusión de que los preparativos habían sido inadecuados y sospechaba que, de alguna manera, una mano muy interesada en que no estuviera presente en Cuba tenía que ver con las dificultades presentadas en sus dos intentos de entrar en la Isla. Esa conjetura no excluía a la CIA, donde quedaban todavía agentes dispuestos a seguir prácticas iniciadas por algunos de sus antecesores.Y, aunque no trascendió como en los dos casos anteriores, hubo, antes de terminar el 1964, un tercer intento de infiltración, también frustrado.

Fui testigo excepcional de cómo afectó a Ray no haber podido cumplir con su promesa. Estaba empeinado en seguir intentándolo, aunque cada vez aumentaban las dificultades y la escasez de medios para lograrlo. Hay que tener presente que no basta con lo que se haga de afuera. Es necesaria la coordinación con la militancia dentro de Cuba. Me pareció ver en Ray una actitud suicida. Y me di a la tarea, al máximo de mis posibilidades, de tratar de disuadirlo, lo que creo que pude lograr, aunque a duras penas. Mi principal argumento consistía en que darle la oportunidad al castrismo de capturarlo sería una inmolación sin sentido porque en la medida que pasaba el tiempo se hacía más probable que eso ocurriera y su presencia era indispensable para continuar la lucha. Había dos factores fundamentales que apoyaban mi posición: la bien engrasada estructura de terror que había consolidado la dictadura y la disminución del apoyo al JURE en las filas de la clandestinidad. El fracaso de los intentos de infiltración había repercutido muy negativamente en la militancia en Cuba.

Traté de convencer a Ray de que tenía que relegar a un segundo plano la vergüenza de no haber podido entrar en Cuba. Y que estaba en el deber de desistir del propósito temporeramente. No sé si fue por mi insistencia (cuya intensidad me hace pensar que sí) pero fui percibiendo en Ray un cambio en lo que consideraba una actitud obsesiva. Aunque nuestro jefe había establecido una firma privada de ingenieros y arquitectos (teniendo de socio al antiguo tesorero de *Resistencia,* Ing. *Juancho* Melémdez) concentró la mayoría de sus esfuerzos en acopiar armas y explosivos y entrenar a antiguos y nuevos guerrilleros para ser desembarcados en Cuba y fomentar la lucha interna. Cuando ya se contaba con una pequeña nave madre — "Venus"— y una buena lancha de desembarco hubo que desistir del plan porque fallaron todos los intentos de establecer una línea segura de suministro de municiones y alimentos y un sistema de intercomunicación entre los grupos guerrilleros y sus bases fuera de Cuba (no se incluía ninguna en territorio americano). Proceder a una operación de infiltración de guerrilleros sin cubrir esas exigencias para la seguridad de los involucrados hubiera sido irresponsable. De modo que se disolvieron los grupos, cuyo principal jefe era Vicente Méndez y se dejó a cada cual en libertad de decidir por su cuenta lo que creyera mejor.

De poco valieron las energías y esfuerzos puestos al servicio de la recuperación democrática de Cuba por fieles y dedicados miembros del JURE en los años subsiguientes, en lucha de recursos muy limitados (la contribución inicial de la CIA duró muy poco). Entre mis labores *pro bono* de propaganda, compartida sinultáneamente con la actividad privada de producción cinematográfica de comerciales para televisión y documentales, asumí la producción de un programa radial dominical de noticias, entrevistas y comentarios (*JURE por Cuba*), que duraría siete años. Ninguno de sus colaboradores y participantes, puertorriqueños y cubanos, recibieron remuneración por su aporte. La flor y nata de los locutores y locutoras de Puerto Rico desfilaron por *JURE por Cuba* en sus primeros años, dando muestras de un apoyo y generosidad dignos del mayor agradecimiento. El programa se grababa primero y se transmitía por cinco emisoras puertorriqueñas que donaban el tiempo. En sus últimos años, lo pude mantener gracias a la colaboración de Arturo Villar, que integraba, con Ray y el que esto escribe, el último Comité Ejecutivo del JURE. El cierre del progama coincidíría con la desaparición de la organización.

La voluntad de Ray de regresar a Cuba clandestinamente nunca decayó. Todavía, más de treinta años después, en 1996, a los 72 años, el antiguo jefe de la clandestinidad se habría de comprometer de nuevo en un proyecto de infiltración en Cuba para conspirar contra la dictadura, empeño en el que aparentemente estaban también involucrados otros revolucionarios de mentalidad democrática en la Isla y en el exilio. Entre estos últimos, para infiltrarnos en Cuba con Ray, estábamos el doctor Carlos Diago, exdirigente del Directorio Revolucionario y yo. La operación fue suspendida (en lo que nada tuvo que ver Ray) poco antes de culminarse, cuando surgieron fundadas sospechas de que se trataba de una artimaña de la tiranía muy bien montada. Dado lo delicado del tema, prefiero omitir detalles.

Comité Ejecutivo de la Junta Revolucionaria Cubana (JURE) al ser fundada en Río Cañas, Puerto Rico, el 16 de septiembre de 1962. De izq. a der. Rogelio Cisneros, exdirigente del *26 de Julio*; José Gómez Rodríguez, líder obrero revolucionario; Ing. Manuel Ray, exministro de Obras Públicas del primer gobierno revolucionario (Secretario General); doctor Raúl Chibás, expresidente del Partido del Pueblo Cubano (Ortodoxo) y el arquitecto José *Pepe* San Martín, exministro de Obras Públicas del gobierno de Grau San Martín. (Foto del autor)

CAPÍTULO 13
LAS PROMESAS DE FIDEL CASTRO

La Constitución, promesa fundamental

En *La Historia me absolverá*, el alegato de autodefensa de Fidel Castro ante el tribunal que lo juzgaba por el ataque al Cuartel Moncada, el 16 de octubre de 1953, el líder rebelde hacía mención de lo que hubiera sido el programa revolucionario de haber triunfado en el intento:
> *La primera ley revolucionaria devolvía al pueblo la soberanía y proclamaba la Constitución de 1940 como la verdadera ley suprema del Estado...*

Esa declaración dejaba sentado que la restitución de la Constitución, conculcada por el golpe militar del 10 de marzo de 1952, sería el objetivo principal de la agrupación revolucionaria que se crearía a raíz del ataque al Moncada, el Movimiento 26 de Julio. Esa promesa sería esencial en la lucha contra la dictadura porque resultaba atractiva para todos los sectores del país, que veían en la vigencia de la Constitución el retorno al cauce democrático interrumpido por el cuartelazo de Batista. La importancia de esa restitución estaba señalada por el propio Fidel Castro en el alegato mencionado:
> *Entendemos por Constitución la ley fundamental y suprema de una nación, que define su estructura política, regula el funcionamiento de los órganos del Estado y pone límites a sus actividades; ha de ser estable, duradera y más bien rígida.*

Sin embargo, en el curso de los primeros meses de revolución, en la dirección habanera del *M-26-7* observábamos con intranquilidad que la promesa fundamental permanecía en el limbo. Suponíamos que la Constitución (aunque distaba de ser perfecta) era el mejor instrumento para la preservación de las instituciones y la garantía del Estado de Derecho.

En los primeros días de gobierno revolucionario, el Consejo de Ministros, en el uso de facultades legislativas de emergencia, habría de promulgar con carácter provisional una Ley Fundamental de la República que reproducía artículos básicos de la Constitución. La medida era necesaria para institucionalizar en algo la improvisación obligada de los primeros meses. Pero se entendía que ese período sería transitorio. ¿Qué razones podía haber para dilatar el cumplimiento de la promesa fundamental? Nadie se lo imaginaba, pero en poco tiempo se iría aclarando el panorama. La restauración constitucional estaba siendo sustituida por sucesivas versiones de la Ley Fundamental, con reformas cada vez más limitativas de las libertades individuales, hasta convertirla en una justificación legal del régimen comunista. En sólo 20 meses, a partir de enero de 1959, habría de ser modificada en 22 ocasiones, con el objetivo de consolidar progresivamente el mando unipersonal y absoluto de Fidel Castro.

La "resistencia adecuada"

Pero la Constitución tenía también un elemento que muchos desconocían y que Fidel Castro, como abogado, no podía soslayar, ya que obstruía sus planes secretos de mandato vitalicio. En uno de los párrafos de su Artículo 40, se leía: "Es legítima la resistencia adecuada por la protección de los derechos individuales garantizados anteriormente".

"Resistencia adecuada" era un término muy amplio. Convalidaba la subversión en cualquier grado en caso de que el gobierno violara los derechos consagrados en la misma Constitución. La importancia del Artículo 40 quedaría demostrada en un histórico precedente durante la insurrección contra Batista. Fue alegado por el abogado y dirigente del Llano, doctor Lucas Morán, en la defensa de los veintidós jóvenes expedicionarios que habían sido capturados después del desembarco en Playa Colorada y de los participantes en las acciones del 30 de noviembre de 1956 en Santiago de Cuba. La tesis del profesor Morán fue aceptada por el presidente del Tribunal, Dr. Manuel Urrutia Lleó, en un voto particular contrario al veredicto condenatorio de los otros dos magistrados (Capítulo 2) lo que determinó que el resultado final fuera de sentencias muy leves y la absolución de la mayoría de los acusados.

De los hechos que tendrían lugar en la prolongada y dolorosa trayectoria de la usurpación comunista, donde Fidel Castro pretendería siempre apoyarse en bases jurídicas creadas expresamente para legalizar sus transgresiones, puede muy bien inferirse que una de las razones fundamentales por las que no le era conveniente restablecer la Constitución radicaba en la existencia de ese Artículo 40. Su vigencia le hubiera dado validez legal a la resistencia popular contra las futuras arbitrariedades que ya tendría que tener contempladas para garantizar su poder de por vida.

Resultados del engaño

¿Y en qué se convirtió la gran promesa de reinstaurar la Constitución? Nada más elocuente que lo denunciado, tan temprano como en noviembre de 1962, por la Comisión Internacional de Juristas, radicada en Ginebra. En sus indagaciones sobre el imperio de la Ley en Cuba, después de un análisis exhaustivo de las múltiples y sucesivas reformas a la primera Ley Fundamental de la Revolución de febrero de 1959, la Comisión llegó, entre otras, a las siguientes conclusiones:

Las reformas han sido provocadas para salvar un obstáculo que la propia Ley Fundamental sancionada por el régimen de Castro oponía al aumento del poder.

Todas las reformas a la Ley Fundamental convergen en un solo punto: la concentración del poder arbitrario en manos del grupo gobernante. Por una parte se elimina toda garantía legal a la libertad, a la propiedad y a la vida de los ciudadanos cubanos. Por otra parte se aumenta paulatinamente el número de personas comprendidas por los 'delitos contrarrevolucionarios'.

El examen de los cambios sufridos por la Ley Fundamental evidencian la transformación sufrida por el gobierno de Castro y muestran el triunfo final de la tendencia extremista y totalitaria cuya presencia se advertía desde el comienzo del gobierno revolucionario.

El estudio de las variaciones constitucionales de Cuba demuestra asimismo que muchas de las disposiciones incorporadas a la Ley Fundamental, desde el mes de enero de 1959, violaron la Declaración Universal de los Derechos Humanos.

La Comisión también señaló una serie de coincidencias de la Ley Fundamental con el Estatuto de 1952, instituido por Fulgencio Batista a raíz de su golpe de Estado y que fue denunciado enérgicamente por Fidel Castro en *La Historia me Absolverá*.

A estas graves conclusiones de la Comisión de Juristas habría que agregar la promulgación de la Constitución Socialista de 1976 por el régimen castrista. Compendio de disparates y cláusulas cargadas de cinismo, como su Artículo 4: "En la República de Cuba todo el poder pertenece al pueblo trabajador". Esa pretensión de carta básica nacional (posiblemente la única Constitución del mundo que incluye en su texto el nombre de un dirigente vivo del país; por supuesto, el Comandante) ha resultado ser, al fin de cuentas, la antítesis de la Constitución de 1940, aunque se incluyeron ciertos derechos ciudadanos para darle una apariencia democrática. Derechos que nunca serían respetados por la propia dictadura. Es bien sabido que bajo Fidel Castro podrían promulgarse toda suerte de leyes, con todos los derechos habidos y por haber supuestamente garantizados, pero nadie se atrevería a aseverar que pudieran prevalecer sobre su voluntad o capricho.

Después de una revisión imparcial de los hechos, se puede concluir que la prometida y ansiada restauración de la Constitución de 1940, dado su prestigio y popularidad, fue sólo una estratagema de Fidel Castro para captar seguidores en los tiempos de Batista.

Las organizaciones revolucionarias como partidos políticos

Además de restituir la Constitución, en varias ocasiones Fidel Castro había declarado que el primer deber del gobierno provisional revolucionario sería celebrar elecciones generales y garantizar el derecho de los partidos políticos para organizarse y participar en ellas. En el Manifiesto de la Sierra Maestra quedaba estipulado: "Queremos elecciones, pero con una condición: elecciones verdaderamente libres, democráticas, imparciales".

Y en otra parte del mismo documento: "El gobierno provisional celebrará elecciones generales para todos los cargos del Estado, las provincias y los municipios en el término de un año bajo las normas de la Constitución del 40 y el Código Electoral del 43 y entregará el poder inmediatamente al candidato que resulte electo".

La confirmación de la voluntad de respetar esa promesa básica, la daba Fidel Castro en su primer discurso al llegar a La Habana el 8 de enero de 1959, a la vez que censuraba la acción del Directorio Revolucionario de sustraer armas de un cuartel:

Cuando todos los derechos del ciudadano han sido restablecidos, cuando se va a convocar a unas elecciones en el más breve plazo de tiempo posible, ¿armas, para qué?

Pero un evento electoral no es posible sin partidos políticos. Y era preocupante que no se fueran implementando mecanismos para facilitar la inscripción de esos partidos, incluyendo al propio *M-26-7*. El clima de absolutismo que se empezaba a percibir conspiraba contra la posibilidad de fundar partidos. Los que habían participado en las elecciones fraudulentas convocadas por Batista en 1954 y 1958, habían sido declarados disueltos por disposición del Consejo de Ministros en los primeros días de gobierno revolucionario. Se esperaba que fueran sustituidos por las organizaciones que habían participado en la lucha insurreccional.

Entre esos movimientos revolucionarios estaba la Organización Auténtica *(OA)*, integrada por elementos del antiguo Partido Revolucionario Cubano y dirigida por el expresidente Carlos Prío Socarrás. La *OA* tenía una ejecutoria insurreccional rica en acciones arriesgadas y bajas en la lucha. Bajo el mando de Reynol García atacó el Cuartel Goicuría, de Matanzas, el 29 de abril de 1956, que fracasó por una delación. Todos los asaltantes, incluyendo los prisioneros, fueron masacrados por orden del jefe de la plaza, general Pilar García. Otra memorable acción llevada a cabo por la *OA* fue la del *Corintia*, nave utilizada por Calixto Sánchez y sus compañeros para desembarcar por la costa norte de Oriente y abrir un frente guerrillero. Capturados días después, todos fueron asesinados por orden del coronel Fermín Cowley (quien sería muerto en un atentado). La *OA* fue la principal organizadora, unida al Directorio Revolucionario, del ataque al Palacio Presidencial para ejecutar a Batista el 13 de marzo de 1957, donde cayó, entre otros arrojados participantes, uno de sus principales líderes y de la operación, Menelao Mora Morales, así como su jefe militar, Carlos Gutiérrez Menoyo. La *OA*, en conjunción con oficiales de la Marina de Guerra y el *M-26-7* tuvo también una participación muy destacada en el alzamiento de la base naval de Cienfuegos el 5 de septiembre de 1957, que se extendió a toda la ciudad. Rebelión que sería calificada acertadamente por el historiador Roberto Simeón como "la batalla más importante de la lucha armada contra la dictadura". Producto de una conspiración de dirigentes del Llano con oficiales de la Marina bajo el mando de Dionisio San Román, quien sería torturado, asesinado y desaparecido su cuerpo después de haber sido capturado. La heroica y sacrificada participación de la Organización Auténtica en la lucha contra Batista la hacía acreedora al mayor de los reconocimientos y a ser bienvenida como factor en las contiendas políticas que se esperaban después de desaparecida la dictadura militar.

Otro grupo revolucionario, la Triple A, también de origen auténtico, era dirigido por el profesor universitario Aureliano Sánchez Arango, líder estudiantil de la generación de 1933 y ex Ministro de Educación, que se había distinguido en ese cargo por su probidad, eficiencia y por su valiente enfrentamiento al gangsterismo político y los privilegios burocráticos otorgados a sus miembros. En lugar de gratitud y reconocimiento por la acción y el sacrificio de los militantes de esa organización —algunos asesinados por la dictadura batistiana— se les estaba marginando deliberadamente, impidiendo cualquier gestión encaminada a su inscripción como partido político.

También, el Directorio Revolucionario, dirigido por el comandante Faure Chomón, estaba en su perfecto derecho de organizarse como partido. Como queda dicho en el Capítulo 1, su principal líder, José Antonio Echeverría, había firmado con Fidel Castro el Pacto de México, donde el *Directorio* y el *26 de Julio* unían esfuerzos para derrocar a Batista. El *Directorio* tenía a su haber histórico su participación en el ataque al Palacio Presidencial y la muerte en acción de Echeverría. Además, había tenido columnas guerrilleras operando en las lomas del Escambray. Uno de sus comandantes, Rolando Cubela, unió sus hombres a los del Che Guevara en la decisiva toma de la ciudad de Santa Clara.

Es ampliamente conocido que el *Directorio* se precipitó al ocupar el primero de enero de 1959 el Palacio Presidencial y la estación Radio Progreso, para hacer valer su contribución al derrocamiento de Batista. Y agravó la situación al ocupar por esos días armas y municiones en el campamento militar de San Antonio de los Baños. Acciones que a las claras mostraban una intención de disputarle el poder al *M-26-7* por medios que la población rechazaba. Vislumbraban quizás, anticipando resultados, que Fidel Castro se posicionaría como líder omnímodo, marginándolos del proceso. Pero, históricamente, y por derecho propio, su transformación en partido político se contemplaba como una lógica consecuencia de su participación en la lucha.

Una escisión del *Directorio*, el Segundo Frente Nacional del Escambray, dirigido por el comandante Eloy Gutiérrez Menoyo, había operado en las montañas de Las Villas. (Eloy era hermano de Carlos, el jefe militar del asalto al Palacio Presidencial, que cayó en la acción y también de un combatiente republicano que murió en la guerra civil española. Hijos del Dr. Carlos Gutiérrez Zabaleta, médico exilado y excoronel del ejército español, a quien tuve el honor de conocer en Nueva Gerona, Isla de Pinos. mientras filmaba el documental *Paraíso Azul*). El Segundo Frente Nacional del Escembray no ocultaba su interés en participar activamente en la contienda electoral.

Muchos de los que militábamos en el *26* esperábamos que nuestra organización fuera convertida en partido político, dándole crédito a la promesa de celebrar elecciones al año y medio del triunfo revolucionario. Pero contemplábamos con inquietud que de ese objetivo nunca se hablaba. Además, las puertas tenían que estar abiertas para que cualquier persona o entidad política pudiese aspirar a regir los destinos del país anque careciera de antecedentes subversivos contra Batista.

El Pacto de Caracas

No sólo era un derecho más que reconocido, en virtud de sus acciones y sacrificios, el de las diferentes organizaciones revolucionarias para convertirse en partidos y entrar en contiendas electorales a la caída de Batista. Existía un acuerdo que garantizaba ese derecho de manera expresa: el *Pacto de Caracas,* un documento de unidad revolucionaria firmado el 20 de julio de 1957 en la capital de Venezuela por el *M-26-7*, la Organización Auténtica, el Directorio Revolucionario, el Movimiento de Resistencia Cívica y el Grupo Montecristi. Los obreros estaban también representados, por varios líderes que constituían la Unidad Obrera. Dos dirigentes estudiantiles firmaban por la Federación Estudiantil Universitaria. Dos partidos políticos aparecían también como signatarios: el Partido Revolucionario Cubano (Auténtico) y el Partido Demócrata. En representación del *M-26-7* aparecía la firma de Fidel Castro, lo que hacía suponer que la redacción original del documento había tenido lugar en la Sierra Maestra. Con el *Pacto de Caracas* se constituía el Frente Cívico Revolucionario y el doctor José Miró Cardona, destacado dirigente del conjunto de organizaciones cívicas opuestas a la dictadura de Batista, era designado su secretario general y coordinador.

El *Pacto de Caracas* tenía como base tres puntos principales. El primero hacía referencia a la necesidad de una estrategia común de lucha basada en la acción armada. El tercero prometía un programa mínimo de gobierno que incluyera el castigo de los culpables por crímenes de la dictadura y garantías de justicia, paz y progreso. Pero el segundo, el más importante, decía textualmente: "Conducir al país, a la caída del tirano, mediante un breve gobierno provisional, a su normalidad, encauzándola por el procedimiento constitucional y democrático". Es decir, el gobierno provisional sería breve y habría elecciones.

El cumplimiento de lo pactado en Caracas no se veía por ningún lado y frente al cuadro de indiferencia y obstrucción al desarrollo de partidos políticos llamaba la atención cómo, desde los primeros días de gobierno revolucionario, los comunistas estaban perfectamente instalados en el antiguo local de su Partido, en la avenida Carlos III, funcionando a todo tren. Y su periódico *Hoy*, después de años prohibido, en plena circulación.

Como ya he citado, en su primer discurso del 8 de enero de 1959, Fidel Castro había dicho: *...cuando se va a convocar a unas elecciones en el más breve plazo de tiempo posible...* Sin embargo, la convocatoria a elecciones no volvería a ser mencionada por el Comandante después de asumir el cargo de primer ministro, mientras la mayoría de la prensa se hacía eco de la necesidad de celebrarlas. Demanda que cuadraba con lo manifestado desde la Sierra.

"Elecciones, ¿para qué?"

No tardó mucho el Comandante en dar a conocer su opinión sobre el tema, totalmente contraria a la de los tres meses anteriores. En una multitudinaria concentración celebrada en la Alameda de Paula, en La Habana, tan temprano como el 9 de abril de 1959, se dirigía a la concurrencia con una sorpresiva petición, después de predisponer a su auditorio con varios argumentos dirigidos a obtener un previsto resultado:

> *Voy a hacer nada más que una prueba: voy a preguntar aquí primero quienes son los que quieren las elecciones. Que levanten la mano los que quieren las elecciones.*

Como era de imaginar, nadie se atrevió a hacerlo. Y a continuación:

> *Que levanten la mano los que no estén interesados en elecciones.*

La reacción de la multitud a la maniobra manipuladora fue unánime. No quedó una sola mano sin levantar. Y más adelante, en el mismo discurso:

> *¿Es que podríamos nosotros tenerles miedo a unas elecciones? ¿Es que en la forma en que está luchando el gobierno revolucionario, ese esfuerzo sobrehumano que está haciendo en bien del país puede temer la revolución el perder unas elecciones?*

Era evidente el cambio de posición de uno a otro discurso con sólo tres meses de diferencia: de "convocar a unas elecciones en el menor plazo de tiempo posible" a "que levanten la mano los que no estén interesados en elecciones". Cambio vertiginoso que podría ser explicado por el sorprendente y abrumador apoyo que en tan breve tiempo el Comandante había consolidado en la opinión pública, que le permitía ser más atrevido que lo prudente a fin de asegurar su predominio.

La demagogia envuelta en ese discurso saltaba a la vista. Ciertamente, el Comandante hubiera ganado arrolladoramente unas elecciones de celebrarse por aquellos días. Por tal razón, suprimirlas, para la multitud, no parecía significativo. Se olvidaba que, de acuerdo con la Constitución de 1940, la presidencia de la República estaba limitada a un solo término de cuatro años, sin posibilidad de reelección. Hechos posteriores habrían de sugerir que ese impedimento legal a la prolongación del término de gobierno más allá de cuatro años pudo haber sido una de las razones para que Fidel Castro dejara de lado la Constitución y abogara desde tan temprano por la eliminación de las elecciones para continuar indefinidamente en el poder. De ese modo, el Comandante, con el pretexto de que las elecciones no eran necesarias porque nadie dudaba de que las ganaría, abusaba de su enorme respaldo popular para ir sembrando la conformidad con la supresión de los procesos electorales.

Hay que reconocer que muchas de las alusiones de Fidel Castro sobre algunos aspectos del pasado político de Cuba —nada para vanagloriarse— estaban sustentadas en la realidad. Hablaba del enriquecimiento ilícito de los funcionarios públicos y del poder de las maquinarias políticas, manipuladoras de los procesos electorales. Pero, si se estaba dentro de un proceso revolucionario ¿no era para depurar esas prácticas corruptas? Utilizar como pretexto lo negativo del pasado para demeritar el ejercicio del voto, puntal del sistema democrático, era una señal amenazante cuya peligrosidad no captábamos en ese momento los que militábamos en el 26. Las intenciones de Fidel Castro quedarían reveladas definitivamente en la Plaza Cívica, el 1º de mayo de 1960, con una breve, repetida y lapidaria frase:

Elecciones, ¿para qué? Esas palabras serían el certificado de defunción de una de las promesas revolucionarias más importantes. Sin embargo, a pesar de la gravedad de una aseveración como esa, el pueblo aceptaba sin reparos lo que sugería su presunto salvador, sin atender los llamados de la prensa libre, que trataba de alertar sobre las contradicciones que se estaban percibiendo en el proceso revolucionario El deseo en el pueblo de cooperar con la revolución era manifiesto. La gente creía que el desorden y ciertos abusos serían superados. Muchos pensaban: ¿para qué preocuparse por que no haya elecciones? Pero las dudas y las primeras sospechas de un gran fraude ideológico empezaban a aflorar. No obstante, muchos de los miembros del *26* nos resistíamos a creerlo porque pugnaba con los ideales sustentados en la lucha. Y por lo apegados que estábamos a un proceso que también tenía en su haber muchos aspectos positivos gracias a la excelente labor que estaba realizando el primer gabinete del gobierno revolucionario.

La libertad de prensa y la revolución castrista

En el mencionado discurso de la Alameda de Paula, Fidel Castro había hecho referencia también a editoriales y comentarios de la prensa extranjera, adversos a la revolución. Si bien algunas de esas noticias y análisis podían haber sido deliberadamente mal intencionados, la mayoría eran producto de observaciones críticas serias y bien fundamentadas. Además, respondían a la libertad de información prevaleciente en los países democráticos. El aspecto más negativo que resaltaba la prensa extranjera era el fusilamiento de los exagentes de Batista, implicados en torturas y asesinatos. También se empezaba a insinuar, por algunos, la posibilidad de que la revolución estuviera siendo conducida al comunismo.

Gracias a esa libertad de prensa, criticada ahora por Fidel Castro, el movimiento revolucionario había gozado, durante la gesta insurreccional, de simpatía y apoyo en las esferas internacionales y, muy en particular, en los medios de comunicación estadounidenses. Esa solidaridad fue lograda a través de numerosos reportajes, entre los que descollaba el primero de ellos, realizado en la Sierra Maestra por Herbert Matthews, para *The New York Times*, tan temprano como en febrero de 1957, a pocas semanas de la presencia guerrillera en las montañas. Le siguieron otros periodistas de renombre: Robert Taber, de la CBS y Jules Dubois, del *Chicago Tribune*; Homer Bigart, también de *The New York Times*; Andrew St. George, de *Time-Life* y Enrique Meneses, de *Paris-Match*. También tuvo mucha repercusión la entrevista a Fidel Castro realizada por la revista *Coronet*, bajo el título de "Por qué luchamos", en febrero de 1958.

Con esos antecedentes, me parecían fuera de lugar las alusiones negativas de Fidel Castro a la prensa extranjera, en las que seguía insistiendo. El 6 de marzo de 1959, en un discurso ante los empleados telefónicos, decía:

> *Hay por ahí un libelo, que se llama la revista Time, que no cesa un solo segundo de hacer los ataques más canallescos, más calumniosos y más groseros contra el pueblo de Cuba y el gobierno revolucionario.*

Aparte de que esa adjetivación injuriosa no venía al caso, la alusión al "pueblo de Cuba" carecía de sentido. Si un medio noticioso publica lo malo que cree que está haciendo un gobernante, no por eso ataca a su pueblo; más bien lo defiende. La demagogia afloraba. Y, entre sus ya repetidas críticas a las publicaciones extranjeras, en el mencionado mitin de la Alameda de Paula, el Comandante señalaba:

> *Es evidente que cuando se leen estas cosas... y esas campañas se unen a las campañas de las agencias cablegráficas de noticias, y se unen a las campañas que realizan las grandes revistas contra la revolución cubana, y junto a eso se preparan piquetes y junto a eso se preparan todo género de acusaciones y se acusa aquí a todo el mundo de comunista, se siembra el fantasma del comunismo, no hacen más que acusar aquí a todo el mundo de comunista, cuando se está viendo eso, se pueden observar las intenciones que traen, se pueden ver claramente las maniobras...*

Fidel Castro se defendía airadamente de la acusación de comunista, pero si la prensa internacional insinuaba esa posibilidad era por algunos movimientos que se estaban observando, a pesar de sus negativas. Y no dejaban de tener razón, aunque el Comandante lo negara y los del *26* nos resistiéramos a darle crédito a ese cambio ideológico, que equivalía a una traición. La insistencia de Fidel Castro en negar su simpatía o vinculación con el marxismo-leninismo sería parte de una cínica estrategia para engañar al pueblo mientras consolidaba los organismos represivos que permitirían la imposición del totalitarismo comunista por el terror.

El periodismo y la SIP como enemigos

La mayor parte del discurso de la Alameda, y de muchos otros, estaría dedicada a los supuestos "enemigos de la revolución", agazapados, según el Comandante, detrás de la condición de periodista, en Cuba y fuera de ella. Pero, ¿no eran esas mismas agencias y publicaciones las que habían dado a conocer a millones de lectores en todo el mundo a Fidel Castro como un paladín demócrata en lucha desigual contra la dictadura de Batista?

Por tal razón, el movimiento revolucionario tenía una gran deuda con la prensa internacional y, al parecer, Fidel Castro apelaba a una forma muy singular de expresar la gratitud debida, no sólo desconociendo la gran aportación de los medios internacionales de comunicación a la lucha, sino insinuando la existencia de conciliábulos y conspiraciones por parte de ellos contra el proceso revolucionario. Ese argumento no parecía basarse en la realidad. Las noticias y comentarios sueltos de distintos medios no podían confundirse con una conspiración.

Una de las muestras más palpables de la ingratitud del Comandante hacia la prensa internacional que lo había apoyado en la lucha contra Batista, era el caso de la Sociedad Interamericana de Prensa *(SIP)*. La *SIP*, en sus asambleas generales, solía proclamar airadamente el derecho a la libertad de prensa e información del pueblo cubano cuando ese derecho era suspendido en ocasiones por Batista. En los periódicos clandestinos reproducíamos los acuerdos y conclusiones de esas asambleas por el valor que tenían como apoyo internacional a nuestra lucha. Cada vez que la dictadura militar implantaba una censura de prensa, los primeros en protestar eran los miembros de la SIP, capitaneados por Jules Dubois, del *Chicago Tribune*.

Dubois había estado varias veces en Cuba y entrevistado a Fidel Castro en la Sierra. Lo conocí cuando entrevistaba a Manuel Ray en la clandestinidad, en días anteriores a la frustrada huelga del 9 de abril de 1958. Lo admiraba por su audacia y valor para sustentar su posición con informaciones objetivas y convincentes, abiertamente opuestas a la dictadura militar.

El apoyo de Dubois y de otros destacados miembros de la *SIP* a la lucha revolucionaria fue desconocido por Fidel Castro al desatar los ataques más desconsiderados e injustos contra la organización periodística, una vez en el poder. La *SIP* llegaría a ser, por sus críticas al hostigamiento de la prensa libre, uno de los preferidos temas difamatorios del Comandante. Y ¿qué era lo que estaba haciendo la *SIP*? Exactamente lo mismo que cuando Batista: denunciar el amordazamiento de la prensa y defender la libertad de expresión.

Las presiones a la prensa libre

Las presiones a la prensa, que valientemente expresaba su opinión sobre ciertos errores e injusticias que se estaban cometiendo, iban en aumento. Al principio, eran sólo verbales, pero de por sí constituían una gran amenaza por la extraordinaria influencia que tenía la palabra de Fidel Castro por aquellos días.

El primer caso que pudiera citarse como ejemplo de coerción a la prensa tuvo lugar escasamente a las cinco semanas de instaurado el gobierno provisional. El semanario humorístico *ZigZag*, de gran popularidad, exhibía en su primera plana una gran caricatura de un grupo de personas, todas con un singular sombrero, el bombín, rodeando a Fidel Castro. Se trataba de insinuar que al gobierno revolucionario estaban llegando burócratas atildados, sin méritos de lucha, que al semanario le dio por calificar de *bombines*. Desde mi punto de vista, la publicación trataba de congraciarse con el Comandante, insinuando que esos nuevos funcionarios eran burócratas ajenos a lo que representaba la revolución; oportunistas que querían aprovecharse de la nueva situación sin haber vestido el uniforme rebelde o militado en el Llano. Pura exageración, si se quiere, la de *ZigZag* (los *bombines* no serían otra cosa, en su mayoría, que empleados públicos calificados recién nombrados, en sustitución de una burocracia improductiva). Pero la alusión del periódico era permisible y tolerable en un régimen de libertades, máxime si se trataba de una publicación humorística. Mas, según se apreciaba, el Comandante no estaba dispuesto a aceptar tranquilamente lo que le dio por considerar un ataque personal, arremetiendo con virulencia contra *ZigZag* en un discurso ante los empleados de la petrolera *Shell*, el 6 de febrero de 1959. Sin mencionar a la publicación por su nombre pero extendiéndose en detalles para que no hubiera dudas, incitaba a la represalia popular:

> *El boicot que le recomiendo al pueblo es que no les presten ningún favor a los que desde ahora se les están viendo sus intenciones malévolas, sus intenciones cobardes y sus intenciones ruines. ¡Lo que le recomiendo al pueblo es que no lo lean!*

Fue tanto el ensañamiento del ataque verbal, que sus palabras dejaron sin compradores a *ZigZag*, con su inevitable desaparición del escenario periodístico en breve plazo.

Exactamente un mes antes, el 6 de enero, a su paso por Las Villas rumbo a su entrada triunfal en La Habana, Fidel Castro había hecho unas declaraciones que serían publicadas al día siguiente en *Revolución*:

> *Acatar al Gobierno no significa sumisión, ni tan siquiera comunión de ideales y propósitos. Al derrocarse la tiranía, quedaron restablecidos automáticamente todos los derechos*

ciudadanos, incluso el derecho de disentir y hacer oposición.

¿Podían conciliarse esas palabras con lo dicho un mes después en la *Shell*?

Se daba aquí el curioso caso de un personaje que había blandido como bandera de lucha el rescate de las libertades cívicas y muy particularmente, las de prensa e información, que, al llegar al poder gracias a esa posición democrática, mostraba aversión a lo que prometió defender, reaccionando fuera de proporción a la menor crítica

Posteriores alusiones contra el periodismo libre fueron allanando el camino para lo que llegaría a ser la supresión de todos los rotativos y emisoras de radio y televisión independientes. El proceso para liquidar la prensa libre fue paulatino y comenzó creando conflictos entre los propietarios de los medios de información y los sindicatos de periodistas y empleados. También se le ponían trabas al suministro de papel. Y se alentaba y promovía la adición de un apéndice conocido como *coletilla* a continuación de cada artículo o noticia que criticara negativamente los planteamientos o acciones del Comandante. Esas *coletillas* eran redactadas por periodistas de la misma publicación, animados algunos, quizás, por la mala fe o el resentimiento. Pero es posible que otros fueran creyentes sinceros de que cumplían con un deber patriótico, sin prever que la *coletilla* sería el inicio de una mordaza que habría de convertirlos en sumisos repetidores de consignas oficiales con el avance de la revolucion castrista.

Lo más inconcebible no tardaría en ocurrir. Uno a uno, fueron cayendo todos los órganos de prensa. A poco más de año y medio del triunfo revolucionario, no quedaba una sola publicación sin ser confiscada. El primero en recibir la violenta incautación fue el *Diario de la Marina*, seguido de una ridícula manifestación, lamentablemente bastante concurrida, donde se paseaba un féretro por las calles de Habana representando la muerte del decano de la prensa cubana. Sus propietarios, la familia Rivero, tuvieron que acogerse al asilo político. Ni siquiera Fidel Castro tuvo el menor respeto para la revista *Bohemia* y el periódico *Prensa Libre*, que habían mantenido una actitud vertical durante la dictadura de Batista y sirvieron de gran apoyo propagandístico y psicológico a la gesta insurreccional y a su persona. Sus respectivos directores, Miguel Ángel Quevedo y Sergio Carbó, tuvieron que optar por el exilio. También fueron confiscadas todas las emisoras de radio y televisión.

El 13 de mayo de 1960, poco antes de su confiscación, *Prensa Libre* publicaba una columna que pasaría a la historia. Aparecía firmada por el doctor Luis Aguilar León, brillante profesor y periodista. En uno de sus párrafos se leía:

"Frente a la sana multiplicidad de opiniones, se prefiere la fórmula de un solo guía, y una sola consigna y una misma obediencia. Así se llega a la unanimidad obligatoria. Y entonces ni los que han callado hallarán cobijo en su silencio. Porque la unanimidad es peor que la censura. La censura nos obliga a callar nuestra verdad. La unanimidad nos fuerza a repetir la verdad de otros, aunque no creamos en ella".

La reforma agraria

La reforma agraria constituía, sin duda, una meta principalísima en los planes revolucionarios. Ya en *La historia me absolverá,* Fidel Castro planteaba:

La segunda ley revolucionaria concedía la propiedad inembargable e instransferible de la tierra a todos los colonos, subcolonos, arrendatarios, aparceros y precaristas que ocupasen parcelas de cinco o menos caballerías de tierra, indemnizando el Estado a sus anteriores propietarios a base de la renta que devengarían por dichas parcelas en un promedio de diez años.

La tenencia agraria en Cuba estaba subdividida entre el terrateniente o hacendado (dueño de latifundio), el propietario (que cultivaba y arrendaba), el arrendatario o colono (que pagaba alquiler), el aparcero (que le pagaba al dueño con una parte de la producción) y el precarista (en parcelas del Estado o particulares invadidas, para librar la subsistencia familiar).

La promesa de reforma agraria resultaba atractiva para la enorme mayoría de la población y gozaba de apoyo general, no solamente en los sectores rurales. Una ley agraria era imperativa desde la promulgación de la Constitución de 1940. Aparecía como la más importante de sus leyes complementarias, dirigida a eliminar el latifundio y darle la propiedad de la tierra al que la trabajaba. La supresión del latifundio tenía como base, según el historiador Leví Marrero, poner en producción las extensas tierras inactivas al tener Cuba más del 60% de su territorio cubierto por suelos agrícolas de primera clase. En ninguno de los gobiernos constitucionales de Batista, Grau y Prío ni en la segunda dictadura de Batista se había hecho nada en ese sentido.

Era de presumirse que después de tantos años sin haberse legislado sobre tan importante mandato constitucional, los grandes intereses, nacionales y foráneos, hubieran influido para dilatar la discusión y aprobación de una ley agraria. Y el Movimiento 26 de Julio tenía una excelente oportunidad de incluirla como una de sus promesas básicas si llegaba al poder. Bajo la firma de Fidel Castro, Felipe Pazos y Raúl Chibás, en el *Manifiesto de la Sierra Maestra*, de 12 de julio de 1957, se daba a conocer esa intención del *M-26-7*:

> *Sentar las bases para una reforma agraria que tienda a la distribución de las tierras baldías y a convertir en propietarios a todos los colonos, aparceros, arrendatarios y precaristas que posean pequeñas parcelas de tierra, bien sean propiedad del Estado o particulares, previa indemnización a los anteriores propietarios.*

Quedaba claro que el propósito fundamental era **convertir en propietarios** a los que labraban la tierra. Y que darle curso a la reforma agraria era cumplir tanto con lo obligado por la Constitución como lo prometido por la revolución.

Para tener una primera ley agraria no hubo que esperar por el triunfo. En la propia Sierra se promulgaría, el 10 de octubre de 1958, para ser aplicada en el territorio liberado. Había sido redactada mayormente por el comandante del Ejército Rebelde Humberto Sorí Marín (fusilado unos dos años después por oponerse a la infiltración comunista). Básicamente, su propósito era repartir las tierras no cultivadas del Estado entre los campesinos, como también las de propiedad privada que no estuvieran en producción. Se asignaba una extensión mínima de 2 caballerías (27 hectáreas) por finca, que podía ser ampliada a 5 (67 hectáreas). No se determinaba nada sobre el latifundio, dejándolo tácitamente a la consideración de un futuro gobierno revolucionario.

Meses después, el 17 de mayo de 1959, con la revolución en el poder, se proclamaba una ley de reforma agraria con cambios más radicales. La ley fue redactada a ocultas, sin el conocimiento ni aporte del Consejo de Ministros, lo que hacía sospechoso su contenido y provocó la censura de la mayoría de los miembros del gabinete, algunos de los cuales (entre los que estaba la respetable profesora Elena Mederos, antigua dirigente del Movimiento de Resistencia Cívica y Ministra de Asistencia Social), decidieron renunciar. Pero la medida gozó de la simpatía general una vez promulgada. A pesar de las limitaciones en la extensión de la propiedad, los dueños de latifundios y fincas grandes aceptaban lo fijado de 30 caballerías (402 hectáreas) en tierras labrantías y 100

(1342 hectáreas) si la finca azucarera, ganadera o de otros cultivos estaba "intensamente explotada". De cualquier forma, la eliminación del latifundio era un mandato de la Constitución de 1940 y los propietarios de grandes extensiones de tierra, compañías e individuos, sabían que, tarde o temprano, sufrirían expropiaciones.

La resistencia a medidas tan radicales como las de una reforma agraria por parte de los intereses afectados no se hizo tan ostensible como podía esperarse. El entusiasmo que generaba el proceso revolucionario y la confianza depositaba en Fidel Castro era de tal naturaleza que el clamor de los perjudicados (algunos con válidas razones) quedó diluido en la esperanza colectiva que arropaba a la nación, aparte de que la ley disponía que las expropiaciones de terreno serían debidamente compensadas, aunque no se explicaba cómo. Podía percibirse que, después del impacto inicial de la medida los sectores afectados estaban dispuestos a coordinar sus intereses con los objetivos de la revolución. Esto se puso públicamente de manifiesto en la respuesta positiva a las campañas para la donación de tractores y en los anuncios de prensa apoyando la reforma agraria, patrocinados por entidades empresariales y asociaciones de propietarios y profesionales.

La ley de reforma agraria del 17 de mayo de 1959, por esas razones, parecía ser el principio de un cambio en el sistema de producción agropecuaria que iba a ser más justo para todos sus participantes. La implementación de la ley, como es lógico, se esperaba que fuera de conformidad con lo prescrito. Pero oficiales de las fuerzas armadas revolucionarias y funcionarios civiles improvisados estaban confiscando tierras fuera de la ley y ocupando ganado y maquinaria agrícola sin autorización oficial ni documentos que justificaran sus acciones. Lo hacían con absoluta impunidad, lo que daba a entender que seguían órdenes. Esos abusivos despojos se multiplicarían a diario, particularmente contra propiedades de ciudadanos estadounidenses, creando incertidumbre y caos. Tampoco la indemnización por las expropiaciones se estaba cumpliendo. Una verdadera burla a lo consignado en la Ley. Fidel Castro comenzaba a dar los primeros pasos en una maniobra que le sería muy característica en su prolongada usurpación: la violación de sus propias leyes. Práctica reiterada que sólo podía perseguir el mantenimiento de un ambiente de inseguridad en toda la Nación para consolidar su posición de árbitro omnímodo.

Lo único que, prácticamente, respetaría la susodicha ley sería la creación de un organismo al frente del cual, como presidente, estaría el Comandante: el Instituto Nacional de Reforma Agraria (*INRA*). Y como director ejecutivo sería nombrado mi antiguo compañero de la Sociedad Espeleológica, el doctor en Filosofía y Letras, profesor de Geografía y súbito capitán rebelde Antonio Núñez Jiménez, totalmente desconocedor de la economía y producción agropecuarias, pero de bagaje comunista. Con el *INRA* se instauraría la destructiva burocratización y colectivización de la agricultura.

La segunda ley agraria

La promulgación de una segunda ley en 1963 cambió el curso que se fijaba en la primera. Se trastocaba ahora radicalmente el antiguo sistema de producción agropecuaria, cuya eficiencia había sido comprobada durante décadas. Y se legalizaban las transgresiones cometidas por el *INRA* después de la primera ley. Decía el sabio Leví Marrero en su *Cuba en la década de 1950: Un país en desarrollo:*

> *La concentración de la propiedad de la tierra en manos del INRA había convertido a Cuba en un gigantesco latifundio estatal. El absolutismo revolucionario había reducido en Cuba las tierras en poder de los campesinos independientes en un grado desconocido en todos los demás países del llamado campo socialista, donde, como en Polonia y Yugoslavia, la retirada del control estatal sobre la producción agrícola indicaba un liberalismo pragmático que ya rendía dividendos.*

En lugar del desarrollo de técnicas aceptables y procedimientos sensatos, prevalecería en el manejo de la producción agropecuaria bajo el comunismo castrista el capricho y la improvisación, aparte del mencionado incumplimiento del gobierno de sus propias leyes. La facultad máxima para decidir sobre todos los asuntos del país que se otorgaba a sí mismo Fidel Castro determinaba en todo momento el curso a seguir en la política agrícola, en contradicción con la psicología campesina y la economía de mercado. No tardaría mucho tiempo en que esa imposición del criterio personal trajera como consecuencia un deficiente suministro de frutas, verduras, legumbres, viandas, arroz y carne a la población.

Tan temprano como en 1965, el agrónomo socialista francés René Dumont, de reconocimiento internacional, en su segundo viaje a Cuba pronosticó el fracaso de lo que se estaba haciendo en el sector agropecuario, que era todo lo contrario a lo que él había recomendado en su primera visita, a invitación del régimen, unos años antes. Sus decepcionantes impresiones sobre la ruta caprichosa impuesta por el Comandante en el sector agrícola dieron lugar a un libro revelador: *Cuba, ¿es socialista?* La exposición de la verdad tendría un precio: Dumont sería señalado por la dictadura como "espía del imperialismo". Lo mismo le ocurriría a otro comunista connotado, el escritor polaco K. S. Karol, por su obra crítica *Los Guerrilleros en el Poder*, quien, a pesar de sus reiteradas adhesiones al proceso castrista, sería también acusado de "agente de la Agencia Central de Inteligencia de Estados Unidos".

Propiedad y usufructo

De las cooperativas de campesinos en tierras confiscadas dadas en usufructo, se pasó a la creación de granjas estatales con obreros agrícolas, al estilo de los *sovjoses* soviéticos. Como nada se resolvía ante la baja dramática en la producción y la consiguiente crisis de suministros por la falta de interés y motivación del campesinado, se volvió de nuevo al sistema cooperativista de usufructo, con mejores resultados pero siempre insuficientes para satisfacer la demanda nacional.

La idea de las cooperativas cañeras no era mala en sí por muchas razones. Teóricamente, propendía a una distribución más equitativa de la riqueza y permitía el uso colectivo y organizado de equipos mecánicos de alto costo, así como asistencia técnica y acceso a fertilizantes eficaces. El error monumental fue dar las tierras en usufructo, no en propiedad como se había prometido, lo que trató de justificar reiteradamente Fidel Castro con sofismas. En una de sus peroratas típicas, a fines de 1961, sostenía:

En realidad, lo que tiene la cooperativa es el usufructo de la tierra. Así que un concepto de propiedad equivalente al usufructo que, en definitiva es la misma cosa, puesto que la cooperativa no puede vender esa tierra.

Con argumentos tan disparatados y medidas que no lo eran menos, la reforma agraria anhelada por el campesinado quedaría reducida a un latifundismo de Estado, sistema de cooperativas cañeras de usufructuarios (no propietarios) y granjas estatales a la usanza soviética, todo bajo el control del *INRA*.

Y como muestra del empecinamiento en suprimir la propiedad agrícola —causa fundamental de la hecatombe en la producción agropecuaria— iniciado por Fidel Castro y seguido al pie de la letra por su fraterno sucesor, una periodista de *El Nuevo Día* de Puerto Rico, Leonor Mulero, publicaba el 2 de abril de 2012 unas declaraciones que le hizo Marino Murillo, vicepresidente del

Consejo de Ministros de la dictadura, sobre la "actualización del modelo económico cubano". Dijo Murillo:
> El Estado enfatizará en el modelo de la propiedad como gestión, en el cual cede en usufructo terrenos para que los campesinos los cultiven.

Es decir, ¡cincuenta años después! un alto funcionario de la dictadura repite lo dicho por Fidel Castro en 1961 para mejorar la economía, intentando hacer ver de paso que usufructo es lo mismo que propiedad y dando a entender que en cincuenta años, a pesar de las ventajas del poder absoluto para dictar cualquier medida sin las limitaciones que impone la democracia, todo ha sido regresivo. ¿Puede haber una mejor confesión del atraso al que Cuba ha sido condenada bajo el castrismo?

Cambia el instrumento, pero no la insensatez

El *INRA* sería eliminado en 1976 y sus funciones transferidas al Ministerio de Agricultura, lo que no marcaría diferencias perceptibles porque el camino a seguir en cuestiones agrarias sería, como siempre, el indicado por Fidel Castro, irreprimible inspirador de proyectos grandiosos que terminaban en fiascos.

A pesar de los innumerables cambios consignados en las reformas agrarias de 1959 y 1963, más nuevas medidas en 1991 y adicionales modificaciones en 2008 ante la imparable escasez de alimentos, la realidad histórica es que el desplome de la producción agropecuaria en Cuba, que contaba con una de las tierras más fértiles del planeta y una riqueza envidiable en ganado vacuno, ha sido el fracaso más estruendoso de la traición a los postulados revolucionarios del *M-26-7*.

Al contrasentido de enmarcar la actividad agrícola dentro del colectivismo habría que añadir la incompetencia de los supervisores y burócratas del régimen, en puestos de mando por su sumisión política y no por su capacidad técnica. Los que actuaban sincera y responsablemente no duraban mucho en sus posiciones. La administración de los latifundios en producción antes de la reforma agraria había estado en manos de gerentes competentes. Su cambio por jefes improvisados, empezando por el presidente del *INRA* y su director ejecutivo, habría de anticipar la destrucción de la agricultura cubana.

Para tener una idea de lo que ha representado el manejo de la economía agropecuaria bajo Fidel Castro, basta citar de nuevo a Leví Marrero:

Cuba producía hacia 1957 más del 75% de los alimentos que consumía, según cifras de la CEPAL (Comisión Económica para América Latina y el Caribe de Naciones Unidas), y sus exportaciones azucareras, que la hacía un exportador neto de alimentos, permitían las importaciones de ciertos víveres, particularmente grasas y arroz.

Y en cuanto a la producción pecuaria de antaño, mencionaré un dato que me impresionó del Censo Ganadero de 1952, en el que tuve la oportunidad de trabajar como jefe de su Departamento de Operaciones Mecánicas, que procesaba y tabulaba la información de las planillas. Ese Censo, sólo unos seis años antes de la toma del poder por Fidel Castro, arrojaba un volumen de ganado vacuno de 4,032,000 cabezas para una población de menos de 5 millones de habitantes, casi una cabeza por habitante. Según cifras oficiales de la Oficina Nacional de Estadísticas de la usurpación comunista, en 2007 había sólo 335,700 cabezas cuando la población había aumentado a más del doble.

En un resumen de la situación cubana a octubre de 2008, Frank Calzón, batallador incansable por la libertad de Cuba desde el Centro para Cuba Libre, establecía un paralelo de la producción azucarera de antes y después del vendaval castrista:

Cuando Fidel Castro llegó al poder en 1959 Cuba tenía 161 ingenios azucareros, los motores económicos del progreso de la isla durante siglos. Incluso durante la revuelta contra Batista, cuando los revolucionarios obstaculizaban las operaciones de la zafra, la isla, con menos de 7 millones de habitantes, produjo 6 millones de toneladas y exportó 5 millones 600 mil. Hoy, el legado del castrismo y su economía comunista puede resumirse así: 11 millones de cubanos, 53 ingenios y 1 millón 500 mil toneladas de la última zafra, teniendo que importar 250 mil toneladas.

A mediados de 2009, Marino Murillo, entonces Ministro de Economía y Planificación de la dictadura, reconocía que Cuba estaba importando más del 80% de sus alimentos, a un costo de 1,600 millones de dólares anuales, lo que quiere decir que producía menos del 20%. Compárese esa alarmante proporción con más del 75% de las necesidades alimentarias de la población que, de acuerdo con las estadísticas de la *CEPAL*, Cuba producía antes de que la economía nacional estuviera en manos de los hermanos Castro. Y aunque, como señala Leví Marrero, se importaba arroz, se producía más del 60% de su demanda interna. La producción agraria de hoy no es sólo de una pobreza injustificable sino también de malísima calidad.

Lo que dejó la "reforma agraria"

Para justificar el descomunal desastre en que la usurpación comunista dejó a la agricultura cubana, el régimen ha apelado sin reparos a estadísticas de conveniencia, alegatos carentes de seriedad y abundantes racionalizaciones de ocasión, como culpar de todos sus errores y desatinos económicos al llamado "bloqueo yanqui", sin que en ninguno de los desaciertos señalados pudiera involucrarse seriamente a un solo gobernante o ciudadano americano. El fracaso de la política agrícola seguida por Fidel Castro tiene como primera causa un hecho irrefutable, disfrazado con medidas cosméticas muy limitadas de entrega de títulos de propiedad a pequeños agricultores, pero con grandes restricciones en el mercadeo de sus productos. Y es que el latifundio, de manos de los terratenientes pasó a manos del Estado, dominado por una cúpula dirigente ignorante e irresponsable que puso muy por debajo los altos niveles de producción logrados en el pasado en esas grandes extensiones de tierra.

Se ha visto que propiedad y usufructo han sido presentados en Cuba como iguales para los interesados en justificar sus medidas dogmáticas pero, cuando se es propietario, se quiere y se defiende más la tierra, mientras que el usufructo no despierta el entusiasmo que genera la propiedad. El usufructo puede ser revocado en cualquier momento. El campesino da el máximo si la tierra es suya. No se ama la tierra prestada como la propia. La propiedad otorga un valor capitalizable, con posibilidades de intercambio o venta. O de garantía para un préstamo que permita aumentar la producción. Activo que puede ser treansferido hereditariamente. El usufructo no. Es proverbial el deseo de todo padre o madre de dejarle algo de herencia a sus hijos. ¿Esa humana aspiración hay que negársela al guajiro cubano?

No hay mejor ejemplo de la percepción que tiene el guajiro de la diferencia entre propiedad y usufructo que su reacción a las progresivas imposiciones de la "reforma agraria": frustración, desaliento y disminución acelerada de la producción, con el consiguiente déficit en el abastecimiento de alimentos. Fidel Castro ha ignorado que para que la productividad alcanzara un grado máximo no sólo era necesaria la capacidad gerencial del pasado sino también contar con el entusiasmo del productor, condición indispensable en cualquier proyecto exitoso. Se perdía la oportunidad de generar ese entusiasmo en el hombre del campo al incumplirse la gran promesa revolucionaria de darle en propiedad la tierra. Con el agravante de impedírsele la libre comercialización de las cosechas.

De no haber existido esas limitaciones, se podía haber evitado la crisis de suministros que ha azotado al país en los más de cincuenta años de dictadura comunista. Simultáneamente, se hubiera estimulado la libre empresa, factor fundamental del desarrollo económico. Realidades simples que pugnan con dogmas basados en absurdos conceptos que menosprecian la facultad de algunas personas para crear riqueza, que es lo que determina el desarrollo económico. E ignoran esa vocación empresarial que impulsa el progreso, con la que no todos nacen. Cualidades estas que convierten a ciertos individuos en los instrumentos más eficaces para el fomento y manejo de las mayores generadoras de empleo: las empresas industriales, agrícolas, mercantiles y de servicios que se desarrollan dentro de una sociedad abierta.

La reforma agraria castrista devino en regresión acelerada de todas las facetas de la actividad agropecuaria, dejando en manos privadas, al fin de cuentas y con tremendas limitaciones, sólo el 15% del área cultivada de la nación, según reconoce la propia dictadura. El hecho de que el rendimiento de esas parcelas en manos privadas ha sido incomparablemente superior al de las tierras manejadas por la dictadura, no fue suficiente para disuadir a Fidel Castro del grave error cometido al colectivizar la agricultura.

Otro caso que pone en evidencia el desastre de la llamada reforma agraria es que Cuba, que era el primer productor de azúcar de caña en el mundo, pudo alcanzar un volumen de 5,862,000 toneladas en 1958 (año anterior al advenimiento de Fidel Castro al poder) a pesar de los incendios de cañaverales en toda la Isla como táctica de sabotaje revolucionario. Hoy Cuba tiene que importar azúcar para su consumo interno.

Pero el resultado más dañino y visible dejado en el suelo agrícola por la "reforma agraria" castrista son los millones de hectáreas anteriormente productivas o en capacidad de producir que hoy domina el marabú, la planta que acaba con todo, dueña y señora de los campos de Cuba por el abandono y la desidia del guajiro burlado. La hostigada y no gubernamental *Alianza Nacional de Agricultores Independientes de Cuba (ANAIC)*, que se ha caracterizado por proponer cambios en la economía agrícola de incuestionable sensatez, manteniendo una actitud vertical en la defensa de los intereses del campesinado denunciaba, a fines de octubre de 1998, que "más de 80,000 caballerías (1,074 kilómetros cuadrados) están cubiertas de marabú". Durante los once años subsiguientes a ese cálculo, con la progresiva ineficiencia del control estatal y el aumento de la abulia campesina, puede el lector tener una idea de hasta dónde debe haber llegado la invasión de esa amenaza a la agricultura, que se propaga con increíble rapidez cuando se descuida la tierra. El órgano de la dictadura *Juventud Rebelde* reconocía ya, en abril de 2008, que "el marabú ocupaba el 51% del área agrícola". Dada la manipulación de información inherente a los regímenes totalitarios, no tendría nada de extraño que el daño ocasionado por la invasión del marabú fuera todavía considerablemente mayor.

Los mercados libres campesinos

En 1980, un verdadero cambio en el sistema de abastecimiento dio nuevas esperanzas al campesinado y al resto de la población. Se permitiría el funcionamiento de lo que se dio en llamar "mercados libres campesinos", donde el agricultor podía vender el excedente de su cuota obligatoria estatal. El pueblo tendría acceso a los productos del campo por la vía del incentivo que para el campesino representaba la comercialización parcial de sus cosechas. Con la creación de esos mercados se trataba también de contraponerlos al trasiego ilegal del mercado negro de artículos sustraídos de los organismos estatales, cuyo auge era alarmante.

Participaban en los mercados libres, trabajadores agrícolas independientes y campesinos pertenecientes a las cooperativas estatales, aunque no la cooperativa como entidad. Además de la venta al detalle en las localidades cercanas a los centros de producción, en los mercados se realizaban transacciones al por mayor para abastecer las ciudades. Para agricultores, comerciantes y consumidores fue tan beneficioso el experimento que pareció haber llegado para quedarse, subsistiendo algún tiempo a pesar de los controles exagerados establecidos por el régimen para limitar progresivamente sus operaciones. Pero quizás lo peor para la dictadura era que su éxito fomentaba la iniciativa privada. Razones para liquidarlo después de seis años de positiva operación, con la alegación de altos precios y de que intermediarios y transportistas se enriquecían indebidamente. Se alegaba además, que los mercados creaban una desigualdad de ingresos entre los propios campesinos. También, que aquellos consumidores que recibían remesas del exterior eran los únicos que podían pagar los precios fijados en los mercados libres. Otro argumento era el de la corrupción en el trasiego ilegal de insumos, además del ya mencionado del robo de productos de los centros de acopio del gobierno para ser vendidos.

Lo que podía inferirse después de esas barreras progresivas interpuestas para eliminar los mercados libres campesinos es que a Fidel Castro parecía irritarle que alguien recibiera beneficios económicos por una operación típicamente capitalista. Producir dinero por la conjunción de iniciativa empresarial y trabajo era abominable. No serían permitidas las ganancias personales, aunque ello significara en última instancia una reducción de lo que el pueblo tuviese para comer. Forma muy singular de interpretar una manifestación económica que hasta los comunistas chinos y vietnamitas, desentendiéndose del dogma, llegarían a adoptar por sus incuestionables beneficios colectivos.

La campaña contra el enriquecimieto personal desatada por la dictadura culminaría con un apasionado discurso de Fidel Castro, en el que quedaría sellada la eliminación de los mercados campesinos. Ante los dirigentes de las cooperativas de producción agropecuaria, el 18 de mayo de 1986, el Comandante dijo:

> *Estoy convencido de que el Mercado Libre Campesino se convirtió en un gran obstáculo para el desarrollo del movimiento cooperativo y que sirvió para el surgimiento, incluso, de una serie de grupos y de elementos intermediarios que se han enriquecido...*
>
> *Creo que el Mercado Libre Campesino va a pasar sin glorias y habiéndonos dejado una gran lección y no pocos daños, no sé cuantos millonarios por ahí. Rectificaremos lo que incuestionablemente fue una decisión equivocada...*
>
> *Nuestra lucha contra esos elementos neocapitalistas que han surgido... no se limitará a la supresión del Mercado Libre Campesino, no. Vamos a luchar en todos los frentes y en todas partes contra todas estas tendencias y todas estas manifestaciones.*

En el caso de Fidel Castro me parece entrever otra razón en su empecinamiento de que nadie se hiciera rico, más política que económica. Es bien sabido que en la medida que el capital individual se fortalece, los gobiernos autoritarios ven una disminución de su influencia y poder. No creo que el Comandante desconociera esa realidad.

La prohibición de la comercialización del excedente de las cosechas conduciría a nuevos problemas de abastecimiento, que se agudizarían con la pérdida del subsidio que la dictadura recibía de la Unión Soviética, al desaparecer el imperio comunista en 1989. Esa ayuda ascendía a 5,000 millones de dólares anuales. Se decretaría entonces lo que la dictadura dio en llamar "período especial", implantando rigurosas medidas de emergencia para afrontar una crisis nunca vista en el suministro de alimentos a la población.

¿La tabla de salvación?

Ante esa situación desesperante, ¿qué le quedaba por hacer a la usurpación comunista? Como contrapartida a la escasez, el mercado negro había florecido a extremos que lo hacían incontrolable. Un buen número de agricultores había disminuido la producción ante la carencia de estímulos y otros retenían parte de lo que debían entregarle al gobierno para venderlo en el mercado negro.

La eliminación de ese mercado subterráneo se había convertido en un objetivo primordial para la dictadura. Y entre las posibles soluciones puestas sobre la mesa para amortiguar la crisis, se optó por la que menos podía esperarse, dados los vitriólicos ataques de que había sido objeto una medida similar pocos años antes. Nada menos que una reedición muy parecida a la de los eliminados Mercados Libres Campesinos.

Si en el pasado fueron tan vilipendiados, ¿qué sentido tenía ponerlos de nuevo sobre el tapete? Al parecer, no habían sido tan malos como se quiso hacer ver. Para desvincularlos del anterior rechazo, ahora se les llamarían Mercados Agropecuarios. Se atribuía la iniciativa a un cierto pragmatismo que se observaba en Raúl Castro, venciendo la resistencia que para cualquier actividad que envolviera beneficio personal ofrecía invariablemente el hermano mayor. Uno de los objetivos de la nueva medida era estimular el cultivo de las tierras baldías.

Los Mercados Agropecuarios fijarían sus precios de acuerdo con la oferta y la demanda y se le aplicarían impuestos y pagos de renta por espacio. A diferencia de los mercados libres campesinos, los productores del sector estatal, como las cooperativas y el llamado Ejército Juvenil del Trabajo (militares a cargo de trabajos agrícolas) podían participar como suministradores de mercancía. También, los campesinos con parcelas de autosubsistencia podían vender sus excedentes. Pero como ocurrió con los anteriores mercados libres campesinos, se fueron imponiendo trabas y restricciones, al extremo de hacerlos prácticamente inoperantes. Y para colmo de males, la pérdida de cerca del 80 por ciento de las cosechas, causada por los tres ciclones que azotaron la Isla en 2008 y su repercusión en el abastecimiento, dejaron en completo desamparo a los Mercados

Agropecuarios. A lo que contribuyeron, en su jaque mate, las medidas del gobierno para controlar los precios, disparados por la escasez. Así como los aumentos en rentas e impuestos a los comerciantes, dándose el caso de que a veces un producto le salía más caro al vendedor que su precio de venta.

El contrasentido seguía marcando el rumbo errático de la revolución de los Castro. Si se habían abierto esos mercados era, supuestamente, porque se había llegado a la conclusión de que al estimular el lucro personal se incrementarían los abastecimientos. Una vez lograda una mejoría en la producción y distribución, el hostigamiento oficial se ejercería progresivamente sobre los diferentes factores de la nueva modalidad económica, para finalmente eliminarlos aduciendo que el lucro era criminal. Mortificaba el bienestar económico de los nuevos empresarios. A Fidel Castro le sería fácil concitar demagógicamente el repudio de las masas hacia los mercados libres y agropecuarios por las diferencias obvias entre consumidores que podían pagar precios más altos y los que no. Diferencias que existen en cualquier país donde predomina la economía de mercado aunque se han ido reduciendo considerablemente con el avance de la competividad.

Las deficiencias atribuibles al funcionamiento de esos mercados no serían defectos intrínsecos de su carácter capitalista sino, más bien, consecuencias de su inserción en un medio hostil: el sistema comunista, caracterizado en el caso del castrismo por cambios constantes y caprichosos en las regulaciones. A lo que habría que añadir una corrupción general de niveles exorbitantes, donde el robo de bienes estatales sería el recurso colectivo más a mano para compensar los ingresos personales insuficientes. Más la codicia posiblemente exagerada de algunos de los empresarios incipientes, en frenética carrera por enriquecerse ante la oportunidad dorada de superar de manera desmedida las penurias del pasado.

Lo que fue de las promesas

Ninguna de las promesas fundamentales que le dieron razón de existir al Movimiento 26 de Julio fue cumplida por Fidel Castro. Ni la restauración de la Constitución de 1940. Ni el respeto a los derechos humanos. Ni la democracia política. Ni el sindicalismo democrático. Ni elecciones libres. Ni libertad de expresión, prensa e información. Ni siquiera una reforma agraria sensata y eficaz que sacara de la pobreza al campesino y mejorara el abastecimiento de alimentos a la población. Promesas que, en su momento, volcaron el entusiasmo popular hacia la causa revolucionaria y motivaron el sacrificio de un sector de la juventud cubana que se incorporó a la lucha contra Batista en condiciones tremendamente desiguales. A ese incumplimiento del programa revolucionario habría que sumar la traición a los principios ideológicos que el propio Fidel Castro esgrimió cuando necesitaba de otros para llegar al poder y muy en particular, a los combatientes del Llano.

Ocho meses y medio antes de su desembarco en Cuba, *Bohemia* publicaba un artículo de Fidel Castro enviado desde México, titulado *El Movimiento 26 de Julio*, definitorio de sus intenciones al fundar la agrupación revolucionaria. Aparecía firmado el 19 de marzo de 1956. En uno de sus párrafos, el futuro jefe guerrillero declaraba:

> *El Movimiento 26 de Julio es la esperanza de redención para la clase obrera cubana, a la que nada pueden ofrecerle las camarillas políticas; es la esperanza de tierra para los campesinos que viven como parias en la patria que libertaron sus abuelos; es la esperanza de regreso para los emigrados que tuvieron que marcharse de su tierra porque no podían trabajar ni vivir en ella; es la esperanza de pan para los hambrientos y de justicia para los olvidados.*

¿No es increíble que esas aspiraciones del pueblo cubano, según las describió el propio Fidel Castro hace más de medio siglo, sigan hoy siendo las mismas? ¿Y que los cambios realizados por el autor de esas promesas una vez en el poder sólo han servido para sumir a Cuba en su peor etapa histórica desde que España la hizo suya? ¿Alguien puede poner en duda que si se abrieran de par en par las puertas del "enemigo" y se dejaran salir a los cubanos, la Isla se quedaría vacía?

Hay que llegar a la conclusión de que han sido más de cincuenta años de regresión social, política y económica, perdidos miserablemente para satisfacer las ambiciones megalómanas de un tirano. Y si hay algo radicalmente opuesto a las promesas de Fidel Castro cuando se luchaba contra la dictadura anterior es la felonía de imponer a la brava el comunismo dentro de una revolución que lo rechazaba. Prometer democracia y dar comunismo es ofrecer pan y dar veneno. Revísense detenidamente *La Historia me Absolverá*, el *Manifiesto de la Sierra Maestra* y la *Tesis Económica del Movimiento 26 de Julio*, documentos que le dieron estructura doctrinaria y programática a la lucha contra Batista. ¿Dónde está el comunismo?

Todas las promesas de los tiempos de insurrección quedaron en el papel. No tengo la menor duda de que, de haberse plasmado esas esperanzas, Cuba hubiera podido estar hoy, dados sus antecedentes históricos de progreso, así como la laboriosidad y el talento de su pueblo, en más primeros lugares en Latinoamérica que los que ya había alcanzado antes de la usurpación comunista, que eran impresionantes.

La historia indica que Fidel Castro no se vio interesado en convertir en realidad lo ofrecido (elecciones libres, libertad de expresión, pluraridad de partidos) por ser impedimentos para su plan de mandato vitalicio. Y también porque el descalabro creado al incumplir sus promesas le estaba siendo favorable para neutralizar potenciales manifestaciones de protesta.

Ejemplo de esa conveniencia ha sido la escasez perenne de alimentos provocada por la destrucción de la agricultura y la eliminación de la empresa privada. En lugar de disminuir su poder dictatorial, la carencia de lo indispensable ha funcionado a favor de la tiranía. Cuando el hambre toca a la puerta, sobre todo si se tienen hijos pequeños, la urgencia mayor es buscar qué poner en los platos. Y hay que ir a las "colas" y ver qué se puede llevar a la mesa además de lo poco que el gobierno ofrece, que no alcanza ni para lo elemental. No se puede estar pensando en otra cosa. Lo importante es la comida de los niños. Patria y libertad no entran en juego. Así se mantiene al pueblo preocupado por sus urgencias inmediatas, sin ánimo ni tiempo para incubar una reacción a su sometimiento.

Es obvio que de haberse cumplido con las aspiraciones de libertad y democracia que constituían la promesa básica de la oferta revolucionaria, Cuba se habría librado de la peor pesadilla de su historia: un tirano que logró el prodigio de convertir en ruinas su sólida economía, su suelo feraz y su bella Capital, en medio siglo de demolición machacona de lo que fuera un portento en el Caribe.

CAPÍTULO 14
CUBA Y ESTADOS UNIDOS

Mi primer americano

Supe por primera vez que los americanos existían cuando vivíamos en una casa de inquilinato de La Habana Vieja, en el número 20 de la calle Cuba. Tendría yo alrededor de siete años. Todas las tardes, desde una ventana del edificio colindante, más alto que el nuestro, un caballero de ojos claros y pelo rubio, siempre risueño, nos lanzaba chocolates a mis tres hermanas y a mí, reunidos en nuestra azotea a determinada hora para recibir el regalo cotidiano. Nuestro benefactor era americano, como llamábamos a los vecinos del Norte. Desconocíamos su nombre y lo habíamos bautizado como "el señor del Péter" (marca de la barra de chocolate). Bendito filántropo que nunca fallaba.

Eran americanos también los que lanzaban monedas al agua desde barcos de turismo que anclaban en la bahía. Niños y adolescentes, nadadores expertos, se zambullían para atrapar las monedas y guardarlas en la boca, apilándolas en los bordes de los muelles. Eran tiempos en que nuestra principal distracción de los domingos consistía en pescar mojarritas en la bahía, con cañitas, anzuelos y carnada que Papá nos compraba cerca de El Templete. En la zona del Malecón, niños pobres acosaban a los americanos con las manos extendidas al reclamo de *"míster, guimi uan cen"* (señor, déme un centavo). No pasaría mucho tiempo sin que esos americanos se ganaran mi respeto como los valientes *cowboys* del cine. Y me llamaran la atención cuando visitaban, de turistas, una compañía de licores en el Ensanche de La Habana, a una cuadra de donde yo vivía antes de mi adolescencia. Parecían gente importante, a pesar de lo deportivo de la ropa. Por lo que veía, esos americanos poseían cualidades apreciables: gente buena, de bolsillos repletos y generosos, que salían en películas donde siempre ganaban los buenos.

Ya en la escuela, en las clases de historia reaparecerían los americanos de mi admiración, pero desde otra perspectiva. Me diría un maestro que en plena guerra por nuestra independencia, los americanos tenían anclado un barco de guerra en la bahía de La Habana que voló por los aires en una explosión. A las víctimas se les dedicaría un parque en el Malecón, por lo que el nombre del barco era bien conocido. Si bien no recuerdo el enfoque con que el profesor relataba el trágico suceso, la voladura del barco fue la causa aducida por los americanos para iniciar una guerra contra España con el pretexto de liberar a Cuba.

El caso del *Maine*

La nave hundida, el *Maine,* era una especie de acorazado ligero. Se encontraba en La Habana, aparentemente en visita de cortesía pero en realidad como una medida de protección de los intereses norteamericanos en la Isla, potencialmente amenazados por la inestabilidad de la situación con motivo de la guerra entre los independentistas cubanos y la metrópoli española.

Una poderosa explosión destruyó el *Maine* el 15 de febrero de 1898. Su trágico saldo fue de 266 tripulantes muertos. Estados Unidos imputó a las autoridades españolas la responsabilidad de lo ocurrido, lo que no pudo ser demostrado. España lo negó rotundamente y nunca se atendió su insistencia de que se investigara a fondo y con supervisión internacional lo sucedido, alegando un origen interno obviamente accidental, conclusión a la que llegó el propio gobierno de Estados Unidos después de exhaustivas investigaciones muchísimos años después.

El gobierno español hizo lo indecible para evitar una guerra que lucía inminente. El presidente de Estados Unidos, William MacKinley, tampoco era partidario de la guerra. Pero los medios noticiosos norteamericanos utilizaron el incidente para agitar a los políticos y a la población, al grito de guerra de *"Remember the Maine"* (Recuerden el *Maine*), clamando por represalias. La histeria desatada por el hundimiento del acorazado y la aparente motivación de liberar a Cuba contenida en una declaración conjunta del Senado y la Cámara de Representantes (*Joint Resolution*) sirvieron de motivos para el rompimiento de hostilidades contra España. Una parte de la moderna armada norteamericana se dirigió hacia Santiago de Cuba y otra a Manila, capital de otra posesión española, las Islas Filipinas. La escuadra española fue destruida en ambos escenarios, en batallas muy desiguales.

Al momento de la invasión norteamericana, el ejército español estaba prácticamente derrotado, a pesar de los 185,000 soldados que estaban destacados en la Isla más los 82,000 miembros del Cuerpo de Voluntarios, compuesto por españoles y por cubanos españolistas fanáticos. La extraordinaria capacidad combativa del Ejército Libertador Cubano y su destrucción de todo lo que encontraba a su paso, unidos al efecto de las enfermedades endémicas que diezmaban a los jóvenes soldados de España, auguraban el triunfo independentista, que se esperaba en cualquier momento.

La victoria fue fácil para Estados Unidos porque disponía de recursos bélicos superiores y luchaba contra un ejército cuya capacidad combativa estaba muy disminuida, hostigado a través de toda la Isla por las fuerzas independentistas. Y muy particularmente en las provincias de Oriente y Camagüey.

Primera intervención de Estados Unidos

Con la derrota de España, Estados Unidos instalaría en Cuba un gobierno militar, ignorando a los forjadores de la independencia: el Ejército Libertador y sus bravos y brillantes jefes, encabezados por el generalísimo Máximo Gómez, de origen dominicano. El general Calixto García Íñiguez, cuyas fuerzas participaron junto a las norteamericanas en los combates de la provincia oriental era marginado en las conversaciones posteriores al triunfo militar.

La afrenta a los patriotas cubanos culminó con su exclusión en el Tratado de París de 1898, que daba fin a las hostilidades entre Estados Unidos y España. Esa breve guerra, que cambiaba radicalmente el resultado que era de esperarse después de treinta años de lucha independentista en Cuba, sería llamada "hispanoamericana", soslayando la participación tenaz, efectiva y extremadamente heroica de los insurrectos cubanos.

La intervención que siguió a la terminación de la guerra tuvo aspectos positivos en lo referente a la reorganización de la administración pública, bastante arcaica hasta entonces. Pero el gobierno intervencionista era rechazado por los combatientes de la independencia, resentidos por la omisión de sus derechos de beligerante y el menosprecio de su vocación nacionalista. Por otro lado, el gobierno norteamericano tenía que hacerle frente a la avasalladora presión de la opinión pública de su país, enardecida por los mismos periódicos que habían clamado por la intervención militar. Se preguntaban: ¿fuimos a liberar a Cuba o a quedarnos con ella? En definitiva, se acordó que los americanos permanecerían en Cuba sólo cuatro años, al cabo de los cuales traspasarían el poder a un gobierno elegido por los propios cubanos. Se quedarían con las Islas Filipinas, Puerto Rico y Guam como botín de guerra.

En el caso de Cuba, se le insertaría a su nueva Constitución, redactada en 1901, una enmienda aprobada e impuesta por el Congreso de Estados Unidos. La enmienda, que sería conocida por el nombre de su autor, el senador Orville Platt, permitía la intervención militar norteamericana si se comprometía el orden público, aparte de otras disposiciones que también atentaban contra la soberanía de la nueva nación.

De ese modo, el 20 de mayo de 1902 nacería una república limitada en sus poderes, bajo la tutela de un poderoso vecino, facultado para invadir cuando lo considerare conveniente o a petición de un gobierno cubano potencialmente amenazado en su estabilidad o impotente para controlar cualquier brote subversivo. Y en virtud de ese poder intervencionista, en febrero de 1903 se firmaría con Estados Unidos el arrendamiento perpetuo de una zona que llegaría a tener 116 kilómetros cuadrados en la zona de la bahía de Guantánamo para instalar en ella una base naval o carbonera, como se le decía entonces.

La segunda intervención

Una segunda intervención tendría lugar en octubre de 1906 a petición del recién reelecto primer presidente de la República, Tomás Estrada Palma, quien, a pesar de exhibir una obra loable y de impecable honestidad se consideraba impotente para controlar una violenta rebelión por irregularidades electorales en las que no estaba involucrado personalmente. Esta intervención se prolongaría hasta principios de 1909. Estados Unidos desembarcaría tropas preventivamente en 1912 y 1917, sin llegar a la intervención como tal.

En 1933, la derogación de la Enmienda Platt, reafirmó el sentir soberano de Cuba, aunque no disminuyó en el grado que se esperaba la influencia de Estados Unidos en la política del País, convulsionada por la deposición del dictador Machado y el advenimiento, el 4 de septiembre, de un movimiento, en principio estudiantil-militar, que iba a tener como actor principal a un sargento sublevado, Fulgencio Batista, y a otros dos protagonistas: el que sería presidente provisional de la República, doctor Ramón Grau San Martín y un genuino revolucionario, el doctor Antonio Guiteras, su ministro de Gobernación.

Es incuestionable que el apoyo brindado por Estados Unidos al sargento Fulgencio Batista, convertido en jefe del Ejército después de la sublevación de los sargentos, cabos y alistados, fue decisivo para constituirse en el verdadero gobernante de Cuba desde 1933 hasta su elección como presidente de la República en 1940. El respaldo americano respondía a la protección que para las cuantiosas inversiones estadounidenses en la Isla, particularmente las de la industria azucarera, significaba la presencia de Batista en el poder.

Si bien las reformas promovidas en muy breve plazo por Grau y Guiteras despertaron la alarma en algunos sectores de la población, con sus consiguientes revueltas, la actitud hostil de la diplomacia estadounidense y su apoyo a Batista fueron decisivos para la corta duración del gobierno revolucionario de 1933, que sólo duró 97 días.

Siguen las intromisiones

Desgraciadamente, el influjo norteamericano sobre la política cubana se volvería a repetir, más intensamente y de modo muy negativo, después del golpe militar de Fulgencio Batista al presidente Prío Socarrás el 10 de marzo de 1952. El reconocimiento algo precipitado de ese cuartelazo por el gobierno norteamericano le dio legitimidad a una acción que en el más suave de los términos podía calificarse de asalto inadmisible al poder constitucional. Golpe de Estado sin razón alguna, cuyas espantosas consecuencias, incluyendo tanto los desmanes y asesinatos de la dictadura de Batista como aún los más graves de la tiranía comunista que habría de sucederle, provocarían en Cuba décadas de inacabables atentados contra los derechos humanos. No sería aventurado concebir que lo padecido bajo el comunismo castrista, en vidas jóvenes tronchadas, en dolor por la pérdida de esos seres queridos, en escaseces materiales, prisiones injustas y vejaciones de toda naturaleza, constituyan un saldo de abusos y miserias todavía mucho más extenso que el que Cuba tuvo que sufrir en sus treinta años de guerras de independencia contra España.

Ese reconocimiento fue, sin duda, determinante. Enfrentado a la acusación de complicidad por su rapidez en hacerlo, defensores de la decisión americana adujeron que haberlo negado o demorado hubiera sido también una forma de intervenir en los asuntos internos de Cuba, que debían ser resueltos por los propios cubanos. Pero es obvio que hubiera sido preferible un rechazo al golpe de Batista desde el primer momento, aunque se calificara esa acción de intervencionista, a consolidarlo con un reconocimiento diplomático que lo afianzaba. Se hubiera contribuido a nuestra estabilidad institucional, con el beneplácito del pueblo. Las elecciones generales estaban señaladas para el primero de junio, a menos de tres meses del aciago cuartelazo. Un rechazo internacional a Batista, promovido por la mayor potencia mundial, las hubiera hecho viables y Cuba no hubiera perdido la ruta democrática iniciada en 1940.

Estados Unidos y sus representantes en Cuba

Durante los casi siete años en que Batista detentó el poder ilegítimo, hubo dos embajadores de Estados Unidos en la Isla, Arthur Gardner (1953-57) y Earl T. Smith (1957-59). Gardner nunca ocultó su disposición de cooperar con Batista ni su amistad con el dictador, aparentemente insensible a los abusos que caracterizaban al régimen. Aunque debo señalar que en los círculos políticos de Washington no todos estaban de acuerdo con el diplomático. Ni en la propia embajada tenía el apoyo total de sus miembros. Un buen número de ellos estaban en desacuerdo con su complaciente actitud hacia Batista.

Desde 1950, un acuerdo militar con Estados Unidos estaba vigente. El convenio incluía, principalmente, suministro de armas y municiones. Pactos similares estaban suscritos por la mayoría de los países latinoamericanos y tenían como motivación expresa la creación de un frente hemisférico que sólo podía interpretarse como un fortalecimiento defensivo ante la amenaza expansionista del comunismo soviético. Pero dejar vigente un pacto de esa envergadura después de un golpe sin sentido, como el de Batista, no era lo más prudente para la imagen de defensor de la democracia que Estados Unidos pretendía proyectar ante el mundo después de la Segunda Guerra Mundial.

Ante esa situación, la indignación del Movimiento 26 de Julio era manifiesta. La ayuda militar a la dictadura, que incluía una unidad de entrenamiento, fue aumentando progresivamente. En los órganos clandestinos *Revolución, Sierra Maestra* y *Resistencia* fustigábamos incesantemente al gobierno de Estados Unidos por mantener esa colaboración. ¿Podía admitirse que el proclamado campeón de la democracia ignorara la incongruencia de defender la libertad y a la vez apoyar una dictadura brutal como la de Batista?

Sin embargo, algo favorable a nuestra causa estaba sucediendo. Cuanto más el dictador se resistía a aceptar una transición democrática —demandada en varias ocasiones por el conjunto de instituciones cívicas y en marzo de 1958 por los obispos cubanos— y apelaba al asesinato y la tortura para mantenerse en el poder, más se multiplicaban las protestas dentro del gobierno norteamericano. Muchos de sus altos funcionarios comenzaban a encontrar razonables las promesas y acciones del *M-26-7*. Fidel Castro, como líder rebelde que representaba un cambio por su proclamada vocación democrática y ausencia de ambición política, empezaba a contar con simpatizantes dentro de las esferas de poder americanas, tanto en la ejecutiva como en la legislativa.

En junio de 1957, el embajador Gardner sería sustituido por un hombre de negocios, Earl T. Smith, en un momento en que las fuerzas del *M-26-7* en la Sierra y en el Llano comenzaban a poner en jaque a la dictadura. Smith carecía de experiencia diplomática. En sus primeras semanas tuvo la oportunidad de presenciar personalmente en Santiago de Cuba la ruda represión por la Policía de un grupo de mujeres manifestantes que protestaban pacíficamente por los asesinatos de jóvenes oposicionistas y soolicitaban su apoyo. El Embajador protestó ante Batista por los excesos policíacos que había constatado por sí mismo. Acusado de interferir en los asuntos de Cuba, estuvo a punto de ser declarado persona no grata. Por alguna razón, la confrontación con Batista fue pasajera y con el tiempo las relaciones entre el Embajador y el dictador se fueron estrechando, con el repudio de la opinión pública cubana que, progresivamente, se iba situando del lado de la insurrección.

No quisiera dejar de mencionar y es justo reconocer que tanto el embajador Smith como su predecesor, Gardner. trataron de mediar en varias ocasiones entre la dictadura y las instituciones cívicas para encontrarle una salida pacífica al conflicto, lo que no se logró por la terquedad de Batista. Y que muchas vidas de revolucionarios fueron salvadas por gestiones de ambos ante los cuerpos represivos.

El embargo de armamentos

El disgusto de figuras relevantes del gobierno de Dwight D. Eisenhower por el apoyo militar a Batista y las insistentes denuncias de los congresistas Adam Clayton Powell y Charles O. Porter, unido a las presiones de la opinión pública, fueron determinantes para que Eisenhower decretara la suspensión del convenio militar y los envíos de pertrechos a Cuba, en marzo de 1958. Contrario a lo que pudiera pensarse, esos embarques constituían una mínima parte del arsenal del Ejército. La mayoría del inventario bélico de Batista había sido financiada con fondos cubanos.

En el Llano, la decisión de Estados Unidos de terminar con las entregas de armamentos era considerada como un gran triunfo para la causa revolucionaria, más en el orden político y psicológico que en el militar. Además, atenuaba en algo el resentimiento acumulado contra los americanos por la presencia de su misión militar. Sabíamos que la suspensión de esos envíos no iba a significar, necesariamente, una mejoría en la posición rebelde desde el punto de vista militar. La cantidad de armamentos a disposición del enemigo no contaban a esas alturas por el estado psicológico de sus soldados.

El Ejército estaba desatando, al fracasar la huelga del 9 de abril, una ofensiva en la Sierra que no estaba dando los resultados que esperaba y había una gran desmoralización en sus filas. De nada vale un fusil si el que lo dispara no quiere hacerlo. Batista tenía perdida la guerra principal, la psicológica, su talón de Aquiles. Y la decisión de Eisenhower afectó la confianza de los seguidores de la dictadura, aumentando en ellos las dudas de que su jefe fuera capaz de controlar el movimiento insurgente. Desde esa perspectiva, la medida del presidente norteamericano sería un factor muy positivo para el *M-26-7*, aumentando el desaliento que ya se palpaba en el Ejército y debilitando aún más la ofensiva contra las huestes rebeldes. Además, en los últimos meses de 1958, Ismael Suárez de la Paz, un bravo combatiente del Llano conocido como Comandante Echemendía, celebraba reuniones conspirativas con varios altos oficiales del Ejército en coordinación con la Sierra.

Una confesión reveladora

No obstante el embargo de armamentos, Fidel Castro seguiría achacándole a Estados Unidos todo lo hecho por Batista, como puede deducirse de una carta a Celia Sánchez, escrita más de dos meses después de la decisión de Eisenhower. Declaración que llegaría a constituir, con el tiempo, un documento excepcional para entender una de las razones fundamentales, quizás la principal, de los numerosos e innecesarios ataques a Estados Unidos desde los primeros momentos de la revolución. Haciendo referencia a un reciente bombardeo de la aviación de Batista, Fidel Castro le escribía el 5 de junio de 1958 a Celia Sánchez, su asistente en la Sierra, una nota reproducida textualmente por Carlos Franqui en su *Diario de la Revolución Cubana*:

> Al ver los cohetes que tiraron en casa de Mario, me he jurado que los americanos van a pagar bien caro lo que están haciendo. Cuando esta guerra se acabe, empezará para mí una guerra mucho más larga y grande: la guerra que voy a echar contra ellos.
> Me doy cuenta que ese va a ser mi destino verdadero.

La indignación de Fidel Castro por lo ocurrido se podía entender. La impunidad, sin riesgo alguno, de los ataques aéreos a zonas indefensas, soliviantaba los ánimos. Esos bombardeos eran denuncia constante en nuestras publicaciones clandestinas, aunque teníamos informes de que muchos de los pilotos del Ejército soltaban sus bombas en el golfo de Guacanayabo para no causar bajas inocentes y regresar como si hubieran cumplido la misión. Pero la última línea de la carta de Castro, donde revelaba lo que creía ser la gran misión de su vida, ponía al descubierto una intención que tendría graves consecuencias. Propósito que llegaría a convertirse en obsesión, donde la voluntad del movimiento revolucionario no contaría en el "destino verdadero" que Fidel Castro se imponía a sí mismo: el de hacerle la guerra a Estados Unidos. Lamentablemente, ese designio era desconocido en el Llano, nada pro yanqui pero con visión suficiente para no desconocer la inutilidad de convocar una guerra totalmente innecesaria que estaría, además, perdida de antemano. Y que convertiría en enemigo a quien necesitábamos crucialmente como aliado y colaborador de triunfar la revolución.

Esa confesión sería un mentís rotundo a los que habrían de sugerir que la adopción del comunismo en Cuba tenía su origen en la oposición de Estados Unidos al proceso revolucionario. Los intereses que, a mi entender, pudo haber tenido Fidel Castro para desviar la revolución de sus objetivos básicos y hacer prevalecer sus aspiraciones personales a través del comunismo eran variados y de su propia iniciativa, no como consecuencia de la acción americana.

¿Antiyanquismo en Cuba?

No hay que saber mucho de historia para concluir que las relaciones entre Estados Unidos y Cuba han sido ambivalentes aún antes de instaurarse la República. Dados los antecedentes de influencia y a veces intervención de la potencia norteña en los asuntos cubanos, ¿había antiyanquismo en Cuba? Cualquiera podría pensar que sí, pero aseverarlo sería faltarle a la verdad. El resentimiento histórico, ese mal que atenta contra la cordialidad de los pueblos y el progreso aunque se base en realidades, que se evocan con frecuencia demagógicamente, no prendía en Cuba de la misma manera que en otros países latinoamericanos.

Por mucho que exageraran ciertos sectores soberanistas, que inspirados en el más noble nacionalismo caían con frecuencia en el error de distorsionar los hechos, lo cierto era que la presencia en Cuba de eficientes ejecutivos americanos ejercía una influencia muy positiva en el manejo de cuestiones relacionadas con el mercadeo de productos y la organización y administración de empresas, cuyos resultados se reflejaban en el progresivo mejoramiento de la economía nacional. Las compañías americanas solían ser eficaces talleres de entrenamiento para jóvenes con vocación ejecutiva. Se distinguían por los altos sueldos que pagaban. Trabajar en cualquiera de las empresas estadounidenses era motivo de orgullo, una meta importante para aquellos con deseos de progresar, especialmente los menos favorecidos. Estudiar inglés era un *sine qua non* para todo aquel que quisiera mejorar sus condiciones de vida.

Los turistas que venían del Norte eran tratados a cuerpo de rey y con la mayor de las cortesías. No era una deferencia hipócrita por lo que pudieran dejar en términos económicos. En verdad, generaban genuina simpatía. En reciprocidad, Miami, antes de ser la segunda ciudad poblada por cubanos en virtud del exilio, era el centro turístico preferido de los que podían costearse unas vacaciones, que no resultaban caras por la proximidad y los atractivos precios que podían conseguirse en comida y alojamiento. Nada de eso hubiera ocurrido de existir hostilidad hacia los americanos. Esos letreros de *Yankee Go Home* que alrededor del mundo han sido desplegados durante décadas en múltiples países nunca se vieron en Cuba, a pesar de los potenciales conflictos del choque de culturas diferentes y las controversias que pudiesen suscitar los lazos políticos y económicos determinados por la cercanía geográfica.

Política hacia América Latina

Por otro lado, los sucesivos gobiernos de Estados Unidos, preocupados por la prédica contagiosa de la revolución bolchevique contra la economía de mercado y su supresión de las libertades individuales, así como el avance expansionista de la Unión Soviética al finalizar la Segunda Guerra Mundial, desplegaban una estrategia de contención del comunismo totalmente errónea, que en nada iba a favorecerlos en sus relaciones con los pueblos vecinos del Sur.

En América Latina existían líderes honestos que no podían confundirse con los agitadores que enarbolaban banderas de libertad predicando doctrinas impositivas. Líderes democráticos que promovían la lucha revolucionaria o reformista sin apelar a los clichés marxistas-leninistas. Tales eran los casos, en Cuba, de Grau San Martín y Guiteras, así como de Víctor Raúl Haya de la Torre en Perú, cuyos discursos y acciones procuraban la consolidación de la soberanía nacional en simultaneidad con la promoción de una mayor justicia económica y social, aspiraciones que se veían interferidas por el temor exagerado de muchos políticos americanos a la expansión del comunismo y por el excesivo celo oficial desplegado en la protección de los intereses económicos internacionales de sus conciudadanos.

Era fácil para las dictaduras militares declararse anticomunistas. Bastaba ese simple hecho para hacerlas dignas del apoyo del gobierno americano de turno. La mayoria de los políticos estadounidenses le daban la espalda a las aspiraciones de libertad y reivindicación social de los pueblos latinoamericanos, tradicionalmente sojuzgados por jefes militares y oligarquías financieras, rígidas y dinásticas. Esa indiferencia, tanto como la política de intervención militar directa en algunos casos, llegarían a constituir un negativo precedente. Que sería explotado por la izquierda radical (nacionalista o comunista) para promover en América Latina, durante la mayor parte del siglo XX y con visible éxito político, el resentimiento histórico hacia Estados Unidos.

Estados Unidos estrena embajador

Al constituirse el primer gobierno revolucionario en enero de 1959, el embajador Earl T. Smith renunciaría al cargo. Sería nombrado para sustituirlo Philip W. Bonsal, quien presentaría credenciales el 4 de marzo.

La designación de Philip W. Bonsal era de extrema importancia para un cambio en las relaciones del gobierno americano con el movimiento revolucionario triunfante, deterioradas por el apoyo brindado a Batista y la complacencia hacia la dictadura exhibida por los dos últimos embajadores americanos. Paso muy significativo, porque evidenciaba la intención de mejorar las relaciones entre los dos países y de apoyar la obra que podía esperarse del programa revolucionario, democrático a todas luces, que había enunciado el Movimiento 26 de Julio en la rebelión contra Batista. No se trataba de un hombre de negocios devenido en diplomático en virtud de un nombramiento basado en relaciones personales o gratitud política, como venía ocurriendo. Bonsal era un diplomático de carrera, con amplia experiencia en Latinoamérica. Hijo de un periodista, escritor y diplomático que había cubierto para el *New York Herald* incidencias de la guerra "hispano-americana" en 1898. El nuevo embajador había vivido ya en La Habana, primero como empleado de la Cuban Telephone Company y luego, en 1938, como vicecónsul de la embajada de Estados Unidos. Su expediente incluía haber sido embajador en Colombia y después en Bolivia. Esos detalles biográficos aparecerían en un artículo del profesor e historiador Herminio Portell Vilá publicado en *Bohemia* tan temprano como a mediados de enero de 1959, seis semanas antes de que Bonsal presentara credenciales.

Los antecedentes del nuevo embajador podían satisfacer las exigencias del más severo de los cubanos. En Colombia se había enfrentado al dictador Rojas Pinilla y en Bolivia había colaborado con el presidente Hernán Siles Zuazo, fundador, con Víctor Paz Estenssoro, del Movimiento Nacionalista Revolucionario, que propugnaba reformas a favor de los campesinos y trabajadores, hasta entonces sometidos al poder de la tradicional alianza financiera-militar boliviana. Philip Bonsal constituía, en virtud de su historial, una gran oportunidad para que Cuba pudiera establecer lazos de colaboración y progreso con Estados Unidos en un plano de igualdad dentro de una nueva relación.

Por el artículo de Portell Vilá, que nos ponía en contacto con el nuevo e influyente personaje, podía inferirse que el gobierno norteamericano estaba dando en el clavo al reestructurar sus relaciones con Cuba. Los que identificábamos la importancia de esas relaciones pensábamos que Fidel Castro calibraría la presencia del nuevo embajador del mismo modo que los elementos sensatos del *M-26-7* la veían: una excelente oportunidad para limar asperezas y coordinar acciones de beneficio recíproco.

La perspectiva de Bonsal

De la buena voluntad del Embajador en su esfuerzo por colaborar al máximo con el cambio que se estaba verificando en el país, queda un magnífico documento histórico: su libro *Cuba, Castro, and the United States*. Una obra despojada de racionalizaciones interesadas, de increíble sinceridad, donde el autor muestra una visión de las relaciones cubano-americanas a través de la historia con absoluta imparcialidad, revelando un profundo respeto hacia el sentimiento nacionalista cubano. Y hasta su defensa del mismo. En su testimonio, Bonsal narra sus objetivos de cooperación y apoyo al proceso de transformación positiva del país y su frustración al comprobar el menosprecio de que eran objeto sus ofrecimientos y recomendaciones por parte de Fidel Castro. También opina el exembajador que una actitud más benevolente del gobierno americano hacia la emergente dictadura le hubiera proporcionado a su país una mejor imagen ante el mundo en su confrontacion con la imposición del comunismo en Cuba. En cuanto a lo de imagen, estoy de acuerdo con Bonsal. Pero, en definitiva, de nada hubiera servido un cambio de enfoque. No iba a alterar la idea obsesiva de Fidel Castro de "hacerle la guerra" a Estados Unidos.

Esa idea, como se ha visto, había sido concebida antes de llegar al poder y era prioritaria. El *máximo lider s*e hubiera valido siempre de cualquier estratagema para justificar sus ataques y desprestigiar a los yanquis. Por más que el "imperialismo" tratara de mostrar sus buenas intenciones, nada hubiera detenido a Castro en su campaña de satanizarlo como responsable de todos los males de Cuba. Era su gran excusa para justificar la alianza con la Unión Soviética e implantar el comunismo, algo que rechazaba una abrumadora mayoría del pueblo.

A Bonsal no se le escapaba el sólido respaldo que Fidel Castro estaba ganando en la opinión pública, aunque confiesa en su libro que le preocupaban sus conocidos antecedentes de pistolero y agitador estudiantil. Compartía la aversión que la opinión pública americana estaba mostrando hacia un jefe guerrillero prácticamente desconocido, el *Che* Guevara, quien hacía gala de su marxismo y su animosidad hacia Estados Unidos. Y tenía reservas sobre Raúl Castro. Pero creía en la posibilidad de que su país pudiera entenderse con el gobierno revolucionario de modo que el fortalecimiento de esos lazos propiciara una relación armónica y positiva para ambas partes. Esa esperanza estaba alimentada en que, con frecuencia, Fidel Castro decía que había que calificar de contrarrevolucionario a todo aquel que acusara a la revolución de comunista.

Hay que tener también presente que, en sus primeros meses, el gobierno provisional revolucionario estaba integrado por personas competentes y responsables, cuya obra era objeto del aplauso popular. El funcionario con quien Bonsal tenía que comunicarse directamente era el Ministro de Estado (Relaciones Exteriores). Se trataba del doctor Roberto Agramonte, profesor universitario de Sociología y excandidato a la presidencia de la República por el Partido Ortodoxo en las frustradas elecciones de 1952. El profesor y la mayoría de los miembros del primer gabinete revolucionario, gozaban del respeto del Embajador por su prestigio y preparación profesional. Y, como ocurre en cualquier país, era normal presuponer que todo ministro representaba la voluntad del jefe del gobierno. Lo que no iba a ser así porque Fidel Castro actuaba sin consultar a nadie y, por lo general, de forma imprevista.

En cuanto al comunismo, si bien desde un principio se observaban algunos movimientos sospechosos, la percepción general era de que se trataba de un intento vano y poco amenazante, promovido por el *Che* Guevara y Raúl Castro. Y según se pensaba entonces, condenado al fracaso. El *máximo líder* no perdía oportunidad de expresar públicamente su repudio al comunismo y se entendía que sin su aprobación nada era posible. Bonsal, como ocurría con cualquier cubano, era testigo de las negativas reiteradas de Fidel Castro de estar conduciendo la revolución por las sendas del marxismo. Esa insospechable simulación en quien se vanagloriaba repetidamente de decir la verdad y despreciar la mentira, disipaba cualquier temor. En sus primeros momentos, también el embajador de Estados Unidos era víctima del engaño que arropaba a toda Cuba. De modo que, al iniciar sus gestiones, estimaba que los recíprocos y cuantiosos intereses económicos entre su país y Cuba ejercerían una estabilizadora y moderada influencia en el desarrollo del proceso revolucionario, sin sospechar que "la guerra del destino verdadero" estaba ya en proceso.

Comienza la confrontación

La primera señal de la confrontación Castro-Estados Unidos fue la intervención, el 3 de marzo de 1959, de la empresa americana que operaba monopolísticamente el servicio telefónico, la Cuban Telephone Company. Tenía lugar —¿casualidad?— un día antes de la presentación de credenciales del embajador Philip Bonsal ante el presidene Urrutia. En el caso de la telefónica había razones que justificaban la medida, anunciada como una intervención "temporera" para fijar responsabilidades por un aumento de tarifas de un 20 por ciento (que había sido dejado sin efecto por el gobierno provisional revolucionario) autorizado por Batista alrededor de dos años antes. Pero había también otro factor irritante contra la compañía de teléfonos. Sus principales ejecutivos, acompañados por el embajador americano de entonces, Earl Smith, habían acudido al Palacio Presidencial y regalado a Batista, como reconocimiento por el aumento de tarifas, un teléfono de oro. Eso ocurría el 14 de marzo de 1957, un día después del frustrado asalto al Palacio para ajusticiar al dictador. Decenas de empresarios importantes y el cuerpo diplomático fueron recibidos por Batista para ser felicitado por haber salido indemne del atentado. Es de entender que, tratándose de una dictadura, quien no asistiera quedaba señalado como que no reprobaba el hecho. La presencia de los ejecutivos de la telefónica era, desde ese punto de vista, necesariamene obligatoria. Pero lo que estaba de más era el teléfono de oro.

La reacción de Bonsal a la intervención fue muy cautelosa. Interpretaba que el aumento de una tarifa que había permanecido sin alteración durante décadas, no era producto de la especulación, sino necesario para lograr el financimiento de costosas obras que se contemplaban para la expansión del servicio telefónico. Pero presumiendo buena fe en la intervención "temporera" ofreció sus buenos oficios para que jóvenes funcionarios nombrados por la revolución se informaran adecuadamente en Estados Unidos sobre el manejo de tarifas y una mejor administración del sistema, lo que consiguió parcialmente.

El viaje a Estados Unidos de Fidel Castro (Capítulo 7), a pesar de no ser oficial en su calidad de Primer Ministro sino a invitación particular de los editores de periódicos estadounidenses, dejó la impresión en Cuba de que se limaban asperezas entre las dos naciones y la cordialidad y el entendimiento iban a primar en sus relaciones.

Pero un verdadero motivo de desasosiego sería lo ocurrido como secuela de la ley de Reforma Agraria del 17 de mayo de 1959 (Capítulo 12). La Ley podía ser discutible en muchos de sus aspectos pero había un cierto grado de aceptación por los que podían considerarse más perjudicados. En realidad, no eran muchos los motivos para alarmarse por una medida esperada desde los inicios de la década de 1940, salvo que sus disposiciones fueran violadas sin consideración por los mismos que la estaban promulgando, como habría de ocurrir. En la práctica, los derechos que la propia ley reconocía a los expropiados, en su mayoría compañías estadounidenses, fueron desconocidos. De hecho, esa primera ley agraria, que permitía la propiedad de ciertas extensiones de tierra, nunca fue puesta en vigor. Pero en la forma anárquica y abusiva con que empezaba a funcionar el departamento a cargo de implementarla, el Instituto de Reforma Agraria (INRA), se mostraba a las claras una política de despojo injusta y torpe que habría de ser, a largo plazo, extremadamente perjudicial para el País.

El tratamiento ilegal y abusivo de las cuantiosas inversiones estadounidenses, incluyendo también las de muchos cubanos, llegaba a extremos inconcebibles. Se ocupaban tierras y edificios sin ningún mandato judicial, ni garantías a sus propietarios de compensación ni de acceso a medios legales para apelar. Equipos y maquinarias eran confiscados arbitrariamente y cambiados de lugar sin que mediara ningun recibo o documento que protegiera a sus propietarios. Tierras dedicadas a pasto eran aradas irresponsablemente. En fin, la debacle. Quedaba impreso el sello personal de Castro de trastocar todo lo que funcionaba eficientemente. Pero, a pesar de todos esos desmanes y según Bonsal, para el gobierno de Estados Unidos todavía existía la posibilidad de un entendimiento con el gobierno revolucionario, extremando su cautela para no provocar una confrontación.

La primera falsa acusación

En el capítulo 8, *Los Sucesos de Octubre* relato la incursión que hizo sobre La Habana ese mes de 1959 el exjefe de la Fuerza Aérea Revolucionaria, comandante Pedro Luis Díaz Lanz, donde lanzó volantes denunciando la traición de Fidel Castro.

Aprovechando la coyuntura de que el avión de Díaz Lanz parecía haber salido de Estados Unidos, el *máximo líder* se dedicó a lanzar virulentos ataques contra el gobierno americano, acusándolo de instigador y cómplice en el "bombardeo de La Habana". Ocultaba Castro que también de Estados Unidos salió el propio Díaz Lanz en varias ocasiones para llevarle armas y municiones a la Sierra Maestra, sin que ello implicara el consentimiento o participación del gobierno americano en la operación.

¿Era creíble la complicidad de Estados Unidos en el falso "bombardeo"? Castro vio en el incidente una coyuntura favorable para avanzar en su campaña de convertir al vecino del Norte en el peor enemigo de Cuba. Si desfiguraba la realidad de lo ocurrido y lo presentaba como resultado de una conspiración patrocinada por los americanos en confabulación con Huber Matos (que acababa de renunciar y ser detenido) tenía a la mano una magnífica oportunidad para enardecer los ánimos en contra del supuesto enemigo que quería crear. No era tarea fácil. Días atrás, como ya he mencionado en el capítulo que cito, el embajador Bonsal había recibido una multitudinaria ovación al anunciarse su presencia en un juego de pelota. La simpatía del pueblo cubano hacia sus vecinos del Norte constituía uno de los principales obstáculos para la imposición del comunismo.

El *máximo líder* no podía ignorar la predisposición del pueblo cubano a rechazar lo que viniera de Marx y Lenin y que no iba a tolerar pasivamente que se le sumiera en ese abismo. Ni desconocía tampoco que Estados Unidos sería el principal opositor a los planes de implantar un régimen marxista en su vecina Cuba, que la convertiría en aliada de la Unión Soviética en plena Guerra Fría. Tenía que ir preparando mentalmente al pueblo para los futuros inconvenientes que su calculada decisión habría de provocar, tanto dentro como fuera de Cuba. Había que martillar insistentemente y sin escrúpulos en la mente ciudadana, apelando a mentiras, medias verdades y argumentos falsos para convencer al pueblo de que la patria de Washington y Lincoln era la más perversa de las naciones.

En el *26 de Julio* no se ignoraba que lo del "bombardeo" era una mentira descomunal pero la mayoría de los compañeros con quienes yo me relacionaba aceptaban la maniobra como parte de una estrategia nacesaria para reafirmar nuestro nacionalismo. No así mis antiguos compañeros de *Resistencia* (quizas por ser de más edad y sensatez) quienes pensaban que la insinuación resultaba ridícula y comprometía la seriedad que se esperaba de la revolución. Criterio que yo compartía.

Bonsal rechazó de forma categórica que su gobierno tuviera que ver algo con el vuelo de Díaz Lanz y el supuesto "bombardeo", ofreciéndose para iniciar una investigación en caso de que el avión hubiese salido, como se presumía, de territorio estadounidense. Pidió información que avalara lo dicho por Fidel Castro para formalizar la pesquisa. Y no obtuvo respuesta. Lo que no tenía nada de extraño. Existía el deliberado propósito de inculpar a Estados Unidos por el "bombardeo", sin darle oportunidad al Embajador de demostrar que su gobierno nada tenía que ver con la incursión de Díaz Lanz y su supuesta violencia.

Las falsas recriminaciones contra Estados Unidos no cesaban. El profesor Ernesto Dihigo, embajador de Cuba en Washington, persona íntegra y de reconocido prestigio, se negaba a hacerse eco de esas absurdas imputaciones. Y renunciaba a su cargo el 7 de diciembre, semanas antes de cumplirse el primer año de revolución.

Sin embargo, aparte de los intereses demagógicos de Fidel Castro en degradar la imagen de Estados Unidos, la percepción prevaleciente en los sectores revolucionarios, aún en los ajenos al complot traicionero de imponer el comunismo, era de que la historia de la política norteamericana hacia América Latina había sido muy censurable, lo que generaba una desconfianza básica en sus reacciones ante el proceso revolucionario, por buenas que pudieran parecer. Se recordaba el pragmatismo amoral que presidió el apoyo de Estados Unidos a dictaduras sanguinarias como las de Trujillo, Somoza y Batista. Esos antecedentes pesaban en el sector democrático de la revolución que, aunque veía con cierta preocupación el fomento innecesario y perjudicial de rencores por hechos del pasado, no estaba dispuesto a asumir una posición que mostrara lo perjudicial que pudiera ser para el país una relación antagónica con Estados Unidos. Esa actitud de un segmento revolucionario que nada tenía de pro comunista favorecía al *máximo líder* y le ponía piedras en el camino a las aspiraciones reconciliadoras de Philip Bonsal.

Eisenhower responde

Ante el progresivo deterioro de las relaciones diplomáticas entre Cuba y Estados Unidos, el 26 de enero de 1960 el presidente Dwight D. Eisenhower, emitía unas declaraciones en "espíritu conciliatorio", según habría de calificarlas el embajador Bonsal. Algo resumidas, las cito aquí:

> *Estamos profundamente preocupados y perplejos por el deterioro de nuestras relaciones, según reflejan las recientes declaraciones del Primer Ministro Castro, con acusaciones infundadas a nuestro gobierno.*

Basaba el Presidente su posición en cinco puntos:

> *Primero. Estados Unidos se adhiere estrictamente a la política de no intervenir en los asuntos domésticos de ningún país.*
>
> *Segundo. Estados Unidos está comprometido a prevenir actos en su territorio dirigidos contra otros gobiernos.*
>
> *Tercero. Estados Unidos contempla con preocupación la tendencia del gobierno cubano y del primer ministro Castro de crear la ilusión de actos agresivos y actividades conspirativas contra ellos por parte de agencias y funcionarios de Estados Unidos.*
>
> *Cuarto. El gobierno de Estados Unidos reconoce el derecho del gobierno cubano y su pueblo, en el uso de su soberanía, de adoptar las reformas sociales, económicas y políticas que considere convenientes, dentro de la ley internacional. Del mismo modo, el gobierno y el pueblo de Estados Unidos continuará, en el uso de su propia soberanía, asegurando y defendiendo sus legítimos intereses.*
>
> *Quinto. El gobierno de Estados Unidos cree que sus ciudadanos han hecho contribuciones positivas a las economías de otros países mediante sus inversiones y trabajo. Y que esas contribuciones, tomando en cuenta condiciones cambiantes, pueden continuar sobre bases mutuamente satisfactorias. Continuaremos llamando la atención del gobierno cubano sobre los casos en que los derechos de nuestros ciudadanos, en la ley cubana y la ley internacional, hayan sido desconocidos. El gobierno de Estados Unidos tiene la esperanza de que las diferencias de*

> *opinión entre los dos gobiernos en cuestiones reconocidas bajo la ley internacional, serán resueltas a través de negociaciones diplomáticas. Y si persistieran, sería la intención de nuestro gobierno buscar la solución mediante otros procedimientos internacionales apropiados.*

Y concluía Eisenhower:

> *Los puntos expresados me parecen bases razonables para una viable y satisfactoria relación entre nuestros dos países soberanos. Yo quisiera sólo agregar que el gobierno de Estados Unidos tiene confianza en la habilidad del pueblo cubano para reconocer y derrotar las intrigas del comunismo internacional, que están dirigidas a destruir las instituciones democráticas en Cuba y la mutualmente beneficiosa amistad entre nuestros pueblos.*

Era un mensaje de esperanza y reconciliación, máxime si se tenía presente el despojo desconsiderado y abusivo de propiedades, norteamericanas y cubanas, que estaban perpetrando los funcionarios del INRA en nombre de una supuesta revolución.

Muchos lectores se preguntarán si los puntos primero y tercero de las declaraciones del presidene Eisenhower no están en contradicción con la participación de Estados Unidos en el montaje de la invsión de la Brigada 2506 en la Bahía de Cochinos el 17 de abril de 1961. Pero no hay constancia histórica de que la declaración del presidente Eisenhower hubiera sido hipócrita. De todos los documentos relacionados con Cuba y desclasificados por la Ley de Libertad de Información de Estados Unidos (*Freedom of Information Act*) ninguno revela que el gobierno americano estuviera involucrado en promover el derrocamiento de Fidel Castro con anterioridad al 17 de marzo de 1960 (las declaraciones de Eisenhower se dieron a conocer el 26 de enero). En marzo fue cuando Eisenhower dispuso que se entrenara en la guerra de guerrillas a unos tres centenares de exiliados cubanos voluntarios, número que se fue ampliando hasta los mil quinientos de la fracasada operación de Bahía de Cochinos, trece meses después. Antes de esa decisión, la política americana hacia Cuba había sido la que propugnaba el embajador Bonsal: actuar con cautela en la esperanza de encontrar formas de entendimiento con Fidel Castro, explorando nuevas rutas de recíproca colaboración. Iniciativa laudable, tomando en cuenta las circunstancias, pero rechazada por un jefe de gobierno obsesionado con la idea de hacerle la guerra a Estados Unidos.

La explosion de *La Coubre*

Un factor de peso en la decisión de Eisenhower de montar una operación de cubanos exilados contra el régimen castrista sería otra falsa acusación, tan desprovista de verdad como la del "bombardeo" de La Habana. Fidel Castro, basado en el sensacionalismo y la falacia, se empeñaba en erosionar una relación bipartita que, a pesar de diferencias circunstanciales surgidas en diversas ocasiones y enfrentamientos por un legítimo sentimiento nacionalista cubano contra actitudes francamente imperialistas, había sido, a la larga, cordial y positiva para ambas partes.

Un trágico hecho ocurrido el 4 de marzo de 1960 con un barco que se encontraba descargando explosivos y municiones en la bahía de La Habana le daba una nueva oportunidad al jefe de la revolución para seguir fustigando a Estados Unidos. El barco era *La Coubre*, de bandera francesa. Mientras estaba en el proceso de descarga, una espantosa explosión en su interior sacudió la ciudad. En lo que se contaban los muertos y heridos, se iban conociendo los detalles de la tragedia. *La Coubre* traía, procedente de Bélgica, 76 toneladas de granadas y municiones consignadas al gobierno revolucionario. Las labores de salvamento mostraban una gran solidaridad humana y disposición de civiles y militares para socorrer a los heridos y rescatar a los muertos. Cuarenta y ocho minutos después ocurría una segunda explosión, que ocasionaría la mayor cantidad de bajas, mayormente de socorristas. El total de víctimas fue de 101 muertos, incluyendo seis tripulantes franceses. Y más de 200 heridos.

El siguiente día, en horas de la tarde. tendría lugar el entierro de las víctimas y Fidel Castro se dirigiría a la multitud congregada a la entrada del Cementerio de Colón.

Nosotros sabemos —diría el Primer Ministro— *todos los esfuerzos que se hicieron porque no pudiéramos comprar esas armas y entre los grandes intereses en que no recibiéramos esas armas estaban los funcionarios del gobierno norteamericano (...) Entre los interesados en que nosotros no adquiriéramos esas armas hay que buscar a los culpables, porque tenemos derecho a pensar que los que por vía diplomática intentaron que no adquiriéramos esos equipos, pudieron también haberlo intentado por otros procedimientos (...) tenemos derecho a pensar que entre los interesados hay que buscar a los causantes de las vidas humanas que se perdieron ayer.*

Y para ser más explícito, habría de agregar:

> *Es posible que mañana los diarios de ese país salgan diciendo que analizar estas verdades y esas razones es un insulto al pueblo de Estados Unidos.*

Castro alegaría que no tenía "pruebas contundentes" de la complicidad estadounidense en la explosión. Pero el solo hecho de insinuarlo casi equivalía a aseverarlo, lo que revestía suma gravedad. El *máximo líder* optaba por seguir la misma estrategia engañosa que el gobierno americano aplicó cuando la explosión del *Maine* en la bahía de La Habana a finales del siglo XIX: culpar a la otra parte, en ese caso España, cuando todo indicaba que se trataba de un accidente. En el caso de *La Coubre* nunca se ha llegado a saber de alguna investigación oficial. Y si hubo alguna, sus resultados han quedado en el secretismo. ¿Arrojarían que se trató de un accidente y de ahí su ocultamiento?

Lo único que intentó aproximarse a una investigación fue lo declarado por Fidel Castro en el discurso que menciono, en el que habló extensamente de pruebas hechas esa misma mañana con granadas de las mismas que traía el barco, lanzadas desde aviones. Y que no estallaron al tocar tierra. Intentaba demostrar que el dispositivo de seguridad de las granadas descartaba la posibilidad de un accidente y que todo había sido intencional. Sin embargo, no mencionó que el embarque comprendía más cajas de municiones que de granadas. Y calificó esas pruebas como "los experimentos que hemos hecho para sacar la conclusión de que era un sabotaje y no un accidente".

Eso declaraba Castro un día después de haberse producido la explosión, sin tener en cuenta que la investigación de hechos de esa naturaleza requiere semanas y hasta meses para llegar a una conclusión válida, si es que puede llegarse a alguna. La precipitación del jefe del gobierno revolucionario en adjudicar culpas sólo podía responder al deliberado propósito de seguir envenenando la mente popular con la desfiguración de hechos que le permitieran pintar como el más vil de los villanos al que necesitaba como enemigo.

En ausencia de resultados de una verdadera investigación, quedaría la duda de si lo de *La Coubre* fue un accidente o un sabotaje. Pero en lo que no podía haber dudas era de que la acusación a Estados Unidos como promotor del hecho parecía totalmente infundada y sólo respondía al propósito de Fidel Castro de enajenarle la buena voluntad popular. Porque lo primero que hay que plantearse es: ¿qué beneficio podía perseguir Estados Unidos con un sabotaje de esas espantosas dimensiones? ¿Es que acaso destruir unas toneladas de granadas y municiones y a ese comprometedor precio podía hacer realmente alguna diferencia si Estados Unidos, en algún momento, decidía intervenir militarmente en Cuba? ¿Alguien puede creer seriamente que el gobierno americano fuera capaz de llevar a cabo un acto tan evidentemente innecesario como criminal y estúpido? Es sabido que la manipulación de explosivos exige personal altamente especializado. La lógica apunta a que la falta de experiencia de las personas asignadas a la peligrosa descarga de esos explosivos (simples estibadores y soldados inexpertos) y el desconocimiento de las reglas básicas de seguridad eran las causas de la tragedia.

Muchos investigadores y curiosos han tratado de conseguir documentación sobre el caso de *La Coubre*, a través de la Ley de Libertad de Información, para apoyar la tesis de que fue un sabotaje de Estados Unidos. Algunos alegan que se les niega, pero en este caso ocurre lo mismo que en la búsqueda de órdenes oficiales de intervenirnr en los asuntos cubanos anteriores a la decisión de Eisenhower de preparar a exilados cubanos para la guerra contra la dictadura emergente. Lo más probable es que el imputado sabotaje nunca haya existido y de ahí la ausencia de pruebas. Se ha hablado de la posibilidad de que pudo haber sido una operación realizada por otras fuentes enemigas de Castro, lo que es muy de dudar por los fabulosos recursos que exigiría una explosión de esa naturaleza de no ser por accidente, medios fuera del alcance de los pocos opositores activos que a esa fecha tenía en el exterior el régimen castrista. La tesis del accidente, como en el caso del *Maine,* es la explicación más lógica.

Visita de Mikoyán

En la cadena de movimientos sospechosos dirigidos a socavar las relaciones con Estados Unidos podia incluirse la visita a Cuba del viceprimer ministro soviético, Anastás Mikoyán (Capítulo 10). El segundo hombre al mando en la Unión Soviética llegaba a La Habana, procedente de México, el 4 de febrero de 1960. Era la primera visita a Cuba de un funcionario de alta jerarquía de ese país después del triunfo revolucionario. Su presencia daría lugar a un acuerdo comercial, a pesar de que no se habían reanudado todavía las relaciones con la Unión Soviética, rotas después del golpe de Estado de Batista en marzo de 1952.

En el acuerdo, los soviéticos se comprometían a comprar un millón de toneladas de azúcar anualmente, a 2.78 centavos de dólar por libra, cerca del doble del que le venía pagando a Cuba en el mercado mundial antes de la revolución, aunque el precio preferencial de Estados Unidos para la cuota de importación asignada a Cuba era de 5.0 centavos de dólar. El 20% de la compra soviética sería pagado en dólares y el resto en mercancía. Y se ofrecía un crédito equivalente a 100 millones de dólares, a bajo interés, para la compra de artículos soviéticos. La transacción no incluía petróleo. El que se refinaba en Cuba provenía de Venezuela, de los pozos que explotaban en ese país las mismas compañias refinadoras extranjeras que operaban en Cuba.

A la visita de Mikoyán se le quiso dar una apariencia casual. Estaba en México, cerca de Cuba, y era una buena oportunidad para invitarlo. No necesariamente el acuerdo de compra de azúcar tenía que haber sido discutido y redactado de antemano, ya que la visita fue de varios días. Pero resultaba muy sospechoso que al día siguiente de su llegada estuviera, junto a la plana mayor de la revolución (Fidel y Raúl Castro, el *Che* y el presidente Dorticós) como huésped de honor en la inauguración de una Exposición Soviética de Ciencia, Técnica y Cultura en el Palacio de Bellas Artes, cuyo montaje, que debía haber tomado algún tiempo, había sido un secreto bien guardado. Acción solapada en la que tenían que haber participado los "revolucionarios" incondicionales de Castro en contubernio con los viejos cuadros del Partido Comunista, ya que los exmiembros del desaparecido *M-26-7* nada sabíamos de la mencionada exposición. Paulatinamente, se iba consolidando la penetración comunista mientras el *máximo líder* la seguía negando.

Acciones y reacciones

El 5 de mayo de 1960 Cuba reanudaba relaciones con la Unión Soviética y a mediados de ese mes más de 50 millones de dolares debia el gobierno revoucionario a las refinerias extranjeras por la importacion de petroleo procedente de sus propios recursos en Venezuela. El *Che* Guevara, que manejaba en esos momentos la economía del País, les dijo a los ejecutivos de las refinerías que la única forma de pagarles era que aceptaran petroleo crudo de Rusia durante la restante mitad del año, equivalente a la mitad de lo que ellos importarian normalmente de Venezuela.

Las tres refinerías de petróleo que operaban en Cuba eran propiedad de la Standard Oil Company (ESSO), The Texas Company (TEXACO) y la Shell Oil Company. Las dos primeras eran estadounidenses. La Shell era un consorcio holandés-británico.

El 7 de junio de 1960 las tres compañias le comunicaron al gobierno cubano que no estaban dispuestas a refinar el crudo sovietico y el 29 del mismo mes fueron intervenidas y el gobierno asumió el control de las operaciones. Ocho días después se nacionalizaban (confiscaban) todas las empresas estadounidenses, incluyendo las de teléfono y electricidad y treinta y seis ingenios azucareros.

Como respuesta a esa política de despojo, Estados Unidos suspendió todas sus exportaciones a Cuba el 19 de octubre de 1960. Y al negarse el gobierno de Eisenhower a la exigencia de Castro de reducir el personal de su embajada en Cuba a once miembros (los que tenía la representación cubana en Washington) optó por la ruptura de relaciones, que tendría lugar el 3 de enero de 1961. Casi tres meses después, el 31 de marzo, el gobierno norteamericano suspendía su cuota de importación de azúcar cubano, por la que pagaba precios superiores al del mercado mundial.

Puedo dar fe de que en la cúpula del poder revolucionario no existía la menor preocupación ante la posibilidad de que la cuota azucarera fuera suprimida. Por el contrario, esa decisión era esperada como conveniente, lo que me era difícil de entender. Hechos posteriores me aclararían que esa actitud tenía como objetivo aprovechar la coyuntura para acusar a Estados Unidos de agresor y justificar el viraje económico hacia la Unión Soviética como paso previo a la imposición del comunismo. Recuerdo al *Che* Guevara clamando por que se suspendiera la cuota meses antes de tomarse la medida. Rebajaba su importancia y la presentaba como instrumento de control político, atentatorio contra el libre desarrollo de la economía, aunque lo cierto era que la venta de azúcar a Estados Unidos a precios preferenciales había sido la base fundamental de la próspera situación económica de Cuba antes del advenimiento de la revolución.

La lógica reacción de Estados Unidos al suprimir la cuota azucarera había sido deliberadamente calculada por el régimen castrista. Nadie podía esperar que, después de las confiscaciones de los ingenios azucareros más todas las empresas propiedad de americanos y la ruptura de relaciones diplomáticas, continuaría la compra de azúcar por parte de Estados Unidos. Y a un precio de excepción. De modo que se daba por seguro que sería suprimida, lo que no fue óbice para que se presentara como una agresión dentro de un montaje propagandístico dirigido a destruir la positiva imagen que la nación norteña había consolidado en el pueblo cubano.

A los tres meses y medio de la ruptura de relaciones, el 17 de abril de 1961, tenía lugar el fallido intento de invasión de la Brigada 2506 en Bahía de Cochinos, que describo ampliamente en los capítulos 11 y 12.

"Operation Mongoose"

Después del fracaso de Bahía de Cochinos, el presidente Kennedy creó un comité cuya misión era el derrocamiento de Fidel Castro a través del fomento de la subversión y sabotajes en Cuba. Entre sus miembros figurarían el jefe de la CIA, Allen Dulles (sustituido luego por John McCone) y el del Estado Mayor Conjunto, general Lyman Lemnitzer. La figura principal de ese Comité sería su propio hermano, Robert Kennedy, secretario de Justicia. Se designó al general Edward Landsdale como jefe de operaciones. Todo el quehacer encubierto del Comité sería conocido secretamente como Operation Mongoose.

La develación de documentos al pasar de los años revelaría que entre los propósitos de la Operation Mongoose figuraba la ejecución de Fidel Castro. Y aunque parezca increíble, la CIA apeló, entre las opciones a considerar para culminar su objetivo, la participación de notorios dirigentes de la mafia. Contactos que se habían iniciado algo más de un año antes, en septiembre de 1960 por Allen W. Dulles con los jefes mafiosos Sam Giancana y Joseph Roselli. Y se incorporarían más tarde Santos Trafficante, Meyer Lansky y Carlos Marcello. Desde entonces, varias reuniones tuvieron lugar entre agentes de la CIA y los mafiosos para coordinar posibles acciones. Y de alguna manera se filtró la participación de la mafia en las atividades anticastristas. Robert Kennedy, ante acusaciones de haber instigado ese complot con los conocidos gansters declaró que él no fue el iniciador de ese plan y lo que hizo fue detenerlo. Los documentos dados a conocer con posterioridad revelarían también que la CIA no le informaba a Robert Kennedy de los complots para matar a Castro.

El plan de ejecutar al máximo líder resultaría altamente polémico. El debate no se concentraría precisamente en la conveniencia o no del drástico objetivo, que era motivo de apasionadas posturas entre las víctimas directas o indirectas de la tiranía y los defensores de Castro. La discusión derivaba a un tema que sería aún más controvertible: la participación de la mafia en el plan de ajusticiamiento. La costumbre de la CIA de determinar estrategias como si fuera un poder independiente, parecía continuar después de Bahía de Cochinos.

Estimo que el tiranicidio debe ser opción del individuo o entidad que es víctima de la represión de una dictadura y lucha contra ella, dispuesto a jugarse la vida por un cambio hacia la libertad. No puede ni debe ser delegado en quien no responde a ese perfil. Y no estaría moralmente justificado ante la opinión pública mundial, ni puede presentarse como un acto de justicia, si el atentado es ejecutado por el gobierno de una nación que como tal no ha sido víctima de esa opresión. Si a eso sumamos la mala fama de los mafiosos comprometidos en ese aspecto de la Operation Mongoose se daña seriamente la imagen de Estados Unidos, como habría de ocurrir al ser de dominio público los detalles del plan.

No son pocas las virtudes que adornan la democracia de Estados Unidos y su rica historia por el bienestar de los menos favorecidos, así como la admirable solidez de sus instituciones democráticas, que han permitido la continuidad constitucional de sus gobiernos a pesar de los trágicos conflictos y guerras que ha tenido que enfrentar a lo largo de su historia y el asesinato de cuatro de sus presidentes. Esos valores, en la opinión pública internacional, quedan sensiblemente disminuidos al incurrirse en actos de fácil manipulación dentro de los esquemas propagandísticos de los enemigos de la libertad, que nunca han dejado de caracterizar a Estados Unidos como lo peor del mundo. De ahí la importancia de que ciertas gestiones de su política exterior estén en manos de funcionarios competentes y responsables y no en los que creen que "el fin justifica los medios". como habría de alegar el ex alto ejecutivo de la CIA Richard Bissell al justificar en principio la intervención de la mafia en el plan de ejecutar a Castro, aunque luego reconocería que había sido un error.

La Crisis de los Misiles

Después de su triunfo en Playa Girón, el *máximo líder* no dejó de expresar su preocupación ante las autoridades soviéticas por un nuevo intento de invasión, no ya por un grupo de exilados sino por los propios Estados Unidos. Y en las altas esferas de la Unión Soviética se consideraba la posibilidad, a iniciativa del Primer Ministro Nikita Jruschov, de emplazar en Cuba misiles de alcance medio e intermedio con ojivas nucleares, con el pretexto de proteger a la Isla de futuros intentos de invasión. Pero, sobre todo, para compensar en algo la desventaja que la Unión Soviética tenia en la cantidad de bases de lanzamiento de proyectiles alrededor del mundo en relación a Estados Unidos. Se solicitó de Fidel Castro su aprobación para el emplazamiento de los misiles, quien le dio el visto bueno sin dilación.

La construcción de las rampas de lanzamiento de cohetes nucleares en Pinar del Río, detectadas por vuelos de reconocimiento americanos, dieron lugar a la llamada Crisis de Octubre o de los Misiles en Cuba, que se inició el 22 de octubre de 1962 con una declaración del presidente John F. Kennedy exigiendole al gobierno soviético el retiro inmediato de sus cohetes en Cuba y decretando el bloqueo marítimo de la Isla para impedir nuevos embarques de equipo nuclear. Fue un momento donde el mundo estuvo al borde de una confrontación bélica entre Estados Unidos y la Unión Soviética, que amenazaba con el exterminio de la humanidad, por explosiones o radiaciones atómicas.

No intento reseñar la crisis en detalle —harto relatada— pero sí destacar el papel de Fidel Castro en esos días terribles donde el destino del mundo estaba en manos de las dos superpotencias. Y nada mejor que transcribir párrafos del intercambio de cables entre Nikita Jruschov y Castro en medio de la crisis.

26 de octubre. Castro a Jruschov:

Si los imperialistas invaden Cuba con el objetivo de ocuparla, los peligros de su agresiva política son tan grandes después de esa invasión que la Unión Soviética no debe permitir cirscunstancias en las que los imperialistas puedan llevar a cabo un primer ataque nuclear contra nosotros.

Y a renglón seguido:

Le digo esto porque creo que la agresividad de los imperiaistas los hace extremadamente peligrosos, y si ellos se las arreglan para llevar a cabo una invasión de Cuba — un brutal acto en violación de las leyes universales y morales— ese sería el momento para eliminar este peligro para siempre, en un acto de la más legítima autodefensa. Por dura y terrible que sea la solución, no habría otra.

La petición de Fidel Castro significaba que se activaran los proyectiles en Cuba —bajo control soviético— contra Estados Unidos e iniciar una guerra nuclear. Y retando la razonable cautela soviética, con irrefenable ánimo belicista, el dictador cubano derribó por su cuenta un avión americano U-2 de reconocimiento que volaba sobre Cuba, lo que agravaba aún más la situación. La respuesta de Jruschov no se hizo esperar.

28 de octubre. Jruschov a Castro:

> *... uno no debe permitirse caer en provocaciones. Ahora que se está encontrando una solución —una solución que es favorable para usted y que es una garantía contra una invasión— los desenfrenados militaristas del Pentágono quieren frustrar el acuerdo y provocarlo a usted a tomar medidas que podrían usar contra usted.*
> *Le pedimos que no les dé un pretexto para esto.*

La advertencia era un regaño sin disfraces. Evidentemente, Jruschov se estaba percatando de que estaba frente a alguien cuya temeridad lo hacía extremadamente peligroso. Y que en tan grave crisis, en lugar de actuar sensatamene y apaciguar los ánimos, Fidel Castro lo que hacía era recrudecerlos al derribar el U-2. El jefe soviético no tenía otra opción que marginar del conflicto al máximo líder y continuar negociando directamente con el presidente Kennedy, sin comunicarle al dictador de Cuba lo que se estaba discutiendo ni solicitar su opinión.

Y en un cable a Fidel Castro fechado el 30 de octubrede 1962, Jruschov volvía a regañar:

> *... usted propuso que deberíamos ser los primeros en llevar un ataque nuclear contra territorio enemigo. Naturalmente, usted comprende a donde eso nos hubiera llevado. No hubiera sido un simple golpe, sino el comienzo de una guerra mundial termonuclear.*

Después de la crisis

Según me contaría Carlos Franqui —ya en el exilio— Fidel Castro no fue informado por el gobierno soviético del desmantelamiento de los misiles y se enteró de la decisión por un sensacional titular de primera plana del periódico *Revolución* que Franqui se había atrevido a publicar sin comunicárselo antes. Y para salvar la cara ante el mundo y vengar su vanidad herida, lo único que se le ocurrió al *máximo líder* como respuesta a la humillación recibida fue organizar manifestaciones multitudinarias e injuriosas contra el Primer Ministro soviético bajo el pueril y poco serio lema de: "Nikita, mariquita, lo que se da no se quita", desplegado en toda la Isla como la gran consigna revolucionaria. Su grave irresponsabilidad al solicitarle a los soviéticos una acción que hubiera significado, en su primera fase y como respuesta inmediata, el exterminio nuclear de la población cubana, ha quedado indeleble en la historia.

En su afán de trascendencia histórica (*La Historia me Absolverá*) el dictador cubano, cuyo retiro del poder es más formal que real, ha pretendido en los últimos años que el mundo olvide la apocalíptica petición que le hizo a Jruschov. Y ha tratado de presentarse como un adalid del pacifismo antinuclear para borrar su comprometedora participación en la Crisis de los Misiles. Hoy se empeña en pasar como un preocupado defensor de la seguridad del mundo.

A principios de marzo de 2012 visitaron Cuba y se reunieron con Fidel Castro en el Palacio de Convenciones de La Habana 770 pacifistas japoneses que llegaron en el barco "Crucero por la Paz". Era el segundo viaje de ese grupo de activistas a Cuba, que incluía algunos supervivientes del bombardeo atómico, en la Segunda Guerra Mundial, de la ciudad de Hiroshima. Fidel Castro, haciéndose el pacifista, habló del peligro de una guerra nuclear y pidió que se divulgaran más todavía los horrores de la bomba atómica.

Los japoneses son dignos de admiración en muchos sentidos. Como deben serlo los pacifistas del "Crucero por la Paz". Pero no estaría de más que se informaran debidamente, para no ser confundidos por un simulador cuya historia personal está muy lejos de lo que ellos posiblemente crean. Imaginemos el cuadro de destrucción del planeta con su pérdida de millones de vidas que hubiera ocurrido de haber tenido Fidel Castro y no los soviéticos el control del lanzamiento de los misiles.

El "bloqueo" yanqui y las miserias cubanas

Pero lo más importante a destacar en el aspecto de las relaciones de Cuba y Estados Unidos en el más de medio siglo de tiranía castrista es el embargo comercial, que sería tildado de "bloqueo" por los panegiristas del comunismo y aceptado como tal por los que repiten lo que oyen sin disponer de la información necesaria para opinar con fundamento.

En primer lugar, bloqueo es una cosa y embargo otra. Bloqueo, como se entendería en este caso y según el diccionario de la Real Academia Española es "realizar una operación militar o naval consistente en cortar las comunicaciones de una plaza, de un puerto, de un territorio o de un ejército". El que la dictadura castrista tilde de bloqueo lo que es embargo no tiene nada de extraño por su reiterada costumbre de distorsionar hechos y situaciones cuando puede serle de beneficio.

Los que piden el cese del embargo de buena fe y no respondiendo a intereses políticos o comerciales, se olvidan —o desconocen— las razones de Estados Unidos para implantarlo y mantenerlo. Una breve historia del embargo sería ilustradora. Fue iniciado en octubre de 1960, bajo el gobierno del presidente Eisenhower, como respuesta a las confiscaciones de propiedades y empresas de ciudadanos estadounidenses. Era parcial y llegó a ser casi total en febrero y marzo de 1962, siendo presidente Kennedy. Fue convertido en ley y recrudecido en octubre de 1992 por la Ley de Democracia Cubana (Ley Torricelli). Para promulgarla se invocó la Ley de 1917 contra el Comercio con el Enemigo. El embargo fue ampliado en marzo de 1996 al firmar el presidente Bill Clinton la Ley para la Libertad y la Solidaridad Cubanas (ley Helms-Burton de 1996) como represalia por el ametrallamiento y derribo por Migs castristas y en aguas internacionales, de dos avionetas desarmadas de la organización humanitaria Hermanos al Rescate.

Con esta última ley el embargo evolucionaba, de represalia por la confiscación de propiedades, como mayormente podía juzgarse en un principio, a demanda contundente por el derecho del pueblo cubano a su libertad, En ella se hace una descripción detallada de la represión en Cuba y la total ausencia de libertades y de mecanismos democráticos. Y se dan seguridades de que el embargo sería levantado una vez cesare la situación tiránica en el país y se dieran muestras de una apertura democrática.

En 1999, el presidente Clinton prohibió la venta a Cuba de mercancías superiores a los 700 millones de dólares anuales por compañias extranjeras que fueran filiales de estadounidenses. No obstante, la medida sufrió una modificación en 2000, que autorizó la venta a Cuba de alimentos, medicinas y otros artículos que, desde el punto de vista comercial, atenuaban drásticamente los rigores del embargo. En 2004 y 2006, el presidente George W. Busch limitó el envío de remesas de cubanoamericanos a Cuba así como las visitas a familiares residentes en la Isla a una cada tres años. Y finalmente, en septiembre de 2009, bajo el gobierno de Barack Obama, se flexibilizaron esas medidas, permitiéndose el envío de remesas de 500 dólares trimestrales y eliminando las restricciones de visitas a estadounidenses con familiares en Cuba. La Casa Blanca resumiría su posición en los siguientes términos:

> *Estas medidas aumentarán el contacto entre los pueblos; apoyarán a la sociedad civil en Cuba; mejorarán el libre flujo de información para los cubanos; por ellos y entre ellos y ayudará a promover su independencia de las autoridades cubanas.*

Y las exportaciones a Cuba autorizadas en 2000 seguirían vigentes. En resumen, el "bloqueo" quedaba reducido a la prohibición de inversiones americanas en Cuba y de viajes a la Isla de estadounidenses que no fueran de origen cubano.

El verdadero bloqueo

El "bloqueo" se ha tratado de presentar como causante de todas las miserias de Cuba. Pero, ¿tiene que ver algo, realmente, el embargo con las dificultades que afronta Cuba bajo el comunismo? Es bien sabido que las promesas de contenido democrático del *M-26-7* nunca fueron cumplidas por Fidel Castro. Y se sustituyeron por un programa de base marxista que ha resultado en la ruinosa Cuba de hoy. Culpar a Estados Unidos por ese desastre es una maniobra propagandística del castrismo para eludir su responsabilidad y achacarle a otros el miserable resultado de su revolución.

Son muchas las causas del colapso de la estructura económica cubana durante el más de medio siglo de dictadura dinástica de los Castro. Las principales han sido la supresión de la economía de mercado y, por tanto, de la iniciativa empresarial; la confiscación y nacionalización de los bienes de producción; la colectivización de la agricultura, con la limitación (casi prohibición) del mercadeo de los productos del agro, la supresión del derecho a la propiedad de la tierra y otras acciones igualmente imprudentes y caprichosas. ¿Ha tenido que ver Estados Unidos con alguna de esas medidas?

Al desbarajuste económico hay que agregar otras tropelías del castrismo: la violación de los derechos humanos, la liquidación de la libertad de prensa e información, la supresión de elecciones democráticas pluripartidistas y del sindicalismo libre, la violencia física contra la disidencia pacífica y la instauración del terror para acallar la oposición. Tristes realidades que muestran hasta dónde ha llegado el descalabro en Cuba bajo la férula de los hermanos Castro. No es difícil llegar a la conclusión de que el verdadero bloqueo de Cuba lo constituye la presencia de ambos en el poder.

Conjeturas del embargo

Es curioso que uno de los principales argumentos esgrimidos para la eliminación del embargo sea su "inefectividad" para derrocar a los Castro a lo largo de los años, como si ese hubiera sido el propósito de su implantación. Olvidan los que alegan esa supuesta razón que si Estados Unidos se hubiera sentido en la necesidad imperiosa de liquidar el comunismo en Cuba hubiera apelado a la intervención con su aplastante fuerza militar y no a un recurso tan débil y dilatorio como el embargo, que carece de total eficacia al poder comerciar la dictadura con cualquier país. Hubo, sí, tibios intentos con el propósito específico de derrocar a Castro, como fueron el apoyo a la invasión de Bahía de Cochinos y la Operación *Mongoose*. Darle al embargo ese objetivo como única razón de su existencia es inventar una historia para lograr su levantamiento, aspiración en la que se confabulan los defensores de la tiranía, los negociantes inescrupulosos desesperados por beneficiarse de un mercado donde puedan operar en contubernio con la dictadura y algún que otro incauto compañero de viaje del grupo de los "tontos útiles". El castrismo se ha mantenido no porque el embargo "haya fracasado" en derrocar al régimen sino en virtud de la eficacia de su maquinaria represiva.

Por supuesto, el objetivo del embargo ha sido crearle dificultades al comunismo cubano, marginándolo de los beneficios de una relación normal con Estados Unidos. Y coadyuvar, como la propia ley Helms-Burton señala, a "una transición pacífica a la democracia representativa y la economía de mercado".

Otro argumento que se esgrime para demostrar la futilidad del embargo es que le ha servido de pretexto a Fidel Castro para culpar a Estados Unidos por la difícil situación en que está sumido el País. Es decir, que de no haber existido el embargo, el dictador se hubiera quedado sin razones para culpar a los americanos por los problemas de Cuba. Alegación de sorprendente ingenuidad. El *máximo líder* ha demostrado una gran habilidad para desfigurar la realidad, apoyándose en sofismas y falacias para dar versiones más o menos convincentes a su favor. ¿Puede alguien, realmente, creer que ha necesitado del "bloqueo" para responsabilizar a otros por su fracaso? De no existir ese pretexto hubiera inventado cualquier otro igualmente efectivo para desviar hacia Estados Unidos su responsabilidad por la ruinosa Cuba de hoy.

Históricamente, no se ha satisfecho nada de lo demandado cuando se implantó el embargo por primera vez en octubre de 1961 y se hizo ley bipartita (Helms-Burton) en 1996. Ni ha habido cambios políticos ni económicos en Cuba que justifiquen la abrogación de esa ley. Sigue el mismo sistema totalitario de gobierno y los que detentan el poder, Fidel y Raúl Castro, son las mismas personas que lo ejercían cuando se impuso inicialmente el embargo.

Hay, sin embargo, muchas personas bien intencionadas alrededor del mundo que claman por la eliminación del "bloqueo" por considerarlo una injusticia, sin entender que lo injusto sería, precisamente, levantarlo. Son, desde luego, víctimas de la propaganda castrista. Otro de los argumentos que esgrimen repetidamente es lo innecesario del embargo cuando China y Vietnam, ayer enemigos irreconciliables de Estados Unidos, sostienen hoy relaciones diplomáticas y económicas cordiales, lo que indica que no hay razón para que no se le extienda la mano a Cuba. La comparación no es admisible.

En primer lugar, en esos países asiáticos han ocurrido cambios dramáticos en sus estructuras económicas, que han ido derivando hacia una economía de mercado, léase capitalismo. Y sus antiguos líderes comunistas, Mao Zedong y Ho Chi Minh desaparecieron hace tiempo de la vida terrenal. China y Vietnam han iniciado un cambio radical en el terreno económico. Y aunque en el orden político siguen siendo regidos por sistemas totalitarios basados en el terror, una economía de oferta y demanda apunta a la mejoría en las condiciones de vida de cada ciudadano y a una posible y progresiva apertura en materia de derechos humanos que podría ser la antesala de un futuro democrático. En Cuba nada ha cambiado y el régimen sigue aferrado a la fracasada economía planificada. Y continúan en el poder los mismos artífices de la ruptura con Estados Unidos y la imposición antidemocrática del comunismo.

¿Existe realmente un embargo?

La mencionada modificación del embargo en el año 2000, que autorizó la venta directa a Cuba de alimentos, medicinas y otros artículos a partir de 2001, tuvo como principal objetivo acceder a las demandas de los agricultores estadounidenses, que reclamaban una presencia en el mercado cubano. La única condición puesta para proceder a la exportación fue la de que la mercancía tendría que ser pagada en efectivo y por anticipado. El gobierno de Estados Unidos garantizaba de ese modo a sus agricultores y empresarios un pago que de otra manera sería inseguro, dado el consabido inclumplimiento de las obligaciones financieras internacionales por parte del régimen cubano.

Con esa flexibilización quedaban sin argumentos los que sostenían que el "bloqueo" era responsable por el hambre en Cuba, echando a un lado que la dictadura siempre ha estado en libertad de comerciar con cualquier otro país y que, si en Cuba faltaban alimentos, se debía a la incapacidad y torpeza de sus gobernantes y no como consecuencia de acciones originadas en el extranjero. Prácticamente, al autorizarse las ventas de alimentos y medicinas a Cuba, el embargo quedaba sin efecto en su aspecto más importante. Además, los permisos de exportación incluirían otras líneas, entre las que estarían, en adición a productos agrícolas, alimentos y otros, papel para periódicos, materiales eléctricos, cosméticos, muebles de cocina y hasta mezclas para daiquirís y margaritas.

A partir de 2001, las ventas de Estados Unidos a Cuba aumentarían progresivamente, hasta llegar a los $710 millones en 2007. Ese volumen iría decreciendo anualmente, sumando $366 millones en 2010. Las rebajas se atribuían a la escasez de divisas de la dictadura y el apoyo económico de Venezuela a través de Hugo Chávez. En los años transcurridos desde el inicio de la modificación del embargo en 2001 hasta octubre de 2011, la exportación de alimentos, medicinas y otros artículos de Estados Unidos a Cuba alcanzaron la cifra de $3,766.4 millones. Dato que algunos ignoran o pretenden ignorar y otros ocultan deliberadamente para seguir insistiendo en que el "bloqueo" es el responsable de todos los males de Cuba.

Si la severidad del embargo ha sido disminuida considerablemente al permitirse la exportación de diversos artículos a Cuba y liberalizarse en 2009 las visitas y remesas de los cubanoamericanos a la Isla, que representan miles de millones de dólares anuales de ingresos, ¿a qué puede deberse esa intensa campaña de la dictadura cubana para que se suprima el embargo? Saltan dos razones: la primera, conseguir créditos y la inyección de capital de inversión americano. Y en segundo lugar, que se eliminen las restricciones impuestas a los ciudadanos americanos de origen no cubano para viajar a Cuba. De lograrlo, lloverían los dólares de los inversionistas americanos y las playas cubanas se inundarían de turistas, salvando a la tiranía de la crisis económica, lo que garantizaría su continuidad en el poder. Hoy los agentes directos o indirectos del castrismo que promueven el levantamiento del embargo ya no hablan de alimentos y medicinas, callando sus obvios intereses.

Uno de los principales puntos esgrimidos contra el embargo ha sido el de que un turismo americano sin trabas podía ser de utilidad para el fomento de la democracia en Cuba, lo que es fácilmente rebatible. ¿Puede creerse, realmente, que el pueblo cubano necesita de la presencia de algún turista para ser convencido de que la revolución ha fracasado y que dentro del marco democrático de otros países se puede vivir mucho mejor? Enfrentado a su triste realidad cotidiana, unida a la cuantiosa ayuda que se recibe hoy de familiares en el exterior, ningún cubano necesita intercambiar ideas con alguien de afuera para darse cuenta de la triste realidad en que vive. Para saber que el castrismo no sirve la experiencia cotidiana es más que suficiente. Además, basta y sobra con la presencia del familiar que regresa a Cuba de vacaciones, cargado de dólares, ropa y artículos de toda clase. A lo que hay que agregar las visitas a parientes en Estados Unidos, que también permiten identificar las bondades de la democracia y del sistema de economía de mercado sin necesidad de referencias adicionales.

Razones del "bloqueo"

Llama la atención que en el asunto del embargo los que lo critican sólo contemplan los intereses de la dictadura castrista, que se escuda en el pueblo para presentarlo falsamente como víctima de una medida que nada tiene que ver con su penosa situación. Pasan por alto las razones de Estados Unidos para mantener el llamado "bloqueo". Parecen ignorar las incautaciones sin compensación y las afrentas y fabricaciones mentirosas contra ese país durante el prolongado dominio de la revolución castrista.

Dice Philip Bonsal, en *Cuba, Castro and the United States*, al comentar su impresión de Fidel Castro en los primeros meses de su corta misión como embajador de Estados Unidos: "Yo no me percataba entonces de hasta qué punto el odio por todo lo americano dominaba a Castro, cuán grosero era para exagerar las alegadas fechorías y motivaciones de los "imperialistas" y lo decidido que estaba para rechazar cualquier idea de rectificación o reforma, empeñado en provocar una completa ruptura con Estados Unidos."

No debe olvidarse que Fidel Castro metió a Cuba, en plena Guerra Fría, dentro de la esfera política y económica del principal enemigo de Estados Unidos: la Unión Soviética. Y hasta llegó a lo inimaginable: su petición a Nikita Jruschov de que lanzara contra Estados Unidos los misiles nucleares instalados en Cuba. Más el derribo de dos avionetas americanas desarmadas en el espacio aéreo internacional por Migs castristas con la muerte de sus cuatro tripulantes, tres de ellos ciudadanos estadounidenses. Graves crímenes donde el mantenimiento del embargo, si consideramos que se trata de la primera potencia militar del mundo, es la más blanda de las reacciones.

Las confiscaciones, violaciones de derechos, insultos y falsedades perpetrados por el castrismo contra Estados Unidos no pueden ser borrados de la historia con el pretexto de lo impropio de un "bloqueo" que fue impuesto, precisamente, como respuesta a esos abusos. Los que claman por eliminar el embargo intentan presentarlo como dirigido contra el pueblo cubano cuando la verdad histórica es que ha sido concebido para promover su libertad.

Incansables por la libertad

A la presencia en el Congreso y Senado de Estados Unidos de exilados cubanos naturalizados y de hijos de cubanos nacidos en ese país, se debe que los intereses de numerosos empresarios americanos no hayan podido prevalecer para que se eliminara totalmente el embargo. Esos hombres de negocio sólo han visto en la Cuba castrista la apertura de un mercado adicional y no el atentado contra la democracia y la justicia que el levantamiento del embargo pudiera significar. Hay que atribuirle a la tenacidad de los representantes Robert Menéndez (hoy senador), Lincoln Díaz-Balart, Ileana Ros Lehtinen, y Mario Díaz-Balart el hecho de que no hayan progresado esas presiones en el Congreso. A esos esfuerzos hay que sumar los del exsenador federal Mel Martínez, también de origen cubano. Grupo de excelencia, constituido por dedicados propulsores de una apertura democrática para Cuba que han denunciado sin tregua la constante violación de los derechos humanos en la Isla.

Pero no sólo en el ámbito legislativo los cubanos exilados se han destacado por la influencia que han podido generar en el gobierno americano para que el castrismo sea descartado como potencial recipiente de ayudas económicas americanas que podrían apuntalarlo. Fuera del Congreso de Estados Unidos otros líderes del exilio han contrarrestado exitosamente los cuantiosos recursos que la propaganda castrista ha movilizado para penetrar la opinión pública estadounidense.

Entre esos cubanos se destacó Jorge Mas Canosa, paladín de oratoria emotiva y gran capacidad de organización a quien hay que atribuirle, entre numerosos y notables logros, la creación de Radio Martí, emisora filial de la Voz de América. Gracias a esa iniciativa, el pueblo cubano pudo tener acceso a las noticias del mundo democrático, que la dictadura bloqueaba con eficaces mecanismos de interferencia radial. Su fallecimiento prematuro privó a Cuba de una voz indispensable, porque la posición conservadora de Mas Canosa era tan necesaria como la liberal para preservar el balance democrático. Alma y vida de la Fundación Nacional Cubano-Americana, fue siempre firme y elocuente en la denuncia de la violación de los derechos humanos en Cuba. Su influencia en las esferas ejecutivas y legislativas de Estados Unidos no sólo fue determinante para lograr la aprobación de leyes anticastristas, como la de Helms-Burton sino también para impedir la aprobación de medidas gestadas por poderosos cabilderos para ablandar la firme posición del Congreso contra la dictadura cubana.

En el terreno de la denuncia de los desmanes de la usurpación comuista en Cuba y en la exposición de razones para mantener el embargo, la presencia de Frank Calzón ha sido también inestimable. Infatigable activista y columnista, goza del respeto y la atención de prominentes personalidades en Estados Unidos, América Latina y Europa. Fue colaborador asiduo de Elena Mederos, ya fallecida, que se distinguió en el pasado por instituir en Cuba la profesión de Trabajador Social. Ambos crearon un Comité para denunciar ante el gobierno estadounidense y los foros internacionales la violación de los derechos humanos bajo Castro. La doctora Mederos había participado en la lucha contra Batista y fue ministra de Bienestar Social en los primeros meses del gobierno revolucionario.

Calzón ha estado presente, por décadas, en numerosos foros que han tenido que ver con la libertad y los derechos humanos en Cuba, sobre todo en las reuniones internacionales celebradas en Ginebra, donde en una ocasión hasta fue agredido físicamente por un agente castrista. Sus contundentes columnas periodísticas han sido publicadas en los más importantes rotativos de Estados Unidos. Y su labor como director ejecutivo del *Center for a Free Cuba* (Centro para una Cuba Libre), radicado en Washington, ha sido de considerable efectividad para llevar la verdad de la tragedia cubana a todos los rincones del mundo.

El embargo y la sucesión en el poder

El levantamiento del embargo, por la enorme riqueza que para la dictadura supondría la potencial inversión de capital estadounidense y la explotación de su turismo, contribuiría poderosamente a la implantación de un esquema de sucesión en el poder que garantice la continuidad de la parentela castrista como verdaderos jefes del País. Y se crearía en Cuba, según vislumbra un cubano brillante y visionario, Luis B. González, un sistema de corte fascista. Que contaría con la colaboración de ciertos grupos empresariales, extranjeros y cubanos, que no vacilarían en apoyar el régimen que fuere si se les garantizara la protección de sus inversiones con la eliminacion de las demandas obreras y el control gubernamental de los salarios. Violaciones de los derechos de los trabajadores que no habría que introducir en el "nuevo" sistema porque existen desde hace más de medio siglo, cuando se instauró en Cuba, irónicamente, la "dictadura del proletariado".

Lo que en estos momentos ocurre en Cuba exhibe todos los elementos dictatoriales del fascismo. Llevarlo un poco más allá desde el punto de vista económico no sería nada difícil, si se cuenta para ello con el impulso que en el orden financiero el levantamiento del embargo le daría al castrismo. Los herederos del poder alegarían abandonar el comunismo y rebautizarían su sistema con un nombre más atractivo. Régimen que atraería como un imán a inversionistas protegidos por un gobierno de mano dura, como ocurrió con el fascismo de Benito Mussolini durante algunos años de la primera mitad del siglo XX. Asi asegurarían la permanencia en el poder y su propia supervivencia los descendientes del binomio castrista en esa Cuba del futuro que posiblemente elucubran. Ese es el mayor peligro que, para la vida en libertad, justicia y democracia a la que Cuba tiene derecho representa el levantamiento de un embargo que ya no existe desde el punto de vista de su razón principal: la suspensión de exportaciones de alimentos y medicinas. Pero que de eliminarse en su totalidad rebosaría las arcas de la tiranía por las bondades de la potencial inversión americana y de la afluencia de turistas del Norte, que podría ser de impresionante volumen por las maravillosas playas que Cuba ofrece y la proverbial hospitalidad del cubano.

La importancia del "bloqueo", según la dictadura

Paradójicamente, la existencia del embargo ha obligado al castrismo a una posición contradictoria. Porque si damos como ciertas las falacias elucubradas por el régimen para culpar al embargo de todas las calamidades de Cuba, hay que concluir que la dictadura castrista está dando a entender que, sin la ayuda de Estados Unidos, la Isla estaría condenada inexorablemente a seguir siempre en la situación miserable que vive hoy. Aparentemente, de nada valen las relaciones comerciales con el resto del mundo, el apoyo irrestricto y cuantioso que prestó Hugo Chávez y las inversiones foráneas de España, Canadá, México, Italia y China para sacar a Cuba de la ruina. Sólo Estados Unidos puede extender la mano salvadora levantando el "bloqueo".

Que Cuba depende totalmente de Estados Unidos es lo que puede inferirse al condenar el castrismo el embargo como el responsable de la situación exasperante que sufre el País. Y que sin esa cooperación o ayuda estadounidense una vida normal en Cuba sería imposible. Si los Castro no vacilan en admitir esa supuesta dependencia, aunque no lo hagan directamente, ¿cómo puede explicarse ese obstinado ataque de más de cinco décadas contra el que hoy dan a entender como indispensable salvador? ¿Por qué esa "guerra contra Estados Unidos" que declaró por su cuenta Fidel Castro en su memorable carta a Celia Sánchez? ¿Por qué se rechazaron al principio de la revolución los buenos oficios del embajador estadounidense Philip Bonsal, que hizo lo indecible por zanjar diferencias, prometiendo la ayuda de su país a las metas revolucionarias? Esas son preguntas con una sola respuesta: una buena relación con Estados Unidos hubiera sido un obstáculo para las aspiraciones totalitarias de Fidel Castro. La concomitancia de su "guerra" y la voluntad de ayuda americana era imposible. El *máximo líder* optó por un comunismo que le garantizaba el poder totalitario de por vida, rechazando las oportunidades que para el bienestar y progreso del cubano representaba una cordial relación con el gran vecino del Norte. Creyó que su alianza con los rusos lo situaría del lado ganador en la Guerra Fría. Pero, a pesar de su innegable astucia, falló en sus cálculos. Y hoy su régimen clama, en busca de salvación, por una acción utilateral del que convirtió innecesariamente en enemigo.

Epílogo de las relaciones

En la Organización de Naciones Unidas (ONU), el castrismo ha logrado exitosamente presentarse como víctima. Y conseguir que el "bloqueo" sea censurado casi unánimemente. Se hace evidente que los que votan por la supresión de un embargo que ha sido flexibilizado al máximo, o son cómplices de la dictadura castrista o desconocen los antecedentes y razones de la medida y las posibles consecuencias de su levantamiento. La poca importancia que Estados Unidos le ha dado a esas resoluciones de la ONU parece motivar que el régimen cubano muestre un afán cada vez más apremiante en conseguir que el Congreso americano suspenda el embargo. Prueba de que la seguridad de su continuismo está depositada en la potencial inversión yanqui en Cuba y la explotación de su turismo.

Aparte de lo que representaría la suspensión del "bloqueo" para facilitar la continuidad del castrismo, hay otros factores que hacen inaceptable la derogación de la ley que lo impone. Si, como he señalado anteriormente, los hermanos Castro se han mantenido en el poder y no ha habido en más de medio siglo ni uno solo de los cambios políticos y económicos que se reclaman en la ley Helms-Burton, ¿qué razón legítima puede aducirse para que Estados Unidos levante el ya suave embargo? Supresión que convalidaría moralmente a la dictadura latinoamericana que más sangre ha hecho correr. ¿Cómo puede alguien pretender que la parte ofendida suspenda unilateralmente una medida dictada como respuesta a acciones arbitrarias e injustas, incluyendo atroces violaciones de los derechos humanos? ¿Es que el ejercicio del delito, por ser prolongado, hace al criminal acreedor a la amnistía?

Contrario a lo que posiblemente pensó el *máximo líder* que habría de ser su futuro y el de Estados Unidos, treinta años después de usurpar el poder el comunismo en Cuba, la Unión Soviética, que había vaticinado por boca de Nikita Jruschov que "enterraría" a Estados Unidos, desaparecía del mapa. El comunismo soviético, el gran benefactor de Fidel Castro y paradigma del desastre cubano, se enterraba a sí mismo.

Y en un plazo históricamente breve después del incidente de Little Rock (Capítulo 10) y varios motines nultitudinarios de violencia, muerte y destrucción en Estados Unidos, surgidos como consecuencia de la supremacía racista sobre los ciudadanos de piel negra o parda, la patria de Lincoln pudo neutralizar ese fanatismo en virtud de su admirable progreso liberal y democrático. Y elegir y reelegir a la posición política más importante del mundo a Barack Obama, talentoso hijo afroamericano de un nativo de Kenia.

Carta de Fidel Castro a Celia Sánchez en la Sierra Maestra donde manifiesta su intención personal de "hacerle la guerra a Estados Unidos", sin contar con la opinión del Movimiento 26 de Julio ni la de ningún cubano. "Guerra" a todas luces irresponsable y apasionada, cuyos nefastos resultados serían pagados durante más de medio siglo por todo el pueblo de Cuba.

CAPÍTULO 15
SOBERBIA ASESINA

Revolucionarios y batistianos juntos

En más de medio siglo de poder castrista han ocurrido en Cuba cientos de situaciones, hechos y eventos que, por insólitos e inimaginables, han sido dignos de consideración y análisis en la prensa mundial. Trato en este capítulo de presentar los que considero más significativos, que tienen que ver con el asesinato político y las maquinaciones criminales para vengar acciones de la oposición democrática que, en infinidad de casos, se han manifestado sin apelar a la violencia. Narro también atrocidades cometidas contra personas que huían de Cuba, que sólo aspiraban a vivir en tierras de libertad. Hechos que en su mayoría pueden ser identificados como obra del resentimiento y la soberbia, vicios del carácter que, según puede inferirse de un análisis serio de su conducta, han hecho presa en Fidel Castro para dejar en la historia páginas de espanto.

Aunque lejos de la patria y entregado a las exigencias que mi profesión de cineasta implicaban, que apenas me dejaban tiempo para atender otras obligaciones, no dejaba de escrutar cuidadosamente las iniciativas y reacciones de Fidel Castro en su empeño de mantenerse al timón de una nave que estaba conduciendo torpemente al naufragio. Mis conclusiones —algunas aparecidas en columnas periodísticas— no coincidirían, por lo general, con la impresión común que sus iniciativas y acciones suscitaban en la prensa mundial y en los círculos del exilio. La diferencia estaba en que yo trataba de presentar en ellas, quizás con más profundidad que los profesionales del relato, las verdaderas motivaciones del *máximo líder* cuando sus decisiones y maniobras causaban revuelo periodístico. Al analizar esas motivaciones, mis impresiones convergían en un punto fundamental: Fidel Castro hacía lo indecible para retener el poder a cualquier precio, aunque eso significara, entre otras atrocidades, asesinar por la vía del paredón a miles de cubanos que, en definitiva, luchaban por revalidar las que habían sido promesas básicas en la lucha contra Batista.

Estando todavía en España en mis primeros meses de exilio, me enteré que antiguos compañeros del *M-26-7* que se enfrentaban a la infiltración comunista y habían sido arrestados sin ninguna protección legal estaban siendo enviados a las mismas celdas que en las prisiones albergaban a sicarios de la dictadura batistiana. Enemigos a muerte en los mismos cubículos. Imaginemos el resultado. Peleas sangrientas y continuas. Insultos recíprocos. Tensiones constantes. Paz imposible. Las autoridades penales no mostraban la menor intención de intervenir. Los bandos contendientes se dieron cuenta de que estaban cayendo en una trampa de perversidad manifiesta. Y pactaron normas de convivencia. Fue de la única forma en que ambos grupos, revolucionarios y batistianos, sin ninguno abjurar de su pasado, pudiesen coexistir sin clavarse las uñas. Pero la decisión de ponerlos juntos en prisión decía mucho de la consideración de Fidel Castro hacia sus excompañeros en rebeldía y de hasta dónde podía llegar su capacidad para el rencor, el resentimiento y la venganza.

El segundo paredón

Ya entrado 1961, a escasamente dos años del triunfo revolucionario, comenzó un nuevo paredón. Esta vez no contra los asesinos y torturadores que respondían a la depuesta dictadura militar, lo que no estaba bien. Serían fusilados ahora los verdaderos revolucionarios, del *M-26-7* y de otras organizaciones que combatieron a Batista, que no estaban dispuestos a aceptar sumisamente la entrega de la revolución al comunismo. A ellos se sumaban unos valientes líderes juveniles, de base católica, que se lanzaban al ruedo subversivo para impedir la instauración del comunismo, sabiendo que podían pagar con la vida su heroica determinación.

Entre los fusilados que habían participado en el proceso insurreccional estaban los comandantes William Morgan y Jesús Carreras, del Segundo Frente Nacional del Escambray; Plinio Prieto, de la Organización Auténtica y Humberto Sorí Marín, del *M-26-7*. Sorí, abogado, había sido en la Sierra Maestra el redactor de la primera ley de reforma agraria y Ministro de Agricultura en el primer gobierno revolucionario. Era el único de esos jefes revolucionarios que había tenido una estrecha relación personal y política con Fidel Castro, lo que no impidió que fuera conducido al paredón a pesar de que —según es de general conocimiento— le había prometido a la madre de su excompañero que su hijo no sería fusilado. Se hacía evidente que enviar al paredón a enemigos políticos que habían sido aliados en la lucha contra Batista sólo podía ser producto del odio. La cárcel apenas era opción. Y cuando se sustituía por el fusilamiento sería bajo condiciones inaguantables. En la naturaleza de Fidel Castro no anidaba el sentido de tolerancia ni la capacidad de perdón. La crueldad se recrudecía si el opositor, de alguna manera, había coincidido con él en la lucha contra Batista.

Pedro Luis Boitel, mártir de la libertad

Uno de esos casos, cuyo protagonista pasaría a la historia como ejemplo supremo de la resistencia heroica del pueblo cubano contra la implantación del comunismo, es el de Pedro Luis Boitel, de quien me honro en haber sido amigo y compañero.

Boitel estudiaba Ingeniería en la Universidad de la Habana y trabajaba como técnico de radio en la emisora CMQ. Como tantos jóvenes con inquietudes patrióticas, decidió participar activamente en la lucha contra el régimen golpista del 10 de marzo, incorporándose al Movimiento 26 de Julio. Llegó a ser miembro de la Dirección Provincial de la Habana. Después del fracaso del intento huelgario de abril de 1958 y la feroz represión desatada por la dictadura batistiana contra el Llano, no tuvo otra opción que pedir asilo político en la embajada de Venezuela. Ya en Caracas, montó una planta de radio que transmitía para Cuba noticias y comentarios sobre el acontecer insurreccional y se vinculó al Partido Acción Democrática, que llevaba a Rómulo Betancourt de candidato a la presidencia de Venezuela. Con el triunfo revolucionario, regresó a Cuba y reanudó sus estudios, siendo elegido presidente de la Asociación de Estudiantes de la Facultad de Ingeniería.

Por ser un fiel seguidor de los principios que le dieron razón de ser al *M-26*-7, Boitel pertenecía al sector mayoritario del Movimiento que se estaba percatando de que la revolución estaba siendo desviada de la ruta prometida. Y, comprometido con el programa original de la revolución, optó por postularse a la presidencia de la Federación Estudiantil Universitaria. ¡Cuál no sería su sorpresa al encontrarse nada menos que con la resistencia inesperada de Fidel Castro a su legítima aspiración! (ver Capítulo 7).

Boitel, de cuyo temple fui testigo, no vaciló en combatir la traición a las promesas revolucionarias de Castro y luchar por su derrocamiento. Fue arrestado en noviembre de 1960 y enviado a las celdas de la Fortaleza de la Cabaña. Condenado a 10 años de prisión, por su espíritu indómito sufrió abusos y golpizas, declarándose en huelga de hambre en varias ocasiones. Le celebraron varios juicios en la cárcel que extendieron arbitrariamente la condena original. Estuvo recluido, además de en La Cabaña, en Isla de Pinos (de donde intentó fugarse) y en el Castillo del Príncipe. En esta última prisión y en protesta por las malas condiciones y abusos a los presos políticos, se declaró en huelga de hambre el 3 de abril de 1972. Cincuenta y tres días después, el 25 de mayo, a los 41 años, destruido su cuerpo por los rigores terribles de la falta de alimentos y líquidos, pero sin claudicar ni un instante, entregó la vida.

El caso de Pedro Luis Boitel pone al descubierto el rencor de Fidel Castro hacia los que compartieron con él los peligros de la lucha insurreccional y se enfrentaron luego a la imposición del comunismo. Boitel pudo haber sido tratado con consideración y respeto en lugar de ser castigado inmisericordemente por su resistencia ante el abuso carcelario. Pudo haberse evitado el trágico desenlace de su huelga de hambre con una adecuada asistencia médica. Sus antecedentes, arrojo y nobles intenciones lo hacían acreedor a un trato humano. Por su naturaleza rebelde, castigos en prisión y sufrimiento sin par, Pedro Luis Boitel ha llegado a ser la figura más emblemática en la larga lucha por la libertad y los derechos humanos bajo la tiranía castrista.

El éxodo del Mariel

En la trayectoria de la dictadura castrista hay un proceso que define con meridiana claridad la verdadera personalidad de Fidel Castro. Se inició en La Habana con un suceso ocurrido el 1 de abril de 1980 y duró algunos meses. Fue el evento migratorio más espectacular en la historia del régimen comunista: el éxodo del Mariel. Hasta ese momento había ocurrido algo muy parecido: la salida permitida de descontentos por el puerto pesquero de Camarioca, que trajo a la Florida casi 3,000 refugiados en 1965 y que traería como consecuencia la instauración de los Vuelos de la Libeertad. Esos vuelos durarían hasta 1973 y permitirían la entrada en Estados Unidos de 260,051 refugiados cubanos.

Lo del Mariel empezó cuando un ómnibus ocupado por cinco aspirantes a refugiados políticos irrumpe violentamente en la embajada de Perú en La Habana, destrozando el portón. Al tratar de impedirlo muere accidentalmente, en fuego cruzado con otro policía, uno de los de los agentes que custodiaban la sede. Fidel Castro reclama la devolución de los asilados. El gobierno peruano, haciendo honor a su soberanía, se niega. Como represalia y ensoberbecido, el Comandante insta por televisión a que todo aquel que quiera asilarse puede hacerlo entrando en la embajada, lo que no sería impedido por el gobierno. En menos de 72 horas, una multitud de cerca de 11,000 personas colma el terreno, las habitaciones y las oficinas de la embajada, en un espacio limitadísimo. La situación se hace insostenible. Cabe imaginar por qué. Gente apretujada, hasta encaramada en los árboles y techos, hambre y sed agobiantes, falta de espacio para dormir y resolver las necesidades más elementales, hedor insoportable, excremento y orines por doquier. Precio terrible para salir de un infierno. Crisis que conmueve al mundo y se vuelve, sin haberlo podido prever, contra el régimen que la crea.

Es obvio que Fidel Castro, violando el respeto que debe imperar en las relaciones diplomáticas y con ánimo vengativo por la reacción peruana, previó una respuesta masiva a su invitación, pero no al extremo en que habría de ocurrir. Creía contar con un apoyo popular masivo. Y la dimensión de la respuesta demostraba que sólo era aparente y que el miedo al terror obligaba a la hipocresía. Para atenuar el escándalo internacional que provocaba la incontrolable situación en la embajada, declaró que habilitaría el puerto del Mariel, al norte de la provincia de Pinar del Río, para que, tanto los refugiados en la sede diplomática como todo el que quisiera abandonar el país pudieran hacerlo. No como un gesto de generosidad. Más bien, de soberbia, adjudicándoles de paso a los que quisieran irse los peores epítetos, entre ellos el de escoria social.

El presidente de Estados Unidos, Jimmy Carter, en un gesto de generosidad incondicional declaró que los cubanos que huyeran del comunismo serían recibidos "con los brazos abiertos". Pero la oferta de la dictadura de que se fuera el que quisiera escondía una estratagema que casi nadie detectaria.

La trampa del Mariel

El proceso implantado por la usurpación comunista para salir de la avalancha de inconformes resultaba novedoso: los parientes de los desafectos que residieran en Estados Unidos deberían de hacerse de alguna embarcación, cruzar el estrecho de la Florida y recoger a sus familiares y amigos en el Mariel. Tal como había ocurrido anteriormente en Camarioca. La reacción no se hizo esperar. Los exiliados quemaban sus ahorros comprando o alquilando botes. No podían pasar por alto la oportunidad de comprar la libertad de sus seres queridos.

El gobierno de Carter había sido tomado por sorpresa y respondía noblemente pero sin exhibir una política coherente para afrontar la situación. ¿Cuáles eran las reglas de la dictadura para entregarles sus familiares a los exiliados? Parecían fáciles: vengan por ellos y se los entregamos. Pero la realidad ahora era muy diferente a la de Camarioca. Cuando llegaban al Mariel, lo que les daban para embarcar no eran sus parientes y amigos (si acaso, una mínima parte). La mayoria eran gente desconocida. Pero prometían que en otra embarcación pondrían a los de su lista. El cumplimiento reiterado de esa promesa oficializó la rutina: voy con mi bote, me dan otra gente, pero en otro bote irán los míos. ¿Por qué un procedimiento tan extraño? Era obvio. Así irían a Estados Unidos los reclamados, pero también los que la dictadura quisiera incluir. Ningún exiliado que iba a recoger parientes estaría en posición de identificar a la mayoría de sus pasajeros. Cuando el gobierno de Carter pudo darse cuenta de la maniobra, era ya demasiado tarde. Más de 20,000 individuos acogidos al éxodo, entre los que se contaban expresos comunes, agentes comunistas y pacientes de instituciones mentales, habían pisado suelo americano.

El éxodo del Mariel se caracterizó por el volumen increíble de refugiados: 124,799 en seis meses y medio (de estos 86,488 sólo en el mes de mayo de 1980). Y en los años subsiguientes sería motivo de editoriales, reportajes y comentarios en la prensa internacional el extraordinario éxito en el orden económico de una buena parte de los "marielitos" que, acogidos a las oportunidades empresariales y de trabajo en Estados Unidos, en corto tiempo tenían sus propios negocios, buenos empleos y compraban casas y automóviles. Un *American Dream* en breve plazo para gente emprendedora que en Cuba vivían sin esperanzas. El Mariel también fue una gran oportunidad para que talentosos escritores, artistas y periodistas que pudieron escapar dieran a conocer sus talentos y gozaran del merecido reconocimiento que en Cuba se les negaba. La lista es extensa.

Otros aspectos del éxodo

Pero la historia del Mariel no es sólo la conocida por la generalidad de la gente. Uno de los aspectos al que no se la ha dado la importancia debida es el de haberse incluido criminales convictos en el contingente migratorio. La dictadura vació las cárceles con el propósito de inundar de presos comunes a Estados Unidos. Forma simplista de intentar demostrarle al mundo que los que querían irse de Cuba eran sólo desechos sociales, incapaces de incorporarse a la gloriosa gesta revolucionaria. Y también para desestabilizar el orden público en el vecino del Norte, de cuyos resltados dan fe los numerosos robos y asesinatos que serían cometidos en los meses subsiguientes a la llegada de esos expresidiarios a Estados Unidos.

Pero donde se colmó la copa fue en la infiltración de agentes comunistas para crear desórdenes. Un caso que acaparó los titulares del momento fue el de la sublevación de los "marielitos" detenidos en Fort Chaffee, Arkansas, el primero de junio de 1980. Cerca de 21,000 individuos procedentes del Mariel que no habían sido reclamados o identificados y cuya procedencia era sospechosa, fueron enviados a esa instalación militar para poder retenerlos mientras se desarrollaba el proceso de encontrarles patrocinadores (personas que se hicieran responsables de ellos). Trámite que necesariamente tenía que ser lento y por lo general negativo. No podían dejarlos libres porque muchos habían confesado su pasado delictivo en Cuba. Con el pretexto de esa lentitud en el papeleo se montó una violenta protesta masiva que culminó en el incendio de 4 edificaciones, la fuga de 300 reclusos (que luego serían capturados), la intervención de la Guardia Nacional y dos cubanos muertos.

La ciudad de Barling, sede de la base militar, vivió momentos de verdadero terror. Tan grave fue el escándalo, que le costó la reelección al entonces gobernador de Arkansas, Bill Clinton, que había accedido a la petición del presidente Carter de aceptar a los cubanos reciém llegados en Fort Chaffee. Finalmente, después de varios meses de negociaciones, el gobierno americano llegaría a un acuerdo con la dictadura castrista para repatriar a los que no pudieron ser ubicados.

Confundir a esos amotinados con refugiados de buena fe que reclamaban un trato justo fue un increíble ejercicio de ingenuidad al que la prensa americana se prestó. Si no es propio sostener que todos los detenidos en la instalación militar tenían que ser infiltrados o expresidiarios, en momentos de tensión es fácil convocar a la subversión del orden para aquellos entrenados en hacerlo. Dentro de los retenidos en Fort Chaffee, los infiltrados, que respondían a su misión de agitar y desestabilizar, soliviantaron fácilmente a los expresidiarios y a los que no lo eran para la protesta violenta. Y en la rebelión general entraron todos.

Detrás de lo ocurrido estaba, evidentemente, la mano de Fidel Castro. Hay que tener presente que un verdadero refugiado, una vez lograda su difícil salida de Cuba no va a estar dispuesto a comprometer sus posibilidades de residir en Estados Unidos participando en una protesta de violencia más que exagerada ante una incomodidad pasajera.

Pero lo más dramático en el éxodo del Mariel fue la presencia de enfermos mentales entre los emigrantes. Sacar a la fuerza a un paciente de una institución mental y enviarlo a una aventura que puede ocasionarle daño, no sólo a él sino a otros, es lo más inhumano que pueda imaginarse. La ciudad de Miami fue testigo durante varios meses del terror que cundió por la presencia, no sólo de los criminales convictos que Castro sacó de las prisiones sino también de esos enfermos incontrolables. Este ángulo del Mariel no debe olvidarse, ni dejar de analizarse en todo lo que implica. Constituye, en toda la historia de ese éxodo masivo, una de las páginas más acusatorias para Fidel Castro. Atropello a la dignidad humana, que delata su menosprecio hacia quienes han tenido la desdicha de padecer males que alteran la conducta y la razón. Y que denota también su insensibilidad hacia las víctimas potenciales de esos desajustados una vez en libertad.

Los secuestros de aviones

"3000 agentes cubanos fueron infiltrados entre los 125,000 refugiados del Mariel". Esas fueron las cifras ofrecidas por el desertor cubano Mario Esteves González, miembro de la cadena castrista del narcotráfico, a las autoridades americanas, según publicaría *The New York Times* el 4 de abril de 1983. Declaraciones que cuadran con otra faceta significativa en el caso del Mariel que no ha sido analizada con la profundidad que requiere. Y esa es el secuestro de aviones de pasajeros.

Con posterioridad al éxodo se desató en Estados Unidos una ola de secuestros de aviones que fueron obligados a aterrizar en La Habana. Algunos de los potenciales secuestradores, frustrados al ser sorprendidos y arrestados antes de lograr su propósito, decían que los motivaba la añoranza que sentían por Cuba (*homesickness*). Por supuesto, no podían decir la verdad: que eran agentes al servicio de la dictadura. Tenían que alegar algo que pudiera ser aceptado para justificar su crimen y motivar una reacción compasiva. De ahí el pretexto de la "añoranza por la patria", según las reseñas periodísticas. Para los que estábamos familiarizados con la forma de proceder y de reaccionar de Fidel Castro, no nos sorprendía una maniobra de esa naturaleza. Acción que cuadraba perfectamente con su manera de actuar, rencorosa e insensible. No es lógico que un refugiado genuino vaya a secuestrar un avión de pasajeros, con todos los riesgos que ello implica, para regresar unas semanas después al lugar de donde huyó.

La masacre del *XX Aniversario*

6 de julio de 1980. Es domingo y un grupo de familias matanceras, en unión de sus hijos, quieren festejar el fin de clases. Y deciden celebrarlo abordando la *XX Aniversario*, una embarcación con dos pisos de filas de asientos y capacidad de cien pasajeros que cubre un recorrido turístico de varios kilómetros por el río Canímar, que desemboca en la bahía de Matanzas. Es de suponer lo entusiasmados que estarían los niños por la aventura, ajenos, como sus padres, a lo que sería convertido ese viaje de recreo.

Al grupo de excursionistas se suman dos hermanos, Sergio y Silvio Águila Yanes, de 19 y 18 años de edad, respectivamente. Sergio es sargento del ejército y Silvio está en el Servicio Militar Obligatorio. A ellos se les un amigo, Roberto Calveiro, de 15 años. Hacen en total 68 ocupantes de la lancha, entre los que están otros tres pasajeros complotados, además de los ya citados, para secuestrar la lancha y dirigirla hacia Estados Unidos. Los hermanos portan sendas bolsas y se sientan junto a los restantes pasajeros. Al final del recorrido y en la vuelta de retorno extraen de las bolsas dos fusiles automáticos soviéticos AKM desmontados, que arman precipitadamente. Sergio anuncia que están secuestrando la lancha y va hacia el capitán, apuntándolo con su arma para que salga del río hacia la bahía y ponga proa al norte hasta llegar a Estados Unidos. En un descuido de los secuestradores, un custodio de la lancha saca su arma para impedir la fuga. Sergio se le adelanta y dispara, hiriéndolo mortalmente en el pecho.

La fuga toma un rumbo imprevisto. ¿Qué hacer con la víctima? ¿Cargar con ella hasta el final del viaje? ¿Arrojarla de la nave una vez en el mar? Nadie sabe si el custodio aún no ha muerto y puede salvarse. Y los hermanos Águila, en un gesto compasivo pero comprometedor, deciden dejarlo donde pueda recibir asistencia. Aprovechan la cercanía de un pequeño bote de pesca para trasladar al herido y se accede a la petición de uno de los pasajeros de acompañarlo. Esa decisión sería fatal. Porque permitió que el pasajero notificara lo que estaba ocurriendo y la noticia llegara al principal líder comunista de Matanzas, Julián Rizo Álvarez, quien se puso de inmediato en contacto con Fidel Castro y movilizó todos los recursos represivos a su disposición para impedir que la *XX Aniversario* llegara a tierra americana.

Comienza el exterminio

Estando varios kilómetros fuera de la bahía y rumbo al norte, la nave turística fue alcanzada por dos lanchas torpederas muy veloces y fuertemente armadas que habían sido despachadas por Rizo Álvarez. Temiendo lo peor, padres y madres alzaron a sus hijos para que fueran vistos por los tripulantes de las torpederas y no dispararan. Los hermanos Águila fueron conminados a detener la marcha. Y al no hacerlo, las torpederas comenzaron a disparar contra los indefensos pasajeros, blancos fáciles porque, como todo barco turístico, la *XX Aniversario* tenía plaaformas con asientos para que los pasajeros pudieran disfrutar cómodamente del paisaje. Estaban al descubierto. A las torpederas se unió un avión, ametrallándolos también. Los excursionistas que pudieron escapar de las primeras balas, intentaron refugiarse en el fondo del barco. entre gritos, lágrimas y sangre. Un cuadro de espanto que tomaría todavía un peor giro.

De alguna forma —al parecer a causa de los balazos del avión— se afectó el mecanismo de dirección y la *XX Aniversario* comenzó a dar vueltas, lo que permitió que la lancha fuera embestida por el "23 de Mayo" un barco mucho más grande que se había incorporado a la persecución, comandado por el propio Rizo Álvarez. Después de un primer intento fallido, una segunda embestida prácticamente partió en dos la lancha en fuga, impactando directamente a los pasajeros que se habían refugiado en la parte baja del barco, enviándolos al fondo del mar junto con la embarcación.

Las víctimas mortales llegaron a cincuenta y seis. Sólo se recuperaron once cuerpos, de los cuales cinco eran de menores, incluyendo la niña Lilian González López, de sólo 3 años. Los restantes asesinados —cuarenta y cinco — fueron acribillados a tiros, se hundieron con la lancha o se ahogaron al caer al mar. Fueron dados como desaparecidos y, según declararon testigos tiempo después —la dictadura optó por el hermetismo— hubo sólo diez supervivientes. Sergio Águila se suicidó para no ser capturado. Su hermano Silvio y Roberto Calveiro fueron condenados a 30 años de prisión y otros tres supuestos complotados a penas menores.

Epílogo de la tragedia

Puede presumirse que el plan de los hermanos Águila estaba basado en secuestrar la lancha sin que nadie en tierra llegara a enterarse. Saldrían del río Canímar sin despertar sospechas y de la bahía enfilarían hacia mar abierto. Cuando las fuerzas represivas vendrían a enterarse, ya ellos estarían en aguas internacionales, incerceptados por los guardacostas americanos o en los cayos de la Florida. Una vez en territorio de Estados Unidos, los ocupantes de la lancha ajenos a la fuga —casi todos— tendrían la opción de quedarse o de regresar a Cuba. Todo se frustró por dos incidentes vinculados entre sí: la reacción del custodio, con su mortífera respuesta y la decisión de desembarcarlo una vez herido. Secuencia de errores que podían achacarse a la imprevisión.

Se pudo haber previsto una reacción como la del agente y amarrarlo o desarmarlo para no tener que dispararle, lo que debió haber sido evitado a todo trance. Pero es probable que la inmadurez de los secuestradores y su desesperación por salir de Cuba fueran factores determinantes en el deficiente manejo de la operación. Porque una vez baleado el custodio, la decisión generosa de desembarcarlo en medio de la fuga fue altamente comprometedora: demoraba peligrosamente la salida, delataba el secuestro y le daba tiempo a las fuerzas represivas de movilizarse antes de que la *XX Aniversario* pudiera salir de las aguas territoriales cubanas. Esos errores permitieron que el régimen desplegara todo su mecanismo de represión y consumara la matanza de decenas de inocentes que nada tenían que ver con el plan de fuga, incluyendo un indeterminado número no reportado —aunque presuntamente alto— de menores de edad.

Julián Rizo Álvarez fue generosamente recompensado por su diligente participación en el atroz hundimiento de la *XX Aniversario*. Ascendido progresivamente, fue nombrado miembro del importante Buró Político del Partido Comunista. La orden expresa de Fidel Castro a Rizo de impedir que la embarcación saliera de Cuba incluía la frase de "pase lo que pase". Él *máximo líder* y los ejecutores directos de la masacre tenían que saber, por pura lógica, que no todos los ocupantes de la *XX Aniversario* tenían que estar implicados en el secuestro, sobre todo por la conocida cantidad de niños que con frecuencia abordaban la embarcación en compañía de sus padres. Hubiera bastado que un solo pasajero fuera ajeno al secuestro para que mereciera protección, suspendiéndose cualquier acción contra la nave que pudiera comprometer su vida. Pero esa clase de gesto, normal en cualquier país civilizado y del cual sobran ejemplos, es algo que, desgraciadamente, desapareció de Cuba al hacerse del poder los Castro.

El caso del general Arnaldo Ochoa

Otro de los acontecimientos que han puesto al desnudo la personalidad de Fidel Castro y su práctica de crear situaciones a su favor sin reparar en impedimentos de conciencia, ha sido el "juicio" y asesinato político del general Arnaldo Ochoa, quien por sus servicios a la tiranía había sido galardonado con la máxima condecoración de la dictadura comunista: "Héroe de la República de Cuba". Esos rasgos de la manera de ser del *máximo líder* son puestos en evidencia en la grabación para televisión que produjo el propio régimen para dar a conocer las incidencias del sonado proceso, que se iniciaría poco después del arresto del General el 12 de junio de 1989. Escenas que fueron vistas por casi todos los cubanos.

Por supuesto, ese resultado negativo de lo mostrado en televisión a pesar de todas las argucias empleadas para convertirlo en favorable, no pudo ser previsto por Fidel Castro, quien, para asegurarse de lo que lo que iba a ver el público no le fuera adverso, no permitió que la trasmisión se hiciera "en vivo", es decir, simultánea a los acontecimientos. Se grababa —según me confesó uno de los editores, ahora en el exilio— para ir al aire dos días después, suprimiendo en la edición las escenas que pudieran favorecer a los acusados y aquellas que pudieran suscitar dudas sobre la legalidad de un proceso evidentemente amañado. Así se iría manipulando cuidadosamente el montaje en el cuarto de edición para cumplir con los deseos del *máximo líder*, empeñado en liquidar a su mayor amenaza interna, que en ese momento —para sorpresa de todos— estaba personificada en el general Ochoa.

Pero a pesar de que las escenas pasadas por televisión habían sido previamente aprobadas por los censores, el brillante director de cine Orlando Jiménez Leal (codirector de *P.M.*) hizo uso de ellas y filmó otras adicionales para realizar un extraordinario docudrama, coproducido con la Radiotelevisión Italiana (RAI). La película, que fue aclamada en varios países, puso al desnudo hasta dónde puede llegar Fidel Castro para justificar con falacias la eliminación de sus reales o potenciales enemigos. Tuve la satisfacción de figurar como productor ejecutivo del docudrama, junto al periodista italiano Valerio Riva. Y contamos con mi hijo Emilio para la dirección de la fotografía, difícil faena por la textura que había que imprimirle para que encajara visualmene dentro del material grabado por la dictadura y exhibido por televisión.

Jiménez Leal le dio a su obra el título de *8A* como el graffiti inscrito en los muros y paredes de Cuba a raíz del connotado "juicio". En el docudrama aparece Fidel Castro como un consumado maestro en el arte de inventar reglas jurídicas para encubrir el asesinato político de alguien que le estorba. Se expone claramente la forma en que reviste con visos de ley lo que es un inconcebible crimen. Jiménez Leal, dado que la mayoría del material usado en *8A* procedía de la propia dictadura, lo calificaría como "una puesta en escena de una puesta en escena".

Lo peligroso de Ochoa

¿Por qué constituía un peligro el general Arnaldo Ochoa? En primer lugar, era el más admirado y querido miembro del ejército castrista. Rebelde en la Sierra y participante en la acción final de Santa Clara en la lucha contra Batista, entrenó guerrilleros en El Congo y dirigió un grupo de infiltración en Venezuela, destacándose al salvar de un cerco militar a unos oficiales cubanos. En las guerras intervencionistas de África fue jefe de las fuerzas emplazadas en Angola y luego en las de Etiopía, demostrando valentía y brillantez en ambas contiendas. Se formó militarmente en Cuba y en la academia Frunze, de la Unión Soviética. Se dice que hablaba sin dificultad el ruso. En atención a su historia militar, le fue otorgada la máxima condecoración de la dictadura que he mencionado.

A pesar de que dentro de las locuras y exigencias de Fidel Castro en su imparable carrera egolátrica, Arnaldo Ochoa le había sido un fiel servidor, parecía que el General se había atrevido en algún momento a exteriorizar su descontento con lo que estaba pasando en Cuba. Tener de potencial enemigo a un hombre con el historial del general Ochoa era muy peligroso para el *máximo líder*. Pero mucho más peligrosa era su conexión con los soviéticos. Era bien conocido que el general Ochoa, que había vivido años en la Unión Soviética, simpatizaba con las aperturas políticas que estaba llevando a cabo Mijail Gorbachov: la *Perestroika* (reestructuración de la economía y la burocracia) y el *Glasnot* (discusión abierta de los problemas y transparencia en el gobierno). Las reformes liberales de Gorvachov no encajaban en el esquema del castrismo. Esas iniciativas eran consideradas por Fidel Castro como verdaderas amenazas a su continuidad en el poder. Aperturas que podían dar al traste con todo el montaje totalitario que le garantizaba un mandato vitalicio. De ahí que entre Gorvachov y el Comandante existiera un marcado antagonismo.

Se comentaba por aquellos tiempos que Castro no ocultó su disgusto cuando, en una visita de Gorvachov a Cuba, el general

Ochoa mantuvo en su presencia una animada conversación con el premier soviético. En ruso. Nada tendría de extraño que esos vínculos, aparentemente de simpatía recíproca, pusieran al Comandante en guardia ante la posibilidad de que los soviéticos alentaran un golpe de Estado bajo la dirección de Ochoa para quitarse de encima la incomodidad que para ellos representaba un aliado incontrolable, proclive a ponerlos en aprietos sin previo aviso y cuyo manejo desordenado de la economía cubana lo hacía cada vez más dependiente de dádivas que no podían seguir siendo otorgadas. A mi entender, esa relación amistosa de Ochoa con la alta dirigencia soviética fue un factor muy tenido en cuenta para considerar su eliminación.

Ahora bien, ¿cuál sería la reacción del pueblo si se acusaba de traidor a Ochoa por manifestar su desacuerdo con la forma en que se estaba manejando el país? ¿O de estar conspirando? Nada tendría de extraño que la mayoría de la gente se identificara con él y Fidel Castro quedara desairado. El descontento en la población estaba muy generalizado y la hipocresía obligada no bastaba para encubrirlo. Ochoa sería entonces un héroe todavía más aclamado. Así que había que pensar cómo eliminarlo sin dar a entender que era por su inconformidad con lo que estaba pasando. Y vino a la mano un caso por narcotráfico que se estaba preparando contra unos oficiales del Ejército.

El narcotráfico en la Cuba comunista

Los primeros informes de la complicidad de la usurpación comunista con el narcotráfico recibidos por los servicios de inteligencia de Estados Unidos datan de 1975 y, desde entonces, la agencia antidrogas de esa nación (DEA, por sus siglas en inglés) venía acumulando pruebas que ponían al descubierto, sin lugar a dudas, la participación de la dictadura cubana en ese trasiego.

En abril de 1982, Thomas O. Enders, Secretario Asistente de Estado para Asuntos Latinoamericanos, declaraba que Estados Unidos tenía evidencia de que las autoridades cubanas estaban usando los recursos del narcotráfico para abastecer de armamentos a las guerrillas de América Latina. Y en noviembre de ese mismo año, cuatro altos funcionarios de la dictadura castrista se encontraban entre catorce encausados por tráfico de drogas ante un gran jurado federal en Miami. Dada la minuciosidad de esas investigaciones y la capacidad de las agencias norteamericanas para funcionar independientemente de los intereses políticos podía darse por sentado que se trataba de una acusación con pruebas irrefutables.

Uno de los cubanos encausados era el vicealmirante Aldo Santamaría, jefe de la Marina de Guerra castrista (hermano de Haydee, heroína de la revolución que se suicidó, decepcionada, un día muy significativo de 1980: el 26 de julio). Los acusados no pudieron ser juzgados por la imposibilidad de la extradición. Las autoridades estadounidenses se mostraban seguras de la complicidad de la dictadura cubana con los traficantes de droga —mayormente colombianos— que usaban la Isla de puente, almacén y centro de distribución. La cercanía geográfica con Estados Unidos hacía sumamente fácil la introducción de la droga en su territorio.

El presidente de Estados Unidos, Ronald Reagan, declararía el 23 de mayo de 1983: "...hay sólida evidencia de que oficiales de Castro están envueltos en el tráfico de drogas...Yo quisiera aprovechar esta oportunidad para pedirle al régimen de Castro que rinda cuentas. Si este trasiego de drogas es simplemente un acto de oficiales renegados o si está sancionado oficialmente. El mundo merece una respuesta". Por supuesto, el mundo se quedó sin ella, pero lo dicho por Reagan pondría de manifiesto que el narcotráfico cubano era una preocupación máxima del gobierno americano. Una aseveración como la del presidente Reagan hubiera obligado a una exhaustiva investigación del asunto por el régimen castrista, en el que estaba metido de lleno el coronel Antonio *Tony* de la Guardia, según confesaría con posterioridad. Sin embargo, este alto oficial continuó con sus privilegios y prerrogativas durante los seis años que mediaron entre la denuncia de Reagan y su procesamiento judicial. Tiempo demasiado largo para intentar demostrar que su participación era de carácter estrictamente personal.

La acumulación voluminosa de pruebas, basadas principalmente en testimonios de narcotraficantes colombianos capturados y otros participantes en la operación, llegó a tal punto que, a principios de 1989, Fidel Castro no estaba en posición de poder negar que esas actividades estaban teniendo lugar en Cuba, siendo personalmente responsable de ellas al ocurrir en un territorio que controlaba de modo absoluto, lo que implicaba su aprobación. Es bien sabido que esas operaciones serían completamente imposibles en Cuba sin su expreso consentimiento por la cantidad de recursos en logística, aviones y embarcaciones que hay que movilizar para hacerlas posibles. Y por la eficiencia del sistema de espionaje interno impuesto en la Isla, —hasta existe un ministerio, el del Interior, dedicado a vigilar el Ejército— cuya férrea estructura hubiese impedido cualquier actividad de esa magnitud sin la complicidad expresa de la máxima autoridad.

¿Qué podía animar a Fidel Castro a participar en una operación tan repudiable y delictiva como el tráfico de drogas? ¿La riqueza? No la necesitaba. El *máximo líder* era dueño absoluto de Cuba. Disponía arbitrariamente de vidas y haciendas. Podía satisfacer cualquier capricho material, igual o mejor que el más opulento de los millonarios. No necesitaba comprometerse en una actividad tan peligrosa para su imagen por el mero interés de aumentar su caudal financiero. Evidentemente, su objetivo era otro, de naturaleza política y de halago a su vanidad.

La aspiración de Fidel Castro siempre fue convertir los Andes en una Sierra Maestra continental, como el gran foco guerrillero latinoamericano. Y su participación en el narcotráfico contribuía a facilitar esos planes. Primero, aplicando el producto financiero de esa actividad al fomento de la insurrección guerrillera en Latinoamérica, particularmente en Colombia y El Salvador. Segundo, las rutas de barcos y aviones para llevar los cargamentos de droga a Cuba serían las mismas que, al regreso, servirían para mandar armas y municiones a las guerrillas que operaban en zonas de cultivo de cocaína, particularmente las llamadas Fuerzas Armadas de Liberación Nacional (FALN) de Colombia. Por otro lado, no hay que presuponer que todo lo recaudado en esa actividad fuera únicamente para las guerrillas. Las finanzas cubanas estaban tan maltrechas que una buena parte de esos dólares podían nutrir sus arcas exhaustas.

Además, podía existir otro factor a considerar. Ha sido proverbial el odio de Fidel Castro a Estados Unidos. Inyectar droga en su territorio contribuiría a la degradación moral y descomposición social de esa nación. Ninguna de esas aberraciones estaría en contradicción con la conducta amoral que promueve el comunismo si ella responde a sus fines.

Cómo eludir un gran peligro

Si el narcotráfico le servía tan bien, ¿a qué obedecía entonces la decisión de Fidel Castro de desmantelar todo ese tinglado y desentenderse del problema, culpando a otros de lo que era su responsabilidad personal? No encuentro otra razón que el temor a una intervención militar de Estados Unidos. Eran tan aplastantes las pruebas, que esa posibilidad amenazaba progresivamente la estabilidad de su régimen. Me parece lógico que ese temor fuera el detonante para desinflar la delictiva operación y desalentar cualquier acción armada de Estados Unidos. Debe recordarse un suceso que tuvo lugar pocos meses después. A fines de ese mismo año (1989), Estados Unidos invadía Panamá para deponer y capturar, por su complicidad en el tráfico internacional de drogas, al dictador Manuel Antonio Noriega.

¿Cómo podía entonces Fidel Castro eludir su responsabilidad en ese complejo engranaje y salir con las manos limpias? Aprovecharía una coyuntura que le sería favorable. Unos cuantos oficiales de los que participaban directamente en la operación gubernamental de narcotráfico se estaban apropiando personalmente de una parte de lo recaudado, que, por mínima que fuese, andaría por la friolera de los cientos de miles o los millones de dólares. Esos militares, desmoralizados al ser descubiertos, servirían de chivo expiatorio para ser presentados como los verdaderos y únicos responsables del tráfico de drogas (algunos destacados colaboradores de la dictadura, que deambularían después por el exilio, no vacilarían en afirmar que el coronel *Tony* de la Guardia, que sería uno de los principales acusados en la causa que se estaba armando, había acumulado una considerable fortuna por medio de esas transacciones).

Fidel Castro era consciente de que el escenario a montar, como el libreto del juicio a celebrarse, tendría que contar con todos los elementos posibles que lo exculparan a él, sin dejar dudas, de su participación en el repugnante asunto del narcotráfico. Como la operación ya no podía ser negada por las abundantes pruebas en poder de Estados Unidos, la denunciaría como obra de la ambición personal de unos militares que "traicionaban" así los principios revolucionarios. Lo de traición era un cargo retórico que en el orden legal no cabría en una acusación de tráfico de estupefacientes, pero funcionaba dentro del esquema de sofismas patrioteros de pretensiones jurídicas impuestos por Castro para aprovecharse de la ingenua credibilidad del pueblo y ganar su favor. Fidel Castro quedaría entonces, ante la opinión pública internacional, como enemigo acérrimo del narcotráfico, acusando a los participantes directos de la operación y sentenciándolos a muerte y largas penas.

La inconformidad del General

El plan para la celebración del "juicio" estaba en proceso al momento de salir a relucir la posición del general Ochoa en cuanto a su inconformidad con lo que estaba pasando en el país. Y se aprovechó esa coyuntura para acusarlo de complicidad en el trasiego de drogas e incluirlo en la causa que se estaba preparando. La vinculación de Arnaldo Ochoa con el narcotráfico era muy difícil de ser creída, ya que unos días antes de ser arrestado había sido seleccionado —aunque todavía no nombrado— para dirigir el Ejército de Occidente, el principal de los tres cuerpos militares regionales creados por el régimen.

Días antes de su detención, la Seguridad del Estado supo que Ochoa había manifestado, en una fiesta celebrada junto a otros militares en la casa del Ministro de Transportes, Diocles Torralba, su descontento con la labor de Fidel Castro al frente del gobierno. Los detalles de esa reunión llegarían a ser del conocimiento del Comandante porque los servicios de inteligencia habían instalado equipos que grabaron conversaciones y comentarios de los asistentes, cuya sinceridad e indiscreción aumentaban en la medida que el alcohol corría en las copas. Entre las razones de la inconformidad con que el *máximo líder* manejaba las cosas del país estaban el fracaso del régimen en resolver problemas apremiantes y el abandono en que se tenía a los veteranos de las guerras intervencionistas de África. Estos, en innumerables casos, no podían conseguir empleo. Centenares acudían a la casa de Ochoa para manifestar sus quejas, en la seguridad de que serían escuchados. El General era un ídolo para sus subalternos, por su valentía personal en el combate y su preocupación por el bienestar de ellos. Dadas estas circunstancias, la inconformidad de Ochoa constituía un peligro para la estabilidad de la dictadura. Ante la amenaza que eso representaba, Castro encontró una oportuna solución para liquidar al General: lo incluiría en la causa que se estaba montando por lo del narcotráfico, a pesar de que hacía sólo unos meses que había regresado de Àfrica. Por absurdo o difícil que pudiese parecer, su poder omnímodo, extralegal y arbitrario haría factible la inclusión de Ochoa en la lista de acusados, no obstante sus glorias pasadas.

El "tribunal de honor": triquiñuela jurídica

Lo primero que vio por televisión el pueblo de Cuba al iniciarse el proceso fue a un Arnaldo Ochoa en vistoso uniforme de gala, junto a los restantes generales con atuendo similar. El entorno y la vestimenta de los presentes daban la impresión de una sesión solemne. Se les identificaba en la pantalla como "Tribunal de Honor". Todos los generales del Ejército y los altos oficiales de la Marina, investidos de jueces, aparecían muy serios, escuchando atentamente a Ochoa. Lo que escapaba a los espectadores era que ese "tribunal de honor" constituía un engendro jurídico sin precedentes, que no existe ni ha existido en la legislación de ningún país. Ajeno a las reglas procesales aceptadas internacionalmente como normas. Una "institución" expresamente creada por Fidel Castro para manejar a su antojo el caso y comprometer a todos los jefes militares en su decisión —puramente personal— de matar a Ochoa. Así se intentaría dar la impresión de que se trataba de una decisión colectiva.

Es sorprendente que en ninguna noticia o comentario relativo a un "proceso judicial" que repercutía mundialmente se comentara la instauración de ese apócrifo tribunal dentro de una farsa cuyo veredicto final estaba dictado antes de que empezara.

En esa primera presentación por televisión, el General se arrepentía de lo que había hecho, pero no se podía saber de qué, exactamente, se arrepentía. Es de presumir que las escenas que aclararan la razón fueran eliminadas en la edición presentada al público. Por lo que no podía saberse si se arrepentía porque, en sus operaciones militares en África, podía haberse beneficiado personalmente del producto obtenido con el tráfico de diamantes y marfil, cuyas ganancias se aplicaban al sostenimiento de la intervención militar cubana en ese continente. O si porque, según se comentaba, el General gustaba en exceso de los placeres y era asiduo participante en bacanales y orgías. De lo que sí podemos estar seguros es que, si al expresar su arrepentimiento hubiera confesado que era por su participación en el narcotráfico, esa parte, por su inestimable valor en el "juicio", hubiera sido incluida en la versión editada, donde nunca apareció un segmento con ese contenido.

En la primera sesión televisada del "tribunal de honor", Ochoa se mostraba arrepentido de "haber llegado a ese estado de degradación", según sus propias palabras. Diría también: "Sí, me he corrompido, desgraciadamente... se ve el gran error que he cometido... de ahí viene la degradación: problemas morales, problemas de todo tipo". Parecía referirse a su vida licenciosa con esas expresiones. Cuando el General hablaba tan francamente ante el "tribunal de honor" es obvio que no esperaba ser incluido en un juicio en el que iba a ser acusado de narcotraficante, aspecto que nunca fue mencionado en esa primera sesión. Cuando dijo: "Creo que traicioné la patria y la traición se paga con la vida", puede inferirse que se incriminaba por haberse atrevido a criticar al *máximo líder*, de lo que parecía abjurar y estar sinceramente arrepentido, pero no por estar involucrado en operaciones de narcotráfico, que nada tenían que ver con la "traición a la patria".

Un Ochoa "diferente"

Después de esa primera transmisión, lo próximo que el público vería por televisión sería al General como uno más de los acusados de participar en el repudiable tráfico de drogas, en una sala llena de militares en uniformes de campaña, sin la elegancia que exhibieron los altos oficiales en la sesión del "tribunal de honor". Ochoa vestía ahora camisa deportiva de manga corta y pantalón *jean*, despojado de todos sus atributos militares (uniforme y medallas, que hubieran incluido a la de Héroe de la de la República de Cuba) que le correspondían mientras se celebraba el juicio y no se dictara sentencia en su contra, según ha sido tradicional en las cortes marciales. Se veía la intención de ir rebajando la imagen del héroe adorado a la de ente despreciable. De ídolo nacional a delincuente común. Pero el cambio no era sólo de vestimenta. Esta vez, Arnaldo Ochoa parecía retador, no arrepentido, como se le había visto en la sesión del "tribunal de honor". Al parecer, se percataba de la perversidad de Fidel Castro al vincularlo con una operación degradante para eliminarlo ignominiosamente. El propio dictador reconocería ese cambio de actitud al resumir a su manera el juicio:

¿Fue sincero Ochoa ante el tribunal de honor? Ya no lo fue ante el tribunal de justicia en el juicio oral...ya no lo fue. Fue distinto, fue otro hombre, fue evasivo, no quiso asumir la responsabilidad, dijo mentiras.

El cambio en Ochoa que ponía de manifiesto Fidel Castro era bien visible. No es lo mismo arrepentirse de una vida licenciosa y de haber emitido críticas de orden político —que podían inferirse de lo dicho por el General ante el "tribunal de honor"— a verse encajado de pronto en una escandalosa causa de narcotráfico sin tener nada que ver con ello. En cuanto al pueblo, no era fácil convencerlo de que su ídolo era de barro. Había que inventar lo que fuera necesario para liquidar la amenaza que representaba Ochoa sin que la gente se enterara de la verdadera razón para matarlo.

Lo primero que se elucubró: toda la plana mayor tendría que estar comprometida en lo decidido por Fidel Castro para deshacerse de su antiguo incondicional. El "tribunal de honor" facilitaría la infamia. Había que convencer al pueblo de que la suerte del General no dependía de la voluntad del Comandante. Que era una decisión colectiva. ¿Cómo lograrlo? Todas las principales autoridades del país, civiles y militares, tendrían que clamar por la pena de muerte para el héroe presuntamente devenido en narcotraficante. Así, desfilarían por segunda vez ante las cámaras de televisión todos los generales del "tribunal de honor", uno tras otro, ratificando la pena capital para un acusado cuya sentencia era totalmente abusiva y arbitraria porque no se había mostrado ninguna prueba que pudiera inculparlo en los cargos presentados.

Los televidentes pudieron ver al general Ochoa diciendo algo que se les escapó a los censores en la edición. Al ser preguntado por el fiscal, general Escalona, si tenía conocimiento de las actividades del coronel De la Guardia y los restantes acusados, respondió: "Yo nunca supe a ciencia cierta que ellos estaban haciendo operaciones de narcotráfico". ¿Puede conciliarse esa declaración con una complicidad en el delito imputado?

El montaje de la trama

En el curso de la farsa judicial, podían percibirse las maniobras para erradicar del caso cualquier connotación de que Ochoa estaba frente al tribunal por razones de disidencia. También el fiscal, general Escalona, manipulaba el testimonio de los acusados y los testigos, interrumpiéndolos a capricho, con la intención de eludir cualquier mención que pudiese sugerir la complicidad del régimen con el narcotráfico. Uno de los momentos en que eso se hizo bien patente fue cuando el joven capitán Miguel Ruiz Poo, que había sido destacado en Panamá para apoyar la ilícita operación en esa región, declaró que el oficial Jorge Martínez, también acusado, le había dicho que todo lo que se estaba haciendo se conocía al máximo nivel (lo que quería decir que se trataba de un asunto oficial y no de una operación particular). El joven comenzó a llorar ante el tribunal, como sintiéndose engañado. Dio a entender que si había participado en el narcotráfico era porque creía que cumplía órdenes del alto mando. Aunque las lágrimas no implicaban ningún problema de salud, se aparecieron dos personas, supuestamente médicos o paramédicos, que lo separaron del micrófono y lo trasladaron enseguida fuera de la sala, interrumpiendo su importantísimo testimonio. La prontitud de la acción y que aparecieran dos personas de la nada para ejecutarla mostraba que la dictadura estaba en guardia ante cualquier eventualidad.

De acuerdo con lo presentado por televisión, la sesión del siguiente día comenzó con la reaparición del capitán Ruiz Poo, ahora más tranquilo y sosegado. El fiscal sólo le preguntó si se sentía bien, a lo que respondió afirmativamente. Ni una palabra más. Podía percibirse que había un marcado interés del régimen en soslayar cualquier comentario o insinuación que pudiera sugerir que el narcotráfico era una operación secreta de la dictadura. Compareció entonces el oficial Jorge Martínez, mencionado el día anterior en el testimonio del capitán Ruiz Poo, quien negó haber dicho que el asunto era del conocimiento del máximo nivel, desmintiendo lo declarado por el Capitán. Otro de los acusados, Eduardo Díaz, también negó lo dicho por Ruiz Poo. Y cuando le llegó el turno al coronel Antonio de la Guardia, dijo categóricamente que jamás había insinuado que sus operaciones eran del conocimiento del "más alto nivel"; que nadie superior a él sabía lo que se estaba haciendo y asumía la responsabilidad personal de todo, con fingida y marcada insistencia (lo que, de hecho, exoneraba a Ochoa). Era obvio que los deponentes habían sido visitados antes de la sesión por agentes de la dictadura para que desmintieran lo dicho por Ruiz Poo. Puede especularse que esas visitas envolvían una promesa de indulgencia en el castigo si los implicados desviaban la posible percepción de la complicidad de la dictadura con el narcotráfico. La promesa los llevaría a inculparse personalmente para disipar esa sospecha cada vez que tuvieran oportunidad de hacerlo.

Se veía al *máximo líder* muy interesado en que, en ningún momento se pusiera de relieve su verdadero objetivo: fulminar a un popular "héroe de la revolución", ahora potencial enemigo político. Se podía entrever la intención de desviar la atención en lo referente a la participación de él y su hermano Raúl en la operación del narcotráfico. Y erradicar del proceso cualquier connotación de disidencia política por parte de Ochoa. De haberse celebrado un juicio justo, parte de lo declarado por el coronel *Tony* de la Guardia hubiera sido clave para exculpar al General. Al insistir De la Guardia de manera tajante que nadie superior a él sabía lo que se estaba haciendo y aceptar el tribunal su testimonio, quedaba Ochoa excluido de su participación en esas operaciones.

¿Cómo pudo haberse salvado Ochoa?

La clave de todo el proceso estaría en una sola frase de Fidel Castro, escuchada de sus propios labios, que definiría lo miserable de la tramoya montada para poner en escena esa farsa judicial. Como colofón a la sentencia de muerte, el Comandante decía:

Ochoa tuvo oportunidad de salvarse, si se sincera y asume su responsabilidad y dice la verdad. Se hubiera podido discutir eso con un hombre verdaderamente arrepentido.

Pero, ¿de qué tenía que arrepentirse Ochoa, si ya lo había hecho, visto por casi toda Cuba en las pantallas de televisión, en la primera sesión del "tribunal de honor"? Sería, como he dicho, reprobando sus correrías o por haber criticado el manejo del gobierno por el dictador, o por ambas cosas a la vez. Pero no podía esperarse que lo hiciera por algo en lo que, según podía inferirse, no había participado.

¿Existía alguna posibilidad de marginar a Ochoa como potencial enemigo sin tener que matarlo? Fidel Castro puso las condiciones en el párrafo citado: "Ochoa tuvo oportunidad de salvarse... si dice la verdad". Al parecer, la verdad para el Comandante era que se declarara culpable de participar en el narcotráfico. Así, únicamente, se le podría perdonar la vida. Todo indica que eso es a lo que Fidel Castro se refería al mencionar la posibilidad de que Ochoa "pudo salvarse". ¿Por qué? Sencillamente, porque un narcotraficante confeso jamás podría ser un líder político. Podía ser confinado a prisión, sin temor a que una eventual excarcelación, oficial o subversiva, pusiera en peligro el poder del *máximo líder*. Sería un adversario totalmente desacreditado, no un héroe nacional.

En este asunto de la "salvación" de Ochoa hay que pensar en la posibilidad de que alguien, en nombre de Fidel Castro, se le hubiera acercado al General para proponerle que hiciera esa falsa confesión a cambio de perdonarle la vida. Es lo más lógico. Pero hay que reconocer que Ochoa, a pesar de algunas facetas negativas de su personalidad, demostró que era un hombre de extraordinaria valentía, con un alto sentido de su propia estima. Prefirió entregar la vida a confesar, para salvarla, que era lo que no había sido. Aún aceptando que haya participado de alguna manera en el narcotráfico, si lo hizo, sería siguiendo órdenes superiores, no para el aprovechamiento personal. No podía verse a sí mismo como un delincuente. No quiso servir de instrumento para consumar una infamia. Ese gesto ante la inminencia de la muerte, a pesar de sus criticables servicios a la dictadura, lo hace digno de respeto.

Asesinato por disidencia

El propio Fidel Castro tendría un desliz después de juzgado Ochoa, implicando, sin quererlo, que toda la farsa judicial había tenido como único motivo castigar a Ochoa por su actitud opositora. Dijo, refiriéndose al General: "y lo grave es que tenía esas ideas cuando ya sabía que iba a recibir la responsabilidad del Ejército de Occidente". ¿Qué ideas? El Comandante dejó entrever, en un descuido, la verdadera razón para matarlo. Las ideas nada tienen que ver con el trasiego de drogas, pero sí con la política.

La plana mayor de las fuerzas armadas tenía que saber que se quería fusilar a Ochoa por su posición disidente y que a ellos mismos podía costarles la vida o largas penas de prisión atreverse a defenderlo o negarse a apoyar la acusación. Había sido su héroe admirado y un gran camarada, pero más poderoso que la amistad y el sentido del honor era el pánico que los dominaba. Fidel Castro tenía que hacer cómplice a todo el mundo en su sanguinario plan. No bastando con la plana mayor del Ejército, involucraría a todos los miembros del llamado Consejo de Estado en la ratificación del asesinato político del General. Como se hizo con el "tribunal de honor", aparecerían por televisión, uno tras otro, todos los integrantes del Consejo de Estado, votando para ejecutar a Ochoa. Ningún miembro del gobierno quedaría eximido de mostrar públicamente su apoyo al asesinato del General. También serían condenados a muerte los oficiales *Tony* de la Guardia, Amado Padrón y Jorge Martínez. De la Guardia había estado presente en la reunión de la casa de Diocles Torralba, de quien era yerno. Activo dirigente de las operaciones secretas de narcotráfico, es posible que, a pesar de su enriquecimiento personal, hubiera sido excluido del "juicio" montado para contener la posible y temida acción militar de Estados Unidos. Pero su presunta actitud de disidencia, descubierta en las grabaciones, lo llevarían al patíbulo.

La sentencia se cumpliría el 13 de julio de 1989, a pesar de las peticiones de conmutación de pena del mundo entero y, muy en particular, de la Unión Soviética. Era obvio que, de los cuatro a enfrentar el paredón, Ochoa era el principal de los ejecutados. Para que sirviera de escarmiento. Fidel Castro tenía que demostrar que nadie, con notoriedad para poder convertirse en un factor de cambio político, podía cuestionar la legitimidad de su poder supremo sin sufrir las peores consecuencias. Si mataba a Ochoa sabrían que podía matar a cualquiera. El Comandante afianzaba su poder en el terror que inspiraba en sus supuestos incondicionales.

El pánico en el "juicio"

Lo que quedó como lección definitiva para el alto mando de las fuerzas armadas comunistas y los más cercanos colaboradores del dictador es que, de atreverse a exteriorizar su descontento con la situación del país, —paso previo a una potencial conspiración— podrían perder la vida. Si un colaborador de Fidel Castro de la talla del general Arnaldo Ochoa, cargado de honores y glorias y miembro de su círculo íntimo, era enviado a la muerte por su inconformidad con lo que estaba pasando, ¿quién podía sentirse seguro? La prueba más palpable del pánico infundido por el caso Ochoa es el desfile de testimonios vistos por televisión: repeticiones acusatorias de sus otrora amigos y compañeros, evidentemente dictadas por el miedo, sin un solo comentario favorable al acusado, sin la menor compasión por el héroe caído. Por supuesto, hay que tener presente que lo pasado por televisión era grabado. Había sido editado para que respondiera a favor dela dictadura, por lo que pudo haber habido, quizás, alguna expresión positiva de algunos de sus compañeros que fue sacada por la censura.

Por las expresiones de los llamados abogados de la defensa, cualquiera pensaría que se trataba de fiscales en lugar de defensores. Podía concluirse que el miedo les impedía cumplir con sus deberes. Frases increíbles para la historia de los procesos judiciales fueron escuchadas. Como "coincidimos plenamente con la calificación que el ministerio fiscal hace de los delitos que se le imputan a nuestro defendido"; "somos los primeros que reprochamos y condenamos conductas como lamentablemente hoy juzgamos en este acto"; "que los acusados en este juicio y especialmente mis representados se apartaron del camino de la revolución y violaron con sus conductas…"; "que ciertamente estos principios fueron violados por mi representado". Y el inconcebible testimonio del abogado defensor Alberto D'Toste Rodríguez: "hemos venido aquí a defender a los acusados y no los graves delitos que ellos han cometido". Y… ¿para qué seguir?

También, los testimonios de arrepentimiento de los acusados, con la excepción del general Ochoa, contritos y llorosos, mostrados en secuencia en el docudrama *8A*, coincidían en "haberle fallado" al máximo líder, en "haberlo traicionado con mi despreciable actuación". Para la dictadura, esas expresiones contribuían a su campaña de propaganda para desacreditar a los antiguos y sumisos servidores que quería liquidar. Se hace evidente que, ni por un momento, contempló Fidel Castro que esa grabación quedaría para la historia como el documento cumbre de su manipulación de la verdad y lo miserable de su actuación pública. Un crudo espectáculo de degradación humana compartido por todos sus participantes: acusadores, acusados y "abogados defensores". Con la excepción, repito, de su principal acusado, el general Arnaldo Ochoa, el único que supo enfrentarse a la farsa judicial y a la proximidad de la muerte con valentía. No sólo en el "juicio". También. según se ha comentado ampliamente, ante el pelotón de fusilamiento, cuya orden de "fuego" fue dada por él mismo.

Pero desde el punto de vista humano hay que preguntarse: ¿qué otra opción tenía la mayoría de los actores de ese libreto? Dentro del cinismo, la simulación y la desconfianza que imperan en los regímenes totalitarios es inevitable que sus seguidores se conviertan en víctimas de lo que defienden y se vean obligados a confesar lo que quieren sus verdugos. Entran en juego factores como el pánico, la cobardía, la ambición, el dogmatismo y —¿por qué no?— cierta tendencia natural al abuso que generalmente se esconde. Características de casi todo el mundo que se tienen engavetadas en lo cotidiano, pero que afloran desbocadas al conjuro de cualquier villano con carisma que incite a lo peor en nombre de la justicia.

La responsabilidad de esa degradación colectiva del carácter recae, en grado supremo, no en la multitud que corea las letanías que le imponen y obedece sin protesta órdenes de connotación criminal. Está en el creador de ese miedo a pensar y de atreverse a ser uno mismo, que en el caso de Cuba todo el mundo sabe de quién se trata. La sentencia colectiva de Arnaldo Ochoa fue un subterfugio de Fidel Castro para disfrazar con visos de legalidad su decisión, puramente personal, de asesinarlo por la vía del paredón.

Al ver las escenas del "juicio" para matar a Arnaldo Ochoa me vino a la mente el primero de esos procesos aberrantes: el del comandante Huber Matos, en el que participé como testigo de la defensa de uno de los acusados. Recuerdo cómo numerosos compañeros de lucha y amigos de Huber y de los otros acusados se resistían a testificar en sus defensas por miedo a las represalias, como Arnold Rodríguez y Manuel Suzarte, compañeros y amigos de mi defendido, Rosendo Lugo. Debe tenerse en cuenta que eso ocurría a mediados de diciembre de 1959, antes de cumplirse un año del triunfo de la insurrección contra Batista. Entonces el terror revolucionario apenas comenzaba y no llegaba a la escalofriante dimensión que alcanzaría en los tiempos del general Ochoa, treinta años después, cuando los pasos de cualquier ciudadano eran vigilados por sus vecinos de los "comités de defensa", las puertas de la cárcel se abrían a la menor protesta y los asesinatos en el paredón sobrepasaban ya en ese momento los cuatro mil, según el minucioso y prolongado trabajo de recopilación del doctor Armando Lago y María Werlau, del *Cuba Archive*.

Lo que quedó de la farsa

En el caso Ochoa, hay testimonios de que la mayoría del pueblo reprobaba la pena de muerte impuesta al General. De las entrevistas hechas a diferentes ciudadanos sobre el caso, se mostraron por televisión algunas, las menos, donde se expresaba ese rechazo al fusilamiento. Lo mostrado por televisión daba a entender que la decisión de fusilar contaba con el respaldo popular. Es presumible que la mayoría de lo grabado correspondiera a los que opinaban lo contrario, eliminado en la edición por la censura. Sin embargo, sería el propio dictador quien reconocería lo que el pueblo realmente opinaba, al decir ante el Consejo de Estado: *Lo que no puede existir necesariamente es la necesidad de hacer lo que la opinión pública pida o lo que la opinión pública piense.*

Es de presumir que el Comandante conocía de antemano los manejos de enriquecimiento ilícito de los militares encargados del narcotráfico oficial, haciéndose de la vista gorda mientras la vinculación de su régimen con la sucia operación pudiera mantenerse en secreto. Y de seguro sabía que, de llegar al punto de repercusión internacional que alcanzó, tendría a mano los elementos necesarios para responsabilizar a otros y salir airoso de su complicidad en el trasiego de drogas.

No bastando con las irregularidades procesales mostradas en el "juicio", se introdujo en este caso, de acuerdo con varios testimonios, una novedad en la historia de los crímenes políticos: la grabación electrónica de los fusilamientos. Lo que sugiere que Fidel Castro quería cerciorarse de que sus instrucciones eran seguidas al pie de la letra, algo que posiblemente dudara por la enorme popularidad de Arnaldo Ochoa y el prestigio de que gozaba en las Fuerzas Armadas.

Aparte de las largas condenas a prisión de los diez restantes acusados, el caso Ochoa trajo como consecuencia una extensa purga en los altos cuadros militares, donde cayó, entre otros funcionarios de relieve, el otrora amigo íntimo del dictador, exjefe de su escolta personal y jefe de los servicios de inteligencia, general José Abrahantes, a la sazón Ministro del Interior. La eliminación de Abrahantes ponía de relieve la connotación política del caso Ochoa. Hay que considerar, dada la extraordinaria importancia de las funciones que tuvo a su cargo, lo mucho que este oficial de alta jerarquía tenía que saber de los manejos secretos de la dictadura, incluyendo el trasiego de drogas. A Abrahantes se le juzgaría en causa aparte y sería sentenciado a 20 años de prisión. Cumpliría muy poco de la condena porque, según la dictadura, apareció muerto en su celda. De acuerdo con el informe oficial, de dudosa veracidad, a causa de un fallo cardiaco. Es criterio de muchos conocedores de las interioridades de la dictadura, que Abrahantes era la persona que más conocía de las órdenes secretas y actividades de Fidel Castro.

Matarlo en prisión para silenciarlo sería un colofón nada extraño del caso Ochoa.

Se hace evidente que Ochoa no fue fusilado por narcotraficante. Para haber sido seleccionado como jefe del principal ejército del pais tuvo que haber pasado por un minucioso escrutinio de los servicios de inteligencia del Ministerio del Interior, donde las alegadas actividades de narcotráfico eran harto conocidas y parte de su manual de operaciones. El que sólo días después de su anunciada selección para el cargo fuera detenido, pone de relieve la connotación política del caso y apoya el criterio abrumador de que fueron las grabaciones en la fiesta de Diocles Torralba las razones para asesinarlo.

La tragedia del remolcador *13 de Marzo*

Los más de cincuenta años de tiranía castrista se han caracterizado por un hecho ampliamente repetido: la fuga riesgosa de la Isla de ciudadanos (que llegarían a cientos de miles) para lograr en el extranjero una vida donde se respeten los derechos humanos y puedan hacerse realidad los sueños e ilusiones que toda persona abriga, imposibles de alcanzar donde todas las esperanzas han sido aniquiladas.

Son notorios los éxodos masivos de Camarioca y El Mariel y la desesperada decisión de huir de Cuba en botes y balsas improvisados, que ha arrojado el trágico balance —documentado por el *Cuba Archive*— de más de 77,000 desaparecidos en el Estrecho de la Florida al naufragar sus frágiles medios de fuga. Ninguna de esas tragedias ha desalentado posteriores intentos de escapar de la Cuba comunista. Miles de familias han estado dispuestas a correr todos los riesgos para enfrentarse a los rigores de la naturaleza en alta mar, sin la debida protección, para poder besar tierras de libertad.

Con esa ilusión en mente, un grupo de familias, mayormente residentes de Guanabacoa y El Cotorro, planeó una fuga de Cuba. Utilizarian para ello el *13 de Marzo*, un remolcador del Ministerio de Transportes. Para dirigir la operación contaban con Fidencio Ramel Prieto Hernández, un desilusionado líder comunista local que era jefe de operaciones del puerto de La Habana y Raúl Muñoz García, un patrón de remolcador. El plan consistía en apoderarse en horas de la madrugada del remolcador que, aunque de madera y con algunos años de operación, acababa de ser reparado. Era el barco que usaba Ramel Prieto para sus labores. Bajo su conducción se emprendería el viaje a Estados Unidos. Se trataba de una embarcación segura —

donde el riesgo de naufragar era remotísimo— con capacidad para transportar las 68 personas comprometidas en la salida, incluyendo a un buen número de niños. Asi serían de angustiosos los trajines de mover clandestinamente familias enteras con sus retoños a esas altas horas de la noche, burlando la vigilancia de los comités de chivatos que funcionan en cada cuadra del país con el pretexto de "defender la revolución". Y podemos también imaginar el entusiasmo que reinaría entre los fugitivos al pensar que en cuestión de horas estarían en un lugar donde no tendrían que pasar hambre ni bajar la cabeza ante el abuso. Y donde los dieciocho niños que los acompañaban habrían de gozar de libertad y recibir educación sin tener que rendirle pleitesía a ningún caudillo ni contaminar su mente con prédicas absolutistas carentes de racionalidad.

En busca de libertad

El *13 de Marzo* zarpó de la bahía de La Habana, alrededor de las 3:00 de la madrugada del 13 de julio de 1994. Sus ocupantes desconocían que un gran peligro los acechaba: el plan de fuga era conocido por las fuerzas represivas (con tanta gente participando, la indiscreción era prácticamente inevitable). Ese conocimiento sería aprovechado por Fidel Castro para demostrar, con la acción más inhumana y salvaje que pueda concebirse, su feroz resentimiento contra los que ponen en evidencia el fracaso de su revolución al abandonar el paraíso que crea su propaganda.

Según testimonios de los fugitivos que pudieron salvar la vida, inmediatamente después de salir del muelle detectaron dos barcos que estaban a oscuras, a ambos lados de la bahía. Notaron que habían sido descubiertos pero prosiguieron con el plan de fuga a pesar de que estaban siendo perseguidos. Esos barcos, también remolcadores y construidos de acero, estaban equipados con cañones de agua de gran potencia, como los usados para extinguir fuegos en el mar. Pertenecían a la Empresa de Servicios Marítimos del Ministerio de Transportes. Había un tercer barco del mismo tipo cerca de la boca de El Morro, al acecho, esperando la salida del *13 de Marzo*. Además, otro barco los seguía y parecía estar dirigiendo las operaciones. Según los testigos, pertenecía a las Tropas Guardafronteras del Ministerio del Interior.

Los barcos perseguidores comenzaron a lanzar los chorros de agua antes de salir de la bahía pero los intensificaron a unos once kilómetros de la costa con la ayuda de la tercera de eas unidades. Las madres de los niños, desesperadas, alzaban a sus hijos para que fueran vistos por los atacantes, insensibles al clamor de que suspendieran los chorros, que amenazaban con lanzar al mar a los que estaban en cubierta y hundir el remolcador. Dramática repetición de lo ocurrido cuando fue atacada la lancha turística del río Canímar catorce años atrás. Fidencio Ramel, el coordinador de la fuga y conocedor de los atacantes por su posición oficial, les gritaba desde la cubierta para que cesaran la cruel acción. Fue barrido por un chorro de agua y cayó al mar, muriendo ahogado. Los barcos castristas comenzaron a embestir la nave de los fugitivos, dándole bandazos para que se volcara. La mayoría de las madres, con sus niños, decidieron refugiarse en el cuarto de máquinas para protegerse de los cañones de agua. Uno de los buques castristas arremetió contra la popa del *13 de Marzo*, averiándolo al extremo de comenzar a hundirlo, bestialidad que también recordaba la barbarie de la *XX Aniversario*. Las mujeres y niños que estaban en el cuarto de máquinas quedaron atrapados al fallar el mecanismo de apertura de la escotilla. Y el remolcador se hundió, llevándose con él a más de la mitad de los fugitivos y dejando en el mar a los más afortunados.

Ninguno de los tripulantes de los barcos castristas hizo el mínimo esfuerzo para rescatar a los náufragos ni lanzarles salvavidas, aunque un superviviente declaró que recibió ayuda de uno de ellos. Por el contrario, empezaron a girar a alta velocidad alrededor de los náufragos para crear un remolino que los acabara de ahogar. La mayoría tuvo la fortuna de poder asirse a la nevera del *13 de Marzo*, que milagrosamente flotaba, y otros al cadáver, que también flotaba, de la desdichada fugitiva Rosa María Alcalde, que había sufrido un ataque al corazón y caído al mar. En esos momentos, acertó a pasar cerca de allí un barco griego que iba a entrar en puerto, cuya tripulación estaba presenciando lo que estaba ocurriendo. De acuerdo con testimonios de los supervivientes, esa fue la razón por la que aparecieron poco después unas lanchas guardafronteras que recogieron a los náufragos. Estiman los frustados fugitivos que la intención de los atacantes era aniquilarlos a todos para que no hubiera testigos del crimen. La presencia del barco griego los hizo desistir.

La respuesta del dictador

Ante el escándalo global que provocó semejante salvajismo, lo primero que hizo Fidel Castro fue calificar de accidente lo ocurrido, que contradecía en su totalidad lo que estaban dando a conocer los supervivientes —angustiados testigos de la verdad— y repetían los medios de comunicación internacionales.

"Nosotros no tenemos especial necesidad de impedir que un barco se vaya" declaró Fidel Castro el 5 de agosto de 1994 a la prensa bajo su control, ante las alarmantes señales de genocidio. El texto completo de sus intervenciones —donde no faltaban las consabidas acusaciones contra Estados Unidos— fue enviado a la Comisión Interamericana de Derechos Humanos. Entre otras falsedades, trataba de demostrar que la persecución del *13 de Marzo* era consecuencia inmediata de la ocupación del barco por los fugitivos. Decía al respecto: " ...fueron ellos, los trabajadores de los remolcadores, los que tan pronto se dieron cuenta de que se había producido el secuestro del remolcador (...) se movilizaron a toda velocidad para impedir que se llevaran el remolcador". La mentira es descomunal. ¿Quién puede creer que a las 3:00 de la mañana esos tres barcos perseguidores iban a tener sus tripulaciones listas para una emergencia?

Lo más significativo de las declaraciones del *máximo líder* es que no hizo la menor mención de lo más importante y grave: el uso de los cañones de agua para hostigar a los fugitivos y precipitar el hundimiento del remolcador. Y guardaba silencio ante las pruebas contundentes de la premeditación de la masacre. ¿Cómo puede justificarse la presencia al acecho de dos remolcadores a ambos lados de la bahía, justamente al salir el *13 de Marzo* y otro esperando cerca de la boca de El Morro, cuando lo lógico es que a la hora de la fuga sus tripulantes estuvieran durmiendo en sus casas? ¿Qué objetivo puede aducirse para el uso de potentes cañones de agua contra gente indefensa y pacífica que no constituían ninguna amenaza? ¿Cómo puede justificarse que los tres barcos castristas giraran a alta velocidad alrededor de los que estaban flotando para crear remolinos y se ahogaran? ¿Qué explicación hay para las embestidas de barcos de acero contra una embarcación más pequeña y de madera? ¿Por qué, si fue un accidente, nunca se hizo una investigación exhaustiva de lo ocurrido y dados a conocer sus resultados públicamente, fijando la responsabilidad o inocencia de los diferentes participantes, según reclamaban organismos internacionales de derechos humanos? ¿Es que acaso huir del terror y la miseria es un delito? ¿Y tan grave como para ser castigado con la muerte? Preguntas acusatorias que ponen en evidencia la verdad de lo ocurrido: que Fidel Castro quería dar una inolvidable lección para impedir futuras salidas del país, utilizando gente deshumanizada que habrían de seguir fielmente sus instrucciones.

La soberbia incontrolable del *máximo líder* no daba lugar a que las fugas masivas de cubanos siguieran mostrando la realidad de su revolución ante el mundo. Había que dar un tremendo escarmiento, a pesar de que se trataba de ciudadanos pacíficos. Sólo un grupo de familias huyendo de la pobreza y la falta de libertad. No estaban armados ni habían obligado a nadie a irse con ellos. Si pudieran ser catalogados como adversarios políticos, quedaban neutralizados al salir del país. No podían hacerle ningún daño.

Llegó a ser *vox populi* que fue el Ministro de Transportes, general Senén Casas Regueiro quien dio la orden de que hundieran el remolcador. Según testimonio de Jorge García Mas, un cubano que perdió 14 familiares en la masacre, el teniente coronel Juan R. Sánchez, exexcolta de Castro, aseveró que fue el mismo dictador quien instruyó a Senén Casas para que ejecutara la acción, lo cual, indefectiblemente, tenía que haber sido así. En un sistema totalitario como el que rige en Cuba nadie se hubiera atrevido a asumir tan grave responsabilidad sin el consentimiento expreso del *máximo líder*.

La premeditación del crimen salta a la vista. Una vez delatada la fuga, lo lógico hubiera sido impedir que los fugitivos se embarcaran, deteniéndolos antes de abordar. En su lugar, se esperó a que todos estuvieran dentro del remolcador y se iniciara la travesía para perseguirlos, acorralarlos sin escapatoria y ejecutar la bárbara acción.

Amnistía Internacional en acción

Amnistía Internacional, después de una investigación de la masacre dada a conocer en julio de 1997, relataba en su informe: "En los días inmediatamente posteriores a la tragedia, las autoridades trataron de impedir cualquier protesta o demostración pública de dolor. Tuvo que suspenderse una misa por las víctimas y, según informes, personas que llevaban brazaletes en señal de duelo, fueron también detenidas por períodos cortos de tiempo. A los familiares de las víctimas también se les impidió echar flores al mar (...). El 23 de julio de 1994, Aida Rosa Jiménez, del Movimiento de Madres Cubanas por la Solidaridad, que había pedido a las mujeres cubanas que se pusieran cintas negras o moradas durante tres días en señal de duelo, fue detenida en su casa y llevada a las dependencias de la Seguridad del Estado en Villa Marista (...) por sus intentos de animar a la gente a que asistiera a una misa en conmemoración de las víctimas del remolcador hundido."

Y añadía Amnistía Internacional: "En diciembre de 1994, una mujer que había perdido a su hija, a su hermano y a otros dos familiares en el incidente, hizo un llamamiento a gobiernos y organizaciones internacionales de derechos humanos que concluía así: 'Este crimen no puede quedar impune. Nosotros, los que sufrimos su desaparición física sólo podemos aquí llorar y callar (...) Hemos sido advertidos para que no pongamos en peligro la seguridad de los que nos quedan vivos. Todo está claro, hay que callar (...) Nosotros sólo pedimos los restos de los nuestros y que se haga justicia en este horrendo crimen."

Las restricciones a las demostraciones públicas de dolor no se limitaron a las intentadas en los días subsiguientes a la masacre. Las detenciones, hostigamientos y prohibiciones continuaron cada vez que se conmemoraba un aniversario del genocidio.

¿Qué es lo que sugiere la directriz de suprimir las muestras de dolor por los familiares muertos, lo más humano que puede esperarse después de una tragedia de esas dimensiones? Sólo la ratificación de la culpabilidad del régimen. De haber sido un accidente, como alegaba el dictador, no había razón para impedir que los familiares de las víctimas echaran flores al mar o convocaran a una misa. La represión ordenada por Fidel Castro para coartar e impedir las señales de dolor por la masacre es una fehaciente prueba de su máxima responsabilidad en la ejecución del crimen. También, sus alabanzas a los sicarios involucrados directamente en el genocidio, a quienes felicitó y calificó de patriotas, demuestran la premeditación de la atrocidad. De haber sido un accidente, esas loas estaban de más.

El genocidio fue destacado en la prensa internacional, horrorizada por la bestialidad de la masacre. La Comisión Interamericana de Derechos Humanos acogió la petición del movimiento anticomunista *Cuba 21* para que se investigaran los hechos y se emitiera un fallo condenatorio del régimen castrista. En nombre de los peticionarios se presentaron ante la Comisión Interamericana de Derechos Humanos los abogados Sergio Ramos y Guillermo Toledo, la Dra. Belquis Rodríguez y Jay Fernández, cuyos argumentos, más la propia investigación del cuerpo, fueron tan convincentes que, después de las sesiones de rigor, el 16 de octubre de 1996, la Comisión condenó el hundimiento del remolcador diciendo que existían indicios claros de que "no fue un accidente, sino un acto premeditado e intencional". Después de insistir ante el gobierno de Cuba que hiciera una investigación de lo ocurrido e invitarlo reiteradamente a someter sus puntos de vista, lo que la dictadura rechazó, la Comisión Interamericana de Derechos Humanos concluyó:

> *El Estado de Cuba es responsable por la violación del derecho de tránsito y del derecho a la justicia de las 72 (finalmente, 68) personas que intentaron huir de Cuba, consagrados en los artículos VIII y XVIII de la Declaración Americana de los Derechos y Deberes del Hombre.*

Y Amnistía Internacional, en su dictamen sobre los hechos, hacía constar que:

> *...los supervivientes afirmaron que sus perseguidores no les dieron la oportunidad de rendirse sino que, por el contrario, arremetieron deliberadamente contra el "13 de Marzo" y llevaron a cabo otras acciones agresivas que pusieron en riesgo la vida de las personas que iban a bordo, ninguna de las cuales, según la información disponible hasta ahora, incluso procedente de fuentes gubernamentales, estaban armadas o en situación de resistirse seriamente a la captura.*

Y finaliza:

> *Amnistía Internacional considera que hay suficientes datos que sugieren que se trataba de una operación oficial y que, si los hechos se desarrollaron del modo descrito por varios de los supervivientes, los que murieron como consecuencia del incidente fueron víctimas de una ejecución extrajudicial.*

Esa "ejecución extrajudicial", que en lenguaje llano significa genocidio, fue el asesinato de 37 cubanos que buscaban la libertad, entre ellos 10 niños, incluyendo a Helen Martínez Enríquez, una bebé de 6 meses de nacida.

La masacre de las avionetas

Es bien conocida la organización Hermanos al Rescate, fundada en 1991 con el objetivo de volar sobre el Estrecho de la Florida para detectar balsas y otras precarias embarcaciones utilizadas para huir de Cuba. Sus miembros eran pilotos voluntarios, cubanos y de otras nacionalidades que, una vez avistados los balseros, transmitían su posición al Servicio de Guardacostas de Estados Unidos, quienes recogían a los fugitivos, les daban asistencia médica de emergencia y los llevaban a suelo americano. A los tres años de constituida, la organización ya había salvado a más de cuatro mil balseros. Fundador, inspirador, dirigente y alma de Hermanos al Rescate ha sido el ingeniero y piloto José Basulto, quien generosamente dedicó, durante años, la mayor parte de su tiempo a esa laudable causa.

A principios de 1996, Hermanos al Rescate estaba realizando unos viajes semanales para abastecer de alimentos y otros artículos a un grupo de balseros que se encontraban en un centro de refugiados de Bahamas. Ese era el objetivo original de un vuelo de tres avionetas para el 24 de febrero de 1996, pero tuvo que ser alterado. El gobierno de Bahamas les negó la entrada por ser coincidente con una visita de una delegación de Cuba. En su lugar, los pilotos decidieron cambiar a su misión rutinaria de detectar balseros. En ella se encontraban cuando dos de las avionetas fueron atacadas sorpresivamentre por un poderoso reactor de combate MIG 29 de la aviación castrista —tripulado por los coroneles y hermanos Francisco y Lorenzo Pérez Pérez— con el apoyo logístico de un MIG 23 —pilotado por el mayor Emilio Palacios— y de los radares situados en Cuba. Las avionetas llevaban como pilotos a Mario de la Peña, de 24 años, y Carlos Costa, de 29, hijos de cubanos y nacidos en Estados Unidos. Y como pasajeros a Armando Alejandre, de 45 años, ciudadano americano naturalizado y Pablo Morales, de 29, de nacionalidad cubana y exbalsero. Los cuatro perecieron en el ataque. La tercera avioneta, que se salvó de ser destruida al estar próxima a las aguas territoriales americanas, estaba pilotada por José Basulto. Lo acompañaban una destacada líder del exilio, Silvia Iriondo, su esposo Andrés y Arnaldo Iglesias.

Han quedado para la historia muchos detalles de la atrocidad cometida. Y es muy reveladora la grabación de la conversación sostenida entre los pilotos de los MIGs y el Centro de Control de La Habana en el primer derribo, de las cuales cito un pequeño fragmento que basta para describir la calaña de los ejecutores directos de los cuatro asesinatos, los hermanos Pérez Pérez, que, por supuesto, pidieron autorización del más alto nivel para proceder a la masacre.

MIG29 a Control: Lo tengo en la mirilla, lo tengo en la mirilla.
MIG23 a Control: Danos la autorización.
MIG29 a Control: Es un Cessna 337.
MIG23 a MIG29: Ese es, ese. Danos el...(gritos)
Control a MIG29: Autorizado a destruir.
MIG29 a Control: Voy a disparar.
Control a MIG29: Autorizado a disparar.
MIG29 a Control: ¿Dónde está? ¿Enfrente?
MIG29 a Control: Estamos listos.
Control a MIG29: Autorizado.
MIG29 a Control: Coño, ahora.
Control a MIG29: ¿Ya disparaste?

MIG29 a Control: Primer disparo.
MIG29 a Control: Le dimos, coño, le dimos...(gritos)
MIG23 a MIG29: ...(gritos)
MIG29 a MIG23: Le partimos los cojones.
MIG23 a MIG29: Espera, espera. Mira a ver dónde cayó.
MIG29 a MIG23: Le dimos en los cojones.
MIG23 a MIG29: Este no nos jode más.

El argumento del espacio aéreo

La indignación por la masacre cundió en los círculos internacionales, mayormente en Estados Unidos, que, como represalia, recrudeció el embargo con la ley Helms-Burton, aunque es muy censurable la inexplicable inacción de su fuerza aérea ante el incidente, máxima cuando tres de las cuatro víctimas eran ciudadanos americanos. Los interceptores de Estados Unidos permanecieron en tierra, cuando en otras ocasiones similares habían espantado a los Migs.

El Consejo de Seguridad de la ONU condenó el hecho. Fidel Castro intentó aplacar las protestas alegando que se habia violado el espacio aéreo cubano, lo que lo autorizaba a tumbar las avionetas. Excusa inaceptable. Investigaciones exhaustivas de Estados Unidos y de la Organización de Aviación Civil Internacional de las Naciones Unidas mostraron concluyentemente que el incidente luvo lugar en aguas internacionales. Ese hallazgo eliminaba la pretendida validez de los argumentos esgrimidos por el *máximo líder* para justificar su brutal acción.

Además de su ayuda a los balseros, Hermanos al Rescate, ocasionalmente, lanzaba volantes y pegatinas (*bumper stickers*) desde el aire para que llegaran a Cuba. En una entrevista, José Basulto me informó que sus aviones no necesitaban entrar en el espacio aéreo de Cuba para que sus volantes cayeran en la Isla. El 9 y el 13 de enero de 1996, semanas antes del derribo de las avionetas, en una operación denominada Martin Luther King, Hermanos al Rescate había lanzado copias de la Declaración Universal de los Derechos Humanos que llegaron a La Habana sin haber tenido que volar sobre ella.

Basulto, como ingeniero, había confeccionado unas tablas para lograr que los volantes fueran lanzados a millas de distancia y cayeran en las zonas previstas. Las tablas determinaban la posición y altura en que el aparato debía estar al momento del lanzamiento, tomando en consideración la velocidad y dirección del viento —que movería a los volantes horizontalmente— y el promedio de velocidad de caída de ellos. El éxito del procedimiento fue confirmado por testigos. En uno de los casos reportados, según Basulto, el volante fue recogido más allá de La Habana.

Sin embargo, el presidente de Hermanos al Rescate también reconoció que en tres ocasiones volaron sobre Cuba. Una, para lanzar al mar en el norte de Las Villas, en respuesta a sus deseos, las cenizas de un compañero. Otra, de regreso de la base americana de Guantánamo, adonde habían llevado a unos abogados para que se entrevistaran con un grupo de balseros detenidos. En lugar de circundar la Punta de Maisí, volaron sobre Baracoa, dejando caer unas pegatinas con lemas pacifistas. Y en otra ocasión, Basulto voló sobre La Habana en una maniobra de distracción para atenuar el hostigamiento de las fuerzas marítimas represivas contra una flotilla pacífica del Movimiento Democracia, dirigido por el incansable activista Ramón Saúl Sánchez, que conmemoraba el primer aniversario de la masacre del remolcador *13 de marzo*. La operación del Movimiento Democracia consistía en lanzar flores al mar lo más cerca posible del lugar donde ocurrió el hundimiento.

Para esas operaciones, los pilotos de Hermanos al Rescate estaban más que legal y moralmente autorizados, porque, ¿le asiste algún derecho a la dictadura castrista para reclamar el espacio aéreo cubano como suyo? Ese es un aspecto de vital importancia que ha sido pasado por alto en las numerosas crónicas de la masacre a las que he tenido acceso. Un gobierno usurpador y despótico, de más de medio siglo de ejercicio ilegítimo del poder, que nunca ha sido convalidado democráticamente por elecciones multipartidistas, carece de autoridad legal y moral para impedir que cubanos libres vuelen sobre el territorio donde nacieron para informar a sus compatriotas de sus derechos y estimularlos en la defensa de sus libertades. Cualquier incursión sobre Cuba para la promoción de la democracia y el rescate de las libertades es legítima y, por tanto, permisible moralmente, sobre todo si es pacífica y promueve la reconciliación de todos los cubanos, como ha sido el caso de Hermanos al Rescate.

La primera regla para que un pueblo se sacuda de un régimen despótico es desobedecer sus leyes. Si George Washington hubiera respetado las leyes de Inglaterra no habría podido convocar a la independencia de lo que luego serían los Estados Unidos. Si Lech Walesa no hubiera desafiado el tinglado jurídico del comunismo, no hubiera existido Solidaridad ni alcanzado el poder para iniciar el proceso de democratización de Polonia. Nelson Mandela pagó con veintisiete años de cárcel su violación de las leyes del *apartheid*, pero finalmente Suráfrica le dio la razón y las leyes discriminatorias desaparecieron. Imaginémonos a los mambises de la independencia cubana inhibiéndose de quemar los campos de caña y arrasar con todo lo que encontraban a su paso porque contravenía las leyes españolas. El propio Fidel Castro sostiene en *La Historia me Absolverá*, cuando luchaba contra Batista, que lo patriótico era violar las leyes de la dictadura, lo que también estaba reconocido en la Constitución de 1940. Los aviones que llevaban armas y municiones a la Sierra Maestra "violaban" el espacio aéreo controlado por Batista. Resulta irónico —más bien, cínico— que quien pensaba y actuaba así sea, precisamente, el que ordenara la atrocidad de asesinar compatriotas que habían hecho en cierto momento lo mismo que él sugirió para sacudirse de una dictadura.

La ejecución brutal de Mario de la Peña, Carlos A. Costa, Armando Alejandre y Pablo Morales, quienes en ningún momento podían constituir una amenaza, es uno de los asesinatos políticos más horrendos que puedan recordarse. La indefensión en que se encontraban las víctimas es manifiesta. Piénsese en el abuso de un poderoso y veloz MIG ruso descargando sus misiles despiadadamente sobre lentas avionetas desarmadas que no tenían la menor posibilidad de defenderse ni de evadir el ataque. ¿Qué daño podían representar para la seguridad del *máximo líder* esos aparatos que, si volaron sobre Cuba en contadísimas ocasiones, lo hicieron sin ánimo belicista, en gesto de singular valentía y tratando de fomentar la reunificación democrática de todos los cubanos? Aceptar la alegación de Fidel Castro de que violaban el espacio aéreo cubano — lo que no puede sostenerse en el caso específico de la masacre— es darle crédito a una estratagema diseñada para encubrir la verdadera motivación de lo ocurrido.

La verdadera razón de la masacre

Queda claro que Hermanos al Rescate, cuando voló sobre Cuba antes del derribo de sus avionetas, hacía uso de un derecho consagrado en todos los pronunciamientos de libertad: violar las leyes de la opresión. Al cielo de Cuba tienen derecho todos los cubanos, máxime los que ya son libres y pueden contribuir al rescate de las libertades informando al pueblo de sus derechos. Nada de lo mencionado por la usurpación comunista para justificar su abominable crimen es digno de ser considerado seriamente. Darle validez a una respuesta tan desmedida y brutal no puede esconder, por mucho que se pretenda, lo que hay detrás de los cuatro asesinatos.

Y es que Fidel Castro ha exhibido a través de su ejecutoria una necesidad anormal de castigar severamente cualquier demostración de inconformidad con su dictadura que, aunque no fuera violenta ni amenazante, pudiera afectar su prepotencia. Al parecer, el que avionetas de exiliados hubieran volado impunemente en ocasiones sobre un territorio del que se considera dueño, fue tomado por el *máximo líder* como una afrenta personal que debía ser vengada. Burlaban su mayor orgullo: el eficiente sistema de seguridad y represión que creó para consolidar su dictadura. Y tenía que castigarlo apelando a un recurso tan bárbaro como derribar avionetas indefensas y asesinar a sus ocupantes.

Aún si fuera aceptable lo de la violación del espacio aéreo, ningún avión de Hermanos al Rescate, en sus limitadísimas incursiones sobre el territorio nacional, arrojó explosivos, ni dañó propiedades, ni atentó contra la vida de ningún ciudadano. Su pacifismo es histórico. Además, lo usual cuando un avión extraño viola un espacio aéreo es obligarlo a aterrizar —como ocurre tradicionalmente— no derribarlo. Otra agravante en este caso era la premeditación, con todos sus detalles cuidadosamente calculados. La pone en evidencia el regreso a Cuba en el día anterior a los hechos de Juan Pablo Roque, un piloto castrista infiltrado que figuraba como miembro de Hermanos al Rescate. Y también lo probado en el juicio de Gerardo Hernández, jefe del grupo de los cinco espías de la dictadura condenados a prisión en Estados Unidos. Uno de los cargos por los que fue condenado Hernández a cadena perpetua (conspiración para cometer asesinato) tiene que ver con el derribo de las avionetas.

Juan Pablo Roque, piloto de MIG entrenado en la Unión Soviética y miembro de la fuerza aérea castrista, fingió ser un desertor cuando en realidad era un espia. Pidió asilo político en la base americana de Guantánamo, a la que había llegado a nado. Ya en Miami, se infiltró en Hermanos al Rescate, presentándose como piloto voluntario. La víspera de los asesinatos, el 23 de febrero, regresó a Cuba de forma clandestina, sin decírselo a nadie, usando las Bahamas de puente. La acción define bien a las claras el montaje del *máximo líder* para justificar el derribo de las avionetas: Roque sería presentado como superviviente de la operación y declararía públicamente que las avionetas iban armadas para bombardear objetivos en Cuba. La maniobra se frustró al salvarse el avión de

Basulto y sus compañeros, testigos de que Roque no iba en ninguno de los aviones.

El caso del espía Roque es un claro ejemplo de hasta dónde puede llegar la infiltración en Estados Unidos de agentes, colaboradores y espías al servicio de la tiranía castrista. Infiltración que ha sido amplia y constante desde la imposición en Cuba del régimen comunista, cuyos servicios de inteligencia fueron perfeccionados a un grado óptimo por la KGB soviética.

Un triple fusilamiento que horrorizó al mundo

En la madrugada del 2 de abril de 2003, un grupo de once personas, ocho hombres y tres mujeres, asaltaron la lancha *Baraguá*, con cincuenta pasajeros, que cubría la travesía entre La Habana y Regla, en el lado opuesto de la bahía. Su objetivo: utilizar la embarcación para dejar atrás las ataduras comunistas y construir una nueva vida en Estados Unidos. No repararon, sin embargo, que la embarcación podía carecer del combustible necesario para llegar al aspirado destino. Lo que, lamentablemente, ocurrió.

Al estar la lancha a la deriva en alta mar, fue interceptada y remolcada por naves guardafronteras al puerto del Mariel, donde los asaltantes simularon tomar de rehenes a los pasajeros y anunciaron a las autoridades comunistas que los ejecutarían si no les suministraban el combustible para continuar el viaje. Entre los pasajeros había dos turistas francesas que, aprovechando un descuido de los asaltantes, se lanzaron al mar. Y en la confusión que esto generó fueron sorprendidos los secuestradores y capturados por las fuerzas represivas. Era la tarde del 3 de abril. Habían transcurrido cerca de 40 horas desde que la lancha había salido de La Habana.

El régimen declaró que el secuestro de la *Baraguá* era parte de "un plan siniestro de provocaciones fraguado por los sectores más extremistas del gobierno de Estados Unidos y sus aliados de la mafia terrorista de Miami con el único propósito de crear condiciones y pretextos para agredir a nuestra patria". Con esas falsedades, carentes enteramente de fundamento, podían anticiparse las más severas sanciones a los complotados. Se daban así los primeros pasos para presentar una justificación a lo Castro de la atrocidad.

En un juicio sumarísimo celebrado a los seis días de la toma de la lancha, el 8 de abril. fueron condenados a muerte Lorenzo Enrique Copello Castillo, de 31 años, Bárbaro Leodán Sevilla García, de 22 y Jorge Luis Martínez Isaac, de 40. como los principales responsables de la operación. En el mismo proceso fueron condenadas las ocho personas restantes, cuatro de ellas a cadena perpetua.

Y en una nota dada a la prensa tratando de explicar su ratificación de la pena de muerte, el Consejo de Estado declaró que había adoptado esa decisión después de evaluar "los peligros potenciales que implicaban no sólo para la vida de numerosas personas inocentes, sino para la seguridad del país". La nota sentaba un precedente jurídico en la historia de los asesinato políticos. Se fusilaba, no por lo que había ocurrido (que en nada hubiera justificado la pena de muerte) sino por lo que pudo haber pasado: los "peligros potenciales".

"¿Peligros?" Ningún pasajero de la lancha, en ningún momento, fue atacado ni herido. La amenaza de ejecutar rehenes era sólo una maniobra para impresionar a las autoridades comunistas y lograr el reabastecimiento de combustible. Sin la menor intención de cumplirla. Si eso hubiera sido un objetivo, sobraron oportunidades para haberlo consumado.

"¿Seguridad del país?" ¿Qué tiene que ver la fuga de Cuba en una lancha con la seguridad del país? Argumentos sofistas esgrimidos bajo el miedo por un grupo servil y obediente —el Consejo de Estado— para complacer a Fidel Castro y justificar una más de sus atrocidades.

Los tres frustrados fugitivos, Lorenzo Copello, Bárbaro Sevilla y Jorge Luis Martínez, fueron fusilados al amanecer del 11 de abril de 2003, sólo tres días después del juicio.

Igual que huir del Berlín comunista

Después de ese incalificable asesinato político hay que plantearse una serie de preguntas. Apoderarse de una lancha o de un avión para huir de Cuba, ¿puede considerarse un delito? ¿Era delito cuando un alemán del Berlín comunista brincaba, para ganar la libertad, el infamante muro levantado para mantener presos a los residentes del sector oriental de la ciudad? El muro de Cuba es el mar. Y hace falta algo más que brazos y piernas para cruzarlo. Matar a los que se apoderaron de la lancha *Baraguá* es igual que asesinar a los alemanes que intentaban saltar el muro de Berlín. Y como hito a la razón, el mundo así lo entendió. Y se levantaron airadas protestas internacionales por los tres fusilamientos y también por la injusta encarcelación y largas condenas a 75 disidentes pacíficos, que había tenido lugar unas tres semanas antes. Hasta partidos comunistas de Europa se unieron al repudio.

Dentro de ese movimiento condenatorio, que incluyó a numerosos gobiernos, parlamentos, entidades de derechos humanos y destacadas personalidades del mundo artístico y literario de renombre internacional, estuvo el de la Unión Europea, que congeló sus relaciones con La Habana y a manera de castigo suspendió el solicitado ingreso de Cuba en el Acuerdo de Cotonou, la multimillonaria ayuda de Europa a los países de África, el Caribe y el Pacífico.

Dada la repetición de atrocidades similares contra los que huyen de Cuba, aflora que detrás de los fusilamientos de los tres fugitivos frustrados estaba la posible furia de Fidel Castro por hechos ocurridos días atrás. El 19 y el 31 de marzo, el mes anterior, habían sido secuestrados sendos aviones de la ruta La Habana-Isla de Pinos (bautizada "de la Juventud" por la dictadura) que fueron desviados de su recorrido y obligados a aterrizar en Cayo Hueso. Sucesos que irritarían sobremanera al *máximo líder.* Hechos que ponían de manifiesto ante el mundo la desesperación generalizada por salir de Cuba y ridiculizaban las extremas medidas tomadas por los cuerpos represivos para impedirlo. Para un dictador vanidoso y absolutista eso era una afrenta intolerable. Quienes se atrevieran a tanto tenían que pagarlo con la vida.

Un obrero en huelga de hambre

Orlando Zapata Tamayo era un modesto albañil y plomero que, descontento con todo lo que pasaba en Cuba, se había incorporado al grupo de disidencia pacífica Movimiento Alternativa Republicana.

El 6 de diciembre de 2002 fue detenido junto al connotado disidente Oscar Elías Biscet por participar en una protesta en La Habana, donde se quemaban ejemplares de la Constitución Socialista. Por ese hecho fue recluido en la cárcel de Guanajay durante 3 meses y un día. Y en lugar de amilanarse, días después —a mediados de marzo de 2003— y bajo la dirección de la líder disidente Marta Beatriz Roque Cabello, se incorporaba a un ayuno donde se demandaba la libertad de los presos políticos. Es detenido de nuevo, en la misma semana del 18 a 20 de marzo de 2003 en que tuvo lugar el conocido arresto masivo y prisión de 75 disidentes pacíficos, hecho conocido como la Primavera Negra. Fue separado de ese grupo y condenado a 3 años de privación de libertad, a ser cumplidos en la prisión de Taco Taco, Pinar del Río. A principios de 2004 es declarado Prisionero de Conciencia por Amnistía Internacional.

En Taco Taco es ubicado en la sección asignada a los presos comunes, sin respetar su condición de preso político. Ante esa violación de sus derechos inicia una serie de protestas, a las que responden con brutales golpizas los carceleros. Lo que perseguía Orlando Zapata con su actitud de rebeldía, tan obstinada como peligrosa, era que se le diera el trato de prisionero de conciencia exigido por Amnistía Internacional, a lo que el régimen se negaba. Su condena fue aumentada arbitrariamene a 25 años más. Y como protesta, inicia su primera huelga de hambre, que duraría 45 días.

La razón básica de la agresividad contra Zapata Tamayo estribaba en que el régimen consideraba peligroso para su propaganda que un humilde obrero de la raza negra asumiese una postura disidente. Para la revolución castrista, los otrora discriminados (que lo seguían siendo) tenían que estar con el comunismo. Y si no era así y se atrevían a protestar, había que inventar cualquier cosa para encerrarlos. La actitud desafiante y tenaz de Zapata ante esa maniobra enardecía a sus captores, que arreciaban sus golpizas en desesperado intento de reducirlo a la obediencia.

De Taco Taco, el indómito prisionero fue trasladado a la prisión "Cuba Sí", en Holguín, donde se entregaría a otra huelga de hambre de 47 días que desistió a petición de la familia. En "Cuba Sí" le dieron tres grandes golpizas. En la última, ocurrida el 26 de octubre de 2009, fueron de tal gravedad las heridas en la cabeza que tuvo que ser intervenido quirúrgicamente. Y sería de nuevo cambiado de prisión. Esta vez a la Kilo 8, de Camagüey, lo peor, según los que la conocen, para un confinado. Por su indeclinable postura de rebeldía y sus gritos de "Abajo Fidel" fue encerrado en un calabozo sin luz, minúsculo y miserable.

El 2 de diciembre de 2009 le imponen aún más años a los ya aumentados de la condena original, que en total ascienden a 57 años y 6 meses. Y decide declararse en huelga de hambre. Sólo ingería agua. Pero fue privado de ella durante 18 días consecutivos, lo que le produjo un alarmante deterioro físico que anunciaba un inmediato y fatal desenlace. Se trataba, evidentemente, de un asesinato. Y es ahí donde el régimen castrista cae en cuenta de lo que podía costarle la muerte por odio de un hijo del pueblo que se alzaba contra el abuso en las prisiones y la violación de su condición de prisionero de conciencia, comprometiendo su vida en una huelga de hambre. Y lo trasladan al hospital Amalia Simoni, de Camagüey. No como gesto humanitario sino por el miedo al escándalo internacional que la dictadura veía venir si el bravo disidente moría.

Ante el empeoramiento de su condición, es enviado al hospital de la prisión de Combinado del Este, en La Habana. Y para que no muriera en prisión y mostrar que el régimen se preocupaba por su salud, fue trasladado al cercano hospital Hermanos Ameijeiras. Fue bien atendido por su personal médico, pero era ya demasiado tarde. Los 18 días que lo privaron de agua en Kilo 8 estaban cosechando su fruto de muerte.

El 23 de febrero de 2010, después de 82 días en huelga de hambre, Orlando Zapata Tamayo dejaba de existir. Tenía 42 años. Llavaba 7 años de prisión inclemente. Fidel Castro y su dictador suplente creían que así concluía una de las tantas y horrendas páginas de su historia de sangre, que no borran sus pregonados y mentirosos logros. Pero no contaron con una madre inspiradora, una de esas Damas de Blanco que golpean a la dictadura marchando en las calles con Cristo en la frente y gladiolos en las manos. Mujeres sin miedo para quienes las golpizas y vituperios de las turbas organizadas sólo han servido de estímulo para seguir en su empeño de libertad.

Esa madre indomable, Reina Luisa Tamayo, saldría a la calle como fiera impetuosa a denunciar el asesinato de su hijo y las violaciones de los derechos humanos por la dictadura comunista. Esa madre herida transformaría su inmenso dolor en activismo político y su eterno desconsuelo en militancia rebelde contra la tiranía castrista. Por la peligrosidad que representaba dentro de Cuba su actitud, el régimen gestionó con Estados Unidos su salida y la de su familia, a lo que la señora Tamayo se negó si no le entregaban las cenizas de su hijo. La dictadura, renuente, se vio forzada finalmente a acceder. Hoy esas cenizas reposan en un cementerio de Miami, junto a un monumento dedicado al inolvidable y heroico defensor de los derechos humano que fue Orlando Zapata Tamayo.

Conclusión

Creo que los casos que narro en este capítulo constituyen una incuestionable prueba de que Cuba ha estado gobernada durante más de medio siglo por una persona a la que no le ha temblado la mano a la hora de matar, aunque se trate de inocentes o de protestatarios cuyos supuestos delitos no eran acreedores a tan terrible pena. En lo que he descrito no hay el menor asomo de falsificación, exageración o distorsión de los hechos. Son historias ampliamente conocidas y documentadas, donde no hay lugar para reflexiones incriminatorias que no respondan al más genuino sentido de justicia.

No he cubierto en detalle los abusos y vejaciones recibidos por los prisioneros de conciencia en las cárceles de Castro pero creo que basta con el testimonio de un testigo presencial de incuestionable veracidad: Alberto Muller, dirigente católico y anticastrista que sufrió quince años de prisión por su enfrentamiento a la dictadura, verticalmente, sin claudicar sus convicciones patrioticas ni religiosas. Esos detalles aparecen en una carta de marzo de 2008 dirigida por Muller al cardenal Tarcisio Bertone, Secretario de Estado del Vaticano, a raíz de su visita a Cuba, en la que lo censura por haberse negado a recibir a las Damas de Blanco, a Oswaldo Payá y a otros líderes de la disidencia, de fe católica, que querían hacerle llegar la verdad de la situación en el país. Cito algunos párrafos de la carta de Muller, que describen el grado de deshumanización del castrismo:

> *Debo expresarle que me siento honrado de haber sufrido torturas inhumanas por parte del gobierno castrista, conjuntamente con cientos de miles de compañeros de la prisión, como los simulacros de fusilamentos; los golpes de bayonetas; la introducción en zanjas de excrementos; los interrogatorios desnudos en cuartos con temperaturas muy frías y los aislamientos en celdas de castigo en condiciones infrahumanas, por largos períodos de tiempo.*
>
> *Debo informarle que mi memoria no podrá borrar jamás el haber visto a varios prisioneros torturados en jaulas de apenas cuatro pies de altura, en donde el prisionero tenía que subsistir con la cerviz doblada y sólo uno podía acostarse horizontalmente, teniendo en cuenta que la jaula no tenía espacio para las necesidades biológicas.*

Es fácil concluir que, sumándoles los más de 5732 casos entre fusilados, ejecuciones extrajudiciales y desaparecidos, documentados por el *Cuba Archive*, Fidel Castro ha superado con creces las estadísticas criminales de otros tiranos de la América hispana, que han basado su poder dictatorial en la eficacia de sus garras. Ni en las sanguinarias historias de un Batista, un Trujillo, un Somoza o un Pinochet se registran atrocidades contra inocentes —incluyendo la muerte de decenas de niños— como las perpetradas contra los ocupantes de las embarcaciones *XX Aniversario* y *13 de Marzo* y las avionetas de Hermanos al Rescate. Asesinatos de personas que no constituían ninguna amenaza pero que había que ejecutar para que sirviera de escarmiento. Es muy significativo que el segundo lugar en las atrocidades del castrismo —el primero lo ocupan los fusilamientos— corresponda a las agresiones cometidas contra gente pacífica que huía de Cuba.

Para el pueblo de Cuba, y particularmente para las nuevas generaciones, los espantosos crímenes del régimen castrista son prácticamente desconocidos. Y cuando se han llegado a conocer ha sido solamente a través de la versión que da el Gobierno, que siempre ofrece una justificación a sus atrocidades sin que pueda ser refutada. Los que viven en Cuba, salvo muy raros casos, apenas se enteran de esos abusos, incluyendo las masacres que he mencionado y su alto número de víctimas. Afortunadamente, los extraordinarios avances del correo electrónico han permitido penetrar en cierto grado el bloqueo castrista de la información, que ha obligado a la dictadura a ser más cautelosa en sus excesos.

Quisiera también señalar que no se hace justicia histórica cuando se acepta mansamente que una sanguinaria y prolongada dictadura se lave hoy las manos con el pretexto de haber promovido la justicia social. De presumirse algún que otro logro positivo de la revolución castrista se diluye ante sus resultados más sobresalientes: la instauración del terror revolucionario, represivo como nunca antes se había visto en América Latina y la degradación, a extremos de primitivismo, del otrora pujante conglomerado nacional cubano.

CAPÍTULO 16
DISIDENCIA Y OPOSICIÓN

Origen del movimiento disidente

La dificultosa y en cierto momento imposible labor de dar a conocer la realidad cubana fue asumida por un abnegado sector de la ciudadanía, integrado por una variedad de organizaciones que han estado funcionando sin estar reconocidas legalmente por el castrismo y que han intentado ejercer pacíficamente la disidencia política amparándose mayormente en supuestos derechos reconocidos por la Constitución castrista. Para no darle curso a esas demandas, el régimen ha estado dispuesto a violar su propia Constitución.

En un libro tan abarcador como el presente, mencionar el aporte de los líderes y grupos disidentes, que han mantenido una tenaz lucha en defensa de los derechos humanos y por la apertura democratica en Cuba, es ineludible. Pero, dada la magnitud de la obra realizada por ellos, el sacrificio de sus años de prisión abusiva y las innumerables agresiones de que han sido objeto en sus casas y en las calles por turbas azuzadas por la dictadura, tratar como se merece su labor patriótica requeriría, en justicia, un libro en sí mismo. Por lo que sólo incluyo aquí lo que considero que son los aspectos más destacados de esa gesta, que prosigue a pesar de los obstáculos que el terror oficial pone a su encomiable defensa de los derechos humanos.

Uno de esos aspectos es cómo surgió ese movimiento retador que, con las armas de la paz, la verdad y la resistencia pacífica ha estremecido a la tiranía hasta un punto que nunca logró el exilio, que contempló, en determinado momento, la lucha armada como la única vía posible para recuperar la libertad.

Lo más significativo del movimiento disidente contra la usurpación comunista es que, en gran parte, está integrado por exmarxistas, lo que apoya la sinceridad y validez de sus pronunciamientos. No puede alegarse que responden a intereses capitalistas o se trata de desplazados del poder político o económico por la revolución. Son, en realidad, idealistas que una vez creyeron en las pregonadas bondades del comunismo y, desengañados, decidieron dar un paso al frente, rectificando honestamente su error y denunciando la falsedad de la doctrina que una vez abrazaron, a sabiendas de las terribles consecuencias que para ellos y sus familias esa decisión habría de provocar.

Podría decirse que la disidencia organizada contra la tiranía castrista comienza en 1965, cuando el Dr. Ricardo Bofill, profesor universitario de Historia de la Filosofía, militante marxista, empieza a criticar los abusos del régimen y asume la posición de denunciar sus reiteradas violaciones de los derechos humanos. Por su labor disidente es condenado a 15 años de prisión en 1967. De esa primera condena cumpliría 9 años.

El Comité Cubano Pro Derechos Humanos

En 1970, Andrei Sájarov, un eminente físico nuclear de la Unión Soviética, de gran prestigio personal y profesional, con su esposa Elena Bonner, fundan el Comité de Derechos Humanos de su país, una acción de extrema valentía ante la naturaleza represiva del sistema comunista. Las ideas de Sájarov sobre el desarrollo social priorizaban los derechos humanos como la base de todo tipo de política. Lo extraordinario de su trabajo cívico y patriótico era que surgía en el centro mismo del poder comunista y se basaba principalmente en la respuesa pacífica y legalista a la reiterada violación de los derechos humanos que imperaba en la Unión Soviética. Su campaña por la defensa de esos derechos le ganó, en 1975, el Premio Nobel de la Paz.

La abnegada y peligrosa gesta de Sájarov, quien por sus méritos científicos había sido condecorado varias veces por el régimen comunista (cuatro Órdenes de Lenin. Premio Lenin y Premio Stalin), era conocida en Cuba, a pesar del control de la información ejercido por la dictadura. Y sirvió de inspiración, ante la violación reiterada de los derechos humanos por el castrismo, para la creación, en enero de 1976, del Comité Cubano Pro Derechos Humanos (CCPDH). Sus fundadores fueron Ricardo Bofill, recién salido de la cárcel, y la Dra. Marta Frayde. Poco después se les uniría, entre otros valiosos disidentes, Elizardo Sánchez Santa Cruz, que había sido profesor de Filosofía Marxista en la Universidad de La Habana y expulsado de ese centro de estudios en 1968 por desavenencias con la cúpula del poder. En 1983 se sumarían al Comité otros destacados disidentes que habían estado guardando prisión: Gustavo Arcos Bergnes, excombatiente del *26* y exembajador en Bélgica, su hermano Sebastián y el escritor Ariel Hidalgo.

Enfrentado a la realidad del comunismo, el fundador del CCPDH, Ricardo Bofill, resumiría esa doctrina en los siguientes términos: *El comunismo y el socialismo marxista son una suerte de especulación de ingeniería social contra natura, fundada sobre presupuestos de odios y revanchas, que dividen y aniquilan por completo a la sociedad civil y a las normas de vida civilizada, hasta llegar a la destrucción del seno familiar.*

Más cárcel para Bofill

El CCPDH se proclamó seguidor de Sájarov y comenzó a realizar protestas por la violación de derechos y el trato inhumano de que eran víctimas los prisioneros políticos. Sus miembros seguían el patrón de resistencia pacífica de Mahatma Ghandi y Martin Luther King. Bofill tendría que sufrir los rigores de la cárcel durante 7 años más, en dos ocasiones, entre 1978 y 1986, que con los 9 cumplidos anteriormente totalizaban 16 de injusta e inhumana prisión. De no haber sido por la protesta de los movimientos internacionales pro derechos humanos y una videocinta de dos periodistas franceses que recorrió el mundo, grabada en Cuba sobre la gesta de Bofill y la intrepidez de sus acciones, el valiente protestatario podía haber permanecido en la cárcel indefinidamente. Pero pudo salir de Cuba en diciembre de 1988, continuando en el exilio, contra viento y marea, su entrega a la defensa de los derechos humanos. En su lugar, asumieron la dirección del CCPDH en Cuba los hermanos Gustavo y Sebastián Arcos, exmiembros del *26 de Julio*.

Alrededor de 1988 se integraría al CCPDH un singular opositor: Jesús Yanes Pelletier, exteniente del Ejército de Batista y supervisor de la cárcel de Bomiato cuando Fidel Castro estaba cumpliendo prisión en ella por el ataque al Moncada. Yanes recibió la orden de envenenar a Castro y se negó a cumplirla, por lo que fue destituido del Ejército deshonrosamente. Según la escritora disidente Tania Díaz Castro, cuando se le mencionaba ese hecho, repetía con frecuencia la frase: "Yo no soy un asesino, soy un militar". Después de su expulsión del Ejército, se uniría al movimiento insurreccional y con el advenimiento de la revolución` fue nombrado por Castro su ayudante militar. Pronto surgirían diferencias políticas y sería condenado a once años de prisión. Fue un activo y respetado luchador por los derechos humanos y la democratizacion de Cuba hasta su fallecimiento en 2000, a los 83 años.

En cuanto a Bofill, tuve la oportunidad de conocerlo y compartir con él por primera vez en Roma, en octubre de 1989. Ambos habíamos sido invitados, conjuntamente con Carlos Franqui, el novelista exilado Reinaldo Arenas y el cineasta Orlando Jiménez Leal, a la inauguración de un Comité Pro Derechos Humanos en Cuba, instituido por el Partido Socialista Italiano. Comité al cual pertenecían, entre otras destacadas figuras, los directores de cine Federico Fellini y Franco Rossi. El 19 de octubre se celebraría una conferencia de prensa en el *Centro Culturale Mondoperaio*, donde estaríamos presentes los cubanos invitados. Franqui expondría las violaciones y abusos de la tiranía castrista y agradecería a la dirigencia del Partido Socialista su preocupación por la represión en Cuba. La creación del Comité y nuestra invitación a Italia se debían a la iniciativa del periodista Valerio Riva, gran amigo de la Cuba democrática e infatigable comunicador de nuestras desventuras en el diario *Corriere della Sera*. Otra ocasión en que reafirmé mi respeto y admiración por Bofill fue cuando lo entrevisté en Miami para el documental *La Verdadera Cuba*, que produje y dirigí en junio de 1992.

En cuanto a los inicios del movimiento disidente, la presencia de Gustavo Arcos como dirigente del Comité Cubano Pro Derechos Humanos, señalaba a las claras que los excombatientes de genuino origen revolucionario, representados por este héroe del asalto al Moncada, estaban dispuestas también a correr todos los riesgos para denunciar la traición a las promesas del Movimiento 26 de Julio en la lucha contra Batista, enunciadas principalmente por Fidel Castro. En esas promesas, el respeto a los derechos humanos figuraba como uno de los más importantes objetivos de la gesta insurreccional. En su difusión trabajé muy activamente desde las filas de la clandestinidad contra Batista. Nunca pasó por mi mente que, después del triunfo insurreccional del primero de enero de 1959, compañeros excepcionales del *26* como Gustavo y Sebastián Arcos habrían de sufrir prisión y agresiones de turbas oficialistas por su lucha a favor de lo mismo que defendíamos cuando combatíamos a Batista: la Declaración Universal de los Derechos Humanos.

Se multiplica la disidencia

Pese a los enormes obstáculos que interpondría el sistema represivo del castrismo a la lucha por los derechos humanos, Ricardo Bofill y sus seguidores habían iniciado un movimiento que habría de vigorizarse y multiplicarse en numerosos grupos adicionales independientes. Esas organizaciones, ilegales para la dictadura, llegarían a constituir la fuente más activa y reconocida de denuncia de las violaciones de todo tipo de derechos por el totalitarismo castrista. Así surgirían, entre otras, la Comisión Cubana de Derechos Humanos y Reconciliación Nacional, presidida por Elizardo Sánchez Santa Cruz (al separarse en 1987 del Comité Pro Derechos Humanos original) y el Movimiento Cristiano Liberación, fundado por Oswaldo Payá Sardiñas, un ingeniero católico que en ningún momento había estado vinculado al Partido Comunista, por lo que, más que disidente, era opositor desde un principio.

Sánchez Santa Cruz llegaría a ser una de las voces más representativas de la disidencia en el exterior y un luchador infatigable contra los abusos a los prisioneros de conciencia, a pesar de las campañas difamatorias del régimen para presentarlo como un antiguo doble agente. Y por otro lado, Oswaldo Payá, de profunda formación religiosa, apelaba a la propia Constitución Socialista para hacer valer el aporte patriótico de todas las vertientes pacifistas, inclusive de sectores del exilio, para la solución de los graves problemas del país.

Dos intelectuales que detectaban el curso antidemocrático de la revolución, Roberto Luque Escalona y José Luis Pujol, decidieron dar un paso al frente y exteriorizar su descontento con la fundación, en 1990, de Criterio Alternativo. Enseguida se sumaron a la nueva organización contestataria la poeta María Elena Cruz Varela y el crítico y novelista Fernando Velázquez Medina, quien sugirió fijar la posición del grupo en una *Declaración de los Intelectuales,* de la cual sería su principal redactor. En junio de 1991 se daría a conocer el documento en Cuba y poco después en el exterior. Sería mejor conocido como *La Carta de los Diez.* Además de Fernández Medina, entre sus firmantes se destacaban el poeta y escritor Raul Rivero y María Elena Cruz Varela, el escritor Roberto Luque Escalona y el periodista José Lorenzo Fuentes. También figuraban como signatarios Víctor Manuel Serpa, Manuel Díaz Martínez, Manuel Granados, Bernardo Marqués Ravelo y Nancy Estrada Galván.

Entre las principales demandas de la *Carta de los Diez* estaban un diálogo cívico, la supresión de las trabas migratorias, el restablecimiento de los Mercados Libres Campesinos, la eleccion directa de los miembros de la Asamblea Nacional y la liberación de los presos políicos.

La trascendencia histórica de la *Carta de los Diez*, más que por su contenido, considerado hoy por sus firmantes de tono moderado y hasta ingenuo, se debe a la reacción desmedida de la dictadura a lo que consideraba una crítica inadmisible a la gestión de Fidel Castro. El machacón alegato castrista de que detrás de la *Carta de los Diez* estaba la mano del "imperialismo" no podía faltar. La acción más brutal y censurable de la respuesta oficial fue la detención en su hogar de María Elena Cruz Varela, cogida por los pelos y arrastrada por las escaleras, a quien intentaron obligar a tragarse hojas de sus poemas. Abuso inaudito que provocó una enérgica repulsa internacional.

Otras organizaciones —tampoco reconocidas legalmente por la dictadura— seguirían los pasos de las primeras, ampliándose las denuncias de violaciones de derechos y las protestas no violentas. Cada organización tenía su visión de cómo debía ser el cambio político en Cuba, con algunas diferencias. Pero las discrepancias no menoscababan el objetivo común de defender los derechos humanos y reclamar la libertad de los presos políticos.

Algunas de las nuevas organizaciones serían de base periodística, profesional, política, asistencia social, cívica, cultural, sindicalista o de cualquier otra naturaleza, pero todas iban dirigidas a la instauración de una verdadera sociedad civil, fuera de la jurisdicción gubernamental y capaz de representar la voluntad popular. Hacían hincapié en el carácter pacifista de sus principios y de su forma de lucha. Constituían un mosaico muy variado y complejo de la oposición al totalitarismo comunista. La dictadura penetraría algunos grupos con agentes infiltrados. De esos, unos cuantos, en algún momento, revelarían su identidad públicamente, haciendo declaraciones falsas para denigrar el alto nivel moral de la lucha disidente. Otros permanecerían encubiertos en su nada encomiable faena.

Concilio Cubano: fenómeno de unidad disidente

La comunión en metas patrióticas hizo posible en cierto momento la coordinación de esfuerzos de los grupos y organizaciones disidentes, echando a un lado diferencias y rivalidades que se habían puesto de manifiesto en varias ocasiones.

A mediados de 1995, la disidencia contaba con más de cien entidades, limitadas en su militancia y actividades por el acoso del terror gubernamental. Y en octubre de ese año acordaron unirse para fundar Concilio Cubano, no como una superestructura organizacional sino como un concierto de voluntades coincidentes en el interés supremo de lograr la vigencia de las libertades democráticas y los derechos humanos. La noticia fue recibida con entusiasmo en los sectores que, fuera de Cuba, se mantenían atentos y preocupados por lo que ocurría en la Isla. Esa euforia colectiva no llegaba a producirse, por ausencia de noticias, donde más se necesitaba, dentro de Cuba. El aceso a la prensa totalitaria de cualquier manifestación o evento opositor era imposible.

Entre los miembros que representaban sus respetivas organizaciones había figuras muy prestigiosas, que habían alcanzado notoriedad internacional por su inclaudicable actitud patriótica ante las agresiones, abusos y maltratos recibidos en la prisión y en la calle. Además de Oswaldo Payá y por orden alfabético se encontraban, entre el centenar de fundadores del Concilio: Gustavo Arcos, Félix Bonne Carcasés, René Gómez Manzano, Héctor Palacios, Raúl Rivero, Vladimiro Roca, Marta Beatriz Roque Cabello y Elizardo Sánchez Santa Cruz.

Los planteamientos fundamentales del Concilio a la dictadura eran: amnistía para los presos políticos, respeto a los derechos humanos, libertad para organizar empresas y cooperativas y elecciones libres y pluralistas.

En una declaración inmediatamente posterior, el Concilio definía su estrategia de lucha en los siguientes términos:

La determinación de trabajar por una transición absolutamente pacífica hacia un estado democrático de derecho que no albergue violencias, odios o sentimientos de revancha y que incluya por igual a todos los cubanos. Por consiguiente, Concilio Cubano excluye toda forma de violencia y en particular el terrorismo.

La dictadura comenzó de inmediato sus acciones represivas, empezando con la detención del doctor Leonel Morejón, miembro principal del Secretariado de Concilio Cubano. A partir de entonces no cesaron las detenciones, interrogatorios, ocupación de documentos, amenazas de las fuerzas de seguridad, "actos de repudio", golpizas y prisión para impedir las actividades de los integrantes del Concilio. Por mucho que se intentó salvar lo que constituía un esperanzador movimiento cívico, la represión comunista pudo desarticularlo. En poco tiempo, quedaría inoperante el más prometedor intento de demandar pacíficamente y al unísono la restauración de las libertades suprimidas.

La Patria es de Todos

Para el 8 de octubre de 1997 se había señalado la apertura del Quinto Congresos del Partido Comunista de Cuba. Y con ese motivo, cuatro destacados opositores cubanos exmarxistas, constituidos como Grupo de Trabajo de la Disidencia, redactaron un documento, "defendiendo nuestro derecho de opinar", como respuesta a los fundamentos dados a conocer oficialmente por la dictadura para la celebración de ese Quinto Congreso. El documento aparecía firmado por cuatro líderes de la disidencia: los economistas Vladimiro Roca Antúnez y Martha Beatriz Roque Cabello, el ingeniero Félix Bonne Carcasés y el abogado René Gómez Manzano. Fechado el 27 de junio de 1997, se dio a conocer con el título de *La Patria es de Todos*. Constituía una documentada y enérgica denuncia de las arbitrariedades del castrismo pero también un llamado a la consideración de reformas democráticas.

Uno de los aspectos más importantes del documento era que proclamaba la condición de compatriota, en igualdad de condiciones, de todos los cubanos, lo que incluía a los disidentes honestos tildados de agentes del imperialismo y los exilados que clamaban por la democratización de Cuba, calificados despreciativamente por la tiranía como "gusanos". En sus párrafos introductorios, *La Patria es de Todos* afirmaba:

> *El gobierno cubano ignora la palabra 'oposición': los que no comparten su política o simplemente no la apoyan son considerados enemigos y cualesquiera otros sustantivos despectivos que se les desee proferir. Así también han querido dar una nueva acepción a la palabra "Patria", vinculada distorsionadamente con Revolución, Socialismo y Nación. Pretenden ignorar que, por definición, 'Patria' es el país en que se nace.*

Uno de los aspectos sobresalientes del documento es la respuesta contundente que da a "la interpretación de la historia" ofrecida por los comunistas en los "fundamentos" del Quinto Congreso. Los firmantes de *La Patria es de Todos* refutaban, entre muchas otras falacias, las alegaciones de la dictadura sobre el proceso republicano iniciado en 1902:

> *Aunque quieren representar a la república democrática como una serie de interrumpidos fracasos y traiciones, ahí están los resultados socioeconómicos obtenidos entre 1902 y 1958, que situaron a nuestro país entre los tres más avanzados de América Latina; por encima incluso, en algunos indicadores, de grandes naciones en el Viejo Continente, como España e Italia.*

Y sobre los elogios otorgados por los comunistas al "debido proceso de juicios celebrados a los batistianos", *La Patria es de Todos* responde: *Los llamados "juicios revolucionarios" no guardaban la menor relación con lo que es un debido proceso, ni con un verdadero derecho a la defensa.*

La consideración del embargo estadounidense no podía, por supuesto, estar exenta en el programa del Quinto Congreso, haciéndose mención del hecho de que, por votación mayoritaria, en la Asamblea General de las Naciones Unidas se demandaba la eliminación del llamado "bloqueo". La respuesta de *La Patria es de Todos*:

> *Esa afirmación es cierta, pero no se dice que, con la misma periodicidad, el actual gobierno cubano es sancionado por sus violaciones sistemáticas a los Derechos Humanos.*

Y a continuación, siguiendo la relación de las falsedades históricas sostenidas como verdades por los comunistas en los "fundamentos" de su convocatoria, los cuatro disidentes afirmaban:

> *Se menciona la 'Crisis de Octubre', pero se omite que la dirigencia cubana propuso a Moscú asestar el primer golpe, sin esperar que los 'yanquis' tomaran la iniciativa. Esto lo reconoce la historia. Un ataque nuclear contra los Estados Unidos hubiera significado una terrible catástrofe para toda la humanidad, pero no cabe duda que Cuba hubiera sido barrida del mapa.*

Ante el llamado a la unidad popular alrededor de los comunistas, el documento sostiene:

> *También la historia ha dejado plasmada esta concepción de la unidad: el Partido Comunista de Cuba, al imponer el monopartidismo, se coloca en la poco envidiable compañía de Stalin, Mussolini, Hitler, Franco, Trujillo, Pol Pot y Sadam Hussein, entre otros.*

Y más adelante:

> *No podemos aceptar que un gobierno que se ha dedicado a dividir al país, pueda hablar en nombre de la unidad.*

Y se citan también algunas medidas absurdas de la dictadura que han contribuido a crear, según el documento, "el caos y la desestabilización del país", como:

> *Intentar desecar la Ciénaga de Zapata; crear un cordón agrícola alrededor de La Habana; colectivizar la agricultura; cambiar la genética ganadera; concebir un plan alimentario y la producción masiva de plátanos por micro jet; desmantelar la industria azucarera y tratar de cambiar las variedades de caña; imponer ideas que llevan inversiones desastrosas, como la Presa de Palo Seco, que es un monumento a lo que no se debió hacer.*

Sin hacer referencias directas al creador y promotor de tan descabelladas iniciativas, cualquier lector de *La Patria es de Todos* podía saber de quién se trataba.

Repercusión de *La Patria es de Todos*

En resumen, el análisis de la crisis cubana en el documento es demoledor. *La Patria es de Todos* constituye, históricamente, la denuncia más trascendental y seria producida en Cuba de las mentiras y el fracaso de la revolución castrista. Y lo que la hace más digna de credibilidad es el prestigio de sus redactores, revolucionarios demócratas que no pudieron ser seducidos por la simulación y la retórica demagógica de Fidel Castro ni las tentaciones del poder. Con abnegación ejemplar, estuvieron dispuestos a afrontar las consecuencias del terror oficial para dar a conocer al mundo los desmanes y violaciones de derechos de la revolución castrista.

Entre los firmantes del documento lo más preocupante para la dictadura era la presencia de Vladimiro Roca, Presidente del ilegal Partido Socialdemócrata Cubano e hijo de uno de los fundadores y principales líderes del antiguo Partido Comunista, Blas Roca, que había sido seleccionado por Castro para dirigir la redacción de la Constitución Socialista promulgada en 1976.

La respuesta del dictador a *La Patria de Todos* sería una violación más: el encarcelamiento inmediato de sus firmantes. Y de estos, el más castigado sería, por el resentimiento inherente a la personalidad de Castro, Vladimiro Roca.

Vladimiro creció dentro de un ambiente donde el marxismo era considerado la panacea de todos los males sociales. Acababa de cunmplr los 16 años cuando triunfó la insurrección contra Batista. Fue entrenado como piloto de jets de combate en la Unión Soviética y sirvió durante diez años en las fuerzs armadas de la dictadura. Se convirtió en un disidente activo en 1991, por lo que fue cesanteado de su posición como economista del gobierno. Por sus antecedentes comunistas y el respeto a que era acreedor dadas sus cualidades personales, la participación de Vladimiro en la disidencia era muy comprometedora para Fidel Castro. Avalaba, con su prestigio, la veracidad de la descripción pormenorizada que *La Patria es de Todos* hacía de su mal gobierno. Además, la posición política de Vladimiro era muy similar a la adoptada por el Movimiento 26 de Julio en la lucha contra Batista.

Tres de los firmantes, Martha Beatriz Roque Cabello, Cruz Manzano y Bonne Carcasés fueron liberados poco antes de cumplir tres años de inexplicable prisión. Vladimiro fue obligado a permanecer tras las rejas cerca de cinco, la mayoría del tiempo en solitaria.

El Proyecto Varela

La búsqueda de soluciones a los problemas del país por las vías pacíficas se estrellaba contra la pared despótica del totalitarismo castrista. Pero en la posición disidente, curtida bajo la opresión y el abuso, no había lugar para el desaliento. Y se recurría a la imaginación: ¿qué pasaría si se le pedían al gobierno reformas dentro de la propia legalidad instituida por el régimen comunista en su Constitución de 1976? Idea original y de posible aplauso por los gobiernos democráticos del mundo, que no vacilarían en apoyarla. Así fue que, basado en el derecho de los cubanos a proponer cambios en sus leyes, consagrado en la propia Constitución de Castro, Oswaldo Payá, líder del Movimiento Cristiano Liberación (MCL), concibió lo que dio a conocer como Proyecto Varela, iniciado en 1998.

El Proyecto Varela no pretendía una reforma constitucional. Aducía que quería convertir en leyes los derechos constitucionales que no se cumplían. El solo planteamiento de ese concepto ponía en evidencia la desesperación ciudadana ante la violación por la dictadura castrista de sus propias leyes. Ningun país razonablemente organizado por una Constitución necesita de leyes complementarias para ratificar los derechos básicos que se reconocen en ella. Pero el MCL encontró en el Proyecto Varela una forma de comprometer el despotismo castrista a acometer reformas liberales dentro de sus propias reglas, a pesar de las tremendas dificultades y reacciones represivas que podían anticiparse en el proceso de llevar a feliz término un objetivo que resumía su propósito declarando:

No estamos ofreciendo un proyecto o modelo de sociedad sino proponiendo el primer paso para crear nuevas y mejores condiciones de derecho.

Y en otra parte:

Se trata de la exigencia, por vías legales, de derechos que tenemos como personas y que, además, la Constitución define claramente.

En definitiva, el Proyecto Varela proponía la celebración de un referéndum, mediante consulta eleccionaria, para presentar cinco peticiones a la llamada Asamblea Nacional del Poder Popular. A saber: el derecho de cualquier ciudadano a asociarse libremente según sus intereses e ideas; el derecho a la libertad de expresión y de prensa; amnistía de los presos políticos; el derecho de los cubanos a formar empresas y, por último, una nueva ley electoral.

La campaña de firmas

El mayor obstáculo que se le presentaba a Payá para poner en marcha el Proyecto Varela era que, según la Constitución, se necesitaban, por lo menos, 10,000 firmas debidamente documentadas para que la Asamblea del Poder Popular ("parlamento" unipartidista de la dictadura) pudiera considerar cualquier iniciativa de ley procedente de la ciudadanía. Escollo casi insalvable porque los firmantes se expondrían a represalias. Pero Payá, con el apoyo de numerosos activistas del MCL y patriótica tenacidad, se dio a la tarea, cuesta arriba y de más de tres años, de conseguir voluntarios que pudieran vencer el miedo de estampar su firma en una petición que, podía anticiparse, sería considerada por la dictadura como contrarrevolucionaria. Payá haría público un informe denunciando la represión, donde se daban, según expresaba textualmente:

...los nombres de los gestores y firmantes del Proyecto Varela que han sido detenidos, citados, interrogados e intimidados por la policía política, todo ello para impedir que continúe el proceso legal de recogida de firmas.

Al presentarse el Proyecto Varela, el 10 de mayo de 2002, a la Asamblea Nacional, el número de firmas llegaba a la asombrosa cantidad de 11,020, sobrepasaando en más de mil las exigidas. Y el MCL continuó recolectando firmas hasta llegar a 14,000 adicionales para un total de 25,000, hazaña excepcional si se considera la amenaza de represión que se cernía sobre los firmantes.

De ese movimiento, prácticamente nada podía conocerse en Cuba por la supresión de la libertad de prensa e información. Pero una coyuntura que al régimen se le fue de las manos permitió que todo el pueblo se enterara de la existencia del Proyecto Varela, justamente cuatro días después de su presentación a la Asamblea del Poder Popular.

Habla el expresidente Carter

Toda Cuba supo del Proyecto Varela cuando el expresidente de Estados Unidos, Jimmy Carter, invitado a la Isla por el *máximo líder*, se dirigió a toda la Nación y al mundo por radio y televisión desde la Universidad de La Habana. La dictadura seguramente pensó que lo haría en inglés y así poder manipular la traducción simultánea. La sorpresa fue que lo hizo en inteligible español, para que su mensaje fuera claramente entendido, sin alteraciones, por todos sus oyentes. Dijo Carter en aquella ocasión:

> *Este derecho fundamental (la oportunidad a todo ciudadano de cambiar leyes) también ha sido garantizado para los cubanos. Es grato ver que los artículos 63 y 88 de su Constitución facultan a los ciudadanos para presentar una petición ante la Asamblea Nacional para autorizar un referendum que cambie las leyes si 10,000 o más ciudadanos la firman. He sido informado que tal esfuerzo, conocido bajo el nombre de Proyecto Varela, ha logrado suficientes firmas y ha presentado una petición de esta naturaleza ante la Asamblea Nacional.*

Lo del Proyecto Varela era demasiado para Castro. Su acostumbrada manipulación de las estructuras legales se volvía contra él. Que limitaran su voluntad sus propias leyes era intolerable. Y a pesar de los razonables argumentos legales expuestos por Payá y sus colaboradores en el Proyecto Varela, la Asamblea suspendió la consideración de la iniciativa. Y respondió, siguiendo instrucciones del *máximo líder*, con la decisión de que la Constitución fuera modificada a favor de la dictadura y se promulgara la irrevocabilidad del sistema comunista. Como era de esperar de un régimen totalitario, la enmienda constitucional sugerida por Castro fue aprobada sin dilación. Según anunciaría la dictadura, por el 99 % de los votos. La llamada Asamblea Nacional corroboraba su fama de sello de goma.

El Premio Sájarov para Payá

El interés que generó en la opinión internacional una propuesta pacifista para la reforma política como el Proyecto Varela, saturado de nobleza y amor, le valió a Oswaldo Payá, en diciembre de 2002, el Premio Sájarov para la Libertad de Conciencia del Parlamento Europeo, que se otorga una vez al año a personas u organizaciones dedicadas a la defensa de los derechos humanos. Según diría Payá. al recibir personalmente el premio en Estrasburgo, Francia:

No tenemos un brazo armado. Tenemos los dos brazos extendidos, ofreciendoles las manos a todos los cubanos, como hermanos, y a todos los pueblos del mundo. La primera victoria que podemos proclamar es que no tenemos odio en el corazón. Por eso decimos a quien nos persigue y a los que tratan de dominarnos: Tú eres mi hermano, yo no te odio, pero ya no me vas a dominar por el miedo. No quiero imponer mi verdad ni que me impongan la tuya. Vamos juntos a buscar la verdad. Esa es la liberación que estamos proclamando.

La Primavera Negra

Como Primavera Negra quedaría grabada en la deplorable historia del castrismo la abusiva detención y condena de 75 ciudadanos, la mayoría exmarxistas, que lo arriesgaban todo en procura de una Cuba mejor.

Antes de las primeras luces del 18 de marzo de 2003, las fuerzas represivas de la dictadura allanaban las viviendas de periodistas independientes, defensores de los derechos humanos, modestos bibliotecarios particulares, sindicalistas libres, en fin, de todo activista democrático señalado por los comunistas infiltrados dentro de las organizaciones disidentes como conspiradores a sueldo del "imperialismo". La verdad del delito imputado era haberse entregado a la sacrificada y peligrosa misión de clamar por las libertades democráticas y los derechos humanos. Y el subterfugio legal de la dictadura: "atentar contra los poderes del Estado".

El único periodismo que puede ejercerse legalmente en Cuba es el que se coge al dictado. Cualquier otra expresión periodística sin esa atadura le sirve de pretexto a la tiranía para calificarla de antipatriótica y aplicarle al infractor largas penas de prisión. En verdad, el "delito" de los disidentes no era "atentar contra los poderes del Estado" sino contra los poderes de la opresión. En la redada de la Primavera Negra cayeron numerosos periodistas independientes que trabajaban, arriesgando su seguridad física y económica, para que la verdad de lo que ocurría en Cuba se conociera en el exterior, sin otra motivación que la de cumplir con un deber de conciencia. De los 75 apresados, 29 eran periodistas. Era muy significativo que 42 fueran activistas del Proyecto Varela, aunque no se atrevieron a detener a su líder, Oswaldo Payá, por la tremenda repercusión internacional que ese hecho habría de provocar.

Otro aspecto que llamaba la atención de los observadores internacionales de la situación cubana era el apresamiento de bibliotecarios independientes. Se trataba de ciudadanos que dedicaban un espacio en sus casas para ofrecerle al público algunos de los libros prohibidos por la tiranía, entre los que podían estar *La Nueva Clase*, de Milovan Djilas, *La Gran Estafa*, de Eudocio Ravines, *El Cero y el Infinito*, de Arthur Koestler y *La Sociedad Abierta y sus Enemigos*, de Karl Popper. Así como los de autores cubanos como Guillermo Cabrera Infante, Severo Sarduy, Lydia Cabrera, Reinaldo Arenas, Gastón Baquero y otros reconocidos escritores y poetas nacionales forzados al exilio. Los bibliotecarios independientes trataban de protegerse de la represión sabiendo que su actividad no estaba tipificada como delito, aunque no dejaban de ser acosados. Habían ideado una forma original y factible de hacer accesible al pueblo un pensamiento diferente al único y absoluto que el castrismo imponía.

Condenas increíbles

Las condenas impuestas a 46 de los 75 detenidos eran de 20 años o más. La máxima, de 27. El pretexto aducido para justificar las largas condenas era la consabida acusación de que estaban al servicio del imperialismo para derrocar al gobierno: mercenarios pagados por Estados Unidos. Pretexto patriotero para azuzar ignorantes fanatizados y degradar el alto nivel moral y cívico de los que sacaban a la luz las atrocidades de la dictadura castrista y reclamaban cambios en Cuba.

Cada uno de los casos de los detenidos fue analizado por Amnistía Internacional. Todos, sin excepción, fueron declarados Prisioneros de Conciencia y se demandó su inmediata libertad.

Entre el grupo de disidentes condenados a 20 años o más se destacaba la economista Marta Beatriz Roque Cabello, firmante de *La Patria es de Todos*, la única mujer entre los 75 detenidos. La seguían otros conocidos protestatarios, con una rica historia de abnegación y sacrificio en la defensa de los derechos humanos: el Dr. Óscar Elías Biscet, el destacado poeta y escritor Raúl Rivero, el economista Oscar Espinosa Chepe, Ariel Sigler, Manuel Vázquez Portal, Héctor Palacios y Héctor Maseda.

La reacción mundial contra la dictadura castrista por las detenciones de la Primavera Negra se hizo mucho más aguda con el asesinato por fusilamiento, el 11 de abril de 2003, unas tres semanas después del encarcelamiento de los 75 disidentes, de tres jóvenes que habían secuestrado la lancha *Baraguá* para escapar de Cuba (Capítulo 15). Sentencia brutalmente desproporcionada porque en esa acción, producto de la desesperación por huir del país, ninguno de los pasajeros de la lancha había sido víctima de maltrato ni sufrido la menor lesión.

Respetables organizaciones internacionales de derechos humanos como Amnistía Internacional, Freedom House, Human Rights Watch y Reporteros sin Fronteras emitieron enérgicas protestas por las crueles acciones represivas de la dictadura castrista: el fusilamiento de los tres balseros y el aprisionamiento de lo que sería conocido como el Grupo de los 75. La Unión Europea congeló sus relaciones con La Habana. Intelectuales y artistas internacionales de fama mundial, entre los que se encontraban el novelista y Premio Nobel José Saramago y los cineastas Pedro Almodóvar y Fernando Trueba se unieron a la protesta. La mayor parte de los partidos políticos de Europa, algunos hasta comunistas, se sumaron al repudio.

Las Damas de Blanco

Como consecuencia de la Primavera Negra iba a tener lugar un original fenómeno político que habría de alcanzar prominente resonancia internacional. Tuvo su origen en una maestra de Literatura y Español de escuela secundaria, Laura Pollán, esposa del periodista independiente Héctor Maseda, uno de los 75 disidentes apresados. La profesora Pollán se entregó de inmediato a la tarea, cuesta arriba, de averiguar dónde estaba recluido su esposo, ya que las autoridades se negaban a dar información sobre el paradero de los arrestados. Inquietud que era compartida por las madres, esposas, hijas y hermanas del Grupo de los 75. Gracias a la intensa actividad de Laura Pollán, que pudo movilizar a numerosas mujeres que se encontraban en su misma situación, se organizó un grupo para demandar pública y pacíficamente la localización de los detenidos y su libertad, tanto como asistencia médica para los que necesitaban cuidado inmediato. Así nacieron las que llegarían a ser las famosas Damas de Blanco, que decidieron expresar su protesta asistiendo a misa los domingos en la iglesia de Santa Rita (patrona de las causas aparentemente imposibles) en la barriada de Miramar, y después desfilando, vestidas todas de blanco, por la Quinta Avenida de ese sector de La Habana.

Aunque los desfiles de las Damas de Blanco eran silenciosos y pacíficos, donde el único emblema era la presencia de flores en las manos (gladiolos, símbolo de victoria), la dictadura movilizó enseguida turbas organizadas para hostigar con insultos y maledicencias a unas ciudadanas que marchaban ordenada y civilizadamente en defensa de los derechos humanos de sus familiares, confinados a prsión por estar en desacuerdo con la opresiva y fracasada gestión del castrismo. Lo más indignante sería que el hostigamiento a las valientes mujeres no se vio limitado a los insultos vociferantes de los grupos gubernamentales. Fueron golpeadas y arrastradas por el pavimento en varias ocasiones, abusos que quedarían registrados visualmente en videocintas. Esos ataques, planificados para hacer desistir a las valientes mujeres, lograban lo contrario. Pronto se crearían grupos adicionales alrededor de la Isla, llamados Damas de Apoyo, integrados por ciudadanas que, aunque no tenían parientes presos, estaban dispuestas a correr los mismos riesgos al solidarizarse con la causa de las Damas de Blanco.

También, la Policía procedería a arrestar sin consideración, tanto en La Habana como en el interior, a las valientes protestatarias para impedir su participación en las misas y los posteriores desfiles, así como un mensual Té Literario, instituido el 18 de cada mes para intercambiar impresiones sobre la defensa de los derechos humanos a través del mundo y actualizar la información sobre las actividades del grupo.

La activa presencia de las Damas de Blanco y las increíbles acciones represivas de la dictadura contra ellas fue lo que motivó que la injusticia de los aprisionamientos del Grupo de los 75 se mantuviera presente en la comunidad internacional durante años. La singular protesta de estas valientes mujeres trascendió internacionalmente de tal modo que el Parlamento Europeo les habría de otorgar el importante Premio Sájarov para la Libertad de Conciencia de 2005. Era la segunda vez que el respetable organismo fijaba su atención en la violación de los derechos humanos en Cuba. La primera ocasión fue cuando le fue conferido el Sájarov a Oswaldo Paya en 2002.

Con la adjudicación en 2010 del Premio Sájarov al venerable disidente Guillermo Fariñas, veterano de la guerra de Angola y doctorado en Psicología, quien ha estado al borde de la muerte en varias y prolongadas huelgas de hambre, se daba el caso excepcional de que por tercera vez la tragedia cubana recibía la atención primordial de la comunidad europea. La importancia dada a la situación cubana por el Parlamento Europeo resalta el grado de opresión y violación de los derechos humanos al que ha llegado la revolución castrista.

El 14 de octubre de 2011 se recibía la triste noticia de la muerte inesperada de Laura Pollán, provocada, según el gobierno, por el dengue hemorrágico. La dictadura, dados sus excesos represivos, no ha podido librarse de la sospecha de que su siniestra mano haya estado presente en esa lamentable pérdida. Y en honor a su iniciadora, las valientes mujeres, convertidas en símbolo excelso de la aspiración a la libertad del pueblo cubano, decidirían añadir el nombre de Laura Pollán al de Damas de Blanco. Y Berta Soler, infatigable luchadora, asumiría las riendas de las Damas de Blanco Laura Pollán, continuando la sacrificada entrega al apostolado de libertad de su insigne predecesora.

El porqué de la Primavera Negra

Era evidente que la intención del régimen castrista al producir las detenciones de la Primavera Negra era infundir pavor para contener la creciente disidencia. Pero, al mismo tiempo, creaba un eventual instrumento de negociación para ser utilizado a favor del régimen en forma de concesión humanitaria cuando lo considerare oportuno. La carta a jugar sería la eventual liberación de unos presos cuya presencia tras las rejas carecía de justificación pero cuya eventual liberación podría usarse como factor de canje o mostrarse como gesto generoso. Un régimen notorio por su práctica del terror revolucionario creaba con esa injustificable redada oportunidades para fingirse clemente cuando lo creyera oportuno. Siguiendo ese plan, se fueron concediendo libertades muy limitadas, basadas en razones de salud. La dictadura no quería cargar con la responsabilidad de que alguno de esos prisioneros de conciencia muriera encarcelado por falta de atención médica, aunque dilataba esa atención hasta el último momento.

La ocasión esperada llegaría cuando el general Raúl Castro, con una Cuba más ruinosa que nunca y desesperado por el levantamiento de un embargo que prohíbe la inversión de capital americano en la Isla mientras permanezca su sistema dictatorial, consideró que debía atenuar la mala fama mundial de su gobierno en materia de derechos humanos con un gesto que le lavara algo la cara. Y así suavizar la imagen terrible del castrismo que con celo digno de mejor causa su hermano Fidel y él se han dado a construir abuso tras abuso durante más de medio siglo. Para ello, el general Castro consideró en 2012 como conveniente la liberación de los 52 restantes prisioneros del

Grupo de los 75 y solicitó la intervención de la jerarquía clerical católica para que la acción no pareciera *motu proprio* sino como una concesión a un pedido de clemencia. Y se involucraría en la iniciativa al gobierno español de Rodríguez Zapatero, que accedería generosamente a acoger en su país a los disidentes que decidieran irse de Cuba en compañía de sus familiares.

Algunos de los liberados, entre los que estaba el médico Óscar Elías Biscet, se negarían a abandonar la Isla, decididos a continuar la lucha desde adentro. El Dr. Biscet, que goza de gran reconocimiento por su prédica del amor frente a la barbarie castrista a pesar de sus años de prisión y haber sido golpeado y torturado, exhibe un historial de acoso por los cuerpos represivos que denota la gran preocupación del régimen por el prestigio que cosechan figuras de esa calidad humana. Su sacrificio al quedarse en Cuba es muestra de la fortaleza de sus convicciones. Declarado prisionero de conciencia por Amnistía Internacional ha recibido el apoyo de múltiples organizaciones de derechos humanos alrededor del mundo. Fue el creador de la Fundación Lawton de Derechos Humanos que, entre otros objetivos, persigue la libertad del pueblo cubano bajo un sistema multipartidista de gobierno democráticamente elegido y completa libertad de expresión.

El Diálogo Nacional

No obstante su mensaje paficista, las detenciones, amenazas y hostigamientos comtinuarían contra Payá y los seguidores del Proyecto Varela. El apresamiento en la Primavera Negra de 42 de sus gestores no hizo desistir de su lucha a Payá, quien convocaría en 2004 a un Diálogo Nacional, con la participación de cubanos en el exilio, para analizar a fondo los problemas del país y sugerir cambios para una transición pacífica.

Las conclusiones del intercambio de ideas propuesto por Oswaldo Payá como Diálogo Nacional, donde participaron más de 12,000 personas, fueron dadas a conocer en 2006 como *Programa Todos Cubanos*, que incluía cuatro propuestas: una Constitución modificada; un plan de cambios titulado Cuba Primero; una nueva Ley Electoral y una nueva Ley de Asociaciones. Pero pese a la base legal de todas esas demandas y el respeto con que se sometieron al régimen, nada prosperaron. Y sus únicas conclusiones serían una mayor represión contra sus proponentes y el desaliento de los activistas pro democracia, convencidos de que bajo el régimen castrista cualquier solución pacífica a la situación cubana que se propusiera por la exigua sociedad civil sería infructuosa. La anhelada transición se convertía en ilusoria ante la terquedad continuista de la dictadura.

Tuve oportunidad de conocer personalmente a Payá en una visita que hizo a Puerto Rico, donde nos reunimos con él un grupo de cubanos exilados, entre los que estaba Carlos Franqui. Era ya un líder por los derechos humanos reconocido mundialmente. No sólo había recibido el Premio Sájarov 2002 del Parlamento Europeo. En tres ocasiones —2002, 2003 y 2008— había sido candidato oficial al Premio Nobel de la Paz y lo fue luego dos veces más, en 2010 y 2011. Se le había otorgado un Doctorado Honoris Causa en Leyes de la Universidad de Miami y otro de la Univesidad de Columbia, además de otras distinciones de relevancia internacional.

Identifiqué en Payá a un patriota sincero, sencillo, con esa paz interior que da la dedicación al apostolado de una causa justa. Nada estridente. Nada hiperbólico. Plenamente convencido de su patriotismo cristiano y el rol que estaba desempeñando para un futuro de libertad y reconciliación en Cuba. En algunos sectores del exilio cubano su mensaje no gozaba de apoyo. El hecho de que basara sus demandas en los supuestos derechos expresados en la Constitución castrista le creaba detractores. Pero ninguna de las dos posiciones, la de Payá y la de ese sector del exilio podía tomarse a la ligera, ni descartarse sin considerar las motivaciones que respaldaban ambas actitudes. En el exilio viven miles y miles de familiares de los asesinados por fusilamiento y de los que han perecido al naufragar en el Estrecho de la Florida buscando la libertad. Hay otro numeroso grupo que ha sufrido largos años de prisión. Y la mayoría de los restantes, como ellos, han perdido su entorno patriótico y sus propiedades a causa de la tiranía castrista. Dolor y resentimiento que perdura sin decaer y donde cualquier inciativa que esté, por buena que sea, apoyada en la legislación espuria de los Castro, encuentra la más enérgica de las oposiciones. Esa razón es para ellos más poderosa que comprender o reconocer los esfuerzos imaginativos que han tenido que hacer los disidentes, como Payá, para vulnerar, sin apelar a la violencia, el sólido valladar antidemocrático levantado por la dictadura castrista.

Históricamente, en términos generales, las actividades de la disidencia pueden haber sido intentos y ejercicios vanos en la consecución de cambios por parte del castrismo, pero el desprecio de la dictadura a las propuestas de Oswaldo Payá ha sido la más contundente denuncia ante los foros internacionales de la inseguridad legal y violación de sus propias leyes que han caracterizado a la mal llamada revolución cubana.

La trágica muerte de Oswaldo Payá en un supuesto accidente automovilístico ocurrido el 22 de julio de 2012 en el sector oriental de Cuba conmovió al mundo, por la adhesión y simpatía que había cosechado en las esferas internacionales el sacrificado luchador. En el suceso falleció también otro dirigente del Movimiento Cristiano Liberación, Harold Cepero. La familia de Payá, los defensores de los derechos humanos en todas las latitudes y las organizaciones patrióticas del exilio han impugnado la versión de que fue un accidente, según alegó la dictadura castrista. La viuda de Payá, Ofelia Acevedo, ha declarado que su familia fue amenazada "muchísimas veces" y ha exculpado de responsabilidad al conductor del vehículo en que murió su esposo, el activista español por los derechos humanos Ángel Carromero, acusado por la dictadura como responsable del suceso. Carromero declararía en Madrid, a fines de febrero de 2013, "que un vehículo los embistió por detrás y los sacó de la carretera". Rosa María Payá, hija del honorable opositor, recorre hoy varios países exponiendo la verdad del caso y denunciando, sin ánimo de venganza, el asesinato de su padre.

Dados los múltiples antecedentes terroristas del castrismo, no tengo la menor duda de que Oswaldo Payá y Harold Cepero fueron víctimas de la tendencia asesina que caracteriza al régimen usurpador que sufre Cuba, cuyas atrocidades recojo, parcialmente, en el capítulo anterior.

La Carta de los 74 y la respuesta de 492

Lamentablemente, 74 disidentes cubanos, algunos de ellos de gran prestigio, en junio de 2010 apoyaron en una carta las gestiones del congresista americano, Collin Peterson, que en febrero de ese año presentó un proyecto de ley en la Cámara de Representantes para eliminar las restricciones de comercio y de viajes a Cuba. El proyecto despojaba al presidente de Estados Unidos de la facultad de prohibir los viajes que le otorgaba la ley Helms-Burton.

La carta inicial de apoyo a Peterson fue repudiada en una declaración firmada por 492 disidentes, donde sobresalían Jorge Luis García Pérez *(Antúnez)*, Ariel Sigler y Reina Luisa Tamayo, madre del mártir Orlando Zapata. Quizás el resto de los firmantes no fueran tan conocidos en el exterior como un buen número de los primeros 74, pero quedaba claro que asumían una posición de incuestionable valentía, dando a conocer un criterio que era muy necesario.

La primera declaración (la de los 74 disidentes) era un golpe inmerecido a los activistas y legisladores que en Estados Unidos se enfrentaban a las maquinaciones de poderosos intereses económicos puestos al servicio de la anulación del embargo. Intereses que actuaban en contubernio con solapados agentes castristas, empeñados en distorsionar las legítimas razones del embargo. El proyecto de Peterson no prosperó finalmente. Gracias, en gran parte, a la tenaz oposición del senador demócrata de ascendencia cubana, Robert Menéndez. Prevaleció en los congresistas la firme convicción de que el proyecto favorecía a la dictadura. Pero aún considerando el respeto que merecen los disidentes firmantes de la carta de los 74, la posición por ellos asumida contradecía la causa que decían defender porque es obvio que el levantamiento del embargo a quien realmente puede beneficiar política y económicamente es a la dictadura comunista, no al pueblo de Cuba.

En cuanto al argumento de que la apertura de Cuba al turismo americano sería beneficiosa para el desarrollo de la democrracia, uno de los párrafos de la declaración de los 492 disidentes era esclarecedor:

> *La libertad de Cuba no llega en los bolsillos, ni labios de un turismo libidonoso y escéptico con el dolor de la familia cubana sino con el esfuerzo de los que dentro y fuera de nuestras fronteras luchan por el cambio democrático para Cuba.*

Y en referencia al verdadero bloqueo, la presencia de los Castro en el poder, los firmantes declaraban:

> *Nos interesaría, antes que todo, el levantamiento del inhumano bloqueo estructural e institucional del régimen de La Habana contra los derechos civiles y políticos inherentes a las libertades naturales de nuestro pueblo.*

Yoani Sánchez, moderna expresión de la disidencia

El totalitarismo castrista se ufanaba, sin duda, de que el mundo únicamente podía enterarse de lo que pasaba en Cuba a través de los mecanismos de difusión que estaban bajo su absoluto control. Censura que le permitía ocultar lo negativo y dar a conocer sólo lo que halagara al régimen. Si algún periodista extranjero (de los pocos autorizados a ejercer su profesión en Cuba) informaba algo que el castrismo consideraba inconveniente, era expulsado inmediatamente del País.

Aunque ese control de la información nunca fue tan absoluto como hubiera querido la tiranía, ya que los testimonios de personas que salían clandestinamente de la Isla y de numerosos funcionarios desertores desnudaban parcialmente el secretismo del régimen, es innegable que la supresión de noticias de aspectos negativos sobre la realidad cubana era un factor muy tenido en cuenta en la propaganda totalitaria, para lo cual movilizaba todos sus recursos. Sin embargo, ese poder de ocultación y engaño iba a quedar reducido considerablemente por los sorprendentes avances en los últimos años de la ingeniería electrónica. La maravilla del Internet, al alcance fácil de millones y millones de personas alrededor del mundo, presentaba una posibilidad de descorrer el velo de censura que escondía el desmadre castrista. Pero hacía falta alguien con suficiente iniciativa y talento para sacarle provecho al nuevo medio como instrumento libre de difusión. Y también que esa persona fuera lo suficientemente valiente y comprometida para enfrentarse a una dictadura que aplastaba toda oposición.

Esa persona resultó ser una joven que escribía muy bien, nacida en 1975, unos meses antes del décimosexto aniversario de la imposición del comunismo. Su inteligencia y visión de la libertad individual la salvó de ser parte del rebaño ideológico al que tiene que pertenecer todo cubano desde que nace. Y decidió consagrarse a hacer una descripción crítica de la realidad cubana. Se llama Yoani Sánchez y el 9 de abril de 2007 creó un blog electrónico con el nombre de *Generación Y*, fenómeno de informática que captó la atención del mundo en un tiempo récord. En menos de dos años, su blog, bloqueado en Cuba, se divulgaría por Internet en diecisiete idiomas y tendrían acceso a él más de catorce millones de cibernautas al mes alrededor del mundo.

¿Quién era esa desconocida joven que iba a estremecer la sólida estructura de la censura totalitaria tecleando en una computadora la verdad de Cuba para regarla a los cuatro vientos? Yoani Sánchez, interesada en principio por la filología (en la que llegó a licenciarse) salió de Cuba en 2002, desilusionada por la situación política, hacia Suiza, donde esperaba un nuevo rumbo de vida con su conocimiento del idioma alemán. Dos años después decidió regresar por razones familiares, según dijo, no sin antes interesarse en el estudio de las ciencias de computación y adquirir un conocimiento básico de la informática. Inquieta por la supresión de libertades en Cuba y dispuesta a apoyar el movimiento protestatario, fundó, junto a otros colaboradores, el magacín digital *Consenso* (luego llamado *Contodos*), foro de expresión libre y medio noticioso, fomentador de debates digitales que la censura oficial prohibía en los medios convencionales.

Llegó un momento en que Yoani contempló la posibilidad de valerse del moderno recurso de la informática para dar a conocer la triste realidad cubana ante el mundo, exponiendo las dificultades del vivir cotidiano como expresión del clamor general por un cambio. Fue así como en abril de 2007 nació el blog *Generación Y,* que, al surgir en un lugar como Cuba, donde sería bloqueado por la dictadura, la atrevida joven necesitaría de novelescas e ingeniosas peripecias para burlar la censura. Entre ellas, la de hacerse pasar por extranjera hablando alemán para poder usar las computadoras de hoteles y conectarle la memoria *flash* con lo grabado en su PC.

Pese a numerosas dificultades internas (compensadas por la ayuda de prestigiosos blogs y grupos internacionales) el éxito inmediato de *Generación Y* superó todas las expectativas. Prueba de ello fue la selección por la revista *Times*, en 2008 (al año siguiente a la salida del blog), de Yoani Sánchez como una de las 100 personas más influyentes del mundo. Y que ese mismo año, *El País* de España le concediera el Premio de Periodismo Digital Ortega y Gasset, a cuya entrega no pudo asistir por habérsele denegado el permiso de salida de Cuba. Otras distinciones le serían otorgadas, entre las que figuró, en octubre de 2009, el premio periodístico Maria Moors Cabot, de la neoyorquina Universidad de Columbia. En esa ocasión, tampoco le fue concedido el permiso de salida para recibirlo.

Eloy Gutiérrez Menoyo

Un caso único de oposición al castrismo dentro de Cuba es el del excomandante Eloy Gutiérrez Menoyo, que en la lucha contra Batista fue jefe del Segundo Frente Nacional del Escambray, grupo de rebeldes que operaba en la zona central de la Isla, con independencia del Movimiento 26 de Julio, cuyo Ejército Rebelde peleaba en la Sierra Maestra. Ante los movimientos comunistas para usurpar la revolución, Menoyo (como era conocido) salió clandestinamente de la Isla para organizar una expedición desde el exilio. Y desembarcaría en Cuba con un grupo armado de la organización Alpha 66 en diciembre de 1964. Después de haber sido capturado y condenado a 30 años, sufriría 22 de ellos de abusiva prisión. Su vertical actitud en la cárcel le ganó salvajes golpizas, en las que perdió la visión de un ojo y la audición de un oído. Una vez en libertad, gracias a las gestiones del primer ministro español Felipe González, se ubicó de nuevo en Miami. A Menoyo no podía calificársele de disidente porque nunca había sido marxista ni castrista (igual que el caso de Oswaldo Payá). Fue, desde muy temprano, un decidido opositor a Castro, con una firme línea socialdemócrata.

Menoyo nació en Madrid, en 1934. Hijo de un médico que era comandante del Ejército Republicano y miembro del Partido Socialista Obrero Español (PSOE). En la Guerra Civil, perdió un hermano muy joven. Y la familia decidió trasladarse a Cuba en 1945, donde los republicanos españoles eran recibidos con simpatía y respeto. Otro hermano, Carlos, perecería en el fallido ataque al Palacio Presidencial para ajusticiar a Batista en marzo de 1957. Era el jefe militar de la operación, en la cual también participó Eloy, que pudo salvar la vida.

Después de una aguerrida e incansable labor contra la dictadura castrista, Menoyo decidió optar por la vía del diálogo para lograr una apertura democrática en Cuba y la reconciliasción nacional. Y a esos efectos, fundó en 1992 la organización Cambio Cubano con el propósito de alcanzar esa solución pacífica. Y se entrevistó personalmente con Fidel Castro en 1995. La capacidad de simulación del dictador le hizo creer que existían posibilidades de que su empeño podía llegar a feliz término. Regresó a Miami, donde trató de ganar adeptos a su tesis. Pero su posición de dialogar con la dictadura no fue nada favorecida en el exilio, igual que la doctrina socialdemócrata que sostenía como filosofía política. Decepcionado, en un viaje de visita a Cuba en 2003 decidió quedarse, arrostrando dificultades migratorias que nunca fueron resueltas aunque puede presuponerse que gozaba de la protección y simpatía del gobierno español y del Partido Socialista Obrero Español (PSOE), al que los Castro no tenían interés en incomodar. Menoyo seguía esperanzado en que su posición, en algún momento, tendría validez. Desilusionado, porque a pesar de sus tenaces gestiones su propuesta recibió la indiferencia de los círculos gubernamentales e impedido para abrir una oficina de Cambio Cubano, falleció en La Habana en noviembre de 2012, a causa de una dolencia circulatoria.

El caso de Eloy Gutiérrez Menoyo que, en el orden personal, lo consideraba mi amigo, es uno con diferentes conclusiones. Una muy importante es que es totalmente inútil discutir una apertura democrática con quienes se han caracterizado por burlarse reiteradamente de promesas y acuerdos. En una visita que hizo a Puerto Rico el veterano luchador en 2007 le pregunté si su decisión de permanecer en Cuba y abogar por un diálogo no contribuía a dar una imagen de que en Cuba se respetaba la oposición. Todavía él creía que le quedaba espacio para poder persuadir al régimen de entablar conversaciones para una apertura, opinión que, por supuesto, en ningún momento yo compartía. Tenía la firme convicción de que la palabra de Fidel Castro, experto en simular, de nada valía. Entre las numerosas experiencias que apoyan esa apreciación debe recordarse la reunión que sostuvimos con el *máximo líder*, a mediados de 1959, cinco dirigentes del *M-26-7*, que menciono en el Capítulo 16. Queríamos plantearle al Comandante nuestra desazón por la infiltración comunista en las filas revolucionarias. Y su respuesta fue de que "eso era una maniobra de Raúl y el Che, que bordeaba la traición".

Gente capaz de tamaña mentira ante sus propios compañeros de lucha no son nada confiables para discutir cambios políticos sustanciales. Y mucho menos, aquellos que puedan comprometer su mandato dictatorial. Menoyo, evidentemente, creyó que Fidel Castro estaría en posición de ofrecer una apertura y murió desilusionado al comprobar la inutilidad de esa confianza. Nadie puede ir a un diálogo sin un valor de negociación que presione a la otra parte y la lleve a concesiones. Ese factor no existía en el intento de Menoyo. Por lo que un presunto cambio dependía enteramente de la buena fe de la dictadura, a todas luces inexistente, que se reflejaba en un rechazo constante e indiferencia al reclamo del valeroso activista, cuya presencia en Cuba, de por sí, parecía dar la impresión de cierta tolerancia por parte del régimen.

Tampoco Menoyo, salvo contadísimas excepciones, entre las que se contaban los connotados disidentes Manuel Cuesta Morúa y Oscar Espinosa Chepe, pudo contar con el favor del resto de la disidencia, que no estaba de acuerdo enteramente con su posición.

Pero salta a la luz que se trataba de un hombre extraordinariamente valiente, que no vacilaba en correr riesgos de todo tipo con tal de defender lo que creía mejor para Cuba (su verdadera patria a pesar de no haber nacido en ella) ya fuera con las armas en la mano en los primeros años de la dictadura o a través de la negociación pacífica tiempo después. En virtud de su sacrificio, sus 22 años de cruel prisión y su entrega total a una causa en defensa de la democracia, incluyendo su presencia en Cuba bajo la dictadura castrista, merece el mayor de los respetos y el reconocimiento de todos los cubanos, inclusive de aquellos que discrepábamos de la forma de ejercer su oposición en los últimos años.

Estado de SATS

¿Qué quiere decir esa extraña frase, que intriga al no informado y que surge en la Cuba de hoy como la última expresión oposicionista? Estado de SATS, al decir de los seguidores del nuevo movimiento, es la concentración mental que ejerce un actor inmediatamente antes de entrar en escena. "Es el instante en que se concentra toda la energía para explotarla en el escenario, para concretar al fin, aquello por lo que el actor ha venido preparándose durante mucho tiempo", explica el físico y exatleta juvenil Antonio G. Rodiles, fundador del movimiento. Y ha sido el título de un programa digital de debates que ha ido teniendo notable repercusión en Cuba, a pesar de las grandes dificultades que presenta la prohibición del Internet. Los creadores de este nuevo movimiento no buscaron algo más simple y directo para darle nombre. Aprovecharon la originalidad del concepto y le dieron a su posición lo que se conoce en términos publicitarios como *branding* (marca).

En realidad, se trata del movimiento Demanda Ciudadana por Otra Cuba, fundado, además de Rodiles, por el ingeniero Jorge Calaforra, a los que casi de inmediato se unió el filósofo Dr. Alexis Jardines. Los tres nacieron dentro de la revolución, sin haber sido nunca marxistas. Lo que se pretende con la *Demanda* (Estado de SATS) es avivar el clamor popular por un cambio democrático a través de encuentros donde participen personas de todas las tendencias. Según el propio Rodiles, "establecer espacio donde exista debate abierto, plural, diverso y franco entre los actores de la sociedad civil cubana". Llama la atención el sólido apoyo que Estado de SATS ha recibido de artistas e intelectuales que no soportan más la ausencia de libertades y la represión que existe en Cuba, asistiendo a los encuentros y aportando sus diferentes puntos de vista sobre el futuro.

"Cuba está cambiando desde abajo y queremos que las nuevas generaciones tengan las mismas oportunidades que se ofrecen en las sociedades democráticas", sostiene Rodiles, quien insiste en que no sólo hay que movilizar a los cubanos que están dentro de la Isla sino también a los del exilio, en un intercambio de ideas que lleguen a conclusiones definitivas para superar la gran tragedia nacional, movilizando los factores necesarios para presionar a la dictadura a que abandone el poder. Estado de SATS aumenta por días su militancia. Y la juventud de sus dirigentes, que oscila entre los 35 y 45 años, le da un nuevo vigor al sentimiento oposicionista que cunde en la enorme mayoría del pueblo cubano.

El propio Rodiles nació en 1972. Aunque la diferencia entre el promedio de edades de los integrantes de la disidencia y el de los opositores de la Demanda Ciudadana por Otra Cuba es considerable (se podría calcular entre los 20 y 25 años), el Dr. Alexis Jardines, que pudo salir de Cuba a mediados de 2011 y es en la actualidad profesor en la Universidad de Puerto Rico sostiene que entre disidencia y oposición hoy no existen diferencias y constituyen un solo movimiento.

Las actividades de Estado de SATS se concentraban, a fines de 2012, en obligar a la dictadura a ratificar los dos pactos que firmó en las Naciones Unidas (ONU), en 2008, el entonces ministro de Relaciones Exteriores del régimen, Felipe Pérez Roque. Uno trata sobre los derechos económicos, sociales y culturales y el otro sobre los civiles y políticos. Ambos tratados fueron adoptados por la ONU en 1966 e incluyen derechos fundamentales que son parte de la Declaración Universal de los Derechos Humanos, entre los que están la educación libre, la formación de sindicatos, la libertad de reunión y asociación, el derecho a la huelga y a la información, que, unidos a otros más, han sido reiteradamente violados por el régimen castrista. "Derechos que Cuba ha respetado sistemáticamente desde la época de la revolución de 1959", dijo, con marcado cinismo, el canciller Pérez Roque a raíz de la firma de los pactos.

La demanda de la ratificación está basada en que la puesta en práctica del contenido de los pactos conduciría, paulatinamente, a la desaparición del régimen. Y su negativa a no convalidarlos sería prueba incontrovertible, ante el mundo, de la naturaleza totalitaria de un sistema cuya propaganda intenta presentarlo ante la opinión pública como respetuoso de los mecanismos democráticos.

La dictadura castrista trató de no concederle importancia aparente al nuevo movimiento. Pero, temeroso del apoyo progresivo que estaba recibiendo en la opinión pública, no vaciló en aplicar sus métodos convencionales de represión para desalentar a los activistas. El principal líder de Estado de SATS, Antonio G. Rodiles, fue arrestado el 7 de noviembre de 2012 en una manifestación y golpeado salvajemente. La periodista Ivette Leyva Martínez, del blog Café Fuerte, recogería de Rodiles el relato de su agresión:

> *Un oficial que se ha hecho ya conocido por golpeador y por las personas de las que abusa, que tiene el alias de "Camilo" cruzó directamente la avenida con un grupo de personas para golpearme. Cuando yo les pongo las manos para que no me agarren, lo que me cayó fue una lluvia de golpes. Me agarraron por el cuello, me lanzaron al piso. Era*

> *un grupo de entre diez y quince personas. Empezaron a patearme, empezaron a golpear. En ese momento, alguien me da un puñetazo en el ojo izquierdo. Eso me causó una contusión muy fuerte en el ojo, que incluso sangró. Después me levantaron, me llevaron hasta la patrulla y me siguen golpeando en el tórax, todas las costillas. Fue una paliza total. Gracias a Dios, no hubo fracturas, pero las pudo haber.*

Irónicamente, Rodiles fue acusado del delito de "resistencia al arresto", cargo que resultaba insostenible. Estuvo preso durante 19 días, mientras se recuperaba de la golpiza. Ese abuso contra un exatleta juvenil que había representado a Cuba muy dignamente en competencias internacionales de natación y que se había convertido en líder del activismo por un cambio a la libertad y el respeto a los derechos humanos, suscitó la indignación y protesta de amplios sectores, en la Isla y alrededor del mundo. En atención a esa reacción, fue liberado sin cargos.

Es evidente que la actividad desplegada por Estado de SATS le ha dado un nuevo vigor a la oposición en Cuba, sumando un elemento generacional a la histórica disidencia. Y una de las características que lo hacen respetable es la decisión de oponerse a que Estados Unidos levante el embargo (o lo queda de él) que mantiene contra la dictadura castrista. Se percatan de que tal acción, de producirse, prolongaría indefinidamente la desastrosa situación que el país afronta hoy, dándole oxígeno a los responsables de esa destrucción para que continúen con su nefasta obra.

Una observación final

Antes de terminar este capítulo quisiera señalar que, no obstante la verborrea antirracista del castrismo, la ausencia de cubanos de ascendencia africana en posiciones de primerísimo plano en el gobierno castrista en nada responde a la proporción que en la población tienen los ciudadanos de otra piel que no sea la blanca.

Y se da el caso irónico de que el liderato más sacrificado de la disidencia contra la dictadura está integrado en su enorme mayoría por activistas de ascendencia africana, entre los que se destaca uno de los más abnegados mártires de la gesta contra la tiranía castrista: Orlando Zapata Tamayo, obrero protestatario que murió tras una larguísima huelga de hambre. Y también dos de los más venerables patriotas en la historia de la resistencia contra el castrismo: el psicólogo Guillermo Fariñas, que ha sufrido con estoicismo ejemplar años de cruel prisión y casi mortales huelgas de hambre (Premio Sájarov 2010) y el médico Óscar Elías Biscet, cuya historia de sacrificio y generosidad es motivo de gratitud y orgullo para todos los cubanos. Otro admirable y respetado líder entre esos disidentes es Jorge Luis García Pérez, mejor conocido como *Antúnez*, quien ha estado preso durante 17 años y participado en varias huelgas de hambre. Y también, Manuel Cuesta Morúa, presidente del Partido Arco Progresista, integrado por activistas socialdemócratas.

Entre esos destacados líderes negros y mulatos figura también Vladimiro Roca, ejemplo emblemático de la resistencia a la dictadura. Y Berta Soler, principal dirigente de las Damas de Blanco. Así como el médico y periodista Darsi Ferrer, que sufrió prisión y mantuvo una huelga de hambre. El Dr. Ferrer, fundador del Centro de Salud y Derechos Humanos Juan Bruno Zayas, es considerado el mejor relator del deterioro de la medicina en Cuba. Ha desmentido con abundante documentación la versión del régimen de que su atención médica es una de las mejores del mundo, demostrando, por el contrario, que es de las peores. Salió de Cuba, en busca de una mejoría en la salud de su esposa, a mediados de 2012, siendo en el exilio, además de un enérgico exponente de la mala asistencia médica, denunciante del racismo que existe en Cuba, como hizo brillantemente en San Juan, Puerto Rico, el 27 de enero de 2013, en la celebración de la tradicional Cena Martiana.

Esa numerosa presencia de activistas no blancos en las filas dirigentes de la disidencia (he mencionado sólo unos pocos de los más importantes) anula el reclamo de la dictadura de que los afrocubanos apoyan al régimen por su supuesta política antirracista. Y es de destacar que la notable proporción mayoritaria de cubanos de ascendencia africana en la dirigencia del movimiento disidente pone de manifiesto la integridad personal y patriótica de quienes han rechazado la propaganda demagógica y se atreven a enfrentarse al terror oficial para que en Cuba se respeten los derechos humanos y haya cambios democráticos.

Ejemplo de la repercusión internacional de la gesta de las Damas de Blanco en Cuba han sido las manifestaciones de apoyo a ese movimiento de protesta en varios países. En la foto, la que tuvo lugar en el Viejo San Juan, Puerto Rico, el 22 de mayo de 2010. (Foto Emi Guede)

CAPÍTULO 17
MI VISIÓN DEL COMANDANTE

Impresiones cambiantes

El triunfo revolucionario me permitiría conocer mejor a su personaje más importante. Mientras estuvo en la Sierra y con lo que pude saber de sus pronunciamientos y muchas de sus acciones, había configurado una imagen muy positiva del jefe rebelde. El distanciamiento físico abonaba a esa conclusión. Impresión que no se sostendría al tratarlo ocasionalmente en persona y observar de cerca su manera de producirse, aunque el sólido vínculo establecido entre la persona del líder y el concepto de revolución no me dejaba a veces separar una cosa de la otra. Del mismo modo que fui viendo en el jefe del 26 una figura digna de admiración y respeto durante el proceso insurreccional, iría cambiando progresivamente esa impresión. Proceso plagado de contradicciones en mi fuero interno.

Mientras estuve en Cuba, salvo durante sus dos últimos meses, pensaba que esperar por una rectificación de errores por parte de Fidel Castro no era una idea totalmente descabellada. Después me percaté de que el Comandante era una persona muy diferente a la que yo creía cuando estaba en la Sierra. Exhibía en su actuación y apariciones públicas cierta enajenación, mostrando, sin embargo, facultades que rayaban en lo genial para la propaganda y retórica sofistas. Retrato de un tirano empecinado, histrión experto en la simulación y la mentira, capaz de asesinar a cualquier enemigo político sin temblarle la mano, aunque fuera un antiguo amigo o compañero. Llegar a esa triste conclusión me ofreció un cuadro aterrador de lo mucho que habría de sufrir Cuba bajo semejante jefe de Estado.

Reflexiones en tres períodos

Mis reflexiones sobre el personaje abarcan tres períodos. Uno que comienza con mis inicios universitarios y concluye con el triunfo revolucionario del primero de enero de 1959, cuando, como miembro del movimiento revolucionario, mi idea del jefe guerrillero respondía enteramente al mensaje democrático y constructivo que enviaba desde la Sierra Maestra. Etapa en que los vuelos de mi optimismo lo convertían en la gran promesa nacional.

Un segundo período, en el que pude tratar esporádicamente al Comandante y observarlo de cerca en sus frecuentes visitas al periódico *Revolución* y alguna que otra reunión del *M-26-7*, sin que mediara ningún lazo de amistad ni de subordinación burocrática. Abarca el primer año y medio de revolución en que permanecí en Cuba. etapa en la cual mis impresiones eran con frecuencia contradictorias y ambivalentes.

Y finalmente, uno más analítico, ya desde el exilio, basado en las noticias y referencias de lo que estaba ocurriendo en Cuba durante las últimas cinco décadas. Período en el que, apelando a mi memoria y hurgando en las verdaderas motivaciones de Fidel Castro para protagonizar sucesos sensacionalistas, me he topado con un personaje terrible, disfrazado de benefactor, que ha encubierto con histrionismo convincente su verdadera personalidad de simulador y mentiroso, capaz de recurrir a cualquier atrocidad para mantenerse al frente de un país donde liquidó todos los mecanismos democráticos para erigirse en dictador. Atrocidades que incluirían hasta la más cruel: el fusilamiento de miles de cubanos que se atrevieron a cuestionar su poder absolutista.

Las primeras impresiones

Estando en la Universidad de La Habana y cursando en 1946 el primer año de Derecho, me llamó mucho la atención recibir una carta de un alumno de segundo año. En ella solicitaba mi voto en las elecciones de la Federación Estudiantil Universitaria (FEU). La FEU estaba formada por delegados de asignatura, de curso y de escuela. La carta venía firmada por un condiscípulo para mí desconocido. El procedimiento seguido por el alumno para promover su candidatura resultaba, por aquellos días, muy novedoso. La originalidad de la iniciativa consiguió, si no mi voto, al menos que se me quedara grabado el nombre del aspirante a delegado: Fidel Castro.

Años después, el 10 de marzo de 1952, el país fue conmocionado por el golpe militar de Fulgencio Batista. Una de las primeras manifestaciones públicas contra la dictadura recién instaurada tendría lugar en la ciudad de La Habana. Fue un desfile masivo con la gente portando antorchas, mayormente estudiantes que bajarían, partiendo de la Universidad, por toda la calle San Lázaro hasta el Rincón

Martiano, cerca del Parque Maceo. Era la noche del 28 de enero de 1953, centenario del natalicio de José Martí. La Policía había extremado la vigilancia ante la posibilidad de que la protesta desembocara en motín. Me sumé con Lila, mi mujer, a la multitud, haciendo todo el recorrido desde el punto de partida, sosteniendo sendas antorchas en alto, hasta llegar al Rincón Martiano, donde ya estaban congregados los organizadores de la manifestación. Reinaba la oscuridad. La dictadura había desconectado el alumbrado eléctrico. La única iluminación que teníamos era la que procedía de las antorchas que portábamos.

Dentro de la exigua luz del Rincón Martiano me llamó la atención un manifestante que, si bien se destacaba por su estatura, estaba apelando a un ingenioso recurso que realzaba más su presencia. En lugar de sostener la antorcha en alto, como hacíamos todos, tenía el brazo en posición horizontal, con la llama frente a la cara. Demasiado cercana, diría yo, considerando el tremendo calor que despedía la antorcha. Le iluminaba la cara de tal modo, que era el más visible de todos los que estábamos allí. Por mi experiencia como fotógrafo, capté la intención. Esa forma de sostener la antorcha no podía ser producto de la casualidad. Era obvio que para el joven, que debía estar aguantando un calor insoportable, mantenerla de esa manera tenía como fin destacarse sobre los demás. El así iluminado resultó ser uno de los principales organizadores de la manifestación y supe de quién se trataba cuando varios de los asistentes se le acercaron para saludarlo, con singular efusión. Me pareció que por el nombre mencionado, Fidel, se trataba del antiguo estudiante de la carta electoral. Cuyo apellido confirmé con un manifestante a quien le hice la pregunta. Era obvio que se trataba de un líder en ciernes, preocupado por hacerse notar. Después de la manifestación, no tardaría en enterarme de que estaba organizando un grupo para enfrentar la dictadura de Batista a tiro limpio.

Nada sabía yo entonces que, a su paso por la Universidad, el joven Castro había sido parte de uno de los llamados "grupos de acción", que se dedicaban de vez en cuando a realizar atentados políticos. Y que también había sido señalado como autor de un atentado a mansalva contra un miembro de un grupo enemigo, hiriéndolo gravemente. Cuando eso ocurría, ya yo no estaba en la Universidad. Había tenido que suspender mis estudios por razones de trabajo. Así que no estaba en contacto directo con las pugnas estudiantiles ni la lucha entre sí de los grupos armados, como había conocido de primera mano, para mi consternación, cuando cursaba el bachillerato en el Instituto de La Habana.

Los "grupos de acción"

Lo que sí conocía y siempre había sido para mí motivo de preocupación, era la impunidad con que los "grupos de acción" o del "gatillo alegre" (como también se les decía) tomaban la justicia en sus manos y dirimían sus rencillas sangrientamente. Se trataba de pequeñas pandillas de pistoleros con nombres rimbombantes, donde lo "revolucionario" servía casi siempre de apellido. Entre ellas, Acción Revolucionaria Guiteras (ARG), Movimiento Socialista Revolucionario (MSR) y Unión Insurreccional Revolucionaria (UIR). A esta última pertenecía Fidel Castro. Creo que si cualquiera de ellas hubiera hecho una convocatoria a un acto público, no hubieran asistido ni cincuenta personas. Se presume que fueron creadas con la finalidad de ajusticiar torturadores y asesinos —en su mayoría, antiguos miembros de la Policía o el Ejército— que no habían pagado por sus crímenes. Casi todos los blancos de atentado iniciales habían estado al servicio de Machado o Batista en sus períodos dictatoriales, durante la década de los treinta. En el papel de grandes vengadores históricos, algunos de ellos ni siquiera tenían edad suficiente para haber sido potenciales víctimas de aquelllas barbaridades.

Los fines de esos grupos, arropados en principio por supuestas inquietudes revolucionarias, fueron derivando hacia otros intereses nada patrióticos, como disfrutar, entre todos, de más de dos mil cheques mensuales de puestos públicos no trabajados, cobrando algunos de ellos un total de entre cinco y treinta de esos sueldos ilegales. Maniobra de los presidentes Grau y Prío para mantener a raya a los pistoleros políticos, basada en el simple y deshonroso pragmatismo de que comprarlos era más fácil y menos riesgoso que enfrentarlos. No era eso lo único reprobable. Los pistoleros más connotados llegarían a ser nombrados para altas posiciones en la Policía. Entre los diversos grupos se fueron incubando diferencias, que se intensificarían en la medida en que cada uno de ellos pretendía demostrar que era más hombre que el otro, terminando en un círculo inacabable de recíprocas y sangrientas venganzas.

Cabe señalar que Fidel Castro, aunque militaba en uno de esos grupos, parecía exculpado de haber participado en esas escandalosas prebendas. Fue, de hecho, autor de una denuncia de esas inmoralidades en la prensa. Acusaba al presidente Prío de financiar a los grupos gangsteriles con los más de 2,000 salarios mensuales que he mencionado y otras dádivas cuantiosas, según denunciaría el 4 de marzo de 1952 en el periódico *Alerta*, unos días antes del cuartelazo de Batista. Esa denuncia, sin dejar de ser pertinente, era interpretada por algunos como un movimiento propagandístico ante las elecciones que debían de celebrarse el primero de junio de 1952, canceladas inesperadamente por el golpe militar de Batista. En esas elecciones, Fidel Castro figuraba como candidato a Representante a la Cámara por el Partido del Pueblo Cubano (Ortodoxo). Pero aunque la denuncia fuese parte de su campaña electoral, de cualquier modo había que reconocer la extraordinaria valentía del candidato. Enfrentarse, como lo hacía con su denuncia, al mundo del "gatillo alegre" siendo parte de él era correr un grave riesgo. Ese antecedente abonaba políticamente a su favor. Ni el gobierno, ni la prensa, ni las entidades cívicas, nadie, se atrevía a denunciar de frente el cáncer del gangsterismo político. Por una simple razón: el miedo a ser víctima también de un atentado. Y no podía contarse con la protección de la Policía al estar infiltrada por los propios pandilleros.

Significado del ataque al Moncada

A principios de 1953, militando yo en el Movimiento Nacional Revolucionario (MNR), fundado por el filósofo y profesor Rafael García Barcena, me enteré de que Fidel Castro estaba organizando un grupo para combatir a Batista. Aunque ambas agrupaciones parecían coincidir en el propósito inmediato de derrocar a Batista, diferíamos en cómo hacerlo. La estrategia básica del MNR consistía en conspirar con altos jefes militares para deponer a Batista y formar un gobierno revolucionario provisional que convocara a elecciones. El grupo de Fidel Castro, por el contrario, confiaba enteramente en la acción armada contra el Ejército. Basado en esa estrategia es que se intentaría tomar por asalto el Cuartel Moncada, de Santiago de Cuba y el Carlos Manuel de Céspedes, de Bayamo.

Sin embargo, el ataque al Moncada el 26 de julio de 1953, a pesar de haber sido un fracaso, como al de Bayamo, llevó a Fidel Castro al plano nacional. Como es sabido, después de esa acción todos los atacantes que pudieron ser capturados fueron asesinados. Desde el punto de vista histórico, es indudable que esos asesinatos, que polarizarían los mejores sentimientos de la nación contra Batista, favorecieron la convocatoria de Fidel Castro a la rebelión posterior, que se inciaría con el alzamiento de Santiago de Cuba el 30 de noviembre de 1956 y el desembarco de Castro y su grupo expedicionario por Playa Colorada dos días después. La indignación popular que despertó la horrible matanza del Moncada fue la chispa que inspiró la creación del Movimiento al que se le daría como nombre la fecha del ataque. Y le daría la oportunidad a Fidel Castro de consolidar su presencia como líder indiscutible en la lucha contra Batista.

Para los combatientes y la población en general, la razón del Movimiento 26 de Julio era, básicamente, la defensa de la libertad frente a la opresión. No existía una estructura de rigidez ideológica que lo gobernara. Pero los interesados en conocer sus fundamentos políticos tenían como referencia varios documentos doctrinarios y programáticos, donde ocupaba un lugar prominente el alegato de defensa de Fidel Castro en el juicio por los sucesos del Moncada, escrito después como *La Historia me Absolverá*. Considerando que la motivación principal de la lucha contra la dictadura militar era la reacción a la brutalidad policiaca, apoyada por la aspiración popular a la recuperación democrática, no había razones para temer que, de caer Batista, el cambio que habría de producirse pudiera significar el advenimiento de una nueva dictadura o un vuelco en la estructura institucional o económica de la Nación.

El regreso de Fidel Castro

Una vez constituido el *M-26-7* después de haber sido amnistiado por Batista, Fidel Castro salió al exilio y prometió regresar a Cuba para iniciar la lucha armada antes de que terminara el año de 1956. Y cumplió su promesa. Mis dudas sobre su capacidad organizacional y posibilidades de triunfo fueron opacadas por el arrojo y valentía que reconocía en el grupo invasor. Aunque entonces no se tenía conocimiento de las calamidades del desembarco, que hacían aún más dramática la operación, la osadía de la misma y el valor de sus participantes no me podían inspirar otra cosa que admiración y respeto hacia ellos y su jefe principal.

En un principio, mis simpatías hacia el proceso insurgente que dirigía Fidel Castro no iban más allá del apoyo verbal a la guerrilla serrana y alguna que otra modesta acción de respaldo. No implicaban la asunción de una responsabilidad específica dentro de esa organización revolucionaria. Las noticias que nos iban llegando de la lucha revolucionaria y los mensajes de Fidel Castro, que reafirmaban su profesión democrática, me fueron convenciendo de que debía asumir una participación más activa y comprometida con la causa. Pensaba que el líder rebelde había cambiado. El antiguo agitador estudiantil con pistola en la cintura parecía estar borrando su pasado. Siendo así, no podía sustraerme al deber de participar como militante de su organización en la lucha contra Batista. El ingeniero Manuel

Ray, Secretario General en La Habana del Movimiento de Resistencia Cívica (MRC) me ofreció y acepté, a mediados de l957, la Secretaría de Propaganda de esa organización revolucionaria. Pero no sólo era la indignación por los desmanes de la dictadura lo que me impulsaba a integrarme formalmente a las labores subversivas. Me sentía identificado con el compañerismo, la devoción y el espíritu de sacrificio que observaba en los miembros de *Resistencia*, gente de clase media en su enorme mayoría.

También, otras acciones me hacían creer en la seriedad y buenas intenciones de Fidel Castro. Había pedido un capellán para las fuerzas rebeldes a través del padre Jorge Bez Chabebe, asesor en la provincia de Oriente de la Juventud de Acción Católica Cubana. Para esa posición fue designado el padre Guillermo Sardiñas, procedente de la parroquia de Nueva Gerona, Isla de Pinos, a quien le fue conferido el grado de comandante. El ejército regular no tenía capellanes. La significación que para mí tenía ese hecho no era, precisamente, la de mostrar una vinculación del *M-26-7* con el catolicismo, lo que dejaría fuera del mismo a ciudadanos de otras confesiones (Frank País, por ejemplo, era protestante). La importancia de ese nombramiento estribaba en que constituía un mentís rotundo al comunismo que, según divulgaba la dictadura, impregnaba la rebelión encabezada por Fidel Castro.

La carta a la Junta de Liberación

Desempeñar la Secretaría de Propaganda de *Resistencia* me permitiría estar mejor informado sobre lo concerniente al Movimiento 26 de Julio y su brazo armado, el Ejército Rebelde, así como los planteamientos políticos de Fidel Castro en el curso de la insurrección. Curiosamente, me llamaba la atención la similitud de enfoques entre algunas de sus iniciativas y mi apreciación de las mismas, coincidencia que a veces no compartían otros compañeros de la clandestinidad. Algunas de esas decisiones fueron motivo de agrios debates en el seno de *Resistencia* y el *M-26-7*.

Quizás, la más notable de esas polémicas decisiones fue la carta de Fidel Castro a la Junta de Liberación, fechada el 14 de diciembre de 1957. La *Junta* era producto de un documento conocido como *Pacto de Miami*, suscrito en esa ciudad unas semanas antes por representantes de diferentes movimientos insurreccionales activos y dirigentes políticos del pasado, unidos en aparente coordinación de esfuerzos para liquidar la dictadura de Batista. Sus planteamientos no diferían mucho de los enunciados en otros documentos revolucionarios, incluyendo el *Manifiesto de la Sierra Maestra*. Su propósito era laudable, pero quizás extemporáneo. La mayoría de sus firmantes, de una forma u otra, estuvieron o estaban vinculados al depuesto presidente Carlos Prío Socarrás, quien venía financiando cualquier intento serio de derrocar a Batista, incluyendo al propio Fidel Castro para la compra del yate *Granma*. Aunque el desprendimiento y movilización del expresidente para la recuperación democrática de Cuba podían ser encomiables, en la militancia revolucionaria el pasado político que representaba era censurable.

Aparecía como gestor del pacto, en nombre del *M-26-7*, una de sus figuras más respetables de la Nación: el doctor Felipe Pazos, brillante economista que había sido presidente del Banco Nacional durante el gobierno de Prío y firmante, con Fidel Castro y Raúl Chibás, del Manifiesto de la Sierra Maestra. También figuraba, como representante del *26*, Léster Rodríguez, procedente de las filas clandestinas de Santiago de Cuba y responsable en el exterior del suministro de armamentos al Ejército Rebelde. Por algún problema de comunicación, ya que no era presumible la mala fe ni la deslealtad, parecía ser que los firmantes del *M-26-7* no tenían la autorización necesaria para sancionar el acuerdo, que cogió bastante de sorpresa al Movimiento en Cuba.

La respuesta de Fidel Castro al pacto supuestamene consumado desautorizaba la presencia del *26* en el mismo. En uno de sus párrafos iniciales afirmaba: "Habríamos aceptado la unidad si no estuviéramos sencillamente en desacuerdo con algunos puntos esenciales de las bases". Dos razones fundamentales se esgrimían como motivos para desautorizar el documento. La primera censuraba la ausencia del rechazo a la intervención extranjera en los asuntos de Cuba, de la cual nada se decía. La otra enfatizaba la diferencia entre luchar desde el extranjero y hacerlo dentro de la Isla. Sobre esto, el jefe rebelde sostenía:

> *Mientras los dirigentes de las demás organizaciones que suscriben ese pacto se encuentran en el extranjero haciendo una revolución imaginaria, los dirigentes del Movimiento 26 de Julio están en Cuba, haciendo una revolución real... ¡Háganse revolucionarios los políticos, si así lo desean; pero no conviertan la revolución en política bastarda, que es mucha la sangre y muy grandes los sacrificios de nuestro pueblo en esta hora para merecer tan ingrata frustración futura!*

Y más adelante, insistía en el mismo tema:

> La dirección de la lucha contra la tiranía está y seguirá estando en Cuba y en manos de los combatientes revolucionarios. Quienes quieran en el presente y en el futuro que se les considere jefes de la Revolución deben estar en el país afrontando directamente las responsabilidades, riesgos y sacrificios que demanda el minuto cubano.

Los dos párrafos anteriores no eran justos para otras organizaciones revolucionarias que conformaban la Junta, en particular el Directorio Revolucionario y la Organización Auténtica. Faure Chomón, representando a la primera, criticó fuertemente a Fidel Castro por sus expresiones —consideradas ofensivas— y su decisión de retirar al 26 del Pacto de Miami, mencionando el valeroso historial en la lucha armada del *Directorio* y su participación en el ataque al Palacio Presidencial para ultimar a Batista. Y fijando la posición de los revolucionarios que funcionaban en el exterior, Fidel Castro manifestaba:

> *El exilio debe cooperar a esa lucha, pero resulta absurdo que se nos pretenda decir desde afuera qué pico debemos tomar, qué caña podemos quemar, qué sabotaje hemos de realizar o en qué momento, circunstancia y forma podemos desencadenar la huelga general.*

El lenguaje, sin duda, podía lucir exagerado. Pero tenía la virtud de coincidir con el sentir que predominaba en la militancia del 26 y *Resistencia*, que con manifiesta inferioridad de recursos, le hacía frente a una brutal dictadura dentro de la Isla.

Cómo llega la carta a La Habana

El original de la carta, firmada por Fidel Castro, me fue entregado por Luis Buch, compañero en la dirección de *Resistenia*, tan pronto llegó a La Habana, procedente de Santiago. La copiaría fotográficamente (el mejor medio de reproducción que se conocía entonces) para hacérsela llegar a los dirigentes de *Resistencia* y del 26, así como para darla a la publicidad sin pérdida de tiempo. Al leerla, me entusiasmó su contenido. Circulaban rumores en las filas revolucionarias de que el *M-26-7* pudiera comprometerse políticamente pactando con elementos que no eran confiables, como algunos antiguos políticos que no se sumarían al proceso de renovación nacional que se esperaba después de la victoria. Esa posibilidad desalentaba a los que nos estábamos jugando la vida para superar un pasado abundante en corrupción y abandono de los intereses vitales del País.. No bastaba con tumbar a Batista. Había que construir después una Cuba verdaderamente democrática y progresista, donde no hubiese lugar para la deshonestidad en el manejo de los fondos públicos y se trabajara seriamente por el bienestar colectivo. No se podía bajar la guardia. Del lado de acá estaba la firmeza del sacrificio. La carta de Fidel Castro —bien redactada, como podía observarse en todo lo que escribía— terminaba con un lirismo que emocionaba a todos los que estábamos involucrados en la lucha revolucionaria, dominados por un romanticismo abrasador. Decía la línea final: ... "para caer con dignidad no hace falta compañía".

Le entregué varias copias a Buch, quien estaría encargado de su distribución. Me quedé con otras. Tenía interés en conocer de inmediato la reacción de la militancia a su contenido. Y de alguien en particular. Se trataba de Agustín Navarrete, a quien entonces conocía por su nombre de guerra (Alberto Mariño), que se encontraba escondido, con su esposa Virginia Matos, en casa de Ángela *Lila* Alonso, mi exmujer. Navarrete había participado en varias acciones en Santiago de Cuba y había sido trasladado a La Habana como uno de los principales dirigentes del *M-26-7* en la Capital. Pertenecía al grupo de los primeros revolucionarios que se alzaron en Santiago. Le llevé la copia de la carta. La leyó detenidamente y estalló en entusiasmo. "Esto era, precisamente, lo que necesitábamos", dijo, en lo que releía con avidez y en alta voz su contenido. *Lila* reaccionó de la misma forma. La respuesta de ambos coincidía con la mía. Pude constatar que, prácticamente, todos los compañeros que llegaban a leer el documento lo apoyaban, salvo una sola excepción.

Alguien pensaba diferente

Mi opinión sobre la carta de Fidel Castro a la Junta de Miami no fue compartida por el Dr. Raúl Roa, miembro del ejecutivo de *Resistencia*, en una reunión convocada de inmediato por Manuel Ray para discutir el documento. Arguyó el profesor Roa que la carta comprometía la unidad necesaria para luchar contra Batista. Me enfrasqué con él en una discusión algo exaltada de mi parte, quizás fuera de lugar, si se tiene en cuenta la simpatía y el respeto que el antiguo revolucionario me inspiraba. Sostenía el Profesor que haber logrado un acuerdo como el de formar la mencionada Junta era un paso de avance considerable para acelerar la caída de la dictadura. Creía él, sinceramente, que la conjunción de factores que convergían en la Junta de Liberación fortalecerían la lucha insurreccional. Me mantuve en mi posición de que el acuerdo lo que podría lograr sería todo lo contrario: debilitar el *M-26-7* al extremo de poner en precario sus posibilidades de triunfo.

La tesis de Roa, sostuve en la reunión, sería válida en una situación donde prevaleciera el imperio de la ley, funcionaran partidos políticos y existieran posibilidades electorales válidas. Nada de eso había en Cuba. Una Junta como la formada en Miami sería buena para conseguir votos, pero nunca para fortalecer la insurrección. Añadí que, en las circunstancias que afrontábamos, lo primero que había que cuidar era la moral de lucha, factor indispensable en una contienda tan desigual como la que estábamos librando. La diferencia entre los recursos de la dictadura de Batista en hombres y armamentos para reprimir la subversión y los de nosotros para enfrentarla, era abismal. Ante los ojos de cualquier observador imparcial y sensato, el derrocamiento de Batista en esas condiciones era imposible. Nuestra confianza en lograrlo descansaba, fundamentalmente, en el valor que les concedíamos a las fuerzas morales. Creíamos ciegamente en ellas. Y éramos muy pocos. Sin la decisión férrea y sacrificada de los integrantes del *M-26-7* y *Resistencia*, ínfimo grupo en proporción a la población, la victoria era ilusoria. Ignorar la base moral de esa motivación era convocar a la derrota.

Esa disposición de lucha, que estaba logrando milagros a pesar de la brutal represión, podría empañarse ante el temor de que los ideales que nos inspiraban se vieran comprometidos por pactos que dieran la impresión, aunque no necesariamente fuesen así, de ser más políticos que revolucionarios. Serían susceptibles de ser interpretados por la militancia como concesiones que comprometían las metas de renovación nacional que se esperaban del Movimiento. Fundamentalmente, era una cuestión de percepción. La carta de Fidel Castro a la abortada Junta de Liberación, según los analistas de la época y otros muchos que les seguirían, atentaba contra la unidad que debía prevalecer contra Batista. Desenlace fácil de inferir por lo que parece obvio. Pero la experiencia directa indicaba lo contrario.

La connotación negativa que se le ha adjudicado históricamente a la carta no está avalada por sus efectos. Era más importante su impacto en el ánimo del combatiente que la imagen propagandística de una unidad revolucionaria y los recursos bélicos imprecisos que la Junta habría de aportar. La carta disipaba las dudas que se estaban incubando en ambos frentes de combate: Sierra y Llano. Y mantenía el entusiasmo en la militancia, indispensable para triunfar. Para los políticos, la carta sería desafortunada. Para los que sosteníamos la lucha, era algo que necesitábamos urgentemente.

Se ha repetido que el propósito de Fidel Castro al lograr la disolución de la Junta de Liberación era consolidar al *M-26-7* como la única organización revolucionaria capaz de vencer la dictadura. Aunque esa intención se hace más que evidente en otras coyunturas, no creo que la pretensión hegemónica haya sido, únicamente, la principal motivación para la carta que liquidaba el Pacto de Miami. Lo que siempre tuve claro es que, de constituirse la Junta, el desaliento hubiera cundido en las filas revolucionarias. Me parece que Fidel Castro tomó esa decisión, principalmente, para impedir que el entusiasmo de los escasos combatientes decayera.

La entrega de prisioneros

Otro aspecto del proceso, que me identificaba con las iniciativas de nuestro jefe, fue el trato dado a los prisioneros de guerra. Los soldados y oficiales que se rendían a las fuerzas rebeldes eran tratados con el mayor respeto y tenían prioridad en la atención médica y la distribución de alimentos (Capítulo 4).

Como encargado de la propaganda de *Resistencia*, me entusiasmaba esa medida. Demostraba a las claras que el Ejército, más que enemigo, era considerado una víctima de la dictadura. Las deferencias a los prisioneros y sus privilegios decían mucho de las intenciones benévolas del movimiento revolucionario. Las contemplaba en su alto valor humanitario y sabía, además, que eran útiles a nuestros fines: un elemento positivísimo en el desarrollo de la guerra psicológica. A reserva de esa conveniencia, me complacía lo que entonces percibía como un gesto de nobleza del jefe revolucionario. Esa expresión de bondad y consideración hacia el enemigo, dentro de las miserias y penurias de un enfrentamiento armado (tan terrible en la Sierra como en cualquier otro escenario bélico) era enaltecedora. Eso pensaba entonces de Fidel Castro.

El Comandante llega a La Habana

En el Llano, veíamos a Fidel Castro como un compañero, no obstante su jerarquía. Lo suponíamos anuente a acatar cualquier decisión que fuera mayoritaria. No teníamos de él la imagen del líder impositivo (salvo la Direccion Nacional del *26* en Santiago, que sí la percibió). Sabíamos del alto precio que Cuba había tenido que pagar por el culto a los caudillos, falsos profetas de espectaculares —y fallidas— promesas. Veíamos con agrado los planteamientos democráticos del Comandante en el proceso de la lucha y le dábamos crédito a su palabra, sin ni siquiera pensar en la posibilidad de que pudiera estar engañándonos. Creíamos estar dentro de un juego limpio, sin trampas ni zancadillas, donde valía la pena jugarse la vida por una causa. Por supuesto, esto sería explicable por nuestra ignorancia —peligrosa— de las triquiñuelas sugeridas en ciertos manuales revolucionarios de factura totalitaria, a cuya lectura no nos sentíamos inclinados. Maniobras que abundarían después del triunfo insurreccional pero que en ocasiones éramos incapaces de aquilatar en su amenazante gravedad. También éramos víctimas de nuestra buena fe, más que exagerada al ser depositada en alguien que nos estaba engañando. Pero al momento de la huída de Batista, cuando la alegría y la esperanza se confundían en el abrazo popular, nos sentíamos muy identificados con el joven barbudo que prometía una Cuba mejor y anunciaba humildemente que no estaba interesado en ocupar posiciones de gobierno.

Ciertamente, al triunfar la insurrección el primero de enero de 1959, Fidel Castro contaba con mi admiración y respeto, pero sin el endiosamiento que habría de prender en algunos compañeros y en una buena parte del pueblo de Cuba durante los primeros tiempos de su presencia en el poder.

En su entrada a La Habana el 8 de enero, dentro de lo emocionante del momento, pasé por alto algo sumamente significativo: en el tanque donde estaba Fidel Castro con otros jefes rebeldes, en ningún momento apareció un solo dirigente de la clandestinidad, como Marcelo Fernández, Armando Hart, David Salvador, Joaquín Agramonte, Enrique Oltuski, Vicente Báez o Arnold Rodríguez. (Manolo Ray estaba regresando de la Sierra Maestra y Ángel *Horacio* Fernández Vila no había regresado todavía de una visita al Segundo Frente Oriental "Frank País", que dirigía en la Sierra Cristal Raúl Castro). Tampoco se vieron en la marcha triunfal ninguno de los jefes clandestinos que exhibían largas barbas por su permanencia en la Sierra: el ex Coordinador Nacional del Movimiento, comandante Faustino Pérez; el director de Radio Rebelde y Responsable Nacional de Propaganda, Carlos Franqui y el comandante Raúl Chibás, tesorero del *M-26-7* y uno de los tres firmantes del Manifiesto de la Sierra Maestra. Pudieron haber sido invitados a participar en la gran caravana de la victoria. Podía verse que, desde el primer momento, Fidel Castro estaba interesado en que la labor del Llano pasara inadvertida, sin la cual, paradójicamente, jamás habría podido entrar en La Habana como lo estaba haciendo. ¿Qué oculta razón habría detrás de ese afán de disminuir un factor insurreccional sin el cual el triunfo nunca se hubiera alcanzado? ¿Sería que Fidel Castro pretendía acaparar para sí todos los méritos de la victoria revolucionaria para presentarla como logro exclusivo de la acción guerrillera? ¿Quería protegerse de una posible escisión democrática dentro del *M-26-7*, liderada por el Llano? Por lo que fuese, era muy significativo que en los tanques y "jeeps" que servían de carrozas triunfales al líder revolucionario en su largo recorrido desde Santiago a La Habana no apareciera un solo representativo de la otra mitad del bando triunfador.

Una protesta inesperada

Días después y en una de sus frecuentes comparecencias por TV, Fidel Castro declaraba airado que estaba en desacuerdo con las vallas de bienvenida que habíamos preparado en nombre del *M-26-7* para su entrada a La Habana (Capítulo 2), censurando que su retrato hubiera aparecido en ellas y pidiendo su eliminación. Para cualquiera, se trataba de un gesto de humildad. Esa reacción al trabajo desplegado para darle la bienvenida me pareció descortés y ofensiva. Nunca esperé gratitud, ni siquiera que lo hecho fuera mencionado. Lo hice, como todos los que colaboraron, por considerarlo pertinente, como parte de nuestras obligaciones, con la más absoluta modestia y con genuino entusiasmo, no para hacer méritos ni procurar halagos. Pero una censura al intenso trabajo hecho, cuya eficacia no podía desconocerse dado el poco tiempo disponible, me parecía completamente fuera de lugar. Además, todo se había conseguido como colaboraciones, sin tener que soltar un solo centavo.

El lema de José Caíñas Sierra "De una revolución limpia a gobernar con honradez" y la producción de los anuncios eran obra de la mejor de las intenciones. La mayoría de los publicistas que recluté para la campaña no eran miembros del *M-26-7* ni de *Resistencia*. Querían contribuir, de buena fe, al reconocimiento que la Nación le debía a los dos líderes que personificaban en ese momento el poder revolucionario, Fidel Castro y Manuel Urrutia Lleó. El rechazo a la exaltación a su persona, aducido por el Comandante como razón para censurar el despliegue de su imagen, chocaría con los gigantescos retratos suyos que aparecerían, con posterioridad, en cualquier rincón de Cuba.

Detrás de ese revuelo podía haber una razón oculta: el retrato del Comandante no podía ser exhibido al lado de otro sin su consentimiento. Y al parecer, era pecado hacerlo si el que aparecía era el Dr. Manuel Urrutia, el presidente provisional, que, paradójicamente, había sido designado para esa posición a instancias del propio Comandante. El disgusto de Fidel Castro podía obedecer a que ya estaba considerando la desaparición de su elegido. Y su retrato al lado de su potencial víctima no favorecía esos planes.

Por otro lado, también existía la posibilidad de que la presentación de los dos retratos fuera interpretada por Fidel Castro como una maniobra del Llano para disminuir su dimensión histórica, como un deliberado reto del *M-26-7* a su jerarquía indiscutible. No esperábamos esa excesiva suspicacia de su parte ni la desconfianza que estaba haciendo patente hacia la clandestinidad. Se nos descubría un compañero incapaz de comprender que la decisión de presentarlo al lado del doctor Urrutia estaba inspirada, únicamente, en el respeto hacia el pensamiento civilista y desinteresado que presumíamos en él, conforme a lo que nos había dado a entender desde la Sierra. De cualquier modo, aunque nada grato me había sido, no quería magnificar la importancia de un hecho que podía disculparse dentro de la dinámica vertiginosa de aquellos días. Aunque, ciertamente, fue el primer indicio que percibí, tan temprano como en los primeros días de enero de 1959 de que, para su fundador, el *M-26-7* no gozaba del respeto que esperábamos.

La nueva retórica

Fidel Castro, que ya era una leyenda, distante hasta ese momento del contacto directo con el pueblo por la lejanía de la montaña y las exigencias de la acción guerrillera, podía ahora ser visto personalmente y en televisión. Maestro de la propaganda, había llegado al centro de atención nacional de manera espectacular. Quizás, en mucho menos tiempo del que hubiese soñado. Su palabra iba a ser ley de inmediato, por lo menos para ese hombre o mujer común —la mayoría— que nunca pierde la fe, prestos siempre a depositarla en la primera esperanza de cambio que se les presente, ya sea en las promesas mágicas de un súbito redentor o en un premio de la lotería.

Para nuestra sorpresa, desde sus primeros momentos en el poder, Fidel Castro se empecinaba en darle ribetes de conspiración a todo aquello que no le fuera grato al oído, achacando el manejo de las noticias y el contenido de las mismas, de manera absoluta, a la influencia que, según él, ejercía la oligarquía financiera de cada país sobre los medios de difusión. Para el Comandante, los que pagaban por los anuncios eran quienes controlaban los medios. El poder económico estaba detrás de las noticias y los editoriales, de manera que la prensa escrita, la radio y la televisión no podían ser imparciales. Tenían que responder a los intereses de sus propietarios y de los anunciantes, que querían desacreditar la revolución.

Dando por sentado que ese esquema no es una norma, aunque suele ocurrir en algunas ocasiones, las insinuaciones de Fidel Castro chocaban con la realidad del momento. Existía una genuina simpatía hacia el proceso revolucionario en el ámbito internacional. La prensa mundial se hacía eco de las esperanzas que generaba la revolución emergente. ¿Era eso negativo? Lo que irritaba a Fidel Castro, evidentemente, eran las críticas a los fusilamientos y a ciertas medidas que estaban siendo adoptadas para suprimir la libertad de expresión, como el control del suministro de papel y el fomento del sabotaje interno en los periódicos. Así como los comentarios, cada vez más insistentes, de que la revolución estaba siendo desviada hacia el comunismo. En esos momentos, tal imputación era peligrosa para el Comandante. Todavía no tenía consolidada su maquinaria de terror y los verdaderos revolucionarios podían volverse contra él si se percataban de sus verdaderas intenciones.

Hay que reconocer que para ganarse a la gente, el jefe revolucionario estaba desarrollando un nuevo estilo de comunicación que le estaba dando excelentes resultados. En lugar de los lirismos engolados y las frases grandilocuentes de la retórica convencional, trataba de ser muy simple en sus planteamientos, apelando a un vocabulario llano, fácilmente entendible. Y saturaba la mente del espectador con repeticiones muy bien manejadas. En enormes concentraciones multitudinarias, a menudo hacía preguntas, para acto seguido ofrecer él mismo las respuestas. Sostenía largos monólogos de supuestos diálogos —metáforas pueriles de problemas del momento— que el propio pueblo, según decía, le ayudaba a resolver. Más que orador de barricada (estilo que adoptaría eventualmente después) era muy ingenioso y eficaz en la presentación de anécdotas para apoyar sus conclusiones, sin excluir algún que otro disparate. Pero, por lo general, planteaba las situaciones, sobre todo las de manifiesta desigualdad económica y social con cierta originalidad y aparente candor, dando oportunidad en ocasiones a que alguien del público interrumpiese con alguna observación, que en lugar de pasar por alto, acogía y respondía. Tiempo después, ya en posesión del poder unipersonal en un Estado de factura totalitaria, el estilo de su discurso sería diferente: hablaría la verdad absoluta desde un pedestal inaccesible, sin lugar a interrupciones.

Por mi experiencia en cine, televisión y publicidad, donde el manejo de la voz es de suma importancia, notaba cómo Castro luchaba contra un factor en su oratoria: el timbre atiplado de su voz, reñido con su corpulencia. Se me hacía evidente su percepción de que esa circunstancia no le era favorable al percatarme de que trataba de corregirla subiendo la proyección vocal y enronqueciendo progresivamente en sus discursos. Cuanto más larga y gritona la alocución, más varonil el timbre de voz. En una ocasión, por el esfuerzo, perdió la voz totalmente antes de terminar de hablar, asumiendo su hermano Raúl el control de la tribuna. Las continuas apariciones públicas contribuían a darle más gravedad a su timbre de voz, que volvía al tono atiplado en los períodos de descanso. Sin embargo, su tono natural, de calidad infantil, le sería muy favorable para mostrarse cándido y llano en entrevistas personales y televisivas y apariciones noticiosas con sonido directo, reflejando una imagen de humildad y candor totalmente opuesta a la que le cuadraría en su medio siglo de poder autocrático, plagado de abusos, opresión y sangre.

Al principio, las multitudes quedaban seducidas por ese estilo nuevo en la retórica política, apoyada por el incuestionable carisma del jefe rebelde. Y por la exposición constante de sus discursos en la televisión. Por otro lado, Fidel Castro no parecía inclinado a reconocer de modo específico colaboraciones de otros, concentrando en sí todo el mérito de la acción insurreccional victoriosa y de la extraordinaria obra del primer gobierno revolucionario, que funcionaba eficientemente porque tenía independencia para operar y no estaba sujeto a un dogmatismo rayano en la estupidez que se impondría sin esperar mucho y habría de dominar la acción pública por más tiempo del soportable.

¿Hacia dónde va la revolución?

En sus discursos de los primeros meses de 1959, el Comandante insistía en destacar los defectos y miserias de la política antigua y de la dictadura depuesta, atribuyéndoselos también a aquellos que criticaban, con argumentos válidos en muchas ocasiones, algunas de las medidas revolucionarias y ciertas situaciones negativas que estaban surgiendo como producto de la irresponsabilidad y la improvisación en numerosos sectores oficiales (particularmente, en el de la administración de la justicia) que al fin de cuentas el propio Comandante estimulaba con su desorden personal. Era notorio su incumplimiento de citas. Quien tuviera la suerte de reunirse con él, lo lograba después de prolongadas horas de espera. Quería intervenir en todos los asuntos, aún en los de menor importancia. Localizarlo era prácticamente imposible. Entregaba personalmente decenas y a veces centenares de miles de pesos en cheques personales o en efectivo para la solución de problemas que otros presentaban, sin ningún tipo de control. Mostraba una aversión absoluta a todo lo que significara administración.

En lugar de anunciar planes concretos para el futuro y extenderse en la obra que se estaba haciendo, Fidel Castro no perdía oportunidad de proclamar por televisión, en una andanada de discursos largos y machacones (un total de veintisiete en los primeros tres meses; en abril fueron diez) que había que cambiarlo todo. Dejaba entrever en algunos de ellos que había que prepararse para males venideros, convocando a la vida heroica y sacrificada que deparaba el porvenir. En un momento en que la euforia nacional contagiaba a todos en la esperanza de un futuro de paz y progreso, ese mensaje parecía contradictorio e innecesario, creando incertidumbre en sectores de la población serios y responsables, como los de la industria y el comercio, a quienes el País debía el desarrollo de empresas criollas dignas de emulación. Esos sectores productivos empezaban a notar en Fidel Castro una progresiva radicalización de posiciones, que amenazaba con descarrilar el proceso revolucionario y sumir a Cuba en el caos.

Los temas de Fidel Castro

La reiteración de historias pasadas y vaticinios de conflictos futuros nos parecía a nosotros (una buena parte de la dirigencia del Llano*)* innecesario y contraproducente. Pero para el pueblo en general, Fidel Castro lo sabía todo y conocía mejor que nadie cómo conducir al País. Oportunismo, aprovechamiento, adulación, simulación, vanidad, ambición y afán de posiciones son rasgos humanos negativos que tenían que aflorar de modo exagerado en circunstancias excepcionales como las que se estaban viviendo en Cuba. Un verdadero estadista no anda pregonando esos defectos humanos. No son temas para mencionar en las comparecencias públicas ni presentarlos como amenazas tenebrosas para complacer a los que escuchan. Fidel Castro se extendía en descripciones negativas del acontecer público, pasadas y presentes, ciertas en muchos casos, pero que sólo servían para exacerbar los ánimos y radicalizar posiciones cuando lo único que hacía falta ya se tenía: el apoyo popular a la revolución y su colaboración en la obra constructiva que estaba en marcha.

Al mencionar el pasado, el Comandante omitía su antigua versión de lo que era Cuba antes del golpe de Batista, dada a conocer en *La Historia me Absolverá*:

> *Os voy a referir una historia. Había una vez una República. Tenía su Constitución, sus leyes, sus libertades; Presidente, Congreso, Tribunales; todo el mundo podía reunirse, asociarse, hablar y escribir con entera libertad. El Gobierno no satisfacía al pueblo, pero el pueblo podía cambiarlo y ya sólo faltaban unos días para hacerlo. Existía una opinión pública respetada y acatada, y todos los problemas de interés colectivos eran discutidos libremente. Había partidos políticos, horas doctrinales de radio, programas polémicos de televisión, actos públicos y en el pueblo palpitaba el entusiasmo. Este pueblo había sufrido mucho y si no era feliz deseaba serlo, y tenía derecho a ello. Lo habían engañado muchas veces y miraba al pasado con verdadero terror. Creía ciegamente que éste no podía volver; estaba orgulloso de su amor a la libertad y vivía engreído de que ella sería respetada como cosa sagrada; sentía una noble confianza en la seguridad de que nadie se atrevería a cometer el crimen de atentar contra sus instituciones democráticas. Deseaba un cambio, una mejora, un avance, y lo veía cerca. Toda su esperanza estaba en el futuro.*

El párrafo anterior, transcrito al pie de la letra, es parte del alegato de defensa de Fidel Castro en el juicio por su ataque al cuartel Moncada. No hubo una versión taquigráfica del original. Fue redactado *a posteriori* por el acusado, como versión recordada de lo dicho. Y dado a conocer como uno de los fundamentos ideológicos de la insurrección contra Fulgencio Batista. Lo que significa que fue bien pensado y no producto de la improvisación. ¿Podía encontrarse una mejor descripción de lo que era la Cuba anterior al 10 de marzo de 1952, fecha del golpe militar de Batista?

Sin embargo, otra sería la versión de Fidel Castro cuando su palabra era ya la del poder. Es de notar que el *maximo líder* incluyó, en el párrafo mencionado, la frase de que el pueblo "sentía una noble confianza en la seguridad de que nadie se atrevería a cometer el crimen de atentar contra sus instituciones democráticas". Ese crimen, paradójicamente, lo cometería el mismo Castro al imponer el sistema comunista contra la voluntad popular.

En el Llano estábamos de acuerdo en que mencionar lo que pertenecía a un pasado censurable no estaba de más, no debía ser olvidado, pero también creíamos que no era prudente estarlo poniendo sobre el tapete a cada momento. Por otro lado, la cantidad de detalles y símiles que manejaba el jefe del *M-26-7* para describir incidencias intrascendentes era asombrosa, cautivando al público por lo prolijo de sus exposiciones, que tocaban las fibras más primitivas y excitables del auditorio. Había que reconocer que Fidel Castro tenía una memoria prodigiosa y un talento muy especial para asociar ideas y enumerarlas de seguido, facultades que le permitían mantener boquiabiertos a sus oyentes durante discursos que por su interminable duración hubieran dormido a cualquiera. Oratoria muy efectiva, a la que podría atribuirse en muy buena parte el fenómeno de su transfiguración progresiva de líder democrático a dictador totalitario sin que el pueblo pudiera percatarse de la negatividad del cambio y reaccionar en consecuencia.

La incertidumbre por los anuncios del *máximo líder* de tiempos inciertos y de confrontación con enemigos que no identificaba crecía por momentos, inhibiendo las iniciativas empresariales que se esperaban, indispensables para el progreso económico. El inicial y sincero entusiasmo de los sectores productivos para incorporarse vigorosamente al cambio revolucionario, se veía desalentado progresivamente por los alarmantes giros retóricos del exjefe rebelde cuando daba su versión personal del porvenir. El empresariado había dicho presente a la hora de ayudar a la revolución. Donaban y promovían las donaciones de tractores para la reforma agraria, al igual que lo hacían los sindicatos obreros. Los periódicos publicaban anuncios de las principales empresas apoyando la revolución. Existía, en los sectores empresariales, una verdadera voluntad de ayudar a los cambios en el País (de reiterados ejemplos fui testigo) aún sabiendo que eso representaba una reducción de los beneficios a que estaban acostumbrados.

Mas el Comandante insistía, además de sembrar el pánico entre los empresarios y eventuales inversores, en que las censuras de la prensa nacional e internacional a algunos de sus actos o expresiones respondían a los intereses de los que pagaban anuncios en esos medios. Detrás de sus palabras tenía que haber un propósito. No podía escapársele el daño que para el país representaba la inestabilidad creada por su nuevo discurso político, muy diferente al que había dado desde la Sierra. Al momento, yo no estaba en capacidad de identificar la razón de esos exabruptos, dirigidos, según se vio después, a la atemorización de industriales y comerciantes (la "pequeña burguesía") y la liquidación progresiva de la libertad de expresión. De lo que sí yo esaba seguro era de que sus imputaciones de deshonestidad periodística estaban reñidas con la forma independiente en que operan las agencias internacionales de noticias. Y con la libertad de la mayoría de los periodistas, en los países democráticos, para dar sus pareceres sin impedimentos. En resumen, nuestro jefe no estaba diciendo la verdad. Exageraba, deliberadamente, en aparentes arrebatos de indignación, con el propósito específico de conculcar las libertades y ahuyentar del país a la ciudadanía sensata y talentosa. En esos primeros meses, sin embargo, para la militancia revolucionaria democrática, la retórica fidelista no era tan dañina mientras la obra de los ministros del gobierno siguiera manteniéndose al asombroso nivel de eficiencia y producción que estaban desplegando.

Hubiera sido evidente para cualquier observador agudo —nosotros estábamos muy lejos de serlo— que las prioridades de Fidel Castro no surgían de una legítima voluntad de servicio público sino de un esquema para consolidar el poder absoluto siguiendo las tácticas acostumbradas del radicalismo de izquierda, que ha mantenido su presencia política en la historia más bien por sólo denunciar lo injusto que por ofrecer un programa racional, efectivo y viable de lo que debe hacerse para acabar con lo que está mal y sustituirlo por lo que sería mejor. El magnetismo personal de Fidel Castro y la ignorancia general sobre una gran cantidad de planteamientos que hacía bloqueaban en la mente popular la percepción negativa que merecían muchas de sus disquisiciones.

Y eran contadísimos los periodistas que se atrevían a contradecir al *máximo líder* públicamente. Cuando eso ocurría tenían que hacerlo con la mayor cautela para no provocar su ira y sucumbir a la calumnia, aunque hubo unos cuantos valientes que se atrevieron a retarlo. Estremecer a la opinión pública a su favor prevalecía en Fidel Castro sobre lo que la Nación necesitaba, que era obra urgente de construcción y desarrollo económico. Entre su estilo y modo de actuar y el de la mayoría de los ministros del primer gobierno revolucionario, de rigurosa eficiencia y seriedad, existía un abismo que aceleradamente se iría ahondando hasta llegar a una ruptura definitiva, para desgracia de Cuba, antes de cumplirse el primer año del triunfo insurreccional.

Los temores del momento

Por la naturaleza de mi trabajo, conectado, como he dicho, a los campos de la publicidad, el cine, el periodismo y la televisión, me mantenía en comunicación con diferentes sectores de la vida nacional. Esa ubicación social me permitía captar con facilidad opiniones diversas sobre lo que estaba pasando y lo que la gente creía que debía hacerse. Analistas políticos, profesionales, industriales, comerciantes, periodistas, estudiantes y numerosos líderes, incluyendo los religiosos, se preguntaban hacia dónde se dirigía en el aspecto ideológico el proceso revolucionario. En sus inicios, no habían vacilado en apoyarlo. Pero después de los primeros cuatro o cinco meses, algunos de ellos me confiaban sus dudas. Percibían que algo extraño estaba pasando. Después de la inicial confianza depositada en Fidel Castro, había cierta inseguridad. ¿A qué podía deberse el cambio? ¿Sería por ese torrente verbal imparable que llegaba a todos los rincones de la Isla desde la tribuna única, creando inquietudes innecesarias? ¿Existiría la oportunidad de que la tribuna principal pudiera ser compartida por alguien ecuánime, que exhibiera la moderación que la gente sensata esperaba? Y en afanosa búsqueda de lo casi imposible, en la Dirección Provincial se puso sobre la mesa el nombre de Raúl Castro.

Ángel *Horacio* Fernández Vila, el Coordinador del Movimiento 26 de Julio para la provincia habanera, que sería después Coordinador Nacional al renunciar Marcelo Fernández, había visitado dos o tres semanas antes de la fuga de Batista el Segundo Frente "Frank País", que dirigía el comandante Raúl Castro, sorteando los peligros que para un dirigente clandestino implicaba un viaje a la zona de operaciones en Oriente. Regresó a La Habana impresionado por el orden y la disciplina que observó entre los rebeldes. Fue tan efusivo en el relato de lo que vio, que sucumbimos todos al retrato maravilloso que nos hizo de la eficiencia con que el hermano del principal jefe rebelde había manejado la organización de ese frente guerrillero. No vaciló en comunicarnos que si Raúl Castro tuviera una mayor participación en el discurso principal se disiparían nuestras inquietudes, opinión que llegué a compartir a pesar del señalamiento que Antonio Núñez Jiménez (Capítulo 2) me había hecho en La Cabaña, en los primeros días de enero de 1959, de que el más joven de los Castro era comunista. No quise darle mucho crédito a lo dicho por Núñez, que sí era comunista, en el contexto de lo que habíamos conversado.

La impresión favorable de *Horacio* sobre Raúl Castro se convirtió en colectiva dentro de la Dirección Provincial. Había unanimidad en ese sentido, pero una total incapacidad nuestra para sugerir un cambio en el discurso del Comandante o la aceptación de que su hermano (que tan temprano como a las tres semanas del triunfo, en la Operación Verdad, había sido designado por él como su sucesor) pudiera sustituirlo ocasionalmente en la tribuna. Sin embargo, hechos posteriores habrían de demostrar que estábamos muy lejos de conocer bien al hermano menor. El retrato hecho por *Horacio* no respondería a nuestras expectativas. Raúl Castro era una persona diferente a la que él pensaba. Prepotente, mostraría inclinaciones autocráticas y se identificaría como un comunista convencido, dispuesto a eliminar opositores sin muchos miramientos. Desde el mismo momento del triunfo sobre Batista comenzsó a infiltrar comunistas en las filas revolucionarias. Sus discursos estarían plagados de arrogancia y cinismo. Se hacía evidente que su preponderancia jerárquica era obra del parentesco, aunque sus condiciones de buen organizador eran palpables. No dudo que la impresión de *Horacio* fuera producto de la admiración que sentíamos los del Llano por nuestros compañeros del Ejército Rebelde. Teníamos la costumbre de magnificar todo lo que tuviera que ver con la Sierra. Y con frecuencia, a extremos de exageración.

Pero no sólo eran la temática y el desarrollo de los discursos de Fidel Castro lo que empezaba a preocupar a la gente mesurada. Tan temprano como a principios de marzo, a unos dos meses del triunfo revolucionario, se daba el caso del juicio a los aviadores y mecánicos de la fuerza aérea de Batista (Capítulo 7). La violenta reacción de Fidel Castro al fallo absolutorio y lo que dispuso para anularlo, así como sus expresiones difamatorias sobre los abogados defensores, que sólo cumplían con su deber judicial, mostrarían por primera vez y a cara descubierta, la verdadera naturaleza de su carácter. Fue una demostración pública de arbitrariedad, soberbia, abuso de poder y menosprecio a las instituciones democráticas.

Intenciones ocultas

En la Dirección Provincial nos dimos a la tarea de organizar una concentración campesina a celebrarse el 29 de marzo de 1959 en Güines, municipio habanero de rica historia insurgente. En ella, como era de rigor, Fidel Castro iba a hablar. En una reunión previa se puso sobre la mesa lo ineludible: nuestra preocupación de que un líder que tenía el respaldo casi absoluto del pueblo, se estuviera dedicando a meter miedo con generalizaciones más propias de la enajenación que de alguien en sus cabales.

Y en esa concentración de Güines el Comandante siguió insistiendo en que había que prepararse para tiempos difíciles. Entonces alguien del público gritó: "*Si hay que comer malanga, la comemos*". El desconocido hacía referencia a la vianda barata que era plato frecuente en la mesa pobre. Fidel Castro respondió desde la tribuna:

Bueno, pero que cuando llegue la hora de comer malanga la comamos de verdad sin protestar, no sea que al cabo de dos o tres meses comiendo malanga se aburra la gente de la malanga.

Para cualquier persona responsable, declaraciones como esa carecían de sentido. Nadie, realmente, veía la razón para comer sólo malanga cuando la mesa bien servida era imaginada por todos. Era evidente que la inserción de peligros que no se identificaban en los discursos de Fidel Castro distaba mucho de conciliarse con la alegría que cundía en el País y la idea que teníamos de su inteligencia.

Estábamos entonces muy lejos de imaginar que el discurso del miedo no era producto de la irresponsabilidad del *máximo líder* o de su indiferencia ante las garantías de seguridad que reclamaba el sector productivo. ¿Cuál sería entonces la razón de esos negativos augurios? Llegué a la conclusión, pasado el tiempo, de que Fidel Castro lo hacía con toda intención, dentro de un plan secreto de hostigamiento de los sectores empresariales, profesionales y periodísticos para crear un clima de inseguridad que condujera a la salida del país de las clases productivas, después de confiscados sus negocios. La identifiqué como parte de una estrategia que perseguía también la desestabilización de las instituciones republicanas a fin de despojar a la ciudadanía de los recursos legales del régimen democrático para propiciar en breve plazo su instalación como dictador omnipotente. Así se iría instaurando una nueva tiranía, ahora de corte totalitario, donde la progresiva implantación del terror revolucionario garantizaría el poder absoluto y permanente.

Pero también, las avalanchas verbales de futuro sombrío y amenazas sin identificar podrían contemplarse como un intento del Comandante de ir preparando a la población para las consecuencias que sus planes ocultos tendrían que provocar. Una especie de anticipo de lo que habría de ocurrir cuando el pueblo tuviera que afrontar las consecuencias del viraje al comunismo: hambre, pobreza, opresión y la hostilidad de Estados Unidos. aliado comercial indispensable.

Revolución y Humanismo

Con motivo de su visita a Estados Unidos, a invitación de la Sociedad Americana de Editores de Periódicos y en un acto masivo en el Parque Central de New York, donde estuve presente, fue que Fidel Castro encontró una oportunidad para llamar la atención sobre la ideología que, según él, prevalecía en el movimiento revolucionario (Capítulo 7). Pretendía atajar las alusiones a la penetración comunista que estaban empezando a circular. Fue allí, el 24 de abril de 1959, donde planteó por primera vez que la revolución cubana estaba inspirada en lo que llamó humanismo.

Humanismo —dijo el Comandante— *significa justicia social con libertades y derechos humanos. Humanismo significa lo que por democracia se entienda, pero no democracia teórica, sino democracia real, derechos humanos con satisfacción de las necesidades del hombre. Porque sobre el hambre y la miseria se podrá erigir una oligarquía, pero jamás una verdadera democracia. Ni pan sin libertad, ni libertades sin pan. Ni dictaduras de hombres, ni dictaduras de clases, ni dictaduras de grupos, ni dictadura de casta, ni oligarquías de clases. Gobierno de pueblo sin dictadura y sin oligarquía. Libertad con pan, pan sin terror. Ese es el humanismo.*

Lo de humanismo, como término político, resultaba novedoso para los elementos revolucionarios. No nos parecía asociado a ninguna estructura política ni a fines sociales ni económicos definidos. Cuatro años antes, el psicólogo alemán Erich Fromm había publicado un libro (*The Sane Society*) donde desarrollaba el concepto de *humanismo socialista*, obra que ninguno de mis compañeros, ni yo, conocíamos entonces. Pero pudo haber sido la fuente del nuevo nombre que le estaba adjudicando el Comandante a la revolución. Fromm se situaba en un término medio entre el capitalismo y el comunismo soviético: una versión del socialismo democrático donde la libertad fuera el factor rector de la sociedad. No sé si Fidel Castro estaría enterado de las ideas de Fromm o alguien le sugirió lo de humanismo. Lo cierto es que en el Parque Central de New York definió así su revolución, dejando a un lado lo de socialista que le añadía Fromm.

El humanismo, definido con esa vaguedad, envolvía cierta poesía. Así Fidel Castro salía del paso con generalizaciones muy imprecisas, sin que nadie, a ciencia cierta, supiera qué senderos serían los señalados para hacer realidad lo que sonaba tan bien. La mayoría de la gente quedaría conforme con el concepto. Y no se preocuparían por ir más allá. Nos parecía (a la militancia del *26*) que poner sobre el tapete el tópico del humanismo venía como anillo al dedo para convencer y tranquilizar a los que podían sospechar algo turbio en Fidel Castro, empezando por nosotros mismos. Nos gustaba eso de "Libertad con pan; pan sin terror". Ya había una respuesta que podíamos dar para los que cuestionaban hacia dónde iba la revolución. Y nos convertíamos en emisarios involuntarios de una patraña. El argumento del humanismo le permitía a Fidel Castro ganar tiempo mientras mantenía su indefinición del porvenir. A partir de entonces y por algún tiempo, prevaleció entre los cubanos (incluyendo la Dirección del *M-26-7)* que el temor a la infiltración comunista carecía de base.

La traición de Raúl y el *Che,* según Fidel Castro

Tratando de despejar dudas sobre la infiltración comunista, en la Dirección Provincial del *26* acordamos confeccionar una lista de los "revolucionarios súbitos" (los que no habían participado en la lucha contra Batista y eran comunistas conocidos) que estaban siendo nombrados para altas posiciones en el Ejército y el Gobierno. Queríamos llevársela a Fidel Castro para conocer su reacción. Pensábamos, ingenuamente, que quizás él podía desconocer lo que estaba pasando y el alarmante volumen de esos nombramientos. La lista tenía 235 nombres. Le pedimos una reunión al Comandante para discutir el asunto. A la misma fuimos el Coordinador Ángel *Horacio* Fernández Vila, Vicente *Mateo* Báez, Jorge Reyes, Badito Saker y yo.

Cuando Fidel Castro nos recibió, se tomó algún tiempo en mirar la lista que le entegamos, pasando lentamente de una página a la otra, sin emitir comentarios. Cuando terminó de hojearla, aparentemente preocupado y muy serio, nos dijo:

—Ustedes tienen razón. Esto está ocurriendo.

Recibimos la respuesta con satisfacción. Era buen indicio de que nuestra protesta iba a ser escuchada con la atención que merecía.

—Está ocurriendo —repitió— y me tiene muy preocupado.

Hizo una pausa bastante larga, como para enfatizar lo que venía.

—Y ¿saben qué? Esto es una maniobra de Raúl y el *Che*.

El Comandante coincidía con nosotros. No había un solo caso donde la designación de un comunista en el gobierno y ejército revolucionarios no nos fuera referida como iniciativa de Raúl Castro o el *Che* Guevara. Pero el reconocimiento de esa situación, así de pronto, nos sorprendió. Y por supuesto, lo recibimos con agrado. Lo que dijo a continuación era todavía más inesperado:

—Una maniobra que bordea la traición.

Era un juicio muy severo sobre sus allegados más confiables, que cuadraba con lo que ya sabíamos. Calificaba la acción con lo peor que se pudiera decir. Vino entonces la explicación de su inercia ante los hechos.

—Pero pónganse en mi lugar. Yo no puedo proceder ahora contra Raúl y el *Che* porque el prestigio personal de ambos está muy vinculado al de la revolución, que es la que va a salir perdiendo. Y todos estamos en la obligación de defenderla. Denme tiempo. Esto yo lo puedo resolver en su momento. Es sólo cuestión de esperar un poco. Tengan confianza en mí.

Fidel Castro nos había dicho lo que queríamos escuchar. ¿Qué otra reacción podía esperarse que no fuera la de darle crédito a lo que nos estaba diciendo? Nos parecían lógicas, en nuestra buena fe, las razones que exponía para justificar la contradicción entre su conocimiento de los hechos y su inacción ante ellos. Ni por un momento pasó por nuestras mentes la idea de que nos estaba engañando. No había negado lo que era evidente. Ni tampoco lo había disculpado. Al contrario, simulaba estar indignado por lo que estaba pasando.

No era difícil convencernos. Siempre habíamos pensado que, tanto Raúl como el *Che*, actuaban por su cuenta al infiltrar comunistas. La historia revelaría que ambos, sin nosotros sospecharlo, servían de pantalla para encubrir los movimientos traicioneros de Fidel Castro. Éramos presas fáciles para caer en la trampa. Al descargar en ellos toda la responsabilidad de los nombramientos, el Comandante aparentaba estar desvinculado de la infiltración comunista. Admitía lo que estaba ocurriendo y justificaba su falta de acción con el sofisma de que tenía que ser cauteloso para no perjudicar a la revolución. Así conservaba nuestra confianza, mientras ganaba tiempo para consolidar el poder dictatorial que perseguía. No podíamos imaginar tamaña infamia.

El "derrocamiento" del Presidente

Como es sabido, el doctor Manuel Urrutia Lleó había sido designado presidente provisional de la República a instancias de Fidel Castro. Contrario a la opinión generalizada de que era un manso cordero al servicio del *máximo líder*, era un hombre de carácter. Lo demostró en los primeros días del gobierno revolucionario al enfrentarse enérgicamente al *Che* Guevara cuando el guerrillero argentino, violando acuerdos y sin estar facultado para ello, designó como gobernador de Las Villas a un hombre de su confianza, el capitán Calixto Morales. Estaba acordado previamente que, al momento del triunfo, las gobernaciones serían ocupadas por los coordinadores provinciales del *M-26-7*, por lo que esa posición le correspondía al ingeniero Enrique Oltuski.

Eso no quiere decir que el presidente Urrutia estuviera siempre acertado en una serie de actitudes o iniciativas. Creó un problema innecesario al tratar de oponerse, por tratarse de cómplices de la dictadura depuesta, al derecho de asilo convenido por los países latinoamericanos. Derecho que permanecía vigente en Cuba y hasta había sido respetado por Batista (con la excepción del asalto a la Embajada de Haití). También cerró de golpe casinos y moteles, creando una crisis de desempleo. Se mencionó también en la prensa que estaba en el proceso de comprar una costosa residencia, lo cual era perfectamente legal porque se hacía con fondos personales pero pugnaba con la austeridad que exigía el momento. Fue criticado públicamente por eso, hasta en forma desconsiderada, a pesar de que el asunto carecía de la gravedad que se le adjudicaba y haber él negado la veracidad de la información.

El doctor Urrutia había sido un opositor a la dictadura de Batista pero no procedía de las filas revolucionarias. No era miembro del *26 de Julio*, ni de *Resistencia*, ni de ninguna otra entidad subversiva ¿Por qué, entonces, había sido propuesto por Fidel Castro para esa posición ante los firmantes del Pacto de Caracas? Precisamente por eso. El no militar en una organización revolucionaria hacía más fácil la aprobación del candidato del *26* a los integrantes del *Pacto*, sobre todo después de haber declarado el Comandante desde la Sierra que no estaba interesado en cargos del futuro gobierno revolucionario. La aprobación en Caracas, por mayoría, del juez Urrutia (el *Directorio* votó en contra) le daba legitimidad a su designación como presidente provisional y le permitía a Fidel Castro demostrar su aparente desinterés por el poder y su respeto a los restantes núcleos revolucionarios. Después se dejaría ver que detrás de todo había una oculta intención de contar con alguien que, potencialmente, pudiera ser manejado, aunque la realidad demostró que con Urrutia eso no era posible.

¿Y cuál sería la principal razón para provocar la salida del Presidente? Se mencionarían públicamente otros motivos (sobre todo, la supuesta y no consumada compra de la residencia de marras) pero la verdad residía en que el doctor Urrutia estaba constituyendo un obstáculo para la infiltración comunista. El Presidente prestaba oídos a la inconformidad que estaba surgiendo en las filas revolucionarias por la designación de comunistas a posiciones de importancia, lo que chocaba con los planes no revelados de Fidel Castro. Pero, ¿cómo podía ser eliminado Urrutia? ¿Qué razones podrían alegarse para que en tan pocos meses desapareciera de la cúpula revolucionaria una figura que gozaba de esa posición por la voluntad del propio jefe rebelde?

Fidel Castro apelaría a una estratagema cuyos resultados podía prever. Su demostrado talento para la propaganda le indicaría lo más efectivo: renunciar como Primer Ministro para que el pueblo clamara por su regreso al poder. Pondría en la balanza popular su leyenda de guerrero y su avasallador carisma contra la gris personalidad del Presidente. Así que, el 17 de julio de 1959, en un gran titular de primera plana de *Revolución* aparecería un Fidel Castro renunciante.

El país se paralizó. La gente dejó de trabajar y muchos se lanzaron a la calle. Yo había acudido a mi oficina en Publicitaria Siboney. Compañeros de trabajo de la agencia y de Laboratorios Gravi habían paralizado las labores y me pedían que les dirigiera la palabra para atacar a Urrutia. Decliné hacerlo. Esperaban que me sumara a lo que yo consideraba una maniobra irrespetuosa y demagógica. En su lugar, cogí mi cámara fotográfica para captar de primera mano lo que estaba pasando en la calle. Fui caminando por la avenida 26 del Nuevo Vedado hasta llegar a 23. Doblé hacia el puente del Almendares y me topé de pronto con un nutrido grupo de furibundos "revolucionarios" que me rodearon con manifiesta hostilidad. Días atrás, Fidel Castro había arremetido verbalmente contra periodistas y fotógrafos críticos de su régimen. Al parecer, el grupo de revoltosos me situaba como copartícipe de esas campañas. Inquirirían con autoridad de turba qué hacía yo con esa cámara. Los vi dispuestos a agredirme y me preocupaba mi indefensión. Noté que uno de ellos tenía un ejemplar de *Revolución* en la mano. Le dije que lo abriera y señalé el machón, donde aparecía mi nombre. Santo remedio. El "disculpe, compañero" afloró en varios de ellos y me salvé de una potencial paliza. Lo raro es que ninguno pidió que me identificara como la persona que aparecía en el periódico. Pero el incidente me dio la medida del fanatismo, intolerancia y agresividad que se estaba incubando en la gente.

Esa noche, el renunciante Primer Ministro trató de explicar, por televisión y a su manera, las razones de esa decisión. No había televisor que no estuviera encendido a lo largo de la Isla. Sus argumentos estaban cargados de calumniosas referencias sobre el presidente Urrutia. No pude ocultar la molestia que esa virulenta perorata me provocaba. Me parecía abusiva hacia un hombre indefenso y decente. Estaba en casa de Alicia, mi novia entonces, viendo el espectáculo televisivo y todos los presentes se sorprendieron de mi negativa reacción ante el torrente de injurías que profería el *máximo líder* contra su otrora seleccionado. "Nos estaba chantajeando con el comunismo", decia. Y agregaba que la actitud de Urrutia "bordeaba la traición", la misma frase que usó para calificar a Raúl Castro y el *Che* Guevara en la reunión que tuvimos con él sobre la infiltración comunista. Salí de la casa indignado, antes de que terminara el aluvión de insultos. Urrutia no se merecía eso. Como buen cubano, rechazaba el comunismo y estaba alarmado por las maniobras de infiltración. A la mañana siguiente renunció y se asiló en la embajada de Venezuela.

Disipando el temor al comunismo

En la medida que la prédica y los movimientos de Fidel Castro se apartaban de lo esperado, las especulaciones se multiplicaban, pero él seguía sin despejarlas. Sin embargo, en lo referente al comunismo insistía en que eran puras habladurías y parecía seguir apoyándonos en nuestra posición antimarxista. Lo que sí estaba bien claro para nosotros era que durante la lucha insurreccional nunca se hizo la mínima alusión a la idea socialista y mucho menos al comunismo. Hasta se daba el caso de que en un reportaje aparecido en la revista Coronet, diez meses antes de la victoria insurgente, Fidel Castro declaraba:

> *Yo personalmente he llegado a la conclusión de que la nacionalización es, en el mejor de los casos, un instrumento embarazoso. Parecería que no fortifica al Estado mientras que debilita a la empresa privada.*

Expresiones como esa y todas las que configuraban el mensaje insurrecto enmarcaban perfectamente dentro del nacionalismo, la justicia social, la economía de mercado, la libre empresa y el respeto riguroso a las instituciones democráticas. Los que estábamos dentro del proceso en procura de esos objetivos, confiando en la seriedad de su proclamación, no creíamos que la revolución pudiera ser desviada de esa trayectoria.

La historia demuestra que lo importante para Fidel Castro no era la labor de gobierno ni el progreso del país. Su prioridad consistía en exacerbar las pasiones para conseguir fanáticos que pudieran seguirlo ciegamente en sus objetivos, donde su enfrentamiento con Estados Unidos (totalmente innecesario y difícil de aceptar por la gente seria) era su máxima preocupación. Esa táctica de soliviantar ánimos para ganar incondicionales por la vía del desenfreno de la emoción evocaba las utilizadas por Hitler y Mussolini para consolidar sus estructuras totalitarias. Todo lo vital para el país sería relegado por Fidel Castro en aras de su desmedida ambición de poder.

En la Dirección del 26 sabíamos que se necesitaba una reafirmación inaplazable del ideario insurreccional para salir de dudas y fijar sin titubeos el rumbo prometido. Cuando le planteamos a Fidel Castro —en una de las escasas reuniones que tuvimos con él para tratar esos asuntos— la urgencia de que fuera específico en la reafirmación del ideario revolucionario, para ahuyentar los miedos que estaban surgiendo y darle seguridades a la ciudadanía de que lo del comunismo era pura especulación, su respuesta fue: "Vayan sacándolo de mis discursos". ¿Qué podíamos hacer frente a esa actitud de menosprecio y evasión de la verdad? ¿Rebelarnos, cuando el propio jefe del Movimiento sostenía que calificar de comunista a la revolución era contrarrevolucionario?

Andanada verbal mal interpretada

Tuve otra experiencia que me hizo creer en la sinceridad de Fidel Castro en lo referente al comunismo. Me encontraba con Carlos Franqui, en su oficina de *Revolución,* cuando entró el Comandante como un vendaval, aparentemente molesto por algo que había ocurrido y que no identificaba. ¿Sería por los comentarios que circulaban sobre la penetración comunista en las filas revolucionarias? ¿O por algún encontronazo con los dirigentes marxistas? Quién sabe. Sin mucho preámbulo, ni siquiera saludar, comenzó a atacar a los discípulos cubanos de Stalin con un lenguaje muy preciso.

—No sé qué coño se habrán creído esos hijos de puta —fue lo primero que dijo el Comandante, entrando en calor—. Se movía, irascible, de una esquina a otra, a pasos largos y rápidos, mientras apoyaba sus expresiones con bruscos movimientos de brazos y manos.—Los muy pendejos, —continuó— que estaban debajo de la cama cuando nosotros nos jugábamos la vida en la Sierra. Venir ahora a creerse que pueden hacer lo que les dé la gana. Descarados. Si se creen que me van a joder, los voy a mandar a todos p'al carajo.

Ahí no paró la cosa. Los calificativos más groseros seguían en cadena, mientras seguía caminando agitadamente. Las mismas acusaciones se repetían, una tras otra. No me sorprendía la vulgaridad del lenguaje. Yo también solía hablar así, más o menos, cuando la indignación me cegaba.

¿Cuál era mi reacción ante ese espectáculo? En primer lugar, trataba de encontrarle sentido a lo que estaba pasando. Lo inoportuno del exabrupto de Fidel Castro, así como el nivel de sus calificativos y la forma de expresarlos despertaban mi curiosidad. No me interesaba tanto la razón del disgusto. Lo importante para mí era detectar cuánto de sinceridad había en lo que decía el compañero Comandante. Necesitaba reafirmar mi confianza en que no existía la menor posibilidad de que la revolución fuera entregada al comunismo, temor que aumentaba progresivamente. Lo que estaba escuchando, desde luego, me complacía.

Cavilaba, sin interrumpir, ¿todo ese tinglado para convencer a Franqui? No me lo parecía. Por lo menos, hasta ese momento, creía observar en Franqui una ciega confianza en Fidel Castro. Nunca le había oído decir nada —hoy sé que tenía dudas— de que pudiera abrigar sospechas sobre las alegadas tendencias comunistas del Comandante, aunque sí las reconocía en Raúl Castro y, por supuesto, en el marxista confeso del *Che* Guevara. Y por otro lado ¿había que convencerme a mí en la improvisada reunión? Yo no podía ser considerado como un factor a ser tomado en cuenta porque, cualquiera que fuese mi posición dentro del proceso, carecía de poder para determinar nada sustancial. Lo que estaba oyendo en boca de Fidel Castro me parecía producto de su más genuina convicción. Y de ser así —pensaba entonces— constituía una reafirmación del curso democrático del proceso, matizada con palabrotas de marca mayor pero aptas por su peculiar contundencia para convencer a cualquiera.

A la mañana siguiente, llamé a Ángel Fernández Vila para que convocara a los miembros de la Dirección para esa noche y les dijera que tenía algo importante que comunicarles. Les conté, con lujo de detalles, lo ocurrido la noche anterior en la oficina de Franqui. Estaban impresionados. Lo consideraban una prueba adicional de la posición de rechazo que esperábamos en Fidel Castro sobre la amenaza comunista.

Años después, en la recolección de recuerdos y notas de esa etapa tan intensa de mi vida, llegué a pensar que, dada la inmensa capacidad mostrada por Fidel Castro para la simulación, podía haber montado el berrinche anticomunista como una expresión sincera de indignación, pero contando también con que trascendería a la Dirección Provincial a través de mi testimonio, lo que contribuiría a consolidar entre nosotros, como vino a ocurrir, la posición anticomunista que presumíamos en él. Pero no necesariamente tenía que haber sido así. Lo más probable es que, sencillamente, estaba descargando su ira en la forma destemplada que le era habitual, sin otro objetivo. Mi error fue darle una connotación ideológica a lo que en realidad era una cuestión personal con algunos dirigentes comunistas de antaño, sin mayor relevancia en lo concerniente a las sospechas que pudiéramos abrigar sobre la infiltración comunista.

Hechos posteriores, después de haber declarado Fidel Castro su filiación marxista-leninista, vendrían a demostrar que había unos cuantos de esos antiguos dirigentes comunistas que no eran de su agrado. Entre ellos estaban el director de *Hoy*, Aníbal Escalante y Joaquín Ordoqui, quienes no pudieron eludir su furia por intentar retarlo. Quizás estimaban que la instauración del comunismo como ideología oficial, así como sus contactos directos con la dirigencia soviética los autorizaban a manejar el Partido sin contar con el dueño absoluto de la revolución. Tal pretensión les costaría ser borrados del mapa y de la nueva historia, al estilo estalinista, con la diferencia de que pudieron conservar la vida. No se percataron de que el gran jefe comunista, a pesar de su educación jesuítica, tenía que ser Fidel Castro, quien no estaba dispuesto a reconocer credenciales por ejecutorias marxistas-leninistas anteriores a su inesperada proclamación como líder rojo del país.

Resistiéndome a la verdad

Aunque como organización, ya a finales de octubre de 1959 el *M-26-7* podía considerarse liquidado, en los primeros meses de 1960 seguíamos reuniéndonos informalmente y cambiando impresiones los antiguos compañeros. Se comentaba que Huber Matos sería liberado. Sabíamos que Faustino Pérez insistía en lograrlo. Creíamos seriamente que los comunistas no tenían la menor posibilidad de secuestrar la revolución porque Fidel Castro insistía en que no tenía nada que ver con ellos. Al momento, los fusilamientos estaban suspendidos. La Organización de Trabajadores Voluntarios *(OTV)*, a cuya dirección yo pertenecía, estaba dando un extraordinario ejemplo. ¿No habría algo de injusto en las prevenciones y reservas acumuladas desde mi perspectiva en el curso de los acontecimientos? Era para mí un momento de desconcertante vacilación. Reconocía que el proceso era muy difícil y complicado. Que eran inevitables los errores. Que había que tener paciencia. Que los problemas habrían de resolverse. En mi fuero interno, rechazaba cualquier posibilidad de que la revolución fuera desviada de los cauces prometidos. No podía conciliarme con la idea de que las esperanzas de libertad y democracia por los que tantos compañeros habían sacrificado la vida pudieran ser burladas. La sola posibilidad de que eso pudiera ocurrir me abrumaba.

Y a pesar de las evidentes contradicciones que observaba en Fidel Castro, no estaba dispuesto a abandonar mis esperanzas. Seguía confiando en que el proceso revolucionario, aún bajo su dirección, sería capaz de encaminar la nación por las rutas señaladas en la etapa insurreccional. Y me alentaba la disposición de ánimo y la entrega que exhibían los compañeros de la Organización de Trabajadores Voluntarios. Nada visto antes en Cuba. Un hermoso ejemplo de genuino patriotismo. Sincera disposición de cooperar desinteresadamente con los organismos de gobierno. Quería, refugiado en la positiva labor que estaba realizando la *OTV*, seguir pensando que la revolución valía la pena, aferrándome a ella por el precio en vidas y sacrificios que se había pagado para hacerla realidad.

Fue un momento en que, a pesar de todas mis reservas y dudas por el curso que se le estaba imprimiendo a la revolución, consideré que Fidel Castro era realmente el inspirador de ese cambio que se ponía de manifiesto con el trabajo voluntario. Era cuestión de balance. Si se rechazaba el peor de los peligros, la entrega de la revolución al comunismo, quedaba un margen para corregir errores y encaminar el país por vías más prometedoras que las que se estaban vislumbrando. Ese sentir lo di a conocer en una columna que publicó *Revolución* a principios de abril de 1960, cuando ya no pertenecía a su Consejo de Dirección. En sus párrafos iniciales sostenía:

> *De una isla donde el egoísmo y la indiferencia permitían gobiernos venales; donde los vicios minaban progresivamente las pocas virtudes que aún seguían en pie; de esta tierra de suelo generoso que esquilmaron pillos y farsantes surgen hoy hombres cuyo carácter, ayer anestesiado por el agotamiento de esperanzas, se hace enérgico y resoluto con la verdad de la Revolución.*

Y atribuyéndole a Fidel Castro la fuente de esa transformación ciudadana (que indiscutiblemente lo era, aunque en dos aspectos antagónicos) me atreví a calificarlo de "apóstol de una filosofía de justicia y amor que sintetiza en la prédica y en la acción los postulados cubanísimos de Martí".

Sacrilegio.

Detesto haberlo escrito. Lo cito porque no voy a ocultar hechos para disminuir mi simpatía y participación en el proceso revolucionario durante su primer año y medio. Ni tampoco desvirtuarlos, como suelen hacer por consigna los apologistas del castrismo. Cualquiera que se haya visto envuelto en cuestiones tan cambiantes e imprecisas como las de un proceso revolucionario, sabe de esos conflictos mentales que generan una avalancha de dudas y contradicciones. Después de los sacrificios de la etapa insurreccional, hay resistencia a volverse contra lo que, a pesar del incumplimiento de promesas y un montón de contrasentidos, pudiera ser aún una vía para concretar ideales por los que muchos dieron la vida. Por supuesto, hubiera preferido no haber escrito tal desatino. Pero lo importante es la verdad. Y no hay más verdad que la que era sincero en aquel momento. Creía que, a pesar de todas mis experiencias negativas dentro del proceso y de sus múltiples contradicciones, Fidel Castro constituía todavía una esperanza. Seguía empecinado en no desengañarme.

Las maniobras del Comandante

El reiterado interés de Fidel Castro en aparentar, ante los miembros del *26 de Julio*, un rechazo al comunismo cuando comenzaba a hacerse evidente la traición a los principios esgrimidos en la lucha contra Batista, puede atribuirse al temor de deserciones dentro de los cuadros revolucionarios, tanto de la Sierra como del Llano. Posiblemente intuía que el pueblo podría resistirse a un cambio tan radical como el que planeaba y revolucionarios de prestigio podían enarbolar la bandera rebelde. Cabe también pensar que si enseñaba todas las cartas desde un principio no iba a sobrevivir. De dar por segura su traición, era de esperarse que militantes revolucionarios anticomunistas, veteranos de acciones riesgosas, hubieran estado dispuestos a ajusticiarlo (ya hubo esa intención por parte de los oficiales de la columna del comandante Huber Matos cuando este fue detenido en Camagüey, lo que el propio Matos impidió). Fidel Castro tenía que ser cauteloso para no abrir la caja de Pandora mientras algunos hilos del poder se resistieran a su control y no contara para impedirlo con el aparato represivo que llegaría a desarrollar más tarde.

Una vez destruido el *26 de Julio* y eliminada la oficialidad democrática del Ejército Rebelde, que comenzaría con la condena a 20 años del comandante Huber Matos, se podía entrever la intención totalitaria. Se instauraría de nuevo el paredón, esta vez contra los revolucionarios genuinos y los que, sin serlo o haberlo sido, querían una Cuba con libertades. Se liquidaba así toda posibilidad de ejercicio democrático. Fidel Castro se encontraría entonces en condiciones de declarar como suya una militancia comunista que siempre había negado, lo que no vaciló en hacer público el 2 de diciembre de 1961. Oportunidad para entregarse a una serie de excesos de poder que habrían de perpetrarse, irónicamente, en nombre de una revolución que fue gestada en sierras y ciudades por una juventud que rechazaba tajantemente el comunismo. Y que abonó con sangre generosa una esperanza de libertad que sería aniquilada.

Comunismo conveniente

La alegación de que Fidel Castro impuso el comunismo en Cuba por razones puramente ideológicas, es muy difícil de sostener. Es mucho más lógico que la traición haya sido dictada por la conveniencia. El comunismo era un recurso oportuno para legitimar un poder dictatorial y empezar a cambiarlo todo, sistemática y caprichosamente, dentro de un marco totalitario copiado de la Unión Soviética, que habría de sufragar las veleidades fidelistas.

Se le atribuye al dictador haber dicho algo parecido a "no tener principios es una forma de tenerlos". Sea cierto o no, su historia personal responde a una trayectoria política zigzagueante, adaptada a las circunstancias y dentro de un pragmatismo amoral y oportunista manejado muy astutamente. Sus antecedentes y declaraciones previas a la toma del poder no acusan una proclividad marxista (que siempre negó tener hasta el momento de su declaración pública diciendo lo contrario) aunque algunos escritores serios sostienen que su militancia comunista data de mucho antes de internarse en la Sierra. Tampoco sus expresiones en el curso de la insurrección muestran un enfoque articulado sobre las cuestiones económicas, aunque en términos generales estas pudieran ubicarse dentro de un contexto socialdemócrata, nunca comunista. Pero es innegable que para perpetuarse en el poder, el comunismo le venía como anillo al dedo a Fidel Castro.

Y es que, del mismo modo que el sistema monárquico admite que la representación del Estado pueda ser asumida por un soberano de por vida, también el sistema comunista provee una fórmula para investir al máximo jefe de un país de un mandato que puede ser vitalicio. Cierto grupo institucionalizado (Buró Político) elige al gobernante absoluto y éste, a su vez, nombra a sus miembros.

Círculo ininterrumpido de asignación de poderes que perpetúan al frente del gobierno indefinidamente a un líder, sin período prefijado y ungido de una aparente legalidad en su mandato dictatorial. Lo lógico y aceptable en la llamada "dictadura del proletariado" es que el que mande sea un dictador investido institucionalmente. De ahí que la imposición del sistema comunista en Cuba haya sido una buena excusa para justificar "legalmente" la perpetuidad en el poder de Fidel Castro.

La usurpación del poder ha sido un hecho frecuente en la deplorable historia de la América hispana, plagada de dictaduras militares. El poder de Fidel Castro ha sido tan ilegítimo como el de esos militares. Y todavía más militarizado. Pero tenía que encubrirlo. El sistema comunista le ofrecía la máscara que necesitaba para eludir el calificativo de usurpador, más que pertinente por no haber sido nunca elegido mediante voto libre, directo y secreto frente a otro candidato.

Comunismo poco a poco

Para poder seguir mandando indefinidamente, Fidel Castro sabía que era imprescindible la implantación de un cambio institucional en el país, radical, que permitiera la institucionalización del comunismo, comenzando por la creación de los instrumentos políticos que lo hicieran posible. Como primer paso, anunciaba en un discurso del 2 de diciembre de 1961:

> *Creo que el sistema ideal, el más perfecto encontrado por los hombres para gobernar un país es el sistema de gobierno sobre la base de un partido revolucionario, democráticamente organizado y con una dirección colectiva. Quiero decir que ese partido debe ejercer las funciones de dirigente.*

Era una forma de decir que habría partido único y, por supuesto, bajo su control absoluto. Se iría poco a poco, para no asustar mucho. Primero, en julio de 1961, sería llamado Organizaciones Revolucionarias Integradas (ORI), donde, supuestamente, junto al Partido Comunista, figuraban el *M-26-7* y el Directorio Revolucionario, dos organizaciones que habían desaparecido antes de que terminara el primer año de revolución. Luego, en marzo de 1962, lo llamarían Partido Unido de la Revolución Socialista Cubana (PURS). Se procedía con cautela, teniendo en cuenta que el cubano era un pueblo tradicionalmente anticomunista. Y finalmente, en noviembre de 1965, una vez consolidada la dictadura totalitaria y su engranaje de terror, Fidel Castro podía quitarse la careta y llamarlo por su verdadero nombre: Partido Comunista.

Al consumarse la traicion ideológica se ignoraba una importante lección histórica: que las legítimas conquistas obreras que habían sido logradas por la humanidad sin suprimir la libertad, con posterioridad al Manifiesto Comunista de 1848, no fueron obra de lo que Marx vislumbró en la época del llamado capitalismo sin trabas. Serían, por el contrario, fruto del quehacer de la genuina naturaleza humana en el desarrollo de la democracia política. la economía de mercado y el sindicalismo democrático, surgiendo sociedades abiertas donde los derechos individuales serían respetados y existiría una fiscalización institucional sobre los llamados a ejercer el poder. Estructura de equilibrio, resumida certeramente por Karl Popper como "el control de los que controlan". En Cuba, bajo el comunismo, la realidad demostraría todo lo contrario. Sin excepción, las instituciones dirigidas a garantizar los derechos humanos y el sistema democrático habrían de rendirse a la voluntad de un nuevo tirano o desaparecer.

Un gran fenómeno de propaganda

Es ya historia, con pruebas concluyentes, que al "máximo líder de la revolución" sólo le importaría aquello que le garantizase seguir mandando o le permitiera ser centro de atención mundial. No la vida de las decenas de miles de balseros desaparecidos. Ni los miles de oponentes que habría de fusilar. Ni los incontables caídos y mutilados en las injustificables guerras africanas. Ni la cárcel injusta y miserable de los activistas de los derechos humanos. Ni la represión contra los periodistas independientes. Ni el abuso de matones organizados contra los disidentes y sus familiares contestatarios. Ni el hambre del pueblo. Ni la supresión de todas las libertades. Costos masivos en sangre, privaciones y dolor que el pueblo cubano ha tenido que sufrir para satisfacer, en definitiva, la egolatría de un dictador.

El antiguo paladín guerrillero, que personificó la gran esperanza nacional frente a otra dictadura, se habría de convertir en un autócrata que no repararía en nada para satisfacer sus deseos y ambiciones, desvirtuando con hábiles campañas de propaganda los nefastos resultados de su gestión gubernamental.

Y la mentira hiperbolizada serviría de inspiración a gente humilde y preterida en el pasado, que creía ver en Fidel Castro una promesa de redención. A lo que habría que sumar planas sensacionalistas en la prensa mundial que conseguiría el dictador con creces por lo imprevisible y espectacular de muchas de sus decisiones, como apoyar la invasión de Checoeslovaquia por las tropas soviéticas, algo que no esperaban ni sus más cercanos colaboradores. Así como pedirle a Nikita Jruschov que lanzara contra Estados Unidos los proyectiles nucleares instalados en Cuba cuando el mundo estaba al borde de la guerra nuclear.

Con esos antecedentes, resulta incomprensible que todavía Fidel Castro reciba visitas de cortesía y apoyo de algunos líderes mundiales que se precian de demócratas. Y hasta de dos papas. Así como que goce del beneplácito de forjadores de opinión supuestamente liberales que todavía lo siguen alabando y rindiéndole pleitesía a pesar de las claras señales que ha dado de lo poco que le importa, en su larga historia de atrocidades, la vida humana. Hay que reconocer un peculiar don en el dictador de Cuba para cautivar gente de supuesta valía moral y justificar las más insólitas barbaridades con cínicos argumentos y una ocasional y bien manejada expresión de candidez que enmascara su horrendo expediente de asesinatos políticos.

Gracias a esas manipulaciones, dentro y fuera de Cuba, Fidel Castro se ha convertido en un fenómeno de propaganda único, que por sus mentiras y exageraciones al tratar ciertos temas, sobre todo los de salud y educación, atrae a los menos informados y hasta a algunos que presumen de intelectuales. No existe argumento serio que justifique el desastre que es Cuba hoy en todos los órdenes.

Lo más atractivo para los defensores del dictador cubano, entre los militantes de la izquierda radical latinoamericana y los inevitables activistas del nacionalismo exaltado, ha sido su enfrentamiento verbal con Estados Unidos, eco de un resentimiento por hechos de un pasado cuya futilidad en ser recordados a nada conducen, ya que se trata de otras épocas y otros personajes. Resentimiento que ha sido explotado mañosamente por gobiernos y dictaduras de Latinoamérica, tanto de izquierda como de derecha para culpar siempre a Estados Unidos de sus propios fracasos.

La tonta gritería

Es lastimoso observar cómo los apologistas de Fidel Castro pierden de vista que insultar y alzarle la voz al gobierno de Estados Unidos carece de importancia para un anglosajón y aquellos que han crecido dentro de esa cultura. En la mentalidad norteamericana, cuyo pragmatismo, por lo general (salvo sus pasadas relaciones con

América Latina) les ha sido muy útil, la adjetivación ofensiva de cualquier líder de otra nación, que halaga los oídos de sus coterráneos y despierta admiración en esos pueblos por su supuesta osadía, es puro blablablá, sin mayor repercusión. A las calumnias y ofensas montadas por cualquier gobernante extranjero no le dan los americanos la importancia que presuponen sus ofensores y aquellos que los aplauden. A veces, esos dardos venenosos de la palabra hasta provocan risa en sus blancos. Lo que parecen ignorar los gritones.

Lo que realmente le importa a cualquier gobierno norteamericano, según señala la historia, es la seguridad de su nación y la estabilidad de su economía. No lo que pueda decirse de ellos como crítica por sus decisiones, máxime cuando el reproche viene acompañado de la ofensa y el mal gusto. De ahí que la retórica antiyanqui, en sí misma, pierda sentido. Los vituperios de Fidel Castro contra Estados Unidos de nada sirvieron durante la llamada Crisis de los Misiles, cuando los soviéticos estaban instalando proyectiles nucleares en Cuba. Lo que contó fue la decisión del presidente Kennedy de exigirle a Jruschov que los retirara, sin que ni uno ni otro reparara en el escándalo verbal que montaría el irritado líder cubano por haber sido excluido de las negociaciones y se hubiese llegado a un acuerdo sin su participación. Era lo único que un Fidel Castro despechado podía hacer en un intento de salvar la cara: gritar. ¿Acaso la retórica injuriosa contra la presencia de la base naval que mantiene Estados Unidos en la bahía de Guantánamo ha servido de algo para lograr su retirada? Es de género tonto concederle méritos a Fidel Castro por su inocua retórica contra la nación del Norte: un ataque verbal al que nadie le hace caso en el lugar donde se supone que haga efecto.

He conocido personas que, aunque conscientes del fracaso total de la revolución castrista, han confesado un secreto reconocimiento al dictador por "haberse enfrentado a Estados Unidos". Es cierto que eso ha ocurrido en lo que respecta al despojo de las propiedades de estadounidenses, como nunca antes se había visto en un crítico del "imperialismo yanqui". Pero lo que hay que preguntarse es si, realmente, ese enfrentamiento ha servido de algo, porque la insistencia de la dictadura en que se le quite de encima el llamado "bloqueo" está demostrando lo innecesario y fútil de esa actitud de confrontación, cuya máxima expresión ha sido, sin duda alguna, la verborrea apasionada del *máximo líder*.

¿Dónde está el mérito del enfrentamiento? Es lamentable que ciertos actos agresivos y la simple gritería contra una nación poderosa sea utilizada como razón para que un tirano, cuya estela de sangre es escandalosa, siga gozando, en algunas personas y ciertos sectores internacionales, de respeto por el solo hecho de adjudicarse el papel de un David contra Goliat. Cuyos negativos resultados la propia dictadura reconoce al esperar que Estados Unidos la saque del atolladero con la supresión "unilateral" del casi inexistente embargo.

El apoyo fingido del pueblo

El que la tiranía castrista ha sido maestra en el manejo de la propaganda es innegable. El mundo ha contemplado durante largos años la concurrencia de cientos de miles de personas a las concentraciones multitudinarias convocadas por el régimen. Puede decirse que ese apoyo era genuino durante el primer año de revolución. Pero en la medida en que el terror revolucionario fue imponiéndose y la progresiva falta de libertades y aumento de escaseces desalentando las esperanzas iniciales, el entusiasmo de la población quedó convertido en indiferencia, lo que no parecía demostrar la asistencia masiva a esas concentraciones. Y se daba por sentado, para los que desconocían la verdad de lo que pasaba en Cuba, que la presencia de tanta gente significaba una aprobación implícita de la dictadura.

El castrismo ha dispuesto de suficientes recursos coercitivos para garantizar una asistencia obligada, con el control total que tiene del empleo y la alimentación. Lo importante para la usurpación comunista no es si el pueblo, realmente, ha querido estar ahí o no. Es decir, si tiene o no la motivación para asistir a un acto político. Eso no cuenta. Se hace evidente que lo que más ha interesado es que las cámaras puedan captar ángulos multitudinarios y dar la impresión de que el apoyo a la revolución es espontáneo y masivo. La propaganda prevalece sobre el respeto a la voluntad popular, aparentando una asistencia engañosa que es, en realidad, fruto de la opresión. La lista de los asistentes se coteja con la de los trabajadores en los respectivos centros de trabajo y, si alguien falta y no puede explicar satisfactoriamente la razón de su ausencia, está expuesto a represalias. Es así como ha funcionado la "democracia comunista" en Cuba.

Lo que se ignora fuera de la Isla son los mecanismos utilizados por los comunistas para garantizar esa concurerencia masiva de hipocresía obligada. El castrismo ha contado con dos poderosos elementos para asegurar la asistencia multitudinaria: los centros de trabajo y los Comités de Defensa de la Revolución (CDR). Los dirigentes de los CDR tocan a la puerta de cada casa (no debe olvidarse que esos Comités están presentes y funcionan en todas y cada una de las cuadras de la Nación) para recordarles a los vecinos su deber de acudir a la concentración. De no asistir, quedarían señalados como opositores, con sus desagradables consecuencias. Todos los gerentes de los centros de trabajo y los supuestos líderes sindicales responden a la dictadura, de modo que ha sido fácil confeccionar listas de asistentes para ser cotejadas en la concentración, a la que nadie puede inhibirse de asistir sin ver visto como enemigo del gobierno o contemplar tronchada alguna aspiración personal dentro de un sistema que lo controla todo.

En primer lugar, se coordina la transportación masiva a la Plaza de la Revolución, aunque sea desde los lugares más distantes de la Capital. Como todos los vehículos de transportación colectiva son controlados por el régimen, se sacan de la circulación y se ponen al servicio del evento. La mayoría de los ómnibus y camiones salen de los centros de trabajo para ejercer un mayor control. Una vez en la Plaza, hay que estar presente durante todo el acto. No es posible irse antes de que finalice porque el sistema de transportación ha quedado suspendido. La única posibilidad de regresar está en el vehículo que trajo al asistente. Como incentivo para hacer menos penosa la asistencia y atenuar resentimientos, si el acto se celebra en un día de trabajo se le paga el salario completo a los concurrentes, de modo que la forzada solidaridad política no implique ningún sacrificio capaz de menguarla. La "espontaneidad" de la concentración masiva queda asegurada.

Después de la enfermedad del Comandante, los actos públicos han perdido la espectacularidad que provocaba su presencia, coincidente con un palpable desaliento en los reducidos fanáticos que le quedan al régimen ante el ostensible fracaso de la entrega de la revolución al comunismo.

El culto a la personalidad

La historia da testimonio del alto precio que pagan los pueblos al caer en la deificación de los líderes carismáticos (léase Hitler, Mussolini, Stalin, Mao, etc.). Coronar en el altar público a un dictador es hacerle creer que tiene un poder ilimitado para disponer lo que se le ocurra, por disparatado o injusto que sea. Su inevitable consecuencia para los llamados a obedecer es el abuso cotidiano y la represión sanguinaria de aquellos que osen oponerse al jefe supremo. Atrocidades que se tratan de justificar con una retórica supuestamente justiciera, calificadas de indispensables para culminar objetivos que se presentan como beneficiosos al pueblo y que en definitiva resultan vacuos y desaparecen con el dictador que los impone.

Respondiendo a ese rechazo intuitivo, mientras yo participaba en el grupo que redactaba unos nuevos *Fundamentos del Movimiento de Resistencia Cívica*, en agosto de 1957, sugerí que se incluyera el rechazo al culto a la personalidad como garantía de nuestra convicción democrática y de repudio a esa manifestación servil que allana el camino al despotismo. "Es firme convicción del Movimiento de Resistencia Cívica —propuse textualmente— que el progreso permanente de una nación sólo se logra a través del desarrollo de sus instituciones democráticas y no mediante el culto a la personalidad de un líder". Mi versión fue modificada en sus palabras finales a iniciativa de Raúl Roa, quien planteó que "culto a la personalidad de un líder" fuera sustituido por "arbitrio de hombre alguno", giro en el que estuve de acuerdo. El argumento esgrimido para suavizar la expresión era que podía considerarse una alusión directa a Fidel Castro, aunque, dados los mensajes de contenido democrático que venían de la Sierra Maestra y los manifiestos y pactos firmados por él, ninguno de nosotros, realmente, contemplaba esa posibilidad. La inclusión del párrafo era cuestión de principios.

El 13 de enero de 1958, en una carta dirigida a los combatientes del Llano radicados en Santiago de Cuba, quienes no ocultaban su preocupación por ciertas actitudes suyas que estimaban caudillistas, Fidel Castro se lamentaba:

> *Estoy harto de que se confundan los sentimientos de uno. No soy un vil ambicioso. Ni me creo ni quiero ser caudillo, ni insustituible ni infalible. Me importan un bledo todos los honores y todos los cargos.*

Aunque no conociéramos en su momento esa carta (que publicaría Carlos Franqui en su "Diario de la Revolución Cubana") una actitud como la que aparentaba tener Fidel Castro al escribirla era la que nosotros esperábamos. Podíamos identificar esa manera de ser en muchas de sus declaraciones y escritos. Y nos parecía genuina. Sin embargo, pese a sus alegaciones de humildad y alardes de renuncia a honores y cargos, una vez consolidado el comunismo las apariciones oficiales del Comandante vendrían precedidas, invariablemente, de una larga letanía que, por supuesto, tenía que contar con su aprobación: "El Presidente del Consejo de Estado y del Consejo de Ministros, Primer Secretario del Partido Comunista y Comandante en Jefe, Fidel Castro Ruz". Muy parecido a los títulos que le otorgaban al rimbombante Trujillo.

La lógica en la revolución castrista

Fidel Castro ha sido sumamente hábil en culpar a otros de sus propios fracasos. "Deja que Fidel se entere" ha sido la común respuesta ante muchos de los gravísimoa errores cometidos por la cúpula del poder. Si esas cosas ocurrían, para una buena parte de la gente era porque el *máximo líder* las desconocía. Siendo todas ellas de su entera responsabilidad, siempre maniobraba hábilmente para hacer ver que eran culpa de otros.

Pero lo peor es que los discursos de Fidel Castro, plagados de aseveraciones irracionales, han impuesto en Cuba una aberrante lógica, que ha calado en ciertos sectores populares por los vastísimos recursos del régimen para controlar la información y difundir sus falacias. Y la ignorancia que eso genera ha permitido la aceptación popular de premisas absurdas. Así, en palabras y acciones, podemos identificar algunas expresiones de la lógica castrista, que de lógico nada tienen:

Los perpetradores directos de las cobardes masacres de la lancha turística *XX Aniversario*, el remolcador *13 de marzo* y las avionetas de Hermanos al Rescate (Capítulo 14) son héroes dignos de reconocimiento y aplauso como verdaderos revolucionarios.

Cualquier patriota que lucha por la libertad y la justicia en Cuba es agente del "imperialismo" o miembro de la Agencia Central de Inteligencia de Estados Unidos (CIA).

Si alguien se va clandestinamente del país no es porque en Cuba no valga la pena quedarse sino porque Estados Unidos no le da visa.

La generosa Ley de Ajuste Cubano de Estados Unidos, que protege a los fugitivos del comunismo, es una "ley asesina" (mientras, los que asesinan a los que huyen son galardonados).

El connotado genocida africano Mengistu Haile Mariam es un martiano prominente, al extremo de haber sido condecorado con la Orden José Martí.

Son traidores los revolucionarios verdaderos, aquellos que se han enfrentado a la traición de convertir en comunista una revolución gestada como democrática (Huber Matos, Manuel Ray, Carlos Franqui, David Salvador, etc.).

Los prisioneros políticos en huelgas de hambre lo que quieren es morirse y hay que dejar que se cumplan sus deseos.

La destrucción de la agricultura y del proverbial suelo fértil de Cuba, obra del desastre castrista, es culpa del "brutal bloqueo yanqui".

También, la generalización del hambre, producto únicamente del drástico descenso en la producción agrícola y la desarticulación de la industria alimentaria (en lo que Estados Unidos nada tiene que ver) es culpa del "bloqueo".

El Che Guevara, tenaz promotor del terrorismo revolucionario y figura emblemática del fracaso como médico, funcionario público y líder militar, es el ejemplo a seguir para la niñez. ("Seremos como el Che", lema martillado a los escolares desde los primeros grados como aspiración suprema en la vida).

Una dictadura dirigida por generales y comandantes, de corte militar y opresivo, se hace llamar revolución de los trabajadores.

En fin, como señalaría Carlos Irigoyen Sierra al llegar al exilio, "Cuba es un gran manicomio dirigido por un loco".

Un dictador jurista

Por su formación de abogado y su innegable talento para la propaganda, el nuevo hombre fuerte de Cuba era consciente de que había que otorgarle una apariencia legalista, no sólo a la base de su poder, que resolvía con la implatación del comunismo como sistema de gobierno, sino también a las medidas que tuviera que tomar para prolongar su mandato absolutista. Lo primero que hizo Fidel Castro en su ascenso a la tiranía fue destruir todo el ordenamiento jurídico existente. Empezó por impedir el funcionamiento de los canales legales para la compensación de propiedades confiscadas. Reclamaciones que tenían que surgir por acciones extralegales y arbitrarias de funcionarios del gobierno, particularmente los del Instituto Nacional de Reforma Agraria (INRA). Se sometía así la administración de la justicia a un caos deliberado para convalidar en la práctica el despojo de propiedades, haciendo imposible la radicación de reclamaciones.

Y como buen dictador, Fidel Castro puso en práctica la única forma de conservar indefinidamene un poder ilegítimo: asesinando a sus opositores. Pero los otros dictadores que recuerda Latinoamérica, incluyendo a Batista, solían abandonar los cadáveres de sus enemigos, después de indecibles torturas, en plena calle. O desaparecerlos, para que sirvieran de escarmiento y desalentar la rebeldía. A veces, con los testículos cercenados. En muchas ocasiones, jamás se volvía a saber de ellos después de detenidos. El jurista Castro no podía apelar a las mismas manifestaciones de bestialidad típicas de sus colegas militares, inadecuadas para la imagen que quería proyectar de gran salvador del pueblo y opositor de la tortura.

Así que, como abogado, el Comandante estaba en capacidad de asesinar con cierto refinamiento. No podía ser confundido con aquellos que se sostenían sólo por el pavor que infundían sus atrocidades. ¿Iba a desaprovechar la ventaja que le daban sus estudios universitarios? Su terror, el revolucionario, sería diferente. Asesinaría igualmente a sus enemigos, pero encubriendo el crimen con un manto de justicia. Para eso simularía juicios, con sentencias dictadas de antemano según la peligrosidad supuesta del acusado. Las penas serían impuestas por tribunales apócrifos cuya obediencia estaría asegurada. De esa forma, para quitarse esos enemigos de encima, no había que tirar sus cuerpos en la calle, ni tomarse la molestia de sacarles las uñas o destrozarles los testículos. Bastaba con ponerles la etiqueta de traidores a la patria y acusarlos de agentes del imperialismo y de la Agencia Central de Inteligencia de Estados Unidos. Y sin demora, llenarlos de plomo en el paredón. Toda atrocidad estaría amparada por la letra de la ley.

Llegarían a darse casos inconcebibles, como el del excapitán del Ejército Rebelde Porfirio Ramírez, principal líder estudiantil universitario de Las Villas, alzado en la Sierra del Escambray contra la usurpación comunista, cuya sentencia de muerte sería dictada y firmada horas después de haber sido fusilado.

Las pasiones del Comandante

Más de medio siglo ha transcurrido desde el triunfo revolucionario del primero de enero de 1959. El panorama desolador de la Cuba de hoy ha sido la consecuencia inevitable de la imposición, mediante el engaño y el terror, del comunismo. Un año y tres meses antes de proclamar públicamente Fidel Castro su traición, pero previendo lo que iba a pasar, opté por el exilio, quemando toda esperanza de ver cumplidas las promesas enunciadas cuando combatíamos a Batista. Era preferible esa decisión temeraria (sin garantías de empleo y con una esposa embarazada) a que mi futura prole tuviera que pasar por la ignominia de vivir en una tierra sin libertad, donde estarían a merced de un dictador presto a manipular sus mentes para rendirle culto a la idiotez.

Es posible que Fidel Castro esté satisfecho con lo que ha logrado. Sus principales objetivos siempre estuvieron ligados a los intereses y pasiones de sus primeros años, particularmente en dos aspectos que sobresalen. En la adolescencia, fue notoria su participación destacada en los deportes. Y, no menos conocida, su atracción por las armas de fuego y su impaciencia por halar el gatillo en sus tiempos de pistolero estudiantil. Desde el poder, culminó la satisfacción de esas dos inclinaciones.

En cuanto a los deportes, creó una eficaz infraestructua de entrenamiento atlético y asignó cuantiosas sumas para desarrollar equipos ganadores en competencias internacionales. En su afición a las armas de fuego, crearía un inmenso ejército que habría de participar en varias guerras intervencionistas carentes de justificación.

La inquietud por los deportes a nadie hace daño y si no fuera por la connotación pro comunista que se le ha dado a las victorias de los equipos cubanos sería digna de aplauso. Aún así, ese afán de superioridad deportiva ha tenido un lado muy positivo para los atletas cubanos. Su presencia en otros países ha servido de puente para ganar la libertad a través del asilo político.

Pero la pasión de Fidel Castro por los tiros es harina de otro costal. Por esa afición enfermiza, el paredón de fusilamiento ha sido visto como un recurso corriente para reprimir cualquier manifestación seria de oposición. Y además de esos asesinatos políticos, el pueblo cubano ha tenido que pagar el dramático precio de miles de jóvenes muertos o mutilados en guerras ajenas totalmente innecesarias. A los que hay que sumar los miles de bajas ocasionadas abusivamente al supuesto enemigo. ¿Existe alguna razón que pueda justificar la intervención militar de un país de pequeña extensión como Cuba en el inmenso y remoto continente africano, donde ninguno de sus líderes o habitantes jamás nos hizo daño? Todo indica que esas acciones temerarias han tenido como base satisfacer las extrañas necesidades psicológicas de un megalómano, indiferente al costo en vidas y dolor que la decisión de intervenir militarmente en otros países habría de ocasionar. Porque los argumentos esgrimidos para incitar a la "lucha internacionalista" carecen de base racional y justificación histórica.

Ha habido también mucho de vanidad en el belicismo de Fidel Castro: demostrarle al mundo el alcance y poderío del brazo armado creado por él. La magnitud innecesaria del ejército castrista da la medida de la prepotencia de su comandante en jefe.

El sacrificio inútil de los caídos

Un tormento mental que nunca he podido eludir durante la larga dictadura de los Castro ha sido el recuerdo de los compañeros con quienes de algún modo me relacioné directamente durante la lucha contra Batista y que fueron asesinados por su rechazo al despotismo. De ellos, mis más recordados han sido Pepe Prieto, las hermanas Lourdes y Cristina Giralt, Marcelo Salado, Oscar Lucero y Ángel *Machaco* Ameijeiras. Supe de su vocación de sacrificio. De sus ilusiones de aplastar la dictadura militar para edificar una Cuba democrática. De su fe y confianza en que Fidel Castro encarnaba la recuperación cívica a la que todos aspirábamos. Sus ofrendas de vida resultarían, para consternación de los que compartimos sus riesgos y esperanzas, dolorosamente estériles. Sus sacrificios serían usados vilmente por una nueva dictadura para imponer lo mismo que combatíamos en los tiempos de Batista: el abuso de poder y la violación de los derechos humanos.

No estaría de más hacer referencia a unas frases del máximo líder en la concentración campesina que en Güines habíamos organizado la Dirección Provincial del 26, a pocas semanas del triunfo revolucionario. El Comandante hacía alusión al costo en sangre de la insurrección. Dijo entonces:

> *Hay quienes se olvidan de todos los sacrificios que costó la victoria del pueblo sobre la tiranía (...) se olvidan de las madres que perdieron a sus hijos, se olvidan de que hubo madres que perdieron hasta tres hijos, se olvidan de los hombres y de los jóvenes y de las mujeres que murieron en esta lucha, se olvidan de las decenas de miles de hombres torturados, se olvidan de todos los sacrificios que hizo nuestro pueblo.*

¿Quién iba a ser el primero que se iba a olvidar de todos esos sacrificios? Nada menos que el propio orador. Fidel Castro parecía dolerse por los caídos. Palabras hipócritas y cínicas porque ninguno de esos combatientes murió para que en Cuba se hiciera lo que se ha estado haciendo durante más de medio siglo. ¿Podría citarse algún caso, uno sólo, entre esos caídos, que se inmoló para que el pensamiento martiano que inspiraba la insurrección contra Batista fuera suplantado por las ideas comunistas de Marx y Lenin? ¿Alguien puede sostener seriamente que esos muchachos murieron para que Cuba fuera comunista? Es obvio que ninguno de los miembros del 26 de Julio ni de ninguna otra organización revolucionaria que entregaron la vida luchando contra Batista lo hicieron para darle a Fidel Castro un mandato de traición; para que insertara de manera impositiva el comunismo en una revolución de promesa democrática. Verdadero ultraje a la memoria de esa inmensa legión de jóvenes idealistas que se enfrentaron valientemente a las atrocidades que perpetraba la dictadura militar. Y que, todavía para mayor ofensa, serían multiplicadas con creces por el antiguo jefe guerrillero una vez en el poder.

Fidel Castro ante la historia

No es difícil concluir que el dictador de Cuba se ha esmerado en dejar un nombre indeleble en la historia, sobre todo hoy en día, cuando, desvinculado directamente de las tareas cotidianas de gobierno, tiene tiempo para repasar sus tropelías y tratar de desvirtuar los hechos, como es el caso de pintarse como abogado del pacifismo y profeta de la amenaza nuclear cuando ha intervemido innecesariamente con su tremendo poderío militar en otros países que nada le hicieron a Cuba. Y le pidió al gobierno soviético, en 1962, que lanzara contra Estados Unidos los misiles nucleares emplazados en territorio cubano.

No dudo que Fidel Castro deje huellas permanentes en la historia. Pero no como patriota excelso, como quizás pretenda, sino como uno de los más grandes déspotas e hipócritas que ha conocido la humanidad. Despotismo muy hábilmente disfrazado. Que, a pesar de los múltiples intentos de presentarlo como acción justiciera y redentora, tanto en el orden social como en el económico, no puede sustraerse al índice acusador. Porque, ¿qué es lo que queda de ese más de medio siglo rigiendo a Cuba con un poder absolutista basado en el terror? ¿Puede alegarse algún resultado realmente positivo y duradero del prolongado proceso de demolición nacional impuesto por Fidel Castro y seguido por su dictador suplente? ¿Queda en Cuba algún beneficio colectivo de una ejecutoria basada en principios políticos y económicos comunistas, que tampoco dejaron nada que valiera la pena en ninguno de los países donde fueron impuestos? ¿Ha sido posible alguna conquista obrera en la "dictadura del proletariado" encabezada por un abogado-guerrillero que jamás trabajó ni percibió un salario? ¿No es uno de los mayores crímenes de lesa humanidad que para poder mantener ese desastre hayan sido fusilados más de cinco mil cubanos?

Un argumento esgrimido con frecuencia por los pocos apologistas del castrismo que quedan ha sido el que, dada la rica historia del pueblo cubano de rebeldía contra la opresión, el que no haya existido ningún brote subversivo con posibilidades de triunfo en el medio siglo de existencia del régimen comunista es indicativo de que cuenta con apoyo popular. Olvidan que la instauración desde 1960 de decenas de miles de Comités de Defensa de la Revolución, en todas y cada una de las cuadras de ciudades y pueblos de la Isla, ha sido uno de los dos principales factores que han hecho imposible el menor intento de conspiración contra la tiranía castrista. El otro factor que ha permitido la presencia de los Castro en el poder ha sido la división del Ejército en tres ramas independientes — Occidente, Centro y Oriente— cada una con su propio Estado Mayor (donde un oficial de un ejército carece de mando en el otro) y que siempre han estado bajo un solo mando, el de Raúl Castro. Esa separación de los mandos militares, además de la vigilancia de la alta oficialidad ejercida por el Ministerio del Interior, hace prácticamente imposible la conspiración militar como se ha entendido históricamente. Es un hecho que Fidel Castro logró estructurar astutamente un sistema represivo cívico-militar que, con la aplicación reiterada del fusilamiento de opositores, ha impedido la reconquista de la libertad en Cuba por las vías conocidas como efectivas para el derrocamiento de tiranías, incapaces de funcionar contra la revolución castrista por la peculiar estructura de terror que la ha caracterizado.

El fracaso de la revolución castrista

La revolución castrista es uno de los fracasos más estruendosos que registra la historia, obra de un individuo que logró imponer su capricho a tres generaciones de cubanos en contradicción perenne con la razón, gracias al terror revolucionario y la represión de manifestaciones públicas opositoras, más el control absoluto de los medios de expresión: prensa escrita, radial y televisiva; casas editoriales y todo aquello que pudiera servir de vehículo de información o protesta. Es evidente que, en el caso de Fidel Castro, la ambición personal prevaleció sobre el interés colectivo. Lo que no abonase a la satisfacción del ego autocrático no merecía ser considerado. Los dramáticos resultados de ese distanciamiento del *máximo líder* con el servicio público eficiente y el respeto a la institucionalidad democrática pueden constatarse en la ruinosa Cuba de hoy.

El mejor testimonio de esa cruda realidad, que demuele el mito de las bondades que se pretenden mostrar como avances, lo ofrece una verdad que no puede ser negada ni por los más recalcitrantes defensores de la tiranía. Y es que la máxima aspiración nacional, el sueño dorado de la juventud, la meta más anhelada para el progreso y bienestar de quien vive en Cuba, es salir del país. ¿Puede conciliarse esa esperanza de fuga, que anida en la enorme mayoría de los cubanos, con el cuadro de maravillas que pintan los panegiristas del castrismo?

Al no cumplirse lo prometido durante la lucha insurreccional y hacerse todo lo contrario, ¿dónde estaba la revolución? No podía ser en la dictadura comunista, que traicionaba sus postulados. En 1959 el comunismo era una opción retrógrada, nada revolucionaria, pese a los avances tecnológicos de la Unión Soviética. Lo que imponía Fidel Castro en Cuba después de liderar una insurrección de connotación democratica era una contrarrevolución de factura totalitaria, cuyo fracaso, en lo que respecta a mi visión de lo que estaba ocurriendo, podía anticipar cuando tomé el camino del exilio a poco más de año y medio de la caída de Batista.

Grandes contradicciones

Y entre las grandes contradicciones de ese trágico proceso, el agitador y guerrillero del pasado quedaría ante la historia como un personaje único: el del creador de una organización revolucionaria para rescatar la democracia, el Movimiento 26 de Julio, que en lugar de convertirlo en partido político y prepararlo para las lides electorales después del triunfo insurreccional, habría de destruir y suplantar por un partido comunista que representaba todo lo contrario a los ideales patrióticos que le dieron razón de ser a la agrupación original fundada por él. Y por los cuales se inmoló una buena parte de lo mejor de la juventud cubana.

Hay, además, otra gran contradicción en la que el dictador de Cuba echa abajo lo que se esperaba de él y pone al descubierto sus relevantes aptitudes para la simulación y la mentira. Se trata de un hecho también único en la historia: haber llegado a la máxima posición política de un régimen marxista-leninista gracias a renegar, pública y reiteradamente, del comunismo.

No intento hacer un análisis psicológico del antiguo jefe guerrillero porque se trata de un campo que me es ajeno. Pero no creo que esa preparación sea indispensable para identificar lo que considero la raíz de la gran tragedia cubana: las circunstancias terriblemente penosas que Fidel Castro tuvo que vivir en su niñez y adolescencia por un origen no aceptado socialmente, ampliamente conocidas y que me resisto a repetir. Aberraciones colectivas de aquellos tiempos que atentaban contra el debido respeto a la dignidad humana. Y se me hace evidente que la injusta posición en la que el prejuicio social situó al futuro tirano totalitario lo castraron de amor. No conozco una sola acción o expresión de Castro que refleje ternura o cariño genuinos. Ni amor por la música, la literatura, la pintura o cualquier otra manifestación del arte. La ausencia de esa sensibilidad y de la capacidad de amar en un líder de ilimitado poder ha determinado, a mi entender, que millones de cubanos hayan tenido que pagar un inconcebible precio en abusos, hambre, dolor y sangre por su resentimiento y soberbia contra una sociedad que lo discriminó en sus años juveniles (no obstante sus logros como atleta estudiantil) y que después estaría en capacidad de destruir.

Veo un trasfondo vengativo en los incalificables crímenes de Fidel Castro, justificados ante la opinión pública como necesarios en su lucha personal contra el "imperialismo". Venganza que ha sido de terribles consecuencias para Cuba, en magnificación espeluznante de la injusticia original.

CAPÍTULO 18
EPÍLOGO

Mis cuatro ventanas

Cuatro escenarios diferentes y simultáneos en los que me tocaría desempeñar algún papel mientras estuve en Cuiba me darían la oportunidad de poder captar la magnitud del sentimiento popular hacia la revolución y analizar actitudes y movimientos de Fidel Castro que me indicaban derroteros no previstos. Hasta cierto punto, eran algo así como ventanas de observación que me permitían detectar numerosas situaciones contradictorias y confusas en el manejo de la revolución. Y me proveerían de suficiente información para anticipar acontecimientos e identificar que el curso que se le estaba dando al proceso no respondía a lo que el pueblo esperaba.

Una de esas ventanas era la dirección provincial habanera del *M-26-7*, de la cual era Responsable de Propaganda. Otra, el periódico *Revolución,* al que acudía casi todas las noches y donde figuraba como miembro de su Consejo de Dirección. Además, mi trabajo en *Publicitaria Siboney*, donde supervisaba la publicidad de algunos ministerios y agencias del gobierno revolucionario y estaba en contacto constante con sus jefes que, de paso, me hacían partícipe de sus críticas y temores. Y finalmente, a través de mis actividades como fundador y dirigente de la Organización de Trabajadores Voluntarios (*OTV*) que me ponían en contacto directo con el espíritu de sacrificio y entusiasmo que generaba en el pueblo la esperanza revolucionaria.

Cuatro ventanas con perspectivas diferentes, donde las confluencias negativas que llegaría a observar me permitirían prever, con bastante antelación a mis compañeros más cercanos, el desastre que para Cuba habría de significar la presencia de Fidel Castro en el poder. Esa negativa visión del futuro fue lo que determinó mi temprana salida al exilio.

La Isla de Corcho

Digna de comentarios bastante frecuentes era la forma en que Cuba había podido lidiar con los graves conflictos que tuvo que afrontar en sus únicos cincuenta años de república democrática (1902-1952). Y su habilidad para poderlos superar.

Era conocida como "la isla de corcho". No se hundía, por mucho que se afanaran en conseguirlo los políticos corruptos y los militares ambiciosos. Y si siempre salía a flote era porque contaba con eficaces salvavidas: su nutrido grupo de empresarios serios y competentes, una pléyade de profesionales de primer orden y un equipo gerencial de alto calibre manejando un proletariado industrial de eficiencia reconocida. Y claro, porque también contaba con un campesinado altamente productivo.

Fidel Castro, en lugar de aprovechar ese capital social y estimularlo para que hiciera sus aportes a la obra revolucionaria, desacreditó las que habían sido sus muy positivas contribuciones a la riqueza de la nación. Se atacó sin consideración a los hombres de negocios, profesionales y gerentes privados y se les confiscaron sus propiedades. Irse del país era la única opción que les quedaba para garantizar la seguridad económica de sus familias. Como he dejado dicho en el Capítulo 9, casi todos esos ciudadanos que pudieron salir de Cuba entre 1960 y 1965 lograron crear en el extranjero, empezando sin un centavo y haciendo uso de las facilidades crediticias de las sociedades capitalistas, exitosas empresas que llegarían a constituir importantes fuentes de trabajo; prueba fehaciente de cuánto perdió el País con la ausencia de ese talento nacional a cambio de implantar un sistema comunista ya fracasado que equivalía a contrarrevolución.

¿Qué es una revolución?

Contemplé la alborada del primero de enero de 1959 como una oportunidad excepcional para estimular los valores éticos en toda la nación y acabar con la corrupción en el gobierno, procediendo a la labor inaplazable de atacar la pobreza a través de vigorosos programas económicos, educativos y sociales. Prioritarias en esas grandes esperanzas eran la salud del pueblo y la educación pública. Labor a realizar con verdadero sentido revolucionario y amplitud de criterios, sin ataduras dogmáticas que podrían invalidar la esencia democrática de una insurrección que había dejado incontables mártires en el camino.

Una revolución deja de serlo cuando sustituye libertad por represión. Si por verdad predica mentiras. Si bloquea el progreso, destruyendo las fuentes de riqueza con el pretexto de la igualdad económica del trabajador y promoviendo, en definitiva, la pobreza. Si sustituye democracia por autocracia. Si la dignidad humana se rebaja a sumisión y acatamiento. Si el fusilamiento o la cárcel es el destino cierto de quien está en desacuerdo con la nueva opresión. Si el respeto a la vida deja de existir si se trata de un opositor. ¿No es eso lo que ha pasado en Cuba bajo la égida de los hermanos Castro? ¿No es eso, a todas luces, una abominable contrarrevolución?

¿Por qué y para qué se hace una revolución? Se supone que para transformar la sociedad con el propósito de acabar con la miseria y los abusos sociales y políticos, a fin de alcanzar la felicidad colectiva. En el caso de la revolución castrista, su resultado ha sido todo lo contrario: estimular la miseria y los abusos de todo tipo. He mencionado que, en los primeros meses de revolución y para describir ese proceso en una breve frase, tuve la satisfacción de sugerir —y fue aceptado— el lema de "Revolución es Construir", asociando la nueva realidad a lo que era de presumir como su meta cumbre. Esperaba en esos momentos profundos cambios en el manejo de la cosa pública, creando y transformando instituciones dirigidas al bienestar común, dentro del marco de una democracia operante, con honestidad administrativa y respeto a la libre expresión. En su lugar, la obra de más de medio siglo de imposición del comunismo ha sido crear un país que naufraga en un mar de desmoralización colectiva, donde la promesa de libertad y progreso que cautivó al pueblo cubano a la caída de Batista se destapa como un escandaloso fraude.

La educación en Cuba

Salud pública y educación han sido temas recurrentes, tanto en *La Historia me Absolverá* como en otros documentos que se dieron a conocer durante la lucha insurreccional contra Batista. En todos se ponía de relieve la preocupación revolucionaria por que se les diera una atención prioritaria a ambos aspectos de la vida nacional, aunque al advenir la revolución al poder, Cuba ocupaba ya un prominente lugar en educación y salud entre los países latinoamericanos. La militancia democrática del *26 de Julio* consideraba que esos compromisos programáticos debían atenderse de inmediato y con seriedad.

Al principio del proceso revolucionario se habló mucho de la campaña de alfabetización, llevada a cabo en los primeros años de la década del 1960. Ciertamente, estaba dentro de lo prometido. En ella se involucró una entusiasta juventud, que abandonó las ciudades para enseñar a leer a los hombres y mujeres del campo. Misión que se abrazaba con devoción contagiosa. Pero fue un cumplimiento a medias. Lo que pudo haber sido elogioso sin reservas quedó maculado por las cartillas empleadas en el plan de alfabetización, de alto contenido político, donde la *F* de Fidel y la *R* de Raúl parecían ser las letras más importantes del abecedario. Pero eso no sería lo más censurable de una iniciativa que podía haber gozado del aplauso general. En la puesta en marcha de la campaña para enseñar a leer había una profunda contradicción. Se estaba enseñando a leer, pero simultáneamente se suprimía la libertad de hacerlo, al extremo de prohibir la publicación de cualquier crítica al gobierno u opinión que pudiera poner en entredicho las supuestas bondades del comunismo. Habría quemas de libros, títulos y autores prohibidos, periódicos confiscados. Sólo se permitirían leer los libros previamente autorizados y se instauraría un canal de información único para difundir sólo lo que la dictadura dispusiera.

La campaña de alfabetización quedaba convertida así, de hecho, en un medio de propaganda totalitaria, no lo que debía haber sido: vía apolítica para facilitarle al ciudadano el acceso al conocimiento y dotarlo de un recurso indispensable para ampliar su cultura y poder escoger racionalmente y en libertad sus gobernantes. La alfabetización resultó, por la forma en que fue manipulada, muy cuestionable.

La educación, después de eliminadas las instituciones privadas de enseñanza, serviría también, bajo Fidel Castro, de instrumento para el adoctrinamiento político, bloqueándole al estudiante las fuentes de información e impidiéndole disponer de un mosaico de opciones para su mejoramiento individual y su participación activa en los asuntos del País. El propósito básico de la educación totalitaria impuesta en Cuba ha sido inculcarle a la juventud una serie de ideas que no se sostienen racionalmente pero aseguran la lealtad al caudillo.

Esa educación dogmática, de corte marxista-leninista, comienza desde los primeros grados de la escuela elemental, en los que a cada niño o niña se le inicia un expediente donde se deja constancia de su participación en las numerosas actividades políticas, dentro y fuera de la escuela. Pero no bastando con eso, se les confiere la vigilancia de la sumisión de sus padres a la revolución, promoviendo la denuncia de cualquier conversación o manifestación que pudiera considerarse desviacionista o crítica. También deben informar si los padres asisten o no a las concentraciones convocadas por el Partido Comunista. Se les hace repetir los eslóganes del momento y crecen dentro de una nueva religión que les inculca la adoración a un dios de carne y hueso que vive y manda en el país. Ese expediente se considera clave para determinar el ingreso a la enseñanza media y la universidad, condicionado a la lealtad política demostrada en los cursos previos. La lista de esos bochornosos requisitos comienza con la inscripción de los alumnos en la Unión de Pioneros, organización comunista a la que deben pertenecer desde el primer grado.

Por supuesto, hoy por hoy, este cuadro absurdo lo único que ha llegado a fomentar es la hipocresía. Porque después de cinco décadas de derechos humanos y civiles pulverizados, que han conducido a una decepción colectiva que se manifiesta en todos los niveles de la población, es muy difícil que un "pionero" sea capaz de delatar a sus padres, pese a los despliegues espectaculares de supuesta obediencia con pañoletas al cuello que la dictadura exhibe con frecuencia para seguir impresionando teatralmente a los que todavía defienden la educación totalitaria impuesta en Cuba.

La enseñanza universitaria

Es cierto que la población cubana tiene una proporción elevadísima de profesionales universitarios. Evidentemente, eso hubiera sido un gran logro de ser complementado con lo indispensable para que los estudios cursados rindieran beneficios a los poseedores de los títulos y a las comunidades donde residen. Ese complemento, que no existe en Cuba, son las oportunidades y facilidades para ejercer las carreras estudiadas. Estímulos suprimidos en un régimen totalitario que ha demostrado reiteradamente su despreocupación por el desarrollo personal del individuo y su derecho a una vida decorosa.

Es típico el caso de abogados, ingenieros, contadores y otros graduados universitarios que realizan trabajos que nada tienen que ver con las profesiones que escogieron. Muchos de ellos funcionan como choferes de taxi, guías turísticos y empleados de hotel, ocupaciones mejor remuneradas y donde un factor estimulante son las generosas propinas de los turistas. Pero lo más inaudito es ver, forzadas por la necesidad, a un buen número de graduadas universitarias imposibilitadas de ejercer su profesión, vendiendo sus cuerpos a los extranjeros en las calles de La Habana como parte del famoso contingente de *jineteras* que promueven el turismo sexual con el beneplácito de la dictadura.

El régimen finge perseguir la prostitución pero no le conviene erradicarla, lo que le sería sumamente fácil por la capacidad represiva de sus cuerpos de seguridad. Está claro que el turismo sexual le es útil a la dictadura como fuente regular de ingresos. Suprimirlo equivaldría a disminuir considerablemente la afluencia turística. Son más importantes los euros que dejan los españoles y los dólares canadienses, que apuntalan a los Castro, que volver a los alardes del pasado cuando la erradicación de la prostitución se proclamaba como el gran orgullo del nuevo orden.

No es difícil llegar a la conclusión de que, de haber tomado el sector demócrata del *26 de Julio* el control de la revolución en lugar de los comunistas, los destacados profesionales, profesores y ejecutivos que nutrían el *26* y *Resistencia* hubieran sido capaces de lograr excepcionales resultados en el orden educacional, no sólo en cantidad sino también cualitativos. Con la notable diferencia de que a los estudiantes no se les hubiera exigido sometimiento a una dictadura ni hubiesen sido víctimas del adoctrinamiento totalitario. Y, una vez graduados, estarían trabajando en sus profesiones en virtud del desarrollo de una economía de mercado y no en empleos de menor importancia, ajenos por completo a los estudios que cursaron. O, al ser médicos, situados en el extranjero al servicio del castrismo, que pone precio y cobra por el trabajo médico, como ha sido el caso con la Venezuela de Hugo Chávez y Angola. Y Haití, después del terremoto de 2010, cuyos servicios médicos de Cuba pagan otros países.

Si se suman los factores negativos de la educación totalitaria en Cuba, tales como el control político del alumnado y su familia desde los primeros grados, el adoctrinamiento marxista-leninista obligado en escuelas y universidades, la vigilancia a los maestros para asegurar su lealtad, la imposibilidad de ejercer profesiones después de terminados los estudios y el bloqueo del derecho de aprender de los que no están dispuestos a abrazar el comunismo, los galones que ha pretendido ganar la dictadura en el aspecto educativo no deben ser reconocidos por aquellos que rechazan el despotismo y aman la libertad. Y si se le reconociera algun viso positivo al sistema educacional castrista, ya que ha sido pregonado como la obra cumbre de la revolución, ¿puede admitirse ese "logro" como pretexto para justificar un régimen tiránico como el que impera en Cuba? ¿Puede lavar esa "conquista" la sangre derramada en el paredón para mantener a unos usurpadores manejando a capricho la nación?

La medicina bajo Fidel Castro

La medicina en Cuba, según dicen algunos, es de excelencia. Pero sólo para los miembros de la nueva clase y los turistas de la salud. Lo que llega al pueblo es deplorable: una total degradación de los servicios que amenaza constantemente la salud del ciudadano.

Es conveniente señalar que antes de la revolución castrista la asistencia médica en Cuba había alcanzado un grado de desarrollo ejemplar, que tratan de ignorar los redactores de una nueva y falsa historia. Es cierto que en las zonas rurales quedaba mucho por hacer. Pero también es innegable que en las áreas de gran concentración de población, los hospitales y clínicas del gobierno y las llamadas casas de socorro funcionaban a niveles de loable eficiencia. A lo que había que añadir el aporte de las instituciones privadas y las magníficas y amplias instalaciones hospitalarias de las sociedades mutualistas españolas (sobre todo la gallega y la asturiana) que por una módica cuota mensual brindaban servicios de máxima calidad.

Gracias a la comunicación electrónica y al testimonio de emigrantes cubanos de los últimos años se ha puesto al descubierto la falacia que Fidel Castro y sus seguidores han estado pregonando para convencer al mundo de que lo alcanzado por su dictadura en términos de medicina es digno de alabanza. Podría aceptarse que, en los primeros tiempos de revolución, la atención médica alcanzó un grado considerable de desarrollo gracias a la ayuda que provenía de la Unión Soviética. La desaparición de esa dádiva al disolverse el bloque comunista inició un deterioro de los servicios que ha llegado al grado deplorable en que se encuentra en la actualidad.

Hoy sobran los reportes de cucarachas que abundan en muchas instalaciones médicas cubanas por la falta de higiene y limpieza, indispensables para controlar las infecciones. Pero esto es sólo un aspecto revelador por lo repugnante. Palidece ante otras deficiencias todavía más graves, entre las que están la falta de instrumentos quirúrgicos y la pobre esterilización a la que en ocasiones son sometidos aquellos que están disponibles, lo que presenta un peligro de dimensiones alarmantes. La suspensión, por esa y otra razones, de operaciones programadas comprometen con frecuencia la vida de los pacientes, quienes carecen de la menor posibilidad de protesta y reclamación por la inexistencia de mecanismos que garanticen esos derechos. A eso hay que sumar la falta de medicinas y materiales médicos, la deficiente alimentación de los enfermos y la desorganización y anarquía administrativa en clínicas, hospitales y otras unidades. Condiciones que acusan una asistencia médica muy deficiente. Todo lo contrario a lo que se ha tratado de hacer ver fuera de Cuba.

Lo que exhibe el régimen para consumo del exterior son equipos y facilidades de primer orden, vedadas al ciudadano común. Sólo disponibles para los extranjeros, seducidos por la propaganda de que en la Cuba comunista encontrarán el milagroso remedio a sus males, cueste lo que cueste y sin importarles que sea una forma muy peculiar de apoyar una dictadura. Desde luego, el montaje del escenario de asistencia médica para extranjeros se cuida lo suficientemente bien para hacer ver que no existe nada mejor. Y seguir obteniendo divisas por esa vía. Son a esas instalaciones hospitalarias elitistas, no a las ordinarias, donde van los "mayimbes" (miembros de la nueva clase) para sus tratamientos.

Sobre el actual estado de la medicina en Cuba no hay mejor relator que un médico ejemplar que ha sufrido persecuciones, golpizas y prisión a manos de las fuerzas represivas de la dictadura por su vertical denuncia de las atrocidades que la caracterizan.

Darsi Ferrer

En mayo de 2009, el Dr. Dariel (*Darsi*) Ferrer, fundador del Centro de Salud y Derechos Humanos "Juan Bruno Zayas". dio a la publicidad, por vía electrónica, un ensayo que tituló *El sistema de salud cubano tras medio siglo de revolución*. Considero que constituye una de las más veraces, documentadas y extensas referencias de las que he podido conocer sobre la historia de la medicina en Cuba, antes y después de Fidel Castro. De ese ensayo voy a reproducir algunos pasajes. Lo expresado por un observador directo como el Dr. Ferrer, cuya honestidad, desprendimiento y dedicación son bien conocidos, está avalado por una vida de sacrificio y entrega al mejoramiento de la atención médica y la defensa de los derechos humanos en Cuba.

En los primeros párrafos de su ensayo, *Darsi* Ferrer hace un resumen del desarrollo de los servicios médicos públicos, desde su deplorable estado en tiempos coloniales hasta el grado en que se encontraban en 1958 (el último año prerrevolucionario), para concluir:

> *Específicamente, en el año 1958 (antes de la revolución) Cuba exhibía índices de salud en muchos aspectos similares a los de países del primer mundo y superiores a los de América Latina.*

Un dato muy significativo dado por el Dr. Ferrer es la de la mortalidad infantil a esa fecha (1958) en Cuba, de 32.5 por cada 1000 nacidos vivos, comparada con las dadas a conocer en el Anuario Estadístico de 1988 para principios de la década de los 80 (más de 20 años después), en Brasil (70.6), México (53) y Argentina (35.3). Y añade el Dr. Ferrer en otra parte:

> *En los años noventa, tras la caída del bloque socialista, desapareció la llegada de cuantiosos recursos que venían de la URSS, lo que desató una profunda crisis... De modo general, los profesionales del sector están desmotivados, ya que trabajan por salarios sin poder adquisitivo real... El marcado descontento de la población con el sistema de salud se justifica por el estado deplorable de los centros donde reciben asistencia médica; la mayoría en condiciones ruinosas, faltos de higiene, carentes de recursos elementales... los pacientes deben ser provistos por su familia de la comida diaria, de implementos de limpieza... de la ropa de cama, piyamas, aseo, cucharas, vasos, recipientes para almacenar el agua... La población subsiste en medio del desesperante cúmulo de necesidades vitales sin esperanzas de mejoría, razón que influye en la prevalencia de altos índices de suicidios, violencia, alcoholismo, drogadicción, tabaquismo y enfermedades psiquiátricas.*

La masiva presencia de médicos cubanos en el exterior no podía dejar de mencionarse en el histórico ensayo:

> *... un significativo por ciento de consultas y servicios de salud no funcionan por falta de personal, como resultado de la exportación masiva de profesionales y recursos médicos, enviados para las llamadas "misiones internacionalistas". Actualmente, cerca de 36 mil galenos y otros tecnólogos de la salud laboran en 68 países de Latinoamérica y del continente africano, en detrimento de los cuidados de la salud de los nacionales...*
>
> *La razón de tal depredación del sistema médico no es humanitaria, sino política y económica... Además, en las naciones receptoras los soldados del ejército de bata blanca ayudan a propagar la ideología marxista y a que esos gobernantes consoliden su perpetuación en el poder.*

El valioso análisis del Dr. Ferrer quedaría resumido en uno de sus párrafos:

> *En la actualidad, el gobierno y sus apologistas se aferran en manipular la realidad médica. Sostienen el mito de avances*

que ya no existen mientras resulta un desastre el cuidado de la salud de la población, dado el deplorable estado de las instituciones y el continuo deterioro de los servicios asistenciales.

Y María Werlau, Directora del *Cuba Archive*, en un excelente ensayo publicado en *The Miami Herald* el 5 de diciembre de 2012 sobre la exportación de servicios médicos, informa que Haití es una subsidiaria muy productiva en la empresa "humanitaria" multimillonaria de Cuba. Y que Angola le paga al régimen castrista $60,000 anuales por médico, recibiendo el doctor, cuando más, solamente $2,490 (4.15%). Pero lo más alarmante es que la investigadora sostiene que la exportación de médicos le produce al régimen más de tres veces lo que recauda por turismo y cualquier otra industria, llegando a la asombrosa cifra de $7,500 millones reportada en 2010.

La Iglesia en el castrismo

Toda fe tiene algo de irracional. Y en el pensamiento clásico de Occidente el cristianismo es más racional que las creencias primitivas provenientes de África, que en Cuba han incorporado a su imaginería (orichas) las representaciones de vírgenes y santos de la religión católica, cambiándolas de nombre. Manifestación del fenómeno conocido como sincretismo, al que se le da el nombre de santería.

Bajo el régimen castrista y en sus primeros años de terror revolucionario, con la casi eliminación de la influencia católica por la persecución a que era sometida la Iglesia, un buen número de cubanos se refugió en la santería como recurso a su necesidad de fe. En la medida que esa práctica progresaba de manera inevitable y con el favor de la dictadura, que la calorizaba por tenerla de aliada, disminuía considerablemente la religión católica en la población. No es de extrañar que esa haya sido una de las principales razones para que el catolicismo dejara de enfrentarse verticalmente a la tiranía como lo hizo a principios de la década de 1960, cuando tuvo lugar una intensa persecución religiosa, con el desenlace del destierro de sacerdotes y monjas y los cierres y confiscaciones de iglesias y colegios católicos.

Al parecer, desde el punto de vista de las autoridades religiosas y con el propósito de combatir la proliferación de los cultos de origen africano había que lograr algún acomodo con la dictadura para preservar la propagación de la fe y promover sus sacramentos, basado en la doctrina del perdón y la misión apostólica de la Iglesia. Esa perspectiva puede haber sido contemplada como razón para la primera visita de un Papa a Cuba, la de Juan Pablo II en 1998. Patriota polaco cuya imagen carismática generaría en el cubano común la ilusión del principio de un cambio político y económico, que era lo que podía inferirse de lo captado por la prensa mundial al entrevistar a la gente de la calle a raíz de esa visita. Juan Pablo II era contemplado como uno de los principales artífices del desplome del comunismo en Europa. Y los cubanos así lo entendían, a pesar del bloqueo informativo. La decepción popular después de su viaje, al no ocurrir los cambios que se esperaban, ponía en evidencia la inutilidad de esa visita desde el punto de vista político, aunque mejoraba en algo la posición de la Iglesia frente a la amenaza que para ella representaba la expansión de la santería.

Pero como consecuencia de la presencia en Cuba del Papa, mejoraron las relaciones entre el catolicismo y la cúpula comunista, a pesar de que, al mismo tiempo, la Iglesia consolidaba una posición de contraparte a la tiranía, que captaba feligreses entre los inconformes con la situación del País. Quienes no tenían otra forma de expresar su descontento asistían a los templos a renovar una fe que les daba consuelo y esperanza. Gracias a esa posibilidad, las iglesias llegarían a ser refugios ocasionales de la oposición silenciosa. Y la asistencia a misa, la manifestación de protesta más numerosa por lo menos peligrosa.

La posición de la Iglesia Católica hay que entenderla bien. Funciona bajo la opresión pero entiende que esa es la única forma de seguir en pie. Lo que la hace aparecer en muchos casos como colaboracionista. Tiene la ventaja de ser la única institución en Cuba capaz de administrarse a sí misma, sin la intervención del Gobierno. El régimen la necesita para disimular sus desmanes y captar apoyo internacional, tanto como ella acoplarse en algo a la dictadura para seguir continuando con su misión evangélica y de adoctrinamiento religioso. Esto no es, precisamente, lo que es favorecido por los cubanos que ven en ese exagerado entendimiento una forma de legitimar la dictadura. Y que, sin dejar de reconocer la intensa labor de asistencia social que realiza la Iglesia, estiman que el cardenal Jaime Ortega se ha excedido en sus relaciones con el gobierno castrista, a pesar de haber sido en el pasado una víctima de los campos de concentración conocidos como Unidades Militares de Ayuda a la Producción.

Nadie está pidiendo que el catolicismo dé más mártires ni que haya una confrontación violenta que ponga las víctimas del lado de la fe cristiana. Ni creo que haya alguien que deje de reconocer las extraordinarias dificultades que en un régimen comunista tienen que afrontar el proselitismo religioso y las labores de beneficencia que prestan en Cuba, con sacrificio ejemplar, monjas y sacerdotes. Pero no está de más que se respeten ciertos límites. La visita del papa Benedicto XVI en marzo de 2012 era totalmente innecesaria. Puso de relieve un grado de colaboracionismo difícil de justificar. No se le dieron acceso a las Damas de Blanco ni a respetables figuras de la disidencia para ser escuchadas por el Sumo Pontífice. En definitiva, sólo sirvió para el despliegue propagandístico de una tiranía que ha sacrificado miles de vidas para mantener un poder cuya obra máxima ha sido la improductividad y el asesinato político. Tiranía que pretende lavar un tortuoso pasado con la bendición papal. Y que intenta presentarse como ejemplo de tolerancia religiosa y de víctima del "imperialismo". Las escenas de la afabilidad con que fue recibido Fidel Castro y su familia por Benedicto XVI y la plana mayor del catolicismo en la Nunciatura de La Habana, que pueden verse en cualquier computadora, son ofensivas para las cuantiosas víctimas del terror castrista y sus familiares, por no decir repugnantes. No es digna de respeto tanta genuflexión.

La jerarquía católica pretende influir en el gobierno. Pero es este quien manipula a la jerarquía. Para liberar a los detenidos en la Primavera Negra que permanecían en prisión estaba de más que el castrismo solicitara la intervención de la Iglesia. Podía haberlo hecho por su cuenta, sin la menor dificultad. Pero simular acceder a una petición de la Iglesia, le permitía dar muestras ante la opinión internacional de una generosidad de la que carece. De haberlo hecho *motu proprio* hubiera significado reconocer la injusticia de la Primavera Negra.

Es más que evidente que las autoridades católicas aspiran a participar como mediadoras en una transición hacia la democracia, resistida tercamente por los que ostentan un poder totalitario del que depende su supervivencia. Poder que no van a soltar mansamente por esa misma razón. Creer que un gobierno tiránico va a tomar en consideración razones patrióticas y humanitarias para iniciar el abandono del poder, sin presiones de fuerzas populares o militares o de ambas en conjunción, es algo que no se concilia con la historia que conocemos. Para un cambio en Cuba, tiene que ocurrir antes una conmoción. Y son muy variadas las fuentes que podrían propiciarla, donde no pueden dejarse de contemplar alzamientos desesperados por algunos que, aparentemente, todavía hoy parecen darse golpes de pecho como defensores del régimen. Por lo que, para participar en la transformación y pacificación de Cuba, la Iglesia no necesita exagerar sus vínculos con los causantes del gran infortunio nacional, lo que la podría invalidar en un futuro como copartícipe en la recuperación democrática.

Dentro de ese cuadro de ribetes colaboracionistas es de destacar la labor individual de algunos sacerdotes, cuya vertical oposición a la tiranía no deja lugar a dudas. Y entre esos contestatarios abiertos sobresale el padre José Conrado Rodríguez de Santiago de Cuba. Sus valientes denuncias y demandas han tenido repercusión nacional e internacional, sacudiendo las conciencias y situando a la Iglesia en la posición preferida por los amantes de la libertad.

El cambio de idiosincrasia

La idiosincrasia del cubano, por lo general, no es hoy la misma que imperaba antes de la revolución. En casi todos los cubanos dentro de la Isla predomina el miedo a decir lo que piensa, contrario al carácter abierto y sincero que era perceptible antes de la revolución castrista. En los tiempos de la anterior dictadura, las críticas al gobierno eran bastante frecuentes y sólo había que cuidarse de los posibles chivatos. Hoy el delator puede ser cualquiera y la infiltración de agentes comunistas en los movimientos disidentes se destapa a cada rato. La desconfianza llega a ser parte de la idiosincrasia nacional y la represión no deja espacio a la expresión crítica. Fingir la aceptación de lo que se rechaza llega a ser rutinario, resultado de la hipocresía que hay que ejercer para evadir la cárcel si se dice la verdad. Entonces, por miedo, se pierde esa espontaneidad que es natural en la persona libre, que caracterizaba al cubano de ayer. Aunque es alentador que desde que el poder totalitario pasó en apariencia de un hermano a otro se ha ido perdiendo progresivamente el miedo a decir "basta ya".

Otro aspecto que ha determinado ese cambio en la forma de pensar del cubano es el rígido control que sobre los medios de comunicación ejerce la dictadura. Que abarca también el contexto de la narrativa histórica, manejado sin tomar en consideración la verdad de los hechos. Y se presenta de manera que responda a la conveniencia de la dictadura. Si para lograrlo hay que cambiar la historia, no importa. Las únicas versiones que se aceptan y publican son aquellas redactadas obedientemente por historiadores a sueldo. Un caso muy peculiar es la imagen que se ha creado de José Martí. En el cubano de ayer había consuelo, esperanza y guía en el mensaje martiano. Hoy, dentro de Cuba, es todo lo contrario. El castrismo ha inventado un Martí comunista, cuyo pensamiento, impunemente distorsionado, se da a conocer desde los primeros grados escolares como el inspirador de la revolución castrista, por lo que llega a ser rechazado por la juventud ante la desastrosa realidad que afronta diariamente. Ese martilleo ideológico de generación en generación ha pretendido formar un "hombre nuevo", que de nuevo nada tiene. Es lamentable su parecido con un siervo de la Edad Media, cuando el señor feudal no sólo era dueño de vidas y haciendas sino tambien de la Ley.

El cambio en la idiosincrasia cubana es consecuencia de la demolición de los valores cívicos tradicionales que los comunistas siempre han definido como "prejuicios burgueses", cuya destrucción se ha vuelto, irónicamente, contra la propia dictadura al ser causantes, por su ausencia, del estruendoso fracaso del fenómeno castrista.

El deterioro de la ética colectiva es otra de las manifestaciones más alarmantes de la degradación social por el radical cambio habido en Cuba. Un caso muy común es el robo de las propiedades designadas como públicas. En Cuba, los alimentos y todo tipo de artículo están en los almacenes del Estado y cualquier ciudadano considera que puede disponer de ellos sin tener que respetar los controles establecidos por el gobierno. Cada cual roba en su trabajo lo que puede, que aunque no le sea útil, puede intercambiarlo por algo que le convenga. De modo que el robo y el intercambio de lo robado se convierten en formas aceptadas y generalizadas de "resolver", que es como se conoce popularmente la necesidad de sobrevivir. Esa falta de respeto a la propiedad pública es hoy uno de los principales problemas que afronta la dictadura, según su propia confesión.

Exilados e inmigrantes

Una muestra impresionante del contraste entre la forma de actuar del exilio histórico y el de los que llegan a tierra de libertad después de más de cinco décadas bajo el comunismo puede verse en sitios como Miami.

El cubano que ha pisado por primera vez en los últimos años tierra estadounidense no es un exilado, salvo si se trata de un disidente u opositor. Es un inmigrante huyendo de la miseria y se comporta como tal, sin importarle la connotación política y económica de sus relativamente frecuentes regresos a Cuba, que nutren las arcas de la tiranía, aunque esa no sea su intención. Las circunstancias de su deficiente formación cívica, consecuencia ineludible de cómo han sido educados bajo el sistema totalitario, determinan que lo primordial para él sea volver a Cuba, haciendo gala de cierto poder económico. Y sin tener que quedarse. Todo lo que signifique preocupación por un cambio político no entra en sus prioridades. En su mayoría han sido educados en la conformidad con el inmovilismo político y el paternalismo de un dictador.

Fidel Castro ha tenido éxito, por el control totalitario de la información, en que, para una buena mayoría de los que se van hoy de Cuba, los conceptos de patria y revolución lleguen a ser sinónimos. Y esos cubanos no quieren saber de nada que tenga que ver con la revolución, que ellos confunden con patria. Y no podemos aspirar a que esos compatriotas, salvo excepciones que no abundan, estén mayormente preocupados por el rescate de las libertades ni por el futuro democrático de Cuba. Viven concentrados en cómo reconstruir sus vidas y aliviar desde afuera la desesperada situación del resto de la familia que permanece en Cuba, volviendo a la Isla cargados de maletas con artículos para parientes y amigos. Y dólares para prodigar. Esa conducta mortifica al exilio histórico, que se resiste a regresar para no engrosar los cofres de la tiranía. Pero habría que preguntarse, ¿puede esperarse otra actitud de las víctimas de un proceso tan demoledor de valores cívicos y éticos como el que ha asolado a Cuba durante más de medio siglo?

Sería injusto pretender que los que salen hoy de Cuba, formados por una prolongadísima tiranía y dependientes en sus actividades vitales de la acción del Estado, se conduzcan como los primeros exilados —hoy ancianos— que se entregaron al duro proceso de reconstrucción de sus vidas en el exilio a través del trabajo intenso en sociedades ajenas, manteniendo en alto el amor a la patria y la intransigencia ante el abuso que, a pesar del más de medio siglo transcurrido, continúa todavía en ellos sin decaer. Esos cubanos, contrario a lo que ocurre con los que salen recientemente, se formaron dentro de un ambiente de libertad (a pesar de los siete años de la dictadua de Batista), con acceso a toda fuente del conocimiento y a la información, educados para valerse por sí mismos y no dependientes del paternalismo oficial, que eliminó al padre de familia como natural proveedor.

La música y el baile en un pueblo triste

Cuentan los que visitan Cuba que dondequiea aparece un güiro, unas maracas, una guitarra eléctrica, una tumbadora y alguna que otra trompeta, prestas a caer en manos expertas con más frecuencia que la normal. Y al segundo, surgen parejas de bailadores envidiables, dando rienda suelta a caderas, hombros y pies con esos sensuales contoneos típicos del Caribe. Para los que vienen de afuera, es una genuina demostracion de alegría, de pueblo feliz. Para los que hurgan en la verdad, ni la música ni el baile pueden encubrir lo que hay detrás: quitarse de la mente el cerco perenne en que se vive, ausente de esperanzas. Y escapar, aunque sea por un momento, de la miseria de un presente que es a la vez el único futuro. El mismo presente de siempre, con más de cinco décadas de antigüedad y progresivamente deteriorado. Música y baile que permiten ahuyentar las letanías de un discurso que no cambia y que no se concilia con lo que hay que vivir para sobrevivir. Antidotos milagrosos contra la desilusión, que menguan en muchos la tristeza que mata.

Pero, desnudando la realidad, nadie puede sustraerse en Cuba, aunque algunos aparenten lo contrario, de contemplar con desesperanza el más de medio siglo de castrismo y su balance demoledor: falta absoluta de libertades, miedo cotidiano a ser sincero públicamente, situación económica cada vez más precaria y escasez de todo, unido al sacrificio de millares de mártires que trataron de impedir que eso ocurriera.

El terror en todas partes

Ha sido evidente el odio de Fidel Castro hacia todo lo que signifique economía de mercado, iniciativa privada y ganancias en los negocios, elementos naturales de la evolución humana que surgieron espontáneamente a través de la historia y no como producto de tesis políticas o económicas previamente formuladas. Factores que han contribuido de manera determinante al progreso económico, al desarrollo democrático y a la justicia social en todas las latitudes. Es innegable que dentro de esos esquemas se han cometido muchas injusticias. Pero palidecen en comparación con las perpetradas por los gobiernos de economía planificada —comunista— que han dejado en la historia horripilantes crímenes contra la humanidad y un palpable testimonio de ineficiencia administrativa. El reto para los verdaderos revolucionarios está en hacer más justiciero lo que ha demostrado ser mejor, intención que siempre abrigó el sector no caudillista del antiguo Movimiento 26 de Julio.

Los cuadros intermedios y la perversión

Pensar que en los cuadros intermedios e inferiores de las fuerzas armadas y de la administración pública que permanecen en Cuba anida la perversión que caracteriza a la cúpula dirigente es un gravísimo error. Lógico es suponer que en infinidad de ellos primen las buenas intenciones y crean sinceramente que hacen patria tratando de salvar el descalabro revolucionario. El secuestro de la información. la ausencia del debate libre de ideas durante décadas y el martilleo constante de lemas dogmáticos, característicos del comunismo, pueden convencer a mucha gente bien intencionada de que los que atacan la revolución castrista son agentes de la maldad.

Los principales jerarcas militares tienen más de setenta años y algunos son octogenarios. Los que le siguen eran muy pequeños cuando cayó Batista y la enorme mayoría de los ciudadanos nacieron dentro de lo que llaman revolución. Del mismo modo que ocurre con la población en general, pueden configurarse lealtades indebidas en militares despojados de información, proclives a entregarse a una causa que se les ha vendido como buena por una propaganda falsa y machacona. No puede subestimarse el poder avasallador de la propaganda totalitaria para sembrar en las mentes ideas irracionales que se llegan a defender como verdades absolutas. Un caso a recordar es el de las intervenciones militares en África, donde jóvenes cubanos se ofrecían como voluntarios para jugarse la vida en la guerra más estúpida que recuerda la historia.

Es de esperar que, en la eventualidad de un cambio político y económico en Cuba que garantice a muchos de los dirigentes de nivel secundario no ser considerados corresponsables del desastre provocado por los Castro, cooperen a una transición pacífica donde los miembros de esa familia gobernante que aspiraran a conservar el poder, estuviesen marginados de la política. Solución donde no puede haber (como bien dice mi amigo Luis B. González al poner de ejemplo el caso español) vencedores ni vencidos. Período donde es imperativo el apoyo del Ejército para mantener el orden público y el anhelado cambio no sea teñido en sangre por la violencia vindicativa.

Trágico balance

Al hacerse todo lo contrario a los ideales por los que dieron la vida la legión de patriotas caídos en la lucha contra el golpe militar de Batista del 10 de marzo de 1052, lo ocurrido en Cuba rebasa lo imaginable: la imposición de un sistema comunista, ajeno a nuestra historia y manera de ser; la implantación del terror totalitario; la violación reiterada de los derechos humanos; la destrucción de una economía floreciente; la organización y movilización de turbas criminales para atacar a disidentes pacíficos; la explotación del hambre como arma política; el discurso demagógico como fuente de ley; la nefasta colectivización de la agricultura; el fomento de la hipocresía en el ciudadano para vivir sin acechos; en fin, la subversión de todos los valores que nos enorgullecían como pueblo.

Y lo que es muchísimo más trágico: los miles de asesinados en el paredón; los otros miles, cubanos y de otras nacionalidades, muertos en las inútiles y criminales intervenciones militares en África; las decenas de miles de compatriotas desaparecidos en el Estrecho de la Florida en busca de libertad y futuro. Dramáticos resultados de la traición ideológica a aquella muchachada valiente y generosa que combatió a Batista y que murió en ciudades y montañas por ideales totalmente contrapuestos al crimen de lesa patria que los hermanos Castro habrían de perpetrar.

Conservo, sin embargo, un recuerdo muy positivo de fines del 1959 y una buena parte de 1960, cuando movilizamos a través de la Organización de Trabajadores Voluntarios un amplio mosaico social (obreros, profesionales, ejecutivos y empresarios) para trabajar gratuitamente a favor de la revolución. Esa evocación de tanta persona generosa dando de su tiempo libre, quitándoselo a la familia y el descanso, para contribuir a lo que era la ilusión de todos, ha permanecido en mi memoria como la única verdaderamente grata experiencia de mi paso por esos primeros tiempos de quimera revolucionaria. Ver a personas de todas las extracciones económicas y sociales hermanadas en la transformación del País, ha sido una vivencia cuyo recuerdo abona mi fe de que seremos capaces de recuperar nuestras vapuleadas virtudes cívicas una vez que la dictadura castrista haya pasado a la historia. Dictadura que en sus estertores trata de salvarse volviendo al pasado, que es lo que hacen al presentar a bombo y platillos, entre otras decisiones llamadas cambios, la compraventa de propiedades (escasas y ruinosas) y automóviles, operaciones que eran cotidianas hace más de cincuenta años.

El futuro necesario

¿Qué cubano no ha recibido, de una manera u otra, el zarpazo de la usurpación comunista? Todos contemplamos con ira y dolor el desastre en que se ha convertido lo que fue una esperanzadora promesa, devenida en tiranía. Pero, ¿va a contribuir ese terrible recuerdo a hundirnos más? Si la sensatez, la reconciliación y el perdón no rigen en la Cuba poscomunista, seremos cómplices de la funesta obra de odio que intentan legar el máximo tirano y su dictador suplente. Estaríamos siguiendo sus pasos, alentando inconscientemente lo mismo que ellos sembraron.

No deberá confundirse la aplicación correcta de la justicia, que será un imperativo histórico, con la venganza y el desquite, que sólo traería más violencia y más venganza, desencadenando un círculo vicioso de sangre y dolor que haría imposible la convivencia pacífica en la Cuba del futuro. ¿No debe ser esa paz y la entrega de todos a la reconstrucción de la nación el mejor tributo a los mártires del castrismo después de medio siglo de glorificación del odio y santificación de la mentira?

En la Cuba del mañana no habrá penas de muerte para los opositores políticos. Ni para nadie. Ni habrá que asentir cuando se piense lo contrario. Una Cuba donde el recelo y la desconfianza dejen de existir. Donde se pueda elegir a los que mandan. Donde el respeto al compatriota prevalezca sobre las diferencias políticas.

Hoy, más que nunca, ante un cambio en Cuba que se hace inevitable, contamos con el mejor de los guías, cuyo pensamiento humanístico tiene plena vigencia: José Martí. No el Martí inventado por los comunistas, que bendice las barbaridades del castrismo sino el Apóstol de la Libertad de la verdad histórica. Por otra vía que no sea la del amor y la confraternidad entre cubanos, inspirados por el Martí de siempre, no habrá patria, realmente, que valga la pena.

En el momento de nuestra liberación definitiva, que tendrá que llegar más temprano que tarde y que todos esperamos con prolongada ansiedad, no habrá mejor recurso para superar los peligros de división social que amenazan el futuro de Cuba, que hacer de la prédica de Martí, rica en nobleza y generosidad, guía para la confraternidad necesaria. Donde su apotegma de que "la ley primera de nuestra República sea el culto de los cubanos a la dignidad plena del hombre" deje de ser un pensamiento ultrajado en la Constitución castrista y se convierta en realidad.

Y al mismo tiempo, entregados todos a recoger y armar de nuevo los pedazos de patria de la demolición comunista, hagamos honor a su visionario pensamiento: "Una revolución es necesaria todavía: la que no haga presidente a su caudillo; la revolución contra las revoluciones; el levantamiento de todos los hombres pacíficos, una vez soldados, para que ni ellos ni nadie vuelvan a serlo jamás".

SOBRE EL AUTOR

Foto: Emi Guede

Emilio Guede Fernández nació en Cárdenas, Cuba, 15 meses después de Fidel Castro.

Hijo de un gallego músico y una matancera de ascendencia gallego-catalana ha sentido y vivido siempre con intensidad su cubanía. Desde muy joven tuvo que trabajar para ganarse la vida. A los catorce años era ya tallador de diamantes, trabajando de día y estudiando el bachillerato de noche. A los dieciocho era padre de una bella niña.

Se vinculó, desde muy temprano, a la lucha revolucionaria clandestina contra el golpe militar de Fulgencio Batista, incorporándose al *Movimiento Nacional Revolucionario* encabezado por el filósofo y profesor Rafael García Bárcena. Después figuraría como Secretario de Propaganda *del Movimiento de Resistencia Cívica*, sección del *Movimiento 26 de Julio,* fundado y dirigido por Fidel Castro. Y al triunfar la insurrección sería designado Responsable Provincial de Propaganda (Habana) del *M-26-7* y encabezaría el Consejo de Dirección del periódico *Revolución*. Fue el primer miembro de la dirección revolucionaria en tomar, tan temprano como en agosto de 1960, el camino del exilio, donde su pasión por la libertad de Cuba seguiría siendo prioritaria.

Durante más de seis décadas, Emilio Guede ha estado dedicado a la realización de comerciales y documentales cinematográficos como productor, director, camarógrafo y editor. Cuenta, además, con una amplia experiencia en los campos de la redacción de textos publicitarios y fotografía comercial. Ha colaborado con reportajes en la antigua revista *Bohemia* de Cuba y escrito columnas para la desaparecida agencia ALA (que cubría 57 periódicos de América Latina) y el diario *El Nuevo Día*, de Puerto Rico. Entre las variadas funciones que ha desempeñado, está la de director de banco (Eurobank), posición que ocupó durante diez años (1986-1996).

Dentro de las polifacéticas actividades de Guede están también las de su vocación empresarial. Ha tenido compañías productoras de comerciales para televisión en Puerto Rico, Estados Unidos (en ambas localidades como *Guede Films, Inc.*), Guatemala (*Guede Films Centroamericana*), Panamá (*Guede Films de Panamá*), Venezuela (*Producciones Avantgarde*) y República Dominicana (*Guede Films Dominicana*). Y ha incursionado también en otras diversas y modestas empresas que incluyen mueblerías y librerías. Asociado al editor Vicente Báez, ha participado en las publicaciones de La Enciclopedia de Cuba (14 tomos) y La Gran Enciclopedia de Puerto Rico (15 tomos).

ÍNDICE ONOMÁSTICO

A

Abascal, Gerardo, 223
Abelenda, Olga, 209, 230, 442
Abreu, Gerardo, 232, 235
Abreu, Marta, 286
Acevedo, Miriam, 299
Acosta, Ramón, 259
Acuña, Juan Antonio, 526
Adam, Raúl, 112
Adán, Juan Abel, 352
Adróver, Francisco, 229
Afón, Agnés, 236
Afón, Aymée, 236
Agramonte, Ignacio, 286
Agramonte, Joaquín, 329, 689
Agramonte, Roberto, 71, 135, 266, 571
Águila, Silvio, 609
Águila Yanes, Sergio, 608, 609
Águila Yanes, Silvio, 608
Aguilar León, Luis, 544
Aguilera Barciela, Manuel, 224
Aguilera, Francisco Vicente, 286
Aguilera, Primitivo, 236
Alarcón, Ricardo, 176, 326, 380
Alejandre, Armando, 634, 637
Alemán, Julián, 251
Allende, Salvador, 312, 315
Almeida, Juan, 309, 310
Almendros, Néstor, 522-524
Almodóvar, Pedro, 661
Alomá, Antonio, 253
Alonso, Ángela, 45, 46, 51, 75, 116, 127, 135, 141, 193, 195, 196, 412, 679, 686
Alonso, Dora, 39, 77
Alonso, Luis Ricardo, 312
Alonso, María Josefa, 27, 45-54, 75, 195-198, 201, 202, 207, 208, 212
Álvarez de la Campa, Odón, 232, 235
Alvarez Díaz, José Rm, 132, 409, 476
Álvarez Margolles, Manuel, 126, 128, 133, 158
Álvarez, Carlos, 327
Amat, Carlos, 249
Ameijeiras, Ángel, 57, 232, 724
Aniceto, Margot, 53
Aragonés, Emilio, 233
Aranguren, Néstor, 105
Arbenz, Jacobo, 472, 495, 468, 496, 504
Arcos Bergnes, Gustavo, 522, 647
Ardura, Juan, 138-140, 142, 143
Arenas, Reinaldo, 649, 660
Arguinchona, Ángel, 103
Arlet, Reynaldo, 239
Arteaga, Manuel, 441
Artime, Manuel, 470, 472, 476, 490
Arufe, Marcial, 370
Ascunce Domenech, Manuel, 470
Astiazarraín, Carlos, 239

B

Báez, Vicente, 36, 58, 133, 146, 189, 250, 265, 321, 380, 393, 444, 448, 449, 689
Baeza Flores, Alberto, 521, 522
Baeza, Elsa, 523, 524
Baker, Leo F., 500, 501
Baquero, Gastón, 660
Barnes, Tracy, 472, 483
Barquín, Ramón, 54, 55, 56, 66, 177, 461, 479, 513
Basulto, José, 633, 634, 635
Batista, Fulgencio, 21-33, 35, 37, 42, 46, 49, 53, 54, 56, 57, 62-64, 69, 71, 72, 74, 81, 85, 86, 88-90, 96-98, 108, 127-131, 133, 135-137, 139, 140, 144, 145, 148, 149, 154-159, 161, 163-166, 169, 173, 175, 178, 180-182, 184, 186, 189, 191, 195, 211- 213, 219-221, 223, 225, 226, 228, 231, 234, 235, 237,

240-242, 246, 247, 249-254, 267, 272, 275, 277, 278, 280, 281, 283, 286, 288, 290, 296, 302, 305, 317-320, 325, 326, 329, 339, 349, 355, 359, 360, 370, 373, 375-377, 379, 384, 386, 387, 394, 398, 401, 402, 404, 405, 409-411, 413, 416, 419, 421, 425-427, 429-432, 434-436, 440, 444-448, 450, 452, 457, 462-464, 466, 468, 474, 475, 477, 479-482, 513, 530, 531-536, 539-541, 543, 544, 550, 557, 562-566, 569, 572, 575, 580, 595, 600-602, 612, 625, 637, 644, 648, 649, 655, 669, 670, 678-689, 695, 698, 699, 702, 704, 711, 721, 722, 724, 727, 731, 743, 745, 746
Batlle, Ignacio, 224
Bécquer, Conrado, 250
Behmaras, Marcos, 39, 77, 391
Bell Lloch, Federico, 239
Bender, Frank, 472, 477, 478, 490, 497, 505, 514, *Ver también* Droller, Gerald
Benítez, Conrado, 470
Berisiartu, Ángel, 322
Berle, Adolph, 473, 475, 483, 484, 497, 498, 502
Bertone, Tarcisio, 644
Betancourt, Ernesto, 298, 461, 513
Betancourt, Rómulo, 266, 268, 312, 392, 440, 520, 602
Bigart, Homer, 539
Biscet, Óscar Elías, 641, 660, 664, 675
Bissell, Richard, 472, 478, 483-485, 487, 497, 505-508, 514, 584
Blanco Rico, Antonio, 178, 325
Blanco, Andrés Eloy, 266
Blanco, Jesús, 395
Bofill, Ricardo, 647-649
Boitel, Pedro Luis, 5, 23, 101, 251, 324, 325, 327, 357, 396, 602, 603
Bonne Carcasés, Félix, 652, 653
Bonsal, Philip W., 306, 320, 334, 471, 569, 570-577, 593, 597
Bosch, José M., 132
Boti, Regino, 298, 338
Bourbakis, Jorge, 36, 58

Boza Masvidal, Eduardo, 317
Brachbart, Jacques, 109, 118
Braddock, Daniel M., 66
Bravo, Humberto, 431
Bruno Zayas, Juan, 736
Buch, Luis, 71, 82, 83, 243, 260, 265, 266, 269, 386, 389, 390, 391, 445, 685
Bugallo, Humberto, 111
Burke, Arleigh, 497
Busch, George W., 588

C

Caamaño, Eliseo, 251
Cabrera Infante, Alberto, 417, 419
Cabrera Infante, Guillermo, 299, 418, 522, 523, 524, 660
Cabrera, Francisco, 267
Cabrera, Lydia, 660
Caíñas Milanés, Armando, 38
Caíñas Sierra, José, 39, 77, 690
Calaforra, Jorge, 672
Calveiro, Roberto, 608, 609
Calvo Martínez, Carlos, 319
Calzón, Frank, 550, 595
Camacho Aguilera, Julio, 163, 179, 260
Campanería, Virgilio, 319
Cantillo, Eulogio, 32, 41, 164
Canto, Enrique, 223
Carballido Rey, José Manuel, 39, 77
Carbó, Sergio, 477, 543
Carbonell Cortina, Néstor, 436
Cardet, Ricardo, 62
Carl, Willard, 515
Carratalá, Capitán, 45, 46, 211
Carrillo, Carlos, 55
Carrillo, Justo, 472, 476, 489
Carromero, Ángel, 666
Carter, Jimmy, 604-606, 658
Casals, Roberto, 239
Casals, Violeta, 76, 210, 212
Casas Regueiro, Senén, 348, 631
Casero, Luis, 132
Castellanos, Baudilio, 128
Castillo Armas, Carlos, 446, 495
Castro, Fidel, 21-23, 28, 30-32, 36, 37, 45, 54-57, 61, 69-72, 74, 77-

82, 86-91, 93, 131, 133, 139, 140, 149, 154-161, 166, 167, 176, 177, 178, 191, 219, 220, 222, 223, 225, 233, 237, 242-244, 246, 248-250, 252-261, 267-269, 276-278, 280-288, 291-300, 302-307, 310, 312, 313, 316, 318, 320-322, 324-328, 330-349, 352-359, 361-365, 370, 371, 379-383, 385-387, 391, 394, 397, 400, 401, 404, 407, 408, 411, 417, 419, 421, 440-452, 454-458, 463-468, 470, 471, 473, 474, 477, 488, 492, 493, 495-497, 506, 508-511, 513, 514, 516-518, 520-522, 524, 530-533, 535-552, 554, 556-558, 565-567, 570-575, 577-579, 583, 585-587, 589, 590, 593, 597, 598, 600-604, 606- 608, 610-619, 621-630, 632, 635, 637, 638, 640, 641, 643, 644, 648-650, 655, 670, 671, 677, 678, 680- 716, 719, 720-730, 732, 735, 736, 740, 743, 744

Castro, Raúl, 41, 69, 86, 89, 91, 257, 270, 307, 324, 328, 329, 330, 335, 339, 347, 355, 356, 360, 380, 391, 449, 450-453, 555, 571, 572, 581, 590, 663, 689, 698, 699, 706, 708, 726

Casuso, Teresa, 300
Catasús, Emilio, 224
Centoz, Luigi, 317
Cepero Bonilla, Raúl, 338
Cepero, Harold, 666
Céspedes, Ana, 357
Chao, Carmela, 36, 322
Chávez, Hugo, 592, 596, 734
Chea, Claudio, 148
Chi Minh, Ho, 591
Chibás, Eduardo, 62, 120, 131, 132, 225, 513
Chibás, Raúl, 225, 272, 461, 476, 477, 478, 481, 513, 520, 521, 545, 684, 689
Chomón, Faure, 30, 71, 182, 535, 685
Cienfuegos, Camilo, 30, 41, 66, 79, 324, 331, 335, 342, 343, 347, 349, 352, 356, 358, 362, 387

Cienfuegos, Osmani, 351, 352, 501
Cisneros Betancourt, Salvador, 286
Cisneros, Rogelio, 520
Clark, Sergio I., 132
Clinton, Bill, 588, 606
Cofiño, Ángel, 433
Conte Agüero, Luis, 128
Copello Castillo, Lorenzo Enrique, 639
Corominas, Ricardo, 259
Corominas, Zoyla, 115
Corral, Emiliano, 249
Correa, Martín, 526
Cortina, José Manuel, 441
Corzo Izaguirre, Raúl, 162
Costa, Carlos A., 637
Cotubanama Enríquez, Enrique, 123, 126
Cowley, Fermín, 179, 534
Cruz Varela, María Elena, 650, 651
Cubas, Gustavo, 208, 271, 279, 372
Cubas, José Manuel, *hijo*, 279, 280, 372
Cubas, José Manuel, *padre*, 280
Cubela, Rolando, 30, 80, 325, 326, 327, 335, 535
Cuervo, Pelayo, 178
Cuesta Morúa, Manuel, 671, 675

D

D'Toste Rodríguez, Alberto, 624
Dacal Moure, Ramón, 84
Darias, Ramón, 230, 259
Dávila, Iris, 39, 77, 378, 379, 385, 397
de Céspedes, Carlos Manuel, 286, 681
de la Aguilera, José María, 250
de la Guardia, Antonio, 233, 614, 616, 621, 623
de la Peña, Mario, 634, 637
de la Torre, Manuel, 352
de Quesada, Cebrián, 352
de Varona, Manuel Antonio, 182, 472, 476, 479, 480, 489, 490
de Yurre, Víctor, 292, 293
del Pino, Rafael, 294, 295, 518
del Río Chaviano, Alberto, 128

753

del Valle, Raquel, 384
Delfín, Héctor, 249
Delgado, Mario, 208, 209, 230
Delgado, Olga, 230, 442
Díaz Castro, Tania, 648
Díaz García, Arturo, 84
Díaz Lanz, Pedro Luis, 283, 305, 306, 332, 333, 574
Díaz Martínez, Manuel, 650
Díaz Tamayo, Martín, 164
Díaz, Arturo, 84, 85, 86
Díaz, Eduardo, 621
Díaz, Higinio Nino, 484
Díaz, José, 449
Díaz-Balart, Lincoln, 594
Díaz-Balart, Mario, 594
Díez Argüelles, Lourdes, 129
Dihigo, Ernesto, 132, 296, 575
Djilas, Milovan, 438, 660
Domínguez, Blas, 347, 348
Domínguez, Robert, 347, 348, 349
Dorticós, Osvaldo, 335, 342, 354, 386, 389, 390, 391, 453, 581
Draper, Theodore, 247
Driggs, Guillermo, 129
Droller, Gerard, 472, 514
Duarte, Julio, 69
Dubois, Jules, 539, 541
Dulles, Allen W., 503, 583
Duncan, Tom, 526

E

Echeverría, José Antonio, 5, 37, 178, 277, 278, 535
Eisenhower, Dwight D., 297, 334, 454, 471, 473, 486, 507, 511, 515, 516, 565, 566, 576-578, 580, 582, 588
Enders, Thomas O., 613
Entenza, Pedro, 260, 442
Espín, Vilma, 249, 269, 360, 379
Espinosa Chepe, Oscar, 660, 671
Esterline, Jacob D. *Jake*, 472, 505, 507, 508
Esteve, Himilce, 7, 95
Estévez, José M., 476, 477, 481
Estrada Galván, Nancy, 650

F

Fabré, Luz, 230, 442
Fangio, Juan Manuel, 236
Fariñas Rodríguez, Luciano, 343, 345
Fariñas, Guillermo, 662, 674
Fávole, José, 115
Fellini, Federico, 649
Fernández Aballí, Tomás, 322
Fernández Arderi, Jorge, 251
Fernández Cuervo, Berta, 230, 237
Fernández Ledón, Ramón, 167, 168, 170, 171
Fernández Manent, Elvira, 107
Fernández Montes, Ángel, 107
Fernández Travieso, Ernesto, 319, 470
Fernández Turró, Manuel, 167
Fernández Vila, Ángel, 36, 146, 265, 449, 689, 698, 702, 708
Fernández, Jay, 632
Fernández, Jesse, 344, 356
Fernández, Manuel, 167, 324, 333, 338, 449, 450
Fernández, Marcelo, 238, 243, 260, 265, 314, 354, 449, 689, 698
Fernández, Olga Digna, 370
Ferrer, Dariel, 736
Figueres, José, 268, 312, 520
Figueroa, Agapito, 428
Fischer, Louis, 438
Forjans, Jesús, 77, 188, 444
Fraginals, Amaury, 233, 235, 251
Fraginals, Pedro, 251
Franco, Francisco, 410
Franqui, Carlos, 57, 76, 82, 161, 190, 207, 233, 255, 260, 268, 269, 282, 287, 299, 308, 344, 379, 418, 439, 448, 449, 521, 522, 524, 566, 586, 649, 665, 689, 707, 719, 720
Frayde, Marta, 209, 647
Fulbright, William, 496

G

Gagarin, Yuri, 493
Gaitán, Jorge Eliécer, 294
Gallegos, Rómulo, 266, 268
Garcerán, José, 57

García Agüero, Salvador, 435
García Báez, Irenaldo, 50
García Bárcena, Rafael, 28, 95, 108, 115, 137-145, 177, 482, 749
García Cuenca, José, 410, 411
García del Pino, César, 73, 85
García Espinosa, Julio, 384
García González, Julio, 392
García León, José, 333
García Íñiguez, Calixto, 561
García Mas, Jorge, 631
García Moure, Eduardo, 250
García Pérez, Jorge Luis, 666, 675
García, Alicia, 75, 309, 322
García, Carlos, 236
García, Hortensia, 224
García, Pilar, 50, 177, 534
García, Reynol, 177, 534
Gardner, Arthur, 564
Garriga, Roberto, 39, 77
Ghandi, Mahatma, 648
Giancana, Sam, 583
Gide, André, 438
Giralt, Cristina, 230, 724
Giralt, Lourdes, 230, 724
Gómez Carbonell, María, 136
Gómez Manzano, René, 652, 653
Gómez Ochoa, Delio, 61, 160
Gómez Rodríguez, José, 520
Gómez Wangüemert, José L., 384
Gómez, Jorge, 249
Gómez, Máximo, 115, 561
Gómez, Miguel Mariano, 425
González Corzo, Rogelio, 319
González López, Lilian, 609
González Navarrro, José, 526
González Seisdedos, Agustín, 224
González Villagra, Pablo, 206
González, Alodia, 75
González, Felipe, 669
González, Luis B., 7, 408, 595, 745
González, Sergio, 232, 233, 235
Goodwin, Richard, 473, 475
Gorbachov, Mijail, 612
Granados, Manuel, 650
Grau Esteban, Enrique, 300
Grau San Martín, Ramón, 26, 97, 108, 116, 130, 134, 158, 425-427, 432, 433, 440, 520, 544, 562, 563, 568, 680
Gray, Way, 500
Grinberg, Sarah, 376
Guastella, Mariano, 413, 414, 461, 462
Guede Alonso, Elena, 7, 45, 75, 116, 127, 135, 141, 192-194, 197-199, 309, 388, 389, 482
Guede García, Alicia, 7, 147
Guede García, Emilio, 7, 482, 519, 611
Guede García, Marimeli, 7, 147
Guede, Antonio, 99
Guede, Elena, 45, 415
Guede, Emilio, 3, 4, 21, 23, 24, 274
Guede, Isidoro, 411
Guede, José, 98, 108
Guede, María Amelia, *Mela* 107
Guede, Mela, 93
Guevara, Alfredo, 333, 418
Guevara, Ernesto, 30, 41, 66, 73, 79, 80, 84, 89, 159, 213, 243, 246, 252, 255-257, 268, 276, 307, 319, 325, 328-330, 335, 338, 344, 345, 349, 354, 380, 382, 383, 398, 447, 449, 450, 452, 535, 571, 572, 581, 582, 704, 706, 708, 721
Guillén, Nicolás, 83
Guiteras, Antonio, 108, 303, 425, 562
Guiú, Ángel Luis, 236
Gutiérrez Menoyo, Carlos, 178, 534
Gutiérrez Menoyo, Eloy, 30, 64, 65, 75, 182, 535, 669, 670
Gutiérrez Rodríguez, Ariel, 7
Gutiérrez Zabaleta, Carlos, 535
Gutiérrez, Henry, 31-33, 260

H

Haile Mariam, Mengistu, 720
Hart, Armando, 54, 68, 69, 224, 260, 449, 689
Hawkins, Jack, 472, 484, 485, 487, 502, 505-508, 514, 518
Haya de la Torre, Víctor Raúl, 115, 312, 313, 568
Heredia, José, 23

Hermida, Genaro, 36
Hernández, Gerardo, 638
Hernández, Pipi, 479
Herrera, Gonzalo, 500
Hevia, Carlos, 132, 134, 489
Hidalgo, Mario, 54, 380
Hitler, Adolfo, 105, 118, 337, 400, 431, 432, 437, 441, 654, 707, 718
Hunt, E. Howard, 472, 477, 478, 505, 509, 514

I

Ibarra, Laureano, 128
Iglesias, Abelardo, 82
Iglesias, Arnaldo, 634
Illán, José M., 409
Infante, Enzo, 45, 675
Ingenieros, José, 115
Irigoyen, Carlos, 39, 77, 138, 142, 163, 185, 186, 189, 214, 330, 363, 721
Iriondo, Silvia, 634

J

Jardiel Poncela, Enrique, 115
Jardines, Alexis, 672, 673
Jefferson, Thomas, 135
Jiménez Leal, Orlando, 7, 417, 418, 419, 524, 611, 649
Jiménez Maseda, Ramón, 212
Jiménez, Aida Rosa, 631
Jiménez, Eva, 138, 144
Johnson, Lyndon, 496
Jruschov, Nikita, 453, 455, 456, 497, 584, 593, 598, 715
Junco, Sandalio, 429

K

Kai-Shek, Chiang, 453
Karol, K. S., 548
Kennedy, John F., 290, 473, 474, 475- 478, 480, 483-487, 496, 497, 500-510, 512, 514-516, 520, 583, 585, 586, 588, 716
Kennedy, Robert, 583

Kirkpatrick, Lyman, 503, 512
Koestler, Arthur, 438, 660

L

Lago, Armando, 625
Lam, Wifredo, 439
Lamas, Gervasio, 111, 112
Landsdale, Edward, 583
Lansky, Meyer, 583
Lanza, Hortensia, 95
Laredo Bru, Federico, 425, 426
Larger, Oliverio, 101
Larrazábal, Wolfgang, 267
Lechuga, Carlos, 31-34, 175, 288, 289, 290, 314
Ledón, Manuel, 32
Lemnitzer, Lyman, 497, 583
Lenin, Vladimir Ilyich, 221, 307, 322, 400, 430, 436, 438, 457, 518, 574, 647, 724
Lens, Eduardo, 115
León Sanz, Carlos, 129
Leoni, Raúl, 266
Lepe, Ana Berta, 410
Leyva Martínez, Ivette, 673
López Fresquet, Rufo, 298, 338, 408, 461, 513
López Lay, Carlos, 260, 469
López Mosquera, Eloy, 7, 103, 104, 106
López, Gumersindo, 103, 104
López, Ignacio, 280
López, Zoraida, 120
Lorié Bertot, Francisco, 360
Louit, Octavio, 63, 250
Lucero, Oscar, 235-237, 724
Lugo, Rosendo, 329, 357, 358, 375, 625
Luna, Bernardo, 52
Luque Escalona, Roberto, 650
Lussón, Antonio Enrique, 359
Luther King, Martin, 635, 648
Luzardo, Manuel, 428

M

Maceo, Antonio, 115, 489

Machado, Alfredo, 423, 424
Machado, Gerardo, 38, 39, 114, 115, 132, 137, 175, 422-424, 426, 562, 680
Machirán, Aníbal, 359
MacKinley, William, 560
Mañach, Jorge, 382
Mandela, Nelson, 636
Manent, Marcial, 410
Marcello, Carlos, 583
Marinas, Jesús, 383
Marinello, Juan, 432, 435, 441
Marqués Ravelo, Bernardo, 650
Márquez Sterling, Carlos, 436
Marrero, Leví, 95, 267, 274, 320, 409, 544, 547, 549, 550
Martí, José, 115, 190, 221, 257, 286, 319, 381, 382, 475, 679, 720, 741, 747
Martín Elena, Eduardo, 126, 129, 133, 158
Martin Morán, Juan P., 259
Martín Villaverde, Alberto, 317, 318
Martín, Ernesto, 469
Martínez Corría, Carlos M., 132
Martínez Enríquez, Helen, 633
Martínez Isaac, Jorge Luis, 639
Martínez Merizalde, Roberto, 312
Martínez Paula, Emilio, 62, 311
Martínez Paula, Luis, 62, 311
Martínez Sáenz, Joaquín, 413
Martínez Sánchez, Augusto, 284, 324, 391
Martínez Villena, Rubén, 423
Martínez, Carlos, 476
Martínez, Eduardo, 249
Martínez, Jorge, 620, 621, 623
Martínez, María, 101, 106
Martínez, Mel, 594
Martínez, Orestes, 363, 374
Martínez, Ricardo, 76, 210
Maruri, Aurelio, 163
Marx, Karl, 221, 307, 400, 430, 436, 438, 457, 518, 574, 714, 724
Mas Canosa, Jorge, 594
Mas Martín, Luis, 447
Mas Martínez, Roberto, 47
Maseda, Héctor, 660, 661
Masferrer, Rolando, 112, 131, 294

Matos, Huber, 5, 23, 41, 243, 295, 305, 327-338, 342, 350, 352, 353, 357, 358, 361-364, 375, 379, 386, 408, 462, 481, 574, 625, 709, 711, 720
Matthews, Herbert, 161, 178, 539
McCarthy, Joseph, 148
McCone, John, 583
McNamara, Robert, 497
Mederos, Elena, 95, 120, 338, 545, 595
Meléndez Fresneda, Juan, 36, 191, 192, 193, 199, 202, 259, 527
Méndez Sierra, Agustín, 342
Mendieta, Carlos, 424
Mendoza, Ignacio, 30, 35, 36, 63
Mendoza, Jorge Enrique, 76, 210, 330
Menéndez, Robert, 594, 667
Meneses, Enrique, 539
Meruelo, Otto, 164, 165, 211
Mikoyán, Anastás, 319, 452, 453, 580
Milanés Dantín, Esther Lina, 167, 172, 174, 175
Miró Cardona, José, 71, 268, 478, 483, 489, 497, 505, 536
Misner, Pedro, 79
Molina Ulloa, Justo (*Viqui*), 69, 190, 199, 200-207, 211, 229, 322
Molina, Enrique, 27, 45, 47, 48, 53, 195, 196, 229
Montaner, Carlos Alberto, 3, 7, 24, 495
Montenegro, Emma, 237
Montero Duque, Ricardo, 55
Montesinos, Gregorio, 109-112
Mora Morales, Menelao, 178, 277, 534
Morales Carrión, Arturo, 463, 473
Morales, Calixto, 704
Morales, Pablo, 634, 637
Morán, Lucas, 70, 95, 163, 222, 223, 243, 249, 250, 256, 531
Morante, Olimpia, 86
Morejón, Leonel, 652
Moreno Fraginals, Manuel, 384
Moss, Stirling, 236
Mulero, Leonor, 548

Muller, Alberto, 319, 470, 644
Muñoz García, Raúl, 627
Muñoz Marín, Luis, 132, 268, 519, 520
Muñoz, Marcelo, 239
Mur Oti, Manuel, 410
Murillo, Marino, 548, 550
Mussolini, Benito, 82, 96, 100, 400, 419, 596

N

Nass, Raúl, 266
Navarrete, Agustín, 45, 249, 686
Nilo Otero, Juan, 43, 72, 73, 85
Nin Vidal, Regina, 125
Nin, Ada, 374
Niubó, Blanca, 236
Nixon, Richard, 297
Nodarse, Orlando, 45
Noel, Jim, 478, 497
Noroña, Andrés, 112
Noroña, Froilán, 112
Noval, Liborio, 395
Núñez Jiménez, Antonio, 73, 74, 84, 85, 119, 252, 333, 381, 384, 448, 547, 698
Núñez, Manuel, 236

O

O'Donnell, Kenneth, 487
Obama, Barack, 588, 598
Ochoa, Arnaldo, 61, 161, 357, 611, 612, 613, 616, 617, 618, 619, 620, 621, 622, 623, 624, 625, 626, 627
Odría, Manuel, 446
Oliva, Erneido, 480, 499, 501
Oltuski, Enrique, 224, 260, 338, 339, 449, 689, 704
Oramas, Orlando, 112
Ortega, Jaime, 739
Oteiza, Alberto, 132

P

Padrón, Amado, 623
País, Frank, 5, 23, 56, 81, 89, 177, 208, 219, 222, 223, 226, 243, 244, 249, 253-255, 258, 387, 391, 409, 683, 689, 698
País, Josué, 89, 258
Palacios, Antonio, 412
Palacios, Emilio, 634
Palacios, Héctor, 652, 660
Palú, Félix B., 433
Paneque, Víctor, 36, 61
Pardo Llada, José, 166, 167
Parellada, Otto, 249, 253
Parera, Eduardo, 228
Paruas Toll, Alberto, 281
Pawley, William, 468
Payá, Lilo, 236
Payá, Oswaldo, 644, 650, 652, 656-659, 664-666, 670
Paz Estenssoro, Víctor, 570
Pazos, Felipe, 225, 226, 298, 461, 476- 478, 513, 545, 684
Pellón, José, 250, 449
Pena, Félix, 249, 281, 284
Peña, Lázaro, 427, 433
Pérez de la Osa, Julio, 147, 190, 374
Pérez Jiménez, Marcos, 267, 446
Pérez Pérez, Francisco, 634
Pérez Pérez, Lorenzo, 634
Pérez Roque, Felipe, 673
Pérez, Carlos Andrés, 266
Pérez, Faustino, 45, 164, 193, 236, 238, 241-243, 245, 255, 260, 337, 339, 354, 398, 449, 689, 709
Pérez, Humberto, 109
Pérez, Manuel, 53
Pérez-Puelles, Gerardo, 139, 140, 144, 259
Pfeiffer, Jack, 512, 515
Pi Vidal, Francisco, 267
Piedra, Carlos Manuel, 32, 35, 54
Piniella, Rafael, 237
Pino Santos, Oscar, 363
Pino, Quintín, 54
Pintado, María, 120
Pollán, Laura, 661, 663
Popper, Karl, 403, 660, 714
Portell Vilá, Herminio, 570
Porter, Charles O., 565
Powell, Adam Clayton, 565

Powers, David, 487
Prendes, Álvaro, 518
Prendes, Frank, 352
Presno Albarrán, José Antonio, 167
Prieto Hernández, Fidencio Ramel, 627
Prieto, José, 138
Prieto, Plinio, 462, 601
Prío Socarrás, Antonio, 121
Prío Socarrás, Carlos, 21, 25, 26, 31, 120, 121, 123, 127- 134, 158, 182, 226, 266, 312, 434, 440, 485, 513, 534, 544, 563, 680, 684
Pujol, José Luis, 650

Q

Quevedo Pérez, José, 162
Quevedo, Miguel Ángel, 126, 173, 206, 467, 469, 543

R

Ramírez, Porfirio, 462, 722
Ramos Latour, René, 235, 238, 243, 245, 255, 256
Ramos, Sergio, 632
Rancaño, Alfredo, 63, 250
Raola, Dagoberto, 109
Rasco, José Ignacio, 472
Ravelo, Rosa, 173
Ravines, Eudosio, 439
Ray, Manuel, 5, 23, 28, 30, 36, 63, 64, 71, 95, 146, 190, 196, 198, 200, 207, 209, 210, 212, 224, 228-230, 236, 238, 240, 241, 243, 255, 259, 260, 265, 270-277, 324, 329, 337-339, 368, 402-405, 409, 411, 442, 449,461, 462, 464-468, 476-483, 487-491, 494, 496, 497, 498, 500-502, 513-528, 541, 683, 686, 689, 720
Ray, Orlando, 468
Remos, Juan J., 136
Rexach, Rosario, 120
Rey Camporredondo, Raquel, 147
Rey Chilía, Eduardo, 84
Rey Pernas, Santiago, 74

Riva, Valerio, 611, 649
Rivas, Dora, 53
Rivero, José Ignacio, 441
Rivero, Raúl, 652, 660
Rizo Álvarez, Julián, 608-610
Roa, Raúl, 31-33, 266, 268, 309, 310, 312, 314, 383-385, 492, 686, 687, 719
Roca, Blas, 435, 655
Roca, Vladimiro, 652, 653, 655, 675
Rodiles, Antonio G., 672, 673
Rodríguez Loeches, Enrique, 384
Rodríguez Santana, Carlos, 491
Rodríguez, Arnold, 237, 357, 449, 625, 689
Rodríguez, Belquis, 632
Rodríguez, Carlos Rafael, 432, 446
Rodríguez, Conrado, 250
Rodríguez, Delia, 122, 124
Rodríguez, Félix, 343
Rodríguez, Francisco, 227
Rodríguez, José Conrado, 741
Rodríguez, Manuel, 138
Rohmer, Eric, 524
Rojas Pinilla, Gustavo, 446, 570
Rojas, Ursinio, 446
Roque Cabello, Marta Beatriz, 641, 652, 660
Roque, Juan Pablo, 638
Ros Lehtinen, Ileana, 594
Rosales, Ramón, 107, 109, 110, 430
Roselli, Joseph, 583
Rossi, Franco, 649
Rostov, W. W., 409
Ruiz de Villa, Alberto, 227, 376, 411, 412
Ruiz Poo, Miguel, 620, 621
Ruiz Quintero, Pedro, 522, 523
Ruiz, Sergio, 187, 188, 228, 330
Rusk, Dean, 496, 504, 506
Ruz, Armando, 120

S

Sáenz, Cándida, 411
Sáenz, Carmelo, 411
Sájarov, Andrei, 647
Sala, Feliciano, 27

Salado, Marcelo, 235-237, 241, 479, 724
Saladrigas, Carlos, 26, 130
Salas Cañizares, Rafael, 179
Salazar, Luis, 112
Salvador, David, 23, 62, 67, 238, 241, 243, 245, 250, 335, 449-452, 689, 720
Salvat, Juan Manuel, 319, 470
San Román, Dionisio, 179
San Martín, José, 520
San Román Pérez, José, 179, 479, 499, 500, 501, 534
Sánchez Arango, Aureliano, 132, 182, 312, 383, 472, 485, 535
Sánchez de Fuentes, Eduardo, 103
Sánchez Santa Cruz, Elizardo, 647, 650, 652
Sánchez Yoani, 667, 668, 669
Sánchez, Calixto, 179, 534
Sánchez, Celia, 161, 258, 296, 297, 333, 566, 597
Sánchez, José Alberto, 102
Sánchez, Juan R., 631
Sánchez, Osvaldo, 346
Sangróniz, Oscar, 206, 211
Sanjenís, Sergio, 238, 241
Santamaría, Haydée, 284
Santamarina, Olga, 109
Santos Buch, Ángel María, 223
Sarabia, Leida, 224
Saramago, José, 661
Sardiñas, Guillermo, 317, 683
Sarduy, Severo, 660
Saúl Sánchez, Ramón, 636
Schlesinger, Arthur, 473-475, 483, 484, 487, 496-498, 502
Serguera, Jorge, 270, 358
Serpa, Víctor Manuel, 650
Sevilla García, Bárbaro Leodán, 639
Sevilla, Carmen, 411
Shamburger, Riley, 500
Sigler, Ariel, 660, 666
Siles Zuazo, Hernán, 570
Siloni, Ignacio, 438
Silva, Efraín, 109
Simeón, Roberto, 179, 534
Smith, Earl T., 66, 564, 565, 569, 572
Socarrás, Miguelino, 359

Soler, Berta, 663, 675
Somoza, Anastasio, 446
Sorí Marín, Humberto, 248, 260, 545, 601
Sosa de Quesada, Arístides, 136, 164
Soto, Jesús, 63, 250
Sotús, Jorge, 249, 254
Spender, Stephen, 438
St. George, Andrew, 526
Stajánov, Alekséi, 322
Stalin, Iósif, 68, 74, 370, 422, 429, 432, 437, 438, 441, 453, 647, 654, 707, 718
Stevenson, Adlai, 492, 496
Stroessner, Alfredo, 446
Suárez de la Paz, Ismael, 163, 566
Suárez Moré, Félix, 117
Suárez Quiñones, José, 526
Suárez, Luis, 212
Suárez, Manuel, 117
Suárez, Silvano, 76
Suzarte, Manuel, 357, 625
Szulc, Tad, 496

T

Tamayo, Reina Luisa, 643, 666
Tapia Ruano, Alberto, 319
Taquechel, María Teresa, 230
Tarrero de Prío, Mary, 120
Taylor, Maxwell, 503, 508
Tey, José, *Pepito*, 249, 253
Toledo, Guillermo, 632
Topping, John, 66, 67, 87
Torralba, Diocles, 617, 623, 627
Towsend, Andrés, 312, 315
Trafficante, Santos, 583
Trueba, Fernando, 661
Truffaut, Francois, 524
Trujillo, Rafael Leónidas, 446

U

Ulla, Jorge, 524
Urfé, Odilio, 384
Urrutia Lleó, Manuel, 55, 62, 70, 78, 267, 531, 690, 703
Urrutia, Timoteo, 105

Uziel, Manuel, 236, 237

V

Valdespino, Andrés, 461, 513
Valdivia, Huberto, 115
Valera, Orestes, 76, 210, 330
Vallabrigas, Ana María, 249
Valladares, Armando, 495
Vasconcelos, Ramón, 62
Vassallo, Violeta, 96
Vázquez Candela, Euclides, 282, 363, 364
Vázquez Portal, Manuel, 660
Vázquez, Carlos, 371, 372, 397
Vázquez, Hugo, 311
Vázquez, Jilma, 192, 193, 202
Vázquez, Omar, 359
Velázquez Medina, Fernando, 650
Velilla de Solórzano, Martín, 139
Velilla, Martín, 139
Ventura Novo, Esteban, 63, 211, 229, 275, 276
Vera, Aldo, 232, 233, 235
Verrier, Raúl, 376
Viera, Arístides, 232, 235
Vigoa, Lázaro, 380
Vilar, César, 424
Villa, Armando, 293, 294
Villalón, José Ramón, 326

Villanueva, Armando, 312
Villar, Arturo, 522, 528
Villaronga, Ángel, 106
Vissarionovich Yugachvili, Josip, *Ver tambien Stalin*, 422

W

Walesa, Lech, 636
Walsh, Sinesio, 462
Washington, George, 636
Werlau, María, 625, 738
Wolfer, Ira, 64-67, 69, 165, 190, 199, 200-203, 205-207, 229
Wright, Richard N., 438

Y

Yabor, Antonio Michel, 281
Yanes Pelletier, Jesús, 648

Z

Zamorano, Enrique, 169
Zapata Tamayo, Orlando, 357, 641-643, 674
Zayas, Alfredo, 132
Zedong, Mao, 591

www.ingramcontent.com/pod-product-compliance
Lightning Source LLC
Chambersburg PA
CBHW071054230426
43666CB00009B/1711